SCHÄFFER
POESCHEL

Sabine Seufert
Bildungsmanagement
Einführung für Studium und Praxis

2013
Schäffer-Poeschel Verlag Stuttgart

Autorin:
Prof. Dr. Sabine Seufert ist Professorin für Wirtschaftspädagogik an der Universität St. Gallen, Direktorin des dortigen Instituts für Wirtschaftspädagogik (IWP-HSG) sowie Geschäftsführerin des Swiss Centre for Innovations in Learning (scil). In ihren Forschungsgebieten Bildungsmanagement, E-Learning, Knowledge Management und Management Education arbeitet sie eng mit zahlreichen Partnern aus der Praxis zusammen.

Dozenten finden weitere Lehrmaterialien unter
http://www.sp-dozenten.de/3244
(Registrierung erforderlich)

Gedruckt auf chlorfrei gebleichtem, säurefreiem und alterungsbeständigem Papier

Bibliografische Information der Deutschen Nationalbibliothek
Die Deutsche Nationalbibliothek verzeichnet diese Publikation in der Deutschen Nationalbibliografie; detaillierte bibliografische Daten sind im Internet über <http://dnb.d-nb.de> abrufbar.

ISBN 978-3-7910-3244-3

Dieses Werk einschließlich aller seiner Teile ist urheberrechtlich geschützt. Jede Verwertung außerhalb der engen Grenzen des Urheberrechtsgesetzes ist ohne Zustimmung des Verlages unzulässig und strafbar. Das gilt insbesondere für Vervielfältigungen, Übersetzungen, Mikroverfilmungen und die Einspeicherung und Verarbeitung in elektronischen Systemen.

© 2013 Schäffer-Poeschel Verlag für Wirtschaft · Steuern · Recht GmbH
www.schaeffer-poeschel.de
info@schaeffer-poeschel.de

Einbandgestaltung: Melanie Frasch/Jessica Joos (Foto: Shutterstock.com)
Layout: Ingrid Gnoth | GD 90
Satz: Claudia Wild, Konstanz
Druck und Bindung: Kösel, Krugzell · www.koeselbuch.de

Printed in Germany
September 2013

Schäffer-Poeschel Verlag Stuttgart
Ein Tochterunternehmen der Verlagsgruppe Handelsblatt

Vorwort

Lebenslanges Lernen als Konzept ist bereits seit den 1970er-Jahren in der Diskussion, um auf permanente Veränderungen vorbereitet zu sein. Berufliche Bildung als lebenslange Entwicklung zu betrachten, birgt jedoch für manchen auch die Assoziation der »lebenslänglichen Plagerei«. Bildungsorganisationen, ob es sich um eine betriebliche Aus- und Weiterbildungseinrichtung, eine Schule oder Hochschule handelt, sind in doppelter Weise von den Entwicklungen »im permanenten Wildwasser« (Vaill, 1998) betroffen. Es gilt kompetent mit den einhergehenden Veränderungen umzugehen: einerseits Lernende auf die Bewältigung von Wildwasserbedingungen vorzubereiten, andererseits unter Wildwasserbedingungen selbst erfolgreich agieren zu können.

Um diesen Herausforderungen bei vermutlich knappen, wenn nicht noch knapper werdenden Ressourcen zu begegnen, ist ein *Bildungsmanagement* gefragt, das diese Veränderungsbereitschaft aufnimmt. Bildungsmanagement, als relativ junges Gestaltungsfeld der Wirtschaftspädagogik, ist dabei als Aufgabe zu verstehen, Lernprozesse auf individueller und organisationaler Ebene zu initiieren, zu implementieren, zu begleiten und zu evaluieren.

Bildung im eigentlichen Sinne kann nicht »gemanagt« werden. Es stehen vielmehr die Bildungsprozesse als Dienstleistungen im »Managementfokus«. Das Gestaltungsfeld schafft somit die Verbindung zwischen Management und Bildung, wobei das Ziel nicht die unreflektierte Übernahme ökonomischer Konzepte ist. Zentrale Herausforderung ist vielmehr, die ökonomischen und pädagogischen Rationalitäten auszubalancieren, Grenzen zu erkennen und nach gangbaren Lösungen zu suchen. Ein *reflexives Bildungsmanagement* nimmt dieses Spannungsfeld bewusst und kritisch auf, um adäquate Gestaltungslösungen innerhalb gegebener Grenzen zu entwickeln. Darüber hinaus wird mit dem vorliegenden Lehrbuch angestrebt, von einem Anpassungs- zu einem Gestaltungsansatz im Bildungsmanagement zu gelangen, der durch ein proaktives Aufgreifen zukünftiger Probleme und den Aufbau von Erfolgspotenzialen für die Zukunft gekennzeichnet ist – ein *proaktives Bildungsmanagement*.

Die Gestaltung von Bildungsprozessen in Organisationen kann folglich als eine komplexe Managementaufgabe in Abstimmung mit zentralen Anspruchsgruppen betrachtet werden. Dem Lehrbuch zugrunde liegt das *St. Galler Management-Modell* (SGMM). Es erlaubt, Bildungsmanagement als proaktive Gestaltung von Bildungsaktivitäten aufzunehmen, welche die Entwicklung der Bildungsorganisation in ihrer Gesamtheit und in der Interaktion mit ihrer Umwelt und entsprechenden Anspruchsgruppen erfasst. Für die Strukturierung der Handlungsfelder sind dabei die folgenden drei Verbindungslinien zentral:

Sinnhorizonte: Von normativen Leitlinien zu strategischen und operativen Handlungen

Ausgehend von normativen Leitlinien führt Bildungsmanagement einerseits zu zentralen strategischen und operativen Umsetzungsfragen von Bildungsprozessen. Das Leitbild der reflexiven Handlungsfähigkeit, welche als umfassende Handlungskompetenz verstanden werden kann, ist als Zielsetzung eines Konzeptes von Kompetenzentwicklung in jüngerer Zeit aufgekommen. Um mit permanenten Veränderungen umgehen zu können, ist zudem das Leitbild der lernenden Organisation in allen Kontexten, Schulen, Hochschulen und Betrieben in der Diskussion. Eine Organisation kann dann zu einer lernenden Organisation werden, wenn sie strategische und operative Handlungen nach pädagogischen Leitvorstellungen ausrichtet und das selbstreflexive Handeln bei den Lernenden fördert.

Gestaltungsebenen: Mehrebenen-Lernen
Die Fragen der Organisation und des Managements von Bildung sowie die Verknüpfung mit Fragestellungen der Organisationsentwicklung und der lernenden Organisation bestimmen ganz erheblich die Möglichkeiten individueller Entwicklung und Förderung. Daher ist zu berücksichtigen, dass sich Gestaltungsfelder auf organisationsweite Bereiche (lernförderliche Rahmenbedingungen, Makro-Ebene), auf die Programm-Ebene (Kompetenzentwicklung auf der Meso-Ebene) bis hin zur Gestaltung von Lehr-Lernprozessen und die Ebene des Individuums (Mikro-Ebene) ausrichten können.

Entwicklungsmodi: Balance zwischen Erneuerung und Stabilität
Unter dem Blickwinkel »wie kommt das Neue in die Bildungsprozesse?« ist es darüber hinaus eine zentrale Herausforderung, gezielt Impulse für den organisatorischen Wandel zu setzen, wobei ein Spannungsfeld zwischen Stabilität und Erneuerung zu berücksichtigen ist und damit die Frage »Wie viel Veränderung braucht und verträgt die Bildungsorganisation?« aufgegriffen wird.

Für einen umfassenden Bildungsmanagement-Ansatz eignet sich das St. Galler Management-Modell in besonderer Weise, um die systemischen Zusammenhänge der jeweiligen Handlungsfelder aufzeigen sowie die zukunftsorientierte Weiterentwicklung einer Organisation aufnehmen zu können. Darüber hinaus ist im vorliegenden Modell die Betonung der normativen Ebene – die in anderen Managementansätzen nur geringe Berücksichtigung findet – gerade für Bildungsorganisationen von sehr hoher Bedeutung. Dies sind vermutlich auch die Gründe, warum sich das SGMM bereits in vielen New-Public-Management-Ansätzen sowohl in der Theorie als auch in der Praxis wiederfindet.

Die einzelnen Themen sind zwar im Sinne der integrierten Managementlehre im Wirkungsgeflecht einer Bildungsorganisation dargestellt, dennoch können Leserinnen und Leser vertiefend mit einem beliebigen Thema einsteigen. In allen Kapiteln veranschaulichen ausgewählte Fallbeispiele einzelne Handlungsfelder des Bildungsmanagements, um die Anwendung in der Praxis zu erleichtern. Ausführliche Fallstudien und Arbeitshilfen sind begleitend dazu im Online-Dozentenservice zu finden und werden laufend aktualisiert sowie ergänzt.

Im Lehrbuch werden soweit möglich geschlechtsneutrale Bezeichnungen verwendet (z. B. Lehrpersonen, Bildungsverantwortliche, Lernende, etc.), da wo dies nicht oder nur durch Doppelformulierungen möglich ist, wird zur einfachen Lesbarkeit die männliche Form verwendet.

Mein besonderer Dank gilt Frau Dr. Tanja Fandel-Meyer und Herrn Dr. Christoph Meier aus dem scil Team für die zahlreichen fachlichen Diskussionen. In zwei Kapiteln beziehe ich mich explizit auf gemeinsam entstandene Arbeiten, die ich an dieser Stelle ebenfalls nochmals hervorheben möchte. Daniela Schuchmann danke ich herzlich für die professionelle Erstellung der Grafiken sowie für ihr fachkundiges Korrekturlesen, Nadja Eggmann für das Korrekturlesen aus Sicht einer Studentin und last, but not least Brigitte Luber für die routinierte Umsetzung der Druckvorlage sowie Verena Tunger für das professionelle Lektorat.

St. Gallen im Juli 2013   Sabine Seufert

Inhaltsverzeichnis

Vorwort		V
Leserhinweise		XVI

1	**Grundlagen des Bildungsmanagements**	**1**
1.1	Bildungsmanagement aus wirtschaftspädagogischer Perspektive	1
1.1.1	Bedeutung und disziplinäre Verortung von Bildungsmanagement	1
1.1.2	Zum Bildungsverständnis	6
1.1.3	Zum Managementverständnis	11
1.2	Erscheinungsformen von Bildungsmanagement	14
1.3	Herausforderungen für das Bildungsmanagement	19
1.4	Handlungsfelder des Bildungsmanagements nach dem St. Galler Management-Modell (SGMM)	22
1.4.1	Einführung und Überblick	22
1.4.2	Außenwelt einer Bildungsorganisation	24
1.4.3	Innenwelt einer Bildungsorganisation	30
1.4.3.1	Sinnhorizonte des Bildungsmanagements	30
1.4.3.2	Gestaltungsebenen: Makro-, Meso- und Mikro-Ebene	31
1.4.3.3	Entwicklungsmodi	33
1.4.4	Fazit	34
1.5	Zusammenfassung	35
	Weiterführende Literatur	38

2	**Sinnhorizonte – normatives, strategisches und operatives Bildungsmanagement**	**39**
2.1	Überblick	39
2.2	Normatives Bildungsmanagement	44
2.2.1	Normative Orientierung: Leitplanken festlegen	44
2.2.2	Normative Orientierung: Zielebene	46
2.2.2.1	Bildungsziele als pädagogische Normen	46
2.2.2.2	Kontext öffentlicher Bildungsauftrag	49
2.2.2.3	Kontext privatwirtschaftlicher Bildungsauftrag	52
2.2.3	Normative Orientierung: Handlungsebene	56
2.2.3.1	Leitbilder als Begründungsbasis für das Handeln in Bildungsorganisationen	56
2.2.3.2	Die lernende Organisation als Leitbild für Bildungsorganisationen	57
2.2.3.3	Programmatische Postulate für Bildungsprogramme	64
2.2.3.4	Leitbilder für Lernende und »Learning Professionals«	66
2.2.4	Von normativen Grundsätzen zur Strategie	69
2.3	Strategisches Bildungsmanagement	70
2.3.1	Strategie: Die richtigen Dinge tun	70
2.3.2	Elemente einer Strategie	72
2.3.2.1	Überblick	72

2.3.2.2	Programm-Portfolio der Bildungsorganisation	74
2.3.2.3	Positionierung der Bildungsorganisation	77
2.3.2.4	Wertschöpfungsprozesse	79
2.3.2.5	Ökonomische Tragfähigkeit/Finanzierung	81
2.3.2.6	Schlussfolgerung	85
2.3.3	Strategisches Programm: Entwicklung von strategischen Handlungsfeldern	86
2.4	Operatives Bildungsmanagement	89
2.4.1	Umsetzung der Bildungsstrategie: Die Dinge richtig tun	89
2.4.2	Operative Kernprozesse zur Umsetzung der Bildungsstrategie	90
2.4.3	Balanced Scorecard (BSC): Ein integrativer Ansatz zur operativen Umsetzung der Strategie	90
2.5	Zusammenfassung	96
2.6	Fallstudie DATEV	98
2.6.1	Einleitung: Das Unternehmen DATEV eG	98
2.6.2	Die innerbetriebliche Bildungsorganisation	99
2.6.3	Der Bildungsauftrag: Abstimmung Personal- und Persönlichkeitsentwicklung	100
2.6.4	Zusammenfassung	102
	Aufgaben	103
	Weiterführende Literatur	104
3	**Makro-Ebene – Bildungsorganisationen gestalten**	105
3.1	Überblick	105
3.2	Institutionelle Kontexte von Bildungsorganisationen	112
3.3	Erhöhung der Entwicklungsfähigkeit von Bildungsorganisationen	119
3.3.1	Überblick	119
3.3.2	Lernen im Fokus: Organisationales und individuelles Lernen	121
3.3.3	Organisation des Lernens: Managementtheoretische und didaktische Organisation	124
3.3.4	Stufen der Organisationsentwicklung zur Gestaltung von Bildungsorganisationen	131
3.4	Analyse und Gestaltung von Strukturen	133
3.4.1	Überblick und Definition von Strukturen	133
3.4.2	Ansätze zur Erfassung von Strukturen	134
3.4.3	Aufbau- und Ablaufstrukturen	140
3.4.3.1	Überblick	140
3.4.3.2	Aufbaustrukturen	141
3.4.3.3	Ablaufstrukturen	145
3.4.4	Zusammenfassung	147
3.5	Analyse und Gestaltung von Kulturen	148
3.5.1	Überblick und Definition von Kulturen	148
3.5.2	Ansätze zur Erfassung von Kulturen	151
3.5.2.1	Überblick	151
3.5.2.2	Funktionalistische Ansätze	152

3.5.2.3	Symbolistische Ansätze	153
3.5.3	Kulturen auf unterschiedlichen System-Ebenen	156
3.5.3.1	Überblick	156
3.5.3.2	Organisationskulturen	157
3.5.3.3	Führungskulturen	161
3.5.3.4	Team- und Kooperationskulturen	163
3.5.3.5	Lehrkultur: Pädagogische Interaktionen	166
3.5.3.6	Individuelle Lernkulturen	169
3.5.4	Fazit	171
3.6	Zusammenfassung: Strukturen und Kulturen von Bildungsorganisationen gestalten	173
3.7	Fallstudie: Lernkultur-Analyse als Ausgangspunkt für die Gestaltung lernförderlicher Rahmenbedingungen – Anwendungsbeispiel Telekom	177
3.7.1	Einleitung	177
3.7.2	Lernkulturmodell	178
3.7.3	Vorgehensweise: Lernkultur-Analyse	180
3.7.4	Zusammenfassung	183
	Aufgaben	185
	Weiterführende Literatur	186
4	**Meso-Ebene – Bildungsprogramme gestalten**	**187**
4.1	Überblick	187
4.2	Bildungsprogramme in unterschiedlichen Kontexten	194
4.3	Erhöhung der Entwicklungsfähigkeit von Bildungsprogrammen	197
4.3.1	Grundlegende Ansätze zur Gestaltung von Bildungsprogrammen	197
4.3.2	Fazit	202
4.4	Gestaltung von Bildungsprogrammen auf der Grundlage eines Strukturmodells	203
4.4.1	Überblick	203
4.4.2	Curriculum-Modelle: Produkt- vs. Prozess-Modelle	204
4.4.2.1	Produkt-Modelle für die Entwicklung von Curricula	205
4.4.2.2	Prozess-Modelle für die Entwicklung von Curricula	209
4.4.3	Kompetenzentwicklung in informellen Kontexten: Die »Planung des Zufalls«?	216
4.4.4	Fazit	221
4.5	Gestaltung von Bildungsprogrammen auf der Grundlage eines Prozessmodells	224
4.5.1	Überblick	224
4.5.2	Analyse	226
4.5.3	Design	233
4.5.3.1	Curriculum des Bildungsprogramms bestimmen	233
4.5.3.2	Lernsituationen entwickeln	234
4.5.3.3	Sequenzierung	238

4.5.3.4	Blended Learning Designs: Transferorientierte Gestaltung von Bildungsmaßnahmen	239
4.5.3.5	Designs zur Verbindung von Lernen in formellen und informellen Kontexten	243
4.5.4	Umsetzung	246
4.5.4.1	Maßnahmen entwickeln	246
4.5.4.2	Lernressourcen beschaffen bzw. produzieren	247
4.5.5	Durchführung	249
4.5.6	Evaluation	250
4.5.7	Fazit	254
4.6	Gestaltung von Bildungsprogrammen auf der Grundlage eines Kommunikationsmodells	255
4.6.1	Überblick	255
4.6.2	Kommunikationsmanagement schulischer Bildungsprogramme	257
4.6.2.1	Anspruchsgruppengerechte Kommunikation	257
4.6.2.2	Dialogorientierte Kommunikationsformen	260
4.6.3	Kommunikationsmanagement betrieblicher Bildungsprogramme	262
4.6.3.1	Anspruchsgruppengerechte Kommunikation	262
4.6.3.2	Dialogorientierte Kommunikation	264
4.6.4	Fazit	265
4.7	Zusammenfassung: Bildungsprogramme gestalten	267
4.8	Fallstudie Hewlett Packard	269
4.8.1	Einleitung	269
4.8.2	Bildungsmaßnahmen in formellen und informellen Kontexten	270
4.8.3	Schlussfolgerungen: Veränderte didaktische Wertschöpfungskette und Rollen	272
4.8.4	Zusammenfassung	274
	Aufgaben	275
	Weiterführende Literatur	276

5	**Mikro-Ebene – Kompetenzentwicklung von Learning Professionals gestalten**	**277**
5.1	Überblick	277
5.2	Kompetenzentwicklung von Learning Professionals als integraler Bestandteil des Bildungsmanagements in Organisationen	282
5.2.1	Learning Professionals in unterschiedlichen Kontexten	282
5.2.2	Gestiegene Bedeutung der Lern- und Entwicklungsfähigkeit von Learning Professionals	287
5.2.3	Professionalisierung als kontinuierlicher Entwicklungsprozess	288
5.2.4	Fazit	293
5.3	Kompetenzentwicklung des Bildungspersonals i. e. S. (Lehrpersonen)	295
5.3.1	Kompetenzentwicklung des schulischen Bildungspersonals	295
5.3.1.1	Neue Herausforderungen	295
5.3.1.2	Kompetenzentwicklung in formellen und informellen Kontexten	298

5.3.1.3	Gestaltung der Rahmenbedingungen für die Kompetenzentwicklung von Lehrpersonen	307
5.3.2	Kompetenzentwicklung des betrieblichen Bildungspersonals	309
5.3.2.1	Neue Herausforderungen	309
5.3.2.2	Kompetenzentwicklung in formellen und informellen Kontexten	312
5.3.2.3	Gestaltung der Rahmenbedingungen für die Kompetenzentwicklung des betrieblichen Bildungspersonals	313
5.3.3	Fazit	314
5.4	Kompetenzentwicklung von Lernunterstützern: Führungskräfte als Lernpromotoren	315
5.4.1	Die Bedeutung von personalen Unterstützungssystemen beim Lernen in formellen und informellen Kontexten	315
5.4.2	Die Rolle von Führungskräften in Bildungsprozessen	316
5.4.2.1	Neue Anforderungen	316
5.4.2.2	Chancen und Grenzen einer kompetenzförderlichen Führungsarbeit	317
5.4.2.3	Handlungsbereiche für Führungskräfte	319
5.4.2.4	Implementationsstrategien für die Einbindung von Führungskräften in Bildungsprozesse	324
5.4.3	Fazit	327
5.5	Zusammenfassung: Kompetenzentwicklung der Learning Professionals gestalten	329
5.6	Fallstudie IBM: Einbindung von Führungskräften in Bildungsprozesse	331
5.6.1	Einleitung	331
5.6.2	Verantwortung von Führungskräften für die Mitarbeiter- und Organisationsentwicklung	331
5.6.3	Handlungsbereiche für Führungskräfte	332
5.6.4	Unterstützung der Führungskräfte durch das Bildungsmanagement	336
5.6.5	Kompetenzentwicklung von Führungskräften für ihre Rolle als Lernpromotor	336
5.6.6	Beurteilung der Führungskräfte als personale Unterstützungskomponente	338
	Aufgaben	339
	Weiterführende Literatur	339
6	**Entwicklungsmodi – Optimierung und Erneuerung**	**341**
6.1	Überblick	341
6.2	Entwicklungsorientierte Managementaufgaben in Bildungsorganisationen	347
6.2.1	Gestiegene Bedeutung der Entwicklungs- und Innovationsfähigkeit von Bildungsorganisationen	347
6.2.2	Bestehendes bewerten und weiterentwickeln: Zur Abgrenzung von Qualitätsmanagement, Bildungscontrolling und Evaluation	350

6.2.3	Neues implementieren: Zur Abgrenzung von Innovations-, Veränderungs- und Projektmanagement	351
6.2.4	Fazit: Umgang mit dem Spannungsfeld Optimierung vs. Erneuerung	353
6.3	Kontinuierliche Verbesserung der Qualität	354
6.3.1	Ausgangspunkte: Grundfragen für Qualitätsentwicklung und Bildungscontrolling	354
6.3.1.1	Was ist »Qualität«?	354
6.3.1.2	Wer bestimmt die Qualitätsziele?	355
6.3.1.3	Was ist der Gegenstand von Bildungsqualität?	356
6.3.1.4	Wer überprüft das Erreichen von Qualitätszielen und wie geschieht dies?	357
6.3.1.5	Bildungscontrolling: Wer betreibt es mit welchem Ziel?	358
6.3.1.6	Die Schwierigkeit von Ursache-Wirkungs-Zusammenhängen	359
6.3.2	Grundlegende Ansätze für ein Qualitätsmanagement und Bildungscontrolling	361
6.3.2.1	Ansätze für ein Qualitätsmanagement	361
6.3.2.2	Ansätze für ein Kennzahlen-gestütztes Bildungscontrolling	363
6.3.2.3	Entwicklungsorientierter Ansatz: Bestehendes beurteilen und weiterentwickeln	365
6.3.3	Phasenmodell: Kontinuierliche Verbesserung gestalten	367
6.3.3.1	Überblick	367
6.3.3.2	Planung	368
6.3.3.3	Ermittlung des aktuellen Stands	373
6.3.3.4	Ergebnisse, Konsequenzen und Maßnahmen	379
6.3.4	Fazit: Kontinuierliche Verbesserung gestalten	380
6.3.5	Fallbeispiel: Evaluation von Bildungsmaßnahmen bei der DATEV	381
	Aufgaben	384
6.4	Innovationen bewerten und implementieren	384
6.4.1	Ausgangspunkte: Grundfragen für Innovationsmanagement	384
6.4.1.1	Was sind Bildungsinnovationen?	384
6.4.1.2	Was ist der Gegenstand von Innovationen (objektive Dimension)?	385
6.4.1.3	Was bedeutet »neu« (objektive Dimension und Innovationsgrad)?	386
6.4.1.4	Für wen ist die Innovation neu (subjektive Dimension)?	387
6.4.1.5	Ist das Neue erfolgreich (normative Dimension)?	388
6.4.1.6	Wo beginnt, wo endet die Innovation (prozessuale Dimension)?	389
6.4.2	Grundlegende Strategien für die Implementierung von Innovationen	390
6.4.3	Phasenmodell: Innovationsprozesse gestalten	391
6.4.3.1	Überblick	391
6.4.3.2	Inventionsphase: Konzeptionelle Ideengenerierung	393
6.4.3.3	Innovations-/Implementationsphase	394
6.4.3.4	Diffusionsphase	394
6.4.4	Fazit: Innovationsprozesse gestalten	399
6.4.5	Fallbeispiel: Innovationsmanagement bei CYP	401

6.4.5.1	Einleitung	401
6.4.5.2	Bildungskonzept Connected Learning	401
6.4.5.3	Innovationsprojekt Future Learning	402
	Aufgaben	406
6.5	Begleitende Veränderungsprozesse gestalten	406
6.5.1	Ausgangspunkte: Grundfragen für ein Veränderungsmanagement	406
6.5.1.1	Was sind Veränderungen?	406
6.5.1.2	Wer sind die »Betroffenen«?	408
6.5.1.3	Wer sind die Akteure des Wandels?	408
6.5.1.4	Welche Arten und Quellen von Widerständen sind möglich?	412
6.5.2	Grundlegende Ansätze des Veränderungsmanagements	414
6.5.3	Phasenmodell: Veränderungsprozesse begleiten	415
6.5.3.1	Überblick	415
6.5.3.2	Problemdefinition	416
6.5.3.3	Wandeldesign: Strategieentwicklung	416
6.5.3.4	Operative Gestaltung: Diagnose	419
6.5.3.5	Operative Gestaltung: Interventionen als Maßnahmen für begleitende Veränderungen	422
6.5.3.6	Begleitende Prozessreflexion	425
6.5.4	Fazit: Veränderungsprozesse begleiten	425
6.5.5	Fallbeispiel Lufthansa School of Business: Umgang mit Veränderungen	426
	Aufgaben	430
6.6	Zusammenfassung: Kontinuierliche Verbesserungs- und Innovationsprozesse gestalten	431
	Weiterführende Literatur	433

Leitfragen	435
Kapitel 1 Grundlagen	435
Kapitel 2 Sinnhorizonte	435
Kapitel 3 Makro-Ebene	436
Kapitel 4 Meso-Ebene	436
Kapitel 5 Mikro-Ebene	437
Kapitel 6 Entwicklungsmodi	438
Literaturverzeichnis	439
Sachwortregister	463

Leserhinweise

Das leserfreundliche Layout dieses Lehrbuchs verdeutlicht die inhaltliche Struktur des Buches, vermittelt Orientierung und erleichtert das Lernen und Arbeiten mit dem Text in vielfältiger Weise.

Marginalien: Marginalien direkt neben dem Text führen stichwortartig durch die wesentlichen Inhalte des jeweiligen Kapitels. Sie dienen der ersten Orientierung, verdeutlichen die Gliederung des Textes und fassen diesen zusammen. Darüber hinaus helfen die Marginalien, bestimmte Schlagworte und Abschnitte rasch aufzufinden. Außerdem finden Sie hier in der Randspalte zusätzlichen Platz für eigene Notizen.

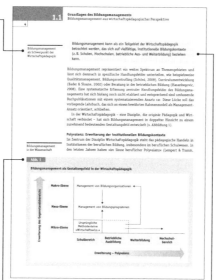

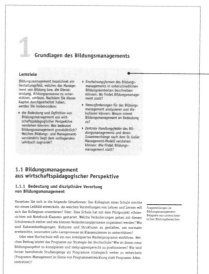

Abbildungen: Die zahlreichen Abbildungen veranschaulichen und ergänzen die im Text beschriebenen Sachverhalte. Im Text wird jeweils auf die Abbildungen Bezug genommen und an gegebener Stelle auf diese verwiesen.

Definitionen: Zentrale Begriffe werden in besonders hervorgehobenen Textkästen erläutert. Sie sind zum gezielten Lernen besonders geeignet.

Lernziele: Jedes Kapitel verfolgt mehrere »Lernziele«, die jeweils zu Beginn des betreffenden Abschnitts aufgeführt sind. Diese Lernziele stimmen inhaltlich auf die nun folgenden Themen ein und verweisen auf die zu erwerbenden Kenntnisse und Fähigkeiten.

Leserhinweise

Exkurse/Beispiele: Aufschlussreiche Fallbeispiele, Anwendungen in der Praxis und Forschungsergebnisse veranschaulichen die Theorie und sind ebenfalls gesondert hervorgehoben.

Literaturverzeichnis: Die Literaturverweise stehen direkt im Text, und zwar unter Nennung der Autoren und des Erscheinungsjahres. Literaturempfehlungen zur Themenvertiefung stehen am Ende jedes Kapitels. Im Literaturverzeichnis im hinteren Teil des Buches sind sämtliche Literatur- und Quellenangaben vollständig aufgeführt.

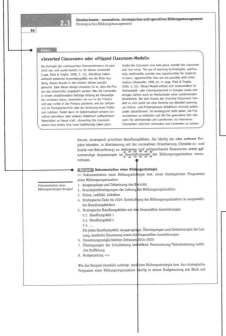

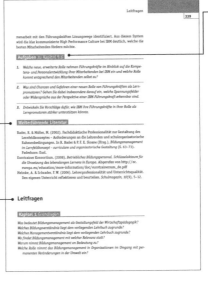

Aufgaben: Am Ende jedes Kapitels werden mittels zahlreicher Wiederholungsfragen die zentralen Elemente und Zusammenhänge der vorangegangenen Abschnitte abgefragt und angewendet. Bitte beantworten Sie zuerst selbständig die Fragen und schauen Sie erst dann im jeweiligen Kapitel nach. Der Lerneffekt ist auf diese Weise umso größer. Sollten Sie auf Wissenslücken oder Unsicherheiten stoßen, wird empfohlen, die entsprechenden Abschnitte nochmals genau durchzuarbeiten und zu wiederholen.

Sachwortregister: Das Sachwortregister am Ende des Buches dient zum raschen Auffinden von Begriffen, Instrumenten und Definitionen.

Leitfragen: Eine Sammlung von Leitfragen am Ende des Bands zu allen Kapiteln erlaubt die Wiederholung des Lernstoffs im Zusammenhang. Die Leitfragen eigenen sich besonders zur Prüfungsvorbereitung. Skizzieren Sie die Antworten am besten schriftlich und gleichen Sie sie anschließend mit der Buchdarstellung ab.

Zusammenfassungen (ohne Abbildung): Am Ende von Kapiteln und Unterkapiteln findet der Leser kompakte Wiederholungen der wichtigsten Inhalte der vorangehenden Abschnitte. Die Zusammenfassungen können auch gut zur Prüfungsvorbereitung oder zum raschen »Aufwärmen« bereits vor längerer Zeit durchgearbeiteter Kapitel genutzt werden.

1 Grundlagen des Bildungsmanagements

Lernziele

Bildungsmanagement bezeichnet ein Gestaltungsfeld, welches das Management von Bildung bzw. die Dienstleistung, Bildungsprozesse zu unterstützen, umfasst. Nachdem Sie dieses Kapitel durchgearbeitet haben, werden Sie insbesondere:

- die *Bedeutung* und *Definition* von Bildungsmanagement aus wirtschaftspädagogischer Perspektive verstehen können: *Was* bedeutet Bildungsmanagement grundsätzlich? Welches Bildungs- und Managementverständnis liegt dem vorliegenden Lehrbuch zugrunde?

- *Erscheinungsformen* des Bildungsmanagements in unterschiedlichen Bildungskontexten beschreiben können: *Wo* findet Bildungsmanagement statt?

- *Herausforderungen* für das Bildungsmanagement analysieren und diskutieren können: *Warum* nimmt Bildungsmanagement an Bedeutung zu?

- Zentrale *Handlungsfelder* des Bildungsmanagements und deren Zusammenhänge nach dem St. Galler Management-Modell verstehen können: *Wie* findet Bildungsmanagement statt?

1.1 Bildungsmanagement aus wirtschaftspädagogischer Perspektive

1.1.1 Bedeutung und disziplinäre Verortung von Bildungsmanagement

Versetzen Sie sich in die folgende Situation: Das Kollegium einer Schule möchte ein neues Leitbild entwickeln. An welchen Vorstellungen von Lehren und Lernen will sich das Kollegium orientieren? Oder: Eine Schule hat mit dem Pilotprojekt »Unterrichten mit Notebook-Klassen« gestartet. Welche Veränderungen gehen mit diesem Schulversuch einher und wie können Veränderungsprozesse organisiert werden? Wie sind Rahmenbedingungen, Kulturen und Strukturen zu gestalten, um normativ erwünschte, innovative Lehr-Lernprozesse im Klassenzimmer zu unterstützen?

Oder eine Hochschule will ein neu konzipiertes Masterprogramm einführen. Welchen Beitrag leistet das Programm zur Strategie der Hochschule? Wie ist dieses neue Bildungsangebot zu konzipieren und zielgruppengerecht zu positionieren? Wie sind ferner bestehende Studiengänge als Programme strategisch weiter zu entwickeln (Programm-Management im Sinne von Programmentwicklung statt Programm-Administration)?

Fragestellungen im Bildungsmanagement: Beispiele aus unterschiedlichen Bildungsbereichen

Grundlagen des Bildungsmanagements
Bildungsmanagement aus wirtschaftspädagogischer Perspektive

Oder stellen Sie sich vor, dass eine Firmenakademie, eine sogenannte Corporate University, ein Qualitätsmanagement entwickelt, um die nachhaltige Wirkung ihrer Bildungsangebote zu erhöhen. Was versteht man unter einer Corporate University? Wie ist Qualität im Bildungsbereich zu definieren? Wie können Bildungsmaßnahmen evaluiert werden? Wie kann die Qualität von Bildungsorganisationen und Bildungsmaßnahmen entwickelt werden? Wie kann der Transfer des Gelernten in Bildungsmaßnahmen unterstützt werden, um die Wirksamkeit von Bildungsmaßnahmen am Arbeitsplatz zu erhöhen?

Gesellschaftliche und neue technologische Entwicklungen führen auch im Schulalltag zu gewaltigen Veränderungen. Da Jugendliche ihr Privatleben mit einer großen Selbstverständlichkeit immer mehr öffentlich darstellen, wird auch das Klassenzimmer zunehmend öffentlich. Schülerinnen und Schüler tauschen sich auf Facebook aus und wollen sich mit ihren Lehrpersonen vernetzen. Was bedeuten diese Entwicklungen für eine öffentliche Schule in der Kommunikation mit ihren Anspruchsgruppen, wie z. B. Lernende, Eltern, Lehrerverbände, Behörden? Braucht es beispielsweise Verhaltensregeln für Lehrpersonen im Umgang mit Facebook? Lehrbetriebe werben heutzutage immer häufiger auf YouTube um Auszubildende, Weiterbildungsanbieter entwickeln neue Kommunikationsstrategien und Bildungsmarketing-Konzepte via Social Media. Ob und ggf. wie sollte ein Bildungsanbieter in Facebook vertreten sein? Wie kann sich ein Bildungsanbieter im Internet auf dem Bildungsmarkt differenzieren?

Diese Fragenkomplexe konturieren beispielhaft, mit welchen Themen sich Bildungsmanagement beschäftigen kann. Einige davon sind Dauerbrenner (z. B. Qualitätsentwicklung), andere ergeben sich aus aktuellen Entwicklungen heraus (z. B. Umgang mit Social Media). Diese Fragestellungen werden zu Beginn jeden Kapitels als Beispiele wieder aufgenommen, um die Schwerpunkte der Themen im Kapitel zur Bearbeitung der Fragen zu illustrieren.

Bildungsmanagement – Definition

Bildungsmanagement kennzeichnet zentrale Entwicklungsaufgaben in Bildungsorganisationen, um Bildungsdienstleistungen anspruchsgruppengerecht anzubieten und kontinuierlich weiter zu entwickeln.

Der ökonomische Wert von Bildung ist in den letzten Jahren stetig gestiegen und so sehen wir uns heute einem großen Bildungsmarkt mit äußerst vielfältigen, wettbewerbsorientierten Angeboten und Aktivitäten sowohl öffentlicher wie auch privater Anbieter gegenüber. Firmen etablieren Profit Center, welche die unternehmenseigenen Bildungsaktivitäten koordinieren und vermarkten. Schulen bieten immer neue Dienstleitungen im Bildungsbereich an. Gleichzeitig versuchen weitere Organisationen wie Verbände oder private Bildungsanbieter sich auf dem Markt zu positionieren. Es entstehen Kooperationen in Form von Netzwerken oder Kompetenzzentren (Wilbers, 2004). Bildung wird zu einem Produkt, das auf Kundenbedürfnisse hin ausgerichtet, budgetiert, organisiert und mit Hilfe von Marketingkonzepten vertrieben bzw. auf dem Bildungsmarkt möglichst vorteilhaft gegenüber der Konkurrenz positioniert werden soll. Während ökonomische Denkweisen bei privaten Bildungsanbietern schon immer Berücksichtigung gefunden haben, sind sie nun

Bildungsmanagement aus wirtschaftspädagogischer Perspektive

auch im öffentlichen Bildungsbereich auf dem Vormarsch. Private Angebote rund um die öffentliche Schule, wie z. B. Schulausbildungen für eine internationale Schülerschaft mit Unterrichtssprache Englisch, sowie der zunehmende Wettbewerbsdruck unter den Hochschulen erhöhen den Legitimationsdruck für die öffentlich finanzierten Bildungsdienstleister. Die Notwendigkeit, sich mit Fragen des Bildungsmanagements auseinanderzusetzen, ist somit heutzutage für alle Bildungsorganisationen im privaten wie auch im öffentlichen Bereich gegeben.

Bildungsmanagement ist noch ein relativ neues Themengebiet, das sich seit den 1990er-Jahren rasant entwickelt hat, wie die zahlreichen Publikationen rund um das Bildungsmanagement sowie auch die Einrichtung entsprechender Masterstudiengänge aufzeigen (Gessler, 2009, S. 14). In der Literatur wird Bildungsmanagement je nach Herkunft der Autoren disziplinär unterschiedlich verankert. Einige Autoren sehen darin eine eigene Disziplin bzw. eine eigenständige Domäne, die einen »abgrenzbaren beruflichen Handlungsbereich« (Gessler, 2009, S. 14) definiert und innerhalb der Domäne in weitere Handlungsfelder präzisiert werden kann (wie z. B. Behrmann, 2006; Gütl, Orthey & Laske, 2006; Gessler, 2009). Im vorliegenden Lehrbuch wird Bildungsmanagement hingegen nicht als eigene Disziplin oder abgegrenzte Domäne, sondern als ein Teilbereich der Wirtschaftspädagogik verstanden.

Die kontextuellen Bezüge können im Bildungsmanagement stark variieren: Während einige Autoren sektorenspezifische Bildungsmanagement-Ansätze verfolgen, wie z. B. Hanft (2009), die sich auf das Bildungsmanagement von Hochschulen fokussiert, wird Bildungsmanagement häufig sektorenübergreifend definiert (Behrmann, 2006; Gessler, 2009). Bildungsmanagement aus Sicht der Wirtschaftspädagogik kann sektorenübergreifende Bezüge herstellen, wie es im vorliegenden Lehrbuch der Fall ist. Auf sektorspezifische Besonderheiten wird jeweils im Rahmen der zahlreichen Fallbeispiele eingegangen, um die Anwendung des generischen Bildungsmanagement-Ansatzes zu erleichtern.

Tab. 1

Verortung des vorliegenden Bildungsmanagement-Lehrbuchs

Sektoren Handlungsfelder	Sektorspezifisch (z.B. nur Schulen, Hochschulen, Unternehmen)	Sektorübergreifend (für alle Bildungs- organisationen)
Systematischer Ansatz aller Handlungsfelder	z.B. Bildungsmanagement in Hochschulen/ Hochschulentwicklung	vorliegendes Lehrbuch, Bildungsmanagement in Bildungsorganisationen: Schule, Hochschule, Betriebe
Fokus auf spezifische Handlungsfelder	z.B. Qualitätsmanagement in Schulen	z.B. Qualitätsmanagement in Bildungsorganisationen

Bildungsmanagement – Ansätze

1.1 Grundlagen des Bildungsmanagements
Bildungsmanagement aus wirtschaftspädagogischer Perspektive

Bildungsmanagement als Schwerpunkt der Wirtschaftspädagogik

Bildungsmanagement kann als ein Teilgebiet der Wirtschaftspädagogik betrachtet werden, das sich auf vielfältige, institutionelle Bildungskontexte (z. B. Schulen, Hochschulen, betriebliche Aus- und Weiterbildung) beziehen kann.

Bildungsmanagement repräsentiert ein weites Spektrum an Themengebieten und lässt sich demnach in spezifische Handlungsfelder unterteilen, wie beispielsweise Qualitätsmanagement, Bildungscontrolling (Schöni, 2009), Curriculumentwicklung (Bader & Sloane, 2002) oder Beratung in der betrieblichen Bildung (Hasanbegovic, 2008). Eine systematische Erfassung zentraler Handlungsfelder des Bildungsmanagements hat sich bislang noch nicht etabliert und entsprechend sind umfassende Buchpublikationen mit einem systematisierenden Ansatz rar. Diese Lücke soll das vorliegende Lehrbuch, das sich an einem bewährten Rahmenmodell als Management-Ansatz orientiert, schließen.

In der Wirtschaftspädagogik – eine Disziplin, die originär Pädagogik und Wirtschaft verbindet – hat sich Bildungsmanagement in doppelter Hinsicht zu einem zunehmend bedeutenden Gestaltungsfeld entwickelt (s. Abbildung 1).

Polyvalenz: Erweiterung der institutionellen Bildungskontexte

Bildungsmanagement in der Wissenschaft

Im Zentrum der Disziplin Wirtschaftspädagogik steht das pädagogische Handeln in Institutionen der beruflichen Bildung, insbesondere im beruflichen Schulwesen. In den letzten Jahren haben »im Sinne beruflicher Polyvalenz« (Lempert & Tramm,

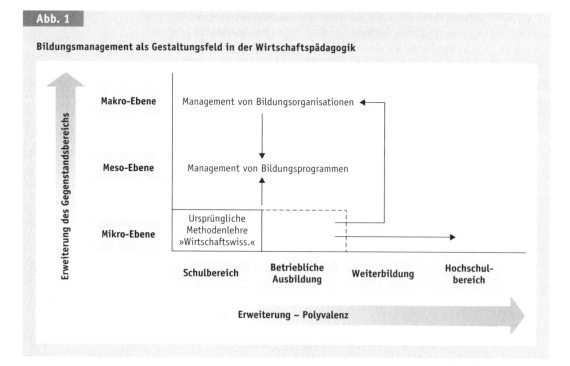

Abb. 1: Bildungsmanagement als Gestaltungsfeld in der Wirtschaftspädagogik

Bildungsmanagement aus wirtschaftspädagogischer Perspektive

2010, S. 50) auch Tätigkeiten benachbarter Bereiche wie der betrieblichen Personalentwicklung oder der Kompetenzentwicklung in Hochschulen in der Wirtschaftspädagogik an Bedeutung gewonnen. Entstand die Disziplin ursprünglich als Methodenlehre der Betriebs- und Volkswirtschaftslehre und war später schwerpunktmäßig im Schulbereich verankert, so ist sie heute in allen Bildungskontexten der Kompetenzentwicklung der schulischen und betrieblichen Aus- und Weiterbildung zugegen (Diettrich & Vonken, 2009).

Mehr als das Klassenzimmer: Erweiterung des Gegenstandbereichs
Nach wie vor ist das, was im Klassenzimmer geschieht, zentraler Gegenstand von Forschung und Lehre der Wirtschaftspädagogik (Mikro-Ebene). Allerdings hat sich der Fokus zunehmend erweitert: Rahmenbedingungen der Institution zu gestalten, Strukturen und Kulturen zu entwickeln, damit normativ erwünschte Lehr-Lernprozesse stattfinden können, ist das originär entstandene Themenfeld des Bildungsmanagements innerhalb der Wirschaftspädagogik. Neuerdings gewinnt darüber hinaus die Zwischenstufe der Meso-Ebene zunehmend an Bedeutung. Auf der Meso-Ebene steht die Gestaltung von Bildungsprogrammen, wie z. B. Studiengänge, Qualifizierungsprogramme in Betrieben, im Vordergrund. Die pädagogische Dimension einer Bildungsmaßnahme wird somit im Rahmen eines umfassenden Bildungsmanagements um ökonomische und normative Fragen der Rahmengestaltung für das didaktische Handeln ergänzt (Euler, 2005c).

Bildungsmanagement setzt folglich »Bildung« und »Management« mit ihren unterschiedlichen Rationalitäten miteinander in Bezug, um pädagogische und ökonomische Prinzipien auf die Gestaltung von Bildungsprozessen anzuwenden. Die Ausbalancierung von pädagogischen Zielen (Persönlichkeitsentwicklung) und ökonomischen Zielen (Wirtschaftlichkeit) bildet das fortlaufende Spannungsfeld eines reflexiven Bildungsmanagements. Ein reflexives Bildungsmanagement bedeutet dabei, dieses Spannungsfeld bewusst und reflektiert aufzunehmen, dabei weder eine Konvergenz zwischen pädagogischen und ökonomischen Prinzipien noch eine unvereinbare Divergenz anzunehmen, sondern vielmehr nach gestaltbaren Bedingungen und deren Grenzen zu suchen (Arnold, 1995; Gessler, 2009).

> Bildungsmanagement stellt einen Bezug her zwischen pädagogischen und ökonomischen Zielrationalitäten sowie Prinzipien in einer Bildungsorganisation. Ein reflexives Bildungsmanagement nimmt das Spannungsfeld zwischen Pädagogik und Ökonomie bewusst auf, um adäquate Gestaltungslösungen innerhalb gegebener Grenzen zu entwickeln.

Bildungsmanagement im Spannungsfeld zwischen Ökonomie und Pädagogik

Bildungsmanagement benötigt eine doppelte theoretische Fundierung, einerseits in der Pädagogik (Erziehungswissenschaft), andererseits in der Managementwissenschaft. Ein ausdifferenziertes Verständnis von Bildungsmanagement setzt daher die weitere Klärung der beiden Begriffe Bildung und Management voraus.

1.1.2 Zum Bildungsverständnis

Wann ist jemand gebildet? Ist jemand gebildet, der möglichst viel Wissen enzyklopädisch angehäuft hat (viel Wissen hat)? Oder wer Goethe und Schiller gelesen hat und an ihnen sittlich gereift ist (wertvolles Wissen besitzt)? Eine derartige Bildungsdis-

---

Exkurs

Ursprünge des Bildungsbegriffes

Vermutlich geht der Begriff auf den Theologen Eckhart von Hochheim (1260-1328), bekannt als Meister Eckhart, auch Eckehart, zurück. Zur damaligen Zeit wird Bildung religiös gedeutet: Durch Bildung soll der Mensch zum Abbild Gottes werden. Der Einzug des Begriffs in die Pädagogik stellt die subjektive Wende dar (die Hinwendung zum Individuum). Der Mensch soll sich nun nicht mehr zum Abbild Gottes entwickeln, sondern das Ziel ist die menschliche Vervollkommnung. So postulierte Johann Gottlieb Fichte (1808) in seinen Reden, dass eine Person vollkommen sei, wenn eine Harmonie zwischen »Herz, Geist und Hand« nach dem Vorbild von Johann Heinrich Pestalozzi bestehe (Fichte, 1808, zit. in Bollenbeck, 1994, S. 160). Nach dieser sogenannten subjektiven Wende erfuhr der Bildungsbegriff Anfang des 19. Jahrhunderts eine programmatische Wende mit dem Bildungsreformer Wilhelm von Humboldt, der Bildung für jeden zugänglich machen wollte. Bildung wurde somit zum Programm und ein messbares Gut. Allgemeine Menschenbildung dürfe nie als Mittel zum Zweck gedacht (und benutzt) werden. Humboldts Bildungsziel ist vielmehr die Erziehung zum kritischen und selbstständigen Staats- bzw. Weltbürger. Zum Weltbürger werden heißt seiner Ansicht nach, sich mit den großen Menschheitsfragen auseinanderzusetzen, sich um Frieden, Gerechtigkeit, um den Austausch der Kulturen, um andere Geschlechterverhältnisse oder um eine andere Beziehung zur Natur zu bemühen.

Seit Wilhelm von Humboldt wurde der Bildungsbegriff in der Theorie und der Programmatik erweitert. Dem Wort Bildung kommt seit dem Anfang des 19. Jahrhunderts das Moment der Selbständigkeit, also des »Sich-Bildens der Persönlichkeit« zu (Hentig, 2009). Aus dieser Zeit stammt auch die Leitidee, Allgemeinbildung mit dem Bildungskanon gleichzusetzen. Es entwickelt sich ein Bildungsbegriff, welcher den klassischen Inhalten Latein, Griechisch und Deutsch im Vergleich zu Naturwissenschaften und handlungsorientiertem Wissen eine übermäßig hohe Bedeutung zumisst. Somit herrscht die Frage vor, was der richtige Bildungskanon im Sinne einer »materialen Bildung«, der Bildungstheorie des Klassischen im Spannungsfeld zur berufsbezogenen Bildung sei.

Eine Neuauslegung des Bildungsbegriffes nahm Wolfgang Klafki in den 1960er-Jahren mit seiner kategorialen Bildungstheorie vor. Klafki (1973) übernahm den Humboldt'schen Bildungsbegriff (im Sinne von »sich bilden«), jedoch war ihm der bildungstheoretische Enzyklopädismus zu einseitig ausgerichtet. Während rein materiale Bildungstheorien dazu führen würden, dass der Mensch keine Unterscheidung zwischen »wertvollem« und »wertlosem« Wissen treffen könne, liefern rein formale Bildungstheorien keine Anhaltspunkte, durch welche Bildungsinhalte die inneren Kräfte der Menschen gebildet werden sollten: Sie wären inhaltslos und könnten ins Extrem eines reinen Trainings für Fertigkeiten geraten (z. B. Rezepte vermitteln in der Lehrerausbildung, »mechanistisches« Unterrichten nach einem technokratischen Verständnis des Lehrerberufs). Im Unterschied zu diesen einseitigen Perspektiven beruht Klafkis Konzept der »kategorialen Bildung« auf der Annahme, dass Bildung nur möglich wird, wenn beide Momente eingeschlossen sind: Die Objektivität der Welt und die Subjektivität des Individuums. Nach Klafki ist Bildung als Ganzes zu sehen. Sein Modell umfasst sowohl formale als auch materiale Momente, die sich zugleich wechselseitig begrenzen. Klafki (1973) begründet die kategoriale Bildungstheorie in dieser doppelten Sichtweise: »Bildung ist kategoriale Bildung in dem Doppelsinn, dass sich dem Menschen eine Wirklichkeit ›kategorial‹ erschlossen hat und dass eben damit er selbst – dank der selbst vollzogenen ›kategorialen‹ Einsichten, Erfahrungen und Erlebnisse – für diese Wirklichkeit erschlossen hat« (S. 44). Einfacher formuliert bedingen sich damit zwei Perspektiven wechselseitig: Die Wirklichkeit erschließt sich dem Lernenden oder wird ihm erschlossen (die Objektivität der Welt). Der Lernende erschließt sich seinerseits der Wirklichkeit (die Subjektivität des Individuums).

Klafki stellt materiale und formale Bildung nicht einfach additiv nebeneinander, sondern möchte diese mit der kategorialen Bildung in Einklang bringen. Bildung in diesem Sinne meint die Fähigkeit, sich einen Sachverhalt zu erschließen bzw. etwas zu erlernen sowie durch erlernte Methoden sich Sachverhalte und Fähigkeiten anzueignen und darüber hinaus, seine eigenen Fähigkeiten zu entdecken. Alle Bestandteile von Bildung anzusprechen gelingt

Fortsetzung auf Folgeseite

Fortsetzung von Vorseite
über sogenannte Bildungskategorien. Im Unterricht sollen repräsentative Themen und Inhalte behandelt werden, die dem Schüler allgemeine bzw. exemplarische Einsichten vermitteln. Die Bearbeitung der Unterrichtsinhalte soll dem Lernenden die Möglichkeit geben, die so gewonnenen Einsichten selbstständig auf andere, ähnliche Fälle zu übertragen. Klafkis Allgemeinbildungskonzept der epochaltypischen Schlüsselprobleme ist ein Vorläufer für heutige didaktische Ansätze, Kernprobleme unserer Zeit im Kontext des problemorientierten Unterrichts aufzunehmen. Die didaktische Herausforderung besteht dann darin, derartige Bildungskategorien zu finden, die sich nach den drei Kriterien Gegenwarts-, Zukunftsbedeutung und exemplarische Bedeutung begründen lassen (Klafki, 1993, S. 275).

▸ Klafkis Bildungstheorie kann als Parallele zum später, aus der volkswirtschaftlichen Perspektive des Beschäftigungssystems entstandenen Konzept der Schlüsselqualifikationen von Dieter Mertens (1974) gesehen werden. In der beruflichen Bildung sind seit jeher zwei Perspektiven von zentraler Relevanz:

a) Die *ökonomische Perspektive des Beschäftigungssystems* mit der Fragestellung, welche Qualifikationen heute und künftig auf dem Arbeitsmarkt nachgefragt werden, um die Anforderungen der Betriebe zu bewältigen (Perspektive der Volkswirtschaft, der Betriebe). Die betriebswirtschaftliche Sicht zielt auf die Verwertung der Arbeitskraft unter ökonomischen Gesichtspunkten im Rahmen der Personalentwicklung ab.

b) Die *Perspektive des Bildungssystems* mit der pädagogischen Zielsetzung der Persönlichkeitsentwicklung, d. h. Individuen mit solchen Kompetenzen auszustatten, die nicht auf eine eng definierte, arbeitsmarktorientierte Verwendung der Qualifikationen ausgerichtet sind. Die pädagogische Sicht auf den Menschen zielt also auf die Entwicklung seiner Subjektivität ab.

Mit dem Konzept der Schlüsselqualifikationen schaffte Mertens die Grundlage für eine Annäherung zwischen den beiden Perspektiven des Bildungs- und des Beschäftigungssystems: Zum einen wurden neben der Vermittlung von Spezialistenwissen der verstärkte Aufbau von sogenannten Schlüsselqualifikationen vorgeschlagen, um damit den Bedarf von Betrieben und des Arbeitsmarkts flexibel und zukunftsgerecht zu decken. Zum anderen erfolgte mit der »realistischen Wende« in den Erziehungswissenschaften eine Neubestimmung des Bildungsbegriffes, weg von einer »realitätsfernen Überhöhung eines kulturpädagogischen Bildungsbegriffes« (Euler & Hahn, 2007, S. 204) hin zu einem anwendungsbezogenen Bildungsbegriff. Neben fachlichen Kompetenzen wurden somit fachübergreifende bzw. überfachliche Kompetenzen bedeutsam. In diesem Ansatz werden Schlüsselqualifikationen als Erweiterung zu fachlichen Kompetenzen (nicht als isolierte Zielkomponenten) konzipiert. Schlüsselqualifikationen als »Meta-Wissen im Umgang mit Fachwissen« (Euler & Hahn, 2007, S. 209) werden in Bezug auf bestimmte Inhalte und notwendigerweise innerhalb bestimmter Situationskontexte erworben und angewendet. Es ist maßgeblich das Verdienst von Mertens, mit seinem Konzept der Schlüsselqualifikationen die Bedeutung überfachlicher Kompetenzen aufzuzeigen. Die Ähnlichkeiten der formalen, methodischen Bildung zum Konzept der Schlüsselqualifikationen und der überfachlichen Kompetenzen, insbesondere den Selbst(lern)kompetenzen werden dadurch nochmals deutlich.

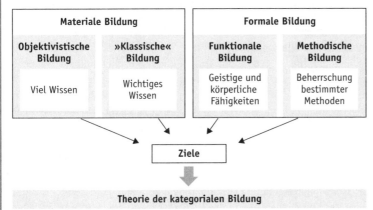

Abb. 2: Elemente von Bildung

Quelle: in Anlehnung an Klafki, 1973

kussion ist allgegenwärtig in unserer Gesellschaft und zeigt sich u. a. auch in den häufig als konkurrierende Kulturen verstandenen Geistes- und Sozialwissenschaften einerseits sowie den Naturwissenschaften andererseits. So stellt beispielsweise der Literaturwissenschaftler Schwanitz in seinem Buch »Bildung. Alles was man wissen muss« das Verfügen über einen Kanon relevanten Wissens zu griechischer Mythologie, europäischer Literatur, Kunst, Musik, Philosophie und politischen Weltbildern in den Vordergrund (Schwanitz, 2002). An Schwanitz' These, dass naturwissenschaftliche Kenntnisse nicht zum Bildungskanon gehören, entzündet sich der Ärger des Wissenschaftsgeschichtlers Fischer, der mit seinem Buch »Die andere Bildung. Was man von den Naturwissenschaften wissen sollte« dagegen hält (Fischer, 2003). Manifestiert sich die Bedeutung des Begriffes Bildung in der Frage nach dem »richtigen« Bildungskanon? Im Exkurs (s. Exkurs S. 6) soll der Bildungsbegriff kurz in seiner historischen Entwicklung beleuchtet werden.

Wachsende Bedeutung des Kompetenzbegriffes

Seit den 1990er-Jahren scheint nun der Kompetenzbegriff eine lauffeuerartige Verbreitung zu finden und den Bildungsbegriff sogar zunehmend zu verdrängen. Auf allen Bildungsstufen sowie in Forschung und Praxis hat der Kompetenzbegriff in den letzten Jahren an Bedeutung gewonnen, egal, ob man den Blick auf die Schulbildung und die PISA-Debatte lenkt oder auf die Erwachsenenbildung. Insbesondere der Blick auf die betriebliche Aus- und Weiterbildung zeigt, dass sich die wissenschaftliche Diskussion nun stärker auf die Anwendung erworbener Kompetenzen fokussiert und weniger auf zertifizierbare Qualifikationen.

Aber auch in Schulen und Hochschulen wird mit der Kompetenzdiskussion ein Paradigmenwechsel von der Input- zur Outcome-Orientierung zum Ausdruck gebracht. Indem sogenannte »Learning Outcomes« beschreiben, »what a learner is expected to know, understand and be able to do after successful completion of a process of learning« (European Credit Transfer and Accumulation System (ECTS)), zielen sie auf Kompetenzen ab, die wissensbasiertes Handeln ermöglichen und die Lernerfolge ins Zentrum rücken. Kompetenzen erwerben statt »träges Wissen« schulen (Renkl, 1994, S. 1). Wissen ist wichtig, aber alleine reicht es nicht, um eine Aufgabe kompetent zu bewältigen. Der Schritt vom Wissen zum Tun erfordert weitere Bemühungen. Benötigt werden nicht nur eingeschliffene Routinen, sondern Flexibilität im Denken und Handeln – neben Know-how auch Know-why. Kompetenz und Kompetenzentwicklung stellen somit maßgebliche Grundpfeiler einer Wissens- und Risikogesellschaft dar (Beck, 1986), mit Unsicherheiten und ständigem Wandel potenzialreich umgehen zu können, denn Kompetenzen sind nach Erpenbeck (2007) »Handlungsfähigkeiten, selbstorganisiert, in offenen Problemsituationen, unter ungenauen oder noch gar nicht vorhandenen, selbst zu entwickelnden Zielvorgaben kreativ zu handeln« (Erpenbeck, 2007, S. 35).

Unterschiedliches Kompetenzverständnis in Bildungsfragen

An der Oberfläche betrachtet, scheint der Trend zur Kompetenzorientierung und damit einhergehend die Anforderung, die Bildungsinhalte und -ziele viel konsequenter aus der Lernendenperspektive zu beschreiben, auf allen Bildungsstufen ein einheitliches Kompetenzverständnis zu suggerieren. Differenzierter betrachtet, liegen allerdings unterschiedliche Ansätze des Kompetenzbegriffes zugrunde. In Schulen herrscht beispielsweise das Verständnis eines kognitionspsychologischen Kompetenzbegriffes vor. Danach verbindet der Begriff Kompetenz die Wissens- und Könnensebene, um zu verdeutlichen, welche Fähigkeiten und Fertigkeiten die Lernenden in Bildungsprozessen erwerben sollen (Weinert, 2001). Hinzu kommt somit die Ebene der Bewusstheit, die durch die kognitive Auseinandersetzung mit dem Erreichten oder dem zu Erreichenden gewonnen werden soll. In der beruflichen Bildung liegt hingegen ein handlungstheoretisches Kompetenzverständnis vor. Dieser Kompetenzbegriff definiert sich vom Anwendungsbereich her und versteht Kompetenz als Fähigkeiten und Bereitschaft, welche Menschen benötigen, um komplexe Anforderungen in beruflichen und alltäglichen Situationen zu erfüllen. Somit werden häufig berufliche Handlungskompetenzen als Ausgangspunkt für Bildungsprozesse herangezogen.

Ein zentraler Unterschied zwischen den Begriffen Kompetenz und Bildung soll an dieser Stelle hervorgehoben werden. Nach Euler und Hahn (2007) soll nur dann von Bildung gesprochen werden, »wenn die erworbenen oder zu erwerbenden Kompetenzen eine normativ gewünschte Qualität« (S. 84) im Hinblick auf eigen- und sozialverantwortliches Handeln besitzen.

Kompetenzverständnis im Schulbereich

Im Schulbereich verdeutlicht das folgende Fallbeispiel, wie zwar Kompetenzen erreicht werden können, aber die normative Zielkategorie der Bildung nicht adressiert wird: Ziel einer Unterrichtseinheit über Rechtsextremismus ist es, eine moralische Ablehnung und Auflehnung in Hinblick auf rechtsextreme politische Aktivitäten aufzubauen. Würde nun stattdessen Faszination gefördert, dann wären zwar Handlungskompetenzen entwickelt worden, nicht aber Bildung im Sinne der Zielsetzung, eigen- und sozialverantwortlich zu handeln, insbesondere das eigene Handeln an universellen Grundsätzen und Menschenrechten auszurichten (Euler & Hahn, 2007, S. 84).

Fallbeispiel Schule

Kompetenzverständnis im Weiterbildungsbereich

Für den Bereich der Weiterbildung verdeutlicht das nachfolgende Beispiel der Autoren Euler und Hahn (2007, S. 132–133) ebenfalls die Zusammenhänge zwischen Bildung und Kompetenz: Ein Unternehmen fordert seine Mitarbeitenden dazu auf, sich in Verkauf und Beratung stets nur umsatzorientiert zu verhalten, egal ob dies dem Kunden nützt oder ihn schädigt. Als Begründung für diese Strategie wird die Sicherung der Arbeitsplätze angeführt. Da die genannte Forderung klar gegen das Prinzip Sozialverantwortung verstößt, muss sie aufgrund des von Euler und Hahn (2007) postulierten Bildungsverständnisses verworfen werden. In diesem Bildungskontext müsste das Handeln des Lehrenden darauf ausgerichtet sein, die Urteilsfähigkeit der Mitarbeitenden in Bezug auf solche Fragestellungen aufzubauen. Ziel wäre die Fähigkeit der Mitarbeitenden, Zielkonflikte im Dreieck Betrieb-Kunde-Mitarbeiter kritisch zu hinterfragen.

Fallbeispiel Weiterbildung

Durch das zugrundeliegende Bildungsverständnis werden folglich die normativen Vorgaben sowie inhaltliche Schwerpunktsetzungen für die Kompetenzentwicklung bestimmt (Bildung als übergeordnetes Orientierungs- und Beurteilungskriterium für Bildungsmaßnahmen).

1.1 Grundlagen des Bildungsmanagements
Bildungsmanagement aus wirtschaftspädagogischer Perspektive

Bildung und Kompetenz: Definitionen aus der Wirtschaftsdidaktik

Bildung kann als übergreifende Zielkategorie (oberstes Leitziel) didaktischen Handelns verstanden werden. Bildung wird dabei definiert als »Fähigkeit und Bereitschaft (Kompetenz) des Individuums zur eigen- und sozialverantwortlichen Bewältigung sozio-ökonomischer Lebenssituationen« (Euler & Hahn, 2007, S. 132). Bildung bezieht sich somit auf Kompetenzen, die auf eine normativ erwünschte Qualität ausgerichtet sind, d. h. die pädagogisch als erstrebenswert beurteilt werden.

Die Wirtschaftsdidaktik als Teilgebiet der Wirtschaftspädagogik liefert didaktische Lehr-Lerntheorien und -konzepte zur »bildenden Vorbereitung des Menschen auf die Bewältigung von sozio-ökonomischen Lebenssituationen« (Euler & Hahn, 2007, S. 74). Damit wird ein Verständnis geschaffen, wie Schüler und Auszubildende in wirtschaftswissenschaftlichen Fächern zu unterrichten sind. Als sozio-ökonomische Lebenssituationen sind dabei solche Situationen zu verstehen, »in denen Menschen mit Aufgaben konfrontiert sind, die in ihrem Kern als ökonomisch gelten« (Euler & Hahn, 2007, S. 75), wie z. B. Konsumentscheidungen oder Erwerb und Verwendung von Einkommen. Die Ergänzung »sozio-« verdeutlicht, dass ökonomische Herausforderungen immer in einem zu berücksichtigenden, sozialen Kontext stattfinden (a. a. O.).

Eigen- und sozialverantwortliches Handeln

Während sich *eigenverantwortliches Handeln* auf die eigene Person ausrichtet, eigene Interessensfelder und Lebenspläne aufzubauen und das eigene Urteilsvermögen (einschließlich Selbstkritik) zu entwickeln, umfasst *das sozialverantwortliche Handeln* Verantwortung gegenüber den Mitmenschen einer Gesellschaft zu übernehmen. Kompetent eigen- und sozialverantwortlich Lebenssituationen zu bewältigen, bedeutet nicht regelausführendes, sondern interpretierendes Handeln, derart, dass der Mensch Gegebenheiten, Ereignisse und Erfahrungen seiner Lebenswelt (anhand seiner Deutungsmuster und Wertmaßstäbe) interpretiert und danach reflexiv handelt. Reflexives Lernen bzw. Selbstreflexion ist die Fähigkeit, die Bedingungen und Folgen des eigenen Denkens und Handelns zu durchschauen, sich des Sinns und der Legitimation der eigenen Tätigkeit zu vergewissern und sie zu verantworten. Nach Klafkis kategorialer Bildungstheorie, gehört einerseits dazu, sich auf gesellschaftliche, technologische, ökonomische und ökologische Entwicklungen flexibel einzustellen, andererseits aber auch die Bereitschaft, sich mit Werten kritisch auseinanderzusetzen, diese zu internalisieren und wertekonform Verantwortung zu übernehmen.

Bildung als Dienstleistung

Aufgrund der gestiegenen ökonomischen Bedeutung von Bildung wird seit einigen Jahren Bildung zunehmend als eine spezialisierte Dienstleistung definiert. Wie andere Dienstleistungen auch werden Bildungsangebote budgetiert, auf Kundenbedürfnisse hin entwickelt, organisiert und vermarktet bzw. auf dem jeweiligen Bildungsmarkt positioniert. Dabei werden häufig Begriffe sehr weit gefasst interpretiert. Bei Bildungsprodukten kann es sich beispielsweise um Lehrmittel oder eine DVD mit Lerninhalten oder um eine Dienstleistung in Form eines Weiterbildungsprogramms handeln.

Bildung als Persönlichkeitsentwicklung

Zusammenfassend lässt sich an der Geschichte des Bildungsbegriffs verfolgen, dass dieser im Laufe der Zeit nicht nur eine, sondern zahlreiche Konnotationen erhalten hat, angefangen bei der religiösen Bedeutung über die Persönlichkeitsentwicklung bis hin zur Ware Bildung. In heutigen gesellschaftlichen Debatten wird der Bildungsbegriff mit all diesen Konnotationen zugleich oder in Teilen verwendet. Verallgemeinernd kann eigentlich nur gesagt werden, dass die meisten Definitionen auf die Persönlichkeitsentwicklung und insbesondere den Mündigkeitsaspekt des Begriffs »Bildung« hinweisen. Der pädagogische Begriff von Mündigkeit, also eigen- und sozialverantwortlich zu handeln, beschränkt sich dabei nicht nur auf die Übernahme von Verantwortung im Erwachsenenleben oder das Erreichen juristischer Volljährigkeit. Er meint darüber hinaus die Vorstellung vom freien und autonomen Menschen, der sich selbst und seine Umwelt reflektiert, sein Leben aktiv gestaltet und sozioökonomische Lebenssituationen eigen- und sozialverantwortlich bewältigen kann.

Bis heute mündet jede Debatte um den Bildungsbegriff in einer erneuten Humboldtinterpretation, aus der sich die unterschiedlichsten Bildungskonzepte ableiten lassen. Doch immer stellt sich Bildung als »Vermittlungsarbeit« dar zwischen den je individuellen Entfaltungsmöglichkeiten und den sozialen Anforderungen der Gesellschaft, zwischen beruflicher Qualifizierung und Bildung, die auf berufliche Mündigkeit abzielt (Greb, 2009, S. 4).

Auf diese Vermittlungsarbeit, die Abstimmung zwischen individuellen Zielen der Persönlichkeitsentwicklung und den öffentlichen, gesellschaftlichen Zielen bzw. den betrieblichen Zielen im Rahmen der Aus- und Weiterbildung, wird in Kapitel 2 **»Sinnhorizonte – normatives, strategisches und operatives Bildungsmanagement«** nochmals näher und differenzierter eingegangen. Diese normative Grundlegung ist nicht nur für das öffentliche Bildungswesen relevant, sondern auch – wenngleich etwas anders gewichtet – generell für die betriebliche Bildungsarbeit. Denn auch unternehmerisches Handeln steht im Fokus von politischen, wirtschaftlichen und sozialen Wert- und Interessenskonflikten und muss jeweils rational nachvollziehbar und ethisch begründet werden (Ulrich, 2004).

Bildungsmanagement als Vermittlungsarbeit

1.1.3 Zum Managementverständnis

Kann man Bildung »managen«? Um dieser Frage nachzugehen, soll zunächst ein Grundverständnis von Management beschrieben werden. Unter Management soll nach Ulrich (1984) ein System von Aufgaben verstanden werden, die sich als Gestalten, Lenken und Weiterentwickeln zweckorientierter, soziotechnischer Organisationen zusammenfassen lassen. Der Begriff Organisation ist dabei explizit weiter gefasst als Unternehmung und bezieht sich auch auf andere Institutionen, z. B. öffentliche Schulen, Verwaltungen, Vereine. In der Managementlehre sind dabei zwei unterschiedliche Managementbegriffe zu unterscheiden:

a) *Institutioneller Managementbegriff*: Auf der Ebene der Institution umfasst das Management alle Personen, die in einer Organisation leitende Aufgaben erfüllen. Dazu gehören »Bildungsmanager«, welche die Organisation insgesamt führen, wie z. B. Leiter Akademie, Schulleiter oder Personen, die Teilbereiche leiten, wie beispielsweise Programmverantwortliche für Führungskräfteentwicklung, Programmleiter von Masterprogrammen.

Bildung managen?

Managementbegriffe

b) *Funktionaler Managementbegriff*: Als Funktion umfasst Management alle Aufgaben, welche die Leitung einer Organisation in allen Bereichen mit sich bringt, inkl. der Prozesse und Funktionen, die der Erfüllung von Managementaufgaben, wie z. B. Schul-, Qualitätsentwicklung, dienen.

_{Veränderung des Managementverständnisses}

Diese beiden Managementbegriffe erfahren seit einigen Jahren eine drastische Veränderung. Während früher nur die oberste Leitung Managementaufgaben wahrgenommen hat, sind sie heutzutage durchgängig auf allen hierarchischen Ebenen notwendig geworden (Rüegg-Stürm, 2004). Dies rührt zum Großteil daher, dass die Mitarbeitenden nicht mehr als Anweisungsempfänger, sondern im Zuge moderner Personalentwicklungskonzepte als »Mitunternehmer« (Wunderer, 1999, S. 109 ff.) verstanden werden. Der prozentuale Anteil an Managementaufgaben variiert zwar je nach Leitungsebene, aber alle Mitarbeitenden werden dazu angehalten, ebenfalls unternehmerisch zu denken. Darüber hinaus sind die Managementaufgaben selbst anspruchsvoller geworden; in zahlreichen Berufsfeldern sind aufgrund gesellschaftlicher, technologischer und wirtschaftlicher Entwicklungen gestiegene Anforderungen festzustellen.

_{Abgrenzung zu Verwaltung}

Im Gegensatz zu Verwaltung und reiner Administration wird unter Management die umfassende, unter Einsatz spezifischer Methoden betriebene, proaktive Gestaltung und Steuerung einer Bildungsorganisation verstanden. Die Proaktivität setzt dabei eine antizipative Haltung und szenarienbasierte Vorüberlegungen voraus, im Gegensatz zur Aktivität, die nicht zwingend planvoll sein muss. Zu den zentralen Managementaufgaben gehören demnach bewusst Ziele zu setzen, auch mittel- und langfristig voraus zu planen, den Managementprozess gezielt durch Entwicklungsimpulse zu unterstützen und Entwicklungsfortschritte zu überprüfen. Management wird somit verstanden als »zielgebundenes Steuerungshandeln, mit dem sich die Organisationsentwicklung so gestalten lässt, dass sie der Erfüllung der Organisationsziele optimal dienlich ist« (Pasternack & Wissel, 2010, S. 59). Mit diesem Managementverständnis wird deutlich, dass kein enges Korsett ökonomischer Zielperspektiven im Sinne von Bildungsvorgaben als ökonomische Zielgrößen, sondern vielmehr auch die Gestaltung notwendiger Rahmenbedingungen in einer Bildungsorganisation im Vordergrund stehen sollte. Mit der ökonomischen Perspektive ist dabei die Frage nach dem ökonomischen Mitteleinsatz eng verknüpft, insbesondere die Frage, inwieweit die vorhandenen, meist knappen Ressourcen im Hinblick auf die Erreichung der festgelegten Ziele möglichst effektiv einzusetzen sind.

_{Systementwicklungsorientierte Managementdefinition}

Management lässt sich als ein System von Aufgaben definieren, die sich als Gestalten, Lenken (Steuern) und Weiterentwickeln zweckorientierter, soziotechnischer Organisationen beschreiben lassen (Ulrich, 1984).

Mit dieser Definition wird folglich ein besonderer Akzent auf die zukunftsorientierte Entwicklung einer Organisation gelegt (im Unterschied zu einer rückwärtsgerichteten Kontrolle).

_{Ökonomisierung von Bildung: Kritikpunkte}

Eine zunehmende Ökonomisierung im öffentlichen Bildungsbereich führt zu kontroversen Diskussionen und Irritationen. Grundsätzlich ist kritisch zu hinterfragen:

»Kann man Bildung managen?« Das Verfahren, ökonomische Managementansätze unreflektiert auf den Bildungsbereich anzuwenden, steht dabei häufig im Kreuzfeuer der Kritik, insbesondere dann, wenn eng gefasste Controlling-Instrumente mit Vorgaben von Outcome-Zielen zum Einsatz kommen. Diskutiert werden in diesem Kontext beispielsweise Bildungsstandards, die zu negativen Implikationen wie »Teaching to the Test« führen könnten, wie es Erfahrungen aus den USA zeigen. Die öffentliche Meinung vertritt häufig die Position, Bildung sei kein Produkt, das einfach verkauft und konsumiert werden könne. Bildung selbst sei daher für jedwede Art von Management nicht verfügbar – Bildung zu »managen« sei demnach im Grunde genommen nicht möglich. So fragt Müller (2009) kritisch nach, was wir denn managen, wenn wir von Bildungsmanagement sprechen: »Bildung wird von den lernenden Subjekten selbsttätig angeeignet und bedarf im besonderen Maße der eigenen Anstrengung. Das, was eine Bildungseinrichtung anbietet, ist jedoch nicht die Bildung selbst, sondern die *Unterstützung und Hilfe bei Bildungsprozessen*« (S. 76). Bildungsorganisationen können Leistungen anbieten, die Bildungsprozesse anregen, flankieren und unterstützen. Diese Leistungen können im Sinne von Dienstleistungen »gemanagt« werden.

> Das **Management von Bildung** bezieht sich im engeren Sinne auf die Dienstleistung, Bildungsprozesse anzuregen und zu unterstützen, die von einer öffentlichen oder privaten Bildungsorganisation angeboten werden.

Bildungsprozesse managen

Besonderheiten von Bildungsdienstleistungen

Bildungsdienstleistungen, die auf einem Bildungsmarkt angeboten werden, verfügen über einige Besonderheiten, die nachfolgend kurz skizziert werden (Bernecker, 2009, S. 187 f.):

- Bildungsdienstleistungen haben einen immateriellen Kern und können weder gelagert noch transportiert werden; Bildungsanbieter sind daher gefordert, immaterielle Bildungsdienstleistungen mit materiellen Bestandteilen, wie z. B. Bilder des Trainingspersonals, Bilder von Trainingsräumen und Ausstattungen, Auszüge aus Lernmaterialien, Grafiken zu didaktischen Ansätzen, zu kombinieren, um so die Aufmerksamkeit und Wertschätzung potenzieller Lernenden zu gewinnen;
- Produkte lassen sich konsumieren, Bildung muss aber von den Lernenden selbst in einem Bildungsprozess angeeignet werden. Sie sind somit mitverantwortlich für die Qualität des Prozesses und schließlich auch des Lernerfolges. Verantwortlich für den Lern- bzw. Transfererfolg von Bildungsmaßnahmen im betrieblichen Kontext sind darüber hinaus die Rahmenbedingungen für den Transfer neu erworbener Kompetenzen in den Arbeitsprozess.
- Bildungsdienstleistungen sind nicht oder nur eingeschränkt zu standardisieren. Je nach Zusammensetzung der Teilnehmerrunde, beispielsweise an einem Seminar, ergibt sich eine andere Dynamik der Interaktion und des Austauschs zwischen den Beteiligten. Im besten Fall profitieren die Teilnehmenden in hohem Masse von den Beiträgen der jeweils anderen Teilnehmenden; im schlechtesten ergibt sich kaum ein Austausch untereinander (Böttcher, Hogrebe & Neuhaus, 2010, S. 42).

Besonderheiten von Bildung als Dienstleistung

So wird letztendlich die Diskussion um Bildungsstandards im öffentlichen Sektor ebenfalls sehr kontrovers geführt.

Bildungsmanagement als Gestaltungsfeld: Zusammenfassung

Zusammenfassend ist nochmals zu betonen, dass Management-Konzepte aus den ökonomischen Wissenschaften nicht unkritisch übernommen werden sollten, um ein tragfähiges Bildungsmanagement zu entwickeln. Vielmehr ist zu prüfen, ob sie dem besonderen Charakter von Bildungsprozessen und den daraus resultierenden Aufgaben der Leitung von Bildungsorganisationen gerecht werden und für die Managementaufgaben von Bildungsdienstleistungen geeignet sind. Aber auch pauschalisierende und generelle Vorbehalte gegenüber ökonomischen Kategorien, die insbesondere im öffentlichen Bildungswesen noch recht verbreitet sind, sind kritisch zu prüfen. Angesichts knapper Ressourcen sind Bildungsorganisationen gefordert, mit den vorhandenen Ressourcen sparsam umzugehen und diese so einzusetzen, dass daraus eine zeitgemäße und qualitätsorientierte Bildungsdienstleistung resultieren kann. Auch Bildungsorganisationen werden heute an Kriterien wie zielorientiertes Handeln und effektive Ressourcenbewirtschaftung gemessen. Das Ausbalancieren ökonomischer und pädagogischer Handlungsprinzipien (Wirtschaftlichkeitsziele vs. Ziele der Persönlichkeitsentwicklung) stellt dabei eine zentrale Herausforderung für ein reflexives Bildungsmanagement dar.

Bildungsmanagement – Management von Bildungsorganisationen

Bildungsmanagement bezeichnet das Management, d. h. die Gestaltung, Steuerung und Entwicklung von sozialen Systemen (Ulrich, 2004), die dem Zweck der Bildung von Menschen dienen und somit Dienstleistungen anbieten. Das Ausbalancieren ökonomischer und pädagogischer Ziele ist dabei handlungsleitend.

1.2 Erscheinungsformen von Bildungsmanagement

Bildungsmanagement bezeichnet ein Gestaltungsfeld, das prinzipiell in all jenen Organisationen relevant ist, in denen Bildungsprozesse geplant, durchgeführt und evaluiert werden. Neben öffentlich oder privat finanzierten Schulen sind dies insbesondere auch Hochschulen, Unternehmen oder sonstige Bildungsträger (Dalin, 1999).

Bildungsmanagement in der Praxis: Schulentwicklung

Während Bildungsprozesse in *Schulen* traditionell mit dem administrativen und pädagogischen Vollzug von öffentlichen Aufgaben verbunden werden, führen aktuelle Konzepte des New Public Management sowie Überlegungen in Richtung einer größeren Autonomie für die Schulen zu erweiterten Aufgabendefinitionen (Dubs, 2003). Auch befinden sich öffentliche Schulen durch private Angebote sowie durch internationale Qualitätsvergleiche (z. B. TIMSS, PISA etc.) zunehmend unter Wettbewerbs- bzw. Legitimationsdruck. Die Öffentlichkeit wird anspruchsvoller und hat den Erwartungsdruck massiv erhöht (Bonsen & Berkemeyer, 2011, S. 731): Sie befragt und beurteilt die Schulen heute nach der Qualität ihrer Leistungen. Aufgrund steigender Ansprüche, zunehmendem Wettbewerb, limitierter Ressourcen und einer allgemeinen Schnelllebigkeit wird Qualität von Bildungsangeboten ein wichtiges

Bewertungskriterium. Die internen Reaktionen an Schulen auf Qualitätsfragen sind jedoch oft reserviert bis zurückweisend, denn Qualität wird häufig als »Wirtschaftsimport« betrachtet und das Messen und Standardisieren pädagogischer Leistungen nicht für möglich gehalten. Auch die Möglichkeit zur individuellen Profilbildung von Schulen erfordert die Bewertung von Differenzierungs- und Qualitätsmerkmalen, die häufig noch befremdlich auf Lehrpersonen wirkt. Bildungsmanagement im Sinne von Schulentwicklung zu betreiben, verlangt von vielen Schulen gravierende Veränderungen. Nach Esslinger (2002) bedeutet *Schulentwicklung*, »dass die Mitgestalter eines gesamten Kollegiums in Kooperation eine gemeinsam verantwortete Gestalt von Schule entwickeln und verwirklichen. Dieser Prozess ist auf Dauer angelegt, geplant und wird immer wieder evaluiert. Dabei finden Lernprozesse durch und über die gemeinsame Entwicklungsarbeit statt« (S. 23). Schulentwicklung ist in diesem Sinne kein einmaliges Ereignis, das nur von der Schulleitung getragen wird, sondern ist vielmehr »fester und dauerhafter Bestandteil des professionellen Handelns von Lehrkräften« (Esslinger, 2002, S. 23). Bezogen auf die Führung einer Schule erfordert dies schlussendlich einen Wandel von einem verwaltungsorientierten Erledigungsdenken zu einem gestaltungsorientierten Bildungsmanagement.

Bildungsmanagement gewinnt auch im *Hochschulkontext* unter der Bezeichnung *Hochschulentwicklung* zunehmend an Bedeutung. Seit der Bologna-Reform ist eine Verschiebung des Bildungsauftrages der Universitäten in Richtung Beschäftigungsfähigkeit festzustellen (Gerholz & Sloane, 2008): »Der Blick geht auf die Wirkung des Studiums bezüglich der Beschäftigungsaussichten der Absolventen. Es handelt sich somit um eine Outcome-Orientierung; das Studium soll sich thematisch und methodisch an die Anforderungen späterer Beschäftigungssituationen richten. Curricular schlägt sich dies in entsprechenden Kompetenzbeschreibungen in den Lehrplänen, genau genommen in den Modulbeschreibungen, der Studiengänge nieder« (S. 2–3). Nach Gerholz und Sloane (2008) kann Hochschulbildung somit auch als eine Form berufsfeldorientierter Bildung betrachtet werden, wodurch sich Parallelen zur beruflichen Bildung ergeben. Themen der Hochschuldidaktik und Hochschulentwicklung bestimmen daher auch in der Wirtschaftspädagogik verstärkt die Diskussion. Für Hochschulen ist darüber hinaus der Wettbewerbsgedanke sicherlich nicht neu, da sie sich seit langem in einer Konkurrenz um Ausstattungsmittel mit anderen öffentlich finanzierungsbedürftigen Institutionen befinden. Das Szenario »Die Hochschule im Wettbewerb« nach Pasternack und Wissel (2010) setzt dagegen einen neuen Akzent in der Wettbewerbssituation der Hochschulen: »Die Ökonomisierung bzw. Quasi-Ökonomisierung ihres organisationalen Handelns, verbunden mit einer gesteigerten Autonomie, die an die unternehmerische Initiative der Organisation Hochschule gebunden ist« (S. 58–59). An vielen Hochschulen verändern sich die Leitungsstrukturen und viele Hochschulen gewinnen eine deutlich erhöhte Autonomie gegenüber den staatlichen Trägern, indem sie beispielsweise mittels Globalbudgets selbst stärker eine Ressourcensteuerung und strategische Leistungsvereinbarungen zwischen Hochschulleitung und Abteilungen regeln können.

Ferner ist im Hochschulbereich ein zunehmender Wettbewerbsdruck im Zuge der Bologna-Reform eingetreten. Die Abschlüsse der Hochschulen sind auf dem internationalen Parkett besser vergleichbar geworden. Zwar ruft der Einzug von ökonomi-

Bildungsmanagement an Hochschulen: Hochschulentwicklung

Grundlagen des Bildungsmanagements
Erscheinungsformen von Bildungsmanagement

schen Denkweisen, Profilbildung und Differenzierung auch massive Zweifel hervor, ob durch die »Hochschule im Wettbewerb« die Leistungsfähigkeiten der Hochschulen tatsächlich gesteigert werden kann (Pasternack & Wissel, 2010), jedoch ist festzustellen, dass das Konzept zumindest auch auf massive Unzulänglichkeiten bisheriger Hochschulorganisation und -selbststeuerung reagiert. Ein solchermaßen pragmatisiertes Hochschul-Managementverständnis, wie es auch dem vorliegenden Lehrbuch im Sinne eines reflexiven Bildungsmanagements zugrunde liegt, kann durchaus dazu führen, die Hochschulen als Großorganisationen angemessener als zuvor zu gestalten, um die Rahmenbedingungen für die Bildungsprozesse zu verbessern.

Die Situation ist hier ähnlich wie bei öffentlichen Schulen: Es besteht einerseits die Forderung, Hochschulen stärker unternehmerisch zu führen. Jedoch sind Hochschulen andererseits keine Wirtschaftsbetriebe und es ist Vorsicht geboten, allzu schnell ökonomische Handlungsmuster auf diesen Kontext zu übertragen. Es sind also Anpassungen an den Schul- bzw. Hochschulkontext erforderlich. Im Kern geht es darum, das Management der Bildungsorganisation Hochschule nicht als das »Managen von Forschung und Lehre« zu verstehen, sondern vielmehr im Sinne einer Förderung von Kontexten für Forschung und Lehre.

Betriebliches Bildungsmanagement

Im Bereich der *betrieblichen Bildung* können zwei Gruppen von Bildungsorganisationen unterschieden werden:
- Einrichtungen, die sie sich um die *Bildung innerhalb einer Organisation*, einer Unternehmung oder Verwaltung kümmern, z. B. eine Aus- bzw. Weiterbildungsabteilung oder eine sogenannte Firmenakademie bzw. »Corporate University« (s. Exkurs S. 17);
- Einrichtungen, die einen *Weiterbildungsanbieter* auf dem freien Bildungsmarkt darstellen, wie z. B. ein Seminaranbieter für die Führungskräfteentwicklung.

Betriebliche Bildung als komplexes Managementproblem

Im Zuge der steigenden Bedeutung von Wissen in vielen Branchen hat sich der Stellenwert der betrieblichen Weiterbildung verändert und in der Folge zu einer Neupositionierung des Bildungsmanagements geführt. Hinreichend klar ist, dass in vielen Branchen der Erfolg eines Unternehmens spezifische Kompetenzen des Personals voraussetzt. Deshalb wird die Umsetzung moderner Unternehmenskonzepte an das Vorhandensein bzw. die Entwicklung der nötigen Qualifikationen bei Mitarbeitenden und Führungskräften geknüpft. Bildung dient somit nicht nur der Anpassung des Unternehmens an sich verändernde Umwelt- und Wettbewerbsbedingungen, sondern beeinflusst auch deren Erfolg. Mit dieser Grundausrichtung entwickeln sich Bildungsaktivitäten innerhalb von Betrieben und Firmen weg von der Pflichtübung, die es alljährlich aus einem sich kaum ändernden Angebot auszuwählen und zu absolvieren gilt. Vielmehr rückt die Notwendigkeit in den Vordergrund, die Interessen der Mitarbeitenden und diejenigen des Unternehmens aufeinander einzustellen, das Spannungsfeld von individueller Persönlichkeitsentwicklung und Marktanforderungen zu gestalten – kurz: Bildung als ein komplexes Managementproblem zu konzeptualisieren.

In nachfolgender Tabelle sind die Erscheinungsformen von Bildungsmanagement nach den verschiedenen Sektoren aufgeführt. Wie bereits in Abschnitt 1.1.1 ausgeführt, erweitert das Bildungsmanagement die pädagogische Dimension der Bildungs-

1.2 Erscheinungsformen von Bildungsmanagement

Exkurs

Betriebliche Bildungsorganisation: Firmenakademie bzw. Corporate University

Bei Corporate Universities (CUs) handelt es sich um unternehmenseigene Akademien, die sich neben der Vermittlung von fachlichen Inhalten an den strategischen und kulturellen Herausforderungen des Unternehmens orientieren (Seufert, 2010, S. 285). Unter dem begrifflichen Markenzeichen einer »Firmenuniversität« erhält die betriebliche Weiterbildung und ihre Ausrichtung an strategische Unternehmensziele einen hohen Stellenwert in einem Unternehmen. Während in den 1990er-Jahren das Bildungsmodell der Corporate University einen Boom erlebte (Meister, 1998, S. 1), ist die Entwicklung zwischenzeitlich etwas rückläufig und einige der neu gegründete Firmenakademien wurden mittlerweile wieder eingestellt (Seufert, 2010, S. 288). Die Bertelsmann University sowie die Lufthansa School of Business sind Beispiele für die ersten Gründungen in Deutschland, die bis heute existieren. Neugründungen von Firmenuniversitäten sind immer wieder vereinzelt zu beobachten und stellen für die interne Weiterbildung ihrer Mitarbeitenden ein großes Commitment dar. Eine CU hat innerhalb eines Unternehmens eine exponierte Stellung, da sie als Dachorganisation eine zentrale Anlaufstelle darstellt, die unternehmenseigene Bildungsprodukte anbietet. Die CU widmet sich nicht der Forschung, sondern richtet sich vielmehr an strategischen Unternehmenszielen aus. Während Universitäten ein breites Studium auf allen Bildungs- und Forschungsstufen anbieten können, konzentriert sich die CU auf die Weiterbildungsstufe und auf Wissensgebiete, die für das Unternehmen relevant sind. Deiser (1999, S. 21) zieht die Schlussfolgerung, dass die konsequente Ausrichtung auf die Unternehmensziele dabei kaum ein traditionelles Humboldt'sches Universitätsverständnis zulässt. Auch wenn es den gleichen Namen trägt, ist es seiner Ansicht nach klar, dass es sich um keine »echte« Universität handelt (Deiser, 1999, S. 21). In der Regel sind CUs nicht akkreditiert, da staatlich anerkannte Abschlüsse bislang noch keine große Bedeutung erlangt haben. Die Vergabe von Abschlusszertifikaten in Kooperation mit etablierten, akkreditieren Universitäten kann durchaus für bestimmte Typen von CUs eine gewichtige Rolle spielen. Die Motive zur Gründung von CUs sind meist sehr vielfältig, wie eine in 2002 in Deutschland mit 43 befragten CUs durchgeführte Studie ergab (Wimmer, Emmerich, Nicolai, 2002, S. 25):

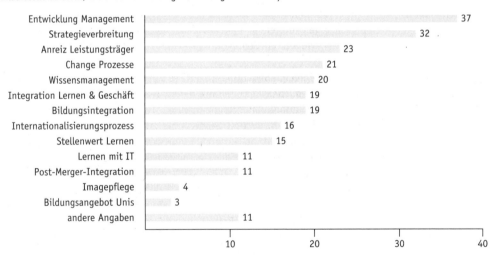

Quelle: Wimmer, Emmerich, Nicolai, 2002, S. 25

Abb. 3: Gründungsmotive von Corporate Universities

1.2 Grundlagen des Bildungsmanagements
Erscheinungsformen von Bildungsmanagement

dienstleistungen um eine ökonomische. Die didaktische Perspektive der Gestaltung von Lehr-Lernprozessen wird im Rahmen eines umfassenden Bildungsmanagements ergänzt um ökonomische Fragen der Rahmengestaltung für das didaktische Handeln.

Bildungsorganisationen, welche neue Geschäfts- bzw. Kooperationsmodelle aufweisen, können sich in den verschiedenen Sektoren sowie auch sektorenübergreifend bilden. So kooperieren beispielsweise Bildungsorganisationen im Rahmen von Netzwerken oder Kompetenzzentren oder Branchenvertreter gründen ein Bildungsnetzwerk, um die überbetrieblichen Kurse in einer Branche zu organisieren. Bildungsbroker besetzen eine Marktnische, indem sie einzelne Bereiche der Wertschöpfungskette im Bildungsbereich aufbrechen und sich in einer Marktnische positionieren, wie z. B. Hausarbeiten.de (eine Hausarbeit, mit Angabe zur Note und Inhalt kostet durch-

Neue Geschäfts-/ Kooperationsmodelle: Bildungsnetzwerke, Bildungsbroker

Tab. 2
Erscheinungsformen des Bildungsmanagements

Bildungsstufen \ Perspektive	Bildungsmanagement: Ökonomische Perspektive, Rahmengestaltung für didaktisches Handeln
Primar-, Sekundarstufe I Bildungsorganisation: öffentliche, private Schule	▸ Schul-/, Programm-/Projektentwicklung ▸ Keine Verbindungslinien zur Wirtschaftsdidaktik
Sekundarstufe II Allgemeinbildung Bildungsorganisation: öffentliche, private Schule	▸ Schul-/Programm-/Projektentwicklung ▸ Verbindungslinien zur Wirtschaftsdidaktik; z. B. Grundlagen-, Schwerpunktfach Wirtschaft und Recht in Gymnasien
Sekundarstufe II Berufsbildung Bildungsorganisationen: Schule, Lehrbetrieb, (ggf. 3. Lernort: Bildungsanbieter überbetrieblicher Kurse)	▸ Schul-/Programm-/Projektentwicklung ▸ Bildungsmanagement der Ausbildungsabteilung ▸ Bildungsmanagement im Rahmen der Lernortkooperation ▸ Originäre Verbindungslinien zur Wirtschaftsdidaktik: berufliche Handlungskompetenzen der kaufmännischen Berufe, berufsfeldorientierte Bildung
Tertiärbereich Bildungsorganisationen: Hochschulen, Fachhochschulen, Universitäten	▸ Hochschulentwicklung/Programmentwicklung, Projektmanagement ▸ Verbindungslinien zur Wirtschaftsdidaktik: – Hochschulbildung/Berufsfeldorientierte Bildung (Bachelor-Orientierung) – Führungskräfteausbildung, »Management Education«
Quartärbereich Bildungsorganisation innerhalb einer Organisation; z. B. Weiterbildungsabteilungen, Sonderform: Corporate University Weiterbildungsanbieter auf dem freien Markt, z. B. Unternehmen, Verbände	▸ Bildungsmanagement einer Organisation oder innerhalb einer Organisation ▸ Programm-/Projektmanagement innerhalb einer Organisation ▸ Bildungsmanagement auf dem externen, freien Weiterbildungsmarkt ▸ Verbindungslinien zur Wirtschaftsdidaktik: – Berufsfeldorientierte Weiterbildung – Führungskräfteentwicklung (Management Education), »Leadership Development«
Sektorenübergreifende Bildungsorganisationen Netzwerke ▸ Bildungsbroker in einer Marktnische	▸ Bildungs-/Programm-/Projektmanagement neuer Geschäfts-/Kooperationsmodelle ▸ Verbindungslinien zur Wirtschaftsdidaktik in allen Sektoren

schnittlich 59 Euro) oder Merlot (www.merlot.org), eine Plattform für Lerninhalte, die frei zugänglich sind (open educational content) und deren Betreibung als Verein organisiert ist und über Mitgliedsbeiträge finanziert wird. Bildungsbroker fungieren folglich als eine Art Makler bzw. Vermittler zwischen Anbietern und Nachfragern auf einem Bildungsmarkt und können dabei auch Beratungs- und Betreuungsleistungen übernehmen.

1.3 Herausforderungen für das Bildungsmanagement

»Die einzige Konstante im Universum ist die Veränderung.«
Heraklit von Ephesus (etwa 540 – 480 v. Chr.,) griechischer Philosoph

Gesellschaftliche Phänomene werden oft mit facettenreichen Begrifflichkeiten konnotiert: So leben wir in einer Erlebnisgesellschaft (Schulze, 1992), Bürgergesellschaft (Dahrendorf, 1993), Risikogesellschaft (Beck, 1986), Wissensgesellschaft (Mandl & Krause, 2001), Single-Gesellschaft (Hradil, 1995), multikulturellen Gesellschaft (Leggewie, 1993) usw. Die Entwicklungen im Umfeld einer Bildungsorganisation, wie einer Schule, Hochschule oder Unternehmung, sind kaum alle in ihrer Gesamtheit zu erfassen und zu systematisieren. Je nachdem, welche Aspekte des Zusammenlebens und aktueller Strömungen erfasst werden sollen, gibt es andere Begrifflichkeiten und Schwerpunkte.

Aus bildungspolitischen Diskussionen sind zahlreiche Versuche hervorgegangen, die Herausforderungen gegenwärtiger Bildungsarbeit abzustecken. Exemplarisch werden hier vier Vertreter kurz vorgestellt, die sich nicht nur auf aktuelle Modewellen beziehen, sondern einen übergreifenden Langfristcharakter aufweisen (siehe Tabelle 3).

Umfeld einer Bildungsorganisation

Im Unternehmenskontext wird in diesem Zusammenhang häufig von »Megatrends« gesprochen, die eine lange Halbwertszeit haben, in allen Lebensbereichen eine Rolle spielen und Auswirkungen zeigen sowie prinzipiell einen globalen Charakter haben (Pitschke, 2012). Die einzelnen Themenbereiche können dahingehend beschrieben und untersucht werden, welche Chancen und Risiken aus den Veränderungen abgeleitet und welche Erwartungen an Bildung und Erziehung damit verbunden werden. Diese sind je nach Bildungsorganisation von ihrer Bedeutung her unterschiedlich: Schule mit Bildungs- und Erziehungsauftrag, Hochschule oder Unternehmen. Sie setzen jeweils andere Akzente für die Ableitung von Bildungszielen und -inhalten.

Ein Grundtenor als übergreifende Erwartung an das Bildungssystem besteht jedoch darin, mit dem permanenten Wandel und auftretenden Unsicherheiten in einer Gesellschaft umgehen zu können und daraus resultierend das *Konzept des lebenslangen Lernens* sektorenübergreifend zu berücksichtigen.

Die Herausforderungen für eine Bildungsorganisation stellen sich somit wie ein »permanentes Wildwasser« dar, wie Vaill (1998) es mit einem treffenden Bild zum Ausdruck bringt. Bildungsorganisationen – ob es sich nun um eine betriebliche Bildungsabteilung, einen Weiterbildungsanbieter oder eine Schule handelt – sind in

Bildungsorganisationen im permanenten Wildwasser

Gesellschaftliche Entwicklungen: Beispiele für Megatrends

Tab. 3

Gesellschaftliche Entwicklungen – ausgewählte Beispiele in der Literatur

Autoren	Gesellschaftliche Entwicklungen
Wolfgang Klafki (1996)	Sieben »epochaltypische Schlüsselprobleme« als inhaltlicher Kern internationaler Erziehung: 1. Krieg und Frieden 2. Nationalitätsprinzip bzw. Kulturspezifika und Interkulturalität 3. ökologische Frage 4. rapides Wachstum der Weltbevölkerung 5. gesellschaftlich produzierte Ungleichheit 6. neue technische Steuerungs-, Informations- und Kommunikationsmedien 7. Liebe, Sexualität und Gender
Per Dalin (1997)	Die »durchgreifenden Veränderungen«, die Dalin (1997) für die Zukunft von Bildung besonders bedeutsam erachtet (S. 57ff.): 1. Wissensgesellschaft 2. Multikulturelle Gesellschaft 3. Gewalt, Konflikte, Frieden 4. Geschlechterrollen 5. Ökonomie, Arbeit, Freizeit 6. Neue Medien, Informationstechnologien 7. Ökologische Krise 8. Ethik, Ästhetik, Emotionalität, Spiritualität 9. Demokratie, Zivilgesellschaft, Menschenrechte 10. Globalisierung: Weltwirtschaft und Weltkultur
DGFP e.V. (2012)	Vom DGFP (Deutsche Gesellschaft für Personalführung) Expertenkreis identifizierte und auf Analysen zu »Megatrends« basierende Trends: 1. Alternde Belegschaft/Demografischer Wandel 2. Globalisierung/globaler Wettbewerb 3. Werteveränderung 4. Technologische Innovationen 5. Energie- und Ressourcenknappheit

doppelter Weise von den Entwicklungen betroffen, kompetent mit den einhergehenden Veränderungen umzugehen:

- *Vorbereitung der Lernenden auf die Bewältigung von Wildwasserbedingungen:*
  Zum einen ist es die Aufgabe von Bildungsorganisationen, die Lernenden auf die Bewältigung von Wildwasserbedingungen vorzubereiten und sie bei der Aneignung entsprechender Kompetenzen zu unterstützen. Bildungsziele richten sich zunehmend nach dieser geforderten Veränderungskompetenz aus. So haben beispielsweise überfachliche Kompetenzen, wie Lernkompetenzen, die im Konzept des lebenslangen Lernens zentral sind, in allen Bildungsstufen an Relevanz zugenommen.

- *Eigenes Agieren der Bildungsorganisation unter Wildwasserbedingungen:*
  Zum anderen agieren diese Organisationen selbst unter Wildwasserbedingungen und müssen sich unter zunehmendem Wettbewerbs- und Legitimationsdruck auf umkämpften und sich schnell verändernden Märkten behaupten.

Herausforderungen für das Bildungsmanagement 1.3

Exkurs

Konzept des lebenslangen Lernens

Lebenslanges Lernen als Konzept ist bereits in den 1970er-Jahren im deutschsprachigen Raum diskutiert worden (Knust & Hanft, 2009, S. 44). Gemäß der Organisation for Economic Co-operation and Development (OECD, 1996) umfasst lebenslanges Lernen die persönliche und soziale Entwicklung in all ihren Formen und in allen Lebenszusammenhängen. Hierbei bezieht sie sowohl formale Formen, wie z. B. Lernen in der Schule, in beruflichen oder tertiären Bildungseinrichtungen bzw. in der Erwachsenenbildung, als auch informelle Formen, insbesondere zu Hause, am Arbeitsplatz und in der Gemeinschaft, mit ein. Verstärkt wird das Konzept des lebenslangen Lernens durch die demografischen Entwicklungen und die Notwendigkeit, Lernen in informellen Kontexten in die Kompetenzentwicklung einzubeziehen. Das herkömmliche Modell, wonach Bildung als additiver Prozess betrachtet wird und Lernen einem geradlinigen Weg folgt, dessen Abschluss die Hochschulbildung bildet, wird dabei weniger zentral. Um eine Volkswirtschaft am Laufen zu halten und voranzubringen, sind bereits jetzt und auch in Zukunft Modelle der »permanenten Bildungserneuerung« (Knust & Hanft, 2009, S. 44) nötig. Auch berufliche Bildung bedeutet lebenslange Entwicklung, wobei die berufliche Erstausbildung den Ausgangspunkt darstellt, das Fundament, das sich im weiteren Verlauf der Berufsausübung festigt, durch berufliche Weiterbildung vertieft oder auch anders ausgerichtet wird, um neuen oder anderen Gegebenheiten und Realitäten gerecht zu werden. In diesem Sinne ist eine Erstausbildung nicht mehr nur Vorbereitung auf einen Arbeitsplatz, sondern legt Grundsteine für die weitere berufliche Arbeit und Orientierung. Dies hat zur Folge, dass die Bildungsbiografien der Lernenden vielfältiger werden, denn während bisher die verschiedenen Bildungsstufen, wie Allgemein-, Berufs-, Hochschul- und Weiterbildung, gesondert konzeptualisiert waren, vermischen sie sich nun mehr.

Allerdings besteht für den Einzelnen auch die Gefahr, dass dies zur »lebenslänglichen Plagerei« werden kann (Achtenhagen & Lempert, 2000, S. 16). Das ist dann wahrscheinlich, wenn es beim Lernen nur um wirtschaftliche Ziele geht und inhaltliche Interessen in den Hintergrund gedrängt werden (Ökonomismus), wenn unkritisch allem Neuen nachgejagt wird und Lernen dadurch oberflächlich und zum Stress wird (Modernismus) oder wenn Lernen als »Auf- und Nachrüstung für einen gnadenlosen Konkurrenzkampf« (Achtenhagen & Lempert, 2000, S. 16) betrieben wird (Sozialdarwinismus). Lebenslanges Lernen birgt daher auch das Risiko sozialer Spannungen und massiver individueller Beanspruchung. Daher ist es eine große Herausforderung für das Bildungsmanagement, das Konzept des lebenslangen Lernens nicht kontrollierend zu verwenden und zur Verhinderung sozialer Probleme nicht einfach kompensatorische Maßnahmen zu ergreifen (Mandl & Kruse, 2001). Die Gesellschaft befindet sich heute diesbezüglich in einer Umbruchsituation. Berufsbiografien werden sich künftig deutlich verändern, die Anforderungen an das Bildungssystem sind weitreichend.

Lebenslanges Lernen: Implikatoren, Chancen und Gefahren

Um diesen Herausforderungen bei vermutlich knappen, wenn nicht noch knapper werdenden Ressourcen zu begegnen, ist ein Bildungsmanagement gefragt, das diese Veränderungsbereitschaft im Umgang mit Erneuerungen aufnimmt. Ein derartiger Bildungsmanagement-Ansatz wird nachfolgend anhand des St. Galler Management Modells (SGMM) eingeführt. Das SGMM eignet sich in besonderer Weise für das Bildungsmanagement in Organisationen, da der Umgang mit Veränderungen in der systemischen Denkweise explizit aufgenommen wird und die Besonderheiten des Bildungsbereichs innerhalb dieses Denkrahmens berücksichtigt werden können.

Bildungsmanagement: Umgang mit permanenten Veränderungen

1.4 Handlungsfelder des Bildungsmanagements nach dem St. Galler Management-Modell (SGMM)

1.4.1 Einführung und Überblick

St. Galler Management-Modell als Grundlage

Das St. Galler Management-Modell (SGMM) wurde in den 1960er-Jahren an der Universität St. Gallen entwickelt. Es geht auf den Wirtschaftswissenschaftler Hans Ulrich zurück, dessen Managementlehre u. a. auf systemtheoretischen Überlegungen beruhte und der das Modell 1972 zusammen mit Walter Krieg erstmals publizierte. Das SGMM wurde in der Folge von Knut Bleicher (2011) und Johannes Rüegg-Stürm (2002a) weiterentwickelt. 1991 erlangte das Modell einen großen Bekanntheitsgrad, als der Fokus auf die Gliederung der Managementaufgaben in die drei Ebenen normatives, strategisches und operatives Management gelegt wurde. Mit dem ersten SGMM führte Hans Ulrich den Begriff »Leerstellengerüst für Sinnvolles« ein. Diese Bezeichnung versinnbildlicht die Idee des SGMM als Gestaltungsrahmen, in dem Führungskräfte das eigene Unternehmen ganzheitlich betrachten und dadurch Probleme erkennen und lösen. Darüber hinaus ist das Leerstellengerüst flexibel genug gebaut, um darin weitere Methoden und lösungsorientierte Ansätze zu integrieren.

Berücksichtigung Spezifikation Bildungsbereich

Das Modell ist 2002 als »Neues St. Galler Management-Modell« oder auch »HSG-Ansatz einer integrierten Managementlehre« bezeichnet worden (Rüegg-Stürm, 2002a). Das neue St. Galler Management-Modell versteht eine Organisation als ein komplexes System, das von einer Umwelt unterscheidbar ist und somit in eine Außen- und eine Innenwelt der Organisation differenziert wird. Das System selbst besteht aus einer Vielzahl von Systemelementen, zwischen denen wiederum vielfältige Beziehungen und Wechselwirkungen bestehen (Rüegg-Stürm, 2004, S. 66). Mithilfe des Managementmodells soll es möglich sein, in diese komplexe Struktur Ordnung zu bringen, logische Verbindungen und gewisse Wirkungszusammenhänge aufzuzeigen und damit Orientierung zu ermöglichen (Rüegg-Stürm, 2004, S. 68). Das SGMM wird mittlerweile in vielen Non-Profit-Organisationen sowie New-Public-Management-Ansätzen eingesetzt, sodass es auch für den Bildungsbereich mit seinen vielfältigen privaten, öffentlichen, in unterschiedlichen Kontexten agierende Organisationen als ein äußerst geeignetes Konzept angesehen werden kann. Darüber hinaus zeichnet sich das Konzept durch seine Flexibilität aus, die eine spezifische Modifizierung für den Bildungsbereich ermöglicht.

Überblick über das Modell: Begriffskategorien

Das Modell unterscheidet sechs zentrale Begriffskategorien: Auf der Ebene der *Außenwelt* einer Organisation stehen die Kategorien *Umweltsphären, Anspruchsgruppen* und *Interaktionsthemen*. Sie beziehen sich auf das gesellschaftliche und natürliche Umfeld. Auf der Ebene der *Innenwelt* einer Bildungsorganisation stehen die Kategorien *Sinnhorizonte, Prozesse* bzw. *Gestaltungsebenen* und *Entwicklungsmodi*. Diese Einteilung stützt sich auf die neue Version des St. Galler Managementmodells, das die Sinnhorizonte mit dem normativen Management anstatt der Unterteilung Strategie, Struktur und Kultur einführt (Rüegg-Stürm, 2012). Während das originäre Modell die Prozesse Management-, Geschäfts- und Unterstützungsprozesse unterscheidet, wurde das vorliegende Modell an die Erfordernisse des Bildungsmanagements ange-

1.4 Handlungsfelder des Bildungsmanagements

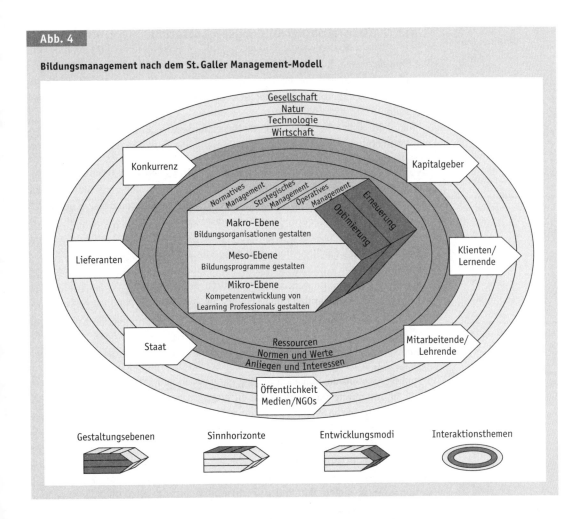

Abb. 4
Bildungsmanagement nach dem St. Galler Management-Modell

passt und in die drei Gestaltungsebenen Makro-, Meso- und Mikro-Ebene unterschieden. Um Bildungsprozesse in Organisationen als Kerngeschäft zu strukturieren, sind diese Gestaltungsebenen besser geeignet, da sie den Betrachtungsgegenstand in den Vordergrund rücken: Rahmenbedingungen gestalten, Bildungsprogramme gestalten, Kompetenzentwicklung von Learning Professionals gestalten. Damit markieren sie konkrete Handlungsfelder im Bildungsmanagement. Die Abbildung 4 zeigt das Modell zunächst im Überblick.

Konkrete Aktivitäten des Bildungsmanagements sind mehrdimensional in einem Wirkungszusammenhang zu sehen und können sich somit jeweils auf unterschiedliche Sinnhorizonte, Gestaltungsebenen sowie auf unterschiedliche Entwicklungsmodi in der Interaktion mit der Außenwelt beziehen.

Auf die Außen- und Innenwelt einer Bildungsorganisation nach dem SGMM wird in den nächsten Abschnitten detaillierter eingegangen. Damit wird auch die Struktur des vorliegenden Lehrbuchs erläutert.

Bildungsmanagement nach dem St. Galler Management-Modell (SGMM)

1.4.2 Außenwelt einer Bildungsorganisation

Die *Umweltsphären* charakterisieren die Außenwelt einer Bildungsorganisation. Das Modell versteht unter Umweltsphären die wichtigsten Kontexte, in die eine Organisation eingebettet ist und unterscheidet dabei die vier Sphären Gesellschaft, Natur, Technologie und Wirtschaft.

Nachfolgend werden einige zentrale Herausforderungen für das Bildungsmanagement eingeführt, welche nach den vier Umweltsphären des St. Galler Management-Modells strukturiert sind.

Gesellschaftliche Entwicklungen

Demografischer Wandel

An dieser Stelle sind zahlreiche gesellschaftliche Phänomene zu nennen, wie die Auswirkungen einer multikulturellen Gesellschaft, die zunehmende Individualisierung, die Diskussion um Geschlechterrollen, »Lifestyle« und Gesundheit etc., welche auch auf die Bildungsarbeit und die Persönlichkeitsentwicklung einen Einfluss haben. Intensiv diskutiert wurden in den letzten Jahren die Auswirkungen des *demografischen Wandels* auf das Bildungswesen. Künftig werden den Berufstätigen immer mehr Senioren gegenüberstehen. In einigen Berufssparten herrscht bereits heute ein Fach- und Führungskräftemangel vor. Eine weitere Implikation ist die zunehmende »Dysfunktionalität des Bildungssystems« (Sebe-Opfermann & Gessler, 2009, S. 93), wie beispielsweise die Tatsache, dass die Teilnahme an Weiterbildungen ab 50 Jahren drastisch sinkt.

Wertewandel

Ein *Wertewandel* ist eine kontinuierliche oder plötzliche Veränderung der moralischen Überzeugung in einer Gesellschaft. Bisher akzeptierte Werte können ihre soziale Akzeptanz verlieren. In diesem Sinne haben sich im 20. Jahrhundert Wandlungen vollzogen, die traditionelle Werte wie Pflicht, Unterordnung und Ordnungsliebe durch Wertvorstellungen wie Selbstverwirklichung, Autonomie und Mündigkeit nahezu abgelöst haben. Häufig wird auch die zunehmende Individualisierung, der eine veränderte Haltung zu individuellen Werten und gesellschaftlichen Normen zugrunde liegt, als Ausdruck eines solchen Wertewandels angesehen (Pitschke,

Abb. 5

Entwicklungen in der Umwelt als Herausforderungen für das Bildungsmanagement

Umweltentwicklungen: Herausforderungen für das Bildungsmanagement

Gesellschaft	Technologie	Wirtschaft	Natur
Demografischer Wandel	Schneller technologischer Wandel	Globalisierung	Nachhaltigkeit
Wertewandel Ethik	Zunehmende Komplexität	Wandel zur Wissensgesellschaft	Ressourcenknappheit

2012). Dem Zerfall traditioneller Bindungen stehen eine zunehmende Selbstbestimmung des Individuums gegenüber sowie eine »Pluralisierung von Lebensstilen« (Beck, 1986). Menschen möchten in ihrer Einzigartigkeit wahrgenommen werden, individuelle Talente und Potenziale einbringen, Leidenschaften und Wünsche ausleben. Auch in der Organisation am Arbeitsplatz ist eine zunehmende Individualisierung von Arbeitszeiten und Arbeitsformen zu beobachten. Unternehmenszweck und Unternehmenswerte, wie beispielsweise die Übernahme gesellschaftlicher Verantwortung im Sinne von Corporate Social Responsibility durch das Unternehmen, rücken stärker in den Mittelpunkt (Pitschke, 2012).

Diese Wertediskussion kann darüber hinaus aus verschiedenen Perspektiven betrachtet werden, wie beispielsweise veränderte Werte von Jugendlichen, von Arbeitnehmern, von Bürgern, etc. Im schulischen Kontext gehört zu einem der zentralen Kernthemen der pädagogischen Leistung die »Überbrückungsarbeit« zwischen den Welten (Ziehe, 2001, zit. in Bucher & Michel, 2003, S. 83 ff.): Die Jugend hat sich schon immer von der Erwachsenenwelt abgegrenzt. Neuerdings lebt sie nun aber regelrecht in einer »Eigenwelt«. Ihre stark von der Popkultur geprägte Alltagskultur, ein Potpourri aus eigenen Vorlieben und Gewohnheiten, erlaubt es den Jugendlichen »eine Parallelwelt zu den Eltern und zu den Institutionen aufzubauen« (Ziehe, 2001, zit. in Bucher & Michel, 2003, S. 83). Diese Welt entzieht sich zu weiten Teilen der Einflussnahme von Eltern und Lehrpersonen und ist gerade deshalb reizvoll, weil sie »dezidiert nicht pädagogisch« ist. Auch Fend nennt die Peers eine »neue Erziehungsmacht«, deren Macht sich im Extremfall gegen das Bildungswesen richten kann (Fend, 1998a, S. 29 ff.). Jedenfalls sind diese jugendlichen Eigenwelten heute »sozialisatorisch an die Stelle von Tradition und kultureller Überlieferung getreten« (Fend, 1998a, S. 29 f.).

Die Kehrseite neuer Freiheiten konfrontiert die Jugendgeneration aber auch mit neuen Problemen: Zukunftsungewissheit, Unübersichtlichkeit, Abbau von Kontinuitäten und Stabilitäten in allen Lebensbereichen sowie eine Gleichzeitigkeit widersprüchlicher Orientierungen oder Beliebigkeit. Für die heutigen Generationen ist es zudem eine relativ neue Situation, trotz guter Ausbildung und Qualifikation eventuell keinen adäquaten Arbeitsplatz zu erhalten. Aufgrund des demografischen Wandels sind die heutigen jungen Generationen nun damit konfrontiert, sich als Minderheit in einer zunehmend alternden Gesellschaft zu fühlen.

Wertediskussion in Schulen

Technologische Entwicklungen

Ein *schneller technologischer Wandel* ist einer der Hauptgründe für viele Bildungsmaßnahmen in der beruflichen Bildung. Die fortschreitende Dynamik aufgrund der technologischen Entwicklungen, die Spezialwissen schnell veralten, die Halbwertszeit des Wissens immer drastischer verkürzen lässt und daher eine generelle Lernbereitschaft erfordert, ist im Bildungswesen bereits seit Jahrzehnten ein Dauerthema. Neue technologische Entwicklungen führen auch zu gewaltigen Veränderungen im Schulalltag. Da Jugendliche ihr Privatleben mit einer großen Selbstverständlichkeit immer mehr öffentlich darstellen, wird auch das Klassenzimmer zunehmend öffentlich. Schülerinnen und Schüler tauschen sich auf Facebook aus und wollen sich mit ihren Lehrpersonen vernetzen. Der allgegenwärtige Umgang mit Medien und Information bringt zugleich neue Bedrohungen, Risiken und Gefahren mit sich: Dem Cybermobbing, der Spielsucht und dem adäquaten Umgang mit der Informationsflut auf der Gefahrenseite stehen neuen Chancen, wie z. B. neue Formen der Wissenserarbeitung, -produktion und -teilung, gegenüber.

Zunehmende Komplexität in mediatisierten Welten

Damit hängt eine *zunehmende Komplexität* in mediatisierten Welten zusammen: Menschen handeln in immer komplexeren Situationen, die in ein kaum überschaubares Netz vielfältiger Zusammenhänge technischer, sozialer, wirtschaftlicher und kultureller Art eingebunden sind. Alle Beteiligten sehen sich mit ständig neuen Technologien, Verfahren, Begriffen und Zusammenhängen konfrontiert und müssen einen fortlaufenden Strom von Veränderungen bewältigen. Mediennutzer stehen heute zunehmend einer neuen, vermischten physischen und virtuellen Realität gegenüber. Soziale Netzwerke werden zum Ausgangspunkt für Erfahrungen im Internet, die Grenzen zwischen Privatem und beruflichen Welten und zwischen Identitäten verwischen. Für den einzelnen Mediennutzer ist es häufig kaum mehr transparent und nachvollziehbar, welche Implikationen sein Medienverhalten im Internet nach sich ziehen kann. Entscheidend für ein eigen- und sozialverantwortliches Handeln in mediatisierten Welten sind jeweils die vorhandenen oder die zu erwerbenden Fähigkeiten, kompetent mit Medien und Informationen in virtuellen, neuen Realitäten umgehen zu können.

Mehr und mehr Menschen leben allein oder in mobilen Beziehungen und haben mehrere Lebensmittelpunkte. Eine soziale Integrationsfunktion wird zunehmend, aber bei Weitem nicht vollständig, vom Bildungssystem und dem Arbeitsmarkt wahrgenommen. Das Unternehmen, virtuelle Communities, Netzwerke und Freunde, rücken an die Stelle der traditionell »sinngebenden« Institutionen. Es entsteht eine Freiheit, die nicht für jeden Menschen gleich inspirierend ist. Sie stellt sowohl für die einzelnen Individuen als auch für Bildungsorganisationen eine neue qualitative Herausforderung dar (Pitschke, 2012).

Wirtschaftliche Entwicklungen

Globalisierung in der Wirtschaft

Eine zunehmende *Globalisierung* in der Wirtschaft führt ebenfalls zu diversen Implikationen im Bildungswesen. Bildungseinrichtungen müssen sich einerseits selbst mit diesen neuen Anforderungen inhaltlich auseinandersetzen, wenn diese von den Anspruchsgruppen an sie herangetragen werden. Schulen erweitern beispielsweise ihr Bildungsangebot um englischsprachige Inhalte, um ihre Schüler und Schülerinnen möglichst früh auf internationale Studier- und Beschäftigungsperspektiven einzustellen. Es können dabei aber auch Entwicklungen im Kontext einer multikulturellen Gesellschaft zum Tragen kommen, wie beispielsweise die Anforderung, Lernende mit Migrationshintergrund stärker in Bildungssysteme zu integrieren. Im Unternehmenskontext liegt der Akzent stärker auf dem »Diversity Management« und auf der Frage, inwieweit Mitarbeitende für das Arbeiten in interkulturellen Kontexten vorbereitet und unterstützt werden können.

Globalisierung der Bildungsmärkte

Neben den sozialen und fachlichen Anforderungen, die die zunehmend globale Wirtschaft an die Bildungseinrichtungen stellt, finden sich globale Konkurrenzsituationen auf dem Bildungsmarkt als solchem. Diese Globalisierung der Bildungsmärkte hat einen deutlich spürbaren Einfluss auf Bildungsorganisationen, um Reformen –

meist durch äußere Impulse gesetzt – zu lancieren und umzusetzen. Die Dynamik der Internationalisierung ist insbesondere seit der Einführung eines europäischen Bildungsraums, d. h. in etwa seit der Jahrtausendwende, deutlich spürbar (vgl. nachfolgende Tabelle 4).

Die Etablierung des Europäischen Qualifikationsrahmens (EQR) und des korrespondierenden Nationalen Qualifikationsrahmens (NQR) induziert einen Paradigmenwechsel in der beruflichen Bildung von einer Input- zu einer Outputorientierung. Der EQR dient dabei bezüglich des NQR als »translation device to make national qualifications more readable across Europe, promoting workers' and learners' mobility between countries and facilitating their lifelong learning« (European Commission, 2008, S. 3). Die mit EQR und NQR angestrebte Standardisierung der in den unterschiedlichen Mitgliedstaaten erworbenen Qualifikationen bedeutet, dass die in den nationalen Berufssystemen angelegte Prozessorientierung in Form von beruflichen Cur-

Berufsbildung: Europäischer und nationaler Qualifikationsrahmen

Entwicklung eines europäischen Bildungsraums

Tab. 4

Erscheinungsformen des Bildungsmanagements

Sektoren	Prozess und Realisierung	Ziele
Europäischer Hochschulraum	▸ Bologna-Prozess (1999) ▸ Lissabon-Strategie (2000)	▸ Mobilität von Studierenden fördern ▸ Übergang zu einer wissensbasierten Wirtschaft und Gesellschaft
	▸ ECTS = European Credit Transfer System (seit 1989 erprobt, mit Bologna 1999 eingeführt)	▸ Leistungspunktesystem zur Darstellung von Lernleistungen ▸ Ziel: Anrechenbarkeit von Leistungen
Europäischer Raum der beruflichen Bildung	▸ Kopenhagen-Erklärung (2002)	▸ Mobilität von Auszubildenden und berufstätigen Lernenden fördern ▸ Generelle Mobilität in einem europäischen Arbeitsmarkt fördern
	▸ ECVET = European Credit System for Vocational Education and Training (2006)	▸ Leistungspunktesystem zur Darstellung von Lernleistungen (ähnlich wie ECTS) ▸ Ziel: Förderung von Transparenz, Transferierbarkeit, Vergleichbarkeit und wechselseitige Anerkennung von beruflichen Qualifikationen und Kompetenzen auf unterschiedlichen Niveauebenen
	▸ Europass = Qualifikationen, berufliche Erfahrungen und Fähigkeiten anhand eines einheitlichen Rahmenkonzepts darstellen (2005)	▸ Generierung eines umfassenden Bildes der Kompetenzen eines Individuums ▸ Ziel: Transparenz sowie Ermöglichung einer interpersonalen Vergleichbarkeit und somit Förderung der Mobilität der Beschäftigten
Sektorenübergreifend	▸ European Qualification Framework (EQF): Verknüpfung aller nationalen Qualifikationssysteme (NQF) mit dem EQF und Unterstützung eines auf Lernergebnissen basierenden Konzepts, Outcome-Orientierung (2006)	Referenzniveaus für die berufliche Bildung und Hochschulbildung: ▸ Durchlässigkeit zwischen beruflicher und akademischer Bildung fördern ▸ Abbau von Barrieren der Zusammenarbeit und Ausweitung der Mobilität in akademischen und nicht-akademischen Lernkontexten

ricula für die Anerkennung von Qualifikationen an Bedeutung verliert. Für den Zugang zum Arbeitsmarkt differenzieren nicht mehr die unterschiedlichen Lernwege, sondern die fachlichen und überfachlichen Kenntnisse und Fertigkeiten, die in noch zu beschreibenden »Kompetenzprüfungen« erwiesen werden. Ziehen wir nun in Betracht, dass ein großer Teil dieser Kenntnisse und Fertigkeiten in betrieblichen Zusammenhängen erworben wird, dann ergibt sich daraus die Bedeutung von Bildungsprozessen in den Betrieben (Diettrich & Vonken, 2009). In diesem Kontext ist die Anerkennung von Kompetenzen zu sehen, die in informellen Kontexten erworben werden, und letztendlich die Umsetzung einer Strategie des lebenslangen Lernens hervorheben.

Wissensgesellschaft, wissensbasierte Wirtschaften

Meist aus einem wirtschaftlichen Kontext heraus wird die heutige Gesellschaft häufig als *Wissensgesellschaft* bezeichnet, in der Wissen und Lernen immer wichtiger werden. Weniger durchgesetzt haben sich Begriffe wie »Lerngesellschaft« (European Commission, 1996) und »Bildungsgesellschaft« (Kade, 1992), die sich auf dasselbe Phänomen beziehen. Der Umgang mit Wissen und Innovation wird als ein zentraler Wettbewerbsfaktor einer Wirtschaft angesehen. Als Nachfolge zum Begriff der »Informationsgesellschaft« wird in diesem Konzept die Gegenwartsgesellschaft nicht ausschließlich durch ihre technologische Basis definiert. Damit wird ein grundlegender Strukturwandel von einer Industrie- zu einer Wissensgesellschaft unterstellt; betont wird die zunehmende Bereitschaft zur Infragestellung vertrauter Wahrnehmungs- und Handlungsmuster. Spätestens mit dem Lissaboner Gipfel der Europäischen Union im Jahr 2000, auf dem die Entwicklung der EU zum »wettbewerbsfähigsten und dynamischsten wissensbasierten Wirtschaftsraum in der Welt« (Europäischer Rat, 2000, S. 1) beschlossen wurde, hat der Begriff der Wissensgesellschaft seinen Platz in bildungspolitischen Leitlinien erobert. Die OECD (1996, S. 7) stellt hingegen den Innovationsbegriff in den Mittelpunkt und definiert den Begriff der wissensbasierten Wirtschaften (»knowledge-based economies«) als die Fähigkeit und Bereitschaft zur Hervorbringung und wirtschaftlichen Nutzung von Wissen.

Darüber hinaus dreht sich die Diskussion häufig um einen veränderten Stellenwert von Bildung und um die zunehmende Bedeutung wissensbasierter Tätigkeiten und Wirtschaftsbereiche. Die Entwicklung zur Wissensgesellschaft verlangt vom Einzelnen die Fähigkeit und Bereitschaft zum lebenslangen Lernen. Dies stellt eine Herausforderung für das Bildungsmanagement auf allen Bildungsstufen dar. Die am stärksten expandierenden Wirtschaftssektoren, die sozialen und produktionsnahen Dienstleistungen, greifen in erheblichem Maße auf akademisch qualifizierte Arbeitskräfte zurück. Dies gilt als unmittelbarer Beitrag zu stärker wissensbasierten Arbeits- und Organisationsformen. Mit steigenden formalen Qualifikationen wachsen daneben auch die Bereitschaft der Beschäftigten zur Übernahme von Verantwortung, die Bereitschaft zur Infragestellung bisheriger Routinen und Vorgehensweisen sowie die Bereitschaft zum Lernen und zur Teamarbeit. Insofern ermöglicht und legitimiert das Bildungswesen auch die Bereitschaft zu kontinuierlichen Veränderungen – eine Fähigkeit, die im Zentrum der Wissensgesellschaft steht.

Handlungsfelder des Bildungsmanagements

Natur – ökologische Entwicklungen

Ökologische Entwicklungen werden häufig mit dem Schlagwort der *Nachhaltigkeit* in Zusammenhang gebracht. Ursprünglich Mitte des 19. Jahrhunderts in der Forstwirtschaft entstanden, bedeutete Nachhaltigkeit, dass man nicht mehr Bäume fällte als im Wald nachwuchsen. Die Ernte sollte sich nicht zuerst am menschlichen Bedarf, sondern an der Leistungsfähigkeit des Ökosystems orientieren. Eine dauerhafte Entwicklung zeichnet sich dadurch aus, dass die Bedürfnisse der Gegenwart befriedigt werden, ohne zu riskieren, dass künftige Generationen ihre Bedürfnisse nicht mehr befriedigen können (Hauff, 1987, S. 15). Im bildungstheoretischen Verwendungskontext richtet sich der Gedanke der Nachhaltigkeit zum einen auf die Grundintention pädagogischen Handelns, die sich am Leitbild »Bildung für eine nachhaltige Entwicklung« ausrichtet. Menschen sind über Bildung in ihrem Handeln so zu orientieren, dass eine nachhaltige Nutzung der Erde als Lebensraum gesichert bleibt. Neue Bildungsziele und -inhalte werden damit begründet, gemeinsam Verantwortung für die Zukunft zu übernehmen, indem ressourcenschonendes und auf Nachhaltigkeit ausgerichtetes Verhalten thematisiert und praktiziert wird.

Natur: Nachhaltigkeit als Bildungsziel

Darüber hinaus bedingen die Herausforderungen in dieser Umweltsphäre eine Ökologisierung im bewussten Umgang mit *Ressourcenknappheit* von Bildungsorganisationen. Dies bedeutet, dass Rahmenbedingungen so zu gestalten sind, dass sie eine nachhaltige Lernumgebung, im Sinne von dauerhaft und umweltbewusst, fördern. In einer Schule können Maßnahmen dabei auf unterschiedlichen Ebenen ansetzen: Sie betreffen z. B. die pädagogische Gestaltung anregender und sinnstiftender Lernerfahrungen, die Förderung ökologisch vertretbarer Haltungen, Denkweisen und Handlungen der Schüler innerhalb der Schulen, in den Familien und Gemeinden oder auf einer eher technisch-ökonomischen Ebene einen ökologisch vertretbaren und ökonomischen Umgang mit Ressourcen. Der umweltbewusste Umgang mit Ressourcen hinsichtlich Mobilität, Beschaffung und Verbrauch ist auch in Bildungsbereichen von Unternehmen ein Thema. So postuliert der Expertenkreis der DGFP die folgende These: »Menschen wie Unternehmen werden zukünftig aus ökologischen wie ökonomischen Überlegungen heraus verstärkt versuchen, ihre Nachhaltigkeitsbilanz zu optimieren und den Mobilitätsaufwand zu verringern« (Hahn, 2012, S. 130). Aus diesen Überlegungen heraus und da Entwicklungsziele aufgrund der Vielfältigkeit der Maßnahmen nicht kurzfristig realisiert werden können, wird Kontinuität und auf Dauer ausgerichtete Organisationsentwicklung und Bewusstseinsänderung betont. Der Nachhaltigkeitsbegriff wird sodann stellvertretend für Konstanz und langfristig wirksames Agieren verwendet.

Natur: Umgang mit knappen Ressourcen in Bildungsorganisationen

Das Besondere am SGMM ist, dass die Kernaufgaben einer Organisation in ein komplexes Beziehungsgeflecht von *Anspruchsgruppen* integriert werden (integriertes Managementsystem). Als Anspruchsgruppen (»Stakeholder«) werden Menschen und Organisationen bezeichnet, die für die jeweilige Bildungsorganisation relevant sind, wie beispielsweise Lernende, Lehrende, Staat/Behörden, Lieferanten, Konkurrenz, Kapitalgeber oder die Öffentlichkeit. Lernende als Kunden zu bezeichnen, ist je nach Bildungskontext eine fragwürdige Angelegenheit. Öffentliche Schulen oder Hochschulen vermeiden diese Bezeichnung, insbesondere weil dadurch falsche Assoziationen geweckt werden würden, was u. U. eine Konsumentenhaltung verstär-

Orientierung an Anspruchsgruppen

1.4 Grundlagen des Bildungsmanagements
Handlungsfelder des Bildungsmanagements

Interaktion mit Anspruchsgruppen

ken könnte. Vielmehr werden Lernende als Co-Produzenten, d. h. als zentrale, aktive Akteure im Bildungsprozess verstanden.

Eine Organisation ist nicht aus Selbstzweck tätig, sondern erbringt ihre Leistungen in Interaktion mit ebendiesen unterschiedlichen Anspruchsgruppen (Rüegg-Stürm, 2004, S. 74). Die »Gegenstände« dieser Austauschbeziehungen werden als *Interaktionsthemen* bezeichnet. Darunter versteht das St. Galler Management-Modell alles, »was über die Anspruchsgruppen an die Unternehmung herangetragen, dieser zur Verfügung gestellt oder streitig gemacht wird – oder umgekehrt betrachtet: Worum sich eine Unternehmung aktiv bemühen muss« (Rüegg-Stürm, 2004, S. 78–79). Das Modell unterscheidet dabei einerseits personen- und kulturgebundene Elemente, wie Anliegen und Interessen, Normen und Werte, und andererseits objektgebundene Elemente, d. h. Ressourcen.

1.4.3 Innenwelt einer Bildungsorganisation

1.4.3.1 Sinnhorizonte des Bildungsmanagements

Im vorigen Kapitel stand die Analyse der Außenwelt im Umfeld einer Bildungsorganisation im Zentrum der Überlegungen. In diesem Kapitel und den nachfolgenden Abschnitten rückt die Innenwelt einer Bildungsorganisation in den Vordergrund. Neben Gestaltungsebenen und Entwicklungsmodi wird zunächst auf die Sinnhorizonte des Bildungsmanagements eingegangen. Die Herausforderungen für das Bildungsmanagement können basierend auf dem SGMM nach einem normativen, strategischen und operativen Sinnhorizont unterschieden werden.

Normatives Bildungsmanagement:

Normatives Bildungsmanagement: Legitimierung, Begründungsbasis

Diese Perspektive kennzeichnet die normative Orientierung des Bildungsmanagements in Organisationen. Welche Handlungskompetenzen sollen die Lernenden, aber auch die Lehrenden in einer Bildungsorganisation erwerben? Neben den Ansprüchen der Lernenden (z. B. veränderte Lebenskonzepte, veränderte Wertvorstellungen und daraus resultierenden Erwartungen an ihr Studium, Arbeit und künftigen Beruf) wird

Tab. 5

Sinnhorizonte: Normatives, strategisches und operatives Bildungsmanagement

Sinnhorizonte	Zweck	Leitfragen
Normatives Bildungsmanagement	▸ Aufbau von Legitimations- und Verständigungspotenzialen	▸ Warum und wozu handeln wir?
Strategisches Bildungsmanagement	▸ Aufbau nachhaltiger Wettbewerbsvorteile ▸ Positionierung gegenüber Konkurrenz	▸ Handeln wir effektiv? ▸ Machen wir die »richtigen Dinge«?
Operatives Bildungsmanagement	▸ Gewährleistung effizienter Abläufe und Routinen/Umsetzung	▸ Handeln wir effizient? ▸ Machen wir die »Dinge richtig«?

die Frage der notwendigen Handlungskompetenzen in Verbindung mit den Anforderungen des Abnehmer-Marktes und den gesellschaftlichen Entwicklungen aufgeworfen. In vielen Bildungsorganisationen (Schulen, Hochschulen, aber auch Betrieben) hat dies schließlich in der Programmatik zu erweiterten Anforderungen an das Kompetenzprofil der Lernenden geführt. Neben die weiterhin notwendigen Fachkompetenzen treten verstärkt überfachliche Kompetenzen, wie Selbstlern- und Sozialkompetenzen, um Jugendliche auf ein lebenslanges Lernen vorzubereiten.

Ausdruck der normativen Orientierung im Bildungsmanagement sind beispielsweise Leitbilder der Bildungsorganisation, Leitlinien und Kompetenzschwerpunkte von Bildungsangeboten sowie Vorstellungen einer anzustrebenden Lehr-Lernkultur. Die normative Perspektive stellt somit die Legitimationsquelle und Begründungsbasis für ein möglichst breit akzeptiertes Agieren in einer Bildungsorganisation dar.

Strategisches Bildungsmanagement

Die strategische Perspektive verbindet die normative mit der operativen Umsetzungsperspektive. Die Strategieentwicklung kann als ein dynamischer und prozessorientierter Ansatz verstanden werden, welcher sich mit der Suche, dem Aufbau, dem Erhalt und dem Ausbau von Erfolgspositionen zur Erzielung von möglichst langfristigen Wettbewerbsvorteilen einer Bildungsorganisation beschäftigt (Pellert, 1993, S. 147). Im Kern geht es dabei um die Frage, wie Bildungsstrategien bzw. vielmehr strategische Initiativen zu entwickeln sind, um entsprechende förderliche Impulse zu setzen. Gleichzeitig muss geklärt werden, in welchem strukturellen und kulturellen Rahmen der Erwerb bzw. die Anwendung der angestrebten Handlungskompetenzen stattfinden soll.

Strategisches Bildungsmanagement: Prioritätensetzung

Operatives Bildungsmanagement

Diese Perspektive stellt die operativen Gestaltungsaktivitäten des Bildungsmanagements in Bildungsorganisationen dar. Im Hinblick auf den operativen Vollzug geht es vor allem um die Frage, über welche Bildungsprozesse die Umsetzung der Leitziele im Rahmen der bestehenden Strukturen und Kulturen vorgenommen werden soll. Dabei entsteht ein gewisses Spannungsfeld von effizienten Abläufen sowie Problemlösungsroutinen und begrenzten Ressourcen.

Operatives Bildungsmanagement: Umsetzung

1.4.3.2 Gestaltungsebenen: Makro-, Meso- und Mikro-Ebene

Das originäre Feld des Bildungsmanagements stellt die Makro-Ebene dar: die Gestaltung der Rahmenbedingungen. Zunehmend wird auch die Zwischenstufe, die Meso-Ebene, im Bildungsmanagement als relevant erachtet, d.h. die Gestaltung der Bildungsprogramme. Die Mikro-Ebene richtet sich zum einen auf die Gestaltung von Lernsituationen, zum anderen steht das Individuum auf dieser Ebene im Vordergrund. Aus Bildungsmanagement-Perspektive ist es dabei relevant, die Kompetenzentwicklung von Learning Professionals, Bildungspersonal im erweiterten Sinne, als integralen Bestandteil von Schul- bzw. Organisationsentwicklung einzubeziehen. Das vorliegende Lehrbuch fokussiert sich daher auf der Mikro-Ebene nur auf diesen Aspekt aus Bildungsmanagement-Sicht.

Grundlagen des Bildungsmanagements
1.4 Handlungsfelder des Bildungsmanagements

Tab. 6

Gestaltungsebenen des Bildungsmanagements

Gestaltungsfeld	Zweck	Leitfragen
Makro-Ebene	Bildungsorganisation gestalten → Organisation	▸ Wie können Rahmenbedingungen – Strukturen und Kulturen – für Lernen gestaltet werden?
Meso-Ebene	Bildungsprogramme gestalten → Team	▸ Wie können Bildungsprogramme (in Teams) gestalten
Mikro-Ebene	Kompetenzentwicklung von Learning Professionals gestalten → Individuum	▸ Wie kann die Kompetenzentwicklung von Learning Professionals, Bildungspersonal im erweiterten Sinne, gestaltet werden?

Organisation: Lernförderliche Rahmenbedingungen

Makro-Ebene: Rahmenbedingungen für die Kompetenzentwicklung gestalten

Die *Makro-Ebene* bezeichnet organisationsweite Gestaltungsaufgaben, um lernförderliche Rahmenbedingungen für Bildungsprozesse und für eine Kompetenzentwicklung zu gestalten. Auf der institutionellen Ebene können Handlungsfelder definiert werden, wie beispielsweise das Management des Bildungsangebot-Portfolios, die Ressourcenzuteilung sowie Maßnahmen zum Etablieren einer wünschenswerten Lehr-/Lernkultur.

Team: Bildungsprogramme gestalten

Meso-Ebene: Bildungsprogramme gestalten

Die *Meso-Ebene* fokussiert das Management von Bildungsprogrammen bzw. -maßnahmen, die meist innerhalb von Teams organisiert werden. Hier steht die Gestaltung eines kohärenten Bildungsangebots (Brahm, Jenert & Meier, 2010) im Vordergrund. Bildungsprozesse lassen sich in Phasen der Planung, Konzeption, Durchführung bis hin zur Evaluation unterscheiden. Zu betonen ist wiederum der Fokus auf die *Entwicklung*, wodurch eine kontinuierliche Weiterentwicklung der Bildungsangebote angestrebt wird.

Individuum: Kompetenzentwicklung von Learning Professionals gestalten

Mikro-Ebene: Lehr-Lernprozesse und individuelle Kompetenzentwicklung gestalten

Die *Mikro-Ebene* fokussiert zum einen auf die Gestaltung von Lehr-Lernprozessen in der Bildungsorganisation, wie sie in der Wirtschaftspädagogik bzw. -didaktik mit mikro-didaktischen Kernfragen bearbeitet wird. Zum anderen ist auf dieser Ebene die individuelle Kompetenzentwicklung der Lernenden sowie der Lehrenden zu betrachten (Wildt, 2005), die aus der Bildungsmanagement-Sicht im Vordergrund steht. Ein Paradigmenwechsel vom Lehren zum Lernen kann – wiederum mit unterschiedlichen Akzentuierungen – auf allen Bildungsstufen und in allen institutionellen Kontexten beobachtet werden. Insbesondere sind dabei die Lehrenden zu befähigen, die Lehre vom Studium, vom Lernen her zu überdenken. Für diesen Perspektivenwechsel ist v. a. eine neue Lehrauffassung (Einstellung) erforderlich sowie ein erweitertes didaktisches Handlungsrepertoire (Wissen und Fertigkeiten), wie dies Wildt (2005) ausführt: »Das herkömmlich vorwiegend präsentational bzw. instruktional ausgerichtete Paradigma der Hochschullehre verschiebt sich zu einer Lehrauffassung, die sich als Lernförderung versteht und aktives Lernen in den Mittelpunkt stellt. Das bedeutet nun nicht, dass die klassischen Funktionen einer ›darbietenden‹ Lehre und korrespondierend damit, eines rezeptiven Lernens nicht weiterhin einen wichtigen Stellenwert im Studium beibehalten. Vielmehr geht es um die Erweiterung des didaktischen Handlungsrepertoires, bei dem den Lehrenden über Präsentation und Instruktion hinaus die Aufgaben eines Arrangements von Lernsituationen bzw. der Konstruktion von Lernumgebungen und verstärkte Beratungs- und Betreuungsaufgaben zuwachsen« (Wildt, 2005, S. 2).

1.4.3.3 Entwicklungsmodi

Organisationen sind einer erheblichen Dynamik der sie umgebenden Umwelten ausgesetzt. Um hier bestehen zu können, muss sich eine Bildungsorganisation kontinuierlich weiter entwickeln. Dem vorliegenden Bildungsmanagement-Ansatz liegt die Annahme zugrunde, dass ein erfolgreiches Bildungsmanagement durch eine ausgewogene Balance zwischen Stabilität und Veränderung gekennzeichnet ist, durch Verunsicherung und erneute Vergewisserung sowie durch Wertschätzung der Tradition und Beschreiten neuer Wege geprägt ist. Die Entwicklungsmodi nach dem St. Galler Management-Modell beschreiben grundlegende Muster von Veränderungsprozessen in Bildungsorganisationen mit den beiden Extremformen Optimierung und Erneuerung.

Entwicklungsmodus: Optimierung
Diese Entwicklungsrichtung stellt die Optimierung bestehender Produkte, Prozesse, Strukturen und Kulturen dar. Ein potenzielles Entwicklungsvorhaben setzt bei Bestehendem an und gewährleistet, dass die Verbesserung im Rahmen der vorhandenen Handlungskompetenzen erfolgt. Eine grundsätzliche Bedrohung von Handlungsprioritäten oder Werthaltungen entsteht dabei kaum. Optimierungsprozesse verlaufen eher evolutionär und punktuell. Für die Beteiligten, insbesondere für Lernende und Lehrende, bedeutet dies kleine Veränderungen in Teilbereichen und viel Stabilität in gewohnten Mustern. Auch durch viele kleine Schritte kann in einer lernenden Orga-

Optimierung: Verbesserung des Bestehenden

Überblick Entwicklungsmodi

Tab. 7

Gestaltungsebenen des Bildungsmanagements

Entwicklungsmodus	Zweck	Leitfragen
Optimierung	▸ Optimierung bestehender Bildungsprodukte, Prozesse, Strukturen und »Kulturen« ▸ Qualitätsentwicklung	▸ Wie kann die Qualität in Bildungsorganisationen kontinuierlich weiter entwickelt werden?
Erneuerung	▸ Implementierung von Innovation und Umgang mit Veränderung	▸ Wie können Innovationen erfolgreich in Bildungsorganisationen implementiert werden?

nisation grundsätzlich Neues geschaffen werden, andernfalls hat man mit erheblichen Widerständen der Betroffenen zu rechnen, die sich gegen die Erneuerungen sträuben (Pettigrew, 1990, S. 8).

Entwicklungsmodus: Erneuerung

Erneuerung: Neues bewerten und implementieren

Veränderungsprozesse können auf eine grundlegende Erneuerung ausgerichtet sein, wie es beispielsweise bei Reformprojekten üblicherweise der Fall ist. Die Innovationsobjekte können vielfältig sein, da eine Erneuerung meist mehrere Objekte parallel betrifft. Der Erneuerungsprozess beinhaltet radikale Veränderungen für die Organisation und die Betroffenen, erfasst weite Teile der Organisation und greift tief in die bestehenden Strukturen und Kulturen ein.

Die große Breite und Tiefe einer Erneuerung führen zu vielen Teilaufgaben und Detailproblemen bei der Implementierung. Umfangreiche Innovations- und somit Veränderungsprojekte haben mangelnde Planbarkeit, hohe Komplexität, hohes Risiko und Unsicherheit zur Folge. Dies stellt einen guten Nährboden für Emotionen wie Angst und Bedrohung dar; die Gefahr wachsender Widerstände ist groß. Allerdings kann ein gewisser Leidensdruck auf Grund des krisenhaften Anpassungsstatus auch eine Bereitschaft zu Veränderungen auslösen. Ein Vorteil radikaler Veränderungen liegt in der Innovationsgeschwindigkeit. Getroffene Maßnahmen können schneller greifen und verhindern, dass die Innovation schnell im Sande verläuft und die erhofften Veränderungen gänzlich ausbleiben.

Wechselspiel von Stabilität und Wandel

Weil Erneuerung im Sinne von strategischem Wandel mit der Entwicklung neuer Kernkompetenzen verbunden ist, empfiehlt es sich gerade im Hinblick auf das Zusammenspiel von Stabilität und Wandel oftmals, nicht alles gleichzeitig verändern zu wollen (Rüegg-Stürm, 2004), einerseits um Widerstände gegenüber der Erneuerung in der Organisation aufzunehmen, andererseits damit die Akteure den Wandel »verdauen« können. Dazu ist manchmal eine zeitliche Sequenzierung von Veränderungsprozessen notwendig. Zudem braucht eine gelingende Erneuerung, auch wenn vieles miteinander vernetzt und voneinander abhängig ist, immer auch Inseln der Stabilität, Ankerpunkte der Gewissheit und Phasen der Konsolidierung (Rüegg-Stürm, 2004). Die Voraussetzungen in Bildungsorganisationen hinsichtlich ihrer Innovationsfähigkeiten sind sehr unterschiedlich. Mit dem Wechselspiel von Stabilität und Wandel unter gleichzeitiger Berücksichtigung der gewachsenen Wandel- und Erneuerungsfähigkeit einer Organisation angemessen umgehen zu können, gehört mitunter zu den anspruchsvollsten Managementaufgaben.

1.4.4 Fazit

Bildungsmanagement: Impulse für organisatorischen Wandel

Die Gestaltung von Bildungsprozessen in Organisationen kann als eine komplexe Management-Aufgabe in Abstimmung mit zentralen Anspruchsgruppen betrachtet werden. Bildungsmanagement führt einerseits ausgehend von normativen Leitlinien zu zentralen strategischen und operativen Umsetzungsfragen von Bildungsprozessen. Andererseits ist zu berücksichtigen, dass sich Gestaltungsfelder auf organisationsweite Bereiche (Makro-Ebene), auf die Programm-Ebene (Meso-Ebene) bis hin zur

Gestaltung von Lehr-Lernprozessen und die Ebene des Individuums (Mikro-Ebene) ausrichten können. Insbesondere unter dem Blickwinkel »wie kommt das Neue in die Bildungsprozesse?« ist es darüber hinaus eine zentrale Herausforderung, gezielt Impulse für den organisatorischen Wandel zu setzen, wobei ein Spannungsfeld zwischen Stabilität und Erneuerung zu berücksichtigen ist und damit die Frage: Wie viel Veränderung braucht und verträgt die Bildungsorganisation?

Bei der gedanklichen Klärung und praktischen Bewältigung dieser Herausforderungen ist ein integrierter Management-Ansatz wie das St. Galler Management-Modell von großem Nutzen. Der vorgestellte Bildungsmanagement-Ansatz, abgeleitet aus dem St. Galler Management-Modell (SGMM) stellt einen Rahmen zur Verfügung, in dem wichtige Zusammenhänge zwischen den einzelnen Modellelementen deutlich werden und anhand dessen sich konkrete Gestaltungsaufgaben definieren lassen. Das Modell soll eine Hilfe bieten, den Blick auf die wesentlichen Probleme und ihre Interdependenzen sowie auf mögliche Inkonsistenzen zu richten, die bei grundlegenden Entscheidungen berücksichtigt werden sollten. Das Modell liefert in diesem Sinne einen Bezugsrahmen zur Betrachtung, Diagnose und Lösung von Problemen bei der Gestaltung des Bildungsmanagements in Organisationen.

Nutzen des Bildungsmanagement-Ansatzes nach SGMM

Für einen umfassenden Bildungsmanagement-Ansatz eignet sich das St. Galler Management-Modell insbesondere, um die systemischen Zusammenhänge der jeweiligen Handlungsfelder aufzeigen sowie die zukunftsorientierte Weiterentwicklung einer Organisation anstatt einer rückwärtsgerichteten Kontrolle als zentrales Managementverständnis aufnehmen zu können. Bildungsmanagement kann in diesem Denkmodell als proaktive Gestaltung von Bildungsaktivitäten verstanden werden, welche die Entwicklung der Bildungsorganisation in ihrer Gesamtheit und in der Interaktion mit ihrer Umwelt und entsprechenden Anspruchsgruppen erfasst. Darüber hinaus ist im vorliegenden Modell die Betonung der normativen Ebene, die in anderen Managementansätzen nur geringe Berücksichtigung findet, gerade für Bildungsorganisationen von sehr hoher Bedeutung. Diese Gründe haben vermutlich auch dazu geführt, warum sich das SGMM bereits in vielen New Public Management-Ansätzen sowohl in der Theorie als auch in der Praxis wieder findet.

1.5 Zusammenfassung

Bildungsmanagement ist ein noch relativ junges Gestaltungsfeld, das als Teilgebiet der Wirtschaftspädagogik betrachtet werden kann. Es ist prinzipiell in all jenen Organisationen relevant, in denen Bildungsprozesse geplant, durchgeführt und evaluiert werden: In Schulen, Hochschulen oder in der betrieblichen Aus- und Weiterbildung.

Bildungsmanagement als Gestaltungsfeld: Chancen und Grenzen

Bildungsmanagement bezeichnet das Management, d. h. die Gestaltung, Steuerung und Entwicklung von sozialen Systemen (Ulrich, 2004), die dem Zweck der Bildung von Menschen dienen im Spannungsfeld betriebswirtschaftlicher und pädagogischer Ziele. Bildung wird dabei aus wirtschaftsdidaktischer Perspektive verstanden als »Fähigkeit und Bereitschaft (Kompetenz) des Individuums zur eigen- und sozialverantwortlichen Bewältigung sozio-ökonomischer Lebenssituationen« (Euler &

1.5 Grundlagen des Bildungsmanagements
Zusammenfassung

Hahn, 2007, S. 132). Bildung im eigentlichen Sinne kann nicht »gemanagt« werden. Es stehen vielmehr die Bildungsprozesse als Dienstleistungen im »Managementfokus«. Das Gestaltungsfeld schafft somit die Verbindung zwischen Management und Bildung, wobei das Ziel nicht die unreflektierte Übernahme ökonomischer Konzepte sein sollte. Zentrale Herausforderung ist vielmehr, die ökonomischen und pädagogischen Rationalitäten auszubalancieren, Grenzen zu erkennen und nach gangbaren Lösungen zu suchen. Ein reflexives Bildungsmanagement nimmt dieses Spannungsfeld bewusst und kritisch auf, um adäquate Gestaltungslösungen innerhalb gegebener Grenzen zu entwickeln.

Als Denk- und Strukturrahmen dient das St. Galler Management-Modell (SGMM), das Umweltsphären, Anspruchsgruppen und Interaktionsthemen identifiziert und die Innenwelt nach Sinnhorizonten, Prozessen auf Gestaltungsebenen sowie Entwicklungsmodi strukturiert. Dieses Lehrbuch orientiert sich am SGMM als konzeptionellen Rahmen und beleuchtet die Innenwelt von Bildungsorganisationen näher:

- In Teil Kapitel 2 werden die *Sinnhorizonte* normatives, strategisches und operatives Bildungsmanagement dargestellt.
- Den Schwerpunkt des Buches bilden die Gestaltungsebenen. Kapitel 3 fokussiert zunächst die *Makro-Ebene: Rahmenbedingungen der Organisation* für Kompetenzentwicklung und Lernen gestalten.
- In Kapitel 4 wird auf die an Bedeutung zunehmende *Meso-Ebene* eingegangen, um die Gestaltung von *Bildungsprogrammen im Team* zu beleuchten.
- In Kapitel 5 werden die Verbindungslinien zur *Mikro-Ebene* und zur Ebene des *Individuums* hergestellt. Im Vordergrund steht dabei die *Kompetenzentwicklung von*

Abb. 6

Innenwelt einer Bildungsorganisation: Aufbau des Lehrbuchs

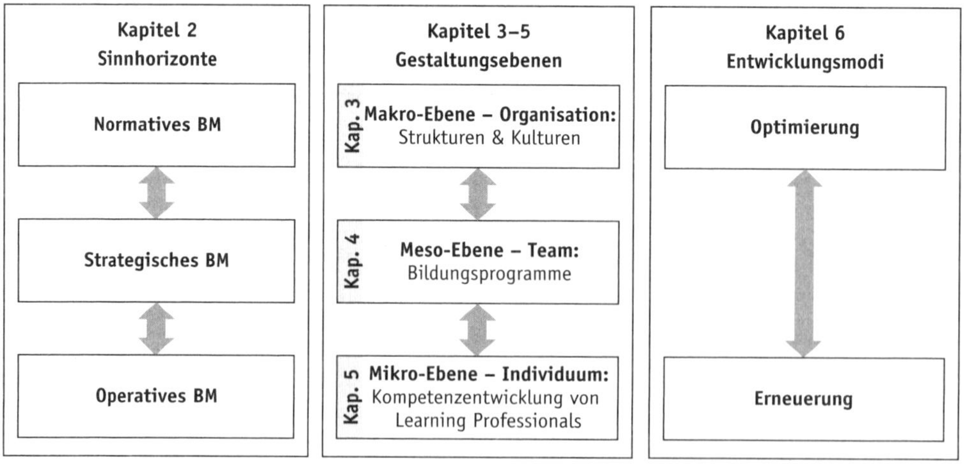

Kapitel 2 Sinnhorizonte	Kapitel 3–5 Gestaltungsebenen	Kapitel 6 Entwicklungsmodi
Normatives BM	Kap. 3 Makro-Ebene – Organisation: Strukturen & Kulturen	Optimierung
Strategisches BM	Kap. 4 Meso-Ebene – Team: Bildungsprogramme	
Operatives BM	Kap. 5 Mikro-Ebene – Individuum: Kompetenzentwicklung von Learning Professionals	Erneuerung

1.5 Zusammenfassung

Learning Professionals als integraler Bestandteil der Schul- bzw. Organisations- sowie Unterrichtsentwicklung von Bildungsorganisationen.
- Kapitel 6 fokussiert die *Entwicklungsmodi einer Bildungsorganisation*, in dem die Themen Qualitätsmanagement, Innovations- und Change Management als dezidierte Entwicklungsaufgaben aufbereitet werden.

Zwischen den einzelnen Themen sind Überschneidungen aufgrund der mehrdimensionalen Betrachtungsweise kaum zu vermeiden. Letztlich sind bei jedem Handlungsfeld alle drei Dimensionen relevant: Normative, strategische und operative Fragestellungen als Sinnhorizont, Klärung der Gestaltungsebene (was sind relevante Gestaltungsbereiche?) sowie die Schwerpunkte bei der Entwicklung von Optimierung bis zum bewussten Umgang mit Innovationen und Veränderungen. Dennoch unterstützen die drei Dimensionen dabei, die Bildungsorganisation nach drei zentralen Sichtweisen zu analysieren und hinsichtlich ihrer Stimmigkeit kritisch zu reflektieren:

Bildungsmanagement: Analyse und Gestaltung

- *Sinnhorizonte*: Richten sich strategisches und operatives Bildungsmanagement nach der normativen Orientierung in Bildungsorganisationen aus und richtet sich somit auch effektives und effizientes Handeln in Bildungsorganisationen nach begründeten und akzeptierten Leitlinien aus?
- *Gestaltungsfelder*: Sind die Lernprozesse auf organisationaler Ebene zur Gestaltung lernförderlicher Rahmenbedingungen, auf Team-Ebene zur Gestaltung von Bildungsprogrammen sowie das individuelle Lernen der Learning Professionals aufeinander abgestimmt und führen sie insgesamt zur Erhöhung der Entwicklungsfähigkeit auf den verschiedenen Ebenen?
- *Entwicklungsmodi*: Befinden sich die Entwicklungsmodi Optimierung und Erneuerung in einer ausgewogenen Balance?

Die einzelnen Themen sollen einerseits im Sinne der integrierten Managementlehre im Wirkungsgeflecht einer Bildungsorganisation dargestellt werden. Andererseits sind die einzelnen Kapitel und Themen auch so verfasst, dass eine modulare Vorgehensweise des Lesers unterstützt wird. Wer sich beispielsweise nur für das Thema Qualitätsmanagement interessiert, muss nicht zuerst sequentiell die vorherigen Kapitel durchgearbeitet haben, sondern kann sich sofort in das Thema vertiefen.

Lesehinweis

In allen Kapiteln veranschaulichen ausgewählte Fallbeispiele einzelne Handlungsfelder des Bildungsmanagements, um die Anwendung in der Praxis zu erleichtern. Ausführliche Fallstudien und Arbeitshilfen sind begleitend dazu im Online-Dozentenservice zu finden und werden laufend aktualisiert sowie ergänzt.

Grundlagen des Bildungsmanagements
Literatur

Weiterführende Literatur

Arnold, R. (1995). Bildung und oder Qualifikation? Divergenzen oder Konvergenzen in der betrieblichen Weiterbildung. In R. Arnold (Hrsg.), *Betriebliche Weiterbildung zwischen Bildung und Qualifizierung* (S. 1–26). Frankfurt a. M.: GAFB.

Bader, R. & Sloane, P. F. E. (Hrsg.). (2002). *Bildungsmanagement im Lernfeldkonzept. Curriculare und organisatorische Gestaltung.* Paderborn: Eusl.

Behrmann, D. (2006). *Reflexives Bildungsmanagement. Pädagogische Perspektiven und managementtheoretische Implikationen einer strategischen und entwicklungsorientierten Gestaltung von Transformationsprozessen in Schule und Weiterbildung.* Frankfurt a. M.: Peter Lang.

Bleicher, K. (2011). *Das Konzept Integriertes Management. Visionen – Missionen – Programme* (8. Aufl.). Frankfurt a. M.: Campus.

2 Sinnhorizonte – normatives, strategisches und operatives Bildungsmanagement

Lernziele

- Die Aufgaben im Bildungsmanagement lassen sich nach dem St. Galler Management-Modell (SGMM) in normative, strategische und operative Sinnhorizonte einteilen. In diesem Kapitel lernen Sie, warum es bedeutend ist, nach dem übergreifenden Sinn der Managementaufgaben zu unterscheiden. Nachdem Sie dieses Kapitel durchgearbeitet haben, werden Sie daher insbesondere diese drei Sinnhorizonte sowie Beispiele aus der Praxis danach analysieren können. Darüber hinaus können Sie übergreifend beurteilen, inwieweit die drei Sinnhorizonte in einer Bildungsorganisation aufeinander abgestimmt sind oder ob sich vielmehr Widersprüche identifizieren lassen. Die folgenden Kernfragen strukturieren dieses Kapitel:

- Normatives Bildungsmanagement: *Warum* und *wozu* handeln wir in einer Bildungsorganisation? (Kap. 2.2)

- Strategisches Bildungsmanagement: Handeln wir effektiv, das heißt, machen wir die *»richtigen Dinge«*? *(Kap. 2.3)*

- Operatives Bildungsmanagement: Handeln wir effizient, das heißt, machen wir die *»Dinge richtig«*? *(Kap. 2.4)*

2.1 Überblick

In Analogie zum SGMM lässt sich auch das Management von Bildungsorganisationen in die drei Sinnhorizonte normativ, strategisch und operativ einteilen. Folglich stellen sie im Rahmen des Bildungsmanagement-Modells eine der Perspektiven dar, nach denen die Aufgaben des Bildungsmanagements betrachtet werden können – neben den Perspektiven der Gestaltungsebenen und der Entwicklungsmodi.

Bildungsmanagement-Modell: Sinnhorizonte

Als Ausgangspunkt sollen zunächst die Beispiele aus Kapitel 1 dienen, um die normative, strategische und operative Denkweise im Bildungsmanagement zu veranschaulichen.

2.1 Sinnhorizonte – normatives, strategisches und operatives Bildungsmanagement
Überblick

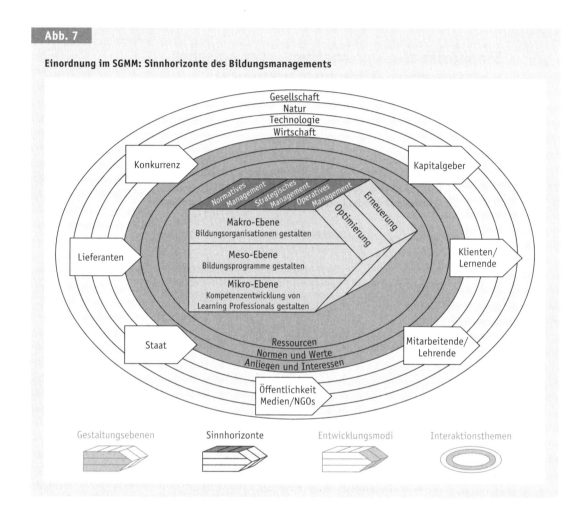

Abb. 7
Einordnung im SGMM: Sinnhorizonte des Bildungsmanagements

Sinnhorizonte Bildungsmanagement: Beispiele aus der Praxis

Kontext Schule

Die in Kapitel 1 skizzierten Fallsituationen »Leitbild-Entwicklung in einer Schule« und neues Projekt »Unterrichten mit Notebook-Klassen« lassen sich wie folgt nach den Sinnhorizonten analysieren:

Tab. 8

Sinnhorizonte des Bildungsmanagements – Beispiel Schule

Sinnhorizonte	Leitbild-Entwicklung	Unterrichten mit Notebook-Klassen
Normativ	▸ Leitbild für eine »gute Schule« ▸ Leitlinien und Vorstellungen von »gutem Unterricht«	▸ Verständnis von Bildung und Medienkompetenzen ▸ Leitprinzipien für das Unterrichten mit Medien
Strategisch	▸ Leitbild-Entwicklung als strategische Initiative	▸ Einführung von Notebook-Klassen als strategische Initiative
Operativ	▸ Umsetzung, Entwicklung und Kommunikation des Leitbildes	▸ Operative Prozesse für die Umsetzung der Einführung ▸ Pilotierung und fortlaufende Unterstützung von Unterrichten mit Notebooks

Kontext Hochschule

Auch die in Kapitel 1 aufgeführten Beispiele, wie eine Hochschule ein neues Masterprogramm lanciert oder bestehende Bildungsprogramme weiter entwickelt (Programm-Management im Sinne von Programmentwicklung statt Programm-Administration), lassen sich nach den drei Sinnhorizonten im Bildungsmanagement konkretisieren:

Beispiel: Hochschule

Tab. 9

Sinnhorizonte des Bildungsmanagements – Beispiel Hochschule

Sinnhorizonte	Einführung eines neuen Masterprogramms	Weiterentwicklung bestehender Bildungsmaßnahmen
Normativ	▸ Leitbild des Programmes ▸ Kompetenzspektrum der Studierenden ▸ Didaktische Leitlinien für das Programm	▸ Qualitätsleitbild ▸ Qualitätskriterien als normative Zielsetzung
Strategisch	▸ Neues Master-Programm als strategische Initiative ▸ Einbindung des Programms in die Strategie der Hochschule	▸ Qualitätsentwicklungsstrategie der Hochschule
Operativ	▸ Operative Planung und Gestaltung des neuen Programms	▸ Operative Prozesse für die Evaluation von Bildungsmaßnahmen

Kontext betriebliche Weiterbildung

Die Fallbeispiele im betrieblichen Kontext bezogen sich auf die transferorientierte Gestaltung von Bildungsmaßnahmen und auf das Qualitätsmanagement einer Firmenakademie. Auch diese Managementaufgaben können nach den normativen, strategischen und operativen Sinnhorizonten beleuchtet werden:

Beispiel: Betriebliche Weiterbildung

2.1 Sinnhorizonte – normatives, strategisches und operatives Bildungsmanagement
Überblick

Tab. 10

Sinnhorizonte des Bildungsmanagements – Beispiel Betriebliche Weiterbildung

Sinnhorizonte	Neugestaltung von Bildungsmaßnahmen zur Transferförderung (z. B. Blended Learning)	Qualitätsmanagement – Bildungscontrolling einer Firmenakademie
Normativ	▸ Kompetenzspektrum der Mitarbeitenden (normative Zielvorgabe) ▸ Leitlinien für Bildungsmaßnahmen	▸ Leitbild der Firmenakademie als normativer Orientierungsrahmen ▸ Grundsätzliches Verständnis des Qualitätsmanagements: Kontroll- vs. Entwicklungsparadigma
Strategisch	▸ Einführung von Blended Learning als strategische Initiative zur Transferförderung von Bildungsmaßnahmen	▸ Strategische Positionierung einer firmeninternen Akademie innerhalb des Unternehmens ▸ Qualitätsentwicklungsstrategie einer Firmenakademie
Operativ	▸ Operative Planung und Gestaltung neuer Programmlogiken (Blended Learning als Lernprozess organisieren anstatt punktueller Lernevents)	▸ Operative Prozesse zur Planung und Durchführung ▸ Evaluation von Bildungsmaßnahmen

Beispiel Interaktionsthema: Mediatisierung

Veränderungen der Umwelt in allen Kontexten – Beispiel Mediatisierung

Die zunehmende Mediatisierung in Lebens- und Arbeitswelten implizieren Aufgaben des Bildungsmanagements, die sektorenübergreifend betrachtet werden können. Sie werden nachfolgend exemplarisch umrissen:

Tab. 11

Sinnhorizonte am Beispiel der Mediatisierung in allen Bildungskontexten

Sinnhorizonte	Mediatisierung von Lebens- und Arbeitswelten: Veränderte Kommunikation mit Anspruchsgruppen
Normativ	▸ Leitbild der Bildungsorganisation als Basis für die Kommunikation mit externen und internen Anspruchsgruppen ▸ Normative Orientierung für die Mitglieder der Bildungsorganisation; Bsp.: Richtlinien für die Nutzung von Social Media in Unternehmen, Orientierungsrahmen für Lehrpersonen im Umgang mit Social Media
Strategisch	▸ Kommunikationsstrategien der Bildungsorganisationen: ▸ Grundsätzliche Vorgehensweise ▸ Auswahl von Kommunikationsinstrumenten ▸ Umgang mit verändertem Kommunikationsverhalten, z. B. Social Media
Operativ	▸ Operative Gestaltung und Umsetzung der Kommunikationsarbeit ▸ Betreuung von Plattformen ▸ Maßnahmen zur Prävention und Interventionen, z.B. bei Cybermobbing, Kommunikationsregeln (»Netiquette«) für Lehrende in sozialen Netzwerken

Die Beispiele verdeutlichen, dass das normative Bildungsmanagement konstituierend ist und somit die Begründungsbasis für das Handeln in einer Bildungsorganisation darstellt. Das strategische Bildungsmanagement richtet die Handlungen nach diesen normativen Vorstellungen aus. Das operative Bildungsmanagement steuert dagegen die Umsetzung und somit den Vollzug der Handlungen (Bleicher, 2011).

Sinnhorizonte: Zusammenhänge

Die nachfolgende Gegenüberstellung in Anlehnung an Capaul und Seitz (2011, S. 129–130) verdeutlicht zum einen, dass sich von der normativen über die strategische zur operativen Umsetzung die Handlungen konkretisieren. Darüber hinaus wird ein weiterer Zusammenhang deutlich: Jede operative Handlung ist auf die normative Orientierung zurückzuführen und auf die Frage nach der übergeordneten Sinnhaftigkeit und Begründungsbasis für das Handeln. Damit diese Zusammenhänge im häufig turbulenten Alltagsgeschäft nicht verloren gehen, ist es daher von zentraler Bedeutung, diese Sinnhorizonte im Bildungsmanagement bewusst zu adressieren.

Tab. 12

Gegenüberstellung der Sinnhorizonte im Bildungsmanagement

	Normatives Bildungsmanagement	Strategisches Bildungsmanagement	Operatives Bildungsmanagement
Zweck	Begründung des Handelns	Ausrichtung des Handels	Vollzug der Handlungen
Leitfrage	Was ist der Sinn und Zweck unseres Handelns?	Handeln wir effektiv, d. h. machen wir die richtigen Dinge?	Handeln wir effizient, d. h. machen wir die Dinge richtig?
Produkt	Realistisches Idealbild der eigenen Schule: ▸ Leitbild ▸ Leitlinien ▸ Programmatiken	Bildungsprogramm: ▸ Konkretisierung des Leitbildes durch Festlegung von Prioritäten und Schwerpunkten in Bildungsprogrammen ▸ Portfolio von Bildungsprogrammen	Aktionspläne: ▸ Konkretisierung und Umsetzung des Bildungsprogramms in Form von Vorgehensplänen
Inhalt	▸ Absichtserklärung ▸ Kernbotschaften ▸ gemeinsame Ziel- und Wertvorstellungen	▸ Strategische Ziele ▸ Ressourcen ▸ Verfahren	▸ Aufträge ▸ Tätigkeitskataloge: Was? Wer? Womit? Bis wann?
Planungshorizont	5–8 Jahre	3–5 Jahre	0.5–1 Jahr
Bild, Metapher	Leitplanken/Landkarte	Schienen/Kompass	Fahrpläne (Stationen)/Wegweiser
Detaillierungsgrad	Gering	Mittel	Hoch
Adressaten	Externe und interne Anspruchsgruppen	Vorwiegend interne Anspruchsgruppen	Interne Anspruchsgruppe

Quelle: Capaul und Seitz, 2011, S. 129 - 130

2.2 Normatives Bildungsmanagement

2.2.1 Normative Orientierung: Leitplanken festlegen

Als normatives Management wird die handlungsleitende der drei Managementebenen des SGMM bezeichnet. Sie »beschäftigt sich mit den generellen Zielen der Unternehmung, mit Prinzipien, Normen und Spielregeln, die darauf ausgerichtet sind, die Lebens- und Entwicklungsfähigkeit der Unternehmung zu ermöglichen« (Bleicher, 2011, S. 88).

Eine Bildungsorganisation ist im Verständnis des SGMM ein offenes System, das durch die Dynamik und Entwicklungen seiner Umweltsphären Gesellschaft, Wirtschaft, Technologie, Natur geprägt wird. Die Veränderungen in der Umwelt gehen mit wechselnden Bedürfnissen der Anspruchsgruppen einher, die ihre Normen, Wünsche und Interessen an die Bildungsorganisation herantragen. Die Bildungsorganisation muss somit ihren Bildungsauftrag in aktiver Auseinandersetzung mit den verschiedenen Anspruchsgruppen auf diese abstimmen, um die Legitimation und Akzeptanz ihrer Bildungsarbeit zu sichern. Nach Capaul und Seitz (2011, S. 68) geht es dabei insbesondere darum, die zum Teil gegensätzlichen Werthaltungen zu klären und zu einem Ausgleich der Interessen zu gelangen, um die Ausrichtung der Bildungsorganisation rechtfertigen zu können.

Die normative Basis liefert jedoch nicht nur eine Rechtfertigung für die Bildungsarbeit für externe Anspruchsgruppen, sondern beinhaltet vielmehr auch die Sinnhaftigkeit für die Mitglieder innerhalb der Bildungsorganisation. Damit diese im Einzelfall im Sinne des Ganzen agieren und reagieren können, braucht es einen gemeinsamen Sinnhorizont, der die Begründungsbasis für das warum und wozu liefert (Rüegg-Stürm, 2004). Diese Sinnhaftigkeit bedarf insbesondere einer ethischen Legitimation der Handlungen angesichts konfligierender Anliegen und Interessen der verschiedenen Anspruchsgruppen. Im Ergebnis führt dies zu einem normativen Orientierungsrahmen in der Bildungsorganisation, in dem Bildungsdienstleistungen angeboten werden und Unterricht, Lernen und Lehren stattfindet.

Normatives Bildungsmanagement

> Im Rahmen des **normativen Bildungsmanagements** legt eine Bildungsorganisation ihre übergeordneten Bildungsziele, Leitsätze, Leitlinien, Grundsätze und Organisationsstandards fest. Dadurch wird die Legitimationsquelle und Begründungsbasis für ein möglichst breit akzeptiertes Agieren konstituiert.

Das normative Bildungsmanagement zeigt somit auf, was aus der Perspektive einer Bildungsorganisation als legitim zu betrachten ist. Die Legitimation im Bildungsmanagement ist insbesondere im Umgang mit Veränderungen von zentraler Bedeutung. Die Zusammenhänge zwischen Legitimation und Akzeptanz einer Erneuerung werden damit deutlich vor Augen geführt (Tramm & Reetz, 2010, S. 220). Maßnahmen erhalten dann ihre Legitimation, wenn sie als rechtmäßig angesehen werden. Dies ist die Voraussetzung für ihre Verbindlichkeit und ihre Akzeptanz bei den Betroffenen. Dabei kommt Legitimation entweder »naturwüchsig« zustande oder aber sie muss »sozialtechnologisch« erzeugt werden (Tramm & Reetz, 2010, S. 220). Letzteres kommt vorwiegend dann zum Tragen, wenn tiefgreifende Erneuerungen einen besonderen Legitimationsbedarf verlangen. Der Legitimationsbedarf steigt, je grundlegender die Veränderung ist. Um Neuerungen, Änderungen oder Beschlüsse nicht nur rechtmäßig hinzu zu nehmen, sondern sie auch verbindlich auf das eigene Handeln zu übertragen, bedarf es der Akzeptanz, womit die psychologische Seite der Legitimierung angesprochen ist (Tramm & Reetz, 2010).

Die normative Orientierung des Bildungsmanagements liefert folglich die Begründungsbasis für zwei unterschiedliche Ebenen: Die Zielebene (*was?*) und die Handlungsebene (*wie?*), auf die in den nachfolgenden Abschnitten näher eingegangen wird (vgl. nachfolgende Abbildung):

Normative Orientierung: Legitimierung

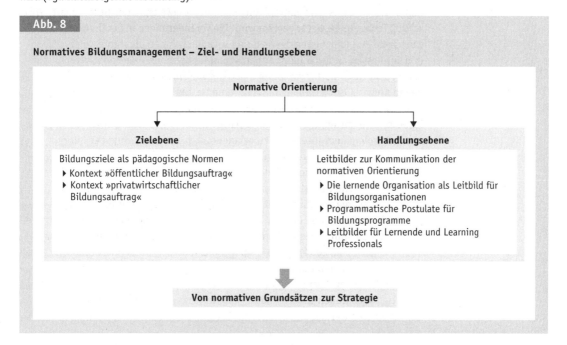

Abb. 8

Normatives Bildungsmanagement – Ziel- und Handlungsebene

Warum und wozu – Bildungsziele und Bildungsauftrag (was?)
Übergreifende Bildungsziele richten sich nach einem grundsätzlichen Bildungsverständnis auf die Kernfrage aus, welche Handlungskompetenzen die Lernenden in einer Bildungsorganisation erwerben sollen. Sie stellen die Leitplanken der Bildungsarbeit in Form eines Zielkorridors dar. Sie bilden das Spektrum an Kompetenzen als didaktische Zielkategorie für das Agieren einer Bildungsorganisation.

Warum und wozu – normative Orientierung zur Erfüllung des Bildungsauftrages (wie?)
Auf der Handlungsebene liefern Leitbilder, Leitlinien und Programmatiken Vorstellungen darüber, welche Normen und Wertvorstellungen das Handeln in einer Bildungsorganisation prägen. Diese Rahmenbedingungen haben handlungsleitenden Charakter und liefern zentrale Grundsätze sowie Wertvorstellungen für den Umgang

miteinander. Im Endergebnis stellen sie die Leitplanken für das Handeln in einer Bildungsorganisation dar, welche identitätsstiftend sein können und dabei insgesamt die Begründungsbasis liefern, um die Auftragserfüllung zwischen den Mitgliedern zu koordinieren. Beispielsweise erleichtern Aussagen im Leitbild zur schulinternen Kommunikation und zur Verantwortung für den Lehr- und Lernprozess die Erfüllung des Bildungsauftrages (Capaul & Seitz, 2011).

Auf die Ziel- und Handlungsebene der normativen Orientierung soll nachfolgend genauer und differenziert nach den unterschiedlichen Bildungskontexten eingegangen werden.

2.2.2 Normative Orientierung: Zielebene

2.2.2.1 Bildungsziele als pädagogische Normen

Handlungskompetenzen als pädagogische Normen

Entscheidungen über Bildungsziele sind nicht als empirisch »wahr« oder »falsch« zu betrachten, sondern sind grundsätzlich normativ. Grundlegende Zielentscheidungen sind zu verhandeln und normative Entscheidungen sind in einem Abstimmungsprozess zu treffen. Dabei »dürfen sie weder willkürlich gesetzt werden, noch können sie aus Grundannahmen logisch abgeleitet werden« (Tramm & Reetz, 2010, S. 221). Dies führt zu der Frage, wie Bildungsziele als »pädagogische Normen« (Tramm & Reetz, 2010, S. 221) begründet und gerechtfertigt werden können, sodass sie möglichst breite Akzeptanz bei den Anspruchsgruppen erhalten. Damit sind folglich nicht die Gütekriterien »richtig« oder »falsch« von entscheidender Bedeutung, sondern vielmehr die Frage, ob die ausgehandelten Bildungsziele auf möglichst breite Akzeptanz stoßen oder nicht. Tramm und Reetz (2010) bezeichnen dies als Norm- und Rechtfertigungsproblem, womit die Frage verknüpft wird, »wie Bildungsziele als pädagogische Normen gerechtfertigt werden können« (S. 221). Letztlich haben sich alle, auch didaktische Entscheidungen immer an einem Bildungsziel und -auftrag zu orientieren. Nach Tramm und Reetz (2010, S. 221) bedeutet dies, einen Begründungszusammenhang zwischen den normativen Grundannahmen und den konkreten unterrichtlichen Entscheidungen auf der operativen Ebene im täglichen Wirkungskreis herzustellen.

Normsetzung: Abstimmung von Bedarf und Bedürfnissen

In betriebswirtschaftlichen Fachtermini handelt es sich bei dieser Normsetzung um die Abstimmung von Bedarf und Bedürfnissen (s. Abb. 9). Auf der einen Seite steht der bildungstheoretische Anspruch einer subjektorientierten, individuellen Bildung (Ziele der Individuen), auf der anderen Seite der Anspruch auf eine zukunftsfähige allgemeine und berufliche Bildung (Ziele der Institution). Letzterer soll – so zeigen die neueren Entwicklungen – möglichst durch Standards überprüfbar gemacht werden. Im Vordergrund stehen somit die Analyse der Ziele der Bildungsorganisation (Bedarf) sowie der primär individuellen Ansprüche der Individuen und deren Bedürfnisse:

2.2 Normatives Bildungsmanagement

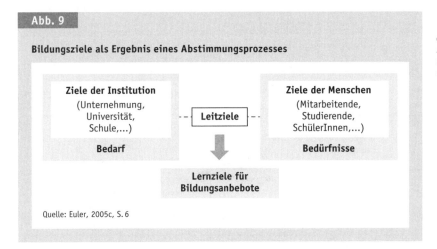

Abb. 9

Bildungsziele als Ergebnis eines Abstimmungsprozesses

Quelle: Euler, 2005c, S. 6

Abstimmung Ziele der Institution und der Individuen

Beispiele für übergeordnete Bildungsziele zeigen jeweils das Spannungsfeld zwischen *bildungspolitischen* und *wirtschaftlichen Anforderungen* der Bildungsorganisation auf der einen Seite und den *individuellen Ansprüchen der Persönlichkeitsbildung* auf der anderen Seite (siehe Tabelle 13).

Insbesondere bei den Bildungszielen ist häufig eine Dreierkonstellation von Zielen erkennbar: Gesellschaftsfähigkeit, berufliche Handlungskompetenz und individuelle Selbstverwirklichung. Selbst für den Bereich der Weiterbildung im Quartärbereich wird zunehmend ein umfassendes Bildungsverständnis eingefordert, das die genannten «drei Dimensionen – Entfaltung der Persönlichkeit, Zugang zum Arbeitsmarkt und die Befähigung zur aktiven Teilhabe an Gesellschaft – integriert» (Expertengruppe des Forum Bildung, 2002, S. 3).

Rechtfertigung von Bildungszielen

Exkurs

Verzahnung der Bildungsstufen

Die Diversifikation des Kompetenzprofils hat gemäß der Expertengruppe des Forums Bildung (2002, S. 15) zur Konsequenz, dass die Entwicklung fachlicher sowie überfachlicher Kompetenzen als lebenslanger Prozess betrachtet werden muss. Er beginnt im Kindergarten und wird auf jeder nachfolgenden Bildungsstufe weitergeführt. Bisher verfolgten die einzelnen Bildungsbereiche ihre Bildungsaufträge mehr oder weniger isoliert voneinander. Die lebenslange Kompetenzentwicklung macht es jedoch unerlässlich, die Bildungsziele aller Stufen zu überprüfen und zu koordinieren, um eine stärkere funktionale Abstimmung der einzelnen Bereiche untereinander zu erhalten. Darüber hinaus muss auf allen Stufen der wachsende Einfluss des lebensweltlichen und informellen Lernens auf den Kompetenzaufbau berücksichtigt werden. Gelingt es, die Bildungsstufen besser miteinander zu verzahnen, kann die breite Palette von lebensweltlicher Bildung in Zukunft produktiver genutzt und von den einzelnen Bereichen differenzierter mit den eigenen Zielen verbunden werden (Expertengruppe des Forum Bildung, 2002).

Lebenslange Kompetenzentwicklung

2.2 Sinnhorizonte – normatives, strategisches und operatives Bildungsmanagement
Normatives Bildungsmanagement

Tab. 13

Beispiele für Bildungsziele als normativer Rahmen

Bildungsstufen	Beispiele für Bildungsziele	Spannungsfeld wirtschaftliche und gesellschaftliche Anforderungen vs. (↔) Ansprüche der Individuen
Primarstufe (inkl. Kindergarten als Vorschule)	▸ Persönlichkeitsbildung (eigen-, sozialverantwortliches Handeln, spielerisches Lernen)	Gesellschaftliche Nützlichkeit ↕ Individuelle Verwirklichung der Lernenden (Persönlichkeitsbildung)
Sekundarstufe I Allgemeinbildung Bildungsorganisation: öffentliche, private Schule	▸ Gesellschaftsreife ▸ Chancengleichheit ▸ Beschäftigungsfähigkeit ▸ Persönlichkeitsbildung	Gesellschaftliche Nützlichkeit, Sozialverantwortung ↕ Individuelle Verwirklichung der Lernenden (Persönlichkeitsbildung)
Sekundarstufe II Allgemeinbildung Bildungsorganisation: öffentliche, private Schule	▸ Gesellschaftsreife: »mündiger Wirtschaftsbürger« ▸ Allgemeine Studierfähigkeit und Persönlichkeitsbildung	Gesellschaftliche Nützlichkeit, Sozialverantwortung ↕ Individuelle Verwirklichung der Lernenden, Persönlichkeitsentwicklung
Sekundarstufe II Berufsbildung Bildungsorganisationen: Schule, Lehrbetrieb (3. Lernort)	▸ Gesellschaftsreife ▸ berufliche Handlungskompetenz ▸ Persönlichkeitsbildung	Gesellschaftliche, wirtschaftliche Nützlichkeit ↕ Individuelle Verwirklichung der Auszubildenden; Generell: Berufsbildungssystem vs. Beschäftigungssystem
Tertiärbereich: Bildungsorganisation: Hochschulen, Fachhochschulen, Universitäten	▸ Akademische Bildung ▸ Übernahme von Sozialverantwortung ▸ Beschäftigungsfähigkeit ▸ Persönlichkeitsentwicklung	Gesellschaftliche Ziele, Ziele des Abnehmer-Marktes (Bedingungen des Arbeitsmarktes) ↕ Individuelle Ziele der Studierenden (Persönlichkeitsentwicklung)
Quartärbereich: Bildungsorganisation innerhalb einer Organisation	▸ Beschäftigungsfähigkeit ▸ Berufliche Handlungsfähigkeit ▸ Persönlichkeitsentwicklung	Personalentwicklung ↕ Persönlichkeitsentwicklung der Mitarbeitenden

Auf allen Bildungsstufen ist zudem als Ergebnis des Abstimmungsprozesses zwischen individuellen Ansprüchen und Organisationszielen erkennbar, dass sich das Spektrum der anzustrebenden Kompetenzen vielerorts erweitert hat. Neben den Ansprüchen der Lernenden, wie z. B. veränderte Erwartungen an Ausbildung, Studium, Arbeit und künftigen Beruf, als Resultat veränderter Lebenskonzepte und Wertvorstellungen, wird die Frage der notwendigen Handlungskompetenzen in Verbindung mit den Anforderungen des Abnehmer-Marktes und den gesellschaftlichen Entwicklungen aufgeworfen. In der Programmatik vieler Bildungsorganisationen hat dies schließlich zu erweiterten Anforderungen an das Kompetenzprofil der Lernenden geführt. Neben die weiterhin notwendigen Fachkompetenzen treten verstärkt überfachliche Kompetenzen, wie Selbstlern- und Sozialkompetenzen, um junge Erwachsene auf ein lebenslanges Lernen vorzubereiten.

Nachfolgend soll auf den Bildungsauftrag im öffentlichen Bildungsbereich im Unterschied zum privatwirtschaftlichen Bildungsbereich, insbesondere das Bildungsmanagement in Unternehmen, eingegangen werden, um die unterschiedlichen Akzente, aber auch die Ähnlichkeiten herauszustellen.

2.2.2.2 Kontext öffentlicher Bildungsauftrag

Im öffentlichen Bildungsbereich erhalten Schulen, Hochschulen und Weiterbildungsanbieter von staatlichen Stellen und Behörden einen Bildungsauftrag mit öffentlicher Finanzierung. Im Gegensatz dazu werden privatwirtschaftlich finanzierte Bildungsanbieter rein über den freien Bildungsmarkt gesteuert.

<small>Normativer Rahmen: Curriculare Vorgaben</small>

Der öffentliche Bildungsauftrag manifestiert sich vor allem bildungspolitisch über Rahmenvorgaben, welche Bildungsziele für die jeweiligen Bildungsstufen enthalten. Die Legitimation und Entwicklung von Curricula transportieren immer auch »politische Setzungen über die pädagogische Arbeit« (Sloane, 2010a, S. 219). Curriculare Vorgaben stellen somit den normativen Rahmen für übergreifende Bildungsziele im öffentlichen Bildungssektor dar. Dennoch sind die Schulen mit der Herausforderung konfrontiert, diese rechtlich verbindlichen Vorgaben für die eigene Organisation zu interpretieren, die normative Basis zu begründen und Bildungsziele und -inhalte für die eigene strategische Ausrichtung und für die Umsetzung in Bildungsdienstleistungen zu erstellen. Diese normative Grundsetzung hat in Interaktion mit den Anspruchsgruppen und unter Berücksichtigung sich verändernder Umweltentwicklungen zu erfolgen. Dabei ist es die grundsätzliche Herausforderung für eine Schule, die unterschiedlichen Absichten und Interessen der schulischen Anspruchsgruppen abzuwägen, welche deshalb auch verschiedene Schwerpunkte bei der Wahl der konkreten Bildungs- und Erziehungsinhalte bedingen können. Während die Abnehmerseite, insbesondere die Hochschulen, mit Anforderungen an die Zubringerschulen herantritt, die Studierfähigkeit und teilweise auch die Fakultätsreife der angehenden Studierenden zu erhöhen, stellen gesellschaftliche Gruppierungen, wie Eltern, Gemeinschaften, Vereine, die Gesellschaftsreife stärker in den Vordergrund. Sie adressieren ethisches und sozialverantwortliches Handeln des mündigen Staatsbürgers und favorisieren infolgedessen andere Bildungsziele und -inhalte.

An dieser Stelle soll die bereits in Abschnitt 2.2.2 eingeführte Abstimmung zwischen schulischer und individueller Perspektive anhand der Interaktion mit den Anspruchsgruppen für den öffentlichen Bildungsauftrag präzisiert werden (siehe Abbildung 10).

Die *schulische Perspektive* ermittelt ihre pädagogischen Normen im Austausch mit den relevanten Anspruchsgruppen, um ihren Bildungsauftrag legitimieren zu können. Die Analyse der spezifischen Interessenskonstellationen der Anspruchsgruppen, kann dabei grundsätzlich aus zwei Blickwinkeln erfolgen:

▸ *Inside-out:* Bei dieser Betrachtung steht die Identifikation der verfügbaren Kernkompetenzen der Bildungsorganisation im Vordergrund und die Frage, welche Besonderheiten eine Schule oder Bildungsinstitution hat, das besondere Profil, für das sie steht. Ausgangspunkt der Analyse bilden die gewachsenen Fähigkeiten

<small>Interne Sichtweise</small>

2.2 Sinnhorizonte – normatives, strategisches und operatives Bildungsmanagement
Normatives Bildungsmanagement

Abstimmungsprozess zwischen schulischen und persönlichen Zielen

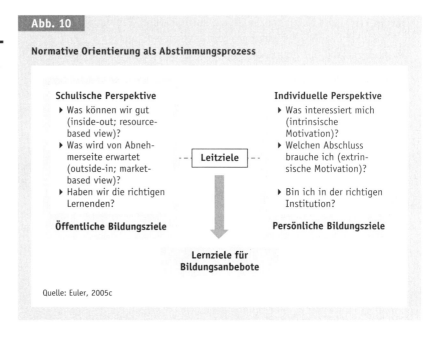

Quelle: Euler, 2005c

und Ressourcen einer Organisation (»resource-based view«). Eine nachhaltige Positionierung erreicht eine Organisation gemäß dieser Denkrichtung also genau dann, wenn es ihr gelingt, Ressourcen zu mobilisieren und Fähigkeiten im Sinne von Kernkompetenzen, die in einer Organisation verfügbar sind, aufzubauen. Dabei handelt es sich um Kernkompetenzen, die gleichzeitig wertvoll sind und es ermöglichen, die Umwelt zum eigenen Vorteil mitzugestalten.

Externe Sichtweise
- *Outside-in:* Diese Betrachtung stellt die externe Sichtweise in den Vordergrund. Im Rahmen einer Umweltanalyse geht es zunächst darum, aus Sicht der jeweiligen Organisation die externen Trends, Anforderungen und Entwicklungen im Bildungsmarkt aufzunehmen und ihre Implikationen für die Organisation zu identifizieren. Für eine derartige Umweltanalyse eignet sich eine unterscheidende Betrachtung von Umweltsphären und relevanten Anspruchsgruppen, wie in der nachfolgenden Tabelle 14 beispielhaft aufgezeigt ist (Capaul & Seitz, 2011, S. 150).

Normatives Bildungsmanagement: Prozess

In diesem Zusammenhang sind die Entwicklungstrends sowie die unterschiedlichen Erwartungen der Anspruchsgruppen im Hinblick auf die Organisation aufzunehmen. Dabei empfiehlt es sich, das Umfeld nach dem direkten Schulumfeld, dem Bildungssystem sowie den Umweltsphären zu unterscheiden. Im Umfeld des Bildungssystems sollten insbesondere Veränderungen darüber beobachtet werden, wie sich die allgemein- und berufsbildenden Ausbildungsgänge entwickeln, welche Standards die Bildungsgänge regulieren oder welche staatlichen und privatwirtschaftlichen Bildungsangebote verfügbar sind.

2.2 Normatives Bildungsmanagement

Tab. 14

Umweltanalyse nach Anspruchsgruppen

Umweltsphären und Anspruchsgruppen	Entwicklungstrends, Erwartungen der Anspruchsgruppen	Chancen	Gefahren
Gesellschaft, Natur, Technologie, Wirtschaft und ihre Anspruchsgruppen: ▸ Staat ▸ gesellschaftliche Gruppierungen ▸ Familie, Peers ▸ Medien ▸ Unternehmungen ▸ Wissenschaft			
Bildungssystem und entsprechende Anspruchsgruppen: ▸ Bildungsbehörden und deren Rahmenvorgaben ▸ Erziehungs- und Bildungswissenschaft ▸ Vorgelagerte Schulen (Zubringer) ▸ Bildungsanbieter der gleichen Stufe ▸ Weiterführende Schulen (Abnehmer)			
Schulumfeld und Einzelschule sowie entsprechende Anspruchsgruppen: ▸ Lokale Schulbehörde ▸ Schulnahe Gruppierungen: Eltern, Ehemalige ▸ »Learning Professionals«: Lehrpersonen, Schulleitung, Fachbereichsleiter ▸ Mitarbeitende, Spezialisten			

Die Ergebnisse der Analyse aus schulischer Perspektive sind darüber hinaus mit der individuellen Perspektive der Lernenden abzustimmen. Dabei wird letztlich die Frage aufgenommen, inwieweit eine Balance zwischen schulischen und persönlichen Bildungszielen wie Selbstverwirklichung und Persönlichkeitsentfaltung hergestellt werden kann. Zentrale Leitfrage ist, inwieweit sich die individuellen Ansprüche, Normen, Interessen und Wertvorstellungen der Lernenden ändern und welche intrinsischen und extrinsischen Motivationen sie mit sich führen. Während sich die Individuen die Frage stellen: »Bin ich in der richtigen Institution?«, lautet die relevante Frage aus schulischer Perspektive: »Haben wir die richtigen Lernenden?«

Im Endergebnis führt der Abstimmungsprozess zwischen institutionellen Anforderungen in Interaktion mit den relevanten Anspruchsgruppen und den individuellen Ansprüchen der Lernenden zu einer **normativen Orientierung im Bildungsmanagement**, um übergeordnete Leitziele (pädagogische Normen) für die Bildungsorganisation und deren Bildungsauftrag festzulegen.

Normatives Bildungsmanagement: Ergebnis

2.2.2.3 Kontext privatwirtschaftlicher Bildungsauftrag

Privatwirtschaftlicher Bildungsauftrag: Besonderheiten

Im privatwirtschaftlichen Bereich erhalten Bildungsorganisationen den Bildungsauftrag entweder innerhalb eines Unternehmens bzw. einer Organisation, wie z. B. der öffentlichen Verwaltung oder sie agieren auf dem freien Bildungsmarkt im Wettbewerb mit anderen Dienstleistungsanbietern. Bildungsorganisationen müssen sich daher als privatwirtschaftlich geführte Unternehmen nach Marktbedürfnissen richten. Die normative Orientierung des Bildungsmanagements ist somit anders akzentuiert, jedoch müssen auch diese Bildungsorganisationen konfligierende Interessen von Anspruchsgruppen berücksichtigen.

Die Legitimierung der Bildungsarbeit erfolgt somit auf privatwirtschaftlicher Basis, die Grenzen zum Kontext des öffentlichen Bildungsauftrags können jedoch teilweise fließend sein. So agieren beispielsweise private Schulen auf dem privatwirtschaftlichen Markt, erfüllen aber gleichermaßen auch einen öffentlichen Bildungsauftrag und orientieren sich für ihre Abschlüsse an den staatlichen Rahmenvorgaben. Oder Hochschulen können in beiden Bereichen tätig sein: einerseits in der Grundbildung mit öffentlichem Bildungsauftrag und andererseits in der Weiterbildung, wo sie einem privatwirtschaftlichem Bildungsauftrag folgen und dabei die gesellschaftlichen Funktionen einer Hochschule nicht außen vor lassen wollen.

Besonderheiten Weiterbildung

Die Weiterbildung ist zwar teilweise staatlich geregelt, der größere Teil findet allerdings auf dem freien Bildungsmarkt statt: Entweder agieren Bildungsanbieter innerhalb eines Unternehmens, insbesondere Bildungsabteilungen, Firmenakademien, oder Weiterbildungsanbieter sind als Unternehmen auf dem Bildungsmarkt tätig. Die Grenzen sind jedoch auch hierbei zunehmend fließend, da sich mitunter auch interne Bildungsabteilungen einem Konkurrenzkampf ausgeliefert sehen. Dies geschieht insbesondere, wenn Budgets dezentral in den Funktionsbereichen zur Verfügung stehen und interne Anspruchsgruppen somit die Wahl haben, mit welchem Weiterbildungsanbieter sie zusammen arbeiten möchten.

Ähnlich wie beim öffentlichen Bildungsauftrag ist auch im privaten Kontext die *individuelle Perspektive* mit den *Zielen der Bildungsorganisation* in Interaktion mit den Anspruchsgruppen abzustimmen. Im Folgenden wird deshalb auf das Bildungsmanagement innerhalb einer Organisation näher eingegangen.

Im Rahmen des Abstimmungsprozesses (s. Abb. 11) steht neben der individuellen Perspektive insbesondere die Perspektive der übergeordneten Organisation zur Erfüllung der Geschäftsziele im Vordergrund. Das Bildungsmanagement hat dabei die Herausforderung zu bewältigen, die Abstimmung zwischen Personal- und Persönlichkeitsentwicklung im Auftrag eines Unternehmens zu adressieren (Becker, 2004, S. 57).

Im Vordergrund steht dabei die Kernfrage, welche Kompetenzen kurz-, mittel- und langfristig entscheidend sind für die Unternehmen oder Organisationen. Damit verknüpft ist die Analyse, inwieweit die Mitarbeitenden die Kompetenzen zur Erreichung der Geschäftsziele haben, welche Lernbedarfe zur Zielerreichung kritisch aufgenommen werden müssen, wie zukünftige Anforderungen mit geeigneten Lern- und Entwicklungskonzepten berücksichtigt werden sollten und wie das Engagement der Mitarbeitenden, sich weiter zu entwickeln, grundsätzlich gefördert werden kann.

2.2 Normatives Bildungsmanagement

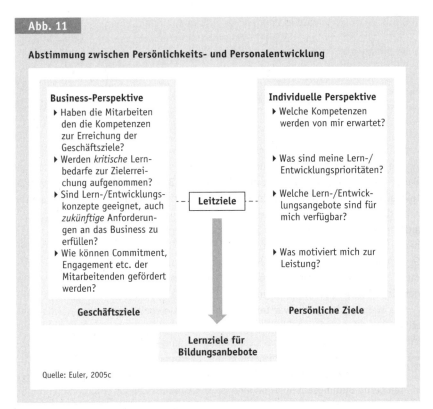

Abb. 11 Abstimmung zwischen Persönlichkeits- und Personalentwicklung

Quelle: Euler, 2005c

Abstimmungsprozess zwischen geschäftlichen und persönlichen Zielen

Um Umweltveränderungen und Zukunftsanforderungen zur Bestimmung der Geschäftsziele zu ermitteln, kann ebenfalls eine systematische Analyse nach Anspruchsgruppen zielführend sein, um eine »outside-in-View« zu erhalten (siehe Tabelle 15).

Im Grunde geht es bei der Abstimmung zwischen der *Geschäftsperspektive* und der *individuellen Perspektive* der Mitarbeitenden um die Balance zwischen Personal- und Persönlichkeitsentwicklung. Es geht jeweils um das potenzielle Spannungsverhältnis zwischen individuellen Ansprüchen und institutionellen Anforderungen. Das Spannungsverhältnis ist potenziell, weil es je nach Ausprägung der konkret vorhandenen Interessenkonstellationen nicht zwangsläufig auftritt. Der Konfliktgehalt des Spannungsverhältnisses kann wie folgt pointiert dargestellt werden:

Abstimmung zwischen Personal- und Persönlichkeitsentwicklung

- *Personalentwicklung*: Der Mensch wird als Humanressource in einer zweckrationalen ökonomischen Sichtweise definiert, um seine Potenziale zur Erzielung von Leistungen und Einkommen zu nutzen (Neuberger, 1994, S. 9, zit. in Euler, 2005c). Die Anforderungen des Marktes und damit des Unternehmens werden aufgenommen, um notwendige Kompetenzen zu begründen. Neue Marktbedingungen können in neue Formen der Arbeitsorganisation, wie flexible Arbeitsformen, Arbeiten in virtuellen, räumlich verteilten Teams, etc., münden, welche ein neues Kompetenzspektrum bedingen.

Personalentwicklung

2.2 Sinnhorizonte – normatives, strategisches und operatives Bildungsmanagement
Normatives Bildungsmanagement

Tab. 15

Umweltanalyse im Bereich der privatwirtschaftlichen Weiterbildung

Umweltsphären und Anspruchsgruppen	Entwicklungstrends, Erwartungen Anspruchsgruppen	Chancen	Gefahren
Gesellschaft, Wirtschaft, Technologie, Natur und ihre Anspruchsgruppen ▸ Staat ▸ gesellschaftliche Gruppierungen ▸ Familie, Peers ▸ Medien, Öffentlichkeit ▸ Unternehmungen, Geschäftspartner ▸ Wissenschaft			
Organisationssystem und ihre Anspruchsgruppen ▸ Geschäftsleitung ▸ Geschäftsbereiche/»Linie« ▸ HR-Bereich ▸ ggf. vorgelagerte Ausbildungsgänge (Zubringer) ▸ Bildungsanbieter der gleichen Stufe mit vgl.baren Angeboten ▸ ggf. weiterführende Bildungsanbieter bei Abschlüssen (Abnehmer)			
Organisationseinheit sowie ihre Anspruchsgruppen ▸ »Learning Professionals«, Lehrpersonen (Trainer, haupt-, nebenberuflich, externe Referenten), Programmverantwortliche, Leitung Bildungsbereich ▸ Vorgesetzte der Mitarbeitenden ▸ Mitarbeitende, Spezialisten im Bildungsmanagement			

Persönlichkeits-
entwicklung

▸ *Persönlichkeitsentwicklung*: Die Persönlichkeitsentwicklung hingegen strebt nach der Förderung von Individualität, von eigen- und sozialverantwortlichem Handeln. Sie zielt auf die Auseinandersetzung des einzelnen Mitarbeitenden mit seinen individuellen Stärken und Schwächen ab. Veränderte Ansprüche der Individuen lassen sich beispielsweise aus veränderten Wertvorstellungen und den daraus resultierenden Erwartungen an Arbeit und Beruf herleiten, wie z. B. Vereinbarkeit von Beruf und Familie, Individualisierung. Auch die Weiterbildungsbereitschaft bei den Mitarbeitenden kann unterschiedlich ausgeprägt sein: Bei vielen dominiert noch die Vorstellung, dass sie zu einer Weiterbildung »geschickt« werden müssen, d. h. sie fühlen sich nur bedingt selbst dafür verantwortlich, aufgrund technischer und ökonomischer Veränderungen eigeninitiativ zu handeln und sich um den Ausbau ihrer Kompetenzen zu bemühen.

Diese Gegenüberstellung beinhaltet jedoch nicht zwingend einen unauflösbaren Interessenskonflikt. Die Argumentation der Unvereinbarkeit, wonach der Mensch im Hinblick auf seine wirtschaftliche Situation immer nach Persönlichkeitsentwicklung strebt, während das oberste Gebot jedes Unternehmens die Anpassung der Mitarbeitenden an seine betrieblichen Ziele ist, greift zu kurz. Die Ansprüche, sowohl von Individuen als auch von Unternehmen, bestehen innerhalb komplexer Strukturen. Sie stehen nicht prinzipiell im Gegensatz zueinander, auch wenn dies auf der Ebene von einzelnen Personen oder Betrieben möglich ist. Auch wenn heute viele Mitarbeitende die Selbstverwirklichung in und durch ihre Arbeit als zentralen Lebensinhalt betrachten, ist gleichzeitig auch die Idee von Arbeit als Erwerbsarbeit, also in erster Linie materiell begründet, vorhanden. Unternehmen sind ihrerseits nicht ausschließlich an einheitlich denkenden und handelnden Arbeiternehmern interessiert, sondern ebenso an kreativen Personen oder sogenannten »Querdenkern«. Diese werden zum Teil auch als Erfolgsfaktor betrachtet, solange sie nicht in der Überzahl sind und dann als Hindernis empfunden werden. Aus Unternehmensperspektive sind folglich beide Gruppen von Mitarbeitenden gefragt, vorausgesetzt das Verhältnis stimmt (Euler, 2005c).

Abstimmung: Chancen und Grenzen

Aus den skizzierten Gegenüberstellungen lassen sich zwei zentrale Konsequenzen ziehen:

Abstimmung: Implikationen

▸ Bei der Analyse der Interessen ist zu berücksichtigen, dass die Integration von individuellen Ansprüchen in eine Organisation im *Gesamtkontext* zu beurteilen ist. So lassen sich beispielsweise in einem Unternehmen durchaus gegensätzliche Perspektiven integrieren, beispielsweise verwaltungs- und gestaltungsorientierte Mitarbeitende, karriereorientierte (»High Potentials«) und sogenannte »B-Player« (DeLong & Vijayaraghavan, 2003). Wesentlich ist, dass sie in subjektiv angemessenen Arbeitsumgebungen und Aufgabenzusammenhängen tätig werden können.

▸ Die alleinige Orientierung des Bildungsmanagements am ökonomischen Bedarf und somit die einseitige Ausrichtung nach der Personalentwicklung ohne Berücksichtigung der Persönlichkeitsentwicklung, trifft auf zwei gewichtige Gegenargumente:

  – Das erste Argument stützt sich auf die zunehmend schwerer zu ermittelnden Bildungsbedarfe. Qualifikationstheoretisch kann mit zunehmender Umweltdynamik nur noch schwer vorhergesagt werden, wie die Anforderungen der Zukunft aussehen werden. So ist der zukünftige Bedarf der Wirtschaft selbst für langfristig denkende Personalmanager nicht prognostizierbar, der Einbezug der individuellen Entwicklung, um insbesondere Veränderungskompetenzen zu stärken und zu fördern, ist daher von großer Bedeutung.

  – Zweitens lässt sich lerntheoretisch argumentieren: Die reine Anpassung von Mitarbeitenden an einen vorgegebenen Bedarf führt dazu, dass diese ihr Handeln rigide auf Vorgaben, jedoch nicht flexibel auf Veränderungen ausrichten. »Anpassung an Bedarf begründet somit eine fehlende Anpassungsfähigkeit an Veränderungen – angepasste sind keine anpassungsfähigen Mitarbeitenden« (Euler, 2005c, S. 12).

Normatives Bildungsmanagement: Ergebnisse des Abstimmungsprozesses

Im Ergebnis mündet die normative Orientierung des Bildungsmanagements in differenzierte Leitbilder, Visionen und Programmatiken für eine Weiterbildungskonzeption, die das zugrunde liegende **Bildungsverständnis** und einen Zielkorridor relevanter **Kompetenzen** für eine Organisation aufzeigen.

Eine zentrale Frage zur Abstimmung beider Perspektiven scheint darüber hinaus auch zu sein, ob und unter welchen Bedingungen Freiräume für die individuelle, langfristig orientierte Kompetenzentwicklung zur Verfügung gestellt werden können. Die Balance zwischen Personal- und Persönlichkeitsentwicklung herzustellen, kann dabei auf unterschiedliche Art und Weise angegangen werden. Eine Überlegung ist beispielsweise, inwieweit Weiterbildungsaktivitäten in Eigeninitiative der Mitarbeitenden ausgewählt werden können, um deren eigene (langfristige) Entwicklung zu planen.

2.2.3 Normative Orientierung: Handlungsebene

2.2.3.1 Leitbilder als Begründungsbasis für das Handeln in Bildungsorganisationen

Leitbilder können dazu dienen, gemeinsame Vorstellungen über das Lernen und das Zusammenarbeiten in einer Bildungsorganisation zu schaffen. Capaul und Seitz (2011) betonen dabei die Kommunikationsfunktion von Leitbildern für die verschiedenen Anspruchsgruppen: »Primär haben sie eine auf die Systemmitglieder bezogene, das heißt eine nach innen gerichtete Wirkung. Darüber hinaus sind Leitideen öffentlich und informieren nach außen« (S. 139).

Leitbilder als Orientierung gegenüber den Anspruchsgruppen

Abstimmungsprozesse im normativen Bildungsmanagement können im Ergebnis zu Leitbildern führen und in Programmatiken münden, die zur Kommunikation mit den beteiligten Anspruchsgruppen, extern sowie intern, herangezogen werden können. Leitbilder bieten demnach das Potenzial, nach innen gerichtet eine Identifikations-, Anregungs- und Motivationsfunktion zu bieten. Sie vermitteln eine übergeordnete Sinnperspektive in Form von Werten und Normen, die in einer kollegialen Umgebung geteilt werden können. In der Kommunikation nach außen unterstützt ein Leitbild, den Zweck und Auftrag der Schule zu legitimieren. So können nach Bucher und Nicolet (2003) Leitbilder je nach Standpunkt unterschiedliche Formen annehmen: »In der wissenschaftlichen Pädagogik sind es objektivierte Kataloge von professionellen Anforderungen, in der interessierten Öffentlichkeit sind darin – meist unausgesprochen, selten beschrieben – die Ansprüche an die Bildungsorganisation und Lehrpersonen gebündelt, und den Lehrpersonen selber dient das gemeinsam vereinbarte Leitbild als Orientierung der eigenen beruflichen Praxis« (S. 91).

Leitbilder: Grenzen

Die Grenzen von Leitbildern sind allerdings zu berücksichtigen. Ein Bild kann nie die Wirklichkeit vollständig abbilden. Bilder können die Optik einschränken, die Sicht verengen, da sie die komplexe Realität reduzieren. Darüber hinaus besteht die Gefahr, dass ein Leitbild eine Einheit vortäuscht, welche aufgrund pluralistischer und heterogener Strukturen und Kulturen nicht angemessen erscheint.

2.2 Normatives Bildungsmanagement

Damit Leitbilder ihren Nutzen zur Identifikation und Motivation der Mitglieder in einer Bildungsorganisation entfalten können, ist daher besonderer Wert auf den Entwicklungsprozess eines Leitbildes zu legen. Im Hinblick auf die interne Akzeptanz sind somit vielmehr der Prozess sowie die Involvierung der Beteiligten anstatt die reine Fokussierung auf das Endprodukt zu berücksichtigen.

Leitbilder: Nutzen

Leitbilder können auf verschiedenen Ebenen zum Tragen kommen. Euler und Hahn (2007, S. 34) unterscheiden Leitbilder als Orientierung zum Auf- und Ausbau didaktischer Professionalität (zum Begriff der Professionalität vgl. auch Kapitel 5, S. 288), die sich an den Ebenen *gute Schule*, *gutes Kollegium*, *guter Unterricht* orientieren kann:

Leitbilder als Orientierung für didaktische Professionalität

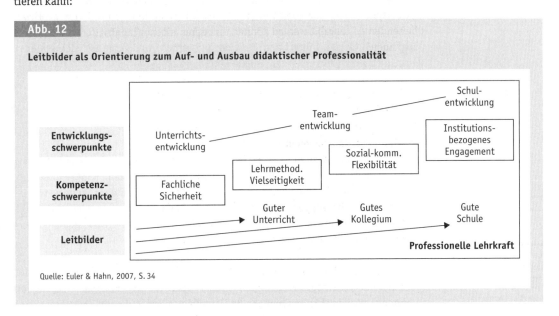

Abb. 12

Leitbilder als Orientierung zum Auf- und Ausbau didaktischer Professionalität

Quelle: Euler & Hahn, 2007, S. 34

Nachfolgend sollen gängige Leitbilder auf den Ebenen *Organisation*, *Programm* und *Individuum* kurz skizziert werden. Sie stehen übergreifend in den verschiedenen Bildungsstufen häufig zur Diskussion. Es werden mögliche Idealbilder entworfen, die als Inspiration für die eigene Leitbildentwicklung dienen können. Am Ende des Kapitels wird eine Zusammenfassung der dargelegten Leitlinien bereitgestellt, welche diese in Organisations- und Programmentwicklung auf den Ebenen des Teams sowie des Individuums einteilt.

2.2.3.2 Die lernende Organisation als Leitbild für Bildungsorganisationen

Bildungsorganisationen bezeichnen sich selbst häufig als »lernende Organisationen«. Ihr Kerngeschäft bezieht sich auf das Organisieren von Lernen und daher liegt es sehr nahe, dass sich insbesondere Bildungsorganisationen diesem Gedankengut widmen, obwohl es aus der Management-Literatur stammt. So ist dieser Begriff häufig in Schulen anzutreffen sowie auch in Unternehmen, wo Bildungsabteilungen das Gesamtsystem als Lernende Organisation weiter entwickeln möchten.

Lernende Organisation: Begriff

Sinnhorizonte – normatives, strategisches und operatives Bildungsmanagement
Normatives Bildungsmanagement

Lernende Organisation: Definition

Der **Begriff der lernenden Organisation (LO)** stammt aus der Organisationsentwicklung und bezeichnet eine anpassungsfähige Organisation (Bucher & Nicolet, 2003, S. 43). Die LO bezeichnet idealerweise ein System, das sich in ständiger Entwicklung befindet und in dem Ereignisse als Entwicklungsimpulse genutzt werden, um das Handlungsrepertoire der Organisationsmitglieder ständig an neue Herausforderungen anzupassen. Eine Organisation ist nicht nur zweckneutral lernfähig, sondern lernt im Endergebnis, wenn Innovationen bzw. das innovative Lösen von Problemen als Resultat entstehen.

Damit wird die Veränderungskompetenz einer Organisation herausgestellt, in Zeiten des Wandels nicht nur dafür zu sorgen, überspitzt formuliert nur knapp zu überleben (Anpassungslernen), sondern darüber hinaus auch zukunftsfähig zu bleiben, indem sie eigene Normen hinterfragt (Veränderungslernen) und fähig ist, sich selber zu transformieren (Prozesslernen) (siehe Abbildung 13).

Organisationales Lernen unterscheidet drei Arten von Lernen (nach Argyris & Schön, 1999):
Anpassungslernen = Single Loop Learning, Verhaltensänderung im Rahmen des bisherigen Handlungsrepertoires;
Veränderungslernen = Double Loop Learning, indem eigene Normen hinterfragt (Veränderungslernen) und das Handlungsrepertoire somit erweitert wird;
Prozesslernen = Deutero Learning. Die Organisation ist fähig, Lernprozesse auf einer Meta-Ebene zu reflektieren. Der zentrale Bestandteil dieser Lernebene ist die Verbesserung der Lernfähigkeit, indem Lernen (Anpassungs- und Veränderungslernen) selbst zum Gegenstand des Lernens wird.

Beispiel für die drei Lernarten

Ein Beispiel aus dem Bereich »classroom management« (Klassenführung) soll die drei verschiedenen Lernstufen des organisationalen Lernens kurz illustrieren. Als »classroom management« sollen hierbei alle Unterrichtsaktivitäten und Verhaltensweisen einer Lehrperson bezeichnet werden mit dem Ziel, ein optimales Lernumfeld für die Schüler bereitzustellen:
- *Anpassungslernen*: Zunehmende Unterrichtsstörungen in einer Klasse werden mit gleichen Sanktionsmitteln auch in zunehmenden Maße bestraft (»mehr von Gleichem«, eher reaktiv, die einzelnen Lehrpersonen agieren als Einzelkämpfer);
- *Veränderungslernen*: die Lehrpersonen tauschen sich offen über Unterrichtsstörungen aus, hinterfragen ihre Grundannahmen und suchen nach neuen Optionen, Unterrichtsstörungen zu vermeiden (verändertes Handlungsrepertoire, eher proaktiv, Lehrpersonen agieren abgestimmt im Team);
- *Prozesslernen*: Kollegen tauschen sich im Team über ihre Lernprozesse auf einer Meta-Ebene aus, wie gut es einer Gruppe von Lehrpersonen gelingt, offen und konstruktiv aus Erfahrungen zu lernen und inwiefern Barrieren für Lernprozesse im Team existieren. Aus diesen Reflexionen heraus sollen innovative Ansätze für Problemlösungen künftig stärker unterstützt werden.

2.2 Normatives Bildungsmanagement

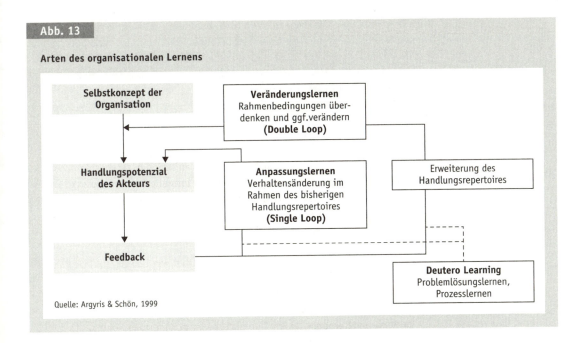

Abb. 13 Arten des organisationalen Lernens

Quelle: Argyris & Schön, 1999

Die Schritte vom Anpassungslernen über das Veränderungslernen zum Prozesslernen – den drei Ebenen organisationalen Lernens (Probst & Büchel, 1994, S. 33–39) – sind Lehrpersonen vom individuellen Lernen her vertraut; das Prozesslernen dient dabei der Verbesserung der Lernfähigkeit, indem Lernen selbst zum Gegenstand wird. So wird es in lernenden Organisationen möglich, durch Lernprozesse die eigenen Muster – »defensive Routinen« (Argyris, 1993), »falsche Bilder« oder besonders erfolgreiche Handlungsmuster – zu erkennen und zu »verlernen« bzw. zu optimieren (Bucher & Nicolet, 2003). Das Konzept der lernenden Organisation, das maßgeblich von Peter M. Senge geprägt wurde (Senge, 1996a), dient dieser Zielsetzung.

Während der Begriff organisationales Lernen eine starke wissenschaftliche Verankerung hat, entstammt das Konzept der lernenden Organisation als Management-Ansatz der Praktiker-Literatur. Mittlerweile existieren zahlreiche Definitionen. Senge selbst definiert eine lernende Organisation als »den Ort, wo Menschen kontinuierlich ihre Fähigkeiten erweitern, um die Ergebnisse zu erreichen, die sie wirklich anstreben, wo neue, sich erweiternde Muster des Denkens gefördert werden, wo gemeinschaftliche Wünsche frei werden und wo Menschen kontinuierlich lernen, wie man miteinander lernt, ... wobei das Ziel ist, eine Organisation so zu gestalten, dass sie kontinuierlich ihre Fähigkeit erweitert, ihre Zukunft zu gestalten« (Senge, 1990, S. 3, 14, zit. in Wahren, 1996, S. 7).

Lernende Organisation und organisationales Lernen

Können Organisationen überhaupt lernen? Diese Frage ist zunächst irreführend, denn eine Organisation kann im Grunde genommen nicht selbst lernen, wie das etwa bei einem Individuum der Fall ist. Unter Lernen sind hier vielmehr die Veränderungen in einer Organisation zu verstehen. Wesentliche Grundannahme ist bei diesem Konzept, dass Organisationen nur lernen, das heißt sich weiter entwickeln, wenn ihre

Individuelles Lernen als Voraussetzung für organisationales Lernen

Mitglieder etwas lernen. Umgekehrt ist nicht garantiert, dass durch das individuelle Lernen der Mitglieder auch die Organisation etwas lernt, sich also Veränderungen in der Organisation ergeben. Es ist deshalb eine aktive Gestaltung und Potenzialentwicklung hin zu einer lernenden Organisation notwendig. Senge baut daher sein Konzept der lernenden Organisation konsequent auf den Mitarbeitenden auf: Es gründet auf fünf »Lerndisziplinen«, die er in seinem Buch »Die Fünfte Disziplin« und dem dazugehörigen »Fieldbook« (Senge, 1996b) beschreibt:

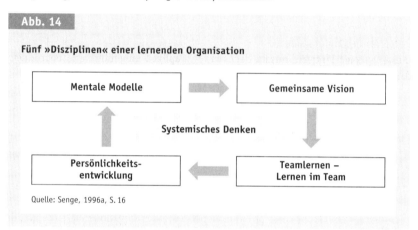

Abb. 14

Fünf »Disziplinen« einer lernenden Organisation

Quelle: Senge, 1996a, S. 16

Disziplinen einer lernenden Organisation nach Senge

- *Personal Mastery*: Diese Disziplin zielt auf die Persönlichkeitsentwicklung der Individuen ab. Jedes Organisationsmitglied soll dabei lernen, sein persönliches Können stetig auszuweiten, um die Ergebnisse zu erzielen, die einem wirklich wichtig sind. Zentral ist nach Senge (1996a) dabei auch, eine Organisationsumwelt zu schaffen, die alle Mitglieder ermutigt, sich selbst in die Richtung ihrer selbstbestimmten Ziele und Absichten zu entwickeln.
- *Mentale Modelle*: Diese Disziplin gründet darauf, explizite und implizite Grundannahmen sichtbar zu machen, zum Thema und damit zum Gegenstand der Entwicklung. Durch die Verständigung über mentale Modelle, die sich z. B. auf die Frage bezieht »was bedeutet für mich gutes Unterrichten, ein gelungenes Lernen im Seminar?«, lässt sich erkennen, wie diese die eigenen Handlungen und Entscheidungen beeinflussen.
- *Gemeinsame Vision*: Eine weitere Aufgabe in einer lernenden Organisation ist es, Ziele, Werte und Bilder über die Zukunft der Organisation zu entwickeln. Wichtig dabei ist, dass diese von möglichst vielen Organisationsmitgliedern geteilt (»shared visions«) und mitgetragen werden und somit zur Mission der Organisation werden.
- *Team-Lernen*: Neben der individuellen Persönlichkeitsentwicklung bildet nach Senge (1996b) auch das gemeinschaftliche Lernen in Teams einen fundamentalen Baustein lernender Organisationen. Hervorgehoben wird dabei das dialogisch-kommunikative Zusammenarbeiten in Teams und dass das Wissen und Können einer Gruppe grösser ist als die Summe der individuellen Begabungen.

▸ *Systemdenken*: Mit dieser letzten Disziplin wird eine ganzheitliche Betrachtung der Organisation, also das Denken in Systemen, angestrebt. Sie stellt eine übergeordnete, die zuvor genannten Disziplinen integrierende Funktion dar. Man entwickelt eine Denkweise und eine Sprache, mit der man die Kräfte und Wechselbeziehungen, die das Verhalten des Systems steuern, begreifen und beschreiben kann. Diese Betrachtung soll dabei unterstützen, typische Verhaltensmuster zu erkennen, besprechbar zu machen und Veränderungen in einer systemischen Betrachtungsweise im Unterschied zu monokausalen Ursache-Wirkungszusammenhängen anzugehen.

Dieser systemorientierte Ansatz liegt, wie in Kapitel 1 eingeführt und begründet, dem Bildungsmanagement-Ansatz nach SGMM zugrunde.

Grundlegende Prinzipien einer lernenden Organisation werden hierdurch deutlich. Die Entwicklung einer Vision liefert den Inhalt, den »Leitstern« (Bleicher, 2011, S. 108), für das normative, strategische und operative Management. Visionen beinhalten eine Leitvorstellung von der Zukunft und ihre Entwicklung ist ein höchst kreativer Akt, der den Anfang eines speziellen Engagements der Mitglieder in einer Organisation begründen kann. »Visionen sind durch kreative Höchstleistungen entstandene, innere Bilder von einer noch anstehenden, im Prinzip realisierbaren Wirklichkeit« (Magyar, 2005, zit. in Bleicher, 2011, S. 108).

Lernende Organisation: Grundprinzipien

Die Kritikpunkte am Konzept der lernenden Organisation sind zum einen in der Vielfalt an Definitionen zu finden (Kluge & Schilling, 2000). Die verwendeten Begriffe haben eine große Spannbreite unterschiedlicher Bedeutungen. Keine der Definitionen kann die Vielfältigkeit des Ansatzes abdecken. In der Praxis ist somit das Verständnis einer lernenden Organisation ebenfalls sehr heterogen. Häufig wird es in der Umsetzung zu technokratisch, mit dem Fokus auf neuen Instrumenten verstanden. Bei der lernenden Organisation handelt es sich um eine Leitidee, die für die Umsetzung in der Praxis relativ abstrakt bleibt. Für Bildungsorganisationen ist sie daher ein anspruchsvolles, aber auch ein sehr attraktives Bild, da es das »Lernen lernen« ihrer Organisationsmitglieder und den bewussten Umgang mit Veränderungen innerhalb der Organisation, zum Kernbereich macht. Allerdings wird damit nicht impliziert, einfach die Weiterbildungsaktivitäten der Organisationsmitglieder zu steigern. Senge betont vielmehr die Selbstreflexion und das Lernen aus Erfahrung: »Lernen in Organisationen bedeutet, dass Erfahrungen ständig überprüft werden und in ein allgemein zugängliches Wissen übertragen werden, das für den Hauptzweck der Organisation relevant ist« (Senge, 1996a, S. 55).

Lernende Organisation: Kritikpunkte

Schulen als lernende Organisationen

Bucher und Nicolet (2003, S. 43) sehen für Schulen die zentrale Herausforderung im Bildungsmanagement bzw. in der Schulentwicklung, »im veränderungsfeindlichen Bildungssystem Veränderung zum permanenten Thema zu machen, zu fragen, wie es uns gelingen könnte, unsere Schule zu einer lernenden Organisation zu machen, die nicht nur einzelne Reformen bewältigt, sondern den fachkundigen Umgang mit Veränderungen als einen normalen Bestandteil ihrer Arbeit, als einen way of life einbezieht« (Fullan, 1999, S. 19). Das setzt voraus, dass eine lernende Schule einerseits

Lernende Organisation: Voraussetzungen in Schulen

2.2 Sinnhorizonte – normatives, strategisches und operatives Bildungsmanagement
Normatives Bildungsmanagement

relativ autonom und so ausgestattet ist, dass sie diese Selbstständigkeit wahrnehmen kann, anderseits für das, was sie tut, die Verantwortung übernimmt (Accountability/Rechenschaft) (Rolff, 1993). »Für die Schule als ganze wie für die einzelne Lehrperson gilt daher der Anspruch, Freiheit und Verantwortung im Gleichgewicht zu halten« (Bucher & Nicolet, 2003, S. 43).

Die Organisation for Economic Co-operation and Development [OECD] (2001) entwickelte mögliche Szenarien für die »Schulbildung von morgen« für einen Zeitrahmen von 15-20 Jahren und im Hinblick darauf, welche Entwicklungen für Schulen wahrscheinlich sowie auch wünschbar (bezogen auf Szenario B) sind (S. 79):

Lernende Organisation: Stärkung der Schule

Abb. 15

Szenarien der OECD für die »Schulbildung von morgen«

Hauptszenario A »Fortschreibung des Status quo«	Hauptszenario B »Stärkung der Schule«	Hauptszenario C »Schwächung der Schulen«
Szenario 1 Widerstandsfähige bürokratische Schulsysteme	Szenario 3 Schulen als Schlüsselzentren der Gesellschaft	Szenario 5 Netzwerke von Lernenden und die Netzwerkgesellschaft
Szenario 2 Erweiterung des Marktmodells	Szenario 4 Schulen als speziell ausgerichtete lernende Organisation	Szenario 6 Lehrerexodus: Das Kollaps-Szenario

Quelle: Bucher & Nicolet, 2003, S. 43

Die »re-schooling«-Szenarien als Stärkung der Schulen enthalten dabei ein Leitbild für Schulen der Zukunft: Öffentliche Schulen werden als qualitätsorientierte Instanzen mit eigenständigen pädagogischen Profilen betrachtet, die sich als »Zentren des Sozialen« und als »Lernende Organisationen« verstehen (OECD, 2001, S. 79). Damit werden zwei mögliche positive Entwicklungen der Schule verbunden: Die eine Entwicklung (OECD-Szenario 3) hebt die Vernetzung mit dem soziokulturellen Kontext hervor und betont die soziale Dimension von Bildung und Erziehung mit Zielen wie Integration, Gemeinschaftsbildung, Chancengleichheit. Die andere Entwicklung (OECD-Szenario 4) fokussiert die Prozesse der Wissensgenerierung und des Lernens, insbesondere die Förderung der Fähigkeit für lebenslanges Lernen.

Marktmodell: Schwächung von Schulen

Die Fortführung des Status quo könnte zur Ausweitung eines Marktmodells führen. In diesem Szenario (OECD-Szenario 2) wird angenommen, dass öffentliche Schulen immer mehr die private Konkurrenz zu spüren bekommen, die insbesondere in bildungsnahen Schichten an Prestige gewinnen kann. Falls Schulen dem Leitbild »Ausweitung des Marktmodells« folgen, ohne die Veränderungsfähigkeit im Sinne einer Schul-/Qualitätsentwicklung von innen heraus gezielt anzugehen, kann der Status quo durchbrochen werden, was zu einer Schwächung der Schulen führen kann. Implikationen für dieses Szenario könnten z. B. eine zunehmende Macht von

Lernenden und Eltern als »Konsumenten«, Mangel an Lehrpersonen und/oder an der Qualität ihrer Leistungen sein.

Grundsätzlich lässt sich genauer hinterfragen, welche Veränderungen die Schulen zukünftig stärker beschäftigen werden, welche Aufgaben die Schule in einer von Veränderung geprägten Gesellschaft einnimmt. Die Szenarien zur Stärkung der Schule nehmen das Leitbild der lernenden Organisation explizit auf und verknüpfen es mit dem Konzept des lebenslangen Lernens.

Die lernende Organisation im Unternehmensbereich

Im betrieblichen Bildungsmanagement wird das Leitbild der lernenden Organisation verwertungsbezogen akzentuiert: Die Unternehmung, in welche das Bildungsmanagement eingebunden ist, soll zu einer lernenden Organisation werden und die unternehmensinterne Bildungsorganisation versteht es als ihren Bildungsauftrag, sie auf diesem Weg zu unterstützen. Das betriebswirtschaftliche Konzept der lernenden Organisation verknüpft dabei die *pädagogische* mit der *ökonomischen* Perspektive:

> *Lernende Organisation: Verknüpfung pädagogischer und ökonomischer Ziele*

- Die *pädagogische Perspektive* betont, dass durch organisationales Lernen, Wissen und Kompetenzen der Mitarbeitenden sowie des Unternehmens erweitert werden.
- Die *ökonomische Perspektive* beinhaltet das Ziel, durch organisationales Lernen Kosten zu reduzieren, die Qualität zu verbessern sowie rationellere oder schnellere Betriebsabläufe zu realisieren. Auch Fragen, inwieweit sich Unternehmen möglichst reibungslos einer sich verändernden Umwelt anpassen können, stehen dabei im Vordergrund. Stärker proaktiv ausgerichtet, soll organisationales Lernen zur Steigerung der Innovationsfähigkeit beitragen, sodass bestehende Produkte oder Leistungen immer wieder überprüft und neue, innovative Produkte bzw. Leistungen möglichst schnell entwickelt werden können.

Die Erwartungen für die Zukunft konfrontieren verschiedene veränderte Anforderungen an lernende Organisationen miteinander, die sich auf das Bildungsmanagement auswirken (Euler, 2009):

> *Lernende Organisation: Neue Anforderungen*

- Die zunehmende Innovationsrasanz führt dazu, dass Wissen immer schneller veraltet und der Aufbau von Vorratswissen nicht mehr zeitgemäß ist.
- Neue Steuerungslogiken in Organisationen werden immer verbreiteter: Nicht die Umsetzung von Vorgaben, sondern Selbstorganisation, Verständigung und Verantwortung sind wichtige Prinzipien.
- Ausschöpfung der Potenziale: Neben dem Kampf um Talente zur Sicherung der »High Potentials« ist auch die Förderung der »B-Player« nicht außer Acht zu lassen, denn sie bilden das Rückgrat jeglicher Organisation.

Zusammenfassend ist festzuhalten, dass sowohl im Schulkontext als auch im betrieblichen Bildungsmanagement das Leitbild der lernenden Organisation – wenn auch unterschiedlich akzentuiert – häufig anzutreffen ist. Für den Bildungsauftrag im Unternehmen ist dieses Leitbild allerdings auf den jeweiligen Kontext hin zu konkretisieren. In Forschung und Praxis existieren mittlerweile vielfältige Begrifflichkeiten, Richtungen und Ansätze des Organisationalen Lernens und der lernenden

Organisation (Kluge & Schilling, 2000). Es gibt nicht *das* organisationale Lernen oder *die* lernende Organisation als einheitliches Konstruktgebilde. Für den Bildungsauftrag im Unternehmen bzw. auch für eine Schule, Hochschule oder sonstige Bildungsorganisation ist das Leitbild einer lernenden Organisation daher auf den jeweiligen Kontext hin zu analysieren, zu fragen, welche Bedeutung es einnimmt, und es in einem eigenen, spezifischen Leitbild zu konkretisieren.

2.2.3.3 Programmatische Postulate für Bildungsprogramme

Normative Orientierung: Bildungsprogramme

In der Literatur sind zahlreiche Programmatiken und Leitlinien für guten Unterricht bzw. die Gestaltung »guter Bildungsmaßnahmen« zu finden, da es sich hierbei um eine didaktische Grundsatzfrage handelt. Für das normative Bildungsmanagement sind sie, insbesondere auf der Meso-Ebene, für die Organisation von Bildungsprogrammen, wie beispielsweise Masterprogramme in der Hochschullehre, Bildungsmaßnahmen in Unternehmen, sowie auch für die Unterrichtsentwicklung in der Schule relevant.

In allen Kontexten der verschiedenen Bildungsstufen sind programmatische Postulate zu finden, die einen Paradigmenwechsel kennzeichnen: »Vom Lehren zum Lernen« oder »Vom Training zum Lernen«. So sollte beispielsweise nach Wildt (2002) der Paradigmenwechsel von einer Dozierenden- zu einer Studierendenzentrierung eine zentrale Grundidee einer Hochschuldidaktik sein. Ähnliche programmatische Postulate skizziert Euler (2010) als didaktische Herausforderung für die Entwicklung von Bildungsmaßnahmen, indem er neue Ausgangspunkte für das Lernen heraus stellt (siehe Tabelle 16).

Diese neuen Ausgangspunkte für das Lernen werden in der Praxis häufig zu neuen Leitbildern für die Gestaltung von Bildungsmaßnahmen gebündelt, wobei einzelne Aspekte besonders hervorgehoben werden, wie die beiden nachfolgenden Beispiele aufzeigen.

> **Beispiel** **Leitbilder für Bildungsprogramme**
>
> ▶▶▶ Die Auseinandersetzung mit den Möglichkeiten des selbstgesteuerten Lernens rückte in den letzten Jahren immer mehr in den Fokus von Forschung und Praxis. Der Grund für das wachsende Interesse liegt an der Bedeutung des selbstgesteuerten Lernens im Kontext des lebenslangen Lernens. Als Reaktion auf den gesellschaftlichen Wandel und die Notwendigkeit des lebenslangen Lernens gewinnt die Selbststeuerung der Lernenden als neues Leitbild für das normative Bildungsmanagement an Bedeutung. Die Debatte der Selbststeuerung bezieht sich dabei auf verschiedene Aspekte:

Beispiel: Selbststeuerung von Lernprozessen

> ▶ *Individuelle Ebene*: Selbststeuerung wird als Selbstmanagement interpretiert in dem Sinne, dass das Individuum die Initiative ergreift, um Ziele, Inhalte, Orte und Evaluationsstrategien von Lernprozessen aktiv zu gestalten. Die lerntheoretische Sicht verweist auf die unterschiedlichen Lernvoraussetzungen, -fähigkeiten und -stile, welche die Lernenden mitbringen. Der Erwerb von Selbstlernkompetenz ermöglicht, dem jeweiligen Typus entsprechende Strategien und Arbeitstechniken zu entwickeln.

2.2 Normatives Bildungsmanagement

- *Didaktische Ebene*: Um Selbststeuerung innerhalb der konkreten Lernsituationen zu intensivieren, ist daher eine neue Lehr- und Lernkultur erforderlich, welche stärker die Subjekt- statt der Angebotsperspektive bzw. die Aneignungs- anstelle der Vermittlungsperspektive in den Vordergrund rückt. Das Konzept der adaptiven Lernbegleitung ist hierbei ein interessanter Ansatz, individualisierte Lernformen und selbstgesteuerte Lernprozesse zu unterstützen.
- *Organisatorische Ebene*: Neben den formalisierten Lernmöglichkeiten, die innerhalb der Erwachsenenbildung in den letzten dreißig Jahren im Mittelpunkt der Diskussion standen, wird im Zuge der Debatte um lebenslanges Lernen, den Lernkontexten – im Sinne eines dritten Verständnisses bzw. einer dritten Dimension – der Selbststeuerung größere Aufmerksamkeit gewidmet.

Neue Ausgangspunkte für die Gestaltung von Bildungsprozessen

Tab. 16

Paradigmenwechsel: Neue Ausgangspunkte für das Lernen

»Alte« Ausgangspunkte: Von der Fokussierung auf...	»Neue« Ausgangspunkte: Zur Integration von...
Umwelt stabil und kalkulierbar	Umwelt instabil und unkalkulierbar
Paternalistische Führung bzw. Lernende als »Konsumenten«	Mitarbeiter als Partner bzw. Lernende als Co-Produzenten
Mitarbeitende als technokratische Problemlöser, Lernende als »Rezipienten«	Mitarbeitende als »reflexive Praktiker«, Lernende als »autonome Lerner«
Individuum lernt fremdgesteuert	Individuum lernt primär selbstgesteuert
Fokus auf Individuum	Fokus auf Individuum, Team und Organisation (Lernkultur)
Einebnen von Heterogenität	Eingehen auf Heterogenität
Wissensvermittlung: Behavioristisches Lernverständnis	Wissensaneignung: Kognitiv-konstruktivistisches Lernverständnis
Kenntnisse als Zielbezug, Aufbau von Vorratswissen	Kompetenzen, insbesondere Reflexionskompetenz als Zielbezug
»Klassisches Lehrbuchwissen« als Inhaltsbezug	Komplexe Problemstellungen als Inhaltsbezug
Lernen folgt Organisationsvorgaben (Vermitteln von Antworten)	Lernen als Teil der Organisationskultur (Ermöglichen von Problemlösungen)
Lernen als Selbstzweck: Messung der Lernergebnisse	Lernen auf Arbeitsplatz und Organisation bezogen; Messung der Lernwirkungen bzw. auf Learning Outcomes bezogen
Lernen angebotsorientiert	Lernen nachfrageorientiert bzw. subjektorientiert
Lernen zu festgelegten Zeiten	Lernen bei Bedarf; Mischung aus Selbstlern- und Präsenzphasen
Off-the-Job-Lernen determiniert, Lernen in formellen Kontexten	Mischung von On-/Off-/Near-the-Job-Lernen, formelles und informelles Lernen
Lernen wird durch Lehrende bewirkt, Lehrpersonen als »Vermittler«	Lernen durch Lehrende, Peers, Medien etc. unterstützen Lehrpersonen als »Lernbegleiter«

Quelle Euler, 2010

Sinnhorizonte – normatives, strategisches und operatives Bildungsmanagement
Normatives Bildungsmanagement

Beispiel: Diversity-Ansatz als Leitlinie

Als weiteres Beispiel soll der Diversity-Ansatz kurz erwähnt werden, der zunehmend an Bedeutung gewonnen hat. Ursprünglich entstammt er aus dem Unternehmenskontext und ist auf eine «Erschließung, Förderung und Entfaltung von Potenzialen aller Mitarbeiterinnen und Mitarbeiter [gerichtet]» (Weiß, 2009, S. 4). Der Umgang mit heterogenen Lerngruppen ist mittlerweile auch in anderen Kontexten wie der beruflichen Bildung aufzufinden. Im Grunde genommen weist diese Programmatik sehr hohe Ähnlichkeiten mit der zuvor skizzierten Selbststeuerung auf. Die Leitlinie betont darüber hinaus eine differenzierte Förderung individueller Potenziale (Heterogenität als Chance nutzen) im Gegenzug zu einer verkürzten Wirtschaftlichkeitsverwendung. Der Diversity-Ansatz weist in diesem Zusammenhang eine hohe Anschlussfähigkeit zur Kompetenzorientierung aus (Weiß, 2009, S. 4). Für die Verwirklichung sind Perspektivenwechsel auf der Ebene der Unterrichtsentwicklung, auf der Ebene der Ausbildung des Personals sowie auf organisationsweiter Ebene nötig, sodass Vielfalt als Chance genutzt werden kann (Kimmelmann, 2009).

Die neuen Ausgangspunkte für das Lernen zeigen bereits auf, dass sich auch die Leitbilder für die Individuen und deren Rolle beim Lernen verändern. Auf diesen Aspekt wird im folgenden Abschnitt näher eingegangen.◄◄◄

2.2.3.4 Leitbilder für Lernende und »Learning Professionals«

In diesem Abschnitt wird auf weit verbreitete Leitbilder für Lernende und Lehrende auf der Ebene des Individuums eingegangen, die im Einklang mit dem Leitbild der lernenden Organisation zu sehen sind: reflexiver Praktiker als Leitbild, Leitbild des autonomen Lernenden oder Leitbilder für Lehrende, wie dasjenige des Lernbegleiters oder des Projektgestalters. Auf die differenzierten Gruppen der Learning Professionals sowie deren Kompetenzentwicklung wird detailliert in Kapitel 5 eingegangen.

Leitbild des reflexiven Praktikers

Als weit verbreitetes Leitbild in der Kompetenzentwicklung ist das Konzept des »reflexiven Praktikers«, das auf Schön (1983), (»reflective practitioner«) zurückgeht, aufzufinden. Es betont in besonderer Weise die reflexive Handlungsfähigkeit von Individuen.

Reflexive Handlungsfähigkeit und Reflexivität

Reflexive Handlungsfähigkeit in der Arbeit heißt, im Prozess der Vorbereitung, Durchführung und Kontrolle von Arbeitsaufgaben über die Strukturen und Umgebungen als auch über sich selbst, zu reflektieren. **Reflexivität** meint die bewusste, kritische und verantwortliche Einschätzung und Bewertung von Handlungen auf der Basis eigener Erfahrungen und verfügbaren Wissens. Dabei geht es gleichermaßen um eine auf die Umgebung gerichtete strukturelle Reflexivität (z. B. Hinterfragen und Mitgestalten von Arbeit, Arbeitsumgebungen, Arbeitsstrukturen) als auch um eine auf das Subjekt gerichtete Selbst-Reflexivität, wie z. B. Reflexion über eigene Kompetenzen (beruflich und privat) sowie die Gestaltung der eigenen Kompetenzentwicklung (Dehnbostel, 2003, S. 42).

Das Konzept des reflexiven Praktikers fokussiert, wie die Bezeichnung bereits verdeutlicht, den Aspekt der reflexiven Handlungsfähigkeit. Dem Praktiker wird es durch einen Dialog zwischen Denken und Handeln, Aktion und Reflexion ermöglicht, seine mit komplexen Problemen behafteten Aufgaben zu bewältigen. Schön (1983) unterscheidet bei der Problemlösung durch professionelles Handeln dabei zwei Reflexionsarten: Die Reflexion in der Handlung und die Reflexion *über* die Handlung (Schön, 1983, zit. in Dehnbostel, 2003).

- Die Reflexion findet *in* der Handlung statt: Der Praktiker kann dabei Handlungsprobleme, bei denen ihm sein Wissen (tacit knowledge) nicht mehr hilft, durch Reflexion lösen. Voraussetzung dafür ist, dass er sich seines eigenen Wissens bewusst ist (auch wenn er es nicht explizit verbal artikulieren kann, sondern implizit bleibt).
- Die Reflexion findet *über* die Handlung statt: Durch ein bewusstes Zurücktreten oder Aussteigen aus dem Handlungsfluss oder noch auszuführenden Handlungen kann der Praktiker reflektieren. Die reflexive Betrachtung erfolgt, indem die Handlung kognitiv begrifflich oder bildhaft gefasst, gespeichert und analysiert wird. Dazu wird das Handlungswissen explizit formuliert. Es wird dadurch analysierbar und reorganisierbar.

Reflexionsarten

Folglich liegt es nahe, das Leitbild des reflexiven Praktikers mit der Leitidee der lernenden Organisation zu verknüpfen, bei der die Mitglieder nicht nur Anpassungs- sondern auch Veränderungslernen praktizieren und die eigene Praxis in Frage stellen. So ist dieser Ansatz in vielen Professionen wiederzufinden. Auch in der Management Education wird der Paradigmenwechsel vom »technokratischen Problemlöser zum reflexiven Praktiker« diskutiert (Euler & Seufert, 2011). Bei Learning Professionals findet sich das Konzept ebenfalls häufig wieder. Eine Lehrperson agiert als reflexiver Praktiker, wenn sie die Auswirkungen ihres Handelns auf die Schülerinnen und Schüler evaluiert und nach Möglichkeiten zur Verbesserung und Professionalisierung ihres Handelns sucht. Lange Berufstätigkeit macht es immer wieder notwendig, das eigene Tun zu reflektieren und zu bewerten. Nur durch einen Perspektivenwechsel ist es für die Lehrperson möglich, zu neuen Handlungsmöglichkeiten zu gelangen und eine neue Sichtweise auf ihren Unterricht zu erhalten. Durch Überprüfen der Überzeugungen und Vorstellungen vom eigenen Unterricht kann es so zu Veränderungen kommen, die in vielen Situationen, die sonst eher intuitiv, spontan oder emotional gesteuert werden, professionelleres Handeln ermöglichen.

Reflexive Praktiker in lernenden Organisationen

Das Konzept des reflektierenden Praktikers ist aber nicht nur für Lehrpersonen mit jahrelanger Berufspraxis eine interessante Möglichkeit, sondern auch für Berufsanfänger. Gerade am Anfang ist die Erfahrung, wie man bei den eigenen Schülern ankommt und wie man wahrgenommen wird, noch sehr gering. In vielen Situationen folgen Anfänger erst einmal ihrer Intuition, denn man findet nicht für jede Schülerreaktion ein »Rezept« in einem der vielen Fachbücher. Auch Berufsanfänger können (in Seminaren) durch den Erwerb spezieller Managementstrategien ihre Unsicherheit und ihre Ängste abbauen und verschiedene Routinen aufbauen. Der reflektierende Praktiker erforscht quasi sein Handeln, indem er wechselweise Aktion und Reaktion aufeinander bezieht (Lohmann, 2003). Dies bedeutet, dass er durch kontinuierliche Reflexion und Evaluation sein weiteres Handeln im Unterricht entwickeln und verbessern kann.

Leitbild des autonomen Lerners

Leitbild für Lernende

Die programmatischen Postulate für die Implementierung von Bildungsmaßnahmen sowie der häufig geforderte Paradigmenwechsel vom Lehren zum Lernen verändert die Rolle von Lernenden und Lehrenden. Im schulischen Kontext gewinnen überfachliche Kompetenzen, wie Lernkompetenzen zur Vorbereitung auf lebenslanges Lernen an Bedeutung. Lernende sollen stärker die Selbststeuerung und Eigenverantwortung ihres Lernens übernehmen – je nach Bildungskontext unterschiedlich akzentuiert. Wie bereits in den neuen Ausgangspunkten für die Gestaltung von Bildungsprozessen aufgeführt (vgl. Tabelle 16), ist dieses Leitbild in einem konstruktivistischen Lernverständnis begründet, in dem sich Lernende im Idealfall ihr Wissen selbst aneignen, es zur Interaktion zwischen neuem Wissen in Form von Stimuli und bereits vorhandenen Strukturen kommt. Lernen wird als autonomer Prozess charakterisiert, den der »Informationsverarbeiter« eigenverantwortlich durchführt. Im Gegensatz zur instruktivistisch-reaktiven Sichtweise werden Lerninhalte von den Lernenden aktiv konstruiert, also nicht in der Form übernommen, in der sie vom Lehrenden übermittelt werden bzw. als Unterrichtsmaterialien angelegt sind.

Leitbild des Lernbegleiters

Leitbild für Lehrende im Lehr-Lernprozess

Die Rolle der Lehrenden verändert sich konsequenterweise ebenfalls, weg vom »Inhaltsvermittler« hin zum »Lernbegleiter« (»Learning Facilitator«), um die Kompetenzentwicklung in selbstgesteuerten Lernprozessen zu unterstützen. Insbesondere sind dabei die Lehrenden zu befähigen, die Lehre vom Studium bzw. vom Lernenden her neu zu denken. Erforderlich sind für diesen Perspektivenwechsel v. a. eine neue Lehrauffassung (Einstellungen) sowie ein erweitertes didaktisches Handlungsrepertoire (Wissen und Fertigkeiten), wie es Wildt (2005) auf den Punkt bringt: »Das herkömmliche, vorwiegend präsentational bzw. instruktional ausgerichtete Paradigma der Hochschullehre, verschiebt sich zu einer Lehrauffassung die sich als Lernförderung versteht und aktives Lernen in den Mittelpunkt stellt. Das bedeutet nun nicht, dass die klassischen Funktionen einer ›darbietenden‹ Lehre und korrespondierend damit eines rezeptiven Lernens nicht weiterhin einen wichtigen Stellenwert im Studium beibehalten. Vielmehr geht es um die Erweiterung des didaktischen Handlungsrepertoires, bei dem den Lehrenden über Präsentation und Instruktion hinaus, die Aufgaben eines Arrangements von Lernsituationen bzw. der Konstruktion von Lernumgebungen und verstärkte Beratungs- und Betreuungsaufgaben zuwachsen« (S. 2).

Leitbild des Projektgestalters

Leitbild für Lehrende: Gestaltung Schule bzw. Organisation

Zudem wird des Öfteren betont, dass vorhandene Leitbilder für die Learning Professionals um den Aspekt des Projektgestalters ergänzt werden sollten, wobei die Betonung auf »ergänzt« liegt. Zur Professionalität der Lehrperson gehört zunehmend

2.2 Normatives Bildungsmanagement

> **Exkurs**
>
> ### Lehrpersonen als Lernbegleiter in der Hattie-Studie (2009)
>
> Die Rolle des Lernbegleiters wird in der konkreten Umsetzung allerdings häufig unterschiedlich interpretiert. Eine intensive Bildungsdiskussion löste beispielsweise die sogenannte Hattie-Studie aus, die missverständlich in Medien populäre Schlagzeilen wie »Frontalunterricht macht klug« (FAZ am 15.12.2012) oder »Frontalunterricht ist besser als sein Ruf« (Handelsblatt vom 11. März 2012) erzeugte. In 2008 veröffentlichte der neuseeländische Bildungsforscher Hattie seine Studie, die mit 800 Metaanalysen aus 50000 Einzeluntersuchungen und einem Datenmaterial von insges. 250 Mio Schülern eine der umfangreichsten Studien zu der Frage »was bewirkt guter Unterricht? darstellt. In dieser Studie wird zwischen Lehrpersonen als aktiver Gestalter (»activator«) und Lehrpersonen als Lernbegleiter (»facilitator«) unterschieden. Betrachtet man jedoch die Gegenüberstellung im Detail, lassen sich die Zuordnungen jeweils hinterfragen, insbesondere inwiefern einige Ausprägungen nicht auch zur Rolle des Lernbegleiters zählen könnten, wie z. B. reciprocal teaching und meta-cognition strategies. Konsens in der Bildungsdiskussion scheint hingegen zu sein, dass hinsichtlich des Methodenrepertoires von Lehrpersonen keine »entweder-oder« Strategie, »alte« vs.« neuere Lernformen«, sondern vielmehr ein »sowohl-als-auch«-Ansatz im Sinne eines geeigneten Methodenmix vorherrschen sollte. Der Schlüssel für den Lernerfolg ist nach den Erkenntnissen der populären Hattie-Studie somit ebenfalls ein erweitertes Rollenverständnis der Lehrkräfte. Mit dem Konzept des »Visible Learning« plädiert er dafür, dass sowohl Lernende als auch Lehrende die Lernprozesse sicht-, erkenn- und erfahrbar machen sollten. »If the teacher's lens can be changed to seeing learning through the eyes of students, this would be an excellent beginning« (Hattie, 2009, S. 252). Damit wird die evaluative Orientierung von Lehrenden betont, die sich selbst als Lernende ihres eigenen Tuns und ihrer Wirkungen verstehen – ganz im Sinne einer Selbstwirksamkeitsüberprüfung. Im Grunde genommen spiegelt sich hierbei ein Element der lernenden Organisation auf der individuellen Ebene wider, in der das gegenseitige Lernen einen hohen Stellenwert einnimmt: Je mehr der Lernende dabei selbst zum Lehrenden und der Lehrende zum Lernenden in Bezug auf die Lernprozesse der Schüler wird, desto erfolgreicher verlaufen die jeweiligen Lernprozesse.

auch die ausgeprägte Fähigkeit, vielfältige Veränderungsprozesse zu initiieren, zu gestalten und abzuschließen. Im Rahmen des Konzepts der lernenden Organisation, gestalten die Organisationsmitglieder die Schul- und Unterrichtsentwicklung aktiv mit. Nach Bucher und Nicolet (2003) kommt dem Leitbildelement »Projektgestalter« die Funktion zu, die didaktischen Leitbilder so zu dynamisieren, »dass der Lehrberuf jene Kompetenz und Kraft zur Selbststeuerung erfährt, welche die Einzelschule für ihre Zukunftsfähigkeit heute benötigt« (S. 100). Aus diesen Überlegungen heraus wird deutlich, dass das Management und die Gestaltung von Projekten im Rahmen des Bildungsmanagements von Schulen, Hochschulen und Betrieben, nicht nur die Aufgaben der Leitung einer Bildungsorganisation charakterisiert, sondern alle Organisationsmitglieder als Team-Mitglieder der lernenden Organisation umfasst.

2.2.4 Von normativen Grundsätzen zur Strategie

Als Zusammenfassung zu den Ausführungen der normativen Orientierung im Bildungsmanagement dient die nachfolgende Tabelle, unterteilt nach den Gestaltungsebenen Makro-, Meso- und Mikro-Ebene, die in den nachfolgenden Kapiteln im Vordergrund stehen (siehe Tabelle 17).

Normative Orientierung: Ziel-/Handlungsebenen im Überblick

Tab. 17

Zusammenfassung: Elemente einer normativen Orientierung

Gestaltungsebenen	Zielebene Leitziele	Handlungsebene Leitbilder, Programmatiken
Makro-Ebene: Bildungsorganisation	▸ Bildungsziele (Kompetenzspektrum) ▸ Bildungsauftrag	▸ Leitbild der Organisation; Bsp.: Lernende Organisation als Idealvorstellung
Meso-Ebene: Bildungsprogramme	▸ Bildungsziele Programme (Kompetenzen)	▸ Leitprinzipien für die Implementierung; Bsp.: – Individualisierung, – Selbststeuerung, – Diversity Ansatz
Mikro-Ebene: Lehr-Lernprozesse Individuum	▸ Bildungsziele Lehr-Lernprozesse (Kompetenzen) ▸ Bildungsziele für die Kompetenzentwicklung von »Learning Professionals«	▸ Leitbild Lernende; Bsp.: – Reflexive Praktiker – Autonome Lerner ▸ Leitbild Lehrende; Bsp.: – Reflexive Praktiker, – Lernbegleiter, – Projektgestalter

Auf der Grundlage des normativen Orientierungsrahmens muss jede einzelne Bildungsorganisation eine tragfähige Strategieentwicklung vornehmen. Für die strategische Bildungsarbeit sind dabei zwei Unterscheidungen zentral: Erstens die Strategie und grundsätzliche Funktionsweise der Bildungsorganisation und zweitens ein strategisches Programm zur Weiterentwicklung der Bildungsorganisation.

2.3 Strategisches Bildungsmanagement

2.3.1 Strategie: Die richtigen Dinge tun

Das strategische Management ist die mittlere von drei Managementebenen des SGMM und richtet sich nach der normativen Orientierung im Bildungsmanagement aus.

Strategisches Bildungsmanagement: Definition

Auf der **strategischen Managementebene** entwickelt eine Organisation Vorgehensweisen, um ihre im normativen Management definierten Leitsätze zu verfolgen und Ziele zu erreichen.

Auf der Grundlage der normativen Orientierung sowie der systemspezifischen Rahmenbedingungen muss jede Bildungsorganisation eine tragfähige strategische Positionierung vornehmen. Das normative Bildungsmanagement bestimmt das Selbstverständnis der Bildungsorganisation basierend auf Entscheidungen, die von den Organisationsmitgliedern als Norm getragen werden sollen. Die strategische Perspektive verbindet die normative mit der operativen Umsetzungsperspektive. Strategien sollen die normativen Ansprüche mit Hilfe von Strukturen umsetzen und den langfristig gültigen Handlungsrahmen schaffen.

Die Fluss-Metapher von Müller-Stewens und Lechner (2005) zeigt dabei die Zusammenhänge zwischen normativer und strategischer Ebene auf: Die Vision kann sich aus der Konkretisierung des Bildungsauftrages, den übergeordneten Bildungszielen, ableiten lassen. Die Frage lautet: Wo steuert die Bildungsorganisation hin (siehe Abbildung 16)?

Zusammenhang: Normatives-strategisches Bildungsmanagement

> Die Leitplanken für das Handeln werden durch programmatische Leitlinien, Leitbilder und Rahmenvorgaben gesteckt. Die Reise, also die Erreichung der Ziele und somit die Weiterentwicklung der Bildungsorganisation, wird durch die **strategische Bildungsarbeit**, durch das Setzen von Prioritäten und strategischen Zielen, bestimmt.

Abb. 16

Flussmetapher für Zusammenhänge zwischen Vision, Leitbild, Strategie

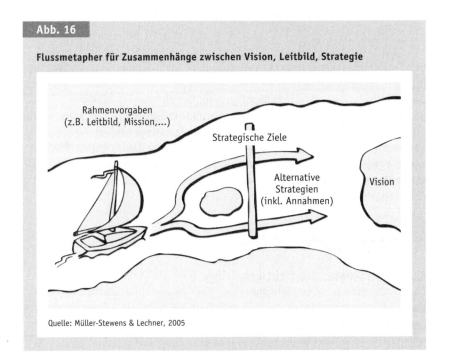

Quelle: Müller-Stewens & Lechner, 2005

Die Strategieentwicklung kann als ein dynamischer und prozessorientierter Ansatz verstanden werden. Im öffentlichen Bildungsbereich wird betont, die Positionierung der Organisation durch ein klares Schulprofil innerhalb des Bildungssystems zu stärken. Pellert (1993, S. 147) definiert Strategieentwicklung in Hochschulen stärker marktwirtschaftlich ausgerichtet. Sie beschäftigt sich mit der Suche, dem Aufbau,

2.3 Sinnhorizonte – normatives, strategisches und operatives Bildungsmanagement
Strategisches Bildungsmanagement

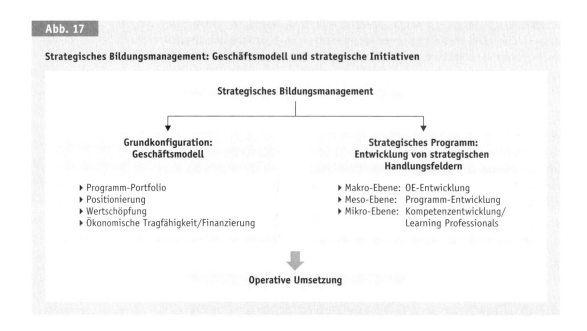

Abb. 17 Strategisches Bildungsmanagement: Geschäftsmodell und strategische Initiativen

Strategisches Bildungsmanagement: Geschäftsmodell und Weiterentwicklung

dem Erhalt und dem Ausbau von Erfolgspositionen, zur Erzielung von möglichst langfristigen Wettbewerbsvorteilen einer Bildungsorganisation durch eine im Vergleich zur Konkurrenz überlegene Grundkonfiguration der Bildungsorganisation.

Im Kern geht es dabei um die Fragen, wie erstens die *grundsätzliche Strategie*, die Grundkonfiguration der Bildungsorganisation und zweitens *strategische Initiativen* im Sinne eines strategischen Programms zu entwickeln sind, um entsprechende förderliche Impulse zur Weiterentwicklung der Bildungsorganisation und von Bildungsmaßnahmen zu setzen. Auf diese beiden Bereiche wird in den folgenden Abschnitten näher eingegangen.

2.3.2 Elemente einer Strategie

2.3.2.1 Überblick

Geschäftsmodell als Grundkonfiguration von Bildungsorganisationen

Eine Strategie bzw. »Geschäftsstrategie« charakterisiert die Grundkonfiguration einer Bildungsorganisation, betriebswirtschaftlich auch als »Geschäftsmodell« bezeichnet. Unter bildungsökonomischen Kriterien steht dabei die effiziente Verwendung öffentlicher oder privatwirtschaftlicher Ressourcen im Vordergrund. Aus betriebswirtschaftlicher Sicht drängt sich die Frage auf, warum die verfügbaren Theorien und Instrumente etwa zu Geschäftsmodellen nur im Unternehmenskontext, nicht aber auf Schulen und Hochschulen angewendet werden. Dieses Lehrbuch gründet auf der Prämisse, dass die zumeist auf den Unternehmenskontext bezogenen Theorien im Hinblick auf eine Anwendung für den Schul- und Hochschulbereich noch nicht hinreichend systematisiert und spezifiziert wurden und daher in der praktischen Gestaltung noch keine angemessene Rezeption gefunden haben.

2.3 Strategisches Bildungsmanagement

Bildungsökonomische Betrachtungen werden insbesondere von politischen Akteuren häufig mit der Finanzierung von Bildung verknüpft. Dabei steht zum einen die Suche nach neuen Einnahmequellen, zum anderen nach Potenzialen für Kosteneinsparungen im Vordergrund. Es verwundert nicht, dass solche Betrachtungen kritische Repliken auslösen. Beispielsweise warnt Bok (2003, S. 185 ff.) vor der Gefahr, durch kurzsichtiges profitorientiertes Handeln Werte zu opfern, die für die langfristige Leistungsfähigkeit einer Bildungsorganisation zentral sind. Diese Gefahr ist durchaus bewusst zu halten, doch es sind auch die positiven Effekte zu sehen, die eine verstärkte Berücksichtigung von ökonomischen Sichtweisen mit sich bringen kann. Insbesondere das Bewusstsein für strategische Fragen des Bildungsmanagements, aber auch die verstärkte Betonung von Fragen der pädagogischen Qualitätsentwicklung sind dabei hervorzuheben.

Denken in Geschäftsmodellen: Gefahren

Vor diesem Hintergrund ist beispielsweise zu berücksichtigen, dass der Wert eines Faches nicht nur nach Kriterien der ökonomischen Verwertbarkeit bestimmt werden darf. Schulen und Universitäten haben gesellschaftliche Funktionen, sie sind zugleich Gedächtnis und Zukunftswerkstatt einer Gesellschaft. Geschäftsmodelle sind belebende Elemente in einer komplexen Bildungsorganisation – sie stehen jedoch im Dienste der zentralen Aufgabe der Bereitstellung einer qualitativ hochwertigen Bildungsdienstleistung.

Im Grunde sind Geschäftsmodelle Konzepte, um ein Geschäft so zu führen, dass es als eine Organisation nachhaltig existieren kann (Rappa, 2010). In der Literatur sind zahlreiche Vorstellungen über die Kernmerkmale eines Geschäftsmodells zu finden (vgl. Bieger, Bickhoff, Caspers, zu Knyphausen-Aufsess & Reding, 2002; Timmers, 1998). Definitionen sind primär Zweckmäßigkeitsfragen. So ist eine angemessene Definition abhängig vom Ziel, das durch die Beschreibung von Geschäftsmodellen erreicht werden soll: effizienter Ressourceneinsatz in öffentlichen Schulen oder in privatwirtschaftlich getragenen Bildungsorganisationen, auf einer ökonomisch tragfähigen, nachhaltigen Basis.

Geschäftsmodell: angemessene Definition, abhängig vom Ziel

> Unter **Geschäftsmodell** sollen Kernelemente einer Strategie von Bildungsorganisationen verstanden werden, um den öffentlichen oder privatwirtschaftlichen Bildungsauftrag nachhaltig und zweckmäßig erfüllen zu können.

Auf dieser Grundlage werden die folgenden vier, miteinander verbundenen Kernfragen für die Schaffung eines Geschäftsmodells als zentral betrachtet:
- Wie setzt sich das Programm-Portfolio der Bildungsorganisation zusammen?
- Welche Positionierung erfolgt im relevanten (Bildungs-)Marktumfeld?
- Welche Aufgaben und Prozesse sind für die Leistungserstellung zu bewältigen (Wertschöpfungsprozesse)?
- Wie wird die ökonomische Tragfähigkeit gesichert (Finanzierungs- und Ertragsmodelle)?

Geschäftsmodell: Elemente einer Strategie

Auf die einzelnen Elemente einer Strategie im Sinne eines grundlegenden Geschäftsmodells wird nachfolgend näher eingegangen.

Sinnhorizonte – normatives, strategisches und operatives Bildungsmanagement
Strategisches Bildungsmanagement

Abb. 18

Bezugsrahmen für die Grundlegung von Geschäftsmodellen im Bildungsbereich

2.3.2.2 Programm-Portfolio der Bildungsorganisation

Ausgehend von den Bildungszielen und Leitlinien für die Entwicklung von Bildungsmaßnahmen wird die Bildungsstrategie im Sinne eines Geschäftsmodells zunächst in ein Programmportfolio überführt. Die Frage lässt sich folgendermaßen konkretisieren: Welche »Bildungsprodukte« bzw. Dienstleistungen bietet eine Bildungsorganisation an? In das Programm-Portfolio kann darüber hinaus die Analyse der Zielgruppen auf dem Bildungsmarkt einfließen.

Das Programm-Portfolio bestimmt folglich Grundkonfigurationen, in denen Bildungsprozesse stattfinden und stellt dar, inwieweit auf die Leitlinien programmatischer Konzeptionen eingegangen werden kann. Dies führte in vielen Bildungsorganisationen zur Erweiterung ihres Portfolios, wie beispielsweise:

- Maßnahmen zur Organisationsentwicklung: Bildungsprozesse initiieren, um Lernen als Teil der Organisationskultur zu verstehen (Ermöglichen von Problemlösungen);
- Ergänzung von angebots- bzw. subjektorientierten Bildungsdienstleistungen;
- Organisation von Bildungsmaßnahmen, welche die Mischung aus Selbstlern- und Präsenzphasen darstellen sowie informelle Lernformen stärker berücksichtigen;
- Maßnahmen, um Lehr-Lernkulturen zu fördern, in denen Lernen durch Lehrende, Peers, Medien etc. unterstützt wird, z. B. mithilfe von Peer Tutoring oder Mentoring-Konzepten (siehe Tabelle 18).

Programm-Portfolio: Spektrum an Bildungsdienstleistungen

Ein ähnliches Modell aus der strategischen Personalentwicklung liefert Meifert (2010, S. 69), der in 8 Etappen unterscheidet. In seinem Modell befinden sich Produktbündel (Performancemanagement, Talentmanagement, Weiterbildungsmanagement, Retentionmanagement, Kulturmanagement) im Portfolio der Personalentwicklung. Im anglo-amerikanischen Raum werden die Diskurse in der strategischen Personalentwicklung (strategic Human Resource Development (SHRD)) ähnlich geführt. Vergleichbare Bezugsrahmen sind hierbei bei Lee (1996), der ebenfalls in 6 Entwicklungs-

Tab. 18

Beispiele für Programm-Portfolios in unterschiedlichen Kontexten

Beispiele Bildungsstufen	Beispiele für die Zusammensetzung von Programmportfolios
Schulen	▸ Obligatorische, allgemeinbildende Programme; Abschlüsse ▸ Neue, ggf. auch optionale Programme; z.B. englisch-sprachige Abitur/Matura, Einrichtung von Notebook-Klassen ▸ Sonstige Dienstleistungen, z.B. nachfrageorientierte Aktivitäten, wie Lernberatungen, Peer Tutoring, Reverse Mentoring bei Medienkompetenzen etc.
Berufsbildung	▸ Berufsbildendes Programm in Form der Lernortkooperation: – Kurse der Berufsfachschulen – Ausbildungseinheiten in der Praxis/Lehrbetriebe – Überfachliche Kurse (in der Schweiz) ▸ Sonstige Dienstleistungen; z. B. nachfrageorientierte Aktivitäten wie – Lernberatungen – Peer Tutoring – Reverse Mentoring für Medienkompetenzen – Junioren-/Übungsfirmen der Verbände
Hochschulbildung	▸ Akademische Programme ▸ Weiterbildungsangebote ▸ Sonstige Dienstleistungen; z. B. nachfrageorientierte Aktivitäten wie – Lernberatung – Peer Tutoring – Verkauf von Bildungsmaterialien – Beratung durch Supportzentren
Weiterbildung	▸ Angebotsorientierte Dienstleistungen: – Qualifizierungsprogramme – Kurse, Seminare, Workshops – begleitende Lernberatung – Transferunterstützung ▸ Nachfrageorientierte Dienstleistungen: – Maßgeschneiderte Bildungsangebote – Maßnahmen zur Team- und Organisationsentwicklung; z. B. Gestaltung von lernförderlichen Kulturen – sonstige Dienstleistungen, Beratungen

stufen (»a model of training maturity«, S. 32) unterscheidet, die Arbeiten von Garavan (1991, 2007) oder von McCracken & Wallace (2000) zu finden, welche die proaktive Rolle der Personalentwicklung in einem SHRD Reifegrad-Modell betonen.

Abschließend wird das Strategie-Element Programm-Portfolio jeweils mit Leitfragen zusammengefasst, um insbesondere auch die Ableitung aus dem normativen Bildungsmanagement aufzuzeigen. Darüber hinaus wird in dieser Tabelle – wie nachfolgend in den Kapiteln 2.3.2.3 bis Kap. 2.3.2.5 für die Strategieelemente Positionierung, Wertschöpfungsprozesse und ökonomische Tragfähigkeit – auf die Besonderheiten öffentlicher Bildungsorganisationen im Unterschied zu privatwirtschaftlich orientierten Bildungsorganisationen eingegangen (siehe Tabelle 19).

Programm-Portfolio: Leitfragen

2.3 Sinnhorizonte – normatives, strategisches und operatives Bildungsmanagement
Strategisches Bildungsmanagement

Exkurs

Analyse des Reifegrades einer Bildungsorganisation

Die Ausgestaltung des Programm-Portfolios wird in der Literatur häufig als Reifegrad einer Bildungsorganisation beschrieben, inwieweit sie dazu ausgestattet ist, die Entwicklung der Organisation im Sinne des Leitbilds einer lernenden Organisation umzusetzen. Abhängig davon, welcher Reifegrad einer Bildungsorganisation zugeschrieben wird, ist sie zu unterschiedlichen Handlungen fähig. Dabei ist der Begriff der Reife dem Grad der Entwicklung der Organisationseinheit gleich zu stellen. In der Literatur finden sich verschiedene Modelle zur Evaluierung des Reifegrades von Bildungsorganisationen.

Exemplarisch soll das Modell von Kearns (2004, S. 44) herangezogen werden. Mit zunehmendem Reifegrad erweitert sich das Programm-Portfolio des Bildungsmanagements der betrieblichen Weiterbildung.

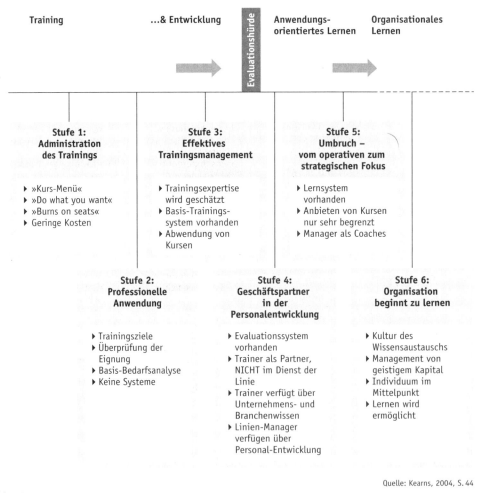

Quelle: Kearns, 2004, S. 44

Abb. 19:
Programm-Portfolio in Abhängigkeit der Entwicklungsstufen einer Bildungsorganisation

Tab. 19

Programm-Portfolio als Strategie-Element einer Bildungsorganisation

Prozessschritt: Ableitung aus normativem Bildungsmanagement	Leitfrage	Privatwirtschaftlich getragene Bildungsorganisationen	Öffentliche Bildungsorganisationen – Unterschiede
Ausgangssituation festlegen	▸ Welche Bildungsangebote, Dienstleistungen haben wir im Programm-Portfolio?	▸ Programm-Portfolio, angebots-/nachfrageorientierte Bildungsdienstleistungen als strategische Geschäftsfelder erfassen (möglichst mit Indikatoren)	▸ Bildung als öffentliches Gut ▸ Berücksichtigung von Rahmenvorgaben ▸ Erfüllung gesellschaftlicher Funktionen
Normatives BM: Umwelt analysieren	▸ Welches sind die relevanten Anspruchsgruppen und deren Bedürfnisse? ▸ Welche wichtigen Entwicklungen zeichnen sich ab?	▸ Anspruchsgruppen und Bedürfnisse definieren ▸ Entwicklungen (möglichst mit Indikatoren) erfassen	▸ Anspruchsgruppen haben oft spezielle Rechte und Pflichten
Normatives BM: Bildungsorganisation analysieren	▸ Welche Kernkompetenzen, Ressourcen sind vorhanden? ▸ Welche müssen aufgebaut werden?	▸ Kernkompetenzen können sich auf ein breites Spektrum an Dienstleistungen beziehen; diese werden vom Markt bewertet (innerhalb des Unternehmens, externer Markt). ▸ Kernkompetenzen, Ressourcen, Entwicklungspotenzial festlegen	▸ Kernkompetenzen sind Unterrichten und Schulentwicklung; diese werden nicht vom Markt bewertet, sondern politisch definiert ▸ Auswirkungen müssen sehr genau analysiert werden, da Aufgabenbereiche nicht einfach aufgegeben werden können
Strategie: Programm-Portfolio bestimmen	▸ Wie wollen wir das Programm-Portfolio weiterentwickeln?	▸ Neue Produkte; z. B. – stärker nachfrageorientierte Dienstleistungen – neue Zielgruppen/ Marktsegmente	▸ Veränderung des Programm-Portfolios über Marktentwicklungen sind nur begrenzt möglich ▸ Schwerpunkt auf Qualitätsentwicklung von Schulen und Unterricht

2.3.2.3 Positionierung der Bildungsorganisation

Die Definition eines erfolgreichen Geschäftsmodells setzt die genaue Kenntnis des Marktpotenzials und des Umfeldes voraus. In privatwirtschaftlich getragenen Bildungsorganisationen sind neben dem Volumen und der Struktur des Marktes, Kenntnisse über die Wettbewerber und deren Strategie von Bedeutung (Porter, 1980). Treten sie als Konkurrenten auf oder kommen sie gegebenenfalls auch als Kooperationspartner infrage? Relevante Fragen sind in diesem Bereich folgende: Welche Charakteristika hat der Markt, auf dem das Programm-Portfolio angeboten werden soll? Wer sind direkte und indirekte Konkurrenten und was ist deren Strategie?

Positionierung: Profilbildung einer Bildungsorganisation im Außenverhältnis

Sinnhorizonte – normatives, strategisches und operatives Bildungsmanagement
Strategisches Bildungsmanagement

Die Analyse des relevanten Marktumfelds ist aus mehreren Gründen von zentraler Bedeutung. Auf der Nachfrageseite bestimmen Volumen und Struktur des Marktes darüber, ob entsprechende Aktivitäten einer Bildungsorganisation zu einem bestimmten Zeitpunkt überhaupt Erfolg versprechend sein können. Auf der Anbieterseite sind relevante Wettbewerber zu bestimmen, die als Konkurrenten, möglicherweise aber auch als Kooperationspartner im Rahmen von Joint Ventures, strategischen Allianzen oder Kooperationsnetzwerken fungieren können.

Beispiele **Positionierung von Hochschulen**

Profilbildung von Hochschulen

▶▶▶ Für die Positionierung einer Bildungsorganisation steht deren Profilbildung, die Stärkung der eigenen »Marke« im Vordergrund. Die starke Betonung der Schaffung, Nutzung oder Stärkung einer Marke wird neuerdings im Hochschulkontext sehr stark diskutiert und damit begründet, dass mit der Umsetzung der Bologna-Struktur an den Hochschulen eine Inflation von Bachelor- und insbesondere von Masterabschlüssen zu erwarten ist. Dies führt zu einer Konvergenz von Fachhochschul- und Universitätsabschlüssen. Daraus resultiert, dass sich Hochschulen nicht mehr primär über den Abschluss, sondern über andere Merkmale profilieren müssen, wenn sie im Wettbewerb um gute Studierende einen Vorteil erzielen wollen. An dieser Stelle setzt das Bemühen um den Aufbau einer »Marke« ein – ein Gestaltungsfeld, das für Hochschulen erst in den Anfängen entwickelt ist (Gerhard, 2004). In Anlehnung an Porter (1980) lässt sich damit eine Differenzierungsstrategie in Form der Abgrenzung gegenüber den Wettbewerbern durch eine einzigartige Leistung realisieren. Das Ausschöpfen von Kostenreduzierungspotenzialen ist in ausgewählten Bereichen zu überprüfen. So können beispielsweise Partnerschaften eingegangen werden, um Synergieeffekte und/oder Kostenreduzierung durch die gemeinsame Nutzung von Technologien zu erzielen.

Positionierung einer internen Bildungsorganisation im Unternehmen

Profilbildung von internen Bildungsanbietern

Für privatwirtschaftliche, interne Bildungsorganisationen, z. B. die Weiterbildungsabteilung einer Unternehmung, bedeutet strategische Bildungsarbeit häufig, sich innerhalb des Unternehmens und den entsprechenden Anspruchsgruppen zu positionieren. Wie im Abschnitt »Portfolio einer Bildungsorganisation« erwähnt, finden im anglo-amerikanischen Raum diese Diskurse vor allen in der strategischen Personalentwicklung (Strategic Human Resource Development (SHRD)) statt. So sind wiederum v. a. die Arbeiten von Garavan (2007; 1991) sowie McCracken und Wallace (2000) hervorzuheben, welche jeweils neun Aufgabenbereiche des SHRD zur Positionierung in einer Unternehmung herausstellen (siehe Abbildung 20).◀◀◀

Aus diesen Überlegungen gehen die Zusammenhänge hervor zwischen verändertem Programm-Portfolio (wie z. B. Lernwirkungen erheben, Unternehmenskultur verändern, Umweltveränderungen aufnehmen), der veränderten Rolle von Trainern sowie der Bedeutung von strategischen Partnerschaften innerhalb des Unternehmens insbesondere mit der Personalabteilung, Human Resource Management (HRM) oder dem Line Management. Die strategischen Herausforderungen sind dabei vernetzt, sie beeinflussen und bedingen sich nach diesem Konzept gegenseitig.

2.3 Strategisches Bildungsmanagement

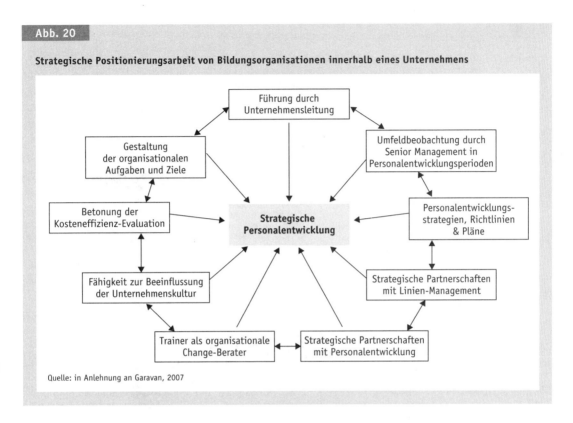

Abb. 20

Strategische Positionierungsarbeit von Bildungsorganisationen innerhalb eines Unternehmens

Quelle: in Anlehnung an Garavan, 2007

Zusammenfassend ist in Tabelle 20 die Positionierung von Bildungsorganisationen als ein Element des strategischen Bildungsmanagements dargestellt, wobei die Besonderheiten öffentlicher Bildungsorganisationen herausgestellt werden.

Positionierung: Leitfragen

2.3.2.4 Wertschöpfungsprozesse

Weitergehend stellt sich – bezugnehmend auf die Elemente des Geschäftsmodells – die Frage, wie die jeweiligen Dienstleistungen im Einzelnen erstellt werden sollen. Die Wertschöpfung einer Organisation steht in enger Verbindung mit ihrem Innenleben, d. h. mit ihren Fähigkeiten und wertschöpfenden Prozessen (Müller-Stewens & Lechner, 2005, S. 355ff). »Dabei ist mit Wertschöpfung der Prozess des Schaffens von Mehrwert durch Bearbeitung bezeichnet. Mehrwert lässt sich demzufolge als Resultat einer Eigenleistung verstehen, die eine Differenz zwischen dem Wert der Abgabeleistungen und der übernommenen Vorleistungen schafft. Dieser Mehrwert entsteht dadurch, dass im Rahmen der Bearbeitung bestimmte Fähigkeiten und Ressourcen des Unternehmens zum Einsatz kommen« (Müller-Stewens & Lechner, 2005, S. 369). In einer Bildungsorganisation bezieht sich das Kerngeschäft auf das Lehren und Lernen: Das Unterrichten in einer Schule oder die Organisation von Bildungsmaßnahmen in einem Unternehmen. Auf die didaktische Wertschöpfungskette für die Gestaltung eines Bildungsprogramms wird ausführlich in Kapitel 4.5.1, S. 224 eingegangen.

Wertschöpfungsprozesse: Bildungsdienstleistungen im Innenverhältnis

Tab. 20

Positionierung als Strategie-Element einer Bildungsorganisation

Prozessschritt: Ableitung aus normativem BM	Leitfrage	Privatwirtschaftlich getragene Bildungsorganisationen	Öffentliche Bildungsorganisationen
Ausgangssituation festlegen	▸ Wie ist die Bildungsorganisation im Bildungssystem positioniert? ▸ Welche Reputation hat sie?	▸ Eigene Position im Marktumfeld beurteilen ▸ Zentrale Konkurrenten identifizieren bzw. Wettbewerbssituation definieren	▸ Bildungspolitisches Agieren, z.B.: Akkreditierungen durch nationale, internationale Agenturen
Normatives BM: Umwelt analysieren	▸ Wie ist die Umwelt-/Wettbewerbssituation einzuschätzen? ▸ Welche wichtigen Entwicklungen zeichnen sich ab?	▸ Anspruchsgruppen und deren Wahrnehmung der Bildungsorganisation analysieren ▸ Entwicklung der Wettbewerbssituation einschätzen	▸ Bildungspolitische Veränderungen und Reformen beeinflussen die Möglichkeiten einer Positionierung ▸ Entwicklungen von Bildungsstandards als Trends
Normatives BM: Bildungsorganisation analysieren	▸ Wie ist die Reputation der Bildungsorganisation einzuschätzen?	▸ Kernkompetenzen und Ressourcen im Vergleich zu den Wettbewerbern	▸ Schaffung von Transparenz ▸ Vergleich von Schulen auf der Basis von Bildungsstandards
Strategie: Positionierung auf dem Bildungsmarkt bzw. Bildungssystem	▸ Wie wollen wir uns gegenüber Auftraggebern/Klienten und den Konkurrenten verhalten?	▸ Markt- und Wettbewerbsstrategien ▸ Differenzierung: – Alleinstellungsmerkmale zur Profilbildung schärfen – Kostenführerschaft – Nischenbildung ▸ Kommunikation mit Anspruchsgruppen	▸ »Markenbildung« im Sinne von Qualitätsentwicklung von Schulen und Unterricht ▸ Kommunikation mit Anspruchsgruppen

Im Unterschied zur vorherigen Frage der Positionierung, bei der es um das Außenverhältnis der Bildungsorganisation geht, befasst sich die Wertschöpfung mit dem Innenverhältnis. Diese strategischen Überlegungen stimmen sozusagen das Innenverhältnis auf das gewählte Außenverhältnis ab.

Das Konzept der Wertschöpfungskette bietet dabei wertvolle Anhaltspunkte zur Analyse der notwendigen Aufgaben, Prozesse, Verantwortlichkeiten und Rollen (Porter, 1980). Für das Entstehen neuer Geschäftsmodelle ist in diesem Zusammenhang das Aufbrechen der Wertschöpfungskette und die innovative Neukombination einzelner wertschöpfender Aktivitäten ein interessanter Ansatz (siehe Abbildung 21).

Strategische Kooperationen

Darüber hinaus sind Kooperationen ein wichtiges Thema für die Erstellung der Bildungsdienstleistung (Baer, 2002). Relevante Fragen sind in diesem Zusammenhang: Welche der erforderlichen Aufgaben werden bereits erbracht? Welche sind noch aufzubauen? Wo werden die eigenen Kernkompetenzen gesehen? Inwieweit bieten sich Kooperationen an, um Aufgaben (ggf. besser) durch Partner zu realisieren?

Abb. 21

Beispiel für eine Wertschöpfungskette im Bereich der Weiterbildung

Bildungsbedarfs-analyse	Markt-analyse	Entwicklung/ Produktion	Bereitstellung/ Durchführung	Evaluation
▸ Erfassung der Qualifizierungs-bedürfnisse ▸ Festlegung der Qualifizierungs-ziele ▸ Erstellung von Lernprofilen ▸ Beratung der Auftraggeber ▸ ...	▸ Sichtung existierender Angebote auf dem Bildungsmarkt ▸ Aufbau von Datenbanken mit Angeboten ▸ Vergleich der Angebote mit Kunden-bedürfnissen ▸ ...	▸ Beschaffung von Lernressourcen ▸ Produktion neuer Inhalte ▸ Re-Use eigener Lernmaterialien ▸ Aufbau von Kooperationen mit Content-Providern ▸ ...	▸ Zusammenstellung des Bildungs-produktes ▸ Durchführung der Bildungsmaß-nahmen ▸ Betreuung ▸ Support bei technischen Problemen ▸ ...	▸ Evaluation des Lernergebnisses ▸ Wirksamkeits-messungen ▸ After Sales Betreuung und Lernberatung ▸ Alumni-Services ▸ Informationen über Neuentwicklungen ▸ ...

Quelle: in Anlehnung an Keating, 2002, S. 58

Für Bildungsorganisationen können *Kooperationen* einen hohen Stellenwert einnehmen. Zahlreiche Formen von Partnerschaften sind dabei zu berücksichtigen, die sich auf die Zusammenarbeit von öffentlichen Bildungsorganisationen untereinander (»Public-Public-Partnership«) sowie zwischen öffentlicher Schule, Hochschule und Privatunternehmen (»Public-Private-Partnership«) beziehen können, wie die nachfolgende Tabelle exemplarisch skizziert (siehe Tabelle 21).

Abschließend wird die Wertschöpfung einer Bildungsorganisation als Element ihrer Strategie zusammenfassend dargestellt (siehe Tabelle 22).

2.3.2.5 Ökonomische Tragfähigkeit/Finanzierung

Hier steht die Analyse der Kostenstrukturen und möglicher Ertragsmodelle bei der Umsetzung eines Geschäftsmodells im Vordergrund. Im öffentlichen Bildungsbereich gilt es dabei, die materiellen und personellen Mittel zur Erfüllung des Bildungsauftrags zu erhalten. Diese Aushandlungsprozesse legen für die Schule den möglichen Handlungsspielraum fest.

Kosten- und Ertragsmodelle

Kontext öffentlicher Bildungsauftrag

Im System des New Public Management wird die Vergabe der Mittel durch die Schulbehörde anhand von output- oder wirkungsorientierten Kriterien vorgenommen anstatt erfahrungsgemäßer, inputorientierter Budgets (Capaul & Seitz, 2011, S. 459). Der Budgetierungsprozess richtet sich also nicht primär nach den Zahlen des Vorjahres, sondern legt die Beträge aufgrund der neu gesetzten Ziele fest. Der Schule wird also auch im Finanzbereich eine höhere Autonomie zugesprochen. Die Ziele werden in Leistungsaufträgen oder Leistungsvereinbarungen definiert und für die zu erbringenden Leistungen die notwendige Budgetsumme (Globalbudget) festgelegt. Die

New Public Management in Schulen

Kooperationsformen für Bildungsorganisationen

Tab. 21

Mögliche Kooperationsformen für Bildungsorganisationen – Beispiel Hochschulen

Kooperations-ebene	Public-Public-Partnerschaften	Public-Private-Partnerschaften
Kooperation auf Technologie-ebene	Entwickler-Gemeinschaften zwischen mehreren Hochschulen, z.B.: ▸ Open Source Communities ▸ gemeinsame Nutzung von Technologieplattformen	Technologie-Partnerschaften: ▸ Public: Anwendungspartner ▸ Private: Technologiepartner
Kooperation auf Contentebene	Entwickler-Gemeinschaften ▸ Gemeinsame Erstellung von eLearning-Produkten ▸ Lehrmaterialien	Content-Partnerschaften: ▸ Public: Content-Lieferant ▸ Private: Transferpartner, v.a. für multimediale Aufbereitung, Marketing
Kooperation auf Programmebene	Programm-Partnerschaften: ▸ Gemeinschaftliche Entwicklung und Durchführung des Programms ▸ Curriculumabstimmung bestehender Programme; z.B. für Double-Degree-Programme ▸ Gemeinsame Veranstaltungen in verschiedenen Programmen ▸ Gegenseitige Anerkennung von Studienleistungen bestehender Programme	Programm-Partnerschaften: ▸ Gemeinschaftliche Entwicklung und Durchführung des gesamten Programms, z.B. Customized-MBA-Programme ▸ Partielle Wertschöpfung durch Programm-Partner, z.B. Aufgabe der Hochschule: Zertifizierung und Qualitätsmanagement

Kooperation auf Vertriebsebene	Interne Partnerschaften:
	▸ Vertragsmodelle mit Professoren zur Vermarktung von eLearning-Produkten
	▸ Brokerage-Modelle:
	  – Vermittlung von Produkten
	  – Dienstleistungen in einem Hochschulnetz
	  – Registrierung von Kursen
		Vertriebspartnerschaften; z.B. Brokerage Modell:
		▸ Private: Service Provider, Broker
		▸ Public: Kursanbieter

Schulleitung kann dann im Rahmen des Globalbudgets und trotz ihrer begrenzten Möglichkeiten relativ flexibel über die zugesprochenen Mittel verfügen. Die Schulbehörde hat in diesem System die Aufgabe, bei der Rechnungslegung nur noch formal die Einhaltung der Vorgaben zu kontrollieren, dafür aber die Zielerreichung, das Erfüllen der Leistungsvereinbarungen sicherzustellen.

Diese Vorgehensweise des New Public Management weist große Ähnlichkeiten auf mit der Budgetplanung innerhalb eines Unternehmens oder in der öffentlichen Verwaltung. Mit der Geschäftsleitung werden z.B. Leistungsvereinbarungen i.d.R. ebenfalls in Form von Globalbudgets vereinbart. Für unternehmensinterne Bildungsorganisationen ist es dabei eine große Herausforderung, ebenfalls weniger inputori-

Tab. 22

Wertschöpfung als Strategie-Element einer Bildungsorganisation

Prozessschritt: Ableitung aus normativem BM	Leitfrage	Privatwirtschaftlich getragene Bildungsorganisationen	Öffentliche Bildungsorganisationen – Unterschiede
Ausgangssituation festlegen	▶ In welchem Geschäftsfeld agieren wir? ▶ Wie erfolgt die Wertschöpfung?	▶ Wertschöpfungskette definieren ▶ Strategische Kooperationen definieren	▶ Bildung ist eine öffentliche Aufgabe ▶ Bildungspolitische Vorgaben und Entscheidung
Normatives BM: Umwelt analysieren	▶ Welche Wertschöpfungspotenziale bestehen in der Branche? ▶ Welche Entwicklungen zeichnen sich ab?	▶ Dienstleistungen als Wertschöpfung auf dem Bildungsmarkt analysieren ▶ Wertschöpfungsprozesse der Branche analysieren	▶ Wertschöpfungskette ist stark fragmentiert, sowohl was Leistungserbringung als auch was die Steuerung der Kette betrifft ▶ Koordination muss durch übergreifende, gemeinsame Bildungsziele geleistet werden
Normatives BM: Bildungsorganisation analysieren	▶ Welche Werte bestimmen die Wertschöpfungskette? ▶ Wie unterscheidet sie sich von derjenigen der Konkurrenz?	▶ Wichtigste Merkmale bestimmen ▶ Unterschiede zur Konkurrenz dokumentieren	▶ Bildung ist ein zentraler Faktor beim Standortwettbewerb. Durch vermehrte Vergleichstests von Schülerleistungen sind auch der Aufbau der Wertschöpfungskette und deren Auswirkungen auf den Output von Interesse.
Strategie: Wertkette bestimmen	▶ Auf welche Elemente der Wertschöpfung konzentrieren wir uns? ▶ Mit welchen Partnern kooperieren wir?	▶ Neukonfiguration der Wertschöpfung bestimmen, z.B. Veränderung des Kerngeschäfts durch Lernberatungen ▶ Weiterentwicklung durch Aktivitäts- und Ressourcenstrategie definieren ▶ Kooperationspartner auswählen	▶ Die Aufteilung der Wertschöpfungskette und die Partner (z.B. bei Lernortkooperation) sind, was das Kerngeschäft des Unterrichts betrifft, weitgehend festgelegt und stehen nicht zur Disposition. ▶ Bei neuen Aufgaben relevant, wie z.B. Betreuungsformen einrichten

entierte Steuerungsmechanismen zu berücksichtigen und vielmehr wirkungsorientierte Kriterien zu integrieren, um den Beitrag des Bildungsmanagements zur Wertschöpfung im Unternehmen hervorzuheben.

Wertschöpfungsprozesse: Vergleich privatwirtschaftliche mit öffentlichen Bildungsorganisationen

Kontext privatwirtschaftlicher Bildungsauftrag

Für die innerbetriebliche Bildungsabteilung, die als Geschäftsbereich organisiert sein kann, lassen sich als grundsätzliche Finanzierungsarten das Cost-Center, das Service-Center und das Profit-Center unterscheiden.

2.3 Sinnhorizonte – normatives, strategisches und operatives Bildungsmanagement
Strategisches Bildungsmanagement

Ertragsmodelle für Bildungsdienstleistungen

Auf dem privatwirtschaftlichen Bildungsmarkt werden ferner neue Ertragsmodelle für neue Bildungsdienstleistungen wie z. B. eLearning (technologiegestützte Lernangebote) diskutiert. So sind als mögliche Quellen für Markterlöse denkbar (Euler, Seufert & Zellweger, 2006 sowie Simon, 2006):

- Das Erheben von *Kursgebühren* ist vorstellbar (Hoppe & Breitner, 2003). Gebühren für Kurs, Abschluss, Zertifikat, Seminarteilnahme etc. Bei Online Angeboten: Gebühren fallen nur beim tatsächlichen Gebrauch an (»pay-per-use«), wie z. B. Aufruf von eLearning-Modulen, Anmeldung zu bestimmten Kursen.
- Ein anderes Modell ist das *Mitgliedsmodell*. Dabei zahlen die Lernenden für die Mitgliedschaft (»Subscription«) in einer Institution einen fixen Betrag, unabhängig von der Intensität der Beanspruchung des Lernangebots oder den verfügbaren Serviceleistungen.
- Das *Verkaufsmodell* erzielt Erlöse mit dem Verkauf von Bildungsprodukten (z. B. Lehrbüchern) und/oder Serviceleistungen, wie z. B. Tutoring-Leistungen.
- Das *Brokerage- oder auch Provisionenmodell* generiert Erlöse durch die Vermittlung von Geschäftspartnern. So sind einige Bildungsportale entstanden, die sich auf das Marketing und die Vermittlung von Bildungsangeboten konzentrieren.
- *Sponsoring- und Werbungsmodelle* schöpfen indirekte Erlösquellen aus, indem beispielsweise Werbeflächen auf Internetseiten angeboten werden. Dieses Modell hat sich in den letzten Jahren wenig erfolgsträchtig gezeigt, die Attraktivität hat zwischenzeitlich stark nachgelassen und die Erlösmargen sind eher gering.
- Von Hoppe und Breitner (2003) wird darüber hinaus das *Kundendatenverkaufsmodell* erläutert, das im Umfeld des eBusiness entstanden ist. Bei diesem Modell wer-

Tab. 23

Finanzielle Organisationsformen interner Bildungsbereiche

Merkmal	Cost-Center	Service-Center	Profit-Center
Kennzeichen	▸ Geforderte Leistung in einer bestimmten Qualität mit best. Budget ▸ keine Verrechnung zu Marktpreisen, nur interne Angebote	▸ Geforderte Leistung in einer bestimmten Qualität zu Marktpreisen ▸ nur interne Angebote	▸ Eigenständiges Dienstleistungs- und Kompetenzzentrum ▸ Angebote auf dem internen und externen Markt zu Marktpreisen
Finanzierung/ Verantwortung Geschäftsbereichsleitung	▸ Keine Erlösverantwortung ▸ meist nur geringer Handlungsspielraum	▸ Verrechnung erfolgt zu Marktpreisen oder kostendeckend	▸ Kostenverrechnung, ▸ Kosten- als auch Erlösverantwortung der Geschäftsbereichsleitung
Vorteile	▸ Bildungsmaßnahmen nicht nach Gewinnorientierung begründet	▸ Bildungsmaßnahmen nicht nach Gewinnorientierung begründet	▸ Marktfähige Leistungen ▸ intensive Interaktion mit Anspruchsgruppen
Nachteile	▸ Eingeschränkter Entscheidungsspielraum ▸ ggf. Gefahr von nicht-marktfähigen Leistungen	▸ Eingeschränkter Entscheidungsspielraum ▸ nur interne Angebote möglich	▸ Konkurrenz zu externen Anbietern ▸ Gewinnorientierung eignet sich nicht für alle Bildungsmaßnahmen

den Erlöse über den Verkauf gesammelter Kundendaten bzw. -profile erzielt. Eine Übertragung auf den Bildungskontext wird von der Autorin aus ethischen Gründen besonders kritisch betrachtet.

Tab. 24

Finanzierung als Strategie-Element einer Bildungsorganisation

Prozessschritt: Ableitung aus normativem BM	Leitfrage	Privatwirtschaftlich getragene Bildungsorganisationen	Öffentliche Bildungsorganisationen
Ausgangssituation festlegen	▸ In welchem Geschäftsfeld agieren wir? ▸ Wie wird die ökonomische Tragfähigkeit gesichert?	▸ Finanzierungsmodelle definieren ▸ Ertragsquellen eruieren ▸ Cost-, Service- vs. Profit Center innerhalb eines Unternehmens	▸ Bildungspolitische Ressourcenzuteilung ▸ Entwicklung hin zu Globalbudgets
Normatives BM: Umwelt analysieren	▸ Welche Finanzierungsmodelle bestehen in der Branche? ▸ Welche Entwicklungen zeichnen sich ab?	▸ Finanzierungsmodelle eruieren; z. B. für neue nachfrageorientierte Bildungsdienstleistungen	▸ Vergabe der Mittel durch die öffentliche Hand; z. B. Schulbehörde
Normatives BM: Bildungsorganisation analysieren	▸ Wie ist die Finanzierung momentan gesichert? ▸ Welche Potenziale sind für uns relevant?	▸ Wichtigste Merkmale bestimmen ▸ Potenziale in der Branche auf dem Bildungsmarkt dokumentieren	▸ Finanzierungsvergleiche zwischen öffentlichen Bildungsorganisationen mit ähnlichem Bildungsauftrag
Strategie: Finanzierungsmodelle bestimmen	▸ Welche (neuen) Finanzierungs- und Ertragsmodelle sind für uns tragbar?	▸ Entwicklung neuer Ertrags- und Finanzierungsmodelle	▸ New Public Management: Die Vergabe der Mittel anhand von output- oder wirkungsorientierten Kriterien vornehmen

2.3.2.6 Schlussfolgerung

Strategisches Bildungsmanagement bezieht sich in erster Linie auf die grundsätzliche Strategie einer Bildungsorganisation, die auch als Grundkonfiguration bezeichnet werden kann. Für das dauerhafte Funktionieren einer Bildungsorganisation sind grundsätzliche Fragen in der Interaktion mit internen und externen Anspruchsgruppen zu klären, wie beispielsweise die konkrete Ausgestaltung des Programm-Angebotes für die jeweiligen Zielgruppen.

Finanzierung: Vergleich privatwirtschaftliche mit öffentlichen Bildungsorganisationen

Zusammenfassung: Die strategische Ausrichtung einer Bildungsorganisation wird grob durch das *Programm-Portfolio*, die *Positionierung* gegenüber den Mitbewerbern auf dem Bildungsmarkt, die *internen Wertschöpfungsprozesse* sowie durch die *Sicherung der ökonomischen Tragfähigkeit* determiniert. Sie können als »Elemente eines »Geschäftsmodells« betrachtet werden und skizzieren die grundsätzliche Funktionsweise und das Optionenspektrum von Bildungsorganisationen, um die normativen Vorstellungen der Bildungsorganisationen in die Umsetzung zu bringen.

Neben der Klärung der Grundkonfiguration einer Bildungsorganisation als strategische Ausrichtung auf dem Bildungsmarkt, geht es ferner darum, strategische Handlungsfelder für die Weiterentwicklung der Bildungsorganisation zu definieren und zu bearbeiten. Auf diesen Aspekt wird im nächsten Abschnitt näher eingegangen.

2.3.3 Strategisches Programm: Entwicklung von strategischen Handlungsfeldern

Strategische Handlungsfelder für Entwicklungsimpulse

Strategische Bildungsarbeit in einer Bildungsorganisation bedeutet, *strategische Handlungsfelder* zu identifizieren und zu begründen, um zentrale Entwicklungsimpulse für die gesamte Organisation, für Bildungsprogramme bzw. Teamentwicklung sowie auch für die Kompetenzentwicklung von Learning Professionals auf individueller Ebene zu initiieren. Strategische Handlungsfelder sind folglich Arbeitsschwerpunkte, die von der Führung der Bildungsorganisation als prioritär erachtet werden. Diese Handlungsfelder können in einem *strategischen Programm* zusammengefasst werden, das entsprechend der übergreifenden Vision und Zielsetzung der Bildungsorganisation die Schwerpunkte für die strategische Weiterentwicklung der Bildungsarbeit festlegt.

Im Rahmen des normativen Bildungsmanagements wird eine Abstimmung der beiden Perspektiven vorgenommen: Eine Outside-in-Perspektive, die im Rahmen einer externen Analyse, Umweltbedingungen und Trends sowie auch Chancen und Gefahren für die künftigen Entwicklungen beurteilt, sowie eine Inside-out-Betrachtung mit dem Fokus auf die interne Analyse, um spezifische Kompetenzen und Ressourcen sowie Stärken und Schwächen zu beurteilen. Als Ergebnis des normativen Bildungsmanagements liegen Leitbild, Rahmenvorgaben sowie die Leitvorstellungen über die Zukunft, zur Vision und erstrebenswerte Bildungsziele und das Verständnis über den Bildungsauftrag vor. Diese liefern die Begründungsbasis dafür, welche strategischen Handlungsfelder zur Weiterentwicklung der Bildungsorganisation als notwendig erachtet werden (siehe Abbildung 22).

Die Evaluation der strategischen Optionen und die Auswahl der strategischen Handlungsfelder zu einem strategischen Programm, das in einer bestimmten Strategieperiode verfolgt wird, erfolgt nach den Werthaltungen der Entscheidungsträger sowie unter Berücksichtigung der gesellschaftlichen Verantwortung.

Potenzialentwicklung einer Bildungsorganisation

Die strategischen Handlungsfelder können sich dabei auf die unterschiedlichen Ebenen einer Bildungsorganisation beziehen:

▸ Makro-Ebene/Organisation: Schul- bzw. Organisationsentwicklung, um die Rahmenbedingungen zu ändern, in denen Unterricht bzw. die Organisation von Bildungsprozessen stattfindet (s. Kapitel 3);
▸ Meso-Ebene/Team: Unterrichtsentwicklung bzw. Entwicklung des Programm-Portfolios sowie einzelner Bildungsprogramme (s. Kapitel 4);
▸ Mikro-Ebene/Individuum: Entwicklung Lehr-Lernsituationen, Kompetenzentwicklung der Learning Professionals (s. Kapitel 5).

2.3 Strategisches Bildungsmanagement

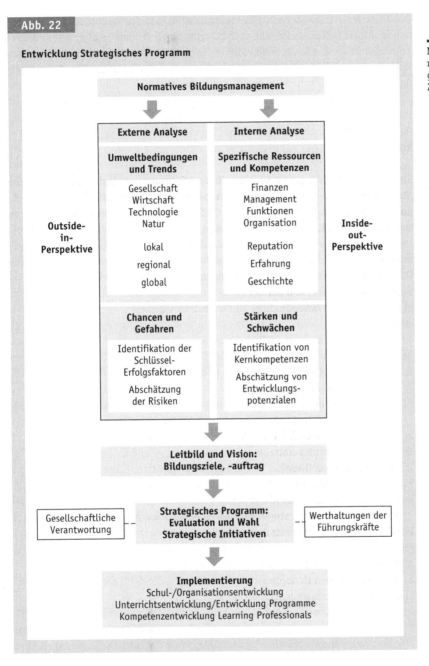

Abb. 22
Entwicklung Strategisches Programm

Normatives Bildungsmanagement und strategisches Programm: Zusammenhänge

2.3 Sinnhorizonte – normatives, strategisches und operatives Bildungsmanagement
Strategisches Bildungsmanagement

Die Weiterentwicklung einer Bildungsorganisation auf den unterschiedlichen Ebenen ist ferner in Balance zwischen Optimierung und Erneuerung zu sehen, worauf inhaltlich in Kapitel 6 mit den beiden Entwicklungsmodi ausführlich eingegangen wird. Aus dem Blickwinkel des strategischen Sinnhorizonts geht es an dieser Stelle darum, strategisch prioritäre Handlungsfelder, die häufig ein oder mehrere Projekte bündeln, in Abstimmung mit der normativen Orientierung (Outside-in- und Inside-out-Betrachtung) zu definieren und entsprechende Ressourcen sowie ggf. notwendige Anpassungen im Geschäftsmodell der Bildungsorganisation vorzunehmen.

In den ausgewählten strategischen Handlungsfeldern sollten jeweils strategische Ziele definiert werden, die sich in Form von Leistungsvereinbarungen niederschlagen können, um Verbindlichkeit für den operativen Vollzug zu schaffen. Im Grunde genommen geht es dabei insbesondere um die Potenzialentwicklung einer Bildungsorganisation, im Sinne des Leitbilds einer lernenden Organisation, normativ erwünschte Veränderungen proaktiv zu gestalten. Nachfolgend ist ein Beispiel aufgeführt, wie eine Bildungsstrategie bzw. ein strategisches Programm für die Weiterentwicklung einer Bildungsorganisation dokumentiert werden könnte.

Beispiel **Dokumentation einer Bildungsstrategie**

▶▶▶ Dokumentation einer Bildungsstrategie bzw. eines strategischen Programms einer Bildungsorganisation

Dokumentation einer Bildungsstrategie: Beispiel

1. Ausgangslage und Zielsetzung des Berichts
2. Grundsatzüberlegungen der Leitung der Bildungsorganisation
3. Vision, Leitbild, Leitsätze
4. Strategische Ziele bis 2020: Entwicklung der Bildungsorganisation in ausgewählten Handlungsfeldern
5. Strategische Handlungsfelder mit den finanziellen Auswirkungen
   5.1. Handlungsfeld 1
   5.2. Handlungsfeld 2
   5.3. ….
   Für jedes Handlungsfeld: Ausgangslage, Überlegungen und Zielsetzungen der Leitung, konkrete Umsetzung sowie die finanziellen Auswirkungen
6. Umsetzungsmöglichkeiten Zeitraum 2014-2020
7. Überlegungen der Schulleitung betreffend Priorisierung/Teilumsetzung/zeitliche Staffelung
8. Budgetantrag ◀◀◀

Wie das Beispiel ebenfalls aufzeigt, wird eine Bildungsstrategie bzw. das strategische Programm einer Bildungsorganisation häufig in einem Budgetantrag mit Blick auf die/eine zu legitimierende Anspruchsgruppe, wie z.B. staatliche Behörde bei einer öffentlichen Schule oder Geschäftsleitung bei einer Bildungsabteilung im Unternehmen, dargelegt.

Zusammenfassung: Im Rahmen des normativen Bildungsmanagements wird eine Abstimmung der outside-in Perspektive (externe Umwelt-Analyse) sowie eine inside-out Betrachtung (interne Analyse) vorgenommen. Die Ergebnisse liefern Optionen für diverse strategische Initiativen. Die Evaluation und Auswahl der Optionen führen dazu, dass prioritäre Arbeitsschwerpunkte, sogenannte strategische Handlungsfelder vom Management definiert werden. Diese beinhalten zum einen konkrete strategisch relevante Initiativen bzw. Projekte für die operative Umsetzung, zum anderen können sie als strategisches Programm einer Bildungsorganisation zusammengefasst werden. Das strategische Programm steht somit für die normativ begründete Weiterentwicklung der Bildungsorganisation.

Auf die operative Umsetzung der Bildungsstrategie im Hinblick auf den operativen Vollzug der Bildungsdienstleistungen sowie auf die operative Umsetzung des strategischen Programms einer Bildungsorganisation wird im Anschluss eingegangen.

Strategisches Programm: Zusammenfassung

2.4 Operatives Bildungsmanagement

2.4.1 Umsetzung der Bildungsstrategie: Die Dinge richtig tun

Dieses Kapitel beinhaltet die operativen Gestaltungsaktivitäten des Bildungsmanagements in Bildungsorganisationen. Die Managementtätigkeit konkretisiert sich vom normativen über das strategische hin zum operativen Management. Das operative Bildungsmanagement steht dabei in einem gewissen Spannungsfeld zwischen effizienten Abläufen, Problemlösungsroutinen und begrenzten Ressourcen.

Analog zur strategischen Ebene kann grundsätzlich unterschieden werden in:
- *Operative Umsetzung der Bildungsstrategie*: Im Hinblick auf den operativen Vollzug der Bildungsdienstleistungen geht es im Wesentlichen um die Frage, welche Bildungsprozesse erforderlich sind. Auf der operativen Ebene wird somit die Wertschöpfungskette in einer Bildungsorganisation präzisiert und konkret in Prozesse überführt.
- *Operative Umsetzung des strategischen Programms*: Für die Weiterentwicklung der Bildungsorganisation sind strategische Handlungsfelder zu definieren, die für die operative Umsetzung häufig in strategische Initiativen und Projektstrukturen zu überführen sind. Daher findet sich, als eine veränderte Rolle von Learning Professionals, zunehmend die des Projektgestalters, um Projekte im Team einer lernenden Organisation zu planen, durchzuführen und auch zu evaluieren.

Operatives Bildungsmanagement: Umsetzung der Strategie

Auf diese beiden Perspektiven des operativen Bildungsmanagements wird nachfolgend kurz eingegangen.

2.4.2 Operative Kernprozesse zur Umsetzung der Bildungsstrategie

Die Implementierung der Bildungsstrategie, insbesondere des in der Strategie festgelegten Bildungsprogramms, erfolgt über die Planung und Durchführung von Bildungsmaßnahmen mit spezifischen Lernzielen und Lerninhalten für konkrete Zielgruppen. Grundlegend dafür sind das vorgängige Bestimmen des Bildungsbedarfs und die integrierte Qualitätssicherung bzw. die Sicherung des Bildungstransfers in der Praxisanwendung in der betrieblichen Weiterbildung. Diese Bildungsprozesse können auf verschiedenen Gestaltungsebenen innerhalb einer Bildungsorganisation Anwendung finden, wie nachfolgende Tabelle im Überblick aufzeigt:

Umsetzung der Bildungsstrategie und des strategischen Programms

Tab. 25

Operative Umsetzung der Bildungsstrategie und des strategischen Programms

Gestaltungsebenen	Umsetzung der Bildungsstrategie	Umsetzung des strategischen Programms
Makro-Ebene: Organisation, Rahmenbedingungen	Organisationsweite Bildungsprozesse: ▸ Bedarfsanalyse ▸ Durchführung von Programmen ▸ Transfersicherung/-evaluation ▸ Unterstützungsprozesse, z.B. Information und Kommunikation, Budgetierung etc.	Maßnahmen zur Organisations-/Schulentwicklung: ▸ Rahmenbedingungen gestalten ▸ Strukturen und Kulturen analysieren und gestalten
Meso-Ebene: Bildungsprogramme, Bildungsgänge	▸ Bildungsprogramme planen, durchführen und evaluieren ▸ Mit Anspruchsgruppen kommunizieren	▸ Unterrichtsentwicklung ▸ Weiterentwicklung von Bildungsprogrammen
Mikro-Ebene: Lehr-Lernprozesse, Individuum	▸ Lehr-Lernprozesse planen, durchführen, evaluieren	▸ Weiterentwicklung von »individuellen Lernkulturen« ▸ Veränderte Rolle von »Learning Professionals«

2.4.3 Balanced Scorecard (BSC): Ein integrativer Ansatz zur operativen Umsetzung der Strategie

Grundsätzlich ist es in Organisationen eine der größten Herausforderungen, Strategien bzw. strategische Initiativen nicht nur zu entwickeln und zu formulieren, sondern wirksam in die Umsetzung zu bringen. Im Bildungsbereich ist diese Herausforderung ebenfalls vorzufinden. Dulworth und Bordonaro (2005) sprechen in diesen Zusammenhang vom »Learning Effectiveness Paradoxon«:

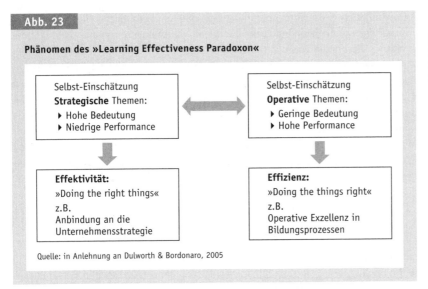

Abb. 23

Phänomen des »Learning Effectiveness Paradoxon«

Quelle: in Anlehnung an Dulworth & Bordonaro, 2005

Diskrepanz zwischen Bedeutung strategischer Bildungsarbeit und Umsetzung in der Praxis

In ihren Studien stellten die Autoren fest, dass Bildungsverantwortliche in Unternehmen den strategischen Themen eine hohe Bedeutung beimessen, sich selbst allerdings eine schlechte Leistung zuschreiben. Bei der operativen Umsetzung verhält es sich genau umgekehrt. Worin liegen die Schwierigkeiten begründet und warum gibt es diese Diskrepanz zwischen strategischen Programmen und deren Verwirklichung im praktischen Alltag? Außerhalb des Bildungsbereiches wird dieses Phänomen bereits seit längerem erforscht. So ermitteln Kaplan und Norton (1997, S. 184 ff.) beispielsweise vier Gründe, die auch heute noch für das strategische Bildungsmanagement in Organisationen bedeutend sind:

1. Die Strategie ist häufig nicht umsetzbar, da sie zu allgemein formuliert wurde und nicht anwendbar ist. Aufgrund der vagen Vorstellungen interpretieren sie unterschiedliche Gruppen und Personen anders, sodass es an einer kohärenten Gesamtstrategie mangelt oder u. U. zu keinerlei Veränderung führt.
2. Keine Verknüpfung der Strategie mit den Zielvorgaben des Einzelnen bzw. des Teams: Da operative Vorgaben häufig den Alltag von Mitarbeitenden bestimmen, finden strategische Veränderungen keine Verankerung im Alltag.
3. Keine Verbindung zwischen Strategie und Ressourcenallokation: Die Zuteilung von finanziellen Mitteln wird entweder nicht oder zu wenig mit den strategischen Prioritäten verknüpft.
4. Taktisches anstelle eines strategischen Feedbacks: Dieser Grund hängt mit dem zweiten zusammen. Wenn sich die Zielvorgaben auf operative Vorgaben gründen, dann ist die Wahrscheinlichkeit hoch, dass sich auch Managementsysteme auf kurzfristige, operative Leistungen fokussiert.

Um die Gefahr von Implementierungsdefiziten an der Übergangsstelle von strategischen zu operativen Entscheidungen zu lindern, ist der »Balanced Scorecard (BSC)«-

Balanced Scorecard (BSC) als Bindeglied zwischen Strategie und Umsetzung

Ansatz hilfreich. Sie stellt eine Art »Transmissionsriemen« zwischen der normativen, strategischen und operativen Ebene dar. Dieses Konzept wurde grundsätzlich für die operative Umsetzung von Unternehmensstrategien entwickelt. Seit einigen Jahren wird dieser Ansatz zunehmend auch im Bildungsbereich verwendet. Ziel dieses von Kaplan und Norton konzipierten Instrumentes ist es, die traditionellen Kennzahlen durch ein mehrdimensionales System der Leistungsmessung zu ergänzen oder besser noch zu ersetzen. Die BSC soll als Bindeglied zwischen der Entwicklung einer Strategie und ihrer operativen Umsetzung fungieren, indem die strategischen Handlungsfelder in relative Ziele und Messgrößen transformiert und deren operative Implementierung mit Indikatoren unterstützt werden sollen. Die BSC soll als integrativer Ansatz ein zielgerichtetes, strategisches Denken und Handeln auf allen Organisationsebenen fördern, um Wirkung im Alltag erzielen zu können (Capaul & Seitz, 2011, S. 159).

Konzept BSC

Die Grundidee der BSC besteht darin, strategische Ziele durch Messgrößen in allen für die Organisation erfolgsrelevanten Bereichen zu konkretisieren, um daraus operative Ziele und Aktionspläne ableiten zu können. Drei Grundgedanken begründen das Konzept der BSC:

- *Mehrdimensionaler Ansatz*: Ein ausgewogenes, ganzheitliches Bild der Organisation soll im Vordergrund stehen (»Balanced«). Vier erfolgsrelevante Perspektiven, die miteinander in Zusammenhang stehen, sollen dabei aufgenommen werden:
    1. Perspektive der Potenzialentwicklung in der eigenen Bildungsorganisation (Lernen und Entwicklung): Wie kann aus der Bildungsorganisation eine lernende und sich selbst entwickelnde Organisation werden? Damit verknüpft steht die Frage, wie die Bildungsorganisation die Fähigkeit zum Wandel und zur Qualitätsverbesserung erhalten und weiter entwickeln kann. Maßnahmen zur Entwicklung auf den unterschiedlichen Ebenen: Organisations-, Unterrichtsentwicklung, Entwicklung von Learning Professionals können damit in einen Gesamtzusammenhang relevanter Perspektiven gebracht werden.
    2. Perspektive der internen Prozesse: Wie können Bildungsprozesse zur Erstellung der Wertschöpfung optimiert werden?
    3. Perspektive der Anspruchsgruppen: Welche Leistungen muss eine Bildungsorganisation in welcher Form gegenüber ihren Anspruchsgruppen erbringen, um diese zufriedenzustellen und das Leitbild und strategisches Bildungsprogramm zu verwirklichen?
    4. Perspektive der Finanzen: Wie sollen finanzielle Mittel eingesetzt werden, um die Effizienz zu steigern und das Budget einhalten zu können?
- Die BSC enthält konkrete *Messgrößen* bzw. *Kennzahlen als Indikatoren*, anhand derer die Erfüllung strategischer Ziele sichtbar gemacht wird.
- Die BSC schafft für interne und externe Anspruchsgruppen *Transparenz* in Bezug auf die strategische Zielerreichung. Sie übernimmt die Funktion einer Anzeigetafel (»Card«).

Nachfolgend sind kurze Fallbeispiele einer BSC für die strategische Steuerung einer Bildungsorganisation aufgeführt. Dieses Grundschema kann als Orientierungshilfe bei der Formulierung von strategischen Zielen, Messgrößen (Kennzahlen) und daraus abgeleiteten Maßnahmen dienen.

2.4 Operatives Bildungsmanagement

Beispiel **Balanced Scorecard im Schulbereich**

▶▶▶ Für New Public Management-Konzepte können Schulen die BSC zur Steuerung der Schulentwicklung einsetzen. Capaul und Seitz (2011, S. 159) schlagen die vier skizzierten Perspektiven vor (vgl. nachfolgende Abbildung 24). Bezogen auf die definierten Maßnahmen werden Aktionspläne definiert, die in einem überschaubaren Rahmen bearbeitet werden sollen, beispielsweise ein Semester bis zu einem Jahr. Die Aktionspläne sind zentrale Planungsinstrumente für die Umsetzung strategisch relevanter Initiativen.

Beispiel BSC: Schule

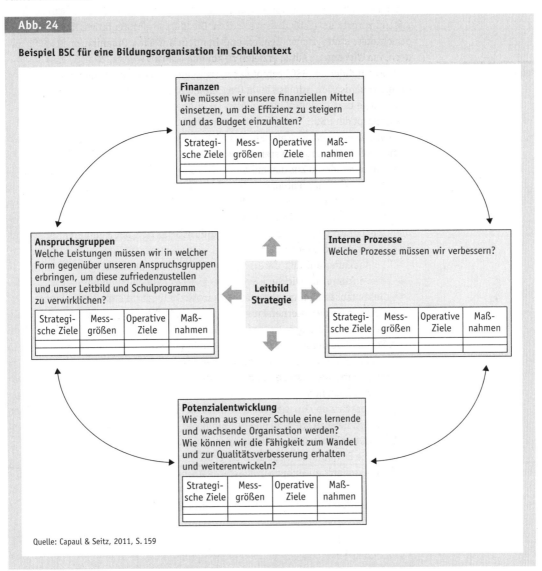

Abb. 24
Beispiel BSC für eine Bildungsorganisation im Schulkontext

Quelle: Capaul & Seitz, 2011, S. 159

2.4 Sinnhorizonte – normatives, strategisches und operatives Bildungsmanagement
Operatives Bildungsmanagement

Fallbeispiel E.ON Academy- Unternehmenssteuerung mittels Balanced Scorecard

Beispiel BSC: Betrieb

▶▶▶ Der weltweit operierende E.ON-Konzern wurde 2002 in der Energiebranche gegründet und war im Bildungsbereich 2002 ein Patchwork von durch Akquisitionen verbundenen Subunternehmen. Für ein solches Unternehmen ein für 2000 E.ON-Manager qualitativ hochkarätiges Bildungsprogramm zu organisieren, ließ sich am ehesten mit einem Corporate-University-Modell als Dachorganisation umsetzen. Die E.ON Academy war von Anfang an komplett ins Reporting des E.ON-Konzerns integriert und wurde als Dienstleistungs-GmbH für Management-Learning mit Sitz in Düsseldorf gegründet. Dem Aufsichtsrat der Academy gehören Personalvorstand und Vorstandsvorsitzender des E.ON-Konzerns an. Seit Februar 2007 ist die Academy ein veritabler Bereich im Vorstandsressort Personal und betreut neben den Lernprogrammen seit 2002 über 2000 Fach- und Führungskräfte spezifischer »Job-Families« und knapp 30 000 E.ON-Mitarbeitende über »Academy Online« – die elektronische Lernplattform des Konzerns.

Die strategische Bildungsarbeit wird mit Hilfe des Management-Instrumentes der Balanced Scorecard unterstützt. Die Meßgrößen der Balanced Scorecard richten sich – ähnlich wie beim vorherigen Beispiel – an vier Grundkategorien aus:

(1) Kunden/Programmteilnehmer:
Hier sind die Zufriedenheit der Lernpartner, die Gesamtbeurteilung des Programms, der Umsetzungsnutzen, die Zahl der Teilnehmertage pro Jahr, Programmauslastung, Anzahl der Auftragsproduktionen, die inhaltliche Integration E.ON-spezifischer Themen und anderes mehr, relevante Messgrößen, die sich mit konkreten Zielwerten vergleichen lassen.

(2) Lernen/Entwicklung:
Die zweite Balanced Scorecard Kategorie »Lernen/Entwicklung« misst unter anderem die Anzahl für maßgeschneiderte, spezifische Bedarfe entwickelte Programme, Beispiele für customized eLearning-Programme mit unternehmensweiter Relevanz, das Verhältnis von Präsenzveranstaltungen und eLearning-Anteilen und die Position der Corporate University im Vergleich mit anderen Corporate Universities.

(3) Prozesse:
Die dritte Kategorie misst Prozessabläufe und fokussiert dabei vor allem die Transparenz und Effizienz von Administrationsprozessen, die Transparenz von Kommunikationsprozessen, den Zufriedenheitsfaktor in Bezug auf Serviceleistungen im Rahmen von Bildungsprogrammen sowie den Einbezug des Human Resource Development (HRD) bei der Programmentwicklung.

(4) Finanzen:
Diese Kategorie überwacht die Budgeteinhaltung sowie die Programmkosten für einzelne Programme im Vergleich mit anderen Corporate Universities. Alle diese genannten Maßnahmen tragen integrativ zur Steuerung der E.ON Academy bei. ◀◀◀

BSC: Transparenz von Wirkungszusammenhängen

Zusammenfassung: Die Perspektiven einer BSC stellen somit vier Blickwinkel dar, eine Organisation möglichst ganzheitlich bzw. aus mehreren Dimensionen zu betrachten und nicht nur einseitig aus finanzieller Perspektive. Kaplan und Norton (1997) schlagen außerdem vor, Ursache-Wirkungszusammenhänge zu besprechen und transparent in der BSC darzustellen und zwar über alle vier Perspektiven der BSC hinweg. Eine BSC für eine Bildungsorganisation zu entwickeln bedeutet folglich nicht nur, strategische Ziele für die vier Perspektiven festzulegen, sondern gemäß der Konzept-Idee der BSC auch Verknüpfungen und gegenseitige Abhängigkeiten sichtbar zu machen.

Die Kritik am BSC-Ansatz weist, wie bei jedem Kennzahlensystem, auf die Gefahr hin, falsche bzw. unrealistische Ziele umzusetzen. Auch »schlechte« Strategien werden durch den professionellen Prozess umgesetzt. Zudem besteht die Gefahr, die BSC mit zu vielen und zu komplexen Zielen zu überfrachten. Eine oberflächliche Betrachtung der BSC kann fälschlicherweise zu einer einseitigen Konzentration auf die Kennzahlen, insbesondere vergangenheitsbasierte Kennzahlen, führen. In diesem Fall geht die eigentliche Intention der BSC verloren, d. h. das Handeln an strategischen Zielen und dem nachhaltigen, zukunftsorientierten Aufbau von Potenzialen und Handlungsoptionen für die Zukunft auszurichten. Vorsicht ist daher angebracht, um nicht ein starres und rigides Kennzahlensystem einzuführen oder verkürzte Ursache-Wirkungszusammenhänge zu konstruieren, die eine zu starke Komplexitätsreduktion vornehmen.

<small>BSC: Kritikpunkte</small>

Die neueste Entwicklungstendenz ist daher nach Bleicher (2011, S. 60) hin zu eher »weichen« Managementinstrumenten zu sehen, wie z. B. in der Berücksichtigung von kulturellen Faktoren oder geeigneten Anreizsystemen. Die Gestaltung von Rahmenbedingungen, in denen sich Wandel vollziehen kann, rückt verstärkt in den Vordergrund. Die neueren Entwicklungen zeigen auf (vgl. auch nachfolgende Abbildung nach Bleicher, 2011, S. 60), dass die größten Umsetzungserfolge letztlich durch eine Fokussierung auf die Ziel-Maßnahmen-Verknüpfungen erreicht werden können. So ist für eine wirksame Strategiearbeit insbesondere die Relevanz der abgeleiteten Maßnahmen für die Strategie der Bildungsorganisation herauszustellen: Maßnahmen-Management anstelle eng gegriffener Kennzahlenorientierung (siehe Abbildung 25).

<small>Trend: Maßnahmen-Management</small>

Aufgrund der vielfältigen und zumeist positiven Erfahrungen gilt das System der BSC heute auch für den öffentlichen Bereich als ein Werkzeug, das im Zuge des kontinuierlichen Reformprozesses innerhalb der öffentlichen Verwaltungen (New Public Management) für zielgerichtete, führende Verbesserungen und Steuerungszwecke eingesetzt werden kann. Insgesamt scheint es, als sei die BSC auf den Bildungsbereich übertragbar zu sein, weil sie im Gegensatz zu den meisten traditionellen Controllinginstrumenten nicht dem Paradigma einer technokratischen Lenkung folgt und sich nicht nur auf finanzwirtschaftliche, vergangenheitsorientierte Kennzahlen abstützt.Die Anwendung der BSC lässt Bildungsverantwortliche genügend Freiräume, Entwicklungsperspektiven im Sinne eines Maßnahmen-Managements aufzunehmen und sich dennoch auf strategische Zielsetzungen mit der Geschäftsleitung festlegen zu lassen. Je nach Ausgestaltungsgrad können qualitative nicht-monetäre Größen sehr stark in den Vordergrund gestellt werden, um den Besonderheiten von Bildungsdienstleistungen Rechnung zu tragen. Der systematische Einbezug von Anspruchsgruppen sowie die Ausbalancierung zwischen Potenzialentwicklung und finanzieller Tragfähigkeit im Hinblick auf die Ressourcen ermöglichen eine wohldosierte strategische Schwerpunktsetzung.

<small>BSC und New Public Management</small>

2.5 Sinnhorizonte – normatives, strategisches und operatives Bildungsmanagement
Zusammenfassung

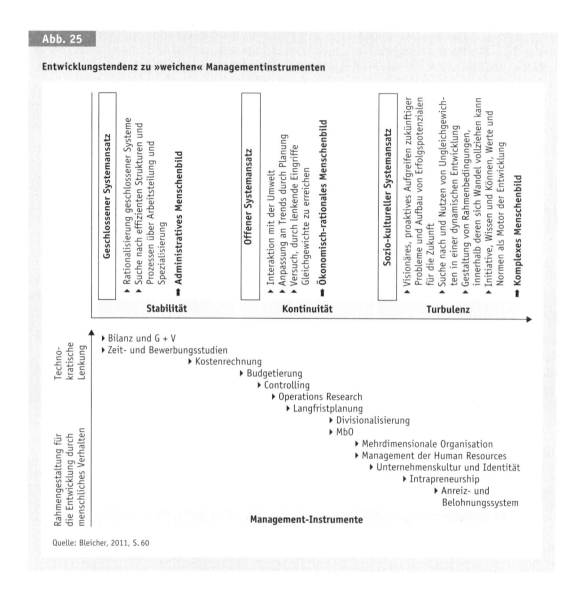

Abb. 25: Entwicklungstendenz zu »weichen« Managementinstrumenten
Quelle: Bleicher, 2011, S. 60

2.5 Zusammenfassung

Diesem Lehrbuch liegt ein integrierter Managementansatz für das Bildungsmanagement in Organisationen zugrunde. Es basiert auf dem sozio-kulturellen Systemansatz, wie ihn das St. Galler Management-Modell (SGMM) begründet. In diesem Kapitel wurden in einem ersten Schritt die unterschiedlichen Sinnhorizonte *normativ*, *strategisch* und *operativ* heraus gearbeitet:

Das normative Bildungsmanagement liefert die Begründungsbasis für das Agieren in einer Bildungsorganisation. »Visionäres, proaktives Aufgreifen zukünftiger Prob-

2.5 Zusammenfassung

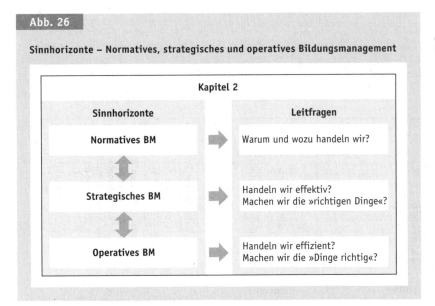

Abb. 26: Sinnhorizonte – Normatives, strategisches und operatives Bildungsmanagement

Sinnhorizonte: Leitfragen

leme und Aufbau von Erfolgspotenzialen für die Zukunft« kennzeichnen auch ein proaktives Bildungsmanagement, ebenso wie »Initiative, Wissen und Können, Werte und Normen als Motor der Entwicklung« (Bleicher, 2011, S. 60). Das strategische Bildungsmanagement richtet die Handlungen an diesen normativen Vorstellungen aus. Das operative Bildungsmanagement lenkt dagegen die Umsetzung und somit den Vollzug der Handlungen.

Die zentralen Fragestellungen dieser Sinnhorizonte können im Weiteren auf den Gestaltungsebenen der Makro-, Meso- und Mikro-Ebene genauer ausdifferenziert werden (siehe Tabelle 26).

Im Sinne des SGMM nach Bleicher (2011) bedeutet dies, die Organisation als soziokulturelles System zu verstehen. Im Vordergrund soll die »Gestaltung von Rahmenbedingungen, innerhalb derer sich Wandel vollziehen kann« (Bleicher, 2011, S. 60) stehen, was den originären Schwerpunkt der Gestaltungsaktivitäten im Bildungsmanagement auf der Makro-Ebene umfasst. Wie in Kapitel 1 bereits erwähnt, gewinnt die Gestaltungsebene des Programm-Managements derzeit, als Schnittstelle zur individuellen Ebene auf der Mikro-Ebene, zunehmend an Bedeutung. Im Grunde genommen kommen dadurch die Verbindungslinien zwischen Schul-/Organisationsentwicklung, Unterrichts- bzw. Programmentwicklung sowie Unterstützung/Kompetenzentwicklung der Individuen, den Lernenden und Lehrenden, zum Ausdruck. Auf die Gestaltungsebenen der Makro-, Meso- und Mikro-Ebene wird in den nachfolgenden Kapiteln genauer eingegangen.

Bildungsmanagement: systemischer Ansatz

2.6 Sinnhorizonte – normatives, strategisches und operatives Bildungsmanagement
Fallstudie DATEV

Tab. 26

Zusammenfassender Überblick zum Bildungsmanagement nach Gestaltungsebenen

Gestaltungs-ebene \ Sinnhorizonte	Normatives BM Schaffung von Legitimation	Strategisches BM Umsetzung in Aktionspläne	Operatives BM Überführung in Bildungsprozesse
Makro-Ebene: Organisation, Rahmenbedingungen gestalten	▸ Bildungsziele/Bildungsauftrag der Organisation ▸ Leitbild der Organisation für eine gute Schule, ein gutes Kollegium	▸ Bildungsstrategie/»Geschäftsmodell« der Bildungsorganisation ▸ Strategisches Programm zur Weiterentwicklung	Organisationsweite Bildungsprozesse: ▸ Prozesse zur operativen Umsetzung ▸ Strategisches Programm: Organisationsentwicklung
Meso-Ebene: Bildungsprogramme/Bildungsgänge gestalten	▸ Bildungsziele, Leitbilder von Programmen ▸ Didaktische Leitprinzipien für guten Unterricht	▸ Strategische Positionierung von Programmen ▸ Strategische Initiativen zur Weiterentwicklung	▸ Bildungsprogramme planen, durchführen, evaluieren ▸ Prozesse zur operativen Umsetzung strategischer Initiativen: ▸ Programm-/Unterrichtsentwicklung
Mikro-Ebene: Lehr-Lernprozesse gestalten (didaktischer Kernbereich), Individuen in ihrer Kompetenzentwicklung unterstützen	▸ Didaktische Leitziele der Lernszenarien ▸ Leitbilder Lernende und Lehrende	▸ Strategie zur Unterstützung der Lernenden ▸ Strategie der Kompetenzentwicklung von »Learning Professionals«	▸ Lehr-Lernprozesse planen, durchführen, evaluieren ▸ Operative Umsetzung der Kompetenzentwicklung von Learning Professionals

2.6 Fallstudie DATEV

2.6.1 Einleitung: Das Unternehmen DATEV eG

DATEV als Genossenschaft

Das Unternehmen DATEV eG mit Hauptsitz in Nürnberg bietet Steuerberatern, Rechtsanwälten, Wirtschaftsprüfern und den Mandanten dieser Berufsgruppen Datenverarbeitung, Softwarelösungen und entsprechende Dienstleistungen rund um die Kanzlei an. Das als Genossenschaft geführte Unternehmen möchte für seine Kunden, beziehungsweise Mitglieder der Genossenschaft ein Partner sein und gleichzeitig auch Wegbereiter, um Zukunftsfelder für die Kunden aufzuzeigen. Mit derzeit rund 40 000 Mitgliedern, rund 6 500 Mitarbeitern und einem Umsatz von 402 Mio. EUR im Jahr 2013 zählt die 1966 gegründete DATEV zu den größten Informationsdienstleistern und Softwarehäusern nicht nur in Deutschland (vgl. www.datev.de).

2.6.2 Die innerbetriebliche Bildungsorganisation

Die innerbetriebliche Weiterbildung bei der DATEV ist organisatorisch im Personalwesen eingeordnet. Die Fallstudie wurde in Zusammenarbeit mit Dr. Knut Eckstein, Leiter der Weiterbildung, entwickelt (Seufert, 2007). Die Weiterbildungsabteilung wird betriebswirtschaftlich als Service-Center geführt. Im Rahmen der jährlichen Budgetplanung werden in Abstimmung mit den Fachabteilungen der Weiterbildungsbedarf sowie die Weiterbildungsschwerpunkte festgelegt. Im daraus abgeleiteten Business Plan, welcher der Geschäftsleitung zur Genehmigung vorgelegt wird, werden auch die für das Center relevanten Rahmenbedingungen, wie Budget, innerbetriebliche Leistungsverrechnung, Verrechnungsgrad etc., dargestellt.

Center Weiterbildung

Die Abteilung bearbeitet sämtliche Weiterbildungsthemen für alle DATEV-internen Zielgruppen, das heißt vom Service-Mitarbeitenden über den Software-Entwickler bis hin zur Führungskraft. Dabei werden überwiegend Inhouse-Veranstaltungen durchgeführt, meist im DATEV-Schulungszentrum in Nürnberg, teilweise auch dezentral mit virtuellen Klassenräumen, vor allem bei kurzen zweistündigen Veranstaltungen für den Außendienst.

Neben der berufsbedingten Weiterbildung bzw. dem »Arbeitslernen« existiert ein breites Spektrum von Qualifizierungsangeboten, an denen die Mitarbeitenden in der Freizeit teilnehmen können. Das sogenannte Freizeitlernen setzt sich aus dem Programm der Abendschule sowie dem Angebot von Selbstlernmedien zusammen. Zu Bildungsangeboten aus dem Bereich Arbeitslernen können sich Mitarbeitende direkt über das Intranet-Weiterbildungsportal per Self-Service anmelden. Nachgelagert erfolgt eine innerbetriebliche Leistungsverrechnung der in Anspruch genommenen Qualifikationsdienstleistungen.

Arbeits- und Freizeitlernen

Neben fachlichen Kompetenzen steigt insgesamt die Bedeutung der überfachlichen Kompetenzen, wie beispielsweise der unternehmerischen Kompetenz. Diese wurde deshalb 2006 im Kompetenzmodell für Führungskräfte stärker positioniert. In diesem Kompetenzmodell werden folgende Felder beschrieben:

- Unternehmerische Kompetenz: Strategisches Denken und Handeln, Markt- und Kundenorientierung, Ziel-/Ergebnisorientierung, Veränderungsfähigkeit/-bereitschaft,
- Persönliche Kompetenz: Stabilität und Integrität, Flexibilität, Führungswille und -fähigkeit, Selbstreflexion,
- Soziale Kompetenz: Integrationsfähigkeit, Kommunikationsfähigkeit, Konfliktfähigkeit, Motivationsfähigkeit,
- Methodische Kompetenz.

Neben den methodischen Kompetenzen werden auch die fachlichen Kompetenzen in der DATEV-Skill-Datenbank hinterlegt. Mitarbeitende können zu diesen beiden Kompetenzfeldern ihr Skill-Profil auf freiwilliger Basis aufnehmen. Auf die Definition von rollenspezifischen Skillprofilen wurde, im Interesse eines breiteren Spektrums an verfügbaren Kompetenzen in der Skill-Datenbank, verzichtet. Gegenwärtig sind dort circa 900 Skills (IT, Betriebs- und Volkswirtschaft, Rechtsgebiete, Branchenkenntnisse/-erfahrungen, DATEV-Wissen etc.) abgebildet. Sowohl die Auswahl der

Kompetenzspektrum

Skills als auch deren Ausprägung erfolgt ausschließlich durch den Mitarbeitenden. Dessen Führungskraft kann zwar die Eingaben sehen, aber nicht ändern. Falls unterschiedliche Wahrnehmungen vorliegen, sollen diese im Dialog zwischen den beiden geklärt werden.

Bei Freizeitveranstaltungen sind die Mitarbeitenden selbst für ihre eigene Kompetenzentwicklung verantwortlich. Bei Bedarf unterstützen die Weiterbildung und/oder die Führungskräfte bei der Auswahl geeigneter Bildungsmaßnahmen. Das Angebot im Bereich Freizeitlernen umfasst Kurse beispielsweise aus dem Bereich der personalen Kompetenz, wie Präsentieren/Moderieren, Persönlichkeitsentwicklung, Konflikt- und Stressmanagement, zum demografischen Wandel, Fremdsprachen bzw. interkulturelle Sensibilisierung sowie Gesundheitsmanagement.

Der Bedarf für alle Themen ist als hoch anzusehen, unterliegt aber auch erheblichen Schwankungen sowie Veränderungen. Beispielsweise ist die Nachfrage nach Kursen im Bereich der Office-Anwendungen in den letzten Jahren deutlich zurückgegangen. Stark zugenommen hat dagegen der Bedarf an Kursen zur Selbst- und Sozialkompetenz wie beispielsweise Konflikttraining, Auftritt und Wirkung sowie in den Bereichen IT, Gesundheit und Business English. Auch das Nutzungsverhalten differiert erheblich: Auf der einen Seite gibt es Mitarbeitende, die beispielsweise jedes Jahr mehrere Freizeitkurse belegen, auf der anderen Seite aber auch solche, die noch nie einen Kurs in der Freizeit besucht haben. Insgesamt wird das Angebot jedoch stark nachgefragt.

2.6.3 Der Bildungsauftrag: Abstimmung Personal- und Persönlichkeitsentwicklung

Persönlichkeitsentwicklung

Mit den existierenden Angeboten können Mitarbeitende ihre eigene Kompetenzentwicklung gestalten und so ihre Beschäftigungsfähigkeit verbessern bzw. erhalten. Für die DATEV zeigen sich durch das Freizeitlernen positive Effekte auf die Produktivität und damit mittelfristig auch auf den Unternehmenserfolg. So halten Mitarbeitende, die in der Freizeit lernen, ihre Lernfähigkeit aufrecht bzw. bauen diese aus. Gleichzeitig werden sie bei diesen Aktivitäten auch von Unternehmensseite gefördert. Die Unterstützung der Work-Life-Balance hat positive Auswirkungen bezüglich der Mitarbeitermotivation und -zufriedenheit. Viele der Referentinnen und Referenten sind DATEV-Mitarbeitende, sodass auch über diesen Weg die didaktischen Kompetenzen der Mitarbeitenden gefördert werden können. Darüber hinaus ist in den höheren Vergütungsgruppen Wissensvermittlung eine geforderte Kompetenz in der Stellenbeschreibung. Somit kann eine Tätigkeit als Referent gleichzeitig als Personalentwicklungsmaßnahme angesehen werden.

Für die Inanspruchnahme von Freizeitkursen, erfolgt im Gegensatz zum Arbeitslernen keine Verrechnung und auch keine Kostenbeteiligung der Teilnehmer. Daher werden die dafür entstehenden Kosten im Business-Plan des Centers gesondert ausgewiesen. Gegenwärtig fallen circa 8 % der Centerkosten für die Angebote im Bereich des Freizeitlernens an. Auf den ersten Blick erscheint dieser Bereich mit 8 % eher gering. Allerdings ist zu berücksichtigen, dass für Freizeitkurse teilweise niedrigere

Kosten anfallen, beispielsweise günstigere Honorare durch den Einsatz von DATEV-Referenten im Vergleich zu selbstständigen Trainern und keine Verrechnung von internen DATEV-Kosten. Somit können circa 16 % der Weiterbildungsaktivitäten im Bereich Freizeitlernen (je Mitarbeiter im Durchschnitt 0,7 Tage Freizeitlernen und 4,3 Tage Arbeitslernen) realisiert werden.

Ein wichtiges Steuerungselement für die Kompetenzentwicklung der Mitarbeitenden stellen die Mitarbeitergespräche dar, die in regelmäßigen Abständen – meist jährlich – zwischen Führungskraft und Mitarbeiter durchgeführt werden. Maßnahmen zur persönlichen Entwicklung und Förderung werden dort diskutiert und die Ergebnisse schriftlich dokumentiert. Gleichzeitig wurden die Mitarbeitergespräche um eine Gesamtbewertung ergänzt, die direkten Einfluss auf die Entwicklung des Gehalts hat. Vor etwa zwei Jahren wurden auch jährliche Zielvereinbarungen – verbunden mit einer ergebnisorientierten Vergütung – für die oberen Vergütungsgruppen eingeführt. Dabei wird das Thema Qualifizierung ebenfalls platziert. Beispielsweise können dort Qualifizierungsziele festgelegt werden, um im Bereich der Kompetenzentwicklung mehr Verbindlichkeit zu schaffen.

Maßnahmen zur Kompetenz-, Team- und Organisationsentwicklung

Die Kompetenzentwicklung bei den Mitarbeitenden ist nicht nur auf das Individuum ausgerichtet, sondern zunehmend auch auf die Teamebene. Bereits seit mehreren Jahren und mit zunehmender Tendenz ist Team- und Organisationsentwicklung ein Aufgabenfeld der Weiterbildung. Dies liegt vermutlich auch im Teamansatz der Clan-Kultur begründet (s. Abschnitt 1.1), welche maßgeblich auf Vertrauen und Loyalität unter den Kollegen sowie Führungskräften basiert. Diese Teamentwicklungsworkshops werden individuell für jeden Auftraggeber konzipiert und beinhalten Elemente, die jeweils auf die Kompetenzen der einzelnen Teammitglieder Einfluss haben sowie einen Bezug zu notwendigen organisatorischen Veränderungen herstellen. Daher übernimmt die Weiterbildung Change-Management-Aufgaben an der Schnittstelle zwischen Kompetenz- und Organisationsentwicklung.

Ein Beispiel für ein derartiges Change-Projekt soll diesen Aufgabenbereich illustrieren. Auslöser für das Projekt war das im Vergleich zu anderen DATEV-Bereichen schlechtere Image des Bereichs Service und Logistik. Ein Indikator dafür war die schwierige Besetzung von dort intern ausgeschriebenen Stellen. »Hochqualifizierte Wirtschaftswissenschaftler, IT-Spezialisten oder Ingenieure fanden es meist wenig attraktiv ›im Service‹ beziehungsweise ›am Telefon‹ zu arbeiten« (Dollinger, 2001, S. 60). Daraufhin wurde das Management-Projekt MAP mit dem Ziel lanciert, ein neues Service-Selbstbewusstsein im Bereich Service und Logistik zu entwickeln. Mit dem kompletten Führungsteam wurde eine Vision für die Abteilung entwickelt, die Führungskriterien reflektiert und eine vollständige Neuausrichtung des Bereichs vorgenommen. Während dieses Prozesses wurden begleitende Maßnahmen für die Führungskräfte initiiert, welche sich vor allem auf deren Sozialkompetenzen ausrichteten. Das Change-Projekt war die Initialzündung für eine neue Vertrauenskultur, einerseits Projekte effizienter und schneller abzuwickeln, andererseits wurden die Führungskräfte, welche zuvor vorwiegend als Fachspezialisten fungierten, neu zu einer Führungscrew. Bei einigen zeigte sich allerdings, dass dieses veränderte Führungsverständnis nicht zu ihrer persönlichen Ausrichtung passte. Entsprechend wurden neue, geeignetere Aufgabenbereiche gefunden und die frei gewordenen

Unterstützung im Change-Projekt: Beispiel

Teamleiterpositionen neu besetzt. Abschließend lässt sich sagen, dass nach dem gesamten Organisationsentwicklungsprojekt MAP der Bereich Service und Logistik nun Top-Plätze in der Imagebewertung einnimmt. Nach Einschätzung von Herrn Eckstein ist bei vielen Themen eine derart direkte Zuordnung zwischen Maßnahme und Wirkung nicht oder nur mit höherem Aufwand machbar. Dennoch ist es seiner Ansicht nach wichtig, einen überzeugenden Begründungszusammenhang zwischen Maßnahmen und Implikationen (auch für die Unternehmensleitung) zu liefern.

2.6.4 Zusammenfassung

Das Spektrum der verfügbaren Qualifizierungsmöglichkeiten und die Ausgestaltung der Qualifizierungsprozesse erfordern einen relativ hohen Grad an Eigeninitiative des einzelnen Mitarbeiters, stellen aber auch hohe Anforderungen an die Führungskräfte. Die Nutzung verschiedener Lernformen, die Betonung des Pull-Prinzips für eine Bedarfserhebung sowie die verfügbaren Freiräume für eigenmotiviertes Lernen sind hier wichtige Einflussgrößen. Die Mitarbeitenden erhalten von ihren Führungskräften in der Regel einen Vertrauensvorschuss, um diese Freiräume auch umzusetzen. Dieses Spannungsfeld zwischen Persönlichkeitsentwicklung aus Mitarbeitersicht und Personalentwicklung aus Unternehmenssicht zu adressieren, stellt für die Weiterbildung eine große Herausforderung dar und stößt insbesondere an Grenzen, wenn das Vertrauensverhältnis zwischen Mitarbeiter und Führungskraft nicht ausgeprägt ist.

Die DATEV befindet sich dabei in einem evolutionären, kulturellen Veränderungsprozess, der verstärkt auf Eigeninitiative und auf einer Vertrauenskultur aufbaut. Zusammenfassend kommen dabei vor allem folgende Ausprägungen zum Tragen, welche für das Spannungsfeld zwischen Persönlichkeits- und Personalentwicklung bei der DATEV kennzeichnend sind:

Abstimmung Personal- und Persönlichkeitsentwicklung bei der DATEV

▸ Das Angebot von Arbeits- und Freizeitlernen: Freiräume für eigenmotiviertes Lernen werden geschaffen, unter anderem auch mit Work-Life-Balance-Themen, die auf Langfristigkeit ausgerichtet sind. Neben diesen gewährten Freiräumen wird für das Lernen aber auch eine verstärkte Verbindlichkeit eingefordert, insbesondere über Entwicklungsziele in den Zielvereinbarungen und Mitarbeitergesprächen.

▸ Die stärkere Verknüpfung von individueller Kompetenzentwicklung und Team- beziehungsweise Organisationsentwicklung: Zunehmend übernimmt die Weiterbildung auch Funktionen bei der Team- und Organisationsentwicklung in der DATEV. Der Aufgabenbereich Team-/Organisationsentwicklung bringt eine positive Wechselwirkung für die Weiterbildungsabteilung mit sich. Einerseits nimmt die Weiterbildung auf diese Art und Weise die Rolle eines »relativ neutralen Dienstleisters« für teambezogene Veränderungsprojekte wahr. Neben der individuellen Kompetenzentwicklung sind damit größere Potenziale gegeben, einen höheren Transfererfolg aufgrund umfassenderer Veränderungen auf Team- und Organisationsebene zu erzielen. Anderseits stellen diese Kooperationsprojekte eine wichtige Informationsquelle für Qualifikationsdefizite im Rahmen einer differenzierten Bedarfserhebung dar, was wiederum die Anbindung von Ausbildungskonzepten an die Praxisbedürfnisse verstärkt.

- Höhere Selbstorganisation als Leitprinzipien auf allen Ebenen: Damit einher geht die stärkere Förderung von Pull-Prinzipien – und nicht nur Push-Prinzipien –, um selbstgesteuertes Lernen, eigene Ziele zu stecken, Entwicklungsmaßnahmen und -methoden auszuwählen, etc., zu praktizieren. Ferner sollen die Anspruchsgruppen bereits in die Konzeption von Bildungsmaßnahmen effektiv und effizient eingebunden werden, wie beispielsweise bei der Bedarfserhebung oder bei selbstgesteuerten Lernformen sowie informellen Lernnetzwerken.

Insgesamt hat das Center Weiterbildung eine sehr gute Stellung im Unternehmen. Die Weiterbildungsabteilung wird im Hause als kompetent und kundenorientiert wahrgenommen. Dies geht auch aus den Ergebnissen der alle zwei Jahre durchgeführten Mitarbeiterbefragung hervor. Die Weiterbildungsabteilung legt einen besonderen Fokus auf die sozialen Beziehungen und bezeichnet sich selbst intern als »die Kümmerer« (analog zum Leitbild der DATEV als Organisation für ihre Klientel). Die verschiedenen Anspruchsgruppen wie Geschäftsleitung, Führungskräfte und Mitarbeitende sollen in ihrer Arbeit im Sinne der Unternehmensziele optimal unterstützt werden.

Aufgaben

1. *Analysieren Sie die normative Orientierung des Bildungsmanagements aus der Perspektive der Mitarbeitenden sowie aus der Unternehmensperspektive. Welche normativen Leitlinien lassen sich für die Gestaltung von Bildungsmaßnahmen ableiten?*

2. *Harmonieren Ihrer Ansicht nach die Anforderungen der Organisation mit den individuellen Ansprüchen der Mitarbeitenden?*

3. *Was könnten potenzielle Konfliktfelder sein?*

4. *Welche Elemente des strategischen Bildungsmanagements lassen sich im Fallbeispiel der DATEV identifizieren?*

5. *Wie verändern sich die Elemente einer Bildungsstrategie, insbesondere das Programm-Portfolio und die Positionierung im Unternehmen, wenn Bildungsanbieter die Vision der lernenden Organisation als Bildungsauftrag stärker aufnehmen und nicht nur »klassischer Kursanbieter« sein wollen?*

6. *Welchen Nutzen könnte die Balanced Scorecard (BSC) für die strategische Weiterentwicklung des Weiterbildungscenters der DATEV mit sich führen?*

Weiterführende Literatur

Argyris, C. & Schön, D. (1999). *Die Lernende Organisation. Grundlagen, Methode, Praxis*. Stuttgart: Klett-Cotta.

Bleicher, K. (2011). *Das Konzept Integriertes Management. Visionen – Missionen – Programme* (8. Aufl.). Frankfurt a. M.: Campus.

Capaul, R. & Seitz, H. (2011). *Schulführung und Schulentwicklung. Theoretische Grundlagen und Empfehlungen für die Praxis* (3. Aufl.). Bern: Haupt.

Rolff, H. G. (1993). Wandel durch Selbstorganisation. *Theoretische Grundlagen und praktische Hinweise für eine bessere Schule*. Weinheim: Juventa.

3 Makro-Ebene – Bildungsorganisationen gestalten

Lernziele

Die Aufgaben im Bildungsmanagement beziehen sich auf der Makro-Ebene darauf, lernförderliche Rahmenbedingungen in Bildungsorganisationen zu schaffen. In diesem Kapitel lernen Sie, welche grundsätzlichen Überlegungen in der Organisationsentwicklung zu beachten sind und wie eine Struktur- und Kulturgestaltung in Bildungsorganisationen aussehen kann. Nachdem Sie dieses Kapitel durchgearbeitet haben, werden Sie daher die Analyse und Gestaltung von Strukturen und Kulturen in Bildungsorganisationen verstehen sowie Beispiele aus der Praxis nach diesen strukturellen und kulturellen Merkmalen analysieren können. Die folgenden Kernfragen strukturieren dieses Kapitel:

- *Institutionelle Kontexte* von Bildungsorganisationen: Was sind zentrale Ausgangspunkte für eine Struktur- und Kulturgestaltung in Bildungsorganisationen? Welche organisationsspezifischen Besonderheiten sind in den unterschiedlichen Kontexten Schule, Hochschule, Betriebe zu berücksichtigen?
- *Steigerung der Entwicklungsfähigkeit* von Organisationen: Wie kann die Bildungsorganisation als lernende Organisation ihre Entwicklungsfähigkeit erhöhen?
- *Analyse und Gestaltung von Strukturen*: In welchen Strukturen findet Lernen statt? Wie können Strukturen in Bildungsorganisationen weiterentwickelt werden?
- *Analyse und Gestaltung von Kulturen:* In welchen Kulturen findet Lernen statt? Wie können Kulturen in Bildungsorganisationen weiterentwickelt werden?
- *Organisationsmethodik*: Wie sind zusammenfassend Maßnahmen zur Struktur- und Kulturgestaltung in Bildungsorganisationen abzuleiten, um lernförderliche Rahmenbedingungen zu schaffen?

3.1 Überblick

In Kapitel 1 führte das SGMM für das Management von Bildungsorganisationen (Schulen, Hochschulen, Weiterbildungsinstitutionen) in die drei Gestaltungsebenen Makro-, Meso- und Mikro-Ebene ein. Im Rahmen des Bildungsmanagement-Modells (s. Abb. 27) stellen sie eine der Perspektiven dar, nach denen die Aufgaben des Bildungsmanagements betrachtet werden können – neben den Perspektiven der Sinnhorizonte und der Entwicklungsmodi:

3.1 Makro-Ebene – Bildungsorganisationen gestalten
Überblick

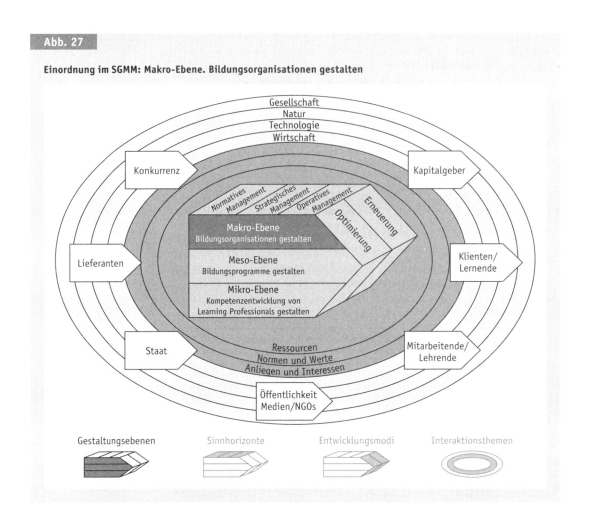

Abb. 27

Einordnung im SGMM: Makro-Ebene. Bildungsorganisationen gestalten

---

Makro-Ebene als Gestaltungsfeld: Beispiele aus der Praxis

Die *Makro-Ebene* bezieht sich auf das Gestaltungsfeld der gesamten Bildungsorganisation, welche die Rahmenbedingungen für die Kompetenzentwicklung und Bildungsprozesse zur Verfügung stellt. Folgende, übergeordnete Leitfrage steht dabei im Vordergrund:

Wie können Strukturen und Kulturen in Bildungsorganisationen erfasst und im Hinblick auf die normative Orientierung, erwünschte Leitbilder und Programmatiken gestaltet werden?

Während sich die strukturellen Faktoren auf die Analyse und Gestaltung der Aufgaben-, Entscheidungs-, Verantwortungs-, Budget- und Kommunikationsstrukturen beziehen, erfassen die kulturellen Faktoren primär die Einstellungen, Macht- und Beziehungsdefinitionen, emotionalen Befindlichkeiten, Vertrauensgrade, Werte sowie die impliziten und informellen Verhaltensweisen der Personen in einem sozialen System. Dabei zeigt sich eine Organisation wie eine Schule oder Weiterbildungsinstitution i. d. R. nicht homogen, sondern es können unterschiedliche Strukturen

Überblick 3.1

und Kulturen unter einem Dach existieren. Unter Gestaltungskriterien stellt sich die Frage, wie die Strukturen und Kulturen auf die normativen Orientierungen ausgerichtet werden können.

Als Ausgangspunkt sollen zunächst wiederum die Beispiele aus Kapitel 1 dienen, um die makro-didaktische Gestaltungsebene der Organisation zu veranschaulichen. Im Wesentlichen geht es hier darum, die Rahmenbedingungen für Bildungsprozesse zu analysieren und zu gestalten, die nach Strukturen und Kulturen der Bildungsorganisation unterschieden werden.

Kontext Schule

Die in Kapitel 1 eingeführten Fallbeispiele zur Leitbildentwicklung an Schulen und zur Einführung des Unterrichtens mit Notebook-Klassen lassen sich wiederum wie folgt auf der Makro-Ebene nach Strukturen und Kulturen analysieren:

Tab. 27

Beispiele für Rahmenbedingungen im Bildungsmanagement – Kontext Schule

Rahmen-bedingungen	Leitbild-Entwicklung	Unterrichten mit Notebook-Klassen
Strukturen	▸ Organisations- & Führungsmodelle der Schule ▸ Entscheidungsstrukturen, partizipative Ansätze zur Leitbildentwicklung ▸ Organisatorische Einbindung der Schülerschaft oder weiterer, zentraler Anspruchsgruppen	▸ Organisatorische Supportstrukturen, notwendige Infrastrukturen ▸ Strukturen für eine fortlaufende Betreuung, Wartung und Pflege ▸ Projektorganisation für die Implementierung neuer Lernumgebungen
Kulturen	▸ Werthaltungen der Schulleitung und des Kollegiums ▸ Bestehende Team-/ Kooperationskultur im Kollegium ▸ Informelle Verhaltensweisen der Schüler und Lehrpersonen, die eine Leitbild-Entwicklung unterstützen oder behindern können	▸ Bestehende Lehr-Lernkultur, Rollenverständnis der Lehrpersonen ▸ Kooperationskultur zwischen Lehrern sowie Schülern und Lehrern; Unterstützung durch die Schulleitung ▸ Maßnahmen zur Etablierung einer (neuen) Lehr-Lernkultur

Beispiel: Schule

Kontext Hochschule

Wie lassen sich die eingangs aufgeführten Beispiele aus der Hochschule nach dem Gestaltungsfeld der Struktur- und Kulturgestaltung einer Bildungsorganisation analysieren?

3.1 Makro-Ebene – Bildungsorganisationen gestalten
Überblick

Tab. 28

Beispiele für Rahmenbedingungen – Kontext Hochschule

Sinnhorizonte	Einführung eines neuen Masterprogramms	Weiterentwicklung bestehender Bildungsmaßnahmen
Strukturen	▸ Strukturelle Verankerung des Bildungsprogrammes (Meso-Ebene) in das Programm-Portfolio ▸ Auf- und Ablaufstrukturen für die Programmentwicklung ▸ Neues Rollenverständnis eines »Programm-Managers« ▸ Studienorganisation aus Studierendenperspektive, z. B. Wahlmöglichkeiten	▸ Strukturelle Verankerung des Bildungsprogrammes (Meso-Ebene) in das Programm-Portfolio ▸ Auf- und Ablaufstrukturen zur Programmentwicklung (z. B. Support-Strukturen) ▸ erweiterte Rolle des »Programm-Managers« ▸ Studienorganisation aus Studierendenperspektive, z. B. Wahlmöglichkeiten
Kulturen	▸ Studienkulturen in einem Fachbereich, ggf. veränderte Kulturen, falls das neue Programm interdisziplinär ausgerichtet ist, ▸ Lernkulturen der Studierenden ▸ Maßnahmen zur Etablierung einer normativ gewünschten Lehr-Lernkultur	▸ Studienkulturen in einem Fachbereich ▸ Etablierte Lehrkulturen, die von Dozierenden kultiviert werden; Lernkulturen der Studierenden ▸ Maßnahmen zur Etablierung einer normativ gewünschten Lehr-Lernkultur

Kontext Betriebliche Weiterbildung

Für die Fallsituationen in der betrieblichen Weiterbildung, einerseits Bildungsprogramme transferorientiert und andererseits ein organisationsweites Qualitätsmanagement in einer Firmenakademie zu gestalten, können ebenfalls auf der Makro-Ebene die jeweiligen Strukturen und Kulturen analysiert und gestaltet werden (siehe Tabelle 29).

Veränderungen der Umwelt in allen Kontexten – Beispiel Mediatisierung

Beispiel: Betriebliche Weiterbildung

Gesellschaftliche und neue technologische Entwicklungen wie Umgang mit Social Media, z. B. Facebook, stellen Bildungsorganisationen vor neue Herausforderungen in der Kommunikation mit ihren internen und externen Anspruchsgruppen (siehe Tabelle 30).

Die Beispiele zeigen bereits konturenhaft auf, dass sich die Organisationskontexte und institutionellen Besonderheiten von Schulen, Hochschulen und Weiterbildungseinrichtungen maßgeblich voneinander unterscheiden können. Daher soll im nachfolgenden Abschnitt 3.2. zunächst aus organisationstheoretischer Perspektive auf zentrale Unterschiede der institutionellen Kontexte eingegangen werden.

Aufbau des Kapitels: Makro-Ebene einer Bildungsorganisation gestalten

In Abschnitt 3.3. werden grundsätzliche Überlegungen zur Analyse und Gestaltung von Bildungsorganisationen erläutert. Im Vordergrund steht dabei das Ziel, generell die Entwicklungsfähigkeit einer Bildungsorganisation im Sinne der Gestaltungsvision der lernenden Organisation (s. Abschnitt 2.2.3.2) zu erhöhen. Als Voraussetzungen sollen dabei einerseits ein integrativer Ansatz von individuellem und organisationalem Lernen sowie andererseits das aufeinander Abstimmen der didakti-

Überblick 3.1

Tab. 29

Beispiele für Rahmenbedingungen – Kontext Hochschule

Sinnhorizonte	Neugestaltung von Bildungsmaßnahmen zur Transferförderung (z. B. Blended Learning)	Qualitätsmanagement – Bildungscontrolling einer Firmenakademie
Strukturen	▸ Strukturelle Verankerung des Bildungsprogrammes (Meso-Ebene) in das Programm-Portfolio der Bildungsorganisation ▸ Organisationsweite Auf- und Ablaufstrukturen für die Programmentwicklung; neues Rollenverständnis des »Programm-Managers«; didaktische Organisation der Bildungsangebote; z.B. Arbeitsplatz verstärkt als Lernort nutzen	▸ Strukturelle Verankerung der Bildungsorganisation innerhalb der Unternehmung; Corporate University als Sonderform eines Organisationsmodells ▸ Auf- und Ablaufstrukturen innerhalb der Corporate University und damit verknüpft neue Aufgaben und Funktionen im Bildungsmanagement
Kulturen	▸ Lerngewohnheiten der Mitarbeitenden; z.B. Mitarbeitende werden zu Seminaren »geschickt« ▸ Einstellungen im Unternehmen gegenüber Lernen; z.B. Commitment der Geschäftsleitung gegenüber den Bildungsaktivitäten ▸ Maßnahmen zur Etablierung einer normativ gewünschten Lehr-Lernkultur, z.B. Einbindung von Führungskräften in Bildungsprozesse	▸ Kulturelle Faktoren der Organisationsform; z.B. Wahrnehmung als elitäre Kaderschmiede schafft Distanz ▸ Individuelle Lernkulturen sowie ggf. neue, ungewohnte Lehrkulturen ▸ Maßnahmen zur Etablierung einer normativ gewünschten Lehr-Lernkultur, z.B. dezentrale Supporthilfen in den Fachbereichen zur Akzeptanzbildung der zentralen Firmenakademie

Tab. 30

Beispiele für Rahmenbedingungen – Mediatisierung in allen Bildungskontexten

Rahmenbedingungen	Zunehmende Mediatisierung in der Gesellschaft: veränderte Kommunikation mit Anspruchsgruppen
Strukturen	Supportstrukturen für die interne und externe Kommunikation und Kooperation: ▸ Aufbau- und Ablaufstrukturen ▸ ggf. neue Aufgaben und Funktionen; z.B. »Social Media Manager« ▸ Neuentwicklung bzw. Anpassung von Ablaufstrukturen; z.B. Eskalationsstufen und Maßnahmen, insbes. zur Prävention, wie beispielsweise bei Cybermobbing
Kulturen	▸ Bestehende Kommunikations- und Kooperationskulturen ▸ Veränderungen der Kultur durch neue Kommunikationsformen, z.B. informelle Netzwerke, Klassenzimmer wird mehr und mehr öffentlich, wenn sich Lernende über Facebook informell austauschen, ▸ erforderliche Maßnahmen für eine normativ gewünschte Lehr-Lernkultur basierend auf dem Leitbild der Organisation

3.1 Makro-Ebene – Bildungsorganisationen gestalten
Überblick

schen und managementtheoretischen Organisation von Bildungsprozessen dienen. Die Überlegungen münden in einer Organisationsmethodik im Umgang mit organisatorischem Wandel: Diese Methodik bildet die Grundlage für die Analyse und Gestaltung von Bildungsorganisationen hinsichtlich ihrer Strukturen und Kulturen.

Die Schwerpunkte dieses 3. Kapitels bilden Abschnitt 3.4 die »Analyse und Gestaltung von Strukturen« und Abschnitt 3.5 die »Analyse und Gestaltung von Kulturen« von Bildungsorganisationen. Zentrale Leitfragen sind dabei: Welche organisationsweiten Strukturen unterstützen effektiv und effizient die geplanten Bildungsprogramme? Welche Kulturen, insbesondere Lehr-Lernkulturen, existieren in einer Bildungsorganisation und wie können sie im Hinblick auf die normative Orientierung weiterentwickelt bzw. verändert werden?

Zusammenfassend lässt sich festhalten, dass auf der Makro-Ebene einer Bildungsorganisation die Analyse und Gestaltung von Strukturen und Kulturen, in denen Bildungsprozesse organisiert werden, im Zentrum stehen (Abschnitte 3.4 und 3.5). Anhand des Eisbergmodells soll hier eine erste Unterscheidung zwischen Strukturen und Kulturen eingeführt werden. Das Eisbergmodell wurde in der Wissenschaft zuerst von Freud in der Psychologie verwendet. Mittlerweile wird die Metapher für weitere Kontexte in der Pädagogik und Betriebswirtschaft sowie für Kommunikationsmo-

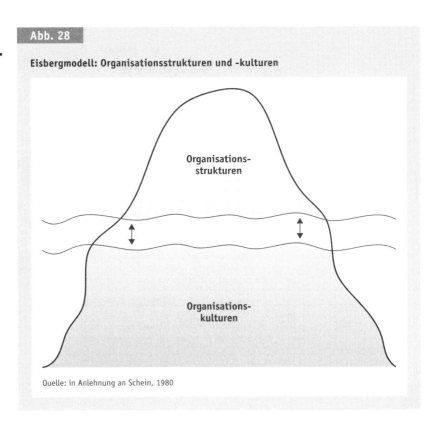

Organisationsstrukturen und -kulturen nach dem Eisbergmodell

Abb. 28

Eisbergmodell: Organisationsstrukturen und -kulturen

Organisationsstrukturen

Organisationskulturen

Quelle: in Anlehnung an Schein, 1980

delle herangezogen. In der Erforschung von Unternehmenskulturen hat Schein (1980) das Eisbergmodell geprägt (siehe Abbildung 28).

- *Strukturen:* Mit Strukturen sind die Elemente einer Organisation gemeint, die formalen und offiziellen Charakter haben und somit sichtbar über dem Eisberg sind. Beispiele für derartige Strukturen sind Aufbauorganisationen, die etwa in Form von Organigrammen festgehalten sind oder Ablauforganisationen, die dokumentiert und in Handbüchern beschrieben sein können.
- *Kulturen:* Im Gegensatz dazu bezeichnet der Begriff Kultur eher informelle Elemente, die sich unter dem Eisberg befinden und nicht direkt sichtbar sind. Gemäß dem Eisbergmodell befindet sich der weit größere Teil der Kulturelemente unter der Wasseroberfläche. Im Eisbergmodell werden Schätzungen von sechs Siebtel oder sogar 80 Prozent vorgenommen (Capaul & Seitz, 2011, S. 215). Mit dem Fokus auf kulturelle Merkmale tritt vor allem die Bedeutung von Werten, Normen und Ritualen als Steuerungselemente in Organisationen in den Vordergrund. Damit verbunden ist die Erkenntnis, dass Organisationen immer auch sozial konstruierte Realitäten sind, die sowohl in den Köpfen und Gedanken ihrer Mitglieder als auch in konkreten Regeln und Beziehungen existieren. Damit wird deutlich, dass die Beachtung von Kulturen personenorientierte Ansätze für die Gestaltung von Organisationen akzentuiert. Die Verwendung des Plurals »Kulturen« zeigt auf, dass sich in der Praxis häufig mehrere Kulturen, wie z. B. fachbereichsspezifische Kulturen oder auch unterschiedliche Kulturen zwischen Jahrgängen und Klassen, auffinden lassen.

> **Strukturen** bestimmen formale und explizit kommunizierte Elemente einer Organisation (»über der Wasseroberfläche«), die sich auf die Analyse und Gestaltung der Aufgaben-, Entscheidungs-, Verantwortungs-, Budget- und Kommunikationssysteme beziehen können.
>
> **Kulturen** kennzeichnen Faktoren in einer Organisation, die sich überwiegend »unter der Wasseroberfläche« bewegen und sich insbesondere auf die Einstellungen der Organisationsmitglieder, auf gelebte Werte sowie die impliziten und informellen Verhaltensweisen der Personen in einem sozialen System fokussieren.

Organisationsstrukturen und -kulturen: Definition

Die getrennte Betrachtung von Strukturen und Kulturen einer Bildungsorganisation soll allerdings an dieser Stelle nicht zu der Schlussfolgerung führen, dass darunter zwei isoliert voneinander ablaufende Gestaltungsaufgaben zu verstehen sind. Vielmehr ist ein wechselseitiger Prozess als Grundannahme vorauszusetzen (vgl. nachfolgende Abbildung 29): Die Gestaltung der Strukturen kann einen erheblichen Einfluss auf die Veränderung bestehender Kulturen einnehmen sowie auch umgekehrt. Kulturverändernde Maßnahmen können zu strukturellen Veränderungen in einer Bildungsorganisation führen. Die getrennte Analyse ist dennoch sinnvoll, um den Blick einerseits auf die formale, eher objektive Organisation zu richten und andererseits die informelle Organisation aus der subjektiven Perspektive der Organisationsmitglieder zu betrachten. Während formale Strukturen leichter zu erfassen und zu ver-

3.2 Makro-Ebene – Bildungsorganisationen gestalten
Institutionelle Kontexte von Bildungsorganisationen

Organisationsstrukturen und -kulturen gestalten: Zusammenhang

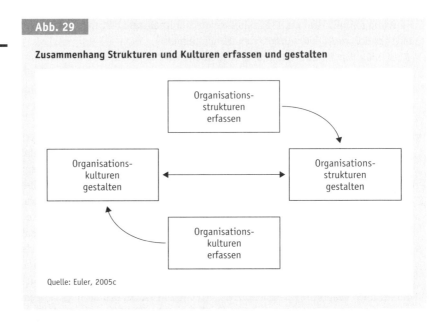

Abb. 29
Zusammenhang Strukturen und Kulturen erfassen und gestalten

Quelle: Euler, 2005c

ändern sind, lassen sich Kulturen nur indirekt und auf lange Sicht hin beeinflussen. Im Rahmen der Entwicklung von Bildungsorganisationen ist daher der Zusammenhang von Strukturen und Kulturen von zentraler Bedeutung.

Im nächsten Abschnitt wird zunächst auf die unterschiedlichen institutionellen Kontexte von Bildungsorganisationen eingegangen, denn sie stellen den Ausgangspunkt für die jeweilige Entwicklung dar.

3.2 Institutionelle Kontexte von Bildungsorganisationen

Die Gestaltung von lernförderlichen Organisationsstrukturen und -kulturen als Rahmenbedingungen für Bildungsprozesse ist abhängig von den jeweiligen institutionellen Kontexten. In Kapitel 1 wurden die unterschiedlichen Arten von Bildungsorganisationen bereits eingeführt. An dieser Stelle sollen sie nochmals vertieft aufgenommen werden, um zumindest auf zentrale, organisationsspezifische Besonderheiten der jeweiligen institutionellen Kontexte einzugehen.

Kontext Schule

Einzelschule als Subsystem im Schulsystem

Das gesamte Schulsystem besteht aus zahlreichen Subsystemen, insbesondere Schulen, Behörden, und auch die Einzelschule kann als ein Subsystem im Schulsystem betrachtet werden. Insofern bezieht sich die Makro-Ebene in diesem Kontext auf die Koordination des Schulsystems. Nach Ebner und Pätzold (2010, S. 265) legt die Abstimmung dieser Systeme aufeinander die Grundlage für die Steuerungswirkung in

Schulen (Kontextsteuerung). Das bisherige bürokratische Organisationsmodell kommt in der häufig aufzufindenden Bezeichnung »verwaltete Schule« (Pätzold, 2010, S. 281) zum Ausdruck. »In Abgrenzung zur planungszentrierten, deterministischen Steuerung einerseits und zur Selbststeuerung andererseits geht man bei der Kontextsteuerung davon aus, dass in das gesamte Schulsystem viele kleine Subsysteme eingebettet sind, und dass das Verhältnis dieser beiden (und weiterer Ebenen) für die Steuerungswirkung entscheidend ist« (Koch & Gräsel, 2004, S. 10, zit. in Ebner & Pätzold, 2010, S. 266). Diese Kontextsteuerung befindet sich in vielen Ländern, so in Deutschland, Österreich und in der Schweiz, in einer Umbruchphase. Nicht zuletzt geschürt durch Ereignisse und Diskussionen in Zusammenhang mit den PISA Studienergebnissen soll insbesondere die Reformfähigkeit von Schulen für ein systematisches Qualitätsmanagement erhöht werden. Eine verwaltete Schule birgt nämlich die Gefahr, dass starre Strukturen die Entwicklungsfähigkeit der Organisation hemmen. So lassen sich Bildungsinnovationen nicht auf bürokratischem Weg durch Gesetze und Erlasse wirksam anordnen. Vielmehr entscheidet sich Qualitätsentwicklung nach Pätzold (2010, S. 282) auf der Ebene der Einzelschule und des unterrichtlichen Handelns ihrer Lehrpersonen, um innerhalb eines kontinuierlichen Lernprozesses ein schuleigenes pädagogisches Qualitätsmanagement zu entwickeln, zu evaluieren und zu optimieren. Danach wird die Schule als ein »nach bürokratischen Prinzipien organisiertes Verwaltungssystem« (Pätzold, 2010, S. 282) charakterisiert. Tenberg (2010, S. 298) attestiert Schulen in diesem Zusammenhang eine gewisse »Systemkonservativität«, die vor allem in den vielen »Top down Reformen« begründet liege.

Eine zunehmende Autonomie und Eigenverantwortung wird somit bei den Einzelschulen vertreten, wenn auch in den verschiedenen Ländern und Regionen mit unterschiedlicher Akzentuierung. Dies bedeutet jedoch nicht »... Autonomie im strengen Wortsinn, weil die demokratisch legitimierten Funktionszuschreibungen an die Schule auch unter den Bedingungen größerer Selbstständigkeit gewahrt werden müssen« (Ebner & Pätzold, 2010, S. 266). Somit handelt es sich eher um eine Teilautonomie, im Rahmen derer die Schule innere Angelegenheiten selbstständig organisiert. Außerdem wird die Erweiterung der schulischen Eigenverantwortung von Maßnahmen zur Rezentralisierung flankiert, wie z. B. der Entwicklung verbindlicher Qualitätsstandards für die schulischen Leistungen und die Verpflichtung der Einzelschulen zur Programmentwicklung, zu interner und externer Evaluation sowie zur Qualitätssicherung (Ebner & Pätzold, 2010, S. 266).

Zunehmende Teilautonomie in Schulen

Folglich bedeutet die neue Kontextsteuerung zwischen Einzelschule und Staat mit mehr Eigenverantwortung für die Schulen, dass hauptsächlich neue Handlungsfelder im Bereich der Schul- und Qualitätsentwicklung auszufüllen sind. Es geht darum »Handlungen zu setzen und Entscheidungen zu treffen, die weitere Handlungen und Entscheidungen relevanter schulischer Akteure orientierend beeinflussen« (Ebner & Pätzold, 2010, S. 266). Die Ausgestaltung dieser neuen Handlungsfelder für die Schul- und Qualitätsentwicklung ist insofern an die Entwicklung der Professionalität der Schulleitungen und der Lehrkräfte gebunden. Die Bedeutung des Bildungsmanagements in Schulen steigt daher und findet sich somit nicht nur auf der Ebene der Schulleitung als gestiegene Anforderung wieder, sondern auch auf der Ebene der Lehrpersonen.

Neue Kontextsteuerung zwischen Einzelschule und Staat

Öffentliche Schulen: »lose gekoppelte Systeme« und Einzelkämpfertum

In öffentlichen Schulen liegen allerdings Organisationsstrukturen vor, die sich nicht auf diese erweiterten Handlungsfelder beziehen. Schulen haben in der Regel »eine formal wenig gegliederte und aufgabenspezifisch wenig differenzierte Organisationsstruktur« (Ebner, 2005, S. 9). »Die Aufgabe, einen Innovationsprozess zu steuern, wird zumeist nicht formal in der Organisation verankert, die Lehrpersonen, die mit dieser Aufgabe betraut werden bzw. sich ihrer annehmen, bewegen sich in einem – in Bezug auf explizit formulierte Rechten und Pflichten – wenig definierten Raum. Da Lehrpersonen in hoher Autonomie unterrichten können, besteht »in der eigentlichen Wertschöpfung ein Führungs-Vakuum« (Pätzold, 2010, S. 284). Dieser »pädagogische Freiraum« (Pätzold, 2010, S. 284) ist ein hoch geschätztes Gut seitens der Lehrpersonen. »Der eigentliche Wissenserwerb beläuft sich nicht auf einen Aufladungs- oder Anreicherungsvorgang, sondern entspricht vielmehr individuellen Konstruktionsprozessen bei den einzelnen Schülern, welche heuristisch verlaufen, langfristig sind und nur zu einem Teil von Aspekten abhängen, welche in der Unterrichtssituation beeinflussbar sind« (Tenberg, 2010, S. 299). Unterricht in Schulen kann folglich nur mit Vorsicht als Dienstleistung betrachtet werden, denn die Unterschiede zu Dienstleistungsbetrieben im wirtschaftlichen Sinne sind sehr groß. Schulen können daher aus organisationstheoretischer Perspektive auch als sogenannte »lose gekoppelte Systeme« (»loosely coupled systems« nach Weick, 1976) bezeichnet werden, in denen Lehrpersonen unabhängig und relativ autonom agieren und wo je nach vorherrschender Schulkultur ein mehr oder weniger ausgeprägtes Einzelkämpfertum vorherrscht. Dennoch ist kritisch zu hinterfragen, inwieweit sich diese weit verbreiteten Kulturen nicht auch verändern lassen.

Private Schulen: Differenzierte Autonomie

Interessant ist in diesem Zusammenhang der Hinweis auf den Privatschulsektor von Behrmann (2006, S. 281), der ja gerade durch eine deutlich ausgeprägte Autonomie gegenüber dem Staat gekennzeichnet ist. Allerdings findet man dort im Innern der Organisationen oft Entscheidungsstrukturen, die nur wenig Raum für die Autonomie des Lehrkörpers (kleineren pädagogischen Freiraum) oder des einzelnen Lehrers lassen. Dies bedeutet, dass eine größere Autonomie, die sich in der Relation nach aussen (zwischen Staat und Schule bzw. Hochschule) ergibt, nicht zwangsläufig zu höheren Handlungsspielräumen im Innern einer Organisation und für die jeweiligen Lehrpersonen ergeben muss; oft ist sogar die Autonomie nach außen mit einer hierarchischen inneren Organisation verbunden. Letztendlich kommt auch Behrmann (2006, S. 282) zu dem Schluss, »dass sich jede einzelne Schule insbesondere angesichts der Deregulierungs- oder auch Ökonomisierungstendenzen im Bildungsbereich verstärkt mit der inneren Ordnung bzw. Binnendifferenzierung auseinander setzen muss, um im Zuge von Modernisierungsprozessen angemessen und effizient operieren zu können.«

Verständnis von Schule als lernende Organisation

Die Bedeutung der lernenden Organisation als normative Orientierung für die Gestaltung von Schulen stellt Pätzold (2010, S. 289) zusammenfassend heraus: »Mit der Entwicklung zu mehr Eigenständigkeit von Schulen und angesichts von Globalisierung und weiteren Veränderungen in der Umwelt der Schule wird ein Verständnis von Schule als lernende Organisation aufgenommen, das von der Grundannahme ausgeht, dass lernende Organisationen effektiv arbeiten, sich gut an Veränderungen anpassen können, eigene Fehler erkennen und kontinuierlich sowohl die Effektivität als auch ihr Handeln selbst überprüfen können (Holtappels, Klemm & Rolff, 2008, S. 50, zit. in Pätzold, 2010, S. 289). »Lernende Organisationen stellen als Gestaltungsvision die Forderung in den Mittelpunkt, das Lernen aller Mitarbeiter im Sinne eines umfassenden Humanressourcen-Entwicklungsmodells darauf auszurichten, die Entwicklungs- und Problemlösungsfähigkeit der Organisation zu erhalten und zu fördern« (Dollhauser, 2007, S. 7, zit. in Pätzold, 2010, S. 289).

Kontext Berufsbildende Institutionen
In den deutschsprachigen Ländern Deutschland, Österreich und Schweiz hat das duale System der Berufsbildung eine traditionell bedeutende Stellung im Bildungssystem. Eine zentrale Herausforderung für die berufliche Ausbildung ist es, eine funktionierende Lernortkooperation zwischen Betrieben zu schaffen, die für die praktische Ausbildung zuständig sind, und den berufsbildenden Schulen, welche theoretisches Wissen grundlegen sollen. In der Schweiz gibt es neben diesen beiden Lernorten, der Berufsschule sowie den Betrieben, noch einen dritten Lernort. Den dritten Lernort stellen in der Schweiz Bildungsanbieter dar, welche die sogenannten überbetrieblichen Kurse in der jeweiligen Branche organisieren. Die Kombination von praktischem Know-how im Betrieb und praktischen Grundlagen im überbetrieblichen Kurs mit schulischem Wissen in der Berufsfachschule, den sogenannten Kaufmännischen Schulen (KV-Schulen), ist das Merkmal der dualen Grundbildung in der Schweiz. Die Organisationen der Arbeitswelt (OdA) sind Berufs- und Branchenverbände und sind unter anderem die Trägerschaften sowie meistens auch die Veranstalter der obligatorischen überbetrieblichen Kurse für Lernende in den Berufen, für die sie zuständig sind. Damit regeln sie den Umfang der überbetrieblichen Kurse und legen den Inhalt des Bildungsplanes für die betriebliche Ausbildung fest.

<small>Duales System der Berufsbildung: Lernortkooperation als zentrale Herausforderung</small>

Diese Konstellation führt zu weit führenden Implikationen für berufsbildende Institutionen und zu erhöhten Koordinations- und Abstimmungsprozessen im Rahmen der Lernortkooperation. Wie die allgemeinbildenden Schulen, können auch berufsbildende Schulen nicht als geschlossene Organisationseinheiten eingestuft werden. Dies zum einen wegen der Finanzierung und zum anderen aufgrund des öffentlichen Erziehungs- und Bildungsauftrags. Diese Schulen unterliegen einem besonderen Veränderungsdruck. »Berufsbildende Schulen haben hohen Ansprüchen zu genügen, deren Spektrum anders strukturiert ist als im allgemeinbildenden Schulwesen. Konjunkturzyklen, der regionale Strukturwandel und Ausbildungsmarkt, der Einzug der IT-Technik in der Berufsentwicklung, die Finanzierung von Investitionen und auch der Ausbau der beruflichen Vollzeitschulen haben immer schon lokale Flexibilität erfordert« (Pätzold, 2010, S. 282). Nach Pätzold (2010) haben sich berufsbildende Schulen zu »komplexen, polyfunktionalen Bildungsdienstleistern entwickelt« (S. 282). Eine zunehmende Teilautonomie und Eigenverantwortung lässt sich auch hier beobachten. »Mit der Zunahme curricularer Entwicklungsarbeit an berufsbildenden Schulen verstärkt sich die Diskussion, dass sich die Einzelschulen zu ›lernenden Organisationen‹ zu entwickeln hätten« (Köller, 2007, zit. in Pätzold, 2010, S. 282), »die Schulleitungen gestärkt werden müssten, Kollegiumsentwicklung mit einer ent-

<small>Berufsbildende Schulen als lernende Organisationen unter Veränderungsdruck</small>

sprechenden Feedbackkultur notwendig werde und Schulaufsicht sich hin zu Beratung und Qualitätssicherung öffnen sollte« (Pätzold, 2010, S. 282).

Kontext Hochschulen

Hochschulen: Expertokratie und lose gekoppelte Systeme

Aus betriebswirtschaftlicher Sicht handelt es sich bei öffentlichen Hochschulen um gemeinwirtschaftliche, staatliche Non-Profit-Organisationen (Bolsenkötter, 1977, S. 3). Sie können als Dienstleistungsunternehmen bezeichnet werden, die nach Wissensgebieten gegliedert sind und wissenschaftliche Aufgaben in Forschung, Lehre, Weiterbildung und weiteren universitären Dienstleistungen wahrnehmen (Behrens, 1996, S. 98; Scheidegger, 2001, S. 19). Im Vergleich zu einer privaten Dienstleistungsorganisation lassen sich spezifische Merkmale und Unterschiede einer öffentlichen Hochschule identifizieren (vgl. hierzu Scheidegger, 2001, S. 24), wie z. B. die kollegialen Entscheidungsstrukturen in einer Expertokratie, die starke Verpflichtung und Loyalität zur Wissenschaftsdisziplin und die relativ hohe Autonomie dezentraler Einheiten (»lose gekoppelte Systeme«, »loosely coupled system« nach Weick, 1996).

Zunehmende Autonomiebestrebungen sind auch im Hochschulsektor festzustellen, auch wenn die Unterschiede zwischen den Ländern bezüglich der Hochschulgesetzgebung gravierend sind. Ein Vergleich der Reformbestrebungen zeigt jedoch, dass die Länder global konvergieren (Scheidegger, 2001, S. 35). Der Staat stattet die Universitäten in der Schweiz sowie auch in Österreich zunehmend mit einem größeren Autonomiespielraum aus, die staatlichen Instanzen ziehen sich aus der Detailsteuerung zurück und beschränken sich auf strategische Zielvereinbarungen sowie auf die Stärkung der Hochschulleitung (Rektorat und Dekane). Zur Professionalisierung des Lehrpersonals wurden bereits vielerorts Supportstrukturen in Form von Hochschuldidaktischen Zentren geschaffen, die somit eine weitere Bildungsorganisation als Subsystem der übergeordneten Hochschule darstellen. Die Bedeutung der lernenden Organisation als Gestaltungsvision für Hochschulen ist auch in diesem Kontext häufig anzutreffen. Nach Pellert (2000) ist es beispielsweise eine essenzielle Voraussetzung für die Erhöhung der Reformfähigkeit und somit der Innovationsfähigkeit von Hochschulen, »dass die Universität lernt, sich selbst als Organisation zu begreifen und ein anderes Verhältnis zum Thema Organisation zu entwickeln ...« (S. 40) und sich Universitäten folglich »... von einer Organisation des Lernens zu einer lernenden Organisation weiterentwickeln« (S. 40).

Kontext Weiterbildungsabteilungen in Organisationen

Betriebliche Weiterbildung: Pluralistische Strukturen

Zum wichtigsten Träger der beruflichen Weiterbildung, gemessen an den Kosten für die Weiterbildung, zählen Wirtschaftsbetriebe (Rebmann, Tenfelde & Schlömer, 2011, S. 34). Schulen und Hochschulen sind Bildungsorganisationen, deren Kerngeschäft Bildung und damit zusammenhängend entsprechende Bildungsprozesse sind. Anders ist die Ausgangssituation bei Bildungsbereichen in Organisationen, Betrieben, Verwaltungen etc., wo Bildungsprozesse zur Unterstützung des jeweiligen eigentlichen Kerngeschäfts dienen. Das übergreifende Ziel, lernförderliche Organisationsstrukturen und -kulturen zu entwickeln sowie grundsätzlich die Entwicklungsfähigkeit der Organisation zu erhöhen, kann sich daher auf zwei Systeme beziehen:

▶ Die *Bildungsorganisation als Sub-System* innerhalb der Organisation, wie z. B. eine Weiterbildungsabteilung, um ihre eigenen Strukturen und Kulturen lernförderlich zu gestalten,
▶ Das *übergeordnete System*: Den Wirtschaftsbetrieb, die Non-Profit-Organisation, Verwaltung etc. Das Organisieren der Strukturen kann somit auch zum Ziel haben, diese übergeordnete Institution als lernende Organisation weiter zu entwickeln, um beispielsweise lernförderliche Rahmenbedingungen am Arbeitsplatz zu gestalten.

In diesem Kontext ist davon auszugehen, dass pluralistische Strukturen vorliegen und die organisationsspezifischen Besonderheiten in Abhängigkeit vom übergeordneten System, in welchem eine Bildungsabteilung strukturell verankert ist, berücksichtigt werden müssen.

Kontext Weiterbildungsanbieter auf dem Markt
Ähnlich verhält es sich auch bei Weiterbildungsanbietern, die entweder staatlich unterstützt oder privatwirtschaftlich als eigenständiges System organisiert sind. Bildungsmanagement bezieht sich bei wirtschaftlich organisierten Betrieben auf eine geschlossene, autonome Organisationseinheit mit eigenständiger Finanzpolitik und dezidierten, langfristigen Strategien sowie auf deren Umsetzung. Sie gehen in der Regel auch von hierarchischen Strukturen aus, welche sich von der obersten Ebene einer Schul- bzw. Akademieleitung bis in die direkte Wertschöpfung durchziehen.

Behrmann (2006, S. 273) attestiert auch in der Weiterbildung eine »Pluralität an Strukturen«. Daher ist es nur schwer möglich, »eindeutige Zuordnungen zu organisatorischen Rationalisierungsmustern im Sinne spezifischer organisationstheoretischer Ansätze oder struktureller Konfigurationstypen vorzunehmen« (Behrmann, 2006, S. 273). Weiterbildungsanbieter stellen ein eigenständiges System im häufig von hohem Wettbewerbsdruck gekennzeichneten Weiterbildungsmarkt dar. Die Notwendigkeit, sich als lernende Organisation kontinuierlich weiter zu entwickeln, wird daher insbesondere in einer höheren Wettbewerbsfähigkeit begründet (Behrmann, 2006, S. 403).

Die nachfolgende Tabelle gibt zusammenfassend einen Überblick über die skizzierten Kontexte, die organisationstheoretischen Annahmen sowie über die Bezüge zur Gestaltungsvision der lernenden Organisation (siehe Tabelle 31).

In Schulen, Hochschulen und Weiterbildungsinstitutionen sind Bildung und die zu ihrer Entfaltung erforderlichen Lernprozesse institutionalisiert (Behrmann, 2006, S. 316) und stellen in diesem Sinne vor allem auch den eigentlichen Zweck der Organisation dar. Die institutionalisierten Lernprozesse sind in erster Linie, wenn nicht ausschließlich, auf die Förderung der Bildung der jeweiligen Klientel gerichtet. Bislang sind sie nicht – oder zumindest weniger – auf die Abstimmung zwischen den Strukturen von Bildungsveranstaltungen auf der einen und den organisationalen Rahmenbedingungen auf der anderen Seite, also auf die Integration von individuellem und organisationalem Lernen ausgelegt. Davon zu unterscheiden sind Wirtschaftsunternehmen, die Lernen für die Entwicklungsfähigkeit ihrer Organisation institutionalisieren. In Bildungseinrichtungen, deren Kerngeschäft sich auf das

Marginalien:
Weiterbildungsorganisation als eigenständiges System

Lernende Organisation als Gestaltungsvision in allen institutionellen Kontexten

3.2 Makro-Ebene – Bildungsorganisationen gestalten
Institutionelle Kontexte von Bildungsorganisationen

Tab. 31

Überblick über wesentliche organisationsspezifische Besonderheiten von Bildungsorganisationen

Bildungskontext	Organisationstheoretische Annahmen	Zugang zur Gestaltungsvision: »Lernende Organisation«
Schulen	▸ Einzelschule als Subsystem im staatlichen Schulsystem ▸ Bürokratisches, traditionelles Modell aber auch hohe Autonomie von Lehrpersonen als »loosely-coupled systems«, Einzelkämpfertum	▸ Tendenziell zunehmende Teil-Autonomie und Eigenverantwortung ▸ Zunehmende Bedeutung von Handlungsfeldern, Management der Einzelschulen und somit auch des Ziels der Erhöhung der eigenen Entwicklungsfähigkeit von Schulen (Schulentwicklung)
Berufsbildende Institutionen	▸ Lernortkooperation: Einzelinstitution (Berufsschule, Lehrbetrieb) als Subsystem in der Berufsbildung ▸ Z. T. neue Subsysteme im Rahmen der Lernortkooperation; z. B. regionale Netzwerke, dritter Lernort für überfachliche Kurse in der Schweiz	▸ Ähnliche Tendenzen einer zunehmenden Autonomie und Selbstverwaltung wie an Schulen ▸ Umgang mit hohen Umweltdynamiken ▸ Lernende Organisationen in Netzwerkstrukturen einer Lernortkooperation
Hochschulen	▸ Wissenschaftsbetrieb, Expertokratie, loosely-coupled systems der Fachbereiche ▸ Etablierung von Subsystemen an Hochschulen für die Professionalisierung der Lehrpersonen; z. B. hochschuldidaktische Zentren als Bildungsorganisation in der übergeordneten Bildungsorganisation Hochschule	▸ Ähnliche Tendenzen einer zunehmenden Autonomie und Selbstverwaltung wie an Schulen und berufsbildenden Institutionen ▸ Zunehmender Wettbewerb durch Qualitätsmanagementsysteme, insbesondere Ranking-Verfahren, ▸ Erhöhung der Reform- und Innovationsfähigkeit von Hochschulen
Bildungsbereiche in Unternehmen, Verwaltungen, Non-Profit-Organisationen etc.	▸ Bildungsbereich als Subsystem in einer Organisation ▸ Pluralistische Strukturen in Organisationsmodellen, auch abhängig von der Größe der Unternehmung oder Verwaltung, der Branche, der Marktdynamik, der Form (Profit- oder Non-Profit-Organisation)	Lernende Organisation auf zwei Systeme bezogen: ▸ Bildungseinrichtung als Subsystem verfolgt die Vision der lernenden Organisation ▸ Organisation, in der die Bildungseinrichtung eingebettet ist, als lernende Organisation weiterentwickeln
Weiterbildungsanbieter	▸ Bildungsorganisation als eigenständiges System ▸ Pluralistische Strukturen, abhängig von der Größe der Unternehmung, der Branche, der Marktdynamik ▸ Herausforderungen in der Erwachsenenbildung	▸ Eigene Bildungsorganisation als lernende Organisation entwickeln ▸ Umdenken auf allen organisationsrelevanten Handlungsebenen erforderlich ▸ »Lernorganisation« als umweltagibel und strukturell lernfähig gestalten (Behrmann, 2006, S. 403)

Organisieren von Bildungsprozessen bezieht, ist Lernen folglich institutionalisiert, aber meist auf das Lernen anderer und nicht auf das Lernen der eigenen Institution ausgerichtet. (Behrmann, 2006, S. 403)

Aus dem Vergleich der organisationsspezifischen Besonderheiten ergibt sich, dass in allen Kontexten die Gestaltungsvision, nämlich das Leitbild der lernenden Organisation, aufzufinden ist, wenn auch unterschiedlich akzentuiert und begründet. Es geht immer darum, die Entwicklungsfähigkeit von Bildungsorganisationen in einer zunehmenden Dynamik der Umwelt grundsätzlich zu erhöhen. Entwicklungsfähigkeit kann in diesem Sinne mit Lern-, Reform-, Veränderungs- oder Innovationsfähigkeit gleichgesetzt werden. Auf diesen Aspekt soll nachfolgend näher eingegangen werden, um relevante Ausgangspunkte zur Gestaltung von Bildungsorganisation zu erläutern.

3.3 Erhöhung der Entwicklungsfähigkeit von Bildungsorganisationen

3.3.1 Überblick

Um Organisationen zu gestalten, können grundsätzlich unterschiedliche Zugänge gewählt werden. Organisationen können als *Organismus* betrachtet werden. Dieser Zugang basiert auf den Human Relation-Ansätzen und lenkt den Blick auf die Bedürfnisse und wechselseitigen Beziehungen von Individuen und Gruppen in einem offenen ökologischen System. Damit ist die Vorstellung verbunden, dass die Effizienz und Dynamik von Organisationen von der Erfüllung der Bedürfnisse der internen und externen Anspruchsgruppen abhängt. Ein weiterer Zugang ist es, Organisationen als *politische Systeme* zu verstehen. Zum Tragen kommen folglich soziologische Ansätze, welche unterschiedliche Interessenlagen, Konflikte und Machtspiele in Organisationen in den Vordergrund stellen. Eine Organisation wird dann nicht als rationales Handlungsgefüge mit gemeinsamen Zielen betrachtet, sondern als politisches System, in dem unterschiedliche Interessenlagen zusammentreffen und Machtinstrumente und -konstellationen zur Durchsetzung spezifischer Interessen eingesetzt werden.

Zugänge für die Gestaltung von Organisationen

Systemtheoretische Ansätze verstehen Organisationen als informationsverarbeitende und *lernfähige Systeme*. Bildungsorganisationen können aus dieser systemtheoretischen Sicht als »zweckgerichtete, soziale, offene und komplexe Systeme« (Ulrich, 1995, S. 170) verstanden werden, die in einem ständigen Austausch mit ihren vielfältigen Anspruchsgruppen, wie Lernenden, Interessierte, Alumni, Öffentlichkeit, wissenschaftliche Gemeinschaften, Lehrpersonen, Wirtschaft, Wettbewerbsumfeld, etc., stehen und ihrem Leistungsauftrag unter den gegebenen Rahmenbedingungen nachkommen wollen (Gomez, 1995, S. 94). Wie im ersten Kapitel bereits grundgelegt, folgt dieses Lehrbuch maßgeblich diesem Ansatz, da es eine entwicklungsorientierte Grundausrichtung in Interaktion mit den relevanten Anspruchsgruppen verfolgt. Übergreifendes Ziel aus systemtheoretischer Sicht ist es nämlich, die Entwicklungsfähigkeit der Organisation zu erhöhen, um kompetent nicht nur auf Veränderungen zu reagieren, sondern auch proaktiv zu agieren. Proaktiv bedeutet frühzeitig, vorausschauend und klar im Hinblick auf zukünftige Herausforderungen zu planen und zu handeln sowie reflexiv in Auseinandersetzung mit der Umwelt agieren zu können und steht im Gegensatz zu reaktiv. Als Ausgangspunkt für die Gestaltung von Bildungsorganisationen dient dabei – wie aus dem vorhergehenden Vergleich institutioneller Kontexte hervorgegangen ist – das Leitbild der lernenden Organisation als normative Orientierung.

Systemtheoretischer Ansatz: Grundannahmen

3.3 Makro-Ebene – Bildungsorganisationen gestalten
Erhöhung der Entwicklungsfähigkeit von Bildungsorganisationen

Integrative Perspektive: Pädagogik und Ökonomie

Die Sichtweise des Bildungsmanagements ist es dabei wiederum, die betriebswirtschaftliche bzw. managementtheoretische Perspektive und die didaktische Perspektive abzustimmen, mögliche Dissonanzen aufzuzeigen und mit Spannungsfeldern bewusst umzugehen. Diese integrative Sichtweise bezieht sich, wie nachfolgende Abbildung 30 aufzeigt, auf zwei unterschiedliche Referenzpunkte:

▸ *Integrative Perspektive – Verzahnung von organisationalem und individuellem Lernen*: Nicht nur das individuelle Lernen, sondern das Lernen von Individuum, Team und Organisation bilden neue Ausgangspunkte für die lernende Organisation (vgl. Kapitel 2.2.3.2). Das Organisationslernen als integratives Konzept von individuellem und organisationalem Lernen, welches betriebswirtschaftliche mit didaktischen Zielen zu verknüpfen versucht (s. nachfolgender Abschnitt 3.3.2), rückt dabei in den Vordergrund.

▸ *Organisation des Lernens aus integrativer Perspektive*: Die didaktische Organisation von Lernprozessen, insbesondere Planung von Lernzielen, Inhalten, Lehrmethoden, wird in Bildungsorganisationen häufig getrennt von einer managementtheoretischen Organisation, wie z. B. Studienorganisation, Organisationslogiken der Bildungsveranstaltungen, 45-Minuten-Rhythmen in Schulen, vorgenommen. Auch hier gilt es, pragmatische, managementorientierte und didaktische Zielgrößen aufeinander abzustimmen (s. Abschnitt 3.3.4.).

Entwicklungsfähigkeit von Bildungsorganisationen erhöhen: Lernförderliche Rahmenbedingungen schaffen

In den folgenden beiden Abschnitten werden die beiden Referenzpunkte detailliert beschrieben. Der Abschnitt 3.3.2 zeigt die Zusammenhänge zwischen individuellem

Abb. 30

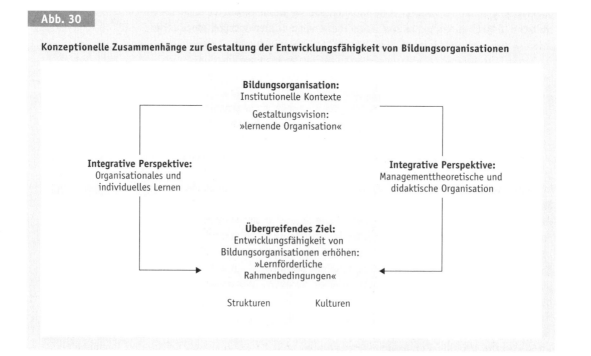

Konzeptionelle Zusammenhänge zur Gestaltung der Entwicklungsfähigkeit von Bildungsorganisationen

und organisationalem Lernen auf, welche wesentliche Grundannahmen liefern, um die Entwicklungsfähigkeit von Organisationen zu erhöhen. Abschnitt 3.3.3 fokussiert hingegen das aufeinander Abstimmen der didaktischen mit der managementorientierten Organisation von Bildungsprozessen. Abschließend werden die Überlegungen zu einem integrativen, pragmatischen Ansatz zur Gestaltung von Bildungsorganisationen zusammengeführt, der das übergreifende Ziel anstrebt, die Entwicklungsfähigkeit von Bildungsorganisationen zu erhöhen (Abschnitt 3.3.4).

3.3.2 Lernen im Fokus: Organisationales und individuelles Lernen

Bildungsorganisationen können als lernende, pädagogische Organisationen betrachtet werden, die sich mit ihrem Kerngeschäft auf Lernen beziehen und darüber hinaus auch ihre eigene Organisation als Entwicklungs- und Lernfeld betrachten (Behrmann, 2006, S. 395). Diese normative Orientierung der lernenden Organisation setzt somit Organisationslernen voraus. Wie in Kapitel 2 bereits eingeführt, existieren in der Literatur in diesem Kontext zahlreiche unterschiedliche Definitionen und Ansätze. Gemeinsam ist allen das übergreifende Ziel, die Entwicklungsfähigkeit von Organisationen zu erhöhen. Prominent sind die unterschiedlichen Lernarten bzw. Lernniveaus von Argyris und Schön (1999) mit Single Loop, Double Loop und Deutero-Learning, die in Abschnitt 2.2.3.2 bereits kurz skizziert worden sind. Um die Implikationen der Leitidee der lernenden Organisation und damit verknüpft des organisationalen Lernens näher zu beleuchten, soll nochmals verdeutlicht werden, was unter Organisationslernen bzw. organisationalem Lernen verstanden werden kann. Nach Behrmann (2006, S. 396) beinhaltet die nachfolgende Definition von Götz (1999) alle wesentlichen Merkmale organisationalen Lernens:

Grundannahmen lernender Organisationen

> »**Organisationslernen** ist der Prozess der Herstellung von überdauernden Veränderungen des Denkens und Handelns der Mitglieder einer Organisation, d. h. die Erhöhung und Veränderung des organisationalen Wissens, der organisationalen Handlungs- und Problemlösungsfähigkeit, des organisationalen Sinn-, Ordnungs- und Wirklichkeitsrahmens« (Götz, 199, S. 70).

Organisationslernen: Definition

Aus dieser umfassenden Definition wird deutlich, dass sich organisationales Lernen gleichermaßen auf Individuen und die Organisation bezieht, »dass Organisationslernen zum einen die Veränderung des Denkens und Handelns sowie des Wissens der Individuen (Organisationsmitglieder) betrifft, und dass Organisationslernen zum anderen die Veränderung des Sinn- und Ordnungsrahmens einer Organisation beschreibt, der Wissen über die Organisation sowie zur Bewältigung von Handlungen und zur Lösung von Problemen bereithält und auf diese Weise Orientierungen für die Aktivitäten der einzelnen Organisationsmitglieder zur Verfügung stellt« (Behrmann, 2006, S. 396).

Inwieweit können Organisationen jedoch lernen? Ob Organisationen überhaupt lernen können, auf diese Frage wurde bereits in Abschnitt 2.2.3.2 zum normativen

Individuelles und organisationales Lernen: Zusammenhang

3.3 Makro-Ebene – Bildungsorganisationen gestalten
Erhöhung der Entwicklungsfähigkeit von Bildungsorganisationen

Leitbild der lernenden Organisation eingegangen (vgl. S. 57) und individuelles Lernen als Voraussetzung für organisationales Lernen festgestellt. Wie ist nun das Verhältnis zwischen organisationalem und individuellem Lernen genauer geprägt? Offensichtlich ist zunächst, dass »nur der einzelne Mensch gebildet sein und das Wort Bildung immer nur Formung und Haltung der Individuen, nicht der Institutionen bezeichnen kann« (Behrmann, 2006, S. 396). Betrachtet man allerdings die Leitidee der lernenden Organisation genauer, so wird deutlich, dass sich der Fokus auch auf die Lernfähigkeit der Organisation ausrichtet. »In Organisationen geht es um notwendige Strukturanpassungen, also um Organisationslernen im eigentlichen Sinne, denn das subjektive Wollen, das Lernen der beteiligten Personen schafft noch keine neue Organisation.... Vom Organisationslernen kann man erst sprechen, wenn die Organisationen Strukturen herausbilden, um ihre Strukturen zu ändern, bzw. Regeln, – wenn sie also reflexiv geworden sind« (Zech, 1999, S. 7, zit. in Behrmann, 2006, S. 396). Bei allen Diskussionen darüber, ob Systeme oder Organisationen überhaupt lernen können und nicht vielmehr die Menschen in ihnen, hat sich doch der Gedanke durchgesetzt, dass Organisationen lern- und entwicklungsfähig seien. Dieser Lernprozess ist allerdings an Akteure gebunden, die in der Lage sind, Lern- und Erfahrungspotenziale zu entschlüsseln, welche in Veränderungen auftreten.

Als weiterführende Frage kann adressiert werden, in welchem Verhältnis dann das Lernen von Individuen und das Lernen der Organisation steht. Nach Behrmann (2006, S. 397) besteht ein wechselseitiges Verhältnis:

»Lernen von Organisationen gründet sich zunächst auf Interaktionsprozesse zwischen Individuen, bei denen durch Abweichungen oder Störungen Widersprüche bezogen auf den üblichen Ablauf entstehen. Daraus resultieren Modifikationen der Interaktionsmuster, welche die Organisation übernimmt und ihre generierende Grundlage verändert. Es sind aber immer Menschen, welche Diskrepanzen im Organisationskontext als ›Widersprüche‹, bezogen auf ihre Position und Interessen, interpretieren. Dies bedeutet, dass Lernen der Organisation nicht zu trennen ist, von Veränderungen von Menschen, seien dies einzelne oder Gruppen« (Faulstich, 1998, S. 169, zit. in Behrmann, 2006, S. 397). »In diesem Sinne ist das Lernen von Organisationen durch eine Lern- und Kooperationskultur gekennzeichnet, deren Dynamik von den Kompetenzen und der Selbstorganisation der Mitarbeiter lebt. Gleichzeitig aber auch, dass soziale Einheiten wie etwa Organisationen,... unabhängig von den Lernmöglichkeiten von Individuen zu Veränderungen gelangen können und darüber die Fähigkeit entwickeln, Fehler der Vergangenheit nicht zu wiederholen und damit zu einfachen Formen des Lernens, d. h. des gezielten Sich-Veränderns zu gelangen« (Faulstich, 1998, S. 169, zit. in Behrmann, 2006, S. 397).

In letzter Konsequenz bedeutet dies, dass ein umfassendes Konzept organisationalen Lernens nur über die Wechselwirkungen von Organisation und Individuum entfaltbar ist, bzw. über rekursiv zueinander stehende und komplementär wirkende Organisations- und Personalentwicklungsprozesse. Aus diesen Überlegungen wird deutlich, dass es sich um eine wechselseitige Beziehung zwischen individuellem und organisationalem Lernen handelt. Beide Formen bedingen sich gegenseitig:

▸ *Individuelles Lernen:* Menschen lernen, um sich zu verändern oder um Veränderung in der Organisation zu bewirken. Dieses Lernen bedarf etablierter Struktu-

---

Organisationslernen: Wechselwirkungen von Organisation und Individuum

ren, damit es nicht allein individuelles Lernen bleibt, sondern auch organisationale Veränderungen ermöglichen kann. Dabei stellt das Lernen der Individuen den Ausgangspunkt dar, welches einen Einfluss auf die Organisation hat und welches auf die individuellen Bewusstseinsstrukturen und die in der Organisation verfügbaren Arbeits- und Lernstrukturen zurückgreift, um das eine, das andere oder auch beides zu verändern sowie um die Entfaltung von Lern- oder Entwicklungspotenzialen zu ermöglichen. (Behrmann, 2006, S. 397)
- *Organisationales Lernen:* Umgekehrt ist es zuweilen notwendig und gegenwärtig immer öfter erforderlich, organisationale Strukturen, in die das Handeln bzw. das Arbeiten und Lernen von Individuen bzw. Organisationsmitgliedern eingebettet sind, zu ändern. Hierbei ist der Ausgangspunkt in den bestehenden organisationalen Strukturen zu sehen, die verändert werden sollen. Es geht darum, auf die Strukturen selbst und die in ihnen enthaltenen Entwicklungspotenziale sowie auf die Bewusstseinsstrukturen und die Lernpotenziale von Individuen zurückzugreifen.

Als Schlussfolgerung kann konstatiert werden, dass organisationale Entwicklungs- und individuelle Lernprozesse bzw. Organisations- und Personalentwicklung immer komplementär zu verstehen sind und integrativ zusammenwirken. Es geht also primär um die Entfaltung eines Verständnisses, das lernförderliche Sichtweisen auf den Gegenstand der Organisation eröffnet und vor dessen Hintergrund organisationale Veränderungsprozesse vom Prinzip her systematisierbar werden.

Organisationales Lernen lässt sich auf verschiedenen Lernniveaus vornehmen, wenn es heißt, eine unterschiedlich weitgehende Veränderung von handlungsleitenden Zielen und Handlungen einer Organisation zu erreichen. Die in Kapitel 2.2.3.2 eingeführten Entwicklungsstadien von Bildungsorganisationen liefern dabei bereits erste, zentrale Hinweise für eine entwicklungsorientierte Ausprägung geeigneter Organisationsstrukturen und -kulturen (siehe Tabelle 32).

Betriebswirtschaftliche Ziele und damit organisationales Lernen zur Sicherung der Innovations- und Wettbewerbsfähigkeit sollen folglich mit pädagogischen Nutzenpotenzialen und individuellem Lernen verknüpft werden (s. auch normative Abstimmung in Kapitel 2). Kritik an dieser integrativen Sichtweise wird häufig in der ausschließlich ökonomisch geprägten Nutzenmaximierung gesehen, wie Behrmann (2006) feststellt: »…das Lernen (wird) funktionalistisch verkürzt…, wenn es sich ausschließlich auf ein Problemlösen konzentriert, das auf die Optimierung von Handlungen, von Zielen und Normen durch Lernen sowie auf die Optimierung des Lernens selbst ausgerichtet ist« (S. 407). Diese Diskussion führt letztlich zur normativen Orientierung des Bildungsmanagements zurück, organisationales Lernen nicht nur in einem zweckrationalen Sinne auf Anpassung und Optimierung der Organisation zu richten bzw. daraufhin zu instrumentalisieren, sondern auch die darin enthaltene Chance zu nutzen, organisationales Lernen mit pädagogischen Zielsetzungen zu verbinden. Hierbei geht es um eine »Integration empirischer und normativer Aspekte von Lernen« (Geissler, 1997, S. 165). Dies bedeutet, dass nicht nur gefragt werden soll, was faktisch ist oder möglich sein könnte, sondern auch, was im normativen Sinne sein sollte.

Organisationslernen: Kritikpunkte

Tab. 32

Merkmale von Organisationsstrukturen und -kulturen in Abhängigkeit von den Entwicklungsstadien einer Lernenden Organisation

Entwicklungsstadien	Organisationale Lernniveaus	Merkmale von Organisationsstrukturen und -kulturen
Fragmentierte Schule	**Single-Loop-Lernen (Anpassungs-, Einschleifen-Lernen):**	
	▸ Korrekturen von Handlungen in Anlehnung an ein bestehendes Gefüge von Zielen und Normen ▸ Handlungstheorien werden nicht hinterfragt ▸ Organisationales Anpassungslernen	▸ Gefügeartige, aber keine teamartige Kooperation, kein gemeinsames Zielsystem, keine allen bewusste Organisationskultur ▸ Organisations- und Personalentwicklung sind getrennt: Fokus des Lernens auf das Individuum
Projekt-Schule	**Double-Loop-Lernen (Veränderungs-, Erschließungslernen):**	
	▸ Suche nach einem neuen Problemlöse-System umfasst auch die Modifikation der Normen, Strategien, Ziele, die der Organisation zugrunde liegen ▸ Ziele und Normen, die den Handlungen zugrunde liegen, werden selbst hinterfragt und verändert, was auch eine Veränderung der Handlungstheorien mit sich bringt ▸ Organisationsstrategisches Erschließungslernen	▸ Etliche Lehrer bzw. Bildungsverantwortliche haben sich zu Projektteams organisiert, in diesen lernen sie auch Neues und reichern die Organisation mit Lernpotenzial an ▸ Projekte beziehen sich nicht aufeinander, sodass Synergie-Effekte verschenkt wird und Meta-Lernen findet nur begrenzt statt ▸ Organisations- und Personalentwicklung sind getrennt: Fokus des Lernens auf Individuum und Team
Problemlöse-Schule	**Deutero-Learning (Prozess-, Meta-Lernen):**	
	▸ Ziel, »zu lernen, wie Einschleifen- und Zweischleifen-Lernen adäquat ausgeführt wird, welches der Kontext von Lernprozessen ist und wie man ihn erweitern kann« (Behrmann, 2006, S. 409), vor allem durch den Abbau von Lernbarrieren ▸ »organisationskulturelles Identitätslernen« (Behrmann, 2006, S. 409)	▸ Meta-Lernen wird selbst institutionalisiert, Schul-/Organisationsentwicklung selbst zum Gegenstand gemacht ▸ Organisationslernen drückt sich in Veränderungen der Aufbau- und Ablauforganisation aus und damit in Veränderungen der Organisationsstrukturen und -kulturen ▸ Organisations- und Personalentwicklung fallen zusammen: Fokus des Lernens auf Individuum, Team und Organisation

Quelle: in Anlehnung an Rolff, 1993, S. 141

3.3.3 Organisation des Lernens: Managementtheoretische und didaktische Organisation

In diesem Abschnitt wird eine weitere Parallele zwischen Management und Pädagogik behandelt. Neben dem Fokus auf das Lernen (Individuum, Organisation) steht hierbei die Organisation des Lernens im Vordergrund. Die integrative Sichtweise besteht dabei darin, die betriebliche Organisation und die didaktische Lernorganisation stärker aufeinander abzustimmen (Behrmann, 2006, S. 317).

Erhöhung der Entwicklungsfähigkeit von Bildungsorganisationen

Mit Abstimmung ist hier jedoch kein einspuriges Übertragen der Strukturen der einen Ebene auf die andere gemeint. Insbesondere ist es nicht das Ziel, bestehende Veranstaltungen oder Gefäße, die der Vermittlung von Lerninhalten dienen, für die betriebliche Reorganisation zu instrumentalisieren. Bei der funktionalen Integration geht es vielmehr darum, »die Ordnungsmuster und Handlungslogiken der verschiedenen Ebenen in ihrer wechselseitigen Beziehung zu erkennen und abzustimmen..., um das System insgesamt harmonischer und logisch stringenter regulieren zu können« (Behrmann, 2006, S. 320). Die Funktionsweise und die Mechanismen der betrieblichen Organisation sollen hinsichtlich ihrer unterschiedlichen Gestaltungslogiken analysiert werden, um Widersprüche und Unstimmigkeiten aufzudecken, die aus differierenden Handlungszusammenhängen und Organisationslogiken resultieren. Ziel ist es, neue Perspektiven und Realisierungsmöglichkeiten zu erhalten und zu prüfen sowie Spannungslagen möglichst zu überwinden, »um Entwicklungspotenziale für eine angemessene Regulierung des Gesamtsystems freizusetzen, oder aber zu erkennen, an welchen Stellen Überlagerungen angemessen sind, weil sie die spezifische Identität bzw. Eigenlogik einzelner Handlungsebenen existentiell bedrohen« (Behrmann, 2006, S. 320).

Abstimmung betriebliche und didaktische Lernorganisation

Um die Potenziale einer integrativen Funktionsweise zu beleuchten, wird im Folgenden zunächst auf zentrale Aspekte der didaktischen Lernorganisation und anschließend auf die managementorientierte Perspektive eingegangen.

Didaktische Lernorganisation

Die didaktische Organisation wird zumeist als »die organisatorische Ausformung des Unterrichts- bzw. Lehr-/Lerngeschehens« (Behrmann, 2006, S. 318) betrachtet. Es gibt unterschiedliche Modelle über das Gestalten von Lehre und Lernen, auf die hier nicht näher eingegangen werden soll. Was sie verbindet, ist die Annahme, dass das Verhältnis zwischen Lernen und Lehren prinzipiell in zwei gegensätzlichen Grundausrichtungen verstanden werden kann. Arnold und Siebert (1995) unterscheiden hierbei eine Erzeugungs- vs. Ermöglichungsdidaktik.

Didaktische Lernorganisation: Erzeugungs- vs. Ermöglichungsdidaktik

Erzeugungsdidaktik: Didaktik als Erzeugungsdidaktik basiert auf einer Unterrichtstheorie, die von der einseitig kausalen Abhängigkeit des Lernens vom Lehren ausgeht: »Lehren ist Lernen-machen« (Behrmann, 2006, S. 318), d.h. die Lernergebnisse sind in starkem Maße von den Lehrenden abhängig. Lernen vollzieht sich als Prozess der Anpassung an das Gelehrte. Der Handlungsfokus von Lehrpersonen liegt auf einer effizienten Wissensvermittlung und Anwendung von Methoden. Im Bereich der Schule und der Erwachsenenbildung sind Begriffe wie »objektive Didaktik«, »traditionelle Belehrungsdidaktik« oder eben »Erzeugungsdidaktik« anzutreffen (Behrmann, 2006, S. 318). Sie ist stärker an behavioristischen Konzepten des Lernens ausgerichtet und »... lässt sich auf die Formel bringen, dass gelernt wird, was gelehrt wird« (Behrmann, 2006, S. 318).

Ermöglichungsdidaktik: Im Gegensatz zur Erzeugungsdidaktik orientiert sich die Ermöglichungsdidaktik als »subjektive Didaktik« mehr an konstruktivistischen Vorstellungen, indem sie davon ausgeht, dass das menschliche Lernen Konstruktions-

3.3 Makro-Ebene – Bildungsorganisationen gestalten
Erhöhung der Entwicklungsfähigkeit von Bildungsorganisationen

prozessen unterworfen ist, welche vom Individuum selbst gewählt und gesteuert werden. Lernende lassen sich daher nicht einfach belehren: »Vielmehr lernen sie eigensinnig und nicht das, was ihnen gesagt wird, sondern was sie selbst für relevant und bedeutsam erachten und was sich in Anlehnung an biografische Erfahrung und an bisher Gelerntes als anschlussfähig erweist« (Behrmann, 2006, S. 318). Lernen setzt somit nicht automatisch Lehren voraus. »Lernen ist vielmehr nur verstehbar, wenn man es aus der Innensicht des Lernsubjekts zu begreifen versucht und es im Einzelfall gelingt, die Lernbegründungen des Subjekts zu rekonstruieren« (Behrmann, 2006, S. 318). Daher gilt hier die umgekehrte Denkrichtung: Lernen bestimmt das Lehren. Ein zentraler Gedanke dieses Ansatzes ist folglich die Vorstellung, Lernstoff nicht in die Köpfe der Lernenden zu transportieren, sondern Lerninhalte für die eigene Aneignung bereitzustellen. Lernen wird als innerer Prozess verstanden, der nur von außen durch Impulse angeregt werden kann. Lehren als eine Form der Impulsgebung stellt nur eine Hilfe beziehungsweise Förderung beim Lernen dar. Über deren Erfolg entscheidet der Lernende.

Erzeugungs- vs. Ermöglichungsdidaktik

Während Didaktik als **Erzeugungsdidaktik** dem Grundsatz folgt: »Lehren bestimmt das Lernen«, d. h. die Lernergebnisse sind im starken Maße von den Lehrenden abhängig und die effiziente Wissensvermittlung ein zentrales Ziel der Didaktik darstellt, folgt im Gegensatz dazu die **Ermöglichungsdidaktik** dem umgekehrten Grundsatz »Lernen bestimmt das Lehren«. Lernen soll demnach »ermöglicht« werden. Die Lernbegleitung und Unterstützung des Lernenden im Lernprozess stehen dabei im Vordergrund.

Für die didaktische Lernorganisation ergeben sich aus diesen beiden Extrempositionen heraus unterschiedliche Referenzpunkte (siehe Tabelle 33).

Mischformen in der Praxis

Diese Gegenüberstellung zeigt idealtypische Ansätze eines Lehr-Lernverständnisses auf. In der Praxis sind häufig Mischformen aufzufinden, die betonen, dass Fremd- und Selbststeuerung sich in Lehr-Lernprozessen ergänzen können. Mischformen sind auch deshalb zu erwägen, da die didaktische Organisation sich »an verschiedenen Lerntypen zu orientieren hat, die mehr oder weniger fremd- oder selbstgesteuert lernen können und wollen« (Behrmann, 2006, S. 322). Die komplementäre Wirkung von fremd- und selbstorganisierten Prinzipien sollte daher, in Abhängigkeit von den zu entwickelnden Kompetenzen und in Verbindung mit den verfolgten Intentionen, Zielstellungen und Erwartungen, auch in pädagogisch sinnvoller Weise kombiniert werden.

Fremd- und Selbstorganisation

Lernprozesse, die zwischen *Fremd- und Selbstorganisation* vermitteln, sind folglich so zu gestalten, dass vor allem Übergänge zwischen diesen idealtypischen didaktischen Gestaltungsformen zu schaffen sind: Die Lehrkraft unterstützt anfänglich mit mehr, später mit immer weniger Einwirkungen das Lernen, indem sie »Scaffolding« betreibt, d. h. fortwährend Anstöße und Impulse gibt, die den Lernenden das Lernen erleichtern und bewusst machen. Die weit verbreitete Auffassung, selbstgesteuerter Unterricht sei nur noch schülerzentriert, ist daher ungenau. Die Lehrkraft bleibt weiterhin bedeutsam. Aber sie belehrt nicht mehr, sondern lehrt anfänglich mit dem Ziel, das Lernen zu erleichtern und zieht sich mit zunehmender Selbständig-

Tab. 33

Ermöglichungsdidaktik versus Erzeugungsdidaktik

Erzeugungsdidaktik	Ermöglichungsdidaktik
▸ Betonung der Fremdorganisation ▸ Planbarkeit der Lehr-Lernprozesse ▸ Starke Ausrichtung auf Lehraktivitäten ▸ Direkte Wirkung der Vermittlungstätigkeit ▸ Hierarchische Lehrer-Lerner-Beziehung ▸ Lineares Lehr-Lern-Verhältnis ▸ Strukturierung des Lernens durch Lehrmethoden ▸ Kontrollierende Lehrhandlungen ▸ Lernen durch Belehrung ▸ Reproduktion des Lehrstoffs	▸ Betonung der Selbstorganisation ▸ Relative Offenheit von Lernprozessen ▸ Orientierung an Lernaktivitäten ▸ Indirekte Wirkung der Lernumgebung ▸ Heterarchische Lernpartnerschaften ▸ Netzwerkartige Lehr-Lern-Beziehungen ▸ Selbstregulierung (inter-)individueller Lernbewegungen ▸ Situierte Lernhandlungen ▸ Lernen durch Aneignung und durch Lernen des Lernens ▸ Konstruktion von Informationszusammenhang und Wissen
Modell des Handwerkers: ▸ Lehrende »formen den Lernenden als zu bearbeitenden Gegenstand« (Behrmann, 2006, S. 318) ▸ Erziehung ist ein herstellendes Machen ▸ Der Erzieher ist das Subjekt, der zu Erziehende das Objekt eines Erziehungsprozesses	**Modell des Gärtners:** ▸ Lehrende fördern das Wachstum des Lernenden, indem sie die im Lernenden liegenden Kräfte in ihrer Entfaltung unterstützt, analog zum organischen Wachstum ▸ Erziehen heißt begleitendes Wachsen lassen ▸ Der Gärtner hilft pflegend und schützend bei einem Entwicklungsprozess, der natürlich und von selbst geschieht

Quelle: in Anlehnung an Arnold & Siebert, 1995

keit der Lernenden auf die Lernberatung zurück. Der Lernende wird als in die Expertenkultur eingebunden angesehen. Wissensaneignung bezieht sich nicht nur auf das bereichsspezifische Faktenwissen und prozedurale heuristische Wissen, sondern auch auf Lern- und Kontrollstrategien als Mittel zur Selbststeuerung des Lernprozesses. Der Anwendungskontext wird auf Reflexion und Beurteilung ausgedehnt.

Zusammengefasst kann festgehalten werden, dass die didaktische Organisation des Lernens im Sinne einer paradigmatischen Position verstanden werden kann: Als lehrergesteuerter und schülerzentrierter Unterricht in der Schule und als Vermittlungsperspektive zwischen Instruktion und Konstruktion in der Weiterbildung.

Didaktische Organisation in Schule und Weiterbildung

Managementtheoretische, betriebliche Organisation des Lernens

Aus den Überlegungen der didaktischen Organisation heraus ergeben sich unterschiedliche Konsequenzen für die betriebliche Organisation des Lernens:
▸ *Erzeugungsdidaktik* kann mit einer überwiegend starren, unflexiblen Organisation in Einklang gebracht werden, insbesondere auch mit Fremdorganisation von Schule bzw. Unterricht assoziiert werden. Beispiele hierfür sind:
  – die Stoffbelehrung und die Vermittlung von Inhalten dominieren: »Reproduzieren dessen, was der Lehrer vorgibt; Schüler und Schülerinnen sind Objekte von Belehrungen statt Subjekte eigener Lernprozesse« (Behrmann, 2006, S. 322).

- Unterricht als »Feld der Unterweisung«, das durch eine rigide Didaktik und rigide Schule gekennzeichnet ist, insbesondere weil Entscheidungsverhalten, Entscheidungssituationen und Entscheidungsnormen überwiegend vom Lehrenden oder von einer umgebenden rigiden Lernkultur festgelegt sind. Dies kann zu einer Belehrungs- und Kontrollkultur der Schule führen (Behrmann, 2006, S. 322).

> *Ermöglichungsdidaktik*: Demgegenüber lässt sich die Ermöglichungsdidaktik mit dem Prinzip der Selbstorganisation und flexiblen Organisationsstrukturen und -kulturen verbinden. Hierfür kennzeichnend sind nach Behrmann (2006, S. 322):
> - *Pluralität*: Anerkennen des Vorhandenseins und Nebeneinanderbestehens unterschiedlicher Denk-, Lebens-, Lehr-, Lern- und Wertformen und Wertschätzung als Bereicherung; »Wissen um die Vielheit der Wirklichkeiten, welches dazu führt, dass es keine absolute, objektiv bessere und moralisch einzige Lösung gibt« (Behrmann, 2006, S. 322).
> - *Integrationsleistung*: Jeder am Unterricht beteiligte anerkennt, dass sich diese Pluralität in Form von unterschiedlichen Zugangswegen, Normen, Ansichten und Perspektiven auf ein und dieselbe Sache äußert.
> - *Unterricht als Lernwelt*: Selbstorganisation als zentrales Element; Lernwelt wird gemeinsam geformt und gestaltet.
> - *Mehrdimensionale Didaktik*: Pluralität in der Didaktik; es gibt nicht nur eine richtige Methode, sondern mehrere Zugangsweisen; Sinn und Relevanz des Stoffes sollen auf verschiedenen Ebenen erkannt und hinterfragt werden können; Akzente liegen auf biografischer Selbstreflexion und das Eingehen auf Diversität in einer Gruppe, um den Umgang mit der Pluralität von Werten, Normen und Wissenssystemen zu ermöglichen.
> - *Lernkultur:* Planung und Bewertung von Unterricht wird zugleich in eine »offene« (pluralitätsanerkennende) und geschlossene, auf das Einhalten von Vereinbarungen und Werten achtende Lernkultur eingebettet.

In *Schulen* bzw. im Unterricht ist ein wesentliches Kennzeichen der Selbstorganisation das Eingehen auf Heterogenität in verschiedenerlei Hinsicht. »Im Sinne der Selbstorganisation erscheint Unterricht als Lernwelt, die es gemeinsam zu modellieren gilt. Dazu gehört, dass Didaktik plural, vieldimensional und unterschiedlich operieren muss, dass der Sinn des Stoffes sowie seine gesellschaftliche und individuelle Bedeutung hinterfragt werden müssen, dass nicht mehr nur eine Methode und Zugangsweise verwendet wird, dass eine biografische Selbstreflexion, als das Reden und Reflektieren über sich selbst mit ihren verschiedensten Werte-, Normen- und Wissenssystemen professionell möglich wird« (Behrmann, 2006, S. 322).

Ähnlich verhält es sich im Bereich der *Weiterbildung*: Die erzeugungsdidaktische Position lässt sich auch hier mit einer vorwiegenden Fremdorganisation assoziieren, die Ermöglichungsdidaktik hingegen eher mit einer Selbstorganisation: »Wir können Bildungsergebnisse nicht erzeugen bzw. machen, sondern eigentlich nur durch die Gestaltung einer anregenden Umgebung sowie fördernd-indirekte Impulse ermöglichen« (Arnold & Siebert, 1995, S. 151).

Betriebliche Lernorganisation: Implikationen aus Erzeugungs- bzw. Ermöglichungsdidaktik

3.3 Erhöhung der Entwicklungsfähigkeit von Bildungsorganisationen

Aus dieser Gegenüberstellung heraus lassen sich wiederum zwei Extrempositionen ableiten, wie nachfolgende Tabelle aufzeigt (siehe Tabelle 34).

Zugrunde liegt folglich die Annahme, dass für die organisationale Gestaltung wie auch für Vorstellungen der didaktischen Gestaltung »gleiche Paradigmen über die Konstitution sozialer Systeme wie Organisationen oder Unterricht« herangezogen werden (Behrmann, 2006, S. 322). In der Praxis ist häufig eine isolierte Betrachtungsweise im Hinblick auf die Gestaltung der Organisation anzutreffen, insbesondere von Fremd- und Selbstorganisation in Bezug auf organisationale Gestaltung einerseits sowie Erzeugungs- und Ermöglichungsdidaktik in Bezug auf das Lehr-Lerngeschehen andererseits, obwohl sie sich auf gleiche metatheoretische Modelle beziehen (Behrmann, 2006, S. 322).

Betriebliche und didaktische Lernorganisation: Abstimmung von Handlungslogiken

Die Abstimmung zwischen betrieblicher und didaktischer Lernorganisation bedeutet daher eine umfassend verstandene didaktische Organisation, die sich nicht erst im Unterricht auf der meso- oder mikrodidaktischen Ebene zeigt und auch nicht ausschließlich auf die konkrete Unterrichtsplanung begrenzt ist. Vielmehr ist in die-

Tab. 34

Managementorientierte Organisation von Lernen

Merkmale	Starre, geringe Entwicklungsfähigkeit, Fremdorganisation bzw. Erzeugungsdidaktik	Flexible, hohe Entwicklungsfähigkeit, Selbstorganisation bzw. Ermöglichungsdidaktik
Reduktion/Bewältigung von Komplexität	▶ Durchstrukturiert und kontrolliert	▶ Sich selbst regelnd hervorgebracht und entwickelt
Entwicklungsmodell sozialer Systeme	▶ Soziale Systeme wie Organisation oder Unterricht sind von einer bestimmten Instanz – wie dem Manager oder Lehrenden – in ihrer Ordnung herstellbar	▶ Soziale Systeme wie Organisation oder Unterricht werden durch die Schaffung von Rahmenbedingungen für Aktivitäten der Selbstkonstruktion unterstützt, gefördert bzw. können ermöglicht werden
Sichtweise der Akteure (Organisationsmitglieder, Lernende)	▶ Akteure, denen Strukturen vorgegeben und Aufgaben wie Inhalte vermittelt werden	▶ Akteure sind selbst Gestalter, die sich Organisationsformen sowie Gegenstände ihres Arbeitens und Lernens selbst erschließen und sich die Wirklichkeit ihres Handelns selbst konstruieren
Sichtweise der Organisation	▶ Umweltdeterminierte Systeme, die durch äußere Interventionen oder äußere Reize gesteuert und beeinflusst werden ▶ Die sozialen Systeme wie Organisation und Unterricht werden von der Umwelt geprägt	▶ Systeme, die sich fortwährend aus sich selbst heraus produzieren bzw. entwickeln, d.h. sich in einem selbstreferentiellen Bezug konstituieren und nicht festlegbar sind ▶ System definiert sich über System-Umwelt-Differenz selbst und entscheidet selbst, welche aus der Umwelt kommenden Impulse systemseitig aufgegriffen werden oder nicht
Metapher des »Change Agents« für Entwicklungsprozesse	▶ Handwerker bzw. oder auch »Macher«-Vorstellung	▶ Gärtner-Metapher: Rahmenbedingungen ermöglichen

Makro-Ebene – Bildungsorganisationen gestalten
3.3 Erhöhung der Entwicklungsfähigkeit von Bildungsorganisationen

sem Zusammenhang der Kontext einer umfassenden Lernplanung zu erweitern, wie die nachfolgende Tabelle exemplarisch für die betriebliche Weiterbildung aufzeigt (in Anlehnung an Colley, Hodkinson & Malcolm, 2003.) (siehe Tabelle 35).

Abstimmung von Organisationsformen des Arbeitens und des Lernens

In der betrieblichen Weiterbildung weist Behrmann (2006) zudem auf die Bedeutung der Abstimmung von Organisationsformen hin: »Arbeitsorganisationsformen auf betrieblicher oder organisationaler Ebene mit Gestaltungsformen der Lehr-/Lernorganisation sind zu parallelisieren, um sie in einem gemeinsamen pädagogischen Sinnkontext zu integrieren, wie z. B. projektförmige Arbeitsorganisationsformen auf organisationaler Ebene zu implementieren, die sich auf der Ebene der Lehr-/Lernorganisation in entsprechenden Lernarrangements widerspiegeln – oder umgekehrt« (S. 326). Behrmann nennt dies in diesem Zusammenhang eine »Verflechtungsstruktur zwischen didaktischen und organisationalen Verlaufsformen der Entwicklung sozialer Systeme im Sinne einer reflexiv zu konfigurierenden Organisation« (S. 326).

Tab. 35

Mögliche Attribute zur Abstimmung betrieblicher und didaktischer Lernorganisation

Attribute	Starre Strukturen, hohe Fremdorganisation formeller Rahmen: Vermittlung gestalten	Flexible Strukturen, hohe Selbstorganisation informeller Rahmen: Rahmenbedingungen gestalten
Auswahl des Lernkontextes	▸ Tätigkeitsseparate, institutionelle Lernformen in fixierten Strukturen ▸ Funktionen und Strukturen von formalen Organisationen sind nicht veränderbar	▸ Tätigkeitsintegrierte, informelle Lernformen, in flexiblen Strukturen ▸ Funktionen und Strukturen von formalen Organisationen sind veränderbar

Prozess	▸ Lernprozesse sind definiert, Ziele und Inhalte im Rahmen einer organisierten Bildungsmaßnahme
	▸ Direkte Rolle der Lehrpersonen z. B. in Weiterbildungskursen
		▸ Lernprozesse ohne festgelegtes Curriculum und Lernziele
		▸ Ggf. indirekte Rolle von »Lernbegleitern«
		  – weniger formell: Unterstützung durch Lehrpersonen, Mentoren
		  – informell: Unterstützung durch Kollegen, Freunde

Ort und Setting	▸ Bildungsinstitutionen ▸ Lernen an Orten, die für die Lernprozesse bestimmt sind ▸ Festgelegte Lernzeiten mit Anfang und Ende	▸ Arbeitsplatz (Unterrichtspraxis), Gemeinschaft, Familie ▸ Unbestimmtes Ende, ohne bzw. mit nur wenigen Zeitrestriktionen
Absichten und Ziele	▸ Erstrangiges Ziel ist das Lernen ▸ Lernen erfüllt extern vorgegebene Bedürfnisse ▸ Spezifizierung des Lernergebnisses (Zertifizierung als höchste Ausprägung an Formalität)	▸ Ein anderes Ziel steht im Vordergrund; z. B. Projekterfolg ▸ Lernen ist eine Begleiterscheinung: selbstinitiiert und bestimmt vom Lernenden, ergebnisoffen
Inhalte	▸ Fokus: Aneignung von etabliertem Expertenwissen, abstraktem Theoriewissen und Praktiken	▸ Fokus: Aufdecken von Erfahrungswissen, praktischen Tipps, Generierung von neuem Wissen

Zusammenfassend soll nochmals festgehalten werden, dass es für die Gestaltung von Bildungsorganisationen inhaltlich eine zentrale Herausforderung darstellt, zwischen betrieblichen und pädagogischen Perspektiven abzustimmen und zwar hinsichtlich:
- des **Fokus Lernen**: Organisationales Lernen als integratives Konzept zwischen individuellem und organisationalem Lernen zu verstehen und diesbezüglich lernförderliche Strukturen und Kulturen zu gestalten.
- der **Organisation des Lernens**: Managementtheoretische Organisation und didaktische Organisation sowie deren Handlungslogiken aufeinander abzustimmen. Die Rahmenbedingungen für Lernen in der Organisation zu entwickeln, steht dabei im Vordergrund.

Im nächsten Abschnitt sollen diese Überlegungen, welche die zentralen Ausgangspunkte für die Struktur- und Kulturgestaltung von Bildungsorganisationen darstellen, in einem integrativen Konzept zur Organisationsentwicklung zusammengeführt werden.

3.3.4 Stufen der Organisationsentwicklung zur Gestaltung von Bildungsorganisationen

Analog zu den Entwicklungsstadien einer lernenden Organisation können Ansätze zur Organisationsentwicklung nach Behrmann (2006, S. 124) in drei unterschiedliche Stufen eingeteilt werden:
- *Latente Organisationsentwicklung*: Wandlungsprozesse von Organisationen sind – ähnlich wie funktionale Lernprozesse von Individuen – zu einem gewissen Teil als »naturwüchsiger« Entwicklungsprozess zu verstehen, der latent verläuft und letztlich zur Konsequenz hat, dass sich Organisationen in einer permanenten, oft unbemerkten Bewegung befinden.
- *Planvolle Organisationsentwicklung*: Externe oder interne Entwicklungsanlässe werden i. d. R. wahrgenommen und analysiert, darauf bezogene Entwicklungsabsichten in Aufgaben und Maßnahmen umgesetzt sowie Reorganisationsvorhaben durchgeführt und evaluiert.
- *Reflexive Organisationsentwicklung*: Sowohl organisationale Entwicklungen im Gesamtverlauf als auch Entwicklungstendenzen der Umwelt werden thematisiert und reflexiv bearbeitet (Behrmann, 2006, S. 124). Nach Behrmann (2006, S. 124) ist dabei die »Verbindung von analytischer Selbstbeschreibung und interessengeleiteter Bewertung ein zentrales Kennzeichen«. Im Sinne des Deutero-Learning bzw. Synonym auch Prozess- oder Meta-Lernen (s. Kapitel 2.2.3.2) ist es notwendig, eine »Meta-Methodik« des organisatorischen Wandels zu beachten, d. h. Entwicklungsdynamiken zu analysieren, Handlungslogiken zu hinterfragen und Lernprozesse aus der Organisationsentwicklung zu reflektieren.

3.3 Makro-Ebene – Bildungsorganisationen gestalten
Erhöhung der Entwicklungsfähigkeit von Bildungsorganisationen

Die nachfolgende Tabelle stellt die jeweiligen Entwicklungsansätze zusammenfassend gegenüber:

Tab. 36

Entwicklungsstufen der Organisationsentwicklung

Entwicklungsstufen	Kennzeichen	Aktivitäten
Latente Organisationsentwicklung: Lenkung	▸ Beiläufiger Verlauf mit latenter Entwicklungslogik ▸ Single Loop Learning	▸ Sinnverleihendes Nachvollziehen bereits erfolgter Veränderungen ▸ Feinsteuerung der bestehenden Organisation
Planvolle Organisationsentwicklung: Gestaltung der Bildungsorganisation	▸ Reorganisation als Steuerungsmaßnahme ▸ Double Loop Learning	▸ Vollzug geplanter Änderungen als Entwicklungssteuerung ▸ Reaktive Gestaltung von Strukturen und Kulturen insbesondere aufgrund von Umweltveränderungen ▸ Anpassung der Organisation

Reflexive Organisationsentwicklung: Entwicklung der Bildungsorganisation	▸ Hemmen von unerwünschten, Verstärken von erwünschten Entwicklungsverläufen
	▸ Ziel: Erhöhung der Entwicklungsfähigkeit von Organisationen
	▸ Deutero Learning
		▸ Proaktive Gestaltung bzw. Entwicklung
		▸ Mit-Vollziehen einer übergeordneten Entwicklungsdynamik
		▸ Bewusste Abstimmung zwischen Management- und Pädagogik-Perspektive:
		  – Maßnahmen zur Struktur- und Kulturgestaltung
		  – Abstimmung und Reflexion der Handlungslogiken, insbes. der betrieblichen und didaktischen Lernorganisation

Reflexives Bildungsmanagement, reflexive Organisationsentwicklung

Analog zu den organisationalen Lernarten bzw. -niveaus sind auch hier die Entwicklungsstadien miteinander verbunden und nicht isoliert zu sehen. Reflexives Bildungsmanagement, das auf die Entwicklungsfähigkeit von Bildungsorganisationen ausgerichtet ist, stützt sich auf das höchste Entwicklungsstadium der reflexiven Organisationsentwicklung. Deutlich wird dabei, dass Veränderungsprozesse in einer Organisation sowie die damit verbundenen individuellen und organisationalen Lernprozesse jeweils von der Ausprägung einer spezifischen Organisationsstruktur und -kultur abhängig sind. Daraus ergibt sich, dass die zielbezogene Gestaltung von Veränderungsprozessen eine genaue Kenntnis und Diagnose der jeweils bestehenden Strukturen und Kulturen nahe legt. Die Intervention erfordert eine sorgfältige Diagnose, soll sie nicht schrotschussartig und zufällig erfolgen. Diagnose vor Intervention – dieses Prinzip einer Organisations- und Personalentwicklung erfordert u. a. tragfähige Instrumente zur Diagnose von Organisationsstrukturen und -kulturen in Bildungsorganisationen. Daher soll der Aspekt, wie Strukturen und Kulturen in Bildungsorganisationen jeweils erfasst werden können, im Folgenden näher beleuchtet werden.

3.4 Analyse und Gestaltung von Strukturen

3.4.1 Überblick und Definition von Strukturen

Die Analyse und Gestaltung von Strukturen in Bildungsorganisationen bildet einen weiteren Schwerpunkt von Kapitel 3. Die folgenden Aspekte werden näher ausgeführt:

▸ Definition von Strukturen zur Grundlegung der wesentlichen Merkmale von Strukturelementen
▸ Ansätze zur Erfassung von Strukturen in Bildungsorganisationen
▸ Aufbau- und Ablaufstrukturen zur Gestaltung von Bildungsorganisationen

Strukturgestaltung: Leitfragen und Aspekte

Die strukturellen Faktoren einer Bildungsorganisation beziehen sich auf formale Regelungen und betreffen Aufgaben-, Entscheidungs-, Verantwortungs-, Budget- und Kommunikationsstrukturen. Wie in der Einführung zu diesem Kapitel bereits anhand des Eisbergmodells erläutert, können unter Strukturen die Elemente einer Organisation verstanden werden, die formalen und dokumentierten Charakter haben und somit sichtbar über dem Wasser sind. Capaul und Seitz (2011) weisen bei der Strukturgestaltung auf die Zielsetzungen hin: »… auf der einen Seite ist eine angemessene Arbeitsteilung festzulegen, um damit die Effizienz zu steigern und auf der anderen Seite jedoch auch dafür zu sorgen, dass die arbeitsteilig erbrachten Leistungen koordiniert und wieder zu einem sinnvollen Ganzen integriert werden können, um damit die Effektivität zu steigern sowie den Nutzen oder die Wirkung der Leistungen für die Anspruchsgruppen möglichst hoch zu halten« (S. 169).

> **Strukturen** können somit als Maßnahmen zur Gestaltung einer Organisation aufgefasst werden, die vor allem dazu dienen, den Aufbau des sozialen Systems, die Organisation und den Unterricht sowie die Arbeitsabläufe bzw. Prozesse für eine längere Zeit zu strukturieren, d. h. das Zusammenwirken der Mitarbeitenden sachlogisch und zeitlich zu koordinieren.

Strukturen von Bildungsorganisationen: Definition

Strukturen können folglich unterschieden werden in:
▸ **Aufbaustrukturen**, z. B. sichtbar in Organigrammen,
▸ **Ablauforganisationen**, z. B. Prozesse sind definiert, ggf. sogar dokumentiert in Handbüchern.

Nachfolgend wird zunächst auf Ansätze zur Beschreibung und Erfassung von Strukturen näher eingegangen.

3.4.2 Ansätze zur Erfassung von Strukturen

Jede Bildungsorganisation weist ihr eigenes spezifisches Organisationsprofil auf, nicht zuletzt auch aufgrund der eigenen Geschichte (Capaul & Seitz, 2011, S. 182). Ansätze zur Erfassung von Organisationsstrukturen beziehen sich häufig auf idealtypische Pole zwischen starren und unflexiblen einerseits sowie flexiblen, entwicklungsfähigen Strukturen andererseits.

Analyse von Organisationsprofilen nach Bleicher (2011)

Ein bekanntes Modell ist das Organisationsprofil von Bleicher (2011), das sowohl im Unternehmenskontext als auch in Schulen (s. Capaul & Seitz, 2011) Anwendung findet. Dieses Modell kann dafür herangezogen werden, um die Strukturen von Bildungsorganisationen nach Einschätzung der Organisationsmitglieder zu analysieren und mögliche Hindernisse für Entwicklungsarbeiten zu ergründen. Nach diesem

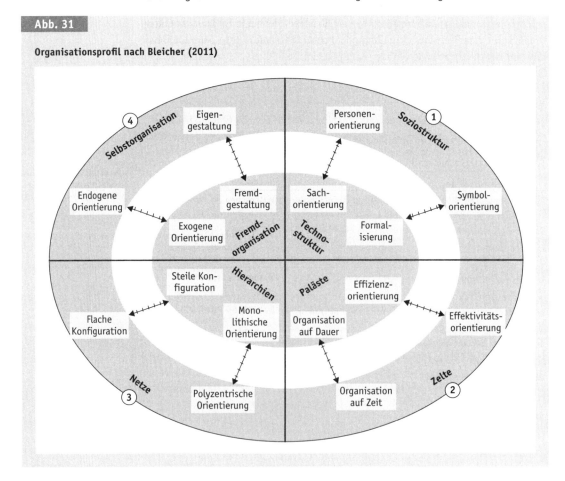

Abb. 31

Organisationsprofil nach Bleicher (2011)

Modell wird die Analyse des Organisationsprofils nach vier Bereichen mit den folgenden Spannungsfeldern vorgenommen:
- Technostruktur – Soziostruktur: Die Verbindung zur Kultur wird hierbei sehr deutlich, eher Sach- oder Personenorientierung, eher Formalisierung oder Symbolorientierung;
- Paläste – Zelte: Organisation auf Zeit. wie z. B. in Form von Projektorganisation, oder auf Dauer, Schwerpunkte auf Effizienz oder Effektivität gelegt;
- Hierarchien – Netze: Bestimmen auch die Führungsmodelle einer Organisation, monolithisch oder polyzentrisch, sowie steile vs. flache Hierarchien bzw. Konfiguration von Führungsmodellen;
- Fremdorganisation – Selbstorganisation: Fremd- oder Eigengestaltung bzw. geringe vs. hohe Autonomie der Subsysteme, wie z. B. auch von Lehrpersonen, sowie die Orientierung: eher exogen bestimmt oder endogen.

Diese vier grundsätzlichen Spannungsfelder können weiter in acht Sub-Kategorien der Analysebereiche ausdifferenziert werden. So ist jede der beiden Achsen charakterisiert durch zwei Pole, die in Abbildung 31 zunächst visualisiert und anschließend erläutert werden (Tabelle 37).

Tab. 37

Organisationsprofil: Analyse bestehender Strukturen

Erster Analysebereich: Technostruktur – Soziostruktur	
Innerer Kreis: Technostruktur	**Äußerer Kreis: Soziostruktur**
Sachorientierung	**Personenorientierung**
▸ Aufgaben im Mittelpunkt, fest gefügte Aufbau- und Ablauforganisation ▸ Beispiele: – Ausstattung der Gebäude und Räume – Budgetprozess – Einrichten von Infrastrukturen; z.B. Lerninseln	▸ Menschen im Mittelpunkt, Gestaltung von Freiräumen ▸ Beispiele: – Teamberatung – Präsenz und Kommunikation im Lehrerzimmer – Pädagogische Konferenz
Formalisierung	**Symbolorientierung**
▸ Gestaltung der materiellen Ebene ▸ Orientierung an schriftlichen Regelungen von Aufgabenverteilung, Kompetenzen und Arbeitsprozessen mit Organigrammen, Stellenbeschreibungen, Handbüchern (Oberflächenstruktur) ▸ Schriftliche Kommunikation auf dem Dienstweg ▸ Beispiel: Administrativ und systematisch erfasstes Urlaubs- und Absenzenwesen	▸ Gestaltung der geistig-sinnhaften Ebene ▸ Orientierung an gelebten Werten, Normen, Gewohnheiten und Ritualen als sinngebender Rahmen (Tiefenstruktur) ▸ Offene und direkte Kommunikation ▸ Beispiele: – Gemeinsam entwickeltes Leitbild – Schulfeste

3.4 Makro-Ebene – Bildungsorganisationen gestalten
Analyse und Gestaltung von Strukturen

Tab. 37

Organisationsprofil: Analyse bestehender Strukturen (Fortsetzung)

Zweiter Analysebereich: Paläste – Zelte

Innerer Kreis: Paläste	Äußerer Kreis: Zelte
Organisation auf Dauer	**Organisation auf Zeit**
▸ Strukturen und Prozesse stellen auf absehbare Zeit ähnliche, sich kaum ändernde Anforderungen dar und müssen nur selten verändert werden ▸ Starre Kopplung der Subsysteme ▸ Gleich bleibende eindimensionale Projektorganisation nach Bereichen oder Funktionen ▸ Beispiele: – institutionalisierte Schulleitung – einheitlich gestaltete Dokumentvorlagen für sämtliche Schriftstücke	▸ Strukturen und Prozesse unterliegen einem schnellen Wandel und müssen laufend angepasst werden ▸ Lose Kopplung der Subsysteme ▸ Befristete Projektorganisation und mehr-dimensionale Organisationsstruktur ▸ Beispiel: Ad-hoc-Arbeitsgruppen, wenig integrierte Informatiklösungen
Effizienz	**Effektivität**
▸ Aufgaben und ihre organisatorische Zuordnung sind im Voraus festgelegt ▸ Perfektionierung bestehender, stark zerlegter Aufgaben ▸ Ziele mit möglichst geringem Aufwand erreichen (Dinge richtig tun) ▸ Routineartige Aufgaben mit minimaler fachbereichsbezogener Kommunikation ▸ Beispiel: Abwicklung von Prüfungen (Aufnahme- oder Diplomprüfungen)	▸ Aufgaben und ihre organisatorische Zuordnung werden erst im Verlauf der Aufgabenerfüllung festgelegt ▸ es gilt zuerst die Zielrichtung zu bestimmen (die richtigen Dinge tun) ▸ Wirkungsvolle Gestaltung neuartiger Aufgaben mit fachbereichsübergreifender Kommunikation ▸ Beispiel: Ziele und Schwerpunkte für die Schulentwicklung

Dritter Analysebereich: Hierarchien – Netze

Innerer Kreis: Hierarchien	Äußerer Kreis: Netze
Monolithisch	**Polyzentrisch**
▸ Zentralisierung von Entscheidungsmacht bei der höchstmöglichen Instanz ▸ Einheitlichkeit und Schlagkraft (Liniengerüst), aber auch Trägheit ▸ Autoritärer Führungsstil ▸ Vertikale Kommunikation ▸ Beispiel: – Geleitete Schule, Leadership-Rolle, die Verantwortung für die Gesamtführung der Schule und entsprechende Entscheide verbleiben beim Schulleiter(in) – Lehrpersonen arbeiten unter dem Motto »Ich bin verantwortlich für mein Klassenzimmer«	▸ Delegation bzw. Dezentralisation von Verantwortung auf die Ebene mit der höchsten Sachkompetenz ▸ Beweglichkeit, aber auch Doppelspurigkeiten (Gruppengerüst) ▸ Kooperativer Führungsstil ▸ Laterale und vertikale Kommunikation ▸ Beispiel: – Teamgeleitete oder basis-demokratisch geführte Schule – Teamführung oder Moderationsrolle, gemeinsame Entscheide in der Schulleitung oder durch Konsens im Lehrkörper – Lehrpersonen arbeiten unter dem Motto »Wir sind unsere Schule«

3.4 Analyse und Gestaltung von Strukturen

Tab. 37

Organisationsprofil: Analyse bestehender Strukturen (Fortseztung)

Innerer Kreis: Hierarchien	Äußerer Kreis: Netze
Steile Konfiguration	**Flache Konfiguration**
▸ Viele Hierarchiestufen ▸ Kleine Leitungsspanne ▸ Indirekte Kommunikation auf dem Dienstweg ▸ Eindimensionale Organisationsform bei hoher Aufgabenzergliederung und Bildung vieler Bereiche (Spezialisten) ▸ Hoher Abstimmungs- und Kontrollbedarf (»Misstrauensorganisation«) ▸ Beispiel: Eine große Schule weist viele Hierarchiestufen und lange Entscheidungswege auf	▸ Wenige Hierarchiestufen ▸ Große Leitungsspanne ▸ Direkte Kommunikation ▸ Mehrdimensionale Organisationsform bei geringer Aufgabenzergliederung und Bildung weniger Bereiche (Generalisten) ▸ Hohe Eigenverantwortung und Autonomie der Organisationseinheiten (»Vertrauensorganisation«) ▸ Beispiel: Die Fachgruppen konstituieren sich selbst und garantieren einen aktuellen und guten Unterricht in den betreffenden Fächern

Vierter Analysebereich: Fremdorganisation – Selbstorganisation

Innerer Kreis: Fremdorganisation	Äußerer Kreis: Selbstorganisation
Fremdgestaltung	**Eigengestaltung**

▸ Organisation wird von oben für die Betroffenen geplant und mit geringer Autonomie der Subsysteme gestaltet
▸ Detaillierte Vorschriften mit straffer Führung
▸ Beispiel: Zentral gelenkte Schule
  – Geschlossene Lehrplan- und Unterrichtsgestaltung, verbindlicher und detaillierter Lehrplan
  – Stundenplan mit Einzelfächern und Einzellektionen von 45 Minuten
  – Extern konzipiertes Qualitätsmanagement
	▸ Organisation wird von unten, von den Beteiligten selbst gestaltet mit hoher Autonomie der Subsysteme
	▸ Allgemeine Verhaltensanweisungen mit spontanen Entwicklungsmöglichkeiten
	▸ Beispiel: Schule mit Teilautonomie
	  – Offene Lehrplan- und Unterrichtsgestaltung, nur Rahmenlehrplan als Vorgabe
	  – Schuleigener Lehr- und Stundenplan mit Gestaltungsmöglichkeiten; z. B. Wochenplan-, Epochen- oder Blockunterricht, fächerübergreifender und thematischer Unterricht

Exogene Orientierung	**Endogene Orientierung**

▸ Von außen geprägte Struktur mit dem Ziel, sich der Umwelt anzupassen (Bildungs-, Leistungsauftrag, Kundenorientierung)
▸ Konkurrenz als Maßstab für das Verhalten (Benchmarking)
▸ Beispiele:
  – Der Formalisierungsgrad steigt mit der Größe der Schule
  – Externe Vorgaben für die Einhaltung von Qualitätsstandards
	▸ Von innen geprägte, auf Stärken aufbauende Struktur mit dem Ziel, die Umwelt zu beeinflussen
	▸ Eigene Ziele und Aktivitäten als Maßstab für das Verhalten
	▸ Beispiele:
	  – Leitbild mit eigenem Schulprofil
	  – Entwickeln eines schuleigenen Lehrplans
	  – Aufbau einer Weiterbildungsabteilung

Quelle: Capaul & Seitz, 2011, S. 182ff.

3.4 Makro-Ebene – Bildungsorganisationen gestalten
Analyse und Gestaltung von Strukturen

Organisationsprofile: Extremformen

Ausgehend von dieser Analyse lassen sich zwei extreme Organisationsformen im inneren und äußeren Kreis lokalisieren:
- Im inneren Kreis befindet sich eine stabilisierende, auf Dauer angelegte Organisation, die eine formale, technokratische Aufbauorganisation mit vertikal-hierarchischer Prägung aufweist und nach dem Prinzip der Fremdorganisation mit geringer Autonomie der Subsysteme gestaltet ist.
- Im äußeren Kreis ist idealtypisch eine einwicklungsfähige, lernende Organisation anzutreffen, die eine personengebundene und sinnstiftende, symbolorientierte Prozessorganisation aufweist.

Analyse Ist-Profil einer Bildungsorganisation als Ausgangspunkt für die Gestaltung

Eine Bildungsorganisation kann anhand der aufgezeigten Pole analysiert werden, um somit ein Ist-Profil ermitteln zu können. Zudem lässt sich in den einzelnen Dimensionen feststellen, inwieweit sie zueinander passen oder sich widersprechen. Aufgrund der Diagnose des Ist-Zustandes und der erkannten Schwachstellen wird auch grafisch sichtbar, in welche Richtung sich die Bildungsorganisation weiter entwickeln soll (Soll-Profil), um »... aus der – aufgrund von Gewohnheiten – sich abzeichnenden Tendenz der Erstarrung herauszukommen« (Capaul & Seitz, 2011, S. 187), welche für viele Bildungsorganisationen und Schulen typisch ist.

Mechanistische, technokratische vs. organische, lernfähige Systeme

In der Literatur sind weitere Ansätze zur Erfassung von Organisationsstrukturen aufzufinden. Statt einem inneren und einem äußerem Kreis wird dabei häufig direkt eine Gegenüberstellung zwischen Extrempositionen vorgenommen, um eher entwicklungsfähige, flexible von starren Strukturierungsformen zu unterscheiden. Ein Beispiel hierfür liefert Staehle (1999, zit. in Behrmann, 2006, S. 276), indem er mechanistische und organische Systemkonfigurationen gegenüberstellt. Eher konzentrisch, zentral und hierarchisch strukturierte Organisationen lassen sich auch mit mechanistischen Vorstellungen assoziieren, während eher polyzentrisch, dezentral und heterarchisch strukturierte Organisationen in Verbindung mit organischen Systemvorstellungen stehen. Bei diesen Merkmalen werden insbesondere Merkmale der Führungsmodelle hinsichtlich Führungsstil und Kontrolle ergänzt.

Mechanistische, technokratische vs. organische, lernfähige Systeme

Tab. 38

Merkmale mechanistischer und organischer Systemkonfiguration

Merkmale	Mechanistische, technokratische Systeme	Organische, lernfähige Systeme
Spezialisierung	Stark	Schwach
Formalisierung	Stark	Schwach
Führungsebenen	Viele	Wenige
Führungsstil	Autoritär	Partizipativ
Kommunikation	Vertikal	Lateral
Kontrolle	Vorgesetzte	Selbstkontrolle

Quelle: Behrmann, 2006, S. 276

Im Vergleich beider Strukturierungsformen wird allgemein davon ausgegangen, dass sich konzentrische Strukturen einer *mechanistischen Organisationsform* im Wesentlichen anbieten bei (Behrmann, 2006, S. 276):
- klar definierbaren Zielen der Organisation,
- routinisierbaren Aufgaben,
- fehlender Möglichkeit, unter Zeitdruck alle Beteiligten in Entscheidungsprozessen einzubeziehen,
- einfach strukturierten oder auch komplexen, aber durchaus leicht segmentierbaren Umwelten,
- eher statischen und stabil erscheinenden Umwelten.

Die *polyzentrische Organisationsform* für Strukturen bietet sich im Wesentlichen an bei:
- indifferenten Zielen der Organisation, die auf unklare Umweltverhältnisse zurückzuführen sind,
- nicht-routinisierbaren Aufgaben,
- komplizierten Entscheidungen, die eine Einbeziehung von Beteiligten, Betroffenen und Anspruchsgruppen in langfristig wirksame Entscheidungsprozesse erforderlich machen,
- einfach strukturierten oder komplexen, jedoch kaum segmentierten Umwelten,
- eher dynamisch und instabil erscheinenden Umwelten.

Mischformen der Strukturierung

Die Annahme, Unternehmen in dynamischen Umwelten würden eine flexible, nicht-bürokratisch orientierte Organisationsstruktur bevorzugen, ist aufgrund der empirischen Befundlage äußerst umstritten (Behrmann, 2006, S. 276). Daher betont Behrmann (2006, S. 276) die Notwendigkeit, eine differenzierende Sichtweise einzunehmen, »... dass es weniger um die Gestaltung der Gesamtorganisation gemäß einer verabsolutierten Modellvorstellung organisationaler Strukturierung geht, als vielmehr um die Konstruktion einzelner Organisationsbereiche und Handlungsfelder, entsprechend der jeweiligen Anforderungen an strukturelle Merkmale der Spezialisierung, Formalisierung, Führung, Kommunikation und Kontrolle, wobei dies unter der Berücksichtigung der Wechselwirkung zu bestimmten Umweltsegmenten erfolgt« (S. 276). Daraus folgt, dass eine Bildungsorganisation eine Mischform unterschiedlicher Strukturierungsformen angesichts ihrer funktionsspezifischen Bestimmung aufweisen kann. Innerhalb einer Bildungseinrichtung können somit – zielbezogen, aufgabentypisch und bereichsspezifisch – unterschiedliche Strukturierungsformen einzelner Partialsysteme bestehen. Daher sollte auch der Plural »Strukturen« statt »Struktur« Anwendung finden.

Mischformen von Organisationsstrukturen in der Praxis

Zusammenfassung: Formale Strukturen über der Wasseroberfläche sind offensichtlich klarer erkennbar und dadurch einfacher zu gestalten als Kulturen unter der nicht sichtbaren Wasseroberfläche. Der Gestaltung von Strukturen sind allerdings dennoch Grenzen gesetzt (Capaul & Seitz, 2011, S. 196), wodurch die Verbindungen zwischen strukturellen und kulturellen Faktoren bereits deutlich werden. Nicht nur die menschlichen Handlungen tragen zur Ausgestaltung der Organisation bei, auch die gewachsenen Strukturen und Gewohnheiten spielen dabei eine Rolle. Man spricht in diesem Zusammenhang von selbstorganisierenden Systemen, d. h. einem Eigenverhalten von Systemen, denn neben den bereits gewachsenen Strukturen beeinflussen auch die laufenden Handlungen und Interaktionen der Organisationsmitglieder das Geschehen. Dies zeigt wiederum die wechselseitige Beziehung zwischen individuellem und organisationalem Lernen in vorhandenen Strukturen und Kulturen auf.

Nach der Analyse des grundsätzlichen Organisationsprofils wird im nächsten Schritt eine Gestaltungsperspektive eingenommen, um zu erklären, wie Aufbau- und Ablaufstrukturen von Bildungsorganisationen gestaltet werden können.

3.4.3 Aufbau- und Ablaufstrukturen

3.4.3.1 Überblick

Die *Aufbauorganisation* bzw. *Aufbaustrukturen* legen die Rahmenbedingungen fest und regeln, welche Aufgaben von welchen Rollen bzw. Mitarbeitenden zu bewältigen sind (meist in einem hierarchischen Gerüst nach Funktionen dargestellt oder nach Bildungsprogrammen organisiert). Die *Ablauforganisation* bzw. *Ablaufstrukturen* hingegen regeln die Kern- und Unterstützungsprozesse in der Organisation. In einer Bildungsorganisation sind beide Arten: Aufbau- und Ablauforganisation jeweils zu berücksichtigen.

Aufbau- und Ablaufstrukturen einer Bildungsorganisation

Die Unterscheidung in Aufbau- und Ablaufstrukturen von Bildungsorganisationen lässt sich anhand folgender Visualisierung veranschaulichen:

Abb. 32

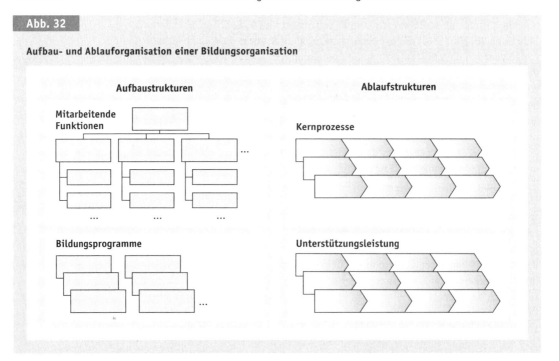

Aufbau- und Ablauforganisation einer Bildungsorganisation

Die Bezüge zum strategischen Bildungsmanagement werden dabei deutlich (vgl. Kapitel 2, Elemente einer Strategie). Während grundsätzliche strategische Entscheidungen als Grundkonfiguration einer Bildungsorganisation im Rahmen des strategischen Bildungsmanagements getroffen werden (z. B. hinsichtlich Ressourcenverwendung und Aufbau interner Kompetenzen), fokussiert die Makro-Ebene die konkrete Ausgestaltung der Rahmenbedingungen einer Bildungsorganisation. Dabei wird insbesondere die übergeordnete Leitfrage adressiert, inwieweit die Rahmenbedingungen lernförderlich gestaltet werden sowie die Lern- und Entwicklungsfähigkeit von Bildungsorganisationen erhöhen können.

3.4.3.2 Aufbaustrukturen

Bei Aufbaustrukturen steht die sachliche Zusammenfassung oder Koordination im Vordergrund. Sie dienen dazu, zusammengehörige Aufgaben, die arbeitsteilig erbracht werden, sinnvoll zusammenzufassen. Fragen, die dabei im Vordergrund stehen können, sind beispielsweise:

Aufbaustrukturen: Kernfragen

- Welche Abteilungen hat die Bildungsorganisation?
- Nach welchen Ordnungskriterien werden die Bildungsorganisation bzw. die Bildungsangebote strukturiert (z. B. in Schulen nach Jahrgängen, Typus, Funktionen etc.)?
- Zwischen welchen Teilaufgaben besteht ein sachlicher Zusammenhang?
- Welche externen Ausbildungen, Dienstleistungen bietet die Bildungsorganisation an?

Die Regelung von Aufbaustrukturen geschieht mittels Organigramm, Stellenbeschreibungen und Funktionendiagrammen. Die nachfolgende Abbildung 33 zeigt ein Beispiel für ein Organigramm aus dem Schulkontext und veranschaulicht wie eine Schule strukturiert sein könnte (Capaul & Seitz, 2011, S. 201):

Aufbaustrukturen: Kernfragen

Abb. 33

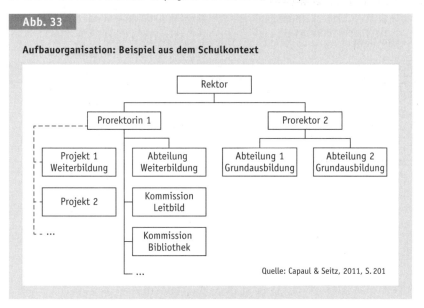

Aufbauorganisation: Beispiel aus dem Schulkontext

Quelle: Capaul & Seitz, 2011, S. 201

3.4 Makro-Ebene – Bildungsorganisationen gestalten
Analyse und Gestaltung von Strukturen

> **Exkurs**
>
> ### Kontext Bildungsmanagement in Unternehmen: dezentral – zentral
>
> Für Bildungsabteilungen innerhalb einer Organisation steht die zentrale Frage im Vordergrund, wie das Bildungsmanagement eingebettet und strukturell verankert werden soll. Bezogen auf ein Unternehmen bietet sich prinzipiell das breite Spektrum zentralistischer und dezentralistischer Organisationsmodelle an. Dabei ist es bedeutsam, in welcher Weise das Bildungsmanagement in die Entscheidungs- und Informationsflüsse der Organisation eingebunden ist. Das zentralistische Modell sieht die Aufgaben des Bildungsmanagements in einer zentralen Bildungsabteilung bzw. einer Stabstelle aufgehoben, während das dezentralistische Modell die Aufgaben den einzelnen Organisationseinheiten überträgt.

Prinzipiell wird es bei der Wahl der Organisationsform darauf ankommen, eine angemessene Verbindung von fluiden und festen Strukturen, von stabilen Palast- und flexiblen Zelt-Organisationen zu etablieren. Im Idealfall wird es gelingen, sowohl flexibel auf neue Bedarfslagen zu reagieren als auch durch das Management von Wissen und Kompetenz die Kontinuität in der Organisation zu wahren. Eine besondere Herausforderung für die Gestaltung der Aufbauorganisation ist es, eine adäquate Balance zwischen Effizienz und Effektivität – einer technokratischen und organischen Aufbauorganisation – herzustellen. Um eine derartige Balance aufzuzeigen, sind nachfolgend einige Beispiele für die jeweiligen Gestaltungsebenen aufgeführt:

Tab. 39

Aufbaustrukturen: Balance zwischen Effizienz und Effektivität

Ebene	Technokratische Aufbauorganisation, Ziel: Optimierung, Effizienz	Organische Aufbauorganisation, Ziel: Erhöhung der Entwicklungsfähigkeit, Effektivität
Makro-Ebene: Organisation	▸ Institutionalisierte Schulleitung ▸ Organisationsweite Supportstrukturen, z.B. für Wissensmanagement, Kommunikation und Kooperation	▸ Organisation autonomer Subsysteme: Temporale Projektorganisation, z.B. für Innovationsprojekte ▸ Ad-hoc Arbeitsgruppen; z.B. für curriculare Entwicklungarbeiten
Meso-Ebene: Programm	▸ Institutionalisiertes Programm-Management ▸ Organisationsweite Supportstrukturen für die Programmentwicklung	▸ Organisationsweiter Rahmen für die Lernorganisation von Bildungsprogrammen (Möglichkeiten der Selbstorganisation)
Mikro-Ebene: Individuum	▸ Institutionalisiertes Rollenverständnis der Lehrpersonen ▸ Einrichtung von personalen und medialen Supportstrukturen ▸ Organisationsweite Supportstrukturen für die Kompetenzentwicklung der Organisationsmitglieder	▸ Organisationsweiter Rahmen ▸ Autonomie für Lehrpersonen ▸ Definierte Bereiche/Freiräume, z.B. für die Entwicklung von Unterrichtskonzeptionen in Teams

Entsprechend dieser drei Ebenen einer Aufbauorganisation können davon abgeleitet unterschiedliche Rollen auf den verschiedenen Führungsebenen definiert werden:

- *Leitungspersonal*: Bildungsverantwortliche übernehmen die Gesamtverantwortung für die Bildungsorganisation. Im Kontext der Schule wird je nach Führungsmodell danach unterschieden, ob es sich um eine »geleitete« Schule mit einer Führungsperson oder um eine »moderierte«, basisdemokratische Schule handelt. In der Praxis sind an Schulen häufiger »geleitete« Bildungsorganisationen anzutreffen, allenfalls in Teilbereichen ist eine höhere Selbstorganisation anzutreffen.
- *Mittlere Führungsebene*: Im schulischen Kontext sind insbesondere Funktionen immer häufiger etabliert worden, um Fachschaften zu vertreten und Führungsaufgaben an der Schnittstelle zum Rektorat zu übernehmen. Da die Funktion des Programm-Managers an Bedeutung gewinnt, sind im Unternehmenskontext ähnliche Entwicklungen zu beobachten. Zu den Bildungsmanagement-Aufgaben dieser Ebene gehören insbesondere Entwicklungsaufgaben für das zu verantwortende Bildungsprogramm.
- *Lehrpersonen und weitere Personen zur Bereitstellung der Infrastruktur*: Die Hauptgruppe stellen die Unterrichtenden, Dozierende an Hochschulen, Trainer in Unternehmungen, etc., dar. Die Aufteilung in Arbeitsaufgaben kann zu vielfältigen Aufgaben und Rollen in der Bildungsorganisation führen. Beispielsweise sind sie notwendig, um die (technologische) Infrastruktur zur Verfügung zu stellen, wie beispielsweise Konzeptberater für die Entwicklung technologiegestützter Lernformen oder Lernplattform-Administratoren. Neue Aufgabenbereiche und Rollen können u. U. aufgrund gestiegener Anforderungen in Teilbereichen hinzukommen. So haben beispielsweise einige Bildungsorganisationen die Rolle des Social-Media-Managers etabliert, um eine professionelle Kommunikationsarbeit in der digitalen Welt zu garantieren.

Führungsebenen einer Aufbauorganisation

Beispiel aus dem Unternehmenskontext **Rollenfixierungen**

▶▶▶ Ein zentraler struktureller Aspekt betrifft die Rollenfixierungen des Bildungspersonals, der »Learning Professionals« (vgl. Kapitel 5). Markant ist in diesem Zusammenhang der spezifische Jargon, in dem die Aktivitäten des Bildungsmanagements zu erfassen versucht werden. Bildungsverantwortliche bezeichnen sich ungern als Pädagogen, eher schon als Trainer, Tutoren oder Coaches, am liebsten jedoch als »performance consultant«, »human resources manager«, »commitment builder«, »staff developer«, »career counsellor«, »change pilot« oder »change agent«. Während die Begriffsverwendung auch einen Aspekt der Kultur bezeichnet, bieten die mit den Begriffen verbundenen Rollenprofile einen wesentlichen Hinweis auf die interne Differenzierung in diesem Tätigkeitsfeld. So bietet die Einteilung in Bildungsmanager, Seminarleitungs- und Lehrpersonal eine hilfreiche Unterscheidung von Aufgabenschwerpunkten in diesem unübersichtlichen Feld (Arnold & Müller, 1992, S. 39). ◀◀◀

3.4 Makro-Ebene – Bildungsorganisationen gestalten
Analyse und Gestaltung von Strukturen

Im Überblick differenzieren Arnold und Müller die drei Rollen wie folgt aus:

Tab. 40

Rollen- und Tätigkeitsschwerpunkte: Beispiel

Typische Rollen im Bildungsmanagement

Rolle	Bildungsmanager	Seminarleiter	Trainer
Bildungsmanagement	80–100 %	50 %	25 % und weniger
Seminarleitung	0–20 %	40–50 %	15–35 %
Training	0–5 %	bis zu 5 %	40–60 %
Tätigkeitsschwerpunkte	▸ Bedarfsanalyse ▸ Kostenanalyse ▸ Betriebsinterne Darstellung der Weiterbildung ▸ Organisation	▸ Programmplanung ▸ Programmverwaltung ▸ Konzeption ▸ Materialerstellung ▸ Auswahl interner und externer Lehrkräfte ▸ Erfolgskontrolle ▸ Transfersicherung ▸ Moderation	▸ Bedarfsanalyse ▸ Konzeption ▸ Materialerstellung ▸ Moderation ▸ Training

In den letzten zwanzig Jahren lässt sich ein deutlicher Wandel in den genannten Berufsrollen feststellen. Durch die Übernahme von Managementfunktionen umfasst der Verantwortungsbereich der Bildungsmanager weit mehr als die Vermittlung fachlicher Seminarinhalte (Arnold & Müller, 1992). Es geht nicht mehr nur um die Verwaltung des Bildungsprogramms und die Steuerung von Seminaren, sondern vielmehr um die Nutzung der Lernbereitschaft, die Vergrößerung der Lernwirksamkeit und insbesondere auch um die Verbindung von Bildungsprozessen mit den unternehmensübergreifenden Managementprozessen des Unternehmens, d. h. um die Gestaltung, Entwicklung und Lenkung von Bildung im Unternehmen (Niedermair, 2005). Auf ähnliche Weise verändert sich die Rolle des Seminarleitungs- und Lehrpersonals.

Rollenwandel im betrieblichen Bildungsmanagement

Weitere wesentliche Entwicklungsströme, die auf die Rollen und Aufgaben von Bildungsverantwortlichen wirken, sind in einer Neuverteilung der Verantwortlichkeiten zu sehen: Führungskräfte übernehmen in der Zukunft vermehrt zentrale Personalentwicklungsaufgaben sowie komplexe Aufgabenfelder wie Lernprozessbegleitung, Kulturgestaltung oder Wissensmanagement, die zunehmend auf mehrere Träger verteilt werden (Sausele-Bayer, 2011). Die Aufgabe der Bildungsmanager im engeren Sinn ist es, als Prozessbegleiter, Berater oder Coach die jeweiligen Akteure in ihrem Handeln zu unterstützen und sie in das Management der Bildungsprozesse zu integrieren. Das Seminarleitungs- und Lehrpersonal muss sich darauf einstellen, dass Führungskräfte vermehrt Trainerfunktionen übernehmen. Auf diesen Aspekt wird im Rahmen des Konzepts von Learning Professionals (s. Kapitel 5) näher eingegangen. Damit werden die Aufgaben der im Bildungsmanagement Tätigen zunehmend komplexer und die Anforderungen an sie steigen.

3.4.3.3 Ablaufstrukturen

Die Ablaufstrukturen dienen dazu, die Aufgaben in einer sinnvollen Reihenfolge zu erledigen und folgende Leitfragen zu beantworten (Capaul & Seitz, 2011, S. 197):

▸ Welche Kernprozesse und damit verknüpft welche Aufgaben sind in welcher zeitlichen Abfolge zu erfüllen, um das Programmprofil umsetzen zu können?
▸ Welche Unterstützungsleistungen sind in welcher zeitlichen Abfolge zu erbringen und zu gewährleisten, um die Kernprozesse bei der Umsetzung zu unterstützen?

Ablaufstrukturen: Leitfragen

Die strategisch bestimmte Wertschöpfungskette einer Bildungsorganisation wird anhand ihrer Ablaufstrukturen in Prozesse für die Makro-, Meso- und Mikro-Ebene differenziert und konkretisiert. Die Regelung von Ablaufstrukturen geschieht beispielsweise anhand von Funktionendiagrammen, Festlegen von Ablaufprozessen etc. und wird in entsprechenden Handbüchern, Reglementen und Vorschriften dokumentiert.

Ebner (2010, S. 268) unterscheidet bei den Ablaufstrukturen einer Bildungsorganisation in Kernprozesse und Unterstützungsleistungen. Seiner Ansicht nach gewinnen im Zuge einer dezentralen Selbststeuerung sowie eigenverantwortlich erarbeiteten Entwicklungsperspektive insbesondere fünf zentral zu bearbeitende Handlungsfelder an Bedeutung: Bildungsgangentwicklung, Personalentwicklung, Organisationsentwicklung, Kooperationsbeziehungen, Qualitätsentwicklung. Aus diesen Handlungsfeldern heraus lassen sich in Anlehnung an Ebner (2010, S. 270) die folgenden Kernprozesse und Unterstützungsleistungen herausstellen:

Ablaufstrukturen: Kern- und Unterstützungsprozesse

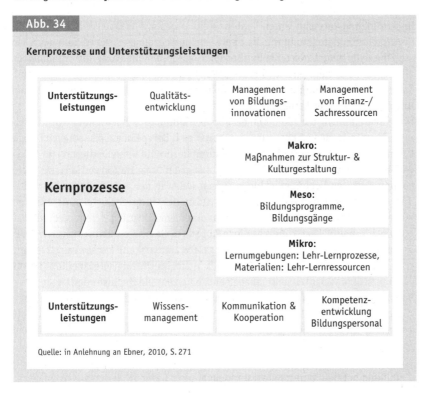

Abb. 34 Kernprozesse und Unterstützungsleistungen

Quelle: in Anlehnung an Ebner, 2010, S. 271

3.4 Makro-Ebene – Bildungsorganisationen gestalten
Analyse und Gestaltung von Strukturen

Kernprozesse nach Gestaltungsebenen

Kernprozesse

Unter Kernprozessen werden hierbei jene Prozesse verstanden, die direkt mit der Herstellung des betreffenden »Produkts« verbunden sind (Ebner, 2010, S. 271). Produkte sind in diesem Zusammenhang als Angebote für definierte Nutzergruppen zu verstehen. In Abhängigkeit von der strategischen Ausrichtung und des Programmprofils einer Bildungsorganisation (vgl. Kapitel 2, Programm-Portfolio) können sich diese beziehen auf:

- *Makro-Ebene*: Maßnahmen zur Struktur- und Kulturgestaltung; Maßnahmen, um Lehr-Lernkulturen zu fördern, in denen Lernen durch Lehrende, Peers, Medien, etc. unterstützt wird (vgl. Kapitel 2, Programmportfolio als Element einer Strategie);
- *Meso-Ebene*: Maßnahmen zur Entwicklung und Betreibung von Bildungsgängen;
- *Mikro-Ebene*: Maßnahmen zur Entwicklung und Bereitstellung von Lernumgebungen. Hierzu gehören u. a. das Entwerfen der Lernumgebung und die Entwicklung von Instrumenten zur Lerndiagnose bzw. zur Leistungsfeststellung sowie Maßnahmen zur Entwicklung bzw. Adaption curricularer Materialien (Ebner, 2010, S. 271).

Ebner (2010, S. 271) bezeichnet die Produkte dann als professionell entwickelt, wenn sie nach ausgewiesenen Standards, wie z. B. ausgewiesene Lernziele, didaktisch begründete Methoden, entwickelt worden sind.

Unterstützungsleistungen: Beispiele

Unterstützungsleistung

Als Unterstützungsleistung wird hier eine Leistung bezeichnet, die erbracht wird, um die Herstellung und die Güte der Produkte sowie die Erzielung der intendierten Ergebnisse zu sichern und kontinuierlich zu verbessern. Als zentrale Handlungsfelder können nach Ebner (2010, S. 276) folgende Unterstützungsleistungen in einer Bildungsorganisation angesehen werden:

- *Wissensmanagement* stellt eine bedeutsame Unterstützungsleistung dar. In zahlreichen Studien wird berichtet, dass unter dem Lehrpersonal die isolierte Einzelarbeit dominiert, wie Ebner (2010) es formuliert: »Die Herausforderung für Schulen wird demnach u. a. darin bestehen, das in der Organisation vorhandene – aber beinahe hermetische individuelle Wissen – den in den entsprechenden Arbeitskontexten involvierten Lehrpersonen zugänglich zu machen« (S. 276). Die Herausforderung aus Sicht des Bildungsmanagements ist dabei weniger technischer Natur, sondern eher kultureller Art. Es geht insbesondere darum, inwieweit ein angemessener Anreiz in Schulen dafür gesetzt werden kann (»knowledge creating school«, vgl. Hargreaves, 1999, S. 124). Auch im Unternehmenskontext ist die Unterstützung des Wissensmanagements eine zentrale Herausforderung.
- *Kommunikation und Kooperation* mit organisationsexternen Partnern: Die Kommunikations- und Kooperationsaufgaben mit den jeweiligen Anspruchsgruppen, nehmen in allen Bildungskontexten an Bedeutung zu. Wenn Schulen zu eigenständigeren Organisationen werden, dann entwickeln sich daraus neue Kommunikations- und Kooperationsbedarfe und -beziehungen. Im Rahmen der dualen Ausbildung hat die Lernortkooperation ein starkes Gewicht. Bildungsabteilungen in

Unternehmen müssen verstärkt Kommunikationsarbeit leisten. Durch eine professionelle Öffentlichkeitsarbeit mittels unterschiedlicher Kommunikationsinstrumente und -kanäle gilt es dabei, die Leistungen der Bildungsorganisation effektiv zu kommunizieren.

- *Kompetenz- und Personalentwicklung des Bildungspersonals*: In diesem Handlungsbereich ist die Kompetenz- und Personalentwicklung der Bildungsverantwortlichen und ihrer jeweiligen Aufgaben und Rollen im Hinblick auf die Erbringung der Kernprozesse, als Unterstützungsleistung zu betrachten. Auf den Aspekt der Kompetenzentwicklung des Bildungspersonals wird in Kapitel 5 eingegangen.
- *Management der Finanz- und Sachressourcen:* Als Unterstützungsleistung ist weiterhin die Sicherung der finanziellen und sachlichen Ressourcen entsprechend des jeweiligen Finanzierungsmodells (s. Kapitel 2.3.2) zu sehen.
- *Qualitätsmanagement und Management von Bildungsinnovationen:* Abschließend sind Unterstützungsleistungen auf der Organisationsebene anzusiedeln, welche den Entwicklungsmodus der Bildungsorganisation adressieren: Bildungsprodukte und die erforderlichen Kernprozesse in ihrer Qualität kontinuierlich zu verbessern sowie Innovationen in den unterschiedlichen Bereichen auszuwählen und erfolgreich zu implementieren. Auf diese Handlungsbereiche – Qualitäts- und Innovationsmanagement – wird in Kapitel 6 näher eingegangen.

Im privatwirtschaftlichen Unternehmenskontext sind derartige Handlungsfelder bereits länger etabliert, wenn auch mit unterschiedlicher Akzentuierung, beispielsweise ist der Bildungscontrolling-Ansatz verbreiteter als Qualitätsentwicklung. Im schulischen Kontext nimmt die Bedeutung dieser Handlungsfelder zu. Ebner (2010, S. 276) zieht daraus die Schlussfolgerung, dass Lehrpersonen primär auf die Erstellung der Kernprodukte fokussiert sind und somit die Qualität dieser Produkte einer Schule und deren Implementierung in hohem Maße von der Güte des Wissens der einzelnen Lehrpersonen bestimmt wird. Fragen nach den Möglichkeiten und Erfordernissen der Sicherung, Kontrolle und Weiterentwicklung der entsprechenden Voraussetzungen auf der Organisationsebene der einzelnen Schule ist bisher wenig Aufmerksamkeit gewidmet worden. »Im Zuge der zunehmenden Dezentralisierung von Entscheidungen bzw. der Verlagerung von Entscheidungen von der Schulaufsicht an die einzelnen Schulen, der damit einhergehenden wachsenden Rechenschaftspflicht sowie der Bestrebungen, in Teilbereichen Wettbewerbselemente als Steuerungsinstrumente einzusetzen, werden sich Schulen diesen Fragen verstärkt zuwenden müssen« (Ebner, 2010, S. 276).

Steigende Bedeutung neuer Handlungsfelder

3.4.4 Zusammenfassung

Die Entwicklungsfähigkeit von Organisationen erhält ein höheres Gewicht, um die Rahmenbedingungen für die individuelle Kompetenzentwicklung sowie organisationalen Lernprozesse zu schaffen. Zunächst wurde der Blick auf die Strukturen gerichtet, das Sichtbare und Transparente einer Bildungsorganisation über der Wasseroberfläche des Eisbergmodells. Organisationsprofile können danach unterschieden

Strukturgestaltung: adäquate Balance

werden, ob sie eher technokratische, starre Organisationen oder entwicklungsorientierte, lernfähige Systeme unterstützen. In der Organisationstheorie wird die These vertreten, dass Daueraufgaben in einer stabilen Umwelt eher im Rahmen von festen Organisationsstrukturen bewältigt werden sollen, während sich häufig verändernde Aufgaben in einer sich schnell wandelnden Umwelt flexible Organisationsformen erforderten. In der Praxis bilden sich daher häufig Mischformen innerhalb einer Organisation aus, sodass in Teilbereichen durchaus unterschiedliche Strukturen aufzufinden sind.

Strukturen können unterschieden werden in Aufbau- und Ablaufstrukturen:
- Die *Aufbauorganisation* bzw. *Aufbaustrukturen* legen die Rahmenbedingungen fest, welche Aufgaben von welchen Rollen bzw. Mitarbeitenden zu bewältigen sind (meist in einem hierarchischen Gerüst nach Funktionen dargestellt oder nach Bildungsprogrammen organisiert).
- Die *Ablauforganisation* bzw. *Ablaufstrukturen* hingegen regeln die Kern- und Unterstützungsprozesse in der Organisation. Unter Kernprozesse werden hierbei jene Prozesse verstanden, die direkt mit der Herstellung des betreffenden Bildungsangebots, dem Programm-Portfolio, verbunden sind. Als Unterstützungsleistung wird hier eine Leistung bezeichnet, die erbracht wird, um die Herstellung und die Güte der Produkte sowie die Erzielung der intendierten Ergebnisse zu sichern und kontinuierlich zu verbessern.

Schließlich gilt es ebenfalls – als eine maßgebliche Gestaltungslinie – eine adäquate Balance zwischen den skizzierten Spannungsfeldern zu finden: zwischen starren und flexiblen Strukturierungsformen sowie zwischen Effizienz und Effektivität für die Umsetzung des normativ begründeten und strategisch definierten Programm-Portfolios.

3.5 Analyse und Gestaltung von Kulturen

3.5.1 Überblick und Definition von Kulturen

Kulturgestaltung: Leitfragen und Aspekte

Die Analyse und Gestaltung von Kulturen bildet einen weiteren Schwerpunkt von Kapitel 3. In Abschnitt 3.5 geht es darum, unter die Wasseroberfläche des Eisbergmodells zu schauen. Die folgenden Aspekte werden näher ausgeführt:
- Definition von Kulturen zur Grundlegung der wesentlichen Merkmale,
- Ansätze zur Erfassung von Kulturen in Bildungsorganisationen: Funktionalistische vs. symbolistische Ansätze,
- Kulturgestaltung von Bildungsorganisationen auf unterschiedlichen Ebenen: Organisations-, Führungs-, Team-/Kooperations-, Lehrkultur (pädagogische Interaktionen) sowie individuelle Lernkulturen.

Organisationen wie eine Schule oder Weiterbildungseinrichtung sind i. d. R. nicht homogen, sondern es können unterschiedliche Strukturen und Kulturen unter einem

3.5 Analyse und Gestaltung von Kulturen

Dach existieren. Capaul und Seitz (2011, S. 216) weisen auf den Umstand hin, dass oft die Wichtigkeit der Identifikation mit einer Schule betont wird, was durch eine einheitliche, von allen getragene Kultur erreicht wird. »Eine derartige Organisationskultur wird auch mit einer starken Kultur gleichgesetzt – im Unterschied zu einer schwach ausgeprägten, diffusen Kultur. Dies ist nicht ganz unproblematisch, denn in der Praxis existieren häufig verschiedene Teilkulturen, d. h. das alltägliche Tun und Lassen kann im Schulleitungsteam, beim Schulverwaltungspersonal, in den Abteilungen beim Lehrerkollegium oder in den einzelnen Fachschaften, aber auch bei den Schülern in den Jahrgangsstufen und Klassen ziemlich unterschiedlich ausgeprägt sein« (Capaul & Seitz, 2011, S. 216). Wie bei der Analyse und Gestaltung von Strukturen, soll daher auch in diesem Abschnitt von Kulturen ausgegangen werden.

Den Begriff »Kultur« für eine Organisation eindeutig zu definieren, ist aufgrund unterschiedlicher Zugänge zu diesem Phänomen kaum möglich. Im Gegensatz zur Natur werden unter Kultur, alle nach einem kollektiven Sinnzusammenhang gestalteten Produkte, deren Produktionsformen, Lebensstile und Verhaltensweisen sowie Leitvorstellungen einer Gesellschaft verstanden (Arnold & Schüssler, 1998, S. 3). Häufig zitiert wird die Definition von Edgar Schein, welcher das Forschungsfeld der Organisationskultur grundgelegt hat.

Kulturen von Bildungsorganisationen: Definition

> Kultur kann verstanden werden als »ein Muster gemeinsamer Grundprämissen, das die Gruppe bei der Bewältigung ihrer Probleme externer Anpassung und interner Integration erlernt hat, das sich bewährt hat und somit als bindend gilt; und das daher an neue Mitglieder als rational und emotional korrekter Ansatz für den Umgang mit Problemen weitergegeben wird« (Schein, 1992, S. 25). Diese Grundprämissen können sich in Handlungen zeigen, nicht nur im Umgang mit Problemen, sondern auch in Gewohnheiten zum Ausdruck kommen. **Kulturelle Faktoren** bezeichnen somit die von den Organisationsmitgliedern über eine längere Zeit gewachsenen und geteilten Normen, Überzeugungen, Werthaltungen, Grundannahmen und Erwartungen.

Während die Strukturen in Analogie zum Eisbergmodell eher den sichtbaren, formalen, expliziten Teil der Bildungsorganisation beschreiben, meint die Kultur den unsichtbaren, informellen, impliziten Teil. Neben den Strukturen bilden die normativ geteilten Werthaltungen sowie Wissensbestände und Erfahrungen über wichtige Ereignisse, die nirgends festgeschrieben sind, eine ordnungsstiftende Kraft, welche in ihrer Gesamtheit als Organisationskultur verstanden werden kann. Die Kultur hat somit für die Organisationsmitglieder eine steuernde und orientierende Funktion, indem sie Klarheit darüber erzeugt, was in dieser Kultur als »gut« bzw. »nicht gut«, was »erlaubt« bzw. »nicht erlaubt« ist, und was »belohnt« und was »bestraft« wird (Doppler & Lauterburg, 2002, S. 451). An dieser Stelle soll nochmals betont werden, dass eine Trennung in Strukturen und Kulturen kaum in strikter Form vorgenommen werden kann, sondern vielmehr die wechselseitigen Verknüpfungen im Vordergrund stehen sollten.

Kulturen in unterschiedlichen Strukturen

3.5 Makro-Ebene –Bildungsorganisationen gestalten
Analyse und Gestaltung von Kulturen

> **Exkurs**
>
> **Klima und Kultur**
>
> Die unmittelbare Wahrnehmung der Kultur durch die Betroffenen wird als »*Klima*« bezeichnet, wie z. B. Schulklima, Unterrichtsklima, Arbeitsklima, und stellt somit einen Ausdruck des »Wohlbefindens der Beteiligten« am Arbeitsplatz dar (Capaul & Seitz, 2011, S. 230). Die Autoren zeigen die Bedeutung eines Schulklimas auf: »Das Klima zeigt, wie die einzelnen Personen die Schulumgebung wahrnehmen und aus ihrer individuellen Sicht dessen Qualität beurteilen. Die rechtlichen, finanziellen und gesellschaftlichen Entwicklungen sowie die Infrastruktur, Schuladministration, gesamte Schüler- und Lehrerschaft haben Auswirkungen auf das Klima einer Schule. Je nach subjektiver Einschätzung dieser Schulumgebung sind die Personen individuell zufrieden oder unzufrieden. Die Unzufriedenheit wächst dann, wenn die Personen eine Diskrepanz zwischen der subjektiven Einschätzung (Ist) und ihrer erwarteten Zukunft (Soll) empfinden. Ein positives Schulklima verstärkt das Engagement der Lehrpersonen im täglichen Unterricht sowie in Schulentwicklungsprozessen« (Capaul & Seitz, 2011, S. 230).

Kulturebenen nach Beobachtbarkeit

Um den vagen Begriff der Kultur in einer Organisation zu beschreiben, differenziert Schein (2003, S. 9) drei Ebenen nach dem Grad der Beobachtbarkeit. Danach entwickelt sich eine Organisationskultur durch das Zusammenspiel von drei Kulturebenen (vgl. nachfolgende Abbildung):

- Das *Symbolsystem* in Form von beobachtbaren Artefakten bildet die oberste Kulturebene und umfasst beispielsweise Riten, Kleiderordnungen, Umgangsformen oder die räumliche Gestaltung der Organisation. Diese Aspekte sind für Außenstehende zwar sichtbar, aber schwer zu interpretieren.
- *Normen und Standards* in Form von öffentlich propagierten oder internalisierten Wert- und Überzeugungssystemen bilden die mittlere Kulturebene, an denen sich Individuen und Gruppen in ihren Handlungen orientieren.
- Implizite und unreflektierte *Grundannahmen* bilden die tiefste Ebene der Kultur, die von den Organisationsmitgliedern als selbstverständlich angenommen und daher nicht bewusst reflektiert werden, jedoch deren Einstellungen und Verhaltensweisen beeinflussen (siehe Abbildung 35).

Um eine bestehende Organisationskultur zu definieren, erlangte darüber hinaus ein weiterer Ansatz zur Organisationskultur, das *Kulturnetz* (cultural web) von Johnson (1992), einen hohen Verbreitungsgrad. Er beschreibt Organisationskultur als Netzwerk interner Strukturen und Prozesse, welche die Selbstwahrnehmung einer Organisation kontinuierlich sowohl erzeugen als auch verstärken. Dieser Konzeption merkt man zwar die Herkunft von Scheins 3-Ebenen-Modell an, allerdings ordnet Johnson die Elemente neben- statt übereinander und fügt als kennzeichnendes Element eine Art Kernidee, das Paradigma, hinzu. Er beschreibt die Organisationskultur folglich als ein Netz von sieben überlappenden Themengebieten: Geschichten und Mythen, Symbole, Machtstrukturen, organisatorische Strukturen, Kontrollsysteme, Rituale und Routinen sowie das vorherrschende Paradigma. Aus diesem Ansatz wird nochmals deutlich, wie eng der Zusammenhang zwischen organisatorischen Strukturen und Kulturen ist.

Kulturen in einer Bildungsorganisation zu erfassen, ist zum einen aufgrund der in Abschnitt 3.2. aufgeführten organisationsspezifischen Besonderheiten vom Kontext, Schule, Hochschule oder Betrieb, abhängig. Zum anderen hängt es davon ab,

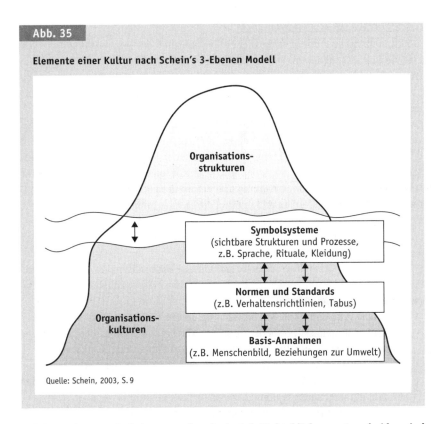

Abb. 35

Elemente einer Kultur nach Schein's 3-Ebenen Modell

Quelle: Schein, 2003, S. 9

welches Kulturverständnis zugrunde gelegt wird. Maßgeblich zu unterscheiden sind dabei funktionalistische von symbolistischen Ansätzen zur Erfassung von Kultur. Sie werden im folgenden Abschnitt einander gegenübergestellt.

3.5.2 Ansätze zur Erfassung von Kulturen

3.5.2.1 Überblick

Abhängig von den zugrunde liegenden Denk- und Forschungstraditionen liegen insbesondere dem Begriff der Lernkultur völlig unterschiedliche paradigmatische Annahmen zugrunde (Gebhardt & Jenert, 2013): »Wird die Kompetenzentwicklung des einzelnen Lernenden betrachtet, dann ist Lernkultur der Kontext, welcher verschiedene Rahmenbedingungen für das individuelle Lernhandeln bereitstellt. Wird Lernen als sozialer Prozess in den Blick genommen, so zeigt sich Lernkultur in den Interaktions- und Kommunikationsgewohnheiten der Lernenden untereinander. Steht ein Lernort bzw. eine Institution im Mittelpunkt des Interesses, wird unter Lernkultur häufig die Gesamtheit der Lernaktivitäten bzw. der Stellenwert, den Lernen in der Institution einnimmt, verstanden« (S. 229). Daher können funktionalistische von symbolistischen Ansätzen zur Kulturgestaltung unterschieden werden, die im Folgenden näher ausgeführt werden.

Analyse von Kulturen: Ansätze

3.5.2.2 Funktionalistische Ansätze

Funktionalistische Ansätze: Grundannahmen

Funktionalistische Ansätze untersuchen Lernkulturen in Organisationen mit dem Ziel, sie als Rahmenbedingungen für die Kompetenzentwicklung zu erfassen (Gebhart & Jenert, 2013, S. 229). Als organisationspsychologische Ansätze stammen sie originär aus der Organisationskulturforschung und haben sich insbesondere im Bereich des betrieblichen Lernens etabliert. Für Sonntag, Schaper und Friebe (2005) zielt Lernkultur somit auf »Kompetenzentwicklung, Steigerung von Flexibilität und Innovationsfähigkeit im Unternehmen« ab (S. 107). Lernkultur umfasst die Gesamtheit derjenigen Faktoren, die das Lernen von Individuen in einer Organisation beeinflussen. Diese können normative Aspekte, wie lernbezogene Erwartungen umfassen sowie operative Aspekte, wie beispielsweise Unterstützungsangebote, Anreizstrukturen und etablierte Lernformen und -methoden. Ziel des funktionalistischen Ansatzes ist es, möglichst alle relevanten Einflussfaktoren auf das Lernen von Organisationsmitgliedern zu sammeln und diese Ausprägungen zu beschreiben, um letztendlich auch Impulse für eine Gestaltung setzen zu können.

Kompetenzförderliche Lernkultur: Merkmale

Der Stand der Lernkulturforschung auf dieser Ebene präsentiert dabei ein Sammelsurium unterschiedlicher Lernkulturdimensionen. Friebe (2005, S. 29) nennt folgende Merkmale für eine kompetenzförderliche Lernkultur:
- Lernkultur bezeichnet den Stellenwert, den Lernen im Unternehmen besitzt,
- Lernkultur drückt sich in lernbezogenen Werten, Normen, Einstellungen und Erwartungen im Unternehmen und bei den Unternehmensmitgliedern aus,
- Eine förderliche Lernkultur findet ebenso Ausdruck in neuen Lernformen und zeigt sich in förderlichen und unterstützenden Rahmenbedingungen für Lernen auf individueller, kollektiver und organisationaler Ebene,
- Die Gestaltung einer Lernkultur verfolgt mitarbeiter- und unternehmensbezogene Ziele. Dazu zählen die Kompetenzentwicklung, der Wissenserwerb und eine gesteigerte Innovations- und Veränderungsbereitschaft,
- Lernkultur kann über lernförderliche organisationale Bedingungen bzw. Merkmale bestimmt werden.

Lernförderliche Rahmenbedingungen gestalten

Lernkulturen werden somit unter funktionalistischen Gesichtspunkten betrachtet, die Rahmenbedingungen für das betriebliche Lernen und die Kompetenzentwicklung am Arbeitsplatz lernförderlich zu gestalten und mögliche Lernbarrieren zu erkennen und abzubauen. Diese Überlegungen führen nach Gebhart und Jenert (2013, S. 230) zu folgenden Implikationen:
- Lernkulturen sind zweckorientiert,
- Lernkulturen sind objektiv erfassbar und beschreibbar: Sie bestehen aus einem Set von Variablen, von denen angenommen wird, dass sie das Lernen beeinflussen, Lernkulturen können als Liste von Kulturelementen abgebildet werden, wobei jedes Kulturelement unabhängig von anderen kategorisiert werden kann,
- Lernkulturen sind bewusst gestaltbar: Lernkulturen sind prinzipiell bewusst zu gestalten, allerdings sind manche Variablen (z. B. lernbezogene Werte) schwierig zu beeinflussen und zu verändern.

Analyse und Gestaltung von Kulturen

In diesem Kontext sind zahlreiche Diagnose-Instrumente entwickelt worden, um Kulturen insbesondere auf ihre lernförderlichen Rahmenbedingungen hin erfassen zu können. Ein Beispiel hierfür ist das *Lernkulturinventar (LKI)* von Sonntag und Stegmeier (2008) mit dem Ziel, die Merkmale von Lernkulturen in Unternehmen und Verwaltung zu erfassen und damit die Analyse und Bewertung einer Lernkultur zu ermöglichen. Im LKI werden die folgenden Dimensionen zur Operationalisierung des Konstrukts Lernkultur herangezogen: Lernen als Teil der Unternehmensphilosophie, organisationale Rahmenbedingungen des Lernens, Aspekte der Personalentwicklung im Unternehmen, Kompetenzentwicklung der Mitarbeitenden, Lern- und Entwicklungsmöglichkeiten im Unternehmen, Lernatmosphäre und Unterstützung durch Kollegen, lernorientierte Führungsleitlinien und -aufgaben. Anhand der mit dem LKI ermittelten Daten lassen sich Stärken-Schwächen-Analysen der jeweiligen Lernkultur durchführen und es können daraus Gestaltungs- und Handlungsempfehlungen für das Bildungsmanagement abgeleitet werden. Ein ähnlicher Ansatz stellt das Instrument zur Lernkulturanalyse dar, das in der Fallstudie in Kapitel 3.7 anhand eines Anwendungsbeispiels bei der Telekom aufgezeigt wird.

Diagnose-Instrumente zur Erfassung von Kulturen

3.5.2.3 Symbolistische Ansätze

Im Unterschied zu funktionalistischen Ansätzen werden in den symbolistischen Ansätzen Kulturen als Sinnstrukturen in einer Organisation verstanden, die es in ihrer individuellen, spezifischen Weise zu verstehen gilt (Gebhardt & Jenert, 2013, S. 231). Kultur wird danach als ein »System von Bedeutungen verstanden, denen Handlungen und Artefakte zugeschrieben werden« (Gebhard & Jenert, 2013, S. 231). Die Bedeutungszuschreibungen dieser Handlungen und Artefakte können je nach Kultur variieren. Da diese Bedeutungszuschreibungen von Kultur zu Kultur variieren können, werden auch die Handlungen und Artefakte von den Angehörigen verschiedener Kulturen unterschiedlich interpretiert.

In Ansätzen des symbolistischen Kulturverständnisses stehen die Bedeutung sowie die Erkenntnis darüber im Vordergrund, welche die Teilnehmenden eines bestimmten lernkulturellen Kontexts, z. B. einer Schule, einer Seminargruppe, einem Studiengang, den dort stattfindenden Handlungen zuschreiben. Im Unterschied zur funktionalistischen Sichtweise, in der die Lernkultur als Bündel von Faktoren verstanden wird, die das Lernen beeinflussen, wird sie hier als System betrachtet: Rituale, wiederkehrende Abläufe und strukturgebende Elemente sind Bedeutungsträger und werden von Lernenden und Lehrenden im gegebenen Kontext als sinnvoll oder sinnstiftend erachtet.

Symbolistische Ansätze: Grundannahmen

Sinnstrukturen in einer Kultur zu verstehen bedeutet, den Fokus darauf zu richten, was unter der unsichtbaren Wasseroberfläche passiert. Somit können Bezüge zum organisationalen Lernen hergestellt werden. Mit Hilfe des Lernmodells nach Argyris und Schön (1999) soll es Organisationen gelingen, die Handlungstheorie (theory-in-action) der Organisation auf verschiedenen Lernniveaus zu hinterfragen und zu ändern, damit organisationales Lernen ermöglicht und die Organisation entwickelt werden kann (Behrmann, 2006, S. 398). Eine wesentliche Grundannahme in diesem Konzept ist es folglich, dass Organisationen über ein »Reservoire organisationalen Wissens sogenannter Handlungstheorien verfügen, die die Grundlage des Han-

3.5 Makro-Ebene – Bildungsorganisationen gestalten
Analyse und Gestaltung von Kulturen

delns der Organisation und ihrer Mitglieder bilden bzw. durch die eine Grundlage für zukünftiges Handeln geschaffen wird« (Behrmann, 2006, S. 398). Handlungstheorien werden dabei unterschieden in:

Unterschiede zwischen offizieller und tatsächlich gelebter Handlungstheorie

- *Offizielle Theorie (Espoused Theory)*: Die offiziell angenommenen Handlungstheorien bilden den Bezugsrahmen der Institution im Hinblick auf ihre Kontinuität und ihren institutionellen Charakter. Er bestimmt das Bild, das sich Öffentlichkeit und Mitarbeiter vom Unternehmen oder Schüler, Studierende oder Lernende von der Bildungsorganisation machen. Die offizielle Theorie kann als Erkenntnisse bzw. »formale Vorstellungen« über die Organisation verstanden werden.
- *Tatsächlich gelebte Theorie (Theory-in-Use)*: Diese auch als Gebrauchstheorie bezeichneten, organisationsinternen Theorien resultieren aus den individuellen und den kollektiv geteilten Erfahrungen, den zwischen ihnen bestehenden Wechselbeziehungen sowie einer Gegenüberstellung der Erfahrungen mit dem institutionellen Bezugsrahmen (Behrmann, 2006, S. 398). Ein markantes Beispiel wird mit dem Konzept des *heimlichen Lehrplans* verbunden. Nach Meyer (1988) geht es dabei um die »lautlosen Mechanismen der Einübung in die Regeln und Rituale der Institution« (S. 65). »Der heimliche Lehrplan wird dadurch beschrieben, dass nicht nur ein offenes, einsehbares, scheinbar verbindliches Curriculum existiert. Viel wirksamer ist der heimliche, nirgendwo fixierte, kaum überwindliche Lehrplan. Gelehrt werden eben nicht nur Inhalte, Fächer. Gelernt wird Verhalten – gerade dieses Verhalten, das schülerseitig gelernt wird, macht sich insbesondere an den Verhaltensweisen der Lehrer, an den Regeln organisierten und institutionalisierten Lernens in der Schule, an den angewendeten Unterrichtsmethoden, an der zeitlichen und räumlichen Gestaltung der Vermittlungsprozesse, an den reglementierten Formen der Kommunikation etc. fest« (Behrmann, 2006, S. 34). Um im System Schule zu (über)leben, lernen Schüler Strategien und Taktiken, wie man beispielsweise Erfolg bei Mitschülern oder bei der Lehrkraft hat, wie man Unwissenheit verheimlicht oder wie man als Leerlauf empfundene Unterrichtszeit effektiv für Nebentätigkeiten nutzt (Meyer, 1988, S. 65).

Die Gebrauchstheorie bildet sich somit aus Erfahrungszusammenhängen heraus, aus denen »informelle« Verhaltensmuster entstehen, die von den formalen Vorstellungen abweichen können.

Wird in der Organisation gehandelt, lehnen sich diese Handlungen idealerweise an die offizielle Theorie an und können auch über diese legitimiert werden. Allerdings ist davon auszugehen, dass dies nicht immer der Fall ist. Vielmehr können durchaus Unterschiede zwischen der Espoused Theory und der Theory-in-Use bestehen. Um eine Kultur zu verstehen, ist daher wesentlich, die Gebrauchstheorie in einer Organisation zu analysieren sowie Unterschiede zwischen der offiziellen und der tatsächlich gelebten Handlungstheorie zu erkennen, die sich im alltäglichen Handeln der Organisationsmitglieder manifestiert und entwickelt.

Ziel der Kulturanalyse in diesem Ansatz ist es folglich, das Symbolsystem einer bestimmten Lernkultur, insbesondere die Gebrauchstheorie hinsichtlich des Lernens in einer Organisation, zu entschlüsseln. »Dazu wird versucht, die Bedeutungen, die

Mitglieder der untersuchten Lernkultur bestimmten Ereignissen, Handlungen, etc. beimessen, interpretativ zu erschließen und damit letztlich zu verstehen« (Gebhart & Jenert, 2013, S. 231). Folgende Implikationen ergeben sich nach Gebhart und Jenert (2013, S. 231–132) aus dieser paradigmatischen Sichtweise:

- *Lernkultur als »Lebens- und Erfahrungsraum«:* Lernkulturen werden als »kultureller Raum« verstanden, in dem gelernt wird. Ein solcher Lernkulturbegriff beschränkt sich daher nicht auf Variablen, von denen angenommen wird, dass sie Lernprozesse unmittelbar beeinflussen, sondern nimmt das gesamte Symbolsystem einer Lernkultur in den Blick, wie z. B. den Sprachgebrauch Lernender und somit auch Aspekte, die aus lerntheoretischer Sicht nicht zwangsläufig als unmittelbar lernrelevant gelten.
- *Lernkultur muss verstanden werden:* Ziel ist es, die dahinterstehende Bedeutung zu verstehen. Lernkultur lässt sich folglich nicht objektiv anhand vergleichbarer Variablen beschreiben. Vielmehr gilt es, Lernkulturen interpretativ und iterativ zu erschließen. Damit ergeben sich Kulturkonzepte, die flexibel sind und an die einzelne Institution adaptiert werden. Innerhalb dieses Gedankengebäudes sind Organisationskulturen als einzigartig zu verstehen und ihr symbolischer Ausdruck im Hinblick auf ihre Bedeutungen zu interpretieren. Hierzu sind qualitative Verfahren erforderlich, z. B. aus der Ethnographie, um eine bestehende Kultur zu verstehen und das Eigene zu ermitteln. *(Spezifische Kultur verstehen)*
- *Lernkulturen sind nur implizit gestaltbar:* Um Lernkulturen zu gestalten, muss das Symbolsystem der jeweiligen Kultur verändert werden, insbesondere durch aktive Partizipation und bewusstes, symbolhaftes Handeln von Mitgliedern der Kultur, wie z. B. durch das Etablieren der weiter oben erwähnten rituellen Handlungen im Lerngeschehen. »Kultureller Wandel wird nicht als plan- und machbar (im Sinne eines kausal-deterministischen Ursache-Wirkungs-Verständnisses) angegeben, sondern als organischer, ständig andauernder Prozess (im Sinne kontingent-autopoetischer Veränderung), der sich aus dem Handeln der Organisationsmitglieder ergibt« (Jenert, 2012, S. 143). *(Indirekte Kulturgestaltung über Symbolsystem)*

Vor diesem Hintergrund bezieht sich die Kulturgestaltung in einer Bildungsorganisation vor allem darauf, Handlungstheorien, offizielle Theorien und Gebrauchstheorien, abzustimmen (Behrmann, 2006, S. 398). Vorteil des symbolistischen Ansatzes ist es insgesamt, ein vertieftes Verständnis einer spezifischen Organisationskultur zu erhalten und bei den Handlungstheorien der Individuen in einer einzigartigen Lernkultur anzusetzen.

Die Verbindung funktionalistischer und symbolistischer Ansätze können als komplementäre Zugänge zur Analyse und Gestaltung von Kulturen betrachtet werden. Zwar wird eine Kombination in der Literatur häufig als unvereinbar gesehen, aber Gebhardt und Jenert (2013, S. 234 ff.) stellen die Vorzüge einer pragmatischen Position heraus, die beiden Zugänge zu vereinen. Die somit gewonnenen Aussagen und Ergebnisse können sich ergänzen, die Diskussion anregen und bei der Interpretation unterstützen, um daraus geeignete Maßnahmen zur Kulturgestaltung ableiten zu können (Gebhardt & Jenert, 2013, S. 228). *(Kombination funktionalistischer und symbolistischer Ansätze)*

Die Analyse von Kulturen ist folglich kein Selbstzweck. Letztendlich steht vielmehr die Kompetenzentwicklung der Lernenden im Mittelpunkt. Ziel des kulturellen Zugangs ist es dabei, das komplexe Zusammenspiel einer Vielzahl lernbezogener Einflüsse in einer Bildungsorganisation umfassend zu analysieren, um didaktische Leitvorstellungen effektiv umsetzen zu können (Gebhardt & Jenert, 2013, S. 228). Während funktionalistische Ansätze breit angelegt sind, Einflussfaktoren auf das Lernen untersuchen und einen Vergleich zwischen verschiedenen Kulturen innerhalb einer Organisation ermöglichen können, erlauben symbolistische Ansätze ein vertieftes Verständnis einer spezifischen und einzigartigen Kultur, wodurch weiterführende Interpretationen ermöglicht werden können. Die Kombination der beiden Ansätze liefert somit das Potenzial, eine reflexive Organisationsentwicklung (s. Abschnitt 3.3.4) und somit organisationale Lernprozesse auf dem Lernniveau des Deutero-Learning, dem Erkennen von Entwicklungsdynamiken und Handlungslogiken, zu stützen.

Nachdem hier die grundsätzlichen Zugänge zur Erfassung und Gestaltung von Kulturen in Bildungsorganisationen dargelegt wurden, soll im nächsten Abschnitt eine Differenzierung nach unterschiedlichen System-Ebenen vorgenommen werden.

3.5.3 Kulturen auf unterschiedlichen System-Ebenen

3.5.3.1 Überblick

Organisationskulturen können auf mehreren Ebenen betrachtet werden. Sonntag, Stegmaier, Schaper und Friebe (2004) nehmen darauf Bezug und verstehen somit die Gestaltung von Lernkulturen als Schaffung eines Möglichkeitsraums für selbstorganisierendes Lernen auf unterschiedlichen Ebenen. In einer Lernkultur manifestieren sich folglich Einstellungen und Werte gegenüber Lernen auf individueller, gruppenbezogener, organisationaler und gesellschaftlicher Ebene.

Kulturen im Organisationsumfeld

Die gesellschaftliche Ebene bzw. das Organisationsumfeld ist insofern bedeutsam, da diese einen Rahmen für die Gestaltung auf den nachfolgenden Ebenen entwirft.

System-Ebenen von Kulturen

Abb. 36

Kulturen auf unterschiedlichen System-Ebenen

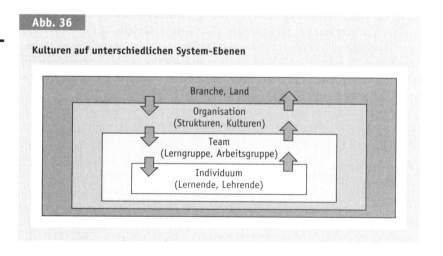

Analyse und Gestaltung von Kulturen   3.5

Die kulturellen Einflüsse, bezogen auf das Lernen, kommen beispielsweise in einem ausgeprägten Sicherheitsdenken zum Ausdruck, welches gelegentlich als typisch für Deutschland oder die Schweiz hervorgehoben wird. Damit verknüpft werden verschiedene Vorstellungen, wie beispielsweise eine fehlende Kultur der Selbstverantwortung, die Erwartung der Versorgung »von oben«, zugleich Streben nach Freiheit und Autonomie, Beifahrer statt Fahrer am Lenkrad, Opfer der Umstände statt Akteur der Möglichkeiten. Bezogen auf das Lernen bedeutet dies, dass ein pädagogisches Versorgungsdenken -»ins Seminar geschickt werden« – vorherrscht oder Lernen als Gratifikation für vergangene Verdienste statt Investition in zukünftige Leistungen verstanden wird.

Auf branchen- und länderspezifische Kulturen soll im Weiteren nicht Bezug genommen werden, denn dies würde den Rahmen dieses Lehrbuches sprengen. Vielmehr wird nachfolgend der Fokus auf die interne Bildungsorganisation gerichtet:

Kulturen in internen Bildungsorganisationen nach Systemebenen

- *Organisationskulturen*: Lernkulturen können als ein Teil der vorherrschenden Unternehmens- bzw. Organisationskultur angesehen werden. Neben strukturellen Rahmenbedingungen ist Lernen darüber hinaus in kulturelle Rahmenbedingungen eingebettet. Gefragt wird, inwieweit vorherrschende Normen der bestehenden Organisationskultur Lernprozesse fördern oder eher behindern.
- *Führungskulturen auf Organisationsebene*: Lernkulturen werden darüber hinaus maßgeblich von Führungskräften und deren Werthaltungen getragen. Daher sind kulturelle Faktoren auf der Ebene des Managements, inwieweit Einstellungen gegenüber Lernen und Kompetenzentwicklung mitgetragen werden, als zentrale Rahmenbedingungen für normativ erwünschte Lernkulturen zu betrachten.
- *Team-/Kooperationskulturen*: Sie beziehen sich auf kulturelle Faktoren auf der Ebene von Teams. Gefragt wird, inwieweit Lernen und Wissensaustausch in Teams am Arbeitsplatz stattfindet.
- *Lehrkulturen*: Kulturelle Faktoren beziehen sich auf dieser Ebene auf die pädagogischen Interaktionen in formal gestalteten Lehr-Lernumgebungen und somit stärker auf die Perspektive der Lehrenden; Einflussfaktoren können hierbei z. B. Partizipationsmöglichkeiten im Unterricht, soziale Beziehungen der Lernenden untereinander sowie zwischen Lehrenden und Lernenden sein oder die Konstruktion und Weitergabe studienbezogener »Spielregeln« (Jenert, 2010).
- *Lernkulturen* : Aus der Perspektive der Lernenden zeigt sich die individuelle Lernkultur im Lernhandeln des Einzelnen. Sie manifestiert sich in den individuellen Voraussetzungen und Charakteristika der Lernenden, wie z. B. Studienmotivationen, Lernemotionen, Lernfähigkeiten.

Im Folgenden wird näher auf die unterschiedlichen Kulturebenen einer Bildungsorganisation eingegangen.

3.5.3.2 Organisationskulturen

Aus den skizzierten Ansätzen wird deutlich, dass Lernkulturen als ein Teil bzw. als eine Ausprägungsform von Organisationskultur(en) in Schulen, Hochschulen, Unternehmen oder sonstigen Bildungsorganisationen aufgefasst werden können. Gerade in Veränderungsprozessen, die eine fundamentale Neuorientierung des Bildungsbe-

Lernkulturen als Teil der Organisationskulturen

3.5 Makro-Ebene – Bildungsorganisationen gestalten
Analyse und Gestaltung von Kulturen

reichs beinhalten, werden die Normen der bestehenden Organisationskultur häufig als Barriere für das Erreichen des angestrebten Veränderungsziels betrachtet.

Lernförderliche Organisationskulturen: Definition

Lernkulturen können als eine Spezifizierung von **Organisationskulturen** betrachtet werden, da sie den Fokus auf Einstellungen, Werte und vorherrschende Normen gegenüber Lernen in einer Organisation legen. Lernkulturen rücken somit den Stellenwert von **individuellem und organisationalem Lernen** in einer Bildungsorganisation als kulturelles Merkmal in den Mittelpunkt. Unter lernförderlichen Organisationskulturen werden somit organisatorische Rahmenbedingungen verstanden, welche normativ erwünschte Lernkulturen unter den Organisationsmitgliedern fördern.

Geprägt wird eine Organisationskultur folglich durch das Handeln ihrer Organisationsmitglieder. Nach dem 3-Ebenen Modell von Schein (2003) sind die stillschweigenden Grundannahmen und Grundhaltungen sehr tiefgründig, schwer zu beschreiben und bleiben dadurch abstrakt (unter der Wasseroberfläche). Werte und Normen bauen auf dem Fundament stillschweigender Grundannahmen auf und werden ebenfalls in die Organisationskultur »hineingetragen« (Capaul & Seitz, 2011, S. 215). Die Kultur selbst ist somit nicht gänzlich beobachtbar und vielmehr ein Konstrukt von gemeinsamen, wertbestimmenden und handlungsleitenden Einstellungen der Lehrenden und Lernenden einer Organisation. Dahingegen ist das Verhalten direkt beobachtbar. Es bringt die Werte und Normen an die Oberfläche. Werte, Normen und Verhaltensweisen bilden die Organisationskultur, wie z. B. Diskussionen im Lehrkörper und mit der Schulleitung über Erziehungs- und Disziplinfragen oder Fragen der Unterrichtsgestaltung.

Paradigmenwechsel im Managementverständnis: Implikationen auf Kulturen

Im Umgang mit Veränderungen und der Entwicklung von Organisationen stellt Behrmann (2006, S. 375) einen Paradigmenwechsel im Managementverständnis fest, der sich auf die Organisationskulturen im Bildungssystem generell und insbesondere an Schulen auswirkt. Behrmann (2006, S. 375) konstatiert einen organisationstheoretischen Paradigmenwechsel von einem traditionell ökonomischen, funktionalistisch bzw. auch technokratisch geprägten Paradigma hin zu einem interpretativen, systemisch-evolutionären Ansatz. Danach werden Organisationen nicht nur als »formale, objektiv versachlichte Struktur« (Rolff, 1993, S. 123), sondern vielmehr auch als »lebendige Systeme«, als lebensweltlich begründete Handlungszusammenhänge mit eigenen unverwechselbaren Kulturen und Subkulturen verstanden (Behrmann, 2006, S. 375).

Diese Veränderung im paradigmatischen Verständnis von schulischer Organisation hat nach Behrmann (2006, S. 375) große Auswirkungen auf kulturelle Merkmale und es lassen sich seiner Ansicht nach »Verhaltensmerkmale zu Mustern zusammenfassen, anhand derer Unterscheidungen hinsichtlich idealtypisch divergierender Organisationskulturen getroffen werden können« (S. 375). Diese Merkmale dokumentieren unterschiedliche Ausprägungen sehr heterogener Organisationskulturen, die sich zu Merkmalsclustern von »erstarrten« oder »dynamischen« Systemen gruppieren lassen (S. 375).

3.5 Analyse und Gestaltung von Kulturen

Tab. 41

Merkmale retardierender und dynamischer Organisationskulturen

Merkmale erstarrter Systeme	Merkmale dynamischer Systeme
▸ Diskutieren und Argumentieren ▸ Reden, Rhetorik und Monolog ▸ Arbeiten, Definieren, Abgrenzen ▸ Perfektionismus und Vollständigkeitsdenken	▸ Erarbeiten und Entdecken ▸ Zuhören, Verstehen und Dialog ▸ Öffnen, Annähern, Begreifen und Entwerfen ▸ Offene Entwicklungsprozesse mit Fehlern und Schwächen
▸ Indirekte Botschaften ▸ Betonung von Abhängigkeit ▸ Linear-kausales Denken	▸ Klartext und Offenheit ▸ Betonung von Autonomie ▸ Phänomenologisches Betrachten und strukturelles Erfassen
▸ Detailversessenheit ▸ Bewertungsmentalität und Kränkbarkeit ▸ Lösungsdruck »Wir müssen« als Diktat ▸ Flucht in Aktionismus ▸ Orientierung auf die Sache (Systematik und Logik) ▸ Kontrolldenken (negativer Kontext)	▸ Komplexitätsreduktion ▸ Akzeptanz, Souveränität und Toleranz ▸ Erkennen von derzeit Unlösbarem ▸ Stehenlassen offener Fragen ▸ Bedürfnisorientierung, Problembezug und Entwicklungsfähigkeit (Situationslogik) ▸ Vertrauensprozesse (positiver Kontext)

Quelle: Behrmann, 2006, S. 375

Organisationskulturen: Extremformen im Vergleich

Diese konzeptionellen Überlegungen zu Organisationskulturen verdeutlichen den Zusammenhang mit den Strukturen in einer Organisation. In flexiblen Strukturen mit höherer Autonomie werden voraussichtlich andere Kulturen beeinflusst als in starren Strukturen. Während starre Strukturen eher administratives Erledigungs- und Kontrolldenken fördern, sind flexible Strukturen eher mit den Merkmalen dynamischer Systeme kompatibel. Für die Kulturgestaltung in einer Bildungsorganisation können somit auch Veränderungen in den Strukturen Berücksichtigung finden, welche das Organisationshandeln beeinflussen und insofern auch Voraussetzungen für das Etablieren einer normativ erwünschten Kultur bereitstellen können.

Zusammenhang Strukturen – Kulturen

In einem weiteren Schritt lassen sich lernförderliche Rahmenbedingungen für die individuelle Kompetenzentwicklung näher feststellen. Darunter zu fassen sind v. a. Rahmenbedingungen, welche primär mit Blick auf das Handeln der Lehrenden gestaltet werden und über die pädagogische Interaktion bei den Lernenden auf eine bestimmte Weise wirken sollen. Dazu gehören beispielsweise ein Qualifizierungs- und Weiterbildungsangebot für Lehrpersonen, die Gestaltung von Honorierungen oder der Umgang mit Evaluationen in der Qualitätsentwicklung. Des Weiteren sind auch nicht bewusst gestaltete Rahmenbedingungen für das Lehrhandeln zu betrachten, wie etwa die Wertschätzung für Leistungen in der Lehre an Hochschulen, im Unterricht an Schulen oder in Bildungsangeboten in Betrieben.

Lernförderliche Rahmenbedingungen: Einflussfaktoren auf Kompetenzentwicklung

Für den Hochschulkontext ermittelten Jenert, Zellweger, Dommen und Gebhardt (2009) relevante Indikatoren, die einen Einfluss auf die Lehrkultur an Hochschulen als Bildungsorganisation haben. Diese werden folgend exemplarisch aufgeführt:

3.5 Makro-Ebene – Bildungsorganisationen gestalten
Analyse und Gestaltung von Kulturen

Lernförderliche Rahmenbedingungen: Beispiele für Indikatoren an Hochschulen

Tab. 42

Merkmale für Lehrkulturen an Hochschulen: Organisationale Rahmenbedingungen

Rahmenbedingungen für die Lernorganisation	
Merkmale	**Ausprägungen**
Erwartungen an die Qualität von Lehren und Lernen	
Artikulation der angestrebten Kompetenzen Lernender; z.B. hinsichtlich der Selbstverantwortung beim Lernen	Elaboriert vs. wenig differenziert
Kommunikation von Erwartungen	Kontinuierlich/nachdrücklich vs. sporadisch/vage
Hochschulsozialisation von Lehrenden und Lernenden	
Einführung in Studienpraxis	Systematisch vs. zufällig
Einführung in Lehrpraxis	Systematisch vs. zufällig (»learning by doing«)
Ausgestaltung von Studienprogrammen	
Freiheitsgrad der Studiengestaltung	Hoch vs. niedrig
Möglichkeiten für ein extracurriculares Engagement	Unterstützt vs. eingeschränkt
Infrastruktur für das informelle Lernen	Ausgeprägt vs. nicht vorhanden
Regulierungen bezüglich der Ausgestaltung der Lehre	Anweisend/bestimmend vs. anregend/frei
Anreize für Innovationen in der Lehre	Elaboriert vs. nicht vorhanden
Honorierung der Lehrtätigkeit	Hoch vs. niedrig
Lehrbezogene Interaktion zwischen Dozierenden	Intensiv vs. sporadisch
Interaktion zwischen Lehrenden und Studierenden	Unterstützt vs. begrenzt
Rahmenbedingungen zur Weiterentwicklung der Lehre	
Qualitätssicherung in der Lehre	Kontrollfokus vs. Anregungen für Entwicklungsprozesse
Unterstützungs- und Weiterbildungsangebote für Dozierende	Systematische vs. zufällige Angebote
Einbindung Dozierender bei der Studiengangentwicklung	Proaktiv vs. reaktiv
Einbindung Studierender in die Studiengangentwicklung	Systematisch integriert vs. ignoriert

Quelle: Jenert, Zellweger, Dommen und Gebhardt, 2009, S. 35–36

Aus den empirischen Untersuchungen (Capaul & Seitz, 2011, S. 228) kann die Schlussfolgerung gezogen werden, dass Schulen mit positiven Kulturmerkmalen tendenziell erfolgreicher sind. Die neuere Literatur zur Organisationstheorie sieht Kultur immer mehr als Faktor, der maßgeblich zum Erfolg von Veränderungsprozessen beiträgt. Die eigene Schulkultur wird von den Mitarbeitenden und Lernenden einer Schule auf eine bestimmte Weise wahrgenommen, im besten Fall positiv, und nach außen getragen. Somit trägt sie entscheidend zur Reputation und Profilbildung der Institution bei.

Kulturen: Erfolgsfaktor in Bildungsorganisationen

3.5.3.3 Führungskulturen

Neben den skizzierten Gestaltungsfaktoren, um geeignete Rahmenbedingungen für Lernen und die Kompetenzentwicklung zu entwickeln, gewinnt das Management als Führungsfunktion eine bedeutende Rolle.

Führungskultur als Teil der Organisationskultur

> **Führungskulturen** können als eine **Spezifizierung von Organisationskulturen** betrachtet werden, da sie den Fokus auf Einstellungen, Werte und vorherrschende Normen gegenüber Lernen in einer Organisation legen, die von den Führungskräften getragen und vorgelebt werden. Unter lernförderlichen Führungskulturen werden somit Rahmenbedingungen verstanden, welche die Führungskräfte ihren Mitarbeitenden für Lern- und Entwicklungsprozesse zur Verfügung stellen.

Lehrförderliche Führungskulturen: Definition

Für die Kulturgestaltung können die *Führungsaufgaben in Bildungsorganisationen* insbesondere in zwei Maßnahmenbereichen ansetzen (Capaul & Seitz, 2011, S. 270):
1. *Rahmengestaltung*: Dies bedeutet eine Schulkultur kontinuierlich zu pflegen: Sprachliche Dokumente bewusst gestalten; kulturelle Elemente transparent und zugänglich zu machen. Werte und Normen werden angreifbar, diskutierbar und wirken damit sinnstiftend und kulturstärkend;
2. *Interaktionsgestaltung*: Vorbildfunktion einnehmen und die Funktion als Kulturträger bewusst wahrnehmen.

Eine kritische Betrachtung und Detaillierung dieser beiden Maßnahmenbereiche soll nachfolgend vorgenommen werden:
Zu 1.) Elemente einer Kultur können kaum auf direkte Weise durch Management erzeugt werden, denn Leute ändern nicht einfach ihre Überzeugung, wenn ihnen dies gesagt wird. Solche Elemente sind vielmehr ein Ergebnis von wiederholten Erfahrungen über längere Zeit. Leadership in diesem Bereich zeigt sich etwa wie folgt:

Handlungsfelder für Führungskräfte zur Kulturgestaltung

- Gelegenheiten schaffen und entsprechende Ressourcen bereitstellen für eine Zusammenarbeit der Lehrpersonen, wie z. B. Projekte anbahnen, bei denen die Zusammenarbeit eine wichtige Rolle spielt;
- Symbole und Rituale pflegen, um kulturelle Werte bei gesellschaftlichen Anlässen, an denen viele Lehrpersonen teilnehmen, zum Ausdruck zu bringen;
- Macht und Verantwortung mit anderen teilen;
- Grenzen zwischen Schulleitung und Lehrkörper sowie anderen Gruppen abbauen;
- Vorstellungen bezüglich Zusammenarbeit und der Art und Weise klären, wie beispielsweise mit Lernenden umgegangen wird.

3.5 Makro-Ebene – Bildungsorganisationen gestalten
Analyse und Gestaltung von Kulturen

zu 2.) Durch eine bewusst gelebte Vorbildfunktion, das Vorleben von wichtigen Werthaltungen und Interessenvertretung, werden Werte und Normen sichtbar gemacht. Durch diese Funktion als Kulturträger wird man leichter angreifbar, wirkt aber gleichsam auch kulturstärkend. Folgende Aspekte sind hierbei beispielhaft zu nennen:

- Engagement in der Schule, Energie und Begeisterung bei der eigenen Arbeit zeigen;
- Engagement im Zusammenhang mit der eigenen, persönlichen Entwicklung an den Tag legen, d.h. beispielsweise den Lehrkörper zu Rückmeldungen über das eigene Schulleiterverhalten ermutigen;
- Die Qualität von Problemlösungsprozessen bei Einzelnen und Gruppen verbessern, z.B. durch das Einnehmen verschiedener Perspektiven;
- Schlüsselwerte wie Respekt, Integrität, Toleranz bekräftigen.

Führungskulturen in Schulen

Capaul und Seitz (2011, S. 227) fassen kurz die empirischen Befunde zur Schulkulturforschung zusammen. »Ausstrahlung der Lehrkräfte« und »Charisma der Schulleitung« können demnach die Schulkultur entscheidend prägen: »Das Organisationsprofil einer effektiven Schule mit starker Kultur ist geprägt durch klare Regeln, Ziele und Auffassungen, die von allen Beteiligten akzeptiert werden. Die Schulleitung fördert die Freundschaft und den Respekt zwischen ihm/ihr und den Mitarbeitenden, inspiriert, ermutigt und verstärkt die Lehrkräfte und das Verwaltungspersonal; Lehrpersonen haben eine größere Arbeitsmoral, freundschaftliche Beziehungen untereinander und ein größeres Engagement bei Schulaktivitäten im Unterschied zu einer ineffektiven Schule mit schwacher Kultur. In einer starken Kultur interessiert man sich mehr füreinander. Die Kultur wirkt integrierend und stiftet dadurch ein Gemeinschaftsgefühl. Die Lehrpersonen sind stolz und dankbar, in dieser Schule zu unterrichten« (Capaul & Seitz, 2011, S. 227).

Führungskulturen in der betrieblichen Bildung

Decker (2000, S. 35,46) betont im betrieblichen Kontext den engen Zusammenhang zwischen Lernkultur und der Identifikation der Mitarbeitenden mit dem Unternehmen. Die Pflege der eigenen Vitalität und die Weiterentwicklung der verfügbaren Kompetenzen auch im Interesse der Verbesserung der Arbeitsprozesse, erfordert demnach ein Klima, in dem Gestaltungsspielräume existieren, Fehler gemacht werden dürfen und Vertrauen aufgebaut werden kann. Relativierend wäre zu ergänzen: Fehler sind akzeptabel, solange sie in unbekannten und innovativen Bereichen geschehen – sobald es sich um eingespielte Routine handelt, ist Fehlerminimierung das leitende Prinzip.

Führungskräfte als Einflussgröße für Transfererfolg

Im betrieblichen Bildungsmanagement belegen zudem zahlreiche empirische Studien die hohe Bedeutung von Führungskulturen bei der Einbindung in Bildungsprozesse. So ist beispielsweise der Einfluss von Führungskräften hoch, wenn es um den Transfererfolg und damit auch um die Nachhaltigkeit von Bildungsmaßnahmen geht (Kauffeld, 2006). Schließlich sind Führungskräfte als »Agents of Change« auch zentrale Kulturträger und können Veränderungen der Lernkultur begünstigen oder verhindern. In der betrieblichen Praxis stellt jedoch häufig die mangelnde Unterstützung durch Vorgesetzte eine hohe Barriere für eine transferorientierte Lernkultur dar.

Ferner beinhalten veränderte Anforderungen an lernende Organisationen künftig ein verändertes Führungsverständnis, das die Selbstorganisation von Mitarbeitenden und Teams unterstützen soll. Aufgrund dieser neuen Steuerungslogiken in Organisationen, welche nicht die Umsetzung von Vorgaben, sondern Selbstorganisation, Verständigung und Verantwortung als wichtige Führungsprinzipien anstreben, gewinnt die Führungskraft als Unterstützer von selbstgesteuerten Lernprozessen zusätzlich an Bedeutung.

Daher wird im vorliegenden Lehrbuch insbesondere auf die Kompetenzentwicklung von Führungskräften als Learning Professionals (s. Kapitel 5) im betrieblichen Bildungsmanagement näher eingegangen. Die beiden Maßnahmenbereiche der Rahmen- und Interaktionsgestaltung durch die Führungskraft, um eine lernförderliche Organisations- und Führungskultur zu prägen, werden dabei wiederum als Handlungsoptionen für Führungskräfte aufgenommen.

Neue Anforderungen der lernenden Organisation an Führungskräfte

3.5.3.4 Team- und Kooperationskulturen

Eine weitere Dimension der Kulturgestaltung im Rahmen des Bildungsmanagements ist die Entwicklung einer Team- und Kooperationskultur. Je nach Kontext kann es sich bei der Bildungsorganisation um Kooperationen zwischen mehreren Lernorten in der Berufsausbildung handeln. Eine mangelnde Lernortkooperation wird in diesem Zusammenhang häufig mit kulturellen Faktoren, insbesondere fehlenden Anreizen für eine lernortübergreifende Zusammenarbeit bewertet (Kremer, 2003). In schulischen Bildungsbereichen wird häufig darauf hingewiesen, dass sich Pädagogen zu sehr als Einzelkämpfer verstehen, gegenseitige Kritik und Rückmeldung eine Ausnahme darstellen und insofern die Synergie- und Innovationspotenziale einer Teamarbeit ungenutzt bleiben.

> **Team- bzw. Kooperationskulturen** können als ein Teilbereich einer Organisationskultur verstanden werden und beschreiben die Bereitschaft und die Fähigkeit der Organisationsmitglieder, in partnerschaftlicher Zusammenarbeit im Kollegium sowie mit anderen Organisationen, basierend auf gemeinsamen Normen und Werten, Problemlösungen zu erarbeiten und umzusetzen. Eine positive Teamkultur ist häufig durch Kontaktfreudigkeit, konstruktive Konfliktkultur sowie wohlwollende gegenseitige Unterstützung unter den Kollegen gekennzeichnet.

Team-, Kooperationskulturen: Definition

Kulturgestaltung ist im Rahmen des Bildungsmanagements an die Anwendung einer Vielzahl von sozial-kommunikativen Kompetenzen gebunden, die in verschiedenen situativen Kontexten zum Tragen kommen können, wie z. B. Teamentwicklung unterstützen, Konflikte moderieren, Kooperation fördern, Änderungsprozesse steuern. Teilweise sind Gestaltungsmaßnahmen aber ebenfalls wieder mit strukturellen Maßnahmen verzahnt, beispielsweise im Rahmen der Steuerung von Änderungsprozessen, etwa durch die Institutionalisierung von Qualitätszirkeln, Steuergruppen oder die Einführung von Promotorenrollen.

Maßgebliche Faktoren für eine positive Teamkultur, insbesondere für die Zusammenarbeit im Kollegium, mit der Kernfrage »wie nehmen sich die Lehrpersonen untereinander wahr?« haben bereits Halpin und Croft (1962, zit. in Capaul & Seitz, 2011, S. 230), ermittelt. Beispiele für relevante Faktoren sind demnach Vertrautheit,

3.5 Makro-Ebene – Bildungsorganisationen gestalten
Analyse und Gestaltung von Kulturen

Esprit, Faktoren hinsichtlich der Unterstützung der Schulleitung, die Schulleitung als Vorbild, etc. Diese Faktoren haben Bessoth und Weibel (2003, zit. in Capaul & Seitz, 2011, S. 232) anhand ihres Organisationsklimaindex leicht modifiziert auf die Schweiz und Deutschland übertragen:

Tab. 43

Einflussfaktoren auf eine positive Teamkultur

Organisationsklimaindex: Faktoren für eine positive Teamkultur

Lehrerkollegium (Lehrerteam)	Schulleitung
Interesse an der Schule (Identifikation)	Offenheit / Vertrauen
Berufliches Engagement (Leistungsmotivation)	Qualität der Schule, Schulentwicklung (Vision, Strategie, eigenes Profil der Schule)
Gemeinschaftsgeist (Zugehörigkeitsgefühl)	Berufliches Engagement bzw. Glaubwürdigkeit (authentisches Verhalten, Vorbild)
Kooperationsverhalten (Teamarbeit)	Sozialkompetenz (Fürsorge, Rücksicht)

Quelle: Bessoth & Weibel, 2003, zit. in Capaul & Seitz, 2011, S. 232

Die Team- bzw. Kooperationskultur in einer Bildungsorganisation stellt ein zentrales Merkmal der Organisationskultur dar. In der Literatur wird neben der kollegialen Bereitschaft, sich gegenseitig zu unterstützen, z. B. inwieweit sich alle Kollegen an der Diskussion schulischer Belange beteiligen, insbesondere auch die Innovationsbereitschaft der Kollegen hervorgehoben, die einen Einfluss auf die Unterrichtsqualität hat (Bonsen, 2006). Neben der unterrichtsbezogenen Unterstützung durch die Schulleitung, wie im vorherigen Abschnitt skizziert, stellen somit die Verhaltensweisen und Einstellungen der Kollegen maßgebliche Einflussfaktoren auf das Organisationsverhalten dar (Pätzold, 2010, S. 285).

Einflussfaktoren auf Professional Learning Communities

Als weiteren Forschungsstrang kann das Konstrukt der »Professional Learning Communities« in der Lehrerprofession hilfreich sein, um Teamkulturen in der Lehrerprofession zu analysieren (vgl. hierzu auch die Ausführungen in Kapitel 5.3.1.3). Unter einer professionellen Lerngemeinschaft wird eine Gruppe von Lehrpersonen verstanden, welche sich kontinuierlich austauschen und nach Möglichkeiten suchen, ihren Unterricht weiter zu entwickeln (Bonson & Berkemeyer, 2011, S. 734). Als Erfolgsfaktoren für die Unterstützung lernförderlicher Rahmenbedingungen von Professional Learning Communities sind nach Hord (1997) folgende zu berücksichtigen: 1) Geteilte und unterstützende Führung, 2) geteilte Vision und Werte, 3) kollektives Lernen und Anwendung, 4) geteilte, persönliche Praxis, 5) unterstützende Bedingungen, die darüber entscheiden, wann, wer und wie die Lehrpersonen sich regelmäßig als Einheit treffen, um Lernprozesse zu initiieren. Huffman & Hipp (2003) haben diese Konzeption weiter entwickelt, indem sie die Erfolgsfaktoren mit einem Assessment Tool (PLCA) präzisierten sowie um einen Professional Learning Community Organizer (PLCO) für erfolgversprechende Praktiken und Beispiele anreicherten. Mit einem Professional Learning Community Development Rubric (PLCDR) soll Kleingruppen ein Tool an die Hand gegeben werden, um den Fortschritt der Professional Learning Community zu analysieren und zu reflektieren:

Abb. 37

»Professional Learning Communities« zur Entwicklung von Teamkulturen

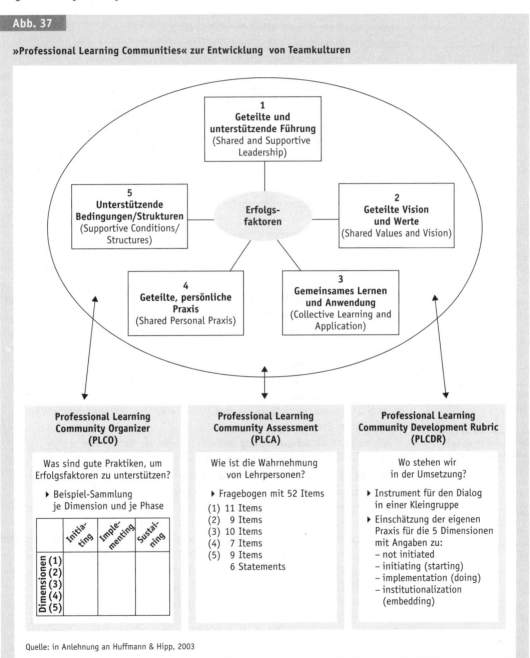

Quelle: in Anlehnung an Huffmann & Hipp, 2003

Makro-Ebene – Bildungsorganisationen gestalten
3.5 Analyse und Gestaltung von Kulturen

Maßnahmen zur Teamentwicklung

Maßnahmen zur Teamentwicklung können sich auf Erkenntnisse der Kommunikations- und Teamforschung beziehen. Die Diagnose eines Teams, z. B. anhand des Konzepts der professionellen Lerngemeinschaften, kann hierbei als Ausgangspunkt dienen. Entscheidend ist es dabei nicht, welche Resultate mit den Analysetools erzielt werden, sondern vielmehr soll dadurch eine Gruppe an Lehrpersonen in einen Diskurs einsteigen können, wie die Ergebnisse interpretiert, warum beispielsweise Unterschiede bei Erfolgsfaktoren zwischen individuellen Lehrpersonen gesehen oder wie bestimmte Erfolgsfaktoren gefördert werden können. Die Instrumente sollen die Reflexion anregen und Impulse zur Team-/Schulentwicklung setzen können. Häufig wird das Konstrukt der Professional Learning Communities im Zusammenhang mit Schulreformen gebracht, um einen Veränderungsprozess stärker bottom-up zu begleiten. Empfehlungen für Schulleitungen können sich darauf beziehen, ihren Lehrkörper hinsichtlich ihrer Wahrnehmung der existierenden Teamkultur zu analysieren und entsprechende Interventionen zu entwickeln, um Impulse für die Förderung einer positiven Teamkultur zu setzen, wie z. B. Umgang mit Konflikten, Lernprozesse initiieren, eigene Schwächen erkennen und von einer positiven Teamkultur profitieren.

3.5.3.5 Lehrkultur: Pädagogische Interaktionen

Eine Lehr- und Lernkultur im engeren Sinne kann nach Zimmer (2001) als »historisch herausgebildetes Muster institutionalisierter Formen pädagogischer Handlungen« (S. 129) bezeichnet werden. Damit werden folglich diejenigen gemeinsamen Wertvorstellungen bezeichnet, die Lehrende und Lernende hinsichtlich der Weitergabe und der Aufnahme von Wissen teilen. Ähnlich definiert auch Weinert (1997) Lernkultur als »die Gesamtheit der für eine bestimmte Zeit typischen Lernformen und Lernstile sowie die ihnen zugrunde liegenden anthropologischen, psychologischen, gesellschaftlichen und pädagogischen Orientierungen« (S. 12).

Lehr- und Lernkultur: Definition

> In der Lehr- und Lernkultur manifestieren sich die im Verlaufe der Zeit entstandenen gemeinsamen Vorstellungen und Werthaltungen bzw. Gewohnheiten und Einstellungen, welche mit den Lernprozessen verbunden werden (Euler, 2005a). Die **Lehrkultur** betrachtet dabei stärker die Perspektive der Lehrenden aus Sicht der geplanten pädagogischen Interaktionen in didaktisch gestalteten Lehr-Lernumgebungen. Mit dem Begriff der **Lernkultur** werden im Gegensatz dazu die kulturellen Gewohnheiten und Einstellungen aus der Perspektive der Lernenden betrachtet.

Die Untersuchung des pädagogischen Interaktionshandelns ist ein besonders naheliegender Zugang zur Bestimmung von Lehrkulturen, weil dessen Ausgestaltung, z. B. durch den Einsatz von Lehrmethoden, Lernaufgaben, Medien und Prüfungsformen, durch Lehrende unmittelbar auf das Lernen der Individuen ausgerichtet ist und in einer bestimmten Art und Weise wirken soll. In pädagogisch-didaktischen Arbeiten wird daher Lehrkultur vorwiegend anhand von Indikatoren dieser Dimension festgemacht (z. B. Dehnbostel, 2001; Reusser, 1995, S. 165–168). Im Hochschulkontext haben Jenert et al. (2009) folgende Dimensionen zur Bestimmung der Lehrkultur ermittelt:

Tab. 44

Gestaltungsfaktoren pädagogischer Interaktionen als Einflussfaktoren auf die Lehrkultur

Einflussfaktoren auf die Lehrkultur: Beispiele für Indikatoren im Hochschulkontext

Pädagogisch-interaktionale Dimension	
Indikator	Ausprägungen
Absichten und Ziele	
Lernziele	Disziplin-/inhaltsorientiert vs. lebenswelt-/kompetenzorientiert
Lernergebnisse	Replikation von Inhalten vs. Bewältigung von Handlungssituationen
Granularität von Lernzielen	kleinteilige Vorgaben vs. komplexe Problemstellungen
Aufgaben, Methoden, Medien und Rollen	
Lernaufgaben	reproduzieren von Wissen vs. Lösen von Problemen
Unterrichtsmaterialien	vermittlungsbezogen vs. problembearbeitungsbezogen
Rolle des Lehrenden	instruierend vs. beratend/unterstützend
Evaluation	individuelle Entwicklung fördernd vs. sozial selektierend
Soziale Beziehungen	
Lehrende – Lernende	hierarchisch vs. partizipatorisch
Lernklima	kompetitiv vs. unterstützend
Engagement Lehrender	sachbezogen vs. emotional-begeisternd
(Materielle) Rahmenbedingungen	
Zeitrahmen	starr vs. flexibel
Lernräume	geringe vs. hohe Gestaltungsvielfalt

Quelle: Jenert, Zellweger, Dommen und Gebhardt, 2009, S. 34–35

Neben diesen offiziellen Gestaltungsfaktoren, die eine Lehrkultur an einer Bildungsinstitution prägen, ist unter dem Aspekt der Lehrkultur auch interessant, inwieweit Lernende in ihrem Handeln eigene, nicht intendierte Handlungsstrategien, also eigene »Spielregeln«, entwickeln. Unter der Bezeichnung des »heimlichen Lehrplans« kann dieses Phänomen als ein prominentes Beispiel für die Differenz einer espoused theory und einer theory-in-use angesehen werden (Behrmann, 2006, S. 324, (vgl. die Ausführungen zu heimlicher Lehrplan im Abschnitt 3.5.2.3):

Der heimliche Lehrplan: »Hidden Curriculum«

Interessant ist es, das Konzept des heimlichen Lehrplans im Zusammenhang mit der vorherrschenden Lehrkultur zu betrachten, weil es induktiv aus der Beobachtung des Handelns der Lernenden entsteht. Portelli (1993, S. 345) präzisiert vier Merkmale, die mit dem Begriff des *Hidden Curriculum* verbunden sind:

3.5 Makro-Ebene – Bildungsorganisationen gestalten
Analyse und Gestaltung von Kulturen

- Inoffizielle Erwartungen bzw. implizite Botschaften hinsichtlich erwarteter Verhaltensweisen;
- Nicht intendierte Lernergebnisse oder Botschaften;
- Implizite Botschaften, die sich aus der Struktur von Bildungsprozessen ergeben;
- Hidden Curriculum als Kreation der Lernenden, das was die Lernenden aus dem offiziellen Curriculum machen.

Heimlicher Lehrplan: Beispiel Schule

Im Kontext der Schule bedeutet dies, dass sich im Klassenzimmer spezifische Handlungsstrategien und Verhaltensweisen herausbilden, die nicht denjenigen entsprechen, die das formale Curriculum festlegt. Schüler-/innen befinden sich u. U. in Situationen, die widersprüchliches Verhalten provozieren, wie z. B. Loyalität vs. Konkurrenz untereinander, Machtgefälle untereinander oder zwischen Lehrpersonen und Schülern.

Hidden Curriculum: Beispiel Hochschule

Im Hochschulkontext untersuchte beispielsweise Jenert (2012) Studienprogramme als kulturelle Einheiten, innerhalb derer sich spezifische handlungsleitende Vorstellungen und Normen entwickeln mit dem Ziel, diese impliziten Regeln des Studienhandelns, das Hidden Curriculum und vor allem auch die dahinterliegenden Konstruktionsprozesse aufzudecken. Nach Jenert (2012) fokussiert somit das Hidden Curriculum »die impliziten Regeln und Leitlinien des Studierendenhandelns, die häufig ungewollt aus den sozio-strukturellen Anforderungen der Hochschulumwelt entstehen« (S. 131). Studierende entwickeln im Laufe des Studiums komplexe Bewältigungsstrategien, um mit dem Alltag an der Hochschule zurechtzukommen. Am offensichtlichsten ist dabei wohl die Diskrepanz zwischen den Aufforderungen der Lehrenden, engagiert, kreativ und neugierig zu sein, und in der Praxis bei Prüfungen große Mengen an auswendig gelerntem Faktenwissen abzufragen.

Situated Curriculum: Beispiel betriebliche Bildungspraxis

Im Kontext des arbeitsplatznahen Lernens ist in diesem Zusammenhang das Konzept des »*Situated Curriculum*« entstanden (Gherardi, Nicolini & Odella, 1998, S. 279 ff., zit. in Jenert, 2012, S. 104). Gegenüber dem Konzept des Hidden Curriculum werden dabei der sozial-konstruktive Charakter sowie die Kontextgebundenheit in einer Gemeinschaft von Praktikern betont: »The Situated Curriculum is more the variable outcome of ongoing... practices, social interactions and power relations than an invariant precondition of thought, action and learning: a Situated Curriculum is characteristic of the practices of a community and cannot be considered apart from it« (Gherardi et al., 1998, S. 281, zit. in Jenert, 2012, S. 105). Die Ähnlichkeiten zu einer Organisationskultur sind dabei offensichtlich, denn auch ein situiertes Curriculum ist in weiten Teilen »unter der Wasseroberfläche«, nur implizit vorhanden, seine Regeln sind nicht offiziell festgeschrieben, sondern werden im sozialen Handeln der Mitglieder der jeweiligen Gemeinschaft durch Sozialisation weitergegeben.

Mit Blick auf die didaktische Gestaltung von Bildungsprogrammen sollte daher genau geprüft werden, welche Erwartungen und Empfehlungen den Lernenden in formal organisierten Lehr-Lernumgebungen vermittelt werden. »Die vermittelten Informationen sollten aktiv ›gemanaged‹ werden: Dazu gehört neben der bewussten Auswahl und Kommunikation studienrelevanter Informationen auch das aktive Aufnehmen und Kontextualisieren externer Informationen, wie Gerüchte, Erwartungen von Arbeitgebern, etc. Darüber hinaus sollte die offizielle Kommunikation mit der gelebten Studienrealität konsistent sein, um einen Vertrauensverlust Studierender zu vermeiden« (Jenert, 2012, S. 394).

Die Gestaltung der Lernkultur in der betrieblichen Weiterbildung besitzt ebenfalls umfangreiche Facetten. So sind für ein selbstgesteuertes und eigenverantwortliches Lernen die zeitlichen und räumlichen Rahmenbedingungen zu sichern. Beispielsweise wird es i.d.R. nicht ausreichen, den Mitarbeitenden lediglich Selbstlernmedien zur Verfügung zu stellen, sondern sie müssen die Ruhe und die Zeit haben, sich mit Hilfe der Medien neue Kompetenzen anzueignen. Im Rahmen der betrieblichen Weiterbildung bedeutet dies die Gewährleistung von Lernplätzen, an denen ein konzentriertes und ungestörtes Lernen möglich ist. Zudem muss das Lernen im Arbeitskontext eine breite Akzeptanz besitzen, d.h. der Mitarbeitende darf sich nicht ertappt fühlen, wenn er von Vorgesetzten oder von Kollegen und Kolleginnen beim Lernen beobachtet wird. Ferner muss es dem akzeptierten Status entsprechen, dass Lernformen aufgebaut und gesichert werden: Solange etwa Führungskräfte weiterhin ausschließlich im angenehmen Ambiente eines ruhig gelegenen Seminarhotels weitergebildet werden, die Mitarbeitenden sich hingegen primär mit Hilfe von Medien am Arbeitsplatz oder zuhause weiterbilden sollen, könnte der Status eines mediengestützten Lernens leiden.

Maßnahmen der Lehrkulturgestaltung

Aus diesen Überlegungen heraus folgt eine Erweiterung der Didaktik: Die didaktische Planung und Organisation erfolgt demnach nicht allein auf der Ebene des Unterrichts, sondern im Zusammenwirken verschiedener Ebenen im Bereich der Bildungsorganisation. Um Lehrkulturen zu ergründen ist es zudem erforderlich, unter die Wasseroberfläche zu blicken, d.h. zu erkennen, wie die Lernenden ihre Lernumgebung wahrnehmen und auf Basis welcher Überlegungen sie handeln. Dahinter steht die Überlegung, dass wirkungsvolles didaktisches Handeln ein Verständnis der Handlungslogiken von Individuen voraussetzt. »Die handlungsleitenden Vorstellungen der Studierenden werden nicht als ›Randerscheinung‹ oder unerwünschtes Hidden Curriculum betrachtet, sondern als die zentrale Einflussgröße auf die individuelle Studiengestaltung und letztlich auch auf die Studienergebnisse« (Jenert, 2012, S. 394). Mithilfe dieser Erkenntnisse können gegebenenfalls auftretende Zielspannungslagen und Dysfunktionalitäten aufgedeckt werden, um eine Kulturgestaltung im Sinne der normativ erwünschten Lehrkultur zu positionieren und Maßnahmen zu ergreifen.

3.5.3.6 Individuelle Lernkulturen

Auf der Ebene des Individuums können Lernkulturen als Kontexte für das Lernen verstanden werden, die Handlungsmöglichkeiten und -beschränkungen vorgeben, aber auch bis zu einem bestimmten Grad von den Lernenden mitgestaltet werden können. Diese letzte Stufe der Betrachtung rückt somit die Perspektive der Lernenden sowie deren Lerngewohnheiten, Einstellungen und Werthaltungen gegenüber dem Lernen in den Vordergrund.

Individuelle Lernkulturen als Voraussetzung von Lernkompetenzen

Der Begriff »Individuelle Lernkulturen« findet sich in der aktuellen Bildungsdiskussion immer häufiger wieder, insbesondere um auf die Heterogenität von Lerngruppen und Chancen individueller Lernkulturen einzugehen. In der Literatur allerdings sind wenige theoretische Definitionen zu finden, die Überschneidung mit dem

3.5 Makro-Ebene – Bildungsorganisationen gestalten
Analyse und Gestaltung von Kulturen

Konstrukt der Lernkompetenzen scheint sehr groß zu sein. Einen Zusammenhang zwischen Handlungskompetenzen und individueller Lernkultur stellen Euler und Hahn (2007, S. 268) folgendermaßen her, indem sie Lernkultur als die Voraussetzung für Lernkompetenzen charakterisieren. Das Individuum benötigt für die Bewältigung bestimmter Situationen jeweils Handlungskompetenzen, die als Dispositionen für stabiles, regelmäßiges Handeln in bestimmten Situationen verstanden werden können. Bezogen auf das Lernhandeln benötigt das Individuum in der Lernkultur also Lernkompetenzen, um die Lernsituation zu bewältigen.

Individuelle Lernkulturen: Definition

Unter **individuellen Lernkulturen** in Bildungsorganisationen wird das **individuelle Lernhandeln** – Einstellungen, Werthaltungen gegenüber Lernen, lernbezogenes Wissen und Fertigkeiten im Sinne von Lernstrategien, die auch als Lernkompetenzen bezeichnet werden können – der Lernenden verstanden.

Indikatoren, die der Erfassung dieses individuellen Lernhandelns dienlich sind, lassen sich anhand des Lernkompetenzkonzepts wie folgt kategorisieren:
1. Indikatoren zur Erfassung von *Einstellungen* beziehen sich auf die Werthaltung, die der Lernende dem Lernen entgegenbringt;
2. Indikatoren zur Erfassung *lernbezogenen Wissens* und *lernbezogener Fertigkeiten* beziehen sich auf die Kenntnisse und das Können eines Lernenden in Bezug auf die Gestaltung von Lernprozessen.

Einflussfaktoren auf Lernkulturen: Beispiele für Indikatoren im Hochschulkontext

Tab. 45

Merkmale für Lernkulturen an Hochschulen: Individuelle Ebene

Individuelle Dimension	
Einstellungen	
Studienmotivation	außengesteuertes Verwertungsinteresse (extrinsisch) vs. innengesteuertes Entwicklungsinteresse (intrinsisch)
Lernmotivation	intrinsisch vs. extrinsisch
Lernemotionen	positiv vs. negativ
Lernverantwortung	selbstgesteuert vs. fremdgesteuert
Rollenverständnis Lernender	proaktiv (Mitgestalter) vs. reaktiv (Konsument)
Wissen und Fertigkeiten	
Reflexion des Lernhandelns	hoch vs. gering
Kognitive Lernstrategien	oberflächenorientiert vs. tiefenorientiert

Quelle: Jenert, Zellweger, Dommen und Gebhardt, 2009, S. 35

Für die Beschreibung von Lernkulturen in Bildungsinstitutionen ist es bedeutsam, auch den Einfluss individueller Fähigkeiten der Lernenden auf das Lernhandeln zu beleuchten. Zum einen helfen sie den Lehrenden dabei, das konkrete Handeln der Lernenden, die Art und Weise wie sie Lernstrategien einsetzen, ihren Lernprozess reflektieren und anspruchsvolle Lernaufgaben selbstständig bewältigen können, besser nachzuvollziehen. Zum anderen stellen diese individuellen Lernkompetenzen eine entscheidende Rahmenbedingung für die Gestaltungsmöglichkeiten der pädagogischen Interaktion dar, die in der Planung der Bildungsprozesse berücksichtigt werden müssen.

Einfluss individueller Fähigkeiten auf das Lernhandeln

Einen Mehrwert, individuelle Lernkulturen zu erfassen, skizzieren dabei Jenert et al. (2009): »Die hier vorgestellten Indikatoren zur Erfassung von lernbezogenen Einstellungen von Studierenden sind für die Bestimmung von Lernkulturen zentral, denn sie gehen über den Bereich kognitiver Aktivitäten und Leistungsfähigkeit hinaus und blicken auch auf motivationale und emotionale Aspekte von Lernprozessen, die oft wenig beachtet werden. Sehen sich die Lernenden als passive, fremdbestimmte ›Kunden‹? Oder verstehen sie ihre Rolle als aktive und verantwortliche Mitgestalter von Lernprozessen? Diese Aspekte bestimmen maßgeblich, wie sich die Interaktion zwischen Lehrenden und Lernenden in Lehrveranstaltungen tatsächlich gestaltet« (S. 21–22).

Nutzen der Erfassung individueller Lernkulturen

In der Literatur gibt es zahlreiche Hinweise für Veränderungen in individuellen Lernkulturen bei Jugendlichen. So verfügen nach Bergel (2005) Berufseinsteiger und Studienanfänger heute über andere Lernvoraussetzungen als früher. Sowohl Ausbildende als auch Professoren beklagen demnach mangelnde Grundkenntnisse und Sozialkompetenzen der »Pisa-Generation« (S. 66). Viele junge Lernende empfinden dagegen die »traditionellen« Lernformen in der betrieblichen oder universitären Ausbildung als überholt und wenig ansprechend. Diskutiert wird in den letzten Jahren auch eine veränderte Lernkultur von älteren Mitarbeitenden, die sich in »traditionellen Weiterbildungsseminaren« nicht aufgehoben fühlen und nach anderen Lernformen suchen, die stärker an ihrer Erfahrungswelt und ihren Lerngewohnheiten anknüpfen können. In allen Bildungskontexten – Schulen, Hochschulen, Aus- und Weiterbildung – sind mit individuellen Lernkulturen Gewohnheiten und Einstellungen auf Seiten der Lernenden angesprochen und damit die Veränderung der Vorstellung, dass Lernen primär rezeptiv und fremdgesteuert erfolgt. Im Einzelnen wird es darum gehen, die Lernenden schrittweise an ein selbstgesteuertes Lernen heranzuführen, ihnen auf dem Weg dorthin zwar Unterstützung anzubieten, diese aber möglichst minimal zu halten.

Maßnahmen zur Gestaltung individueller Lernkulturen

3.5.4 Fazit

Im Abschnitt 3.5 wurde der Blick, in Analogie zum Eisbergmodell, unter die Wasseroberfläche gerichtet. Während die Struktur eher den sichtbaren, formalen Teil der Bildungsorganisation beschreibt, verdeutlicht die Kultur den unsichtbaren, informalen Teil. Darunter zu fassen sind normativ geteilte Werthaltungen sowie Wissens-

3.5 Makro-Ebene – Bildungsorganisationen gestalten
Analyse und Gestaltung von Kulturen

Komplementäre Ansätze: Funktionalistische und symbolistische Zugänge

bestände und Erfahrungen über wichtige Ereignisse, die nirgends festgeschrieben sind, aber eine ordnungsstiftende und handlungsleitende Kraft ausüben können.

Um lernförderliche Kulturen in Bildungsorganisationen erfassen zu können, sind funktionalistische von symbolistischen Ansätzen zu unterscheiden, welche als komplementär betrachtet und somit ergänzend eingesetzt werden können. Während funktionalistische Ansätze breit angelegt sind, Einflussfaktoren auf das Lernen untersuchen und einen Vergleich zwischen verschiedenen Kulturen innerhalb einer Organisation ermöglichen können, ermitteln symbolistische Ansätze ein vertieftes Verständnis einer spezifischen und einzigartigen Kultur, wodurch weiterführende Interpretationen ermöglicht werden können.

Kulturgestaltung auf unterschiedlichen Systemebenen

Die Kulturgestaltung von Bildungsorganisationen kann auf unterschiedlichen Ebenen erfolgen, die in einem wechselseitigen Verhältnis zueinander stehen:

a) *Organisationskulturen*: Lernkulturen können als ein Teil der vorherrschenden Unternehmens- bzw. Organisationskultur angesehen werden. Neben strukturellen Rahmenbedingungen ist Lernen ferner in kulturelle Rahmenbedingungen eingebettet. Es geht folglich darum zu erkennen, inwieweit vorherrschende Normen der bestehenden Organisationskultur Lernprozesse fördern oder eher behindern.

b) *Team-/Kooperationskulturen*: Beziehen sich auf kulturelle Faktoren auf der Ebene von Teams. Hier muss geklärt werden, inwieweit Lernen und Wissensaustausch in Teams am Arbeitsplatz stattfindet.

c) *Lehrkulturen*: Kulturelle Faktoren beziehen sich auf dieser Ebene auf die pädagogischen Interaktionen in formal gestalteten Lehr-Lernumgebungen und werden somit stärker aus der Perspektive der Lehrenden betrachtet; Einflussfaktoren können hier z. B. Partizipationsmöglichkeiten im Unterricht, soziale Beziehungen der Lernenden untereinander sowie zwischen Lehrenden und Lernenden oder die Konstruktion und Weitergabe studienbezogener »Spielregeln« sein (Jenert, 2010).

d) *Lernkulturen*: Die individuelle Lernkultur zeigt sich aus der Perspektive der Lernenden im Lernhandeln des Einzelnen. Sie manifestiert sich in individuellen Voraussetzungen, insbesondere in den Lernkompetenzen der Lernenden, insbesondere Studienmotivationen, Lernemotionen sowie Lernfähigkeiten für selbstgesteuertes Lernen.

Kulturgestaltung: Grenzen und Nutzen

Inwieweit die bestehende Organisations- bzw. Lernkultur überhaupt gezielt beeinflusst werden kann, wird in der Literatur konträr diskutiert (Neubauer, 2003). Da kulturelle Veränderungsprozesse von sehr vielen Faktoren abhängig sind, wie beispielsweise auch von nicht-intendierten Interventionen und Ereignissen, muss davon ausgegangen werden, dass Veränderungsprozesse nur bis zu einem gewissen Grad gestaltbar sind. Dennoch wird im vorliegenden Lehrbuch die Annahme vertreten, dass die Gestaltung von Veränderungsprozessen – unter den geschilderten Einschränkungen – geplant werden kann und somit Ziele gesteckt werden können, auch wenn die Entwicklung nicht prognostizierbar ist und deswegen Pläne oft nicht über längere Zeit aufrechterhalten werden können (Müller-Stewens & Lechner, 2005, S. 412).

Ziel des kulturellen Zugangs ist es, das komplexe Zusammenspiel einer Vielzahl lernbezogener Einflüsse in einer Bildungsorganisation umfassend zu analysieren, um didaktische Leitvorstellungen effektiv umsetzen zu können (Gebhardt & Jenert, 2013, S. 228). In Bildungsorganisationen wie Schulen, Hochschulen oder Bildungsanbietern auf dem freien Markt, die in keiner Organisation als Abteilung verankert sind, sondern als eigenständiges System agieren, bezieht sich die Kulturgestaltung auf die Entwicklung der Organisation und die Rahmenbedingungen des eigenen Systems.

Im betrieblichen Bildungsmanagement, bei Bildungsabteilungen mit einer Verankerung in einem Unternehmen bzw. einer Verwaltung, NGO etc., bezieht sich die Analyse der Organisationskultur auch auf die übergeordnete Organisation, in der Lernen stattfindet. Die Analyse bestehender Kulturen mit Hilfe vorhandener Diagnoseinstrumente liefert zwar erste Hinweise darüber, welche Faktoren Lernen und Wissensaustausch in einem Unternehmen behindern oder fördern könnten. Allerdings sind die zugrunde liegenden Kulturdimensionen meist noch zu unspezifisch, um konkrete, insbesondere auch methodisch-didaktische Gestaltungsempfehlungen für das Bildungsmanagement ableiten zu können. Aufgabe des Bildungsmanagements kann es aufgrund der Komplexität und fehlenden Verantwortlichkeit des Veränderungsprojektes zudem kaum sein, eine bestehende Organisationskultur als eine Art »Change Agent« zu verändern. Daher ist die Notwendigkeit gegeben, die übergreifende Thematik einer lernförderlichen Organisationskultur anhand der unterschiedlichen Kulturebenen, wie skizziert, auf die relevanten Aspekte des Bildungsmanagements in einem Unternehmen herunter zu brechen. Dazu sind spezifische Methoden und Instrumente notwendig, die sich auf die Analyse und Gestaltung von Strukturen und Kulturen beziehen und somit einen Mehrwert für die Bildungsarbeit liefern können.

Aufgabe des betrieblichen Bildungsmanagements

3.6 Zusammenfassung: Strukturen und Kulturen von Bildungsorganisationen gestalten

In diesem Kapitel steht die Gestaltungsdimension der Makro-Ebene im Vordergrund, um Rahmenbedingungen – Strukturen und Kulturen – zu analysieren und zu gestalten und damit die Lern- und Entwicklungsprozesse in Bildungsorganisationen zu unterstützen (siehe Abbildung 38).

Die Entwicklungsfähigkeit von Organisationen gewinnt zunehmend an Bedeutung und führt zur Implementierung von Organisationsformen, Führungskonzepten und Managementsystemen, die verstärkt auf Selbstorganisation setzen. Hierbei kommt der Funktion des Lernens von Individuen und der Entwicklung von Organisationen eine besondere Bedeutung zu, die mit der Institutionalisierung lernförderlicher Strukturen und damit auch Kulturen einhergeht. In Unternehmen hat die damit verknüpfte Gestaltungsvision der lernenden Organisation bereits eine lange Tradition. In Schulen, Hochschulen und firmeninternen Bildungsbereichen sind »die zu ihrer Entfaltung erforderlichen Lernprozesse institutionalisiert und stellen in diesem Sinne vor allem auch den eigentlichen Zweck der Organisation dar« (Behrmann,

Erhöhung der Entwicklungsfähigkeit von Bildungsorganisationen als lernende Organisation

Makro-Ebene – Bildungsorganisationen gestalten
3.6 Zusammenfassung: Strukturen und Kulturen gestalten

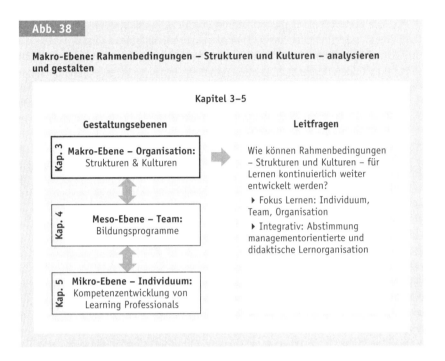

Abb. 38

Makro-Ebene: Rahmenbedingungen – Strukturen und Kulturen – analysieren und gestalten

2006, S. 345). Im Grunde genommen sind diese darauf ausgerichtet, Lernprozesse bei den jeweiligen Zielgruppen zu unterstützen. Die organisationalen und individuellen Lernprozesse in ihrer eigenen Institution sind dahingegen nicht im Fokus. »Bislang sind sie nicht, oder zumindest weniger, auf die Mischung ausgelegt, die zwischen den Strukturen von Bildungsveranstaltungen auf der einen und den organisationalen Rahmenbedingungen der Bildungseinrichtung auf der anderen Seite bestehen« (Behrmann, 2006, S. 345). Nach Behrmann (2006, S. 345) stellt daher die Entwicklung lernförderlicher Rahmenbedingungen in diesen Bildungsorganisationen eine der größten Herausforderungen dar.

Abstimmung Pädagogik – Management

Um die Entwicklungsfähigkeit von Bildungsorganisationen zu erhöhen, wurden daher zunächst konzeptionelle Grundlagen geklärt, die sich auf die Abstimmung zwischen Management und Pädagogik beziehen:
- *Lernen im Fokus:* Organisationales Lernen als integratives Konzept zwischen individuellem und organisationalem Lernen zu verstehen und diesbezüglich lernförderliche Strukturen und Kulturen zu gestalten.
- *Organisation des Lernens:* Managementtheoretische Organisation und didaktische Organisation sowie deren Handlungslogiken aufeinander abzustimmen. Die Rahmenbedingungen für Lernen in der Organisation zu entwickeln steht dabei im Vordergrund.

Gestaltung von Strukturen und Kulturen: Ziele und Interdependenzen

Die Gestaltung von Strukturen und Kulturen in Bildungsorganisationen bezieht sich somit auf das Ziel, lernförderliche Rahmenbedingungen für die individuelle Kompetenzentwicklung sowie für organisationales Lernen zu schaffen. Dabei beziehen sich die strukturellen Faktoren primär auf die Analyse und die Gestaltung von Aufgaben-, Entscheidungs-, Verantwortungs-, Budget- und Kommunikationsstrukturen. Demgegenüber erfassen die kulturellen Faktoren in erster Linie Einstellungen, Macht- und Vertrauensgrade, Werte, aber auch die impliziten und informellen Verhaltensweisen der Personen in einem sozialen System. Eine Bildungsorganisation erscheint dabei im Allgemeinen nicht homogen, sondern vereint unterschiedliche Strukturen und Kulturen. Hinsichtlich der Gestaltungskriterien stellt sich daher die Frage, wie diese Strukturen und Kulturen auf eine entwickelte normative Orientierung und didaktische Leitvorstellungen ausgerichtet werden können.

Bei der separaten Analyse und Gestaltung von Strukturen einerseits (oberhalb der Wasseroberfläche, sichtbar und formal) und von Kulturen andererseits (unterhalb der Oberfläche, eher informell und überwiegend nicht sichtbar) wurde deutlich, dass die Interdependenzen sehr groß sind und sich Strukturen und Kulturen wechselseitig bedingen.

Abschließend werden nun die Überlegungen in einer Organisationsmethodik in Anlehnung an Gomez und Zimmermann (1992) zusammengeführt, um Strukturen und Kulturen in Bildungsorganisationen systematisch erfassen und gestalten zu können (vgl. nachfolgende Abbildung). Im Zentrum steht dabei die jeweilige Ausrichtung und grundsätzliche Intention, mit der die Bildungsorganisation gestaltet werden soll:

Methodik zur Organisationsentwicklung

A) *Latente Organisationsentwicklung:* Lenkung im Sinne von Feinabstimmung vorhandener Strukturen oder kultureller Einflüsse, mit dem Schwerpunkt auf Single Loop Learning bzw. Anpassungslernen,

B) *Gestaltung:* Anpassung bzw. Reorganisation der bestehenden Strukturen und Kulturen im Sinne des Double Loop Learning bzw. Veränderungslernen oder

C) *Erhöhung der Entwicklungsfähigkeit:* Entwicklung der Strukturen und Kulturen mit dem Ziel, die Entwicklungsfähigkeit der Bildungsorganisation zu erhöhen (organisationales Lernen auf höchstem Lernniveau: Deutero-Learning bzw. Prozess-/Meta-Lernen).

Die Organisationsmethodik – in Anlehnung an Gomez und Zimmermann (1992) – kann dabei in folgenden Schritten erfolgen (siehe Abbildung 39).

1. *Problemabgrenzung* und *Zielbestimmung*:

    In diesem Schritt sind zunächst die Problemlage sowie die Zielsetzung für die Organisationsentwicklung näher zu bestimmen. In diesem Zusammenhang weisen Capaul und Seitz (2011) auf folgenden Umstand hin: »Die Einschätzung eines Problems hängt erfahrungsgemäß stark von unseren Wahrnehmungs- und Denkprozessen ab. Es gilt, die tiefer liegenden Ursachen des Problems herauszufinden und die Problemsituation aus verschiedenen Blickwinkeln zu betrachten, um nicht einer nutzlosen Systembekämpfung zu erliegen und eine tragfähige Lösung des Problems zu finden« (S. 193). Auslöser für eine Organisationsentwicklung kann beispielsweise sein, dass eine Weiterbildungsabteilung aufgrund äußerer Umstände reorganisiert werden muss. Im Sinne einer kontinuierlichen, reflexiven Organisationsentwicklung können beispielsweise alle 2 Jahre umfassende Analysen durchgeführt werden, um den Ist-Stand zu erheben und um daraus Maßnah-

Schritte der Organisationsmethodik

3.6 Makro-Ebene – Bildungsorganisationen gestalten
Zusammenfassung: Strukturen und Kulturen gestalten

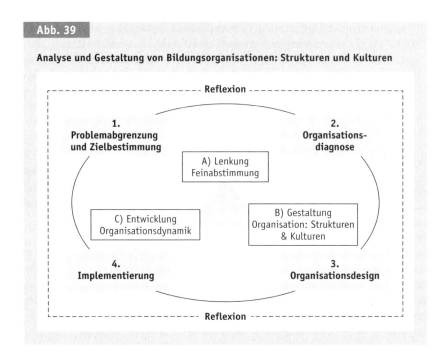

Abb. 39

Analyse und Gestaltung von Bildungsorganisationen: Strukturen und Kulturen

men abzuleiten, die auf die Entwicklung der Organisationsdynamik insgesamt abzielen.

2. *Organisationsdiagnose* der bestehenden Strukturen und Kulturen:
Ziel ist es bei diesem Schritt, den Ist-Zustand der Bildungsorganisation hinsichtlich ihrer Strukturen und Kulturen in ihrer momentanen Entwicklungsphase festzustellen. Die Diagnose kann dabei wiederum ergeben, dass entweder eine gezielte Lenkungsmaßnahme im Sinne einer Feinabstimmung ausreicht, bzw. eine relativ einfache Anpassung von Teilstrukturen und einzelnen Abläufen oder eben umfassendere Analysen notwendig werden, insbesondere wenn kulturelle Lernbarrieren tiefergehend betrachtet werden sollen. Die übergreifende Thematik einer lernförderlichen Organisationskultur ist demnach auf relevante Aspekte herunter zu brechen. Es gilt, spezifische Methoden und Instrumente zu entwickeln und eine Analyse durchzuführen.

3. *Organisationsdesign* der anzustrebenden Strukturen und Kulturen:
In einem nächsten Schritt sind die ermittelten Ergebnisse mit den als relevant erachteten Anspruchsgruppen gemeinsam zu interpretieren, um zusammen die Daten kontextbezogen auszuwerten und zu diskutieren. Die Ergebnisse können hierbei zu sehr unterschiedlichen Interpretationen führen, die mannigfaltige Konsequenzen bzw. Maßnahmen hervorbringen können. Die Einbindung möglichst aller betroffenen Anspruchsgruppen in die Interpretation der Ergebnisse ermöglicht eine fundierte Ursachenanalyse, die wiederum eine Voraussetzung für eine sinnvolle Ableitung von Maßnahmen darstellt. Der Kreis der Betroffenen ist zu informieren und eine gemeinsame Diskussion der Ergebnisse durchzuführen.

Für die organisationsinterne Ausbreitung der Aktivitäten ist es zudem erforderlich, alle Anspruchsgruppen der Organisation in regelmäßigen Abständen über den erreichten Entwicklungsstand zu unterrichten. Die Diskussionen und Interpretationen mit relevanten Anspruchsgruppen dienen darüber hinaus dem Ziel, Struktur- und Kulturgestaltung im Hinblick auf die normative Orientierung zu hinterfragen (welche Lernkulturen sind z. B. normativ erwünscht?).

4. *Implementierung* – Umsetzung der geplanten Maßnahmen:
Auf der Basis der interpretierten Ergebnisse können inhaltliche Schwerpunkte und Prioritäten bestimmt werden. Die ermittelten Befunde und diskutierten Soll-Vorstellungen bieten zentrale Hinweise auf wesentliche Gestaltungsfelder für die weitere Einleitung von Veränderungsmaßnahmen. Diese Interventionen sind als Impulse zu verstehen, um lernförderliche Strukturen und Kulturen in Bildungsorganisationen zu gestalten.

Übergreifend über alle Phasen hinweg empfiehlt es sich, eine begleitende *Reflexion* vorzunehmen, insbesondere darüber wie sich strukturelle und kulturelle Veränderungen über eine Zeit hinweg entwickelt haben und verändern und welche Schlüsse daraus für das organisationale Lernen und die Entwicklungsdynamik gezogen werden können.

Zusammenfassend ist festzuhalten, dass das Prinzip der Selbststeuerung als zentraler Schlüsselfaktor in verschiedener Hinsicht Anforderungen an Bildungsinstitutionen stellt. In vielen Bereichen behindern derzeit starre Strukturen und Vorgaben sowie kulturelle Barrieren die Umsetzung. Eine neue Kultur des selbstgesteuerten Lernens steckt meist noch in den Anfängen (Dietrich, 2001, S. 314). »Zu lange war anstatt eines lernorientierten ein lehrzentriertes Denken üblich, und es beherrscht noch die Köpfe der Lehrenden, aber auch der Lernenden selbst« (Dietrich, 2001, S. 314). So kommt Meiser (2001) zu der Schlussfolgerung: »Letztlich erfordert die Selbststeuerung eine Komplementarität auf der Organisationsebene, die sich selbst veränderungsoffen, selbstkritisch und lernfreudig zeigen muss« (S. 9).

Organisationsentwicklung: Selbststeuerung als Grundprinzip lernender Organisationen

3.7 Fallstudie: Lernkultur-Analyse als Ausgangspunkt für die Gestaltung lernförderlicher Rahmenbedingungen – Anwendungsbeispiel Telekom

3.7.1 Einleitung

Ausgangspunkt des Anwendungsbeispiels stellt die Einführung einer konzernweiten Lernplattform bei der Telekom, einem international tätigen Unternehmen der Telekommunikationsbranche dar, welche die Überprüfung der bestehenden Lernkultur auf den Ebenen der Mitarbeiter, Führungskräfte sowie der Personalentwicklung erfordert.

Lernkultur-Analyse: Kontext und Ziel

3.7 Makro-Ebene – Bildungsorganisationen gestalten
Fallstudie: Lernkultur-Analyse als Ausgangspunkt

Weiterbildung und Lernen in diesem Unternehmen haben sich im Zuge der organisatorischen Entwicklung des Konzerns in den 1990er-Jahren zunehmend in die strategischen Geschäftsfelder verlagert. Im Laufe der Zeit haben sich eigenständige Entwicklungsstrategien und Lösungskonzepte für die Mitarbeiterqualifizierung entwickelt, die in einer Vielzahl unterschiedlicher Lernmanagementsysteme in den verschiedenen Unternehmensbereichen und in zahlreiche Redundanzen der Trainingsinhalte sowie in einer suboptimalen Nutzung des Bildungsangebotes mündeten. Die Bündelung und Konsolidierung dieser heterogenen Systemlandschaft wurde folglich vom Personalvorstand des Konzerns als strategisch bedeutsames Ziel verabschiedet. In dem Projekt »Corporate LMS« wurde demnach eine Plattform ausgewählt, die für den gesamten Konzern eine übergreifende Bildungsarchitektur bereitstellen soll.

Die Einführung einer Lernplattform stößt jedoch in der Praxis häufig auf Widerstände: Die Trainer und Mitarbeiter nutzen sie nur ungenügend, die Anwendung der hohen Investition bleibt weit hinter den Erwartungen zurück. Akzeptanzbarrieren liegen häufig in der Lernkultur begründet, welche sich vor allem in den Einstellungen gegenüber dem Lernen manifestiert. Die Integration neuer Medien in eine tradierte Seminarpraxis ist mit der Veränderung von Gewohnheiten und Einstellungen zu Lernen und Wissen verbunden. Die Umsetzung technologiegestützter Lernumgebungen erfordert daher häufig die Entwicklung von Lernkulturen, die jedoch mit der bestehenden Bildungspraxis in Konflikt stehen können. Selbstgesteuertes Lernen wird oftmals als Ersatz für externe Seminare an schönen Tagungsorten interpretiert und stößt auf wenig Akzeptanz seitens der Mitarbeitenden. Die didaktische Umsetzung des selbstgesteuerten Lernens erfordert zudem einen Rollenwechsel der Lehrperson hin zum Katalysator und Lernberater von Lernprozessen, welcher häufig Zurückhaltung und Ablehnung beim Bildungspersonal auslöst.

Nachfolgend soll die Vorgehensweise und zentrale Ergebnisse der durchgeführten Studie zur Lernkultur-Analyse in diesem Unternehmen als Ausgangspunkt des für die Implementierung von Bildungsinnovationen erforderlichen Veränderungsprozesses aufgezeigt werden. Die Untersuchung bezieht sich dabei auf die Evaluation der bestehenden Lernkultur einer Niederlassung des Unternehmens, welche als erste die neue Lernplattform anwenden soll.

3.7.2 Lernkulturmodell

Modell und Instrument zur Analyse der Lernkultur

Die Entwicklung des nachfolgenden Lernkulturmodells entstand in einer engen Zusammenarbeit zwischen Wissenschaft und Praxis, insbesondere durch die Einbindung der betroffenen Interessensgruppen der Telekom AG (Ihm, 2006). Konkret wurde im Jahr 2003 von der Telekom AG ein Firmennetzwerk etabliert, welches sich aus Bildungsverantwortlichen, Bildungsmanagern und Personalentwicklern unterschiedlicher Unternehmen zusammensetzt und sich mit der systematischen Erfassung von Lösungsansätzen für zukünftige Lernarchitekturen befasst. Zentrales Ergebnis dieses Netzwerkes ist die Entwicklung eines generischen Modells zur Lernarchitektur, das die zukünftigen Anforderungen an Mitarbeitende, Führungskräfte,

Bildungsmanager und Unternehmensleitung fokussiert. Wie die nachfolgende Abbildung aufzeigt, beschreiben demnach fünf Dimensionen eine Lernkultur aus der Perspektive des Bildungsmanagements:

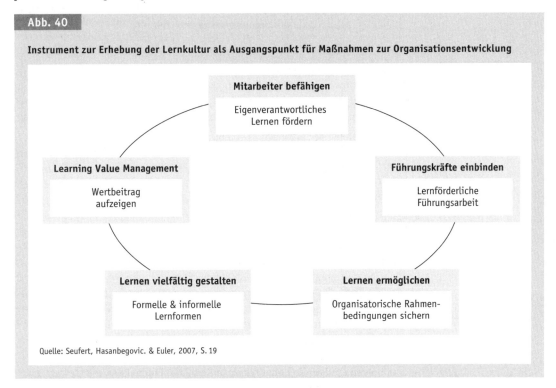

Abb. 40

Instrument zur Erhebung der Lernkultur als Ausgangspunkt für Maßnahmen zur Organisationsentwicklung

Quelle: Seufert, Hasanbegovic. & Euler, 2007, S. 19

Die einzelnen Dimensionen werden weitergehend über Indikatoren präzisiert, mit deren Hilfe die Analyse von Lernkulturen operationalisiert werden kann:

- *Mitarbeiter befähigen*: Diese Dimension orientiert sich an mitarbeiterorientierten Unterstützungsmaßnahmen, wie beispielsweise Erwartungen an kontinuierliches Lernen kommunizieren, Lernbedarf erheben und die Deckung des Lernbedarfs unterstützen.
- *Führungskräfte einbinden*: Dabei ist die Frage zentral, wie Führungskräfte als Ansprechpartner bereitstehen, als Vorbild wirken, als Unterstützer für Lernen wirken und wie sie Rahmenbedingungen für Lernen fördern können.
- *Lernen ermöglichen, Infrastruktur ausbauen*: Nicht nur technologische, sondern auch organisatorische Rahmenbedingungen stehen bei dieser Dimension im Vordergrund, wie beispielsweise Austausch von Wissen unterstützen, Zeitrahmen für Lernen vereinbaren, Anreize für das Lernen entwickeln, Lernorte gestalten und über Lernangebote informieren.
- *Lernen vielfältig gestalten in formellen und informellen Kontexten*, wie z. B. Präsenzveranstaltungen optimieren, arbeitsverbundenes Lernen fördern, selbstorga-

<small>Dimensionen des Lernkultur-Analyse-Instruments</small>

nisiertes Lernen mit Medien ausbauen, Transfer des Gelernten in die Praxisanwendung fördern.
- *»Learning Value«* – *den Wertbeitrag von Lernen aufzeigen*, wobei sich die Dimension vor allem auf die Überprüfung von Lern- und Transfererfolg und auf die Qualitätsbewertung von Qualifizierungsmaßnahmen bezieht.

Vergleich mit anderen Diagnoseinstrumenten

Ziel des vorgestellten Analyse- und Gestaltungsrahmens von Lernkulturen ist es folglich, aus Sicht des Bildungsmanagements relevante Merkmale von Lernkulturen zu erfassen und damit die Basis für die Ableitung von Gestaltungsempfehlungen zur Optimierung nachhaltigen Lernens in Organisationen zu schaffen. Diese Dimensionen verdeutlichen, dass strukturelle Faktoren im Vordergrund stehen, welche lernförderliche Rahmenbedingungen in einer Organisation darstellen und somit die von den Mitarbeitenden und Führungskräften wahrgenommene Kultur maßgeblich mit beeinflussen können. Im Unterschied zu existierenden Diagnoseinstrumenten zur lernenden Organisation oder lernkulturellen Merkmalen einer Organisation, kann insbesondere mit diesem Modell eine Brücke zwischen Organisations- und Personal-/Kompetenzentwicklung geschlagen werden. Die Dimensionen und Indikatoren zur Präzisierung des Konstrukts Lernkultur knüpfen somit direkt an den Verantwortungs- und Gestaltungsbereichen des Bildungsmanagements in einer Unternehmung an. Die mikro-didaktische Gestaltung und Evaluation von Maßnahmen zur Kompetenzentwicklung wird somit um die makro-didaktische Gestaltung lernförderlicher Voraussetzungen und Rahmenbedingungen erweitert.

3.7.3 Vorgehensweise: Lernkultur-Analyse

Die Durchführung der Lernkultur-Analyse kann anhand der in Kapitel 3.6 eingeführten 4 Schritte zur Organisationsentwicklung, um Rahmenbedingungen für Lernen in Organisationen zu schaffen, erläutert werden:

Vorgehensmethodik der Lernkultur-Analyse

1. *Problemabgrenzung* und *Zielbestimmung*:
   In diesem Schritt wurden zunächst die Problemlage sowie die Zielsetzung für die Organisationsentwicklung näher bestimmt. Ausgangs- und Bezugspunkt der Lernkulturdiagnose war die Einführung einer konzernweit verwendbaren Lernplattform. Die Untersuchung identifizierte in diesem Zusammenhang wesentliche Gestaltungsdesiderata, an denen Maßnahmen der Organisations- und Personalentwicklung ansetzen können, um die Potenziale der Lernplattform wirksam werden zu lassen.
2. *Organisationsdiagnose* der bestehenden Strukturen und Kulturen:
   Ziel bei diesem Schritt war es, einen Ist-Zustand der Bildungsorganisation hinsichtlich ihrer Strukturen und Kulturen in ihrer momentanen Entwicklungsphase festzustellen. Dafür wurde ein Diagnoseinstrument aus dem generischen Modell entwickelt. Die Bausteine der Lernkultur bildeten die Grundlage für die Entwicklung eines Fragebogens. Die den Bausteinen zugrunde liegenden Variablen wurden hierfür operationalisiert und anschließend für eine Diagnose der bestehenden Lernkultur in einer ausgewählten Einheit der Division herangezogen. Im

vorliegenden Fall fand eine Vollerhebung in einer Niederlassung statt (Grundgesamtheit n = 3090), in welcher als einer der ersten Einheiten eine konzernweite Lernplattform eingeführt werden soll.

Anhand einer quantitativen Untersuchung wurde eine repräsentative Problemfeldvermessung durchgeführt, um Einschätzungen unterschiedlicher Lernkultur-Faktoren seitens der verschiedenen Anspruchsgruppen je Abteilungsgröße und -art, Fachbereich und Standort extrahieren zu können. Qualitative Experteninterviews wurden vor und nach der Erhebung als Nachweis der Inhaltsvalidität, der Praktikabilität und Verständlichkeit durchgeführt. Die Entwicklung der Instrumente verlief unter Mitwirkung unterschiedlicher Anspruchsgruppen des Unternehmens, insbesondere Mitarbeiter, Führungskräfte, Betriebsrat, Personalentwickler, um Niederlassungs-, und Branchenspezifika zu beachten. So spielt z. B. die unternehmensspezifische Sprache eine wichtige Rolle bei der Entwicklung des Fragebogens. Wird beispielsweise die Rolle der Bildungsverantwortlichen analysiert und tragen in einer Unternehmenseinheit diese die Bezeichnung »Qualifizierungsbeauftragte«, so müssen die Items dementsprechend angepasst werden. Für die Analyse wurden *zwei Versionen des Fragebogens* eingesetzt, die Items aus der jeweiligen Perspektive, um
- persönliche Einstellungen der *Mitarbeitenden* sowie
- persönliche Einstellungen der *Führungskräfte* zu erheben.

Die Einschätzungen aus den unterschiedlichen Perspektiven erlauben eine intensive Diskussion über die Lernkultur(en) wie Lernen in formellen und informellen Kontexten am Arbeitsplatz von Mitarbeitenden sowie auch von Führungskräften wahrgenommen wird. Anhand der Ergebnisse und möglicher Unterschiede in den Wahrnehmungen lassen sich intensive Diskussionen und mögliche weitere Analysen zur Klärung anstoßen.

3. *Organisationsdesign* der anzustrebenden Strukturen und Kulturen:
   In einem nächsten Schritt wurden die ermittelten Ergebnisse interpretiert. Einen zentralen Erfolgsfaktor stellten die zahlreichen Diskussionen im Rahmen des Evaluationsprojektteams und der Workshops mit Vertretern aller Anspruchsgruppen dar. Indem alle Anspruchsgruppen über die Durchführung der Lernkultur-Analyse informiert und insbesondere die Führungskräfte über eine kaskadierte Kommunikationspolitik in das Projekt eingebunden wurden, konnte ein gemeinsames Verständnis zu zentralen Konstrukten rund um das Lernen hergestellt werden. Dadurch, dass die Betroffenen und Beteiligten der Niederlassung ihre eigenen Vorstellungen und Einstellungen zu den zentralen Komponenten der Bausteine einbrachten und die Ergebnisse interpretierten, konnten einseitige Missinterpretationen verhindert und fruchtbare Interventionen zur Optimierung der Lernkultur abgeleitet werden. Neben der Formulierung von Gestaltungsempfehlungen für die Weiterentwicklung der bestehenden Lernkultur, konnte das Projektteam für viele Gestaltungsfelder sensibilisiert werden, die für eine ganzheitliche Lernkultur in der Niederlassung ausschlaggebend sind.
4. *Implementierung* – Umsetzung der geplanten Maßnahmen:
   Auf der Basis der interpretierten Ergebnisse konnten inhaltliche Schwerpunkte und Prioritäten bestimmt werden. Für die Führungskräfte sind Maßnahmen der

3.7 Makro-Ebene – Bildungsorganisationen gestalten
Fallstudie: Lernkultur-Analyse als Ausgangspunkt

Kompetenzentwicklung in ihrer Rolle als Lernunterstützer zu entwickeln und in die Führungskräfteentwicklung zu integrieren. Darüber hinaus ist es von großer Bedeutung, diese Rolle explizit in das bestehende Führungskräftemodell aufzunehmen und Instrumente der Personalentwicklung, wie Learning Agreements, Transferelemente wie Follow-up und Coaching, als verpflichtende Elemente für die Ausführung dieser Rolle im Rahmen der Mitarbeiterentwicklung aufzunehmen. Die Funktionalitäten der Lernplattform bieten automatisierte Feedbackmechanismen und Evaluationsverfahren für die Führungskraft, die eine Bewertung des Lernerfolges vereinfachen können. Die widersprüchlichen Ergebnisse der Dimensionen »Mitarbeiter befähigen« und »Unterstützung der Führungskräfte für das Lernen« bzgl. der Lernunterstützung seitens der Führungskraft verlangten eine weitergehende Analyse der »eLearning Readiness« der Mitarbeitenden und Führungskräfte.

In Bezug auf die Kompetenzentwicklung der Mitarbeitenden sind Maßnahmen zur Förderung ihrer Lernkompetenzen in bestehende Trainingsgefäße zu integrieren, um das selbstgesteuerte Lernen mit neuen Medien zu ermöglichen und zu verbessern. Insbesondere werden Lernstrategien für den Umgang mit technikgestützten Lernumgebungen und Kollaborationswerkzeugen benötigt.

Hinweise für weiterführende Maßnahmen

Eine weiterführende Organisationsanalyse könnte die Arbeits- und Lernprozesse des Innen-und Außendienstes genauer analysieren und insbesondere die tariflichen Arbeits- und Lernzeiten für eLearning adaptieren. Vor allem der Einsatz der Lernplattform in Mehrpersonenbüros ist kritisch zu hinterfragen, da ein selbstgesteuertes Lernen mit einem hohen Lärmpegel nicht möglich ist. So könnten beispielsweise verstärkt Lerninseln und Lernarbeitsplätze für Mitarbeiter vorgesehen werden. Auch wäre zu überlegen, wie die Lernplattform die spezifischen Arbeitsbedingungen des Außendienstes, beispielsweise durch Ansätze des mobilen Lernens, abbilden kann.

Ableitung von Maßnahmen

Zu den bereits dem internen Projektteam des Unternehmens durchgeführten Maßnahmen zählen Workshops mit Führungskräften, den Teamleitern zum Thema Lernen und Qualifizierung, durch welche diese in die Lage versetzt wurden, Qualifizierungsmaßnahmen und Lernbedarfe mit ihren Mitarbeitern durchzuführen, konkrete Lernziele vor einer Maßnahme zu vereinbaren und eine Erfolgskontrolle nach der Maßnahme systematisch umzusetzen. Darüber hinaus wurde deren Rolle als Vorbild für das Lernen thematisiert, indem die Verhaltensweisen für die Vorbildfunktion diskutiert wurden. In einem weiteren Workshop wurden die Führungskräfte für das Thema eLearning sensibilisiert, indem ein gemeinsames Verständnis von eLearning geschaffen wurde und Führungskräfte durch das selbstständige Erstellen von kleinen e Learning-Bausteinen von der Einfachheit der Innovation und von deren Mehrwert überzeugt wurden. In einer Coachingreihe zur Erstellung von eLearning Content mit Hilfe eines komplexen Autorentools werden Führungskräfte und Mitarbeitende motiviert und begleitet, selbstständig als Autoren zu wirken und den Mehrwert von eLearning zu erkennen.

Die Gestaltungshinweise und bereits durchgeführten Maßnahmen verdeutlichen, dass die Lernkultur-Aanalyse eine wesentliche Grundlage für die Gestaltung eines Veränderungs- und Verständigungsprozesses unter Einbeziehung der Beteiligten darstellt (vgl. hierzu ausführlich Kapitel 6 Veränderungen begleiten). Die Einbindung der Anspruchsgruppen in alle Projektphasen der Lernkultur-Analyse bei vorliegendem Unternehmen, war ein zentrales Erfolgskriterium für die Akzeptanz und die Partizipation in den Interventionen.

3.7.4 Zusammenfassung

Die Ergebnisse der Lernkultur-Analyse können den Ausgangspunkt bieten für

Nutzen einer Lernkulturanalyse

- eine interne Diskussion zum Thema Lernen (Zukunftsbild, Rollen, Verantwortlichkeiten),
- die Identifikation neuer Handlungsbereiche und Maßnahmen,
- ein neues/verändertes Learning Design,
- eine veränderte Rolle von Führungskräften im Lernen,
- eine Veränderung der Rahmenbedingungen (z. B. Arbeitszeit, Räumlichkeiten, etc.),
- eine stärkere Verknüpfung formeller und informeller Lernprozesse,
- neue Vorgehensweise im Aufzeigen des Wertbeitrags von Bildungsmaßnahmen.

Tab. 46

Lernkultur-Analyse: Beispiele für Interventionen nach Dimensionen

LK-Dimensionen	Beispiele für potenzielle Interventionen
Mitarbeitende befähigen	▸ Kommunikationsmaßnahmen, z. B. Gespräche, Veranstaltungen, schriftliche Informationen ▸ Unterstützungsmaßnahmen, z. B. Help Desk, Supportmitarbeiter für selbstgesteuertes Lernen
Führungskräfte einbinden	▸ Kommunikationsmaßnahmen für Führungskräfte ▸ Einbindung von Führungskräften in Bildungsmaßnahmen, ▸ Kompetenzentwicklungsmaßnahmen für lernorientierte Führungsaufgaben, z. B. formelle oder informelle Maßnahmen
Lernen vielfältig gestalten	▸ Transferorientierte Gestaltung von Bildungsmaßnahmen ▸ Erweiterung von Methoden um informelles Lernen ▸ Selbstgesteuerte Lernformen, z. B. Transfernetzwerke, Coaching, Mentoring, etc.
Infrastrukturen – Lernen ermöglichen	▸ Gestaltung von Anreizstrukturen für das Lernen ▸ Entwicklungsmöglichkeiten durch die Arbeitsgestaltung, z. B. Job Rotation, Gestaltung von Lernräumen, Informations- und Kommunikationsplattformen für das Lernen
»Learning Value« Wertbeitrag aufzeigen	▸ Verbindlichkeiten schaffen ▸ Qualitätsziele und -indikatoren überprüfen ▸ Evaluationsmethoden anpassen ▸ Bezüge zu strategischen Handlungsfeldern aufzeigen und anspruchsgruppengerecht kommunizieren

3.7 Makro-Ebene – Bildungsorganisationen gestalten
Fallstudie: Lernkultur-Analyse als Ausgangspunkt

Standortbestimmung und Benchmarking

Im Rahmen der Lernkultur-Analyse kann auch ein Benchmarking zwischen verschiedenen Abteilungen oder Bildungsbereichen von Netzwerk-Organisationen von Nutzen sein:

Abb. 41

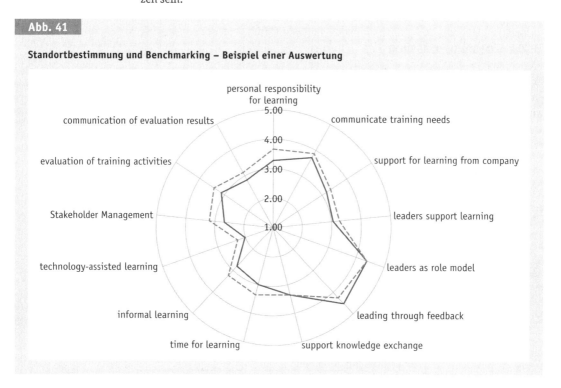

Standortbestimmung und Benchmarking – Beispiel einer Auswertung

Nutzen von Benchmarking

Damit können einzelne Organisationen bzw. Organisationseinheiten eine eigene Standortbestimmung im Vergleich mit zentralen Netzwerkpartnern durchführen. Die Rolle des Bildungsmanagements kann so einen Erfahrungsaustausch sowie Benchmarking unterstützen. Der Nutzen von Benchmarking liegt darin, dass betriebliche Funktionen gezwungen werden, die besten Methoden und Verfahren anderer, fremder Unternehmen oder Unternehmensbereiche zu untersuchen und diese Praktiken in ihre eigenen Arbeitsabläufe zu integrieren (Camp, 1995, S. 4). Die Vorteile von Benchmarking können in folgenden Punkten zusammengefasst werden:

▸ Auf Ziele einigen und festlegen, die einer Benchmarking-Studie prioritär zugrunde gelegt werden sollen, auf der Basis einer einvernehmlichen Sicht der externen Bedingungen;
▸ Blick über den eigenen Tellerrand und Verbesserungspotenzial freilegen: »Warum machen es andere besser und was können wir daraus lernen?«;
▸ Durchführbarkeit von Ideen durch die tägliche Anwendung in anderen Unternehmen aufzeigen, nach den besten Praktiken suchen, eigene Schwächen erkennen;

3.7 Fallstudie: Lernkultur-Analyse als Ausgangspunkt

- Langfristige Existenzsicherung durch das Lernen von erfolgreichen Praktiken und Erlangen einer wettbewerbsfähigen Position begründen;
- Prognosen und Szenarien auf der Grundlage von Vergleichsfällen erstellen;
- Neue Ideen generieren, Akzeptanz in der Organisation für neue Ideen durch den Vergleich mit erfolgreichen Unternehmen gewinnen.

Die Benchmark-Methode von Robert Camp erachtet die Identifikation und Implementierung von Best Practices als zentrale Aufgabe (Camp, 1995; Camp & Steinhoff, 1994). Benchmarking stellt einen der effektivsten Wege dar, externes Wissen rasch in das eigene Unternehmen einzubringen, da es aus der Praxis für die Praxis erhoben wird und damit im höchsten Maße anwendungsorientiert ist. Dabei liegt die Annahme vor, dass ein Benchmarking nicht dazu führen sollte, Bestleistungen von Konkurrenten in der Branche nachzuahmen, sondern zunächst ein Verständnis für erfolgreiche Strategien zu entwickeln, um dann vielmehr eigene Wege wählen zu können (»Kapieren statt kopieren«).

Aufgaben

1. Bitte diskutieren Sie anhand von jeweils 2 Pro- und Contra-Argumenten, ob und inwieweit Lernkulturen gestaltbar sind.

2. Warum ist es von zentraler Bedeutung, die Indikatoren aus der Sichtweise von Mitarbeitenden und aus der Sichtweise von Führungskräften zu erheben?

3. Welche Schritte müssen durchgeführt werden, damit die Lernkultur-Analyse erfolgversprechend eingesetzt werden kann?

4. Analysieren Sie die durchgeführten und geplanten Interventionen zur Weiterentwicklung der Lernkultur. Erstellen Sie ein Analyseraster nach Dimensionen und potenziellen Wirkeffekten.

5. Inwiefern handelt es sich bei der Lernkultur-Analyse selbst bereits um eine Intervention?

6. Entwickeln und begründen Sie zwei Vorschläge für weitergehende Analysen: Beschreiben Sie die jeweilige Zielsetzung sowie die Vorgehensweise.

Weiterführende Literatur

Arnold, R. & Schüssler, I. (1998). *Wandel der Lernkulturen: Ideen und Bausteine für ein lebendiges Lernen*. Darmstadt: Wissenschaftliche Buchgesellschaft.

Behrmann, D. (2006). *Reflexives Bildungsmanagement. Pädagogische Perspektiven und managementtheoretische Implikationen einer strategischen und entwicklungsorientierten Gestaltung von Transformationsprozessen in Schule und Weiterbildung*. Frankfurt a. M.: Peter Lang.

Capaul, R. & Seitz, H. (2011). *Schulführung und Schulentwicklung. Theoretische Grundlagen und Empfehlungen für die Praxis* (3. Aufl.). Bern: Haupt.

Gebhardt, A. & Jenert, T. (2013). Die Erforschung von Lernkulturen an Hochschulen unter Nutzung komplementärer Zugänge. Erste Erfahrungen aus einem Forschungsprogramm. In S. Seufert & C. Metzger (Hrsg.), *Kompetenzentwicklung in unterschiedlichen Lernkulturen. Festschrift für Dieter Euler zum 60. Geburtstag* (S. 227–240). Paderborn: Eusl.

Sonntag, K. & Stegmeier, R. (2008). Das Lernkulturinventar (LKI). Ermittlung von Lernkulturen in Wirtschaft und Verwaltung. In R. Fisch, A. Müller & D. Beck (Hrsg.), *Veränderungen in Organisationen. Stand und Perspektiven* (S. 227–247). Wiesbaden: VS Verlag für Sozialwissenschaften.

Tenberg, R. (2010). Organisationsentwicklung an beruflichen Schulen. In R. Nickolaus, G. Pätzold, H. Reinisch & T. Tramm (Hrsg.), *Handbuch Berufs- und Wirtschaftspädagogik* (S. 291-300). Bad Heilbrunn: Julius Klinkhardt.

4 Meso-Ebene – Bildungsprogramme gestalten

Lernziele

In Bildungsorganisationen fokussiert die Meso-Ebene Managementaufgaben zur Gestaltung von Bildungsprogrammen. Nachdem Sie dieses Kapitel durchgearbeitet haben, werden Sie insbesondere die grundsätzliche Vorgehensweise, strukturellen Konzepte, Prozesse sowie Kommunikationsaufgaben für das Management von Bildungsprogrammen verstehen und Beispiele aus der Praxis analysieren können. Die folgenden Kernfragen strukturieren dieses Kapitel:

- *Bildungsprogramme*: Was kann unter einem Bildungsprogramm verstanden werden? Welches sind die grundsätzlichen Ausgangspunkte für das Management von Bildungsprogrammen?
- *Strukturmodell*: Das Management von Bildungsprogrammen kann nach einer Strukturperspektive betrachtet werden. Wie können Bildungsprogramme inhaltlich strukturiert werden?
- *Prozessmodell*: Die Prozessperspektive analysiert die Management-Aufgaben für die Gestaltung von Bildungsprogrammen. Welche Prozesse sind für die Planung, Durchführung und Evaluation von Bildungsprogrammen zu berücksichtigen?
- *Kommunikationsmodell*: Im vorliegenden Lehrbuch wird neben einem Struktur- und Prozessmodell auch die Kommunikationsperspektive für die Gestaltung und insbesondere für die Positionierung von Bildungsprogrammen herausgestellt. Wie ist die Kommunikation zur Positionierung von Bildungsprogrammen im Marktumfeld sowie intern mit zentralen Anspruchsgruppen zu gestalten?

4.1 Überblick

In Kapitel 1 führte das SGMM für das Management von Bildungsorganisationen in die drei Gestaltungsebenen Makro-, Meso- und Mikro-Ebene ein. Im Rahmen des Bildungsmanagement-Modells stellen sie eine der Perspektiven dar, nach denen die Aufgaben des Bildungsmanagements betrachtet werden können – neben den Perspektiven der Sinnhorizonte und der Entwicklungsmodi. In diesem Kapitel wird näher auf die Meso-Ebene und somit auf das Management von Bildungsprogrammen eingegangen (siehe Abbildung 42).

4.1 Meso-Ebene – Bildungsprogramme gestalten
Überblick

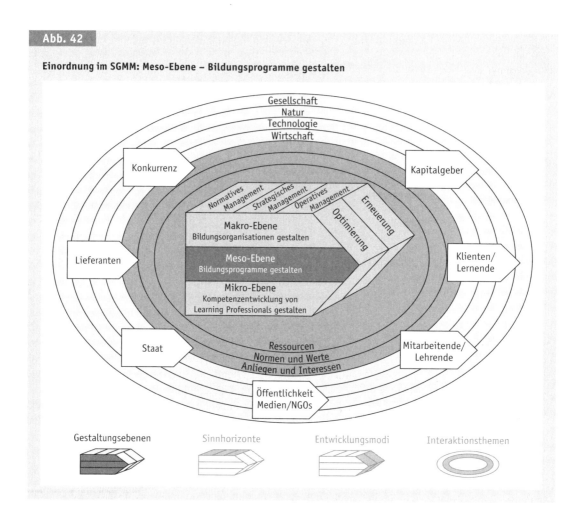

Abb. 42

Einordnung im SGMM: Meso-Ebene – Bildungsprogramme gestalten

Die drei Ebenen der Makro-, Meso- und Mikro-Ebene können im Hinblick auf die jeweiligen Entwicklungsarbeiten genauer analysiert werden. Sloane (2002, S. 13) differenziert dabei die drei Ebenen nach folgenden Aspekten (siehe Abbildung 43).

Makro-Ebene
Auf der Ebene der Lehrplanentwicklung und -gestaltung, der Makro-Ebene, geht es insbesondere um Fragen der Gestaltung von curricularen Vorgaben, der grundsätzlichen Lehrplanentwicklung von didaktischen bzw. curricularen Zielen in einem öffentlichen, politischen Diskurs, in dem Forderungen an die Schule artikuliert werden. Beispielsweise wird hier geklärt, ob und in welchem Umfang inhaltliche Präzisierungen gemacht werden, um eine handlungslogische Struktur herzustellen. Ähnlich werden in der Hochschule und in der betrieblichen Weiterbildung auf der Makro-Ebene die curricularen Rahmenvorgaben als Bedingungen mit den Entscheidungsträgern ausgehandelt, zum Beispiel das Spektrum an Kompetenzen in Modulen beschrie-

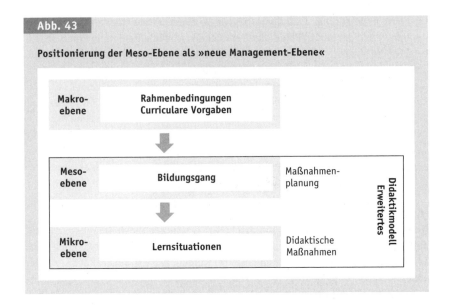

Abb. 43

Positionierung der Meso-Ebene als »neue Management-Ebene«

ben. In der betrieblichen Weiterbildung sind in einigen Branchen sogenannte »Compliance Themen« von zunehmender Bedeutung. Unternehmen müssen im Schadensfall nachweisen können, dass sie ihre Mitarbeitenden über öffentliche Regularien sowie existenzielle Sicherheitsstandards unterrichtet haben. Beispiele hierfür sind adäquate Trainings von Piloten, Benutzung von Großanlagen in der Maschinenindustrie, Kundenschulungen im After Sales Bereich oder Regularien wie Basel III im Bankensektor. Ferner ergeben sich Rahmenvorgaben aus der strategischen Anbindung von Bildungsprozessen an die Unternehmensstrategie.

Meso-Ebene

Auf der Meso-Ebene findet in der Schule die konkrete Lehrplanvermittlung statt, in der, in programmatischer Hinsicht, die Forderungen an Schule und die schulischen Möglichkeiten in einem Lehrplan zusammengeführt werden. Der Lernfeldansatz in der beruflichen Ausbildung erfordert in diesem Zusammenhang höhere Anforderungen an das Bildungsgangmanagement: »Da die Implementation von lernfeldstrukturierten Lehrplänen verstärkt curriculare Entwicklungsarbeit an die berufsbildenden Schulen verlagert, werden hier Fragen, wie beispielsweise die zukünftige Abstimmung zwischen schulischem und betrieblichem sowie überbetrieblichem Lernort auszusehen habe, beantwortet werden müssen« (Sloane, 2002, S. 13). In betrieblichen Bildungsabteilungen sind ähnliche Entwicklungen zu beobachten. Die Entwicklung und Implementation von Bildungsmaßnahmen erfordert eine höhere Zusammenarbeit mit Fachbereichen und entsprechenden Führungskräften vor Ort am Arbeitsplatz. Zudem stellt sich die Frage, inwieweit die einzelnen Bildungsmaßnahmen an die Strategie des Unternehmens oder der Organisation angebunden sind. Eine klare Trennung in Makro-, Meso- und Mikro-Ebene hilft zudem, sich über das vorherrschende Paradigma Erzeugungs- vs. Ermöglichungsdidaktik (bzw. behavioristisches

Meso-Ebene als »neue Management-Ebene«

4.1 Meso-Ebene – Bildungsprogramme gestalten
Überblick

vs. konstruktivistisches Paradigma) zu verständigen. »Viele Missverständnisse bei der Umsetzung der beiden Paradigmen entstehen im Schulalltag, wenn deren Bedeutung für die einzelnen Ebenen von Lehrplan und Unterricht nicht differenziert wird. Zwei Beispiele mögen dies zeigen: Oft wird behauptet, das konstruktivistische Paradigma sei untrennbar mit sozialem Lernen (Gruppenunterricht) verbunden, und das Entscheidende sei dabei das selbstregulierte Lernen in der Gruppe. Mit dieser Aussage wird der Konstruktivismus in falscher Interpretation der Mikroebene zugeordnet. Tatsächlich betrifft er aber die Makro- und die Meso-Ebene, weil er in erster Linie die Art der Wissensgewinnung, das Wissen wird durch die aktive, subjektive Auseinandersetzung mit einem Problem oder einem Objekt gewonnen, und nicht ein methodisches Vorgehen anspricht« (Dubs, 2004, S. 2).

Mikro-Ebene

Auf der Mikro-Ebene, wo die »praktische Arbeit« in der (hoch-)schulischen bzw. betrieblichen Bildung durchgeführt wird, geht es darum, wie Unterrichts- bzw. Lernsituationen von Lehrpersonen gestaltet werden. Auf das Beispiel des Lernfeldansatzes bezogen, bedeutet dies in seiner Konsequenz nicht nur eine veränderte thematische Strukturierung von Unterricht vorzunehmen, wie sie schon im fächerübergreifenden Unterricht angedeutet ist (Sloane, 2002, S. 13), sondern eine handlungsorientierte Logik zu planen und umzusetzen. Ähnlich verhält es sich in Hochschulen, wenn Bildungsprogramme in einer veränderten Studienorganisation, wie z. B. Methodengroßformen nach thematischen Schwerpunkten in Blockwochen statt fragmentierter Zerklüftung von Kursen, oder veränderte Lernorganisation in Unternehmen, beispielsweise in Form von Blended-Learning-Konzepten mit Vorbereitungs- und Transferphasen, stattfinden.

Meso-Ebene nach Struktur-, Prozess- und Kommunikationsperspektive

Die *Meso-Ebene* bezieht sich auf das Gestaltungsfeld der Bildungsprogramme sowie darauf, welche zentralen Aufgaben für das Management von »Bildungsprodukten« zu berücksichtigen sind. Die wachsende Bedeutung der Meso-Ebene für die Gestaltung und kontinuierliche Weiterentwicklung von Bildungsprogrammen wird dadurch deutlich. Sie nimmt eine vermittelnde Funktion zwischen Lehrplan (Makro-Ebene) und Unterricht (Mikro-Ebene) ein. Genau genommen wird damit eine Managementebene eingeführt, deren Ziel die Gestaltung der unterrichteten Rahmen-

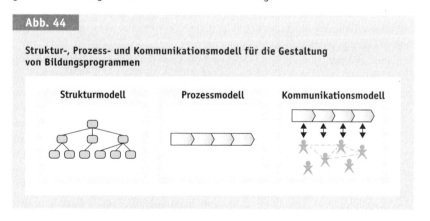

Abb. 44
Struktur-, Prozess- und Kommunikationsmodell für die Gestaltung von Bildungsprogrammen

Strukturmodell — Prozessmodell — Kommunikationsmodell

Überblick 4.1

bedingungen ist, die Sloane (2003, S. 7) als »Bildungsgangarbeit« im Team von Lehrpersonen bezeichnet. Dieser Ansatz erweitert somit wiederum den traditionellen didaktischen Fokus um organisatorische und managementorientierte Aspekte. Das Management von Bildungsprogrammen kann dabei nach unterschiedlichen Perspektiven genauer spezifiziert werden (siehe Abbildung 44):

- *Strukturperspektive* für die inhaltliche, curriculare Verankerung des Bildungsprogrammes innerhalb der Bildungsorganisation und insbesondere zur Erfüllung und für das Management des Bildungsauftrages;
- *Prozessperspektive* mit dem Fokus auf die Gestaltung der Managementaufgaben in Prozessen: »didaktische Wertschöpfungskette« für ein Bildungsprogramm;
- *Kommunikationsperspektive* für die Ausgestaltung der Kommunikation mit zentralen Anspruchsgruppen, um ein Bildungsprogramm erfolgreich intern sowie im Marktumfeld positionieren zu können.

Folgende, übergeordnete *Leitfrage* steht dabei im Vordergrund: Wie können Bildungsprogramme erfolgreich gestaltet und im (Markt-)Umfeld positioniert werden? Als Ausgangspunkt sollen zunächst wiederum die Beispiele aus Kapitel 1 dienen, um die Gestaltungsebene der Bildungsprogramme zu veranschaulichen. Im Vordergrund stehen dabei die zuvor geschilderten Perspektiven: Das Management von Bildungsprogrammen auf der Grundlage eines Struktur-, Prozess- und Kommunikationsmodells.

Kontext Schule

Zunächst sollen wiederum die in Kapitel 1 dargestellten Fallsituationen als exemplarischer Ausgangspunkt dienen, um die Meso-Ebene nach den drei Perspektiven zu verdeutlichen:

Beispiele: Schule

Tab. 47

Beispiele für Perspektiven der Meso-Ebene – Kontext Schule

Perspektive	Leitbild-Entwicklung	Unterrichten mit Notebook-Klassen
Strukturmodell	▸ Implikationen aus der Leitbild-Diskussion für ein Bildungsprogramm: – Programmatik – Schwerpunktsetzung	▸ Curriculare Entwicklung: fachliche und überfachliche Kompetenzen für ein Bildungsprogramm präzisieren, z. B. Medienkompetenzen als integraler Bestandteil
Prozessmodell	▸ Berücksichtigung von Normen und Werten in der Planung von Prozessen des Programm-Managements, z. B. Evaluationsprozesse am Leitbild ausrichten	▸ Prozesse des Bildungsprogrammes anpassen, z. B. neue Organisationsformen, Integration von Notebooks in den Unterricht
Kommunikationsmodell	▸ Kommunikation mit zentralen Anspruchsgruppen nach dem Leitbild ausrichten, z. B. für Anspruchsgruppen: – Schüler – Eltern – ggf. Betriebe bei berufsbildenden Schulen – Behörden	▸ Kommunikation mit Schülern/-innen gestalten, Abstimmung im Team, z. B.: Regeln für den Umgang mit Unterrichts-/Disziplinstörungen, »Classroom Management« beim Unterrichten mit Notebooks

4.1 Meso-Ebene – Bildungsprogramme gestalten
Überblick

Beispiele: Hochschule

Kontext Hochschule

Für den Hochschulkontext dienen wiederum die Fallsituationen, ein neues Masterprogramm einzuführen oder bestehende Bildungsprogramme im Sinne einer systematischen Programmentwicklung zu gestalten. Auch diese eingangs aufgeführten Beispiele lassen sich auf der Meso-Ebene nach den drei Perspektiven analysieren:

Tab. 48

Beispiele für Perspektiven der Meso-Ebene – Kontext Hochschule

Perspektive	Einführung eines neuen Masterprogramms	Weiterentwicklung bestehender Bildungsmaßnahmen
Strukturmodell	▸ Entwicklung des Curriculum-Modells für das neue Masterprogramm, z. B. Analyse von Kompetenzfeldern, Produkt- oder Prozessmodelle für ein Programm-Curriculum	▸ Weiterentwicklung des Curriculum-Modells für das neue Masterprogramm, z. B. Aufnahme von Kompetenzen, vom produkt- zum prozessorientierten Curriculum
Prozessmodell	▸ Entwicklung der notwendigen Prozesse für eine Programmentwicklung: von der Planung, Durchführung bis zur Evaluation	▸ Veränderung der vorhandenen Prozesse: die bestehende didaktische Wertschöpfungskette anpassen statt Programmkoordination zur Programmentwicklung
Kommunikationsmodell	▸ Begleitende Kommunikationsprozesse für die Entwicklung des Masterprogrammes insbes. zur Positionierung, z. B. Gründe für das neue Programm, strategische Bedeutung für die Hochschule	▸ Begleitende Kommunikationsprozesse zur Weiterentwicklung des Masterprogrammes, z. B. klare Kommunikation über Curriculum-Modell, Erwartungen an Studierende, Dozierende

Kontext Betriebliche Weiterbildung:

Die in Kapitel 1 skizzierten Fallbeispiele im Bereich der betrieblichen Weiterbildung stellen auf der Meso-Ebene aus Struktur-, Prozess- und Kommunikationsperspektive die nachfolgenden Herausforderungen dar:

Tab. 49

Beispiele für Perspektiven der Meso-Ebene – Kontext betriebliche Weiterbildung

Perspektive	Neugestaltung von Bildungsmaßnahmen zur Transferförderung (z. B. Blended Learning)	Qualitätsmanagement – Bildungscontrolling einer Firmenakademie
Strukturmodell	▸ Curriculum-Modell von Bildungsmaßnahmen transferförderlich gestalten: prozess- statt produktorientiert	▸ Curriculum-Modell der Firmenakademie als Grundlage für ein Qualitätsmanagement auf der Programmebene
Prozessmodell	▸ Entwicklung der notwendigen Prozesse für eine Programmentwicklung (»Transfermanagement«): von der Planung, Durchführung bis zur Evaluation, insbes. um einen möglichst hohen Lerntransfer zu erzielen	▸ Veränderung der vorhandenen Prozesse, z.B. Programmevaluation im Sinne der normativen Zielsetzung und Strategie der Firmenakademie gestalten statt Programmkoordination zur Programmentwicklung,
Kommunikationsmodell	▸ Begleitende Kommunikationsprozesse für die Einbindung von Lernenden und Führungskräften als »Lernpromotoren«	▸ Begleitende Kommunikationsprozesse zur Qualitätsentwicklung von Bildungsmaßnahmen z. B. Ergebnisse von Evaluationen, Ableitung von Maßnahmen

Veränderungen der Umwelt in allen Kontexten – Beispiel Mediatisierung

Zur Charakterisierung der Meso-Ebene sollen abschließend wiederum exemplarisch die Implikationen einer zunehmenden Mediatisierung in unserer Wissensgesellschaft reflektiert werden:

Tab. 50

Beispiele für Perspektiven der Meso-Ebene – Kontextübergreifende Veränderungen

Perspektive	Zunehmende Mediatisierung in der Gesellschaft: veränderte Kommunikation mit Anspruchsgruppen

Strukturmodell	▸ Überprüfung von neuen Zielen
	▸ Überfachliche Kompetenzen im Umgang mit Medien in Abstimmung mit didaktischen Leitvorstellungen (normative Orientierung)
	  – Präzisierung von Medienkompetenzen
	  – Präzisierung von medienbasierten Lernkompetenzen im Rahmen eines Programmes
	▸ normative Orientierung

Prozessmodell	▸ Veränderung von Prozessabläufen zur Gestaltung von Bildungsprogrammen ▸ Erweiterung der Lernorganisation, insbes. die Nutzung neuer Medien zur didaktischen Unterstützung von Lernprozessen – Bsp.: Nutzung von Social Media, um Lernen (formelles, informelles) zu ermöglichen
Kommunikations-modell	▸ Positionierung eines Bildungsprogrammes in einer zunehmend mediatisierten Welt ▸ Erweiterung der didaktischen Wertschöpfungskette um medienbasierte Kommunikationsformen – Bsp.: »Agenda Setting« eines Bildungsanbieters für neue Themen mit Hilfe von Web 2.0 und Social Media

Die Beispiele zeigen bereits konturenhaft auf, dass sich Bildungsprogramme in den jeweiligen Organisationskontexten maßgeblich voneinander unterscheiden können. Daher wird im nachfolgenden Abschnitt 4.2 zunächst geklärt, was unter Bildungsprogrammen auf der Meso-Ebene in den jeweiligen Bildungskontexten zu verstehen ist.

Management von Bildungsprogrammen: Aufbau des Kapitels

In Abschnitt 4.3 werden grundsätzliche Überlegungen zur Gestaltung von Bildungsprogrammen erläutert. Im Vordergrund steht dabei wiederum die Frage, inwieweit die Bildungsarbeit nach entwicklungsorientierten, statt ausschließlich an effizienzorientierten Kriterien ausgerichtet werden soll. Im Grunde genommen werden dabei die Überlegungen zur lernenden Organisation als Gestaltungsvision auf der Makro-Ebene, welche die Entwicklungsfähigkeit der gesamten Organisation zum Ziel hat, auf der Meso-Ebene fortgeführt und für diese Gestaltungsebene konkretisiert.

Bildungsgangmanagement ist auch hierbei wiederum nicht zu verstehen als eine vordergründige »Ökonomisierung von Bildungsangeboten und die Betrachtung von individuellen und gesellschaftlichen Kosten-Nutzen-Abwägungen« (Sloane, Dilger & Krakau, 2008c, S. 362). Im Vordergrund steht vielmehr die systematische Vorgehensweise, ein Bildungsprogramm didaktisch-organisatorisch zu gestalten.

Management von Bildungsprogrammen: Bildungsgangmanagement

Die Schwerpunkte dieses Kapitels bilden die Abschnitte 4.4 bis 4.6, welche die Gestaltung von Bildungsprogrammen auf der Grundlage eines Struktur-, Prozess- und Kommunikationsmodells behandeln. Die übergeordnete Leitfrage dazu lautet: Wie können Bildungsprogramme erfolgreich gestaltet und im (Bildungsmarkt-)Umfeld

4.2 Meso-Ebene – Bildungsprogramme gestalten
Bildungsprogramme in unterschiedlichen Kontexten

positioniert werden? Die drei vorgestellten Modelle sind nicht als Alternativen zu verstehen, sondern als komplementäre Sichtweisen: nach der grundsätzlichen Struktur, nach den Prozessen sowie nach der Kommunikation mit den Anspruchsgruppen. Für die erstmalige Gestaltung sowie kontinuierliche Weiterentwicklung eines Bildungsprogrammes sind alle drei Perspektiven relevant.

Zusammenfassend lässt sich festhalten, dass auf der Meso-Ebene einer Bildungsorganisation die Gestaltung von Bildungsprogrammen im Zentrum steht. Sie kann auf der Grundlage eines Struktur-, Prozess- und Kommunikationsmodells erfolgen.

Im nächsten Abschnitt wird zunächst auf die unterschiedlichen institutionellen Kontexte von Bildungsorganisationen eingegangen, denn sie stellen den Ausgangspunkt für die jeweilige Gestaltung dar.

4.2 Bildungsprogramme in unterschiedlichen Kontexten

Bildungsprogramm ist ein facettenreicher Begriff, der in unterschiedlichen Kontexten sowie auch Zusammenhängen verwendet wird. Auf europäischer oder nationaler Ebene werden beispielsweise bildungspolitische Förderungen als Bildungsprogramme initiiert. Damit soll erreicht werden, dass eine gesellschaftlich erwünschte Programmatik in einem Bildungsbereich auf nationaler oder europäischer Ebene in ihrer Umsetzung unterstützt wird. Im vorliegenden Lehrbuch soll der Begriff Bildungsprogramm hingegen für die interne Verwendung innerhalb einer Bildungsorganisation herangezogen werden.

> Unter einem **Bildungsprogramm** soll ein Angebot innerhalb einer Bildungsinstitution im Rahmen ihres Bildungsauftrages verstanden werden.

In den jeweiligen Bildungskontexten sind unterschiedliche Begriffsbezeichnungen für dieses Bildungsprogramm aufzufinden:

Bildungsprogramme: Erscheinungsformen

- Im Bereich der *Schule* findet man häufig den Begriff *Bildungsgang* (Klieber & Sloane, 2008, S. 8). In diesem Zusammenhang wird auch der Begriff Bildungsgangmanagement verwendet (Klieber & Sloane, 2008, S. 8), der die Bedeutung der organisatorisch-didaktischen Gestaltung zur Umsetzung der Bildungsgänge in der Schule hervorhebt. Beispiele für Bildungsgänge sind in der Schule z. B. der Matura-Bildungsgang und in der beruflichen Ausbildung z. B. Kauffrau/Kaufmann im Einzelhandel bzw. Detailhandelskaufmann/-kauffrau in der Schweiz. Bildungsgang ist ebenfalls wiederum ein facettenreicher Begriff, der in verschiedenen Zusammenhängen benutzt wird (Schenk, 2004, S. 41). So wird Bildungsgang im institutionellen Kontext einer Schule oder auch der beruflichen Ausbildung formal verwendet. Er umreißt damit ein institutionelles Bildungsangebot in einer zeitlichen Abfolge, an dessen Ende ein spezifischer Abschluss steht.

- An *Hochschulen* wird ähnlich die Bezeichnung Studiengang für z. B. Bachelor-, Masterstudiengänge verwendet, die nach der Bologna-Reform entsprechenden Kriterien (z. B. Modulanforderungen, ECTS-Umfang etc.) genügen müssen, um als Studiengänge Anerkennung zu erlangen. Auch der Weiterbildungsbereich an Hochschulen ist darüber geregelt, falls Abschlüsse (z. B. in der Schweiz Zertifikats- und postgraduale Masterprogramme) vergeben werden sollen.
- In der *betrieblichen Weiterbildung* existieren eine unüberschaubare Fülle diverser Begriffe: Bildungsprodukte, Qualifizierungsangebote, Trainingsprogramme oder Schulungen sind eine Auswahl. Eine häufig anzutreffende Bezeichnung ist Bildungsmaßnahme. Sie soll in diesem Zusammenhang synonym zu Bildungsprogramm verwendet werden. Zu unterscheiden sind Qualifizierungsprogramme, die formal organisiert sind und zu einer Qualifizierung, d. h. einem Abschluss, einem Zertifikat führen, bis hin zu Bildungsmaßnahmen, welche offener gestaltet, ohne formalen Abschluss organisiert sind und in denen darüber hinaus auch das Lernen in informelleren Kontexten stattfinden kann. In der erwachsenenpädagogischen Literatur wird in diesem Zusammenhang üblicherweise in die Begriffe Programm und Angebot unterschieden. Auf diese explizite Unterscheidung soll im vorliegenden Lehrbuch bewusst verzichtet werden, da ein breites Verständnis an Maßnahmen zur Kompetenzentwicklung aufgenommen werden soll.

Bei allen Begriffsverwendungen in den unterschiedlichen Kontexten steht im Vordergrund, die Kompetenzen der jeweiligen Zielgruppen zu entwickeln. Bei einem Bildungsprogramm handelt es sich somit grundsätzlich um eine Maßnahme zur Kompetenzentwicklung im jeweils spezifischen Kontext. Somit besteht das grundsätzliche Erfordernis, die Entwicklung von Kompetenzen auf Dauer anzulegen und keine »Mikrowellenpädagogik« zu betreiben. Der Kompetenzerwerb der Lernenden ist insbesondere auch auf der dauerhafter angelegten Meso-Ebene und nicht nur auf der Ebene der einzelnen Unterrichtseinheiten zu berücksichtigen. Nach Sloane (2007) wird damit ein neuer Fokus gesetzt: »Bildungsgang wird als organisatorische Einheit in den Blick genommen: Konzeption, Implementation und Evaluation eines Ausbildungsganges« (S. 482).

> Das Bildungsgangmanagement bzw. **Management von Bildungsprogrammen** bezieht sich auf die didaktisch-organisatorische Gestaltung von Bildungsgängen bzw. Bildungsprogrammen. Dies umfasst die Planung, Durchführung und Evaluation von Bildungsprogrammen, um Lehr-Lernsequenzen in einem dauerhaften Zusammenhang konzeptionell zu entwickeln, umzusetzen und zu evaluieren.

Bildungsprogramme managen

Ein elementarer Bestandteil des Bildungsprogrammes im Rahmen des Bildungsgangmanagements stellt die Ausrichtung nach der normativen Zielsetzung der Bildungsorganisation dar (s. hierzu Kapitel 2, normative Orientierung), die sich über das Curriculum bzw. die Konkretisierung erwünschter Kompetenzen manifestiert. Die Konzeption des Curriculums eines Bildungsprogrammes, um Kompetenzen der Ler-

4.2 Meso-Ebene – Bildungsprogramme gestalten
Bildungsprogramme in unterschiedlichen Kontexten

nenden über einen längeren Zeitraum entwickeln zu können, kann der Meso-Ebene (Programmentwicklung) zugeordnet werden.

Curriculum als normative Rahmenvorgabe

Unter einem **Curriculum** (Plural »Curricula«) sind nach Sloane (2010c, S. 205) Vereinbarungen, Leitgedanken über die betriebliche oder schulische Bildungsarbeit, über Unterrichts- und Unterweisungsinhalte sowie Unterrichtsprinzipien zu verstehen. Bei Bildungsinstitutionen mit einem öffentlichen Bildungsauftrag enthält ein Curriculum darüber hinaus Prüfungsvorgaben als »politisch gewollte Vorgaben für die pädagogische Arbeit« (Sloane, 2010c, S. 205).

Ein Curriculum kann somit als normative Rahmenvorgabe für ein Bildungsprogramm verstanden werden. Euler und Metzger (2010) zeigen das Spektrum auf, wie umfassend und detailliert Curricula gestaltet sein können: »Curricula manifestieren sich auf der Ebene der Planung und Steuerung primär als Ordnungsmittel, (z. B. Berufsbilder, Ausbildungsrahmenpläne, Lehrpläne) sowie als Prüfungsanforderungen. Auf der Ebene der Realisation dokumentieren sie sich beispielsweise von Lehrmaterialien, Medien oder Aufgaben. Curricula treten demnach immer in Erscheinung, wenn Lehr-Lernprozesse systematisch geplant und realisiert werden sollen« (S. 257).

Curriculare Elemente

Als Bestandteile eines Curriculums können neben Produkten, wie Ordnungsmittel und Lernmaterialien, zudem folgende Gegenstände in Betracht gezogen werden (Achtenhagen & Tramm, 1983, S. 545):
- Produkte, wie Lehrpläne (welche Angaben über Bildungsziele und zu erzielende Kompetenzen) enthalten, Lernmaterialien;
- Prozesse, die zur Erstellung der Produkte führen (z. B. Arbeit von Lehrplankommissionen);
- Instrumente, die zur Gewinnung, Implementierung und Evaluation von Curricula eingesetzt werden;
- Strukturelle und kulturelle Bedingungen zur Implementierung eines neuen Curriculum-Modells sowie zur Durchführung von Curriculumevaluationen.

Auch wenn der Begriff Curriculum hauptsächlich im Schulkontext verbreitet ist, so sind die Überlegungen auf andere Bereiche, z. B. Bildungsmaßnahmen in Unternehmen, übertragbar: »Obwohl in der Curriculumdiskussion zumeist auf Lernprozesse abgehoben wird, die durch staatliche Rahmenvorgaben beeinflusst werden, lässt sich das Konzept auch auf andere Zusammenhänge übertragen (z. B. auf die Planung und Gestaltung einer betrieblichen Bildungsmaßnahme)« (Achtenhagen & Tramm, 1983, S. 545).

Entwicklung von Bildungsprogrammen

Die Curriculumimplementation behandelt dabei grundsätzlich Fragen, wie ein Konzept, eine Theorie oder eine wissenschaftliche Erkenntnis in die gesellschaftliche Praxis umgesetzt werden kann. In der beruflichen Bildung stellt beispielsweise das Lernfeldkonzept eine große Herausforderung dar, diesen neuen Ansatz für die Entwicklung und Implementierung der Curricula im Rahmen der Lernortkooperation von Schule und Ausbildungsbetrieben zu realisieren. Das Bildungsgangmanagement fokussiert die konkrete Entwicklung und Implementierung eines Curriculums innerhalb einer Schule. Analog verhält es sich im betrieblichen Kontext. Das Management von Bildungsprogrammen bzw. die Entwicklung von Bildungsmaßnahmen, bezieht sich somit nicht nur auf die Koordination und die administrativen Aufgaben, ein Bildungsprogramm zu leiten, sondern auf die (Weiter-)Entwicklung des Programms im Sinne der didaktischen Leitvorstellungen und ausgerichtet auf die Strategie der gesamten Bildungsorganisation.

4.3 Erhöhung der Entwicklungsfähigkeit von Bildungsprogrammen

4.3.1 Grundlegende Ansätze zur Gestaltung von Bildungsprogrammen

Die Entwicklungsfähigkeit von Bildungsorganisationen zu erhöhen, wurde in Kapitel 3 thematisiert. Strukturelle und kulturelle Faktoren stellen Rahmenbedingungen für das Lernen in Bildungsorganisationen dar. Im vorliegenden Lehrbuch wird die Grundannahme vertreten, dass die Entwicklungsfähigkeit einer Bildungsorganisation sehr stark davon abhängt, inwieweit die Entwicklungsfähigkeit von *Bildungsprogrammen* erreicht werden kann. Warum ist diese Meso-Ebene zunehmend relevant? Auf der Meso-Ebene findet die Lehrplanarbeit in der Schule bzw. die inhaltliche Ausgestaltung von Bildungsmaßnahmen in Betrieben statt. In diesem Abschnitt soll daher zunächst auf grundsätzliche Ansätze zur Gestaltung von Bildungsprogrammen eingegangen werden, um dabei insbesondere maßgebliche Faktoren für die Entwicklungsfähigkeit von Bildungsprogrammen genauer zu betrachten.

Ein reflexives Bildungsmanagement bedeutet, wie in Kapitel 1 ausgeführt, das Spannungsfeld zwischen didaktischen und ökonomischen Prinzipien bewusst und reflektiert aufzunehmen und nach gestaltbaren Bedingungen und deren Grenzen zu suchen. Für die Gestaltung von Bildungsprogrammen heißt dies, sich über grundsätzliche Prinzipien, also das handlungsleitende Paradigma, zu verständigen. Nachfolgend sind zunächst zwei Extrempositionen einander gegenübergestellt. Es geht darum, inwieweit die Programmgestaltung der Meso-Ebene auf einer geringen oder hohen Entwicklungsfähigkeit beruht (siehe Tabelle 51).

Für das Management von Bildungsprogrammen ist zunächst maßgeblich, welches grundsätzliche *Verständnis von Management* auf dieser Ebene für einen konkreten Studien- bzw. Bildungsgang oder für die Entwicklung einer Bildungsmaßnahme vorliegt. Steht die effiziente Ableitung und Umsetzung von Vorgaben im Vordergrund oder vielmehr die gestaltungsorientierte Entwicklung eines zielführenden Bildungsprogrammes: Effizienz vs. Effektivität, Koordination vs. Gestaltung, Kontrolle vs. Entwicklung? Im Grunde genommen bestimmen strukturelle und kulturelle Faktoren auf der Makro-Ebene, wie z. B. die Einführung eines Rollenprofils für diese Managementaufgabe, die Verständigung über entsprechende Aufgaben, inwieweit Bildungsverantwortliche eine entwicklungsorientierte Programmgestaltung übernehmen können, sollen oder dürfen. Darüber hinaus stellt sich auch die Frage, inwieweit indi-

Entwicklungsfähigkeit von Bildungsprogrammen: Voraussetzungen

4.3 Meso-Ebene – Bildungsprogramme gestalten
Erhöhung der Entwicklungsfähigkeit von Bildungsprogrammen

Tab. 51

Verständnis eines entwicklungsorientierten Managements von Bildungsprogrammen

Merkmale	Starre, geringe Entwicklungsfähigkeit, Fremdorganisation bzw. Erzeugungsdidaktik	Flexible, hohe Entwicklungsfähigkeit, Selbstorganisation bzw. Ermöglichungsdidaktik
Grundsätzliches Management-Verständnis	▸ Programmkontrolle und -koordination ▸ Erfüllung administrativer Aufgaben ▸ reaktive Haltung ▸ Umsetzung von Vorgaben ▸ Kontrolle von Effizienz	▸ Programm-Entwicklung ▸ Hohe Selbstorganisation der Akteure ▸ proaktive Haltung ▸ Entwicklung und Implementation zielführender Bildungs-maßnahmen ▸ Nicht nur Kontrolle, Effizienz-Überprüfung, sondern Effektivität
Grundsätzliches Verständnis der Curriculum-Arbeit, (Curriculum-Modell)	▸ »Teacher-Proof-Modell« ▸ »Triviales Curriculum-Modell« ▸ Objektivierbarer Lehrplan ▸ Curriculum als relativ geschlossene Vorgabe	▸ »Nicht-triviales Curriculum-Modell« ▸ Curriculum als offenes Angebot ▸ Subjektivierbarer Lehrplan
Entwicklung eines Curriculums	▸ Eingeschränkte produktive Curriculumarbeit ▸ Separate Erarbeitung der jeweiligen Curricula ▸ Abstimmung auf der regulativen Ebene	▸ Produktive Curriculumarbeit ▸ Keine starke Trennung zwischen Erarbeitung und Umsetzung des Curriculums ▸ Abstimmung zwischen Lernorten
Implementation eines Curriculums	▸ Trennung von Entwicklung und Implementation ▸ Separate Gestaltung der Lehrpläne für die jeweiligen Lernorte	▸ Schulnahe Curriculumentwicklung ▸ Interpretation des Lehrplans ▸ Abstimmung zwischen Lernorten
Rollen der Akteure	▸ Lehrpersonen als passive Interpreten eines Curriculums bzw. isoliert handelnde Akteure ▸ Zusammenarbeit im Team für curriculare Entwicklungsarbeit nicht notwendig	▸ Lehrpersonen als Experten für die Entwicklung des Curriculums nach Rahmenvorgaben ▸ Rolle des Programmentwicklers für die curriculare Arbeit im Team erforderlich
Freiheitsgrade für Lehrpersonen	▸ Wenig Freiräume	▸ Größere Freiräume

viduelle, subjektive Überzeugungen der jeweiligen Akteure ein entwicklungsorientiertes Managementverständnis annehmen möchten (Dimension des »wollen«).

Eine weitere Voraussetzung für die Entwicklungsfähigkeit von Bildungsprogrammen stellt das zugrundeliegende *Verständnis der Curriculumarbeit* dar. Sloane (2001, S. 2–3) unterscheidet dabei in triviales und nicht-triviales Curriculum-Modell:

Triviales vs. Nicht-triviales Curriculum-Modell

▸ *Triviales Curriculum-Modell: re-produktive Curriculum-Rezeption*
Diesem Modell liegt zugrunde, dass das Curriculum von einer Expertengruppe entwickelt wird, ein »Teacher-proof-Konzept« (Kuzmanovic, 2003, S. 4) als relativ geschlossener Lehrplan. Lehrpläne werden oftmals aufgrund staatlich-administrativer Aufträge durch Wissenschaftler und die Administratoren erstellt. Möglichst detailliert festgelegte Lehr- und Lernmaterialen mit ausführlichen Lehrerhandbüchern haben die Implikation, dass Lehrpersonen dabei als passive Interpreten eines Curriculums auftreten und nur wenig Spielraum für das aktive Anpassen des Curriculums an sich verändernde Lehr- und Lernsituationen haben.

- *Nicht-triviales Curriculum-Modell: produktive Curriculum-Rezeption*
  Dieses Modell legt nahe, »curriculare Vorgaben nicht als funktionalistisch reduzierte Übernahme von Qualifikationsanforderungen zu begreifen, sondern eine bildungstheoretische und didaktische Re-Interpretation vorzunehmen für Struktur- und Konstruktionsprinzipien für Lehrpläne« (Sloane, 2001, S. 3). Ein Curriculum wird hierbei als Rahmenvorgabe verstanden, die es dann schulspezifisch zu präzisieren gilt. In diesem Fall werden Vorgaben als Ausgangspunkt einer evaluativ-konstruktiven Arbeit angesehen. Zur Sicherung curricularer Standards wird den Lehrenden und deren Qualifikation eine entscheidende Bedeutung beigemessen. Die Rezeption eines Curriculums ist demnach kein re-produktiver Vorgang, bei dem der Rezipient bzw. die Rezipientin eine Vorgabe im Kontext seiner Erfahrung interpretiert, sondern vielmehr eine produktive Lehrplanrezeption, um den gestalterischen Anteil bei der Interpretation herauszustellen. Produktive Lehrplanrezeption ist somit ein curricularer Ansatz, »bei dem in einem Rahmencurriculum allgemeine Vorgaben gemacht werden, die dann in der jeweiligen Bildungsorganisation (Berufsschule, Berufskolleg, Fachschule etc.) präzisiert werden müssen« (Sloane, 2001, 1994, S. 4).

Ähnlich argumentiert auch Kuzmanovic (2003, S. 4) für diesen Ansatz. Er knüpft an der prinzipiellen Kritik der Verfahrensweise an, dass »Curriculumentwicklung und Curriculumimplementation im Wesentlichen voneinander in unterschiedlichen Phasen und verschiedenen Instanzen entwickelt werden, in der Lehrerinnen und Lehrer weiterhin lediglich als Anwendende einbezogen werden« (S. 4). Diese Kritik hat zur Forderung nach einer schulnahen Curriculumentwicklung, der Variante der *offenen Curricula*, geführt. Diese Form bezieht Lehrpersonen als Fachleute vor Ort in die Lehrplanarbeit ein. Das Curriculum wird als ein offenes Angebot betrachtet, welches die Akteure interpretieren und transformieren. Die Lehrpersonen können dank ihrer pädagogisch-didaktischen Kompetenz, welche sie aufgrund ihrer fachlichen Qualifikation und ihrer Erfahrungen mitbringen, eigene Ideen und die der Schüler als Ressourcen einsetzen. Äußerlich gesetzte Schranken und Intentionen werden nur bedingt berücksichtigt. Die pädagogische Professionalität wird dabei besonders gefordert.

<small>Offene Curricula</small>

Die Unterscheidung in triviales und nicht-triviales Curriculum-Modell, geschlossene vs. offene, objektivierbare vs. subjektivierbare Lehrpläne, zeigt auf, dass damit die Frage nach dem Entwicklungsprozess zusammenhängt, d. h. inwieweit die Phasen der Produktion und Implementation von Curricula gestaltet werden, wie isoliert vs. abgestimmt, bzw. wie kontroll- vs. entwicklungsorientiert dabei verfahren wird. Zur Unterscheidung von Produktion und Rezeption dient zunächst nachfolgende Abbildung 45.

Sloane (2003, S. 3) analysiert dabei den Zusammenhang zwischen Curriculumentwicklung und -verwendung genauer. Seiner Ansicht nach liegt der Schwerpunkt auf der Curriculumentwicklung (Produktionsperspektive), was zu hinterfragen sei: »Dies ist selbstredend ein gerechtfertigtes Vorgehen, doch blendet es m. E. die reale Curriculumverwendung (d. h. Curriculumrezeption) zu weit aus. Die Frage sollte eigentlich nicht (vorrangig) lauten: Wie soll das Curriculum aussehen, sondern: Was

<small>Curriculumentwicklung: Legitimation</small>

4.3 Meso-Ebene – Bildungsprogramme gestalten
Erhöhung der Entwicklungsfähigkeit von Bildungsprogrammen

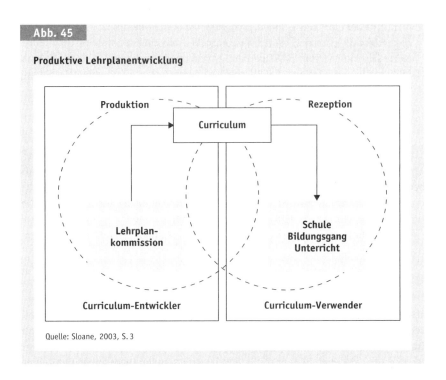

Abb. 45
Produktive Lehrplanentwicklung

Quelle: Sloane, 2003, S. 3

geschieht mit dem Curriculum? Dies sind in der Tat zwei unterschiedliche Zugänge. Im ersten Fall (Produktionsperspektive) geht es um die Legitimation des curricularen Produkts. Es gilt auszuloten, ob Bildungsansprüche, Vorstellungen über Lernen und Arbeiten, lerntheoretische Konzepte u. v. m. ausreichend berücksichtigt werden. Das Ergebnis ist dann möglicherweise ein ›gutes‹ Curriculum, gemessen an den jeweiligen Konzeptionsvorstellungen« (Sloane, 2003, S. 3).

Curriculumverwendung: re-produktiv vs. produktiv

Das Curriculum wird zu einem Kommunikationsmittel. Dabei handelt es sich um eine Kommunikation, die weitgehend durch den Empfänger gesteuert wird, denn dieser muss festlegen, was mit den Hinweisen, die er liest, gemeint ist und wie sie sich in seinem Handlungskontext interpretieren lassen. Wählt man diesen Zugang zur Curriculumtheorie, so kommt es nicht mehr vorrangig darauf an, objektivierte Lehrpläne zu generieren; vielmehr stellt sich die Frage nach der *Implementation von Lehrplänen*. Implementation ist dann wiederum kein »naiver« Übernahmeprozess von Lehrplänen durch die Praxis; Implementation stellt einen elaborierten Prozess der Genese von Lehrplänen in Schulen dar. Wie bei jedem Buch, welches gelesen werden soll, entscheiden letztendlich die Anwender, was »gut« und was »schlecht« ist. Daher geht es im zweiten Fall bei der Rezeptionsperspektive um die Interpretation der Curricula durch die Verwender, um deren Gestaltungsideen und -Interessen. Selbstredend müssen sich Produktions- und Rezeptionsperspektiven aufeinander beziehen lassen. Dabei handelt es sich um schulnahe Curriculumentwicklung, worunter hier der Prozess der Rezeption von übergreifenden Curricula in Schulen verstanden werden soll, einschließlich einer darauf aufbauenden Managementarbeit in den Schulen, die zu schulinternen Lehrplänen, Jahresplanungen, Konstruktion und Sequenzierung von Lernsituationen resp. Einzelmaßnahmen usw. führt.

Zwischen den beiden Extrempositionen triviales vs. nicht-triviales Curriculum-Modell bzw. re-produktive und produktive Rezeption sind in der Praxis wie so häufig auch Mischformen aufzufinden. So skizziert beispielsweise Kuzmanovic (2003) eine »abgemilderte Variante der Übernahme und Realisierung von Curricula« (S. 4), in welcher Lehrpersonen das Curriculum interpretieren und variieren können, wobei sie in Arbeitsgruppen bei der Transformation und Adaption der offiziellen Curricula mitgewirkt haben. Diese Arbeitsgruppen werden oftmals durch Lehrerfort- und Weiterbildungsinstitutionen in entsprechenden Einführungskursen für neue Curricula begleitet. Sie haben in Bezug auf Inhalte, Ziele, Methoden und Medien sowie Formen der Leistungskontrolle mehr Spielraum bekommen und können daher als Interpreten innerhalb des gegebenen Gesamtkontextes auftreten. Jedoch werden in diesem Modell externe Gedanken nur bedingt implementiert (Klafki, 1984, S. 124 zit. in Kuzmanovic, 2003, S. 4).

Mischformen

Beispiel Lernfeldkonzept in der beruflichen Bildung

▶▶▶ Das Lernfeldkonzept basiert auf der Vorstellung einer produktiven Curriculumrezeption. Das Curriculum enthält Zielformulierungen und Inhalte als Mindestanforderungen sowie Anregungen für eine produktive Rezeption des Curriculums. Wichtig für die Abstimmung der einzelnen Unterrichtssequenzen ist die Erarbeitung einer Lernaufgabe, die dann für die Schülerinnen und Schüler als Ankerpunkt für ihre Kompetenzentwicklung dient (Buschfeld & Kremer, 2010, S. 244). Der Lehrplan wird im Kollegium schrittweise unter Einbezug neuer Lernaufgaben weiterentwickelt. Der Fachlehrplan dient als Referenzsystem, der in eine kontextbezogene Struktur überführt werden kann. Kolleginnen und Kollegen sind damit nicht nur für ihren eigenen Unterricht verantwortlich. Vielmehr verfügt eine Gruppe von Lehrkräften über ein Stundendeputat für einen bestimmten Bildungsgang und gestaltet gemeinsam den Unterricht. Dies widerspricht zum Teil dem Selbstverständnis der Lehrpersonen wie auch gewohnter Arbeitsabläufe in der Schule. Die Organisation der verschiedenen Bildungsgangteams bedarf daher der Verankerung in einem Teamkonzept der Schule. Das Lernfeldkonzept ist somit ein Beispiel dafür, wie die Entwicklung von Bildungsgängen letztendlich auch die Entwicklung der gesamten Schulorganisation trifft.◀◀◀

Beispiele aus der Praxis: Lernfeldkonzept

Beispiel »Assurance of Learning« an Hochschulen

▶▶▶ In Hochschulen ist ein maßgeblicher Treiber für die Programmentwicklung insbesondere auch in der Entwicklung von Akkreditierungen zu sehen. Eine stärkere Output- statt Inputorientierung im Zuge der Bologna-Reform setzt sich nun auch auf der Ebene der Entwicklung von Bildungsprogrammen fort. So ist beispielsweise das Konstrukt »Assurance of Learning« als Qualitätskonzept bei Akkreditierungen eine neuere Entwicklung, um Studienprogramme stärker auf ein kohärentes Programmprofil, d.h. auf die Zusammenhänge zwischen den einzelnen Modulen zu einem kohärenten Programm, hin zu evaluieren. Dadurch stehen die Programmleitungen vor der Herausforderung, ein kohärentes Curriculum mit einzelnen Modulverantwortlichen zu designen und Anregungen für eine produktive Rezeption des Curriculums zu geben.◀◀◀

Programmprofil Studienprogramme

4.3 Meso-Ebene – Bildungsprogramme gestalten
Erhöhung der Entwicklungsfähigkeit von Bildungsprogrammen

Ermittlung und Präzisierung von Kompetenzen

Beispiel **Gestaltung von Bildungsmaßnahmen in der betrieblichen Weiterbildung**

▶▶▶ In der betrieblichen Weiterbildung ist die Ausgangslage sehr divers. Häufig liegen die Verhältnisse genau umgekehrt: Ein Schwerpunkt liegt auf der Curriculumverwendung, der Ausgestaltung und Umsetzung von angemeldeten Bedürfnissen, bestimmte Kompetenzen und Themen zu fördern. Die »Produktion« und Präzisierung der Kompetenzanforderungen in Abstimmung mit den Entscheidungsträgern sowie insbesondere mit den jeweiligen Fachbereichen vor Ort, sind in der Praxis jeweils schwieriger umzusetzen. Daher stellt sich hier die Frage, wie eine Ermittlung und Präzisierung erforderlicher Kompetenzen mit den jeweiligen Anspruchsgruppen intensiviert werden kann. Kompetenzen, welche typische Situationen spezifizieren, wie beispielsweise Beratungssituationen mit Kundinnen und Kunden, Konfliktsituationen mit Mitarbeitenden, stellen in diesem Kontext sodann die Verbindungslinie zwischen Arbeits- und Lernsituationen her. ◀◀◀

Die Entwicklungsfähigkeit einer Bildungsorganisation hängt zentral von der Entwicklungsfähigkeit von Bildungsprogrammen und somit auch von der Bildungsgangarbeit im Team ab. Daher wird analog zur Erhöhung der Entwicklungsfähigkeit von Bildungsorganisationen eine Vorgehensmethodik eines Entwicklungszyklus vorgeschlagen, um die kontinuierliche Weiterentwicklung bestehender Bildungsprogramme zu unterstützen. Auf diesen Aspekt wird näher in Abschnitt 4.7 eingegangen.

4.3.2 Fazit

In diesem Abschnitt wurde die wachsende Bedeutung der Meso-Ebene und somit der Gestaltung von Bildungsprogrammen in Bildungsorganisationen aufgezeigt. Darüber hinaus wurden »traditionelle« sowie entwicklungsorientierte Auffassungen der Gestaltungsarbeit auf dieser Ebene kontrastiert.

Curriculumarbeit wird im Kontext der *Schule* zunehmend in engem Zusammenhang mit Schulorganisation, Schulentwicklungsforschung, Schule als »lernende Organisationen« ins Zentrum von Forschungsfragen gestellt (Kuzmanovic, 2003, S. 5). »Wechselwirkungen von Unterrichtsentwicklung, Teamentwicklung und Schulprogrammarbeit einerseits und die Rolle der Schulleitungen und der Schulbehörde andererseits werden dabei systematisch analysiert. Ein grundlegender Rollenwandel des Lehrverständnisses geht einher mit einem damit verbundenen Rollenverständnis der Schulaufsicht als Berater und Unterstützer von Entwicklungsprozessen, als Verantwortlicher für verlässliche Rahmenbedingungen« (Kuzmanovic, 2003, S. 5).

Innovationshürden

Allerdings stoßen diese Entwicklungen in der Praxis auch auf Innovationshürden. »Während einige Forscher die innovativen Aspekte der Schulentwicklungsforschung schon als neues (Wunder)Mittel der pädagogischen Professionalisierung bezeichnen, empfinden es Lehrende wiederum als eher aufgezwungen und im ohnehin schwierigen Alltag als belastend. Innerhalb der Institution Berufsschule ergeben sich aufgrund unterschiedlicher schulexterner Anforderungen, aber auch aufgrund der schulinternen Abteilungs- und Aufgabendifferenzierungen, der unterschiedlichen

Gestaltung von Bildungsprogrammen auf der Grundlage eines Strukturmodells

Schulformen, Bildungsgänge, der Heterogenität der Schülerschaft, der Programmatiken, Regeln und Traditionen für unterschiedliche hausinterne Bereiche die verschiedensten Anknüpfungspunkte für schulische Entwicklungs- und Curriculumarbeit« (Kuzmanovic, 2003, S. 5).

In *Hochschulen* ist die Entwicklung kohärenter Curricula und die Programmentwicklung zum Großteil durch die Qualitätsentwicklung getrieben. Eine stärkere Output- statt Inputorientierung im Zuge der Bologna-Reform setzt sich nun auch auf der Ebene der Entwicklung von Bildungsprogrammen fort. Die Leitungen von Programmen sind gefordert, unter dem Schlagwort »Assurance of Learning« im Rahmen von Akkreditierungsverfahren, die Sicherung von Lernergebnissen innerhalb des Curriculums aufzuzeigen und die Zusammenhänge zwischen den einzelnen Modulen hin zu einem kohärenten Programm zu evaluieren.

Outputorientierung an Hochschulen

In der *betrieblichen Weiterbildung* ist das Praxisfeld als sehr heterogen anzunehmen. Die Funktion des »Programm-Managers« ist zwar häufig für Bildungsprogramme definiert, allerdings beruht die Ausgestaltung dieser Funktion häufig stärker auf einem traditionellen Managementverständnis. Als Aufgaben stehen daher überwiegend die Koordination von Referenten sowie die Betreuung der Teilnehmenden als erste Ansprechperson vor Ort im Vordergrund. Engagierte Programmverantwortliche stoßen häufig gerade deshalb an Innovationshürden, weil die Organisationslogik eines »Referentenbuchungssystems« die Planung in Tage und Themen favorisiert (Input-Orientierung) statt in Kompetenzen, Lernfelder und Arbeitssituationen (Output-Orientierung).

»Referentenbuchungssystem«

Auf der Meso-Ebene werden ähnlich wie auf der Makro-Ebene didaktische Fragestellungen um organisatorische, managementorientierte Aspekte erweitert. Die Aufgaben zur Gestaltung von Bildungsprogrammen können auf der Grundlage eines Struktur-, Prozess- und Kommunikationsmodells näher betrachtet werden. Diese Aufgaben stehen in den folgenden Abschnitten 4.4 bis 4.6 im Vordergrund. In Abschnitt 4.7 wird abschließend als Fazit und Zusammenfassung auf den Entwicklungszyklus von Bildungsprogrammen eingegangen.

4.4 Gestaltung von Bildungsprogrammen auf der Grundlage eines Strukturmodells

4.4.1 Überblick

Die Gestaltung von Bildungsprogrammen kann nach einer strukturellen Perspektive beleuchtet werden. In Schulen unterscheidet Sloane (2010c, S. 210) für die Bildungsgangarbeit in ein Struktur- und Prozessmodell. Die Unterscheidung wird im vorliegenden Lehrbuch um die Kommunikationsperspektive erweitert. Strukturmerkmale eines Bildungsgangs sind nach Sloane (2010c, S. 210) in einem Modell mit vier Merkmalen aufgeführt: 1) Leitbild, 2) Ressourceneinsatz, 3) didaktisches Modell und 4) Evaluationskonzept. Diese vier Strukturaspekte bilden demnach die Rahmenbedingungen für die Planungsschritte auf der Meso-Ebene. Die Überlegungen auf der

Meso-Ebene dienen darüber hinaus dazu, die Verbindungslinien zur Makro- und zur Mikro-Ebene aufzuzeigen.

In Abschnitt 4.4.2 werden zunächst die idealtypischen Ansätze produktorientierter im Vergleich zu prozessorientierten Curricula vorgestellt. Damit ist zunächst die strukturelle Entscheidung verknüpft, wie der Verlauf des Kompetenzerwerbs erfolgen soll, insbesondere basierend auf der Entscheidung Fach- vs. Handlungssystematik. In Abschnitt 4.4.3 wird ferner auf gestaltungsoffenere Modelle eingegangen, welche Optionen für die Lernenden bereit halten, nach selbstorganisierten Mechanismen und in eher informellen Kontexten Kompetenzen zu erwerben. Abschnitt 4.4.4 fasst die zentralen Aspekte nochmals zusammen.

4.4.2 Curriculum-Modelle: Produkt- vs. Prozess-Modelle

Aus struktureller Sicht stehen unterschiedliche Curriculum-Modelle zur Verfügung, die sich einerseits in Produkt-Curriculum bzw. »traditionelles« Curriculum und andererseits in Prozess-Curriculum bzw. handlungsorientierte Curriculum-Modelle einteilen lassen.

Produkt- vs. Prozess-Curriculum im Überblick

Die Further Education Curriculum Review and Development Unit (FEU) in London (1980 zit. in Sheehan, 1986, S. 673) unterscheidet sieben verschiedene Varianten von Curriculum-Modellen (4 Produkt- und 3 Prozessmodelle, vgl. nachfolgende Abbildung). Jedes Modell basiert auf bestimmten Annahmen über die Lernenden, für die es entwickelt wurde. Das erste Modell basiert auf der Annahme, dass die Lernenden Defizite mitbringen, die behoben werden müssen, bevor Fortschritte erzielt werden können (»Deficiency-Modell«). Das »Competency-Modell« befasst sich mit dem Erlernen spezifischer Fertigkeiten (»doing«) und betont das Verhalten von Lernenden in Lernzielen. Das »Information-based Modell« hat die Wissensvermittlung als vorrangiges Ziel. Zwar sind in einem gewissen Sinne alle Bildungsmaßnahmen »information-based«, aber dieses Modell unterstreicht die Aneignung von Wissen, im Vergleich zu anderen Aspekten des pädagogischen Prozesses. Das »Modell der Sozialisation« fokussiert stärker die Einführung der Lernenden in das soziale Milieu eines Berufes. Dieses Modell hebt hervor, wie sich Haltungen, Werte und Annahmen (»being«) über heutige und zukünftige Anforderungen der Arbeitswelt, berufliche sowie gesellschaftliche Herausforderungen entwickeln. Diese vier Modelle sind *Produkt-Modelle*, da der Schwerpunkt auf das Ergebnis eines Lernprozesses gesetzt wird.

Daneben sind *Prozess-Modelle* zu unterscheiden, welche das Lernen aus Berufs- und Lebenserfahrungen betonen. Die Betonung liegt dabei auf der Qualität des Lernprozesses anstatt auf vorbestimmten Ergebnissen. Das Modell des »experiental learning« bzw. auch »Competence-Modell« hebt diesen Aspekt am stärksten hervor. Es beruht auf offenen Lerneraktivitäten, die Entwicklungstendenzen und -fähigkeiten mobilisieren. Das »Reflective model« als Prozessmodell hat zum Ziel, in Lernenden die Fähigkeit zu entwickeln, Erfahrungen oder Vorkommnisse in unterschiedlicher Hinsicht zu betrachten. Es betont dabei, dass Lernende mögliche Zusammenhänge untersuchen, Verallgemeinerungen treffen und dadurch neue konzeptionelle Theorien anwenden können. Der Schwerpunkt liegt hierbei auf dem Wissen. Es lassen sich

Gestaltung von Bildungsprogrammen auf der Grundlage eines Strukturmodells 4.4

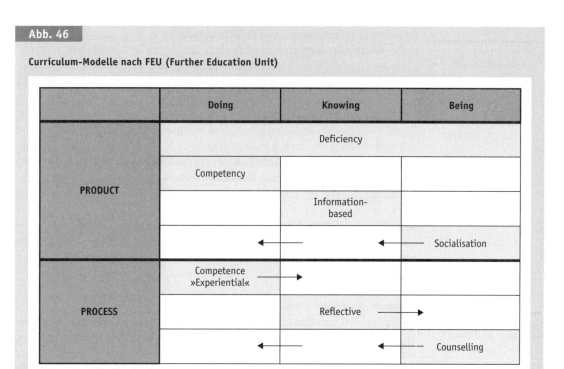

Abb. 46

Curriculum-Modelle nach FEU (Further Education Unit)

Quelle: Further Education Curriculum Review and development Unit (FEU) London, 1980, zit. in Sheehan, 1986, S. 673

auch Bezugspunkte zu Gefühlen herstellen. Das »Counselling-Modell« setzt dagegen stärker bei der Gefühlslage an. Dieses Modell ist charakterisiert durch das Verstehen und die Kontrolle des eigenen Verhaltens sowie des Verhaltens anderer. Die Beratung ist dabei häufig umschrieben als eine Beziehung, die der betroffenen Person helfen soll, sich besser kennenzulernen. Daher ist es auch erlaubt, Gefühle zuzulassen. Es ist insbesondere auch relevant in Fällen, wo Gefühle möglicherweise die hauptsächliche Lernbarriere darstellen können.

Auf die grundsätzliche Unterscheidung zwischen Produkt- und Prozess-Modellen für die Entwicklung von Curricula und somit von Bildungsprogrammen soll nachfolgend näher eingegangen werden.

4.4.2.1 Produkt-Modelle für die Entwicklung von Curricula

»Traditionelle« Modelle sind nach einer produktorientierten Struktur gestaltet. Ziele und Fachinhalte sind verbindlich vorgegeben, die Unterrichtsorganisation und die didaktische Ausgestaltung des Lehr-Lernarrangements befinden sich in der pädagogischen Verantwortung und Freiheit des Lehrenden.

4.4 Meso-Ebene – Bildungsprogramme gestalten
Gestaltung von Bildungsprogrammen auf der Grundlage eines Strukturmodells

Produkt-Modelle: Prinzipien, Systematik

Curriculares Orientierungs- und Strukturprinzip
Die Systematik des Curriculums wird durch fachbezogene Lerngebiete bestimmt, welche konstruierte Modelle von Realitäten darstellen und ihre Struktur einer Wissenschaft anlehnen, wie z. B. Rechtskunde, Betriebswirtschaftslehre, Rechnungswesen.

Curriculare Prozess-Systematik
Dieses Modell stellt die herkömmliche und bestimmende Variante in Hochschulen und Gymnasien, aber auch während langer Zeit an Berufsschulen, dar (Läuchli, 2007). Beim traditionellen Curriculum werden die Inhalte von der zugrunde liegenden Wissenschaft bestimmt und der Fokus der Ausbildung liegt auf dem Verstehen der Inhalte. Für den Lehrplan bedeutet dieses Modell die Bildung von Fachbereichen, welche in einzelne Fächer unterteilt werden. In diesem Modell steht »das kognitive Durchdringen, Erkennen und Beurteilen eines Sachverhalts« (Läuchli, 2007, S. 16) im Hinblick auf die Erkenntnissystematik im Vordergrund. Diese Überlegungen machen deutlich, dass dieses Curriculum-Modell mit einem kognitiven Kompetenzbegriff einhergeht.

Produkt-Modelle: Elemente

Elemente des Produkt-Modells eines Curriculums
Das Ziel des Produkt-Modells ist es, zu einem wünschenswerten Endergebnis zu führen, wie z. B. Wissen über bestimmte Sachverhalte, Beherrschung spezifischer Fähigkeiten und Kompetenzen, Erwerb bestimmter »angemessener« Einstellungen und Werte. Lern- bzw. Verhaltensziele liefern die Grundlagen, auf denen Produktmodelle des Lehrplans gebaut werden. Das beabsichtige Ergebnis (das Produkt) einer Lernerfahrung wird vorgängig vorgeschrieben. Es gibt Argumente für und gegen die Lernziel-Formulierung. Rowntree (1974) zum Beispiel argumentiert, dass die Verwendung von Verhaltenszielen, die Kommunikation darüber, was beabsichtigt ist, erleichtert und daher zu einem gezielteren Lernen führt. Er argumentiert auch, dass Verhaltensziele bei der Auswahl der Struktur und Inhalte der Lehre helfen. Er argumentiert weiter, dass verhaltensorientierte Ziele zu genaueren Methoden der Prüfung und Bewertung führen. Einer der frühen Kritiker der Verhaltensziele war Eisner (1967 zit. in Sheehan, 1986, S. 673). Ein Punkt des Anstoßes ist, dass Bildungsergebnisse oft unberechenbar sind und es daher teilweise unmöglich ist, sie immer genau im Voraus anzugeben. Eisner (1967, zit. in Sheehan, 1986) argumentiert, dass sich einige Themen, wie z. B. Kunst, nicht für verhaltensorientierte Ziele eignen. Auch sind seiner Ansicht nach die Ziele so zahlreich geworden, dass eine Lehrperson mehr Zeit damit verbringen könnte, sie zu formulieren als mit der eigentlichen Lehre.

Die wichtigsten Elemente eines Produkt-Modells des Curriculums umfassen typischerweise Ziele, Wissen, Erfahrung und Auswertung (»objectives, evaluation, experience and knowledge«, Sheehan, 1986, S. 673). Der individuelle Lernende ist im Zentrum der Bildungsaktivitäten und kann zu einem gewissen Grad als ein Wissensbehälter betrachtet werden. Was gelernt werden soll, ist durch andere vorbestimmt und der Lernende nimmt eher eine passive Rolle bei der Verarbeitung großer Mengen an Informationen ein, die aus allen Richtungen auf ihn einströmen. Die Verbindungslinie zum Leitbild der Erzeugungsdidaktik wird dabei deutlich.

Gestaltung von Bildungsprogrammen auf der Grundlage eines Strukturmodells

Beispiel Produkt-Modelle in der beruflichen Bildung

▶▶▶ In der Schweiz stellt die Triplex Methode einen möglichen Ansatz zur Beschreibung des Kompetenzprofils eines Berufes dar. Mit der Bezeichnung Triplex wird deutlich, dass die Bildungsziele auf drei Ebenen definiert werden: Leitziele, Richtziele, Leistungsziele. Im schulischen Kontext sind hier auch häufig die Abstraktionsebenen von Richt-, Grob- und Feinzielen verbreitet.

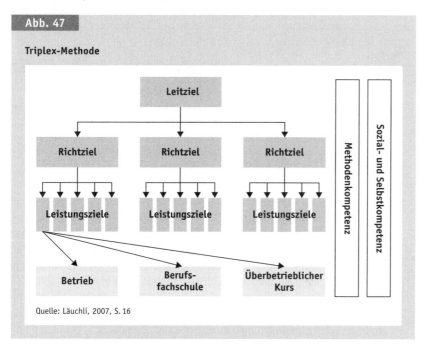

Abb. 47
Triplex-Methode

Quelle: Läuchli, 2007, S. 16

Produkt-Modelle: Beispiele

Die Curriculum-Form an Schulen ist häufig nach einer fachsystematischen Struktur bzw. nach Lerngebieten erstellt. Es kann zusätzliche Intergrationsmodule, wie z. B. Projektwochen oder fachübergreifende Elemente beinhalten. Wie anhand der Abbildung deutlich wird, werden überfachliche Kompetenzen, wie Sozial- und Sachkompetenzen, auch übergreifend (»quer«) zum Curriculum geplant. ◀◀◀

Beispiel Produkt-Modelle in der Hochschulentwicklung

▶▶▶ Studiengänge an Hochschulen sind sehr häufig an fachsystematischen Strukturen auf der curricularen Meso-Ebene ausgerichtet. Grundsätzlich herrscht die weitverbreitete Meinung vor, dass zunächst Grundlagen für die Studierenden in ihren Studiengängen vermittelt werden und dann in einer fachsystematischen Vertiefung studiert werden sollten. Häufig werden fachübergreifende Kurse als Integrationsbaustein, z. B. integrierte Projektseminare, Erstellung einer übergreifenden Arbeit, etc., eingefügt. ◀◀◀

4.4 Meso-Ebene – Bildungsprogramme gestalten
Gestaltung von Bildungsprogrammen auf der Grundlage eines Strukturmodells

Beispiel **Produkt-Modelle in der betrieblichen Weiterbildung**
▶▶▶ In der betrieblichen Weiterbildung ist ein sehr heterogenes Feld vorzufinden. Qualifizierungsprogramme sind häufig nach thematischen Strukturen aufgebaut, die ebenfalls eine Fachsystematik widerspiegeln können, wie beispielsweise Finanzen, Marketing, Controlling im Rahmen von Management-Kursen. ◀◀◀

Zusammenfassende Stärken-Schwächen-Analyse

Produkt-Modelle: Stärken und Schwächen

Das fachsystematische Curriculum weist Stärken und Schwächen in seinem Ansatz auf, die abschließend gegenüber gestellt werden sollen:
- Stärken:
  - Dem Curriculum bzw. Bildungsplan kann leicht entnommen werden, welche Ziele in welchem Unterrichtsfach bzw. Kurs angestrebt werden sollen. Auch liefert es somit genaue Angaben darüber, was geprüft werden muss. Solche Vorgaben erhöhen die Rekurssicherheit des Bildungsplans.
  - Überschneidungen lassen sich vermeiden, da grundlegende Fähigkeiten und Kenntnisse, die bei verschiedenen Tätigkeiten zum Einsatz kommen, nur einmal beschrieben werden (BBT, 2006, zit. in Läuchli, 2007, S. 17).
- Schwächen:
  - Die Bildungsziele widerspiegeln die praktischen beruflichen Tätigkeiten der Berufsleute mangelhaft; auch an Hochschulen sind Bildungsziele in fachlich fragmentierten Studienplänen oftmals nicht an den künftigen Anforderungen in einer Gesellschaft ausgerichtet; Dörig (2001) bemängelt in Schulen die vorherrschende, reduktionistische Didaktik: »Der Gebrauchswert und die Anwendungsorientierung der zerfaserten Lernstoffe bleiben oft unklar« (S. 2002).
  - Der Bildungsplan ist nicht auf die Integration von Fachwissen in konkrete Situationen ausgerichtet und erschwert es deshalb, die Handlungsorientierung sowie die Eigenverantwortung der Lernenden zu adressieren.
  - Grundsätzlich sind überfachliche Kompetenzen schwieriger in das Curriculum zu integrieren und sind daher prinzipiell der Gefahr ausgesetzt, ein Schattendasein zu führen.

Produktorientierte Modelle, welche fachsystematische Curricula beinhalten, sind in der Schule am gängigsten. Für die Akzeptanz in der Praxis ist im Übrigen auch nicht zu unterschätzen, dass für Lehrpersonen die Zugehörigkeit zu einem Fachgebiet von elementarer Bedeutung ist. So hebt Reinisch (1999, S. 104, zit. in Dörig, 2001) als Argument für den Fächerunterricht »die sinnstiftende und identitätsbildende Funktion« (S. 202) hervor. In einer Fachgemeinschaft erhalten Lehrpersonen erst eine »stabile Handlungsbasis für den Unterricht«, da sie »über eine gesicherte Wissensbasis verfügen« und »auf das Gerüst einer tradierten Fachsystematik und -didaktik vertrauen« können (Reinisch, 1999, S. 106, zit. in Dörig, 2001, S. 202).

Im nächsten Abschnitt wird näher auf die Prozess-Modelle für die Entwicklung von Curricula eingegangen, welche eine Handlungs- statt einer Fachsystematik als Orientierungs- und Strukturierungsprinzip innehaben.

4.4.2.2 Prozess-Modelle für die Entwicklung von Curricula

Den Prozess-Modellen können vor allem handlungsorientierte Curricula zugeordnet werden. Nach Sloane (2010c, S. 211) hat der Lernfeldansatz in der beruflichen Ausbildung hierbei eine »exemplarische Funktion«. Das Lernfeldcurriculum ist seiner Ansicht nach deshalb historisch, da es »einen Wandel von einer eher sachlogischen und inputorientierten zu einem anwendungs- bzw. outcomeorientierten Curriculumtypus« (Sloane, 2010c, S. 211) aufzeigt. »Zusehends wird die didaktische und bildungstheoretische Verankerung des Lehrplans auf der Ebene der Lehrplanentwicklung ausgeblendet und auf die hier lokalisierte mesodidaktische Ebene verlagert. Betrachtet man die aktuelle Entwicklung der letzten Jahre, so setzt sich dieser Prozess fort. Aktuell findet sich dies in Diskussionen um Bildungsstandards und Qualifikationsrahmen auf der einen sowie um Fragen sogenannter kompetenzbasierter Lehrpläne auf der anderen Seite« (Sloane, 2010c, 212).

Lernfeldcurriculum

Curriculares Orientierungs- und Strukturprinzip

Gemäß Sloane (2004) beschreiben Lernfelder »betriebliche, gesellschaftliche, wirtschaftliche Phänomene in Form eines Handlungsfeldes. So können Arbeits- und Geschäftsprozesse oder konkrete Anwendungsfälle die Struktur für ein Lernfeld liefern. Lernfelder sind didaktisch aufgearbeitete berufliche Tätigkeitsfelder« (S. 4). Lernfelder sind kompetenzbasiert, da sie zum einen eine normative Zielformulierung vorgeben (was soll ein Lernender nach dem Lernprozess tatsächlich können?) sowie zum anderen auch Strukturvorgaben enthalten, wie z. B. Zeitrichtwerte, inhaltsbezogene Angaben als Interpretationshilfe (s. nachfolgende Abbildung 48).

Abb. 48

Strukturmerkmale von Lernfeldcurricula

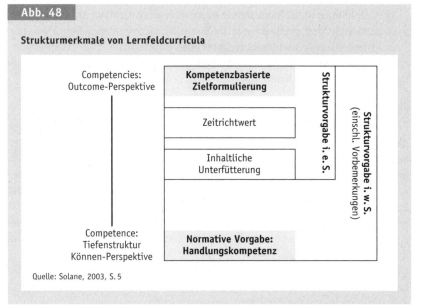

Quelle: Solane, 2003, S. 5

Prozess-Modelle: Prinzipien

4.4 Meso-Ebene – Bildungsprogramme gestalten
Gestaltung von Bildungsprogrammen auf der Grundlage eines Strukturmodells

Genau genommen finden sich im Lernfeldkonzept zwei Kompetenzbegriffe wieder, die im angelsächsischen Raum mit »competency/competencies« und »competence/competences« unterschieden sind.

Competency, Competencies:
Eine kompetenzbasierte Zielformulierung stellt die Outcome-Perspektive dar. Mit dem Begriff der Competencies wird diese Zielformulierung (als Endergebnis) zum Ausdruck gebracht (»Status quo« als Strukturvorgabe im engeren Sinne).

In den Vorbemerkungen zu Lernfeldlehrplänen wird jedoch immer auch auf die Förderung der beruflichen Handlungskompetenz als Leitziel verwiesen, welche sich als Fach-, Human- und Sozialkompetenz entfalten soll (Bader, 2000). Damit ist ein zweiter Kompetenzbegriff angesprochen, der dem angelsächsischen Modell der »competence« entspricht.

Competence, Competences:
Darunter sind ein ganzheitlicher und generischer Ansatz zu verstehen, d. h. eine grundlegende Disposition, die es dem einzelnen ermöglicht, in Situationen sachgerecht und ethisch adäquat zu handeln. Mit dem Begriff der Competences wird somit auch die Tiefenstruktur, die Könnens-Perspektive angesprochen, die den Fokus nicht nur auf das Endprodukt, sondern auch auf den Prozess legt.

Das Konzept des Lernfeld-Curriculums beinhaltet folglich nicht nur Angaben zu kompetenzbasierten Zielformulierungen im Sinne des »Compentency-Begriffes« bzw. Produkt-Modells, sondern es geht vielmehr auch auf die Qualität des Lernprozesses, z. B. inhaltliche Angaben, wie normative Zielvorgaben erreicht werden können, im Sinne des »Competence-Begriffes« ein.

Curriculare Prozess-Systematik

Prozess-Modelle: Prinzipien, Systematik

Dem Curriculum-Modell liegt eine Handlungssystematik zugrunde. Dies bedeutet, dass die Lernorganisation auf die ablauforientierte Bewältigung eines Prozesses im Sinne einer vollständigen Handlung ausgerichtet wird: Informieren, Planen, Ausführen, Bewerten. Der Unterricht ist somit handlungsorientiert zu gestalten, um die Lernenden zu selbständigem Planen, Durchführen und Beurteilen von Arbeitsaufgaben im Rahmen ihrer Berufstätigkeit zu befähigen. Der Lehrplan ist bei diesem Modell sehr offen. Die Auswahl der Inhalte zur Förderung der Kompetenzen unterliegt der Verantwortung des Lehrenden. Auch die Modellierung von Lernsituationen ist eine zentrale Gestaltungsaufgabe der Lehrperson.

Bisher ist dieses Modell besonders in der betrieblichen Ausbildung verbreitet und richtet sich an den Problemstellungen, Aufgaben und Abläufen von realen Handlungssituationen aus. Im Zuge der Handlungsorientierung nehmen auch berufsbildende Schulen diesen Ansatz auf. Die Konsequenz für das Gestalten des Lehrplans ist die Unterteilung nach Kompetenzfeldern. Der Lernfeldansatz impliziert darüber hinaus eine gemeinschaftliche Unterrichtsorganisation, »[er] rüttelt an allen zentralen Elementen: Relation von Person, Fach, Ort und Zeit« (Buschfeld & Kremer, 2010, S. 245). Somit wird deutlich, dass das Lernfeldkonzept aus organisatorischer Sicht zu maßgeblichen Veränderungen führt, was eine produktive Curriculumrezeption auf der Arbeitsebene des Bildungsganges notwendig erscheinen lässt.

Elemente des Prozess-Modells eines Curriculums

In einem Prozessmodell werden nach Ansicht der FEU (1980 zit. in Sheehan, 1986, S. 673) im Einklang mit dem prozessorientierten Ansatz des Curriculums offenere Ziele verwendet. Während die verfolgten Absichten mit offenem Ende angegeben werden, richtet man sich eher danach aus zu identifizieren, was die Lernenden genau entwickeln sollen. Ein Produkt-Ansatz unterteilt Lernergebnisse in kognitive, affektive und psychomotorische Domänen. Eine solche Fragmentierung der menschlichen Fähigkeiten hat in einem prozessorientierten Curriculum-Ansatz keinen Platz. Dieser Ansatz ist vielmehr ganzheitlich und betrachtet deshalb die menschlichen Fähigkeiten als eine Einheit. Das Ziel eines Prozess-Curriculums ist es, nach Möglichkeiten zu suchen, diese Kompetenzen entwickeln zu können. Dies bedeutet insbesondere, Lernerfahrungen zu ermöglichen. Im Unterschied zum Produkt-Curriculum ist somit das Prozess-Curriculum stärker mit dem Konzept der Ermöglichungsdidaktik vereinbar.

Die Umsetzungsphase des Prozess-Curriculums basiert auf der Vorstellung, dass Lernen ein aktiver Prozess seitens der Lernenden ist. Ausschlaggebend dafür, diesen aktiven Lernprozess anzustoßen, ist es, das Lösen sinnvoller Probleme zu initiieren. Dies bedeutet, dass die Lernenden die Ziele entweder selbst wählen oder sie zumindest mit der Lehrperson verhandeln. Ein vorbestimmtes, detailliertes Curriculum ist daher, abgesehen von einigen Leitprinzipien, unangemessen. Ein Rahmenlehrplan mit Entwicklungsmöglichkeiten ist folglich eher geeignet. Im Lernprozess werden eine Reihe von Lehr- und Lernstrategien verwendet, der Methodenmix ist auch hier vertreten, aber die Betonung liegt auf unabhängigem und individualisiertem Lernen. Damit verknüpft ist eine Abkehr von der Lehrer-Zentriertheit hin zu Lerner-Zentriertheit.

Das Individuum befindet sich in der Mitte des Prozess-Modells. Im Gegensatz zum Produkt-Modell sind die Lernerfahrungen jedoch sehr unterschiedlich. Im Prozess-Modell wird das Individuum dabei unterstützt, Fähigkeiten zu entwickeln, hinauszugehen und die Welt zu erkunden. Die Lernenden haben mehr Kontrolle über und Verantwortung für ihr eigenes Lernen.

Elemente eines Prozess-Curriculums können Selbst-Tests sowie Möglichkeiten zu Reflektion und Rückblick sein (Sheehan, 1986, S. 675). Diese sind als integrale Bestandteile des Curriculums zu betrachten. Assessments sollten als eine kontinuierliche Aktivität betrachtet werden, die Bedeutung der formativen Evaluation steigt somit.

> Prozess-Modelle: Elemente

Beispiel Prozess-Modelle in der beruflichen Bildung

▶▶▶ Eine zweite Methode in der Schweizerischen Berufsbildung stellt neben der Triplex Methode die Kompetenzen-Ressourcen-Methode (KoRe-Methode) dar, wie nachfolgend dargestellt (Läuchli, 2007, S. 38):

> Prozess-Modelle: Beispiele

4.4 Meso-Ebene – Bildungsprogramme gestalten
Gestaltung von Bildungsprogrammen auf der Grundlage eines Strukturmodells

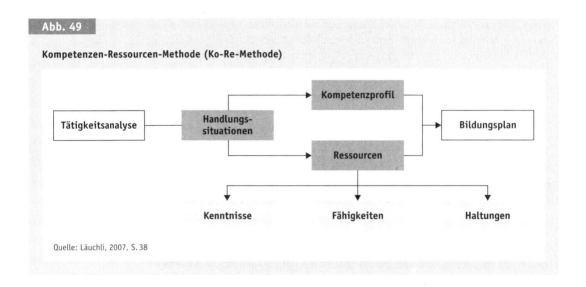

Abb. 49: Kompetenzen-Ressourcen-Methode (Ko-Re-Methode)

Quelle: Läuchli, 2007, S. 38

Im Rahmen einer Tätigkeitsanalyse werden zunächst mit Hilfe von Experten-Facharbeiter-Workshops die wesentlichen Handlungssituationen des zu analysierenden Berufes ermittelt. »Dabei geht man davon aus, dass sich ein Beruf – sofern eine homogene Betriebsstruktur vorliegt – mit 45 bis 60 typischen Arbeitssituationen beschreiben lässt« (Läuchli, 2007, S. 38).

Um die Arbeitssituation erfolgreich bewältigen zu können, müssen die Berufsleute über entsprechende Fertigkeiten und das nötige Wissen verfügen, sogenannte Ressourcen, unterteilt nach Kenntnissen, Fähigkeiten und Haltungen. Nachdem den einzelnen Arbeitssituationen Ressourcen zugeordnet wurden, wird ersichtlich, dass in bestimmten Situationen dieselben oder ähnliche Ressourcen benötigt werden. Diese Situationen werden nun zu einer Situationsklasse zusammengefasst. Die Kompetenz wird über die Beschreibung der charakterisierenden Tätigkeiten definiert. Das Raster für die Situationsbeschreibung erfasst sämtliche relevante Informationen und liefert so die Grundlage für das Erstellen des Kompetenzprofils und die Definition der Unterrichtsinhalte.

Der Lehrbetrieb kann aus dem Kompetenzprofil direkt die auszubildenden Handlungssituationen und nötigen Ressourcen ableiten. Seine Aufgabe ist es, die zeitliche Abfolge der Kompetenzen während der betrieblichen Ausbildung zu bestimmen. Die Herausforderung für die Berufsfachschule und die überbetrieblichen Kurse besteht darin, auf die Handlungssituation bezogene Unterrichtsinhalte und -ziele abzuleiten und die erforderlichen Fachkenntnisse handlungsbezogen zu vermitteln.

Eine Kompetenz an sich weist in diesem Grundverständnis keine messbaren Komponenten auf. Erst das Resultat der situationsgerechten Mobilisierung von Ressourcen ergibt die Performanz. Diese wird durch den Vergleich mit dem erwarteten Ergebnis vergleich- und messbar. Diese Vorgehensweise hat »den Vorteil, dass damit auch ›Teilkompetenzen‹ der beruflichen Handlungskompetenz wie Sozial- oder Selbstkompetenz als Relation zwischen einem allgemeinen Prinzip und der Anwendung deutlich werden. So kann man Sozialkompetenz zum einen über entsprechende Situationen beschreiben und zugleich als Disposition kennzeichnen, die in einer bestimmten Situation zur Anwendung kommt. In Situationen wird letztlich performatives Handeln ermöglicht; eine Kompetenz beschreibt eine darauf bezogene allgemeine Fähigkeit« (Sloane, Dilger & Krakau, 2008a, S. 268).

Wenn sich die an der Bildungsentwicklung Beteiligten für ein handlungsorientiertes Curriculum entscheiden, steht ihnen für die Ausgestaltung der Ausbildung die Möglichkeit der *Modularisierung* offen. Ein Modul ist eine in sich geschlossene Lerneinheit, die sich einer bestimmten Handlungskompetenz widmet und umfasst in der Regel 40 oder 80 Lektionen. Das Modul wird mit einer Modulprüfung abgeschlossen, der Teilqualifikation für das Fähigkeitszeugnis. Die Gesamtheit der in einem Berufsfeld entwickelten Module ergibt den Modulbaukasten. Aus dem Baukasten kann der Ausbildungsanbieter für eine Berufslehre eine Anzahl Module auswählen, welche bestimmten, im Bildungsplan beschriebenen Kriterien entsprechen müssen. Der große Vorteil der Modularisierung liegt in der Mehrfachverwendbarkeit eines Moduls – für die Schwerpunktbildung innerhalb eines Berufsfeldes, die gegenseitige Anerkennung oder gar für die Integration in andere Berufsfelder.◄◄◄

Modularisierung

▌Beispiel▐ **Prozess-Modelle in der betrieblichen Weiterbildung und Führungskräfteentwicklung**
▶▶▶ In Bildungsprogrammen für den Führungskräftenachwuchs wird häufig eine lernfeldorientierte Systematik verwendet. Eine Möglichkeit, der sich allmählich öffnenden Perspektive des Nachwuchses in der Führungskräfteentwicklung gerecht zu werden, ist es, die Verantwortungsbereiche jeweils zu erweitern. In einem derartigen Curriculum-Modell wird im Unterschied zu einer fachsystematischen Strukturierung das Konzept einer entwicklungslogischen Kompetenzentwicklung berücksichtigt. Zunächst steht die Entwicklung der Selbstkompetenzen im Vordergrund. Selbstmanagement, »leading yourself«, unterstützt dabei, auf der Basis von Führungsmodellen, das eigene Führungsverständnis und die eigene Führungsrolle zu reflektieren und zu klären. Dazu kommen die Sozialkompetenzen, andere zu führen (»leading others«), wie z. B. die Interaktionsgestaltung mit Mitarbeitern, Gruppenprozesse, um insbesondere das Verständnis für eine erfolgreiche Zusammenarbeit im Team zu entwickeln, sowie die Kompetenz, einen Geschäftsbereich insgesamt zu verantworten (»leading the business«), beispielsweise Visions- und Strategieentwicklung, Zieldefinition und Changeprozesse.◄◄◄

▌Beispiel▐ **Prozess-Modelle in der Hochschule – von Handlungsfeldern zu Kompetenzanforderungen**
▶▶▶ Im Hochschulkontext überwiegen zwar häufig fachsystematische Curricula. Aber im Zuge der Bologna-Reform und der damit einhergehenden Bestrebungen, die Bachelor-Ausrichtung auf die Berufsfähigkeit auszurichten, werden diese Studiengänge immer häufiger auch nach einem handlungsorientierten Kompetenzverständnis ausgestaltet. Die entwickelten Programmziele dienen als Grundlage für konkrete Gestaltungsmaßnahmen im Studienprogramm und zwar im Hinblick auf (1) die zu entwickelnden Kompetenzbereiche und Kompetenzen, (2) die curriculare Struktur

4.4 Meso-Ebene – Bildungsprogramme gestalten
Gestaltung von Bildungsprogrammen auf der Grundlage eines Strukturmodells

(Anordnung von Lehrangeboten aus inhaltlicher Perspektive) und (3) das didaktische Profil, insbesondere Einsatz unterschiedlicher Lehr-, Lern- und Prüfungsformate. Bei der Ausgestaltung eines Programms ist dann insbesondere zu fragen, inwieweit die Merkmale der curricularen Struktur bzw. des didaktischen Profils zum Erreichen der formulierten Ziele beitragen, z. B. inwieweit die Kompetenzentwicklungsziele den Anforderungen aus Wissenschaft und Praxis entsprechen.◄◄◄

Zusammenfassende Stärken-Schwächen-Analyse
Die Schwächen des Produkt-Modells sind die Stärken des Prozess-Modells und umgekehrt, wie aus der nachfolgenden Zusammenfassung zu entnehmen ist (Läuchli, 2007, S. 17):

Prozess-Modelle: Stärken und Schwächen

- ▶ Stärken:
  - Bildungsziele orientieren sich an Handlungssituationen, wodurch sich für Lernende ein verständliches und nachvollziehbares Bild über künftige Anforderungen ergibt. In der beruflichen Bildung bedeutet es ein klares Berufsbild, in (Hoch-)Schulen ein klares Bild über künftige Anforderungen in Arbeits- und Lebenswelten). Man lernt für das Leben und nicht für die Bildungsinstitution und insbesondere nicht für die einzelnen Fächer (Reier, 1995, zit. in Dörig, 2001, S. 2002).
  - Die Orientierung an Problemstellungen bietet das Potenzial, die Anwendungsorientierung der Lerninhalte zu erhöhen, Problemlösefähigkeiten und Eigenverantwortung für den Lernprozess zu stärken. Handlungskompetenzen sind etwas Ganzheitliches und angesichts der immer komplexer werdenden Welt und deren Probleme sowie Anforderungen, vermag ein disziplinäres Denken und Handeln mit der Zerstückelung fachlicher Kompetenzen nicht mehr zu genügen (Reier, 1995, zit. in Dörig, 2001, S. 2002).
  - Die Integration überfachlicher Kompetenzen lässt sich einfacher in Handlungssituationen integrieren und Handlungskompetenzen als etwas Ganzheitliches betrachten.
- ▶ Schwächen:
  - Dem Curriculum sind keine fachlich detaillierten Angaben zu entnehmen, was genau geprüft werden soll. Dies kann zu Unsicherheiten bei den Prüfenden sowie auch bei den Lernenden führen, welche sich nicht mehr auf das »Reproduzieren« von Wissen konzentrieren und darüber verständigen können. Dies erhöht tendenziell die Wahrscheinlichkeit von Rekursen.
  - Die normative Setzung von Handlungssituationen ist durchaus nicht unproblematisch (Normproblem nach Tramm & Reetz, 2010): »Das Ziel der ›Bewältigung von Lebenssituationen‹ suggeriert, dass diese Situationen und die damit verbundenen Anforderungen objektiv gegeben seien« (S. 224). Dahinter kann sich ein »funktionalistisches Curriculumverständnis« verbergen, das den einzelnen frühzeitig auf seinen Beruf und seinen Status festlegt und die »Möglichkeit einer partizipativen Mitgestaltung der Arbeitswelt ignoriert« (Tramm & Reetz, 2010, S. 224).
  - Überschneidungen treten häufiger auf. Grundlegende Fähigkeiten und Kenntnisse werden unter Umständen an verschiedenen Stellen in einem Bildungs-

4.4 Gestaltung von Bildungsprogrammen auf der Grundlage eines Strukturmodells

gang angesprochen. Dies bedeutet einen höheren Abstimmungsaufwand sowie höhere Anforderungen an die curriculare Entwicklungsarbeit auf der Meso-Ebene für die Gestaltung von Bildungsprogrammen.
- In der Umsetzung besteht letztlich auch die Gefahr, dass zwischen situativen Anforderungen, Kompetenzen und Bildungsinhalten triviale Zusammenhänge hergestellt werden (Theorieproblem nach Tramm & Reetz, 2010, S. 224). Ein amüsantes Beispiel dafür liefern die Autoren: Pudding kochen als Anforderung – Puddingkoch-Vermögen als Kompetenz – Pudding kochen als Inhalte (Tramm & Reetz, 2010, S. 224).

In der Praxis gestaltet sich die Umsetzung prozessbezogener Modelle als Bildungsinnovation durchaus schwierig. Für den Lernfeldansatz als prozessbezogenes Curriculum-Modell in der beruflichen Bildung ist neben den organisatorischen Rahmenbedingungen der Unterrichtsorganisation eine weitere zentrale Innovationsbarriere in der Praxis zu beobachten: die Umsetzung des Lehrplans mit der relativ offenen Handlungssystematik. Die relative Bedeutung von Lehrplänen für den Unterricht zeigen dabei Riedl und Schelten (2010) auf, indem sie in der Didaktik des lernfeldstrukturierten Unterrichts Widersprüchlichkeiten zwischen dem »Offiziellen Lehrplan« (S. 185) und dem »Heimlichen Lehrplan« (S. 185) aufdecken. So stellen sie eine erhebliche Diskrepanz zwischen dem für den fachlichen Unterricht formulierten Bildungsziel »Berufliche Handlungskompetenz« (S. 185) und einer tatsächlichen Verfolgung im Unterrichtsalltag fest. Die Gründe hierfür werden vor allem darin gesehen, dass für Lehrkräfte in der Unterrichtspraxis die Lernziele oft zu wenig operationalisierbar sind und die Handlungskompetenz ein »diffuses Fernziel« (S. 185) bleibt. Lehrpersonen orientieren sich offenbar eher an einem kurzfristigen Blickwinkel, an möglichen Inhalten einer nahen Prüfung oder an der Berufsabschlussprüfung und weniger am Bestreben, im fachlichen Unterricht berufliche Handlungskompetenzen anzubahnen. Solange sich Prüfungen nach wie vor an fachlichen Inhalten und an fachsystematischem Denken orientieren, ist die Innovationsbarriere für einen veränderten Unterricht zu hoch. Zudem begünstigen vorhandene Unterrichtsvorbereitungen und Unterrichtsmaterialien »Beharrungstendenzen« (S. 185). Diese empirischen Befunde zeigen bereits die Bedeutung auf, Innovationsprozesse in der Praxis zu begleiten. Auf diesen Aspekt wird in Kapitel 6 der Entwicklungsmodi im SGMM näher eingegangen.

Neben produkt- vs. prozessbezogenen Modellen für die Entwicklung von Curricula sind darüber hinaus gestaltungsoffenere Modelle in der Diskussion. Dies vor allem im Zuge der zunehmenden Bedeutung des informellen Lernens bzw. des Lernens in informellen Kontexten. Auf diesen Aspekt wird im nächsten Abschnitt näher eingegangen.

Implementierung prozessbezogener Modelle

4.4.3 Kompetenzentwicklung in informellen Kontexten: Die »Planung des Zufalls«?

Gestaltungsoffenere Modelle können als eine weiterführende Form eines handlungsorientierten Modells verstanden werden. Maßnahmen für die Kompetenzentwicklung zu gestalten, steht hierbei ebenfalls im Vordergrund. Allerdings ist der maßgebliche Gestaltungshorizont auf die Gestaltung von Rahmenbedingungen ausgerichtet. Modelle für die Entwicklung von Curricula richten sich demnach auch nicht nach einem formal organisierten Verlauf des Kompetenzerwerbs. In diesem Zusammenhang nimmt die Bildungsdebatte um informelles Lernen an Bedeutung zu (Seufert, Lehner & Tödtli, 2013).

Im deutschsprachigen Raum gewinnt erst seit einigen Jahren die Erforschung des Lernens in informellen Kontexten zunehmend an Bedeutung. Zürcher (2007) weist auf diesen Umstand hin: »Die Erforschung des informellen Lernens steht in umgekehrtem Verhältnis zu dessen Bedeutung und Anteil an den gesamten Lernprozessen. In den westlichen Ländern beschränkte sich die Forschung bis in die 1970er-Jahre vorwiegend auf das formale Lernen, worunter jene Veranstaltungen verstanden wurden, die in Schulen und Universitäten, zum Teil auch in Einrichtungen der Weiterbildung stattfanden. Dieses formale Lernen wurde als höherwertig

> **Exkurs**
>
> **Ursprünge des informellen Lernens im internationalen Kontext**
>
> Entwicklungsgeschichtliche Hintergründe der aktuellen Diskussion zum informellen Lernen sind im Beitrag von Seufert, Lehner & Tödtli (2013, S. 487 ff.) ausführlich skizziert. Während in den USA, Kanada, Australien und einzelnen Entwicklungsländern seit den 1950er-, spätestens aber seit den 1970er-Jahren eine engagierte Debatte um informelles Lernen geführt wird, zieht das Thema in Europa lange wenig Aufmerksamkeit auf sich (Overwien, 2001). Erst in den 1990er-Jahren wird das informelle Lernen, im Zusammenhang mit Fragestellungen des lebenslangen Lernens Gegenstand bildungspolitischer Diskussionen in der Europäischen Union (Dohmen, 2001; Overwien, 2005). In europäischen Publikationen sind immer wieder die Begrifflichkeiten formales, nicht-formales und informelles Lernen anzutreffen (z. B. Europäische Kommission, CEDEFOP, OECD), wobei die jeweiligen Begriffsdefinitionen nicht vollständig kongruent verwendet werden. Gemäß der Europäischen Kommission (2001) wird üblicherweise in Bildungs- und Ausbildungseinrichtungen formell gelernt, wobei der Lernprozess durch Lernziele, Lernzeiten und Lernförderung strukturiert wird und zu einer Zertifizierung führt. Lernende nehmen formelles Lernen als zielgerichtet wahr. Nicht-formal ist ein Lernprozess gemäß Europäischer Kommission (2001) dann, wenn er zwar systematisch und zielgerichtet ist, aber nicht in einer Bildungs- oder Berufsbildungseinrichtung erfolgt. Die CEDEFOP (Colardyn & Bjornavold, 2005), wie auch die OECD (Werquin, 2010), sehen formales und nicht-formales Lernen leicht anders, wie die nachfolgende Dreiteilung aufzeigt (Cedefop 2009: S. 85 ff.):
>
> ▸ *Formales Lernen:* Lernen, das in einem organisierten und strukturiertem Kontext (z. B. in einer Einrichtung der allgemeinen oder beruflichen Bildung oder am Arbeitsplatz) stattfindet, explizit als Lernen bezeichnet wird und (in Bezug auf Lernziele, Lernzeit und Lernförderung) strukturiert ist. Formales Lernen ist aus der Sicht des Lernenden zielgerichtet und führt im Allgemeinen zur Zertifizierung.
>
> ▸ *Informelles Lernen:* Lernen, das im Alltag, am Arbeitsplatz, im Familienkreis oder in der Freizeit stattfindet. Es ist in Bezug auf Lernziele, Lernzeit oder Lernförderung nicht organisiert oder strukturiert. Informelles Lernen ist in den meisten Fällen aus Sicht des Lernenden nicht ausdrücklich beabsichtigt.
>
> ▸ *Non-formales Lernen:* Bezeichnet Lernen, das in planvolle Tätigkeiten eingebettet ist, die nicht explizit als Lernen bezeichnet werden (in Bezug auf Lernziele, Lernzeit oder Lernförderung), jedoch ein ausgeprägtes »Lernelement« beinhalten. Nicht formales Lernen ist aus Sicht des Lernenden beabsichtigt.

und effektiver eingestuft als das sich im Alltag abspielende informelle Lernen. Schließlich umfasste es das konzentrierte, generalisierbare und transferierbare Wissen der Menschheit, während informelles Lernen als subjektiv und vom Kontext abhängig angesehen wurde« (S. 44).

Aus betriebswirtschaftlicher Sicht ist mit informellem Lernen insbesondere die Hoffnung verbunden, Kosten für die Bildungsaufwendungen einzusparen. Groß scheint die Gefahr zu sein, dass informelles Lernen zwecks ökonomischer Interessen instrumentalisiert, teure formelle Aus- und Weiterbildungsmaßnahmen zugunsten des vermeintlich kostengünstigeren informellen Lernens gestrichen und die Verantwortung für Lernprozesse an die Mitarbeitenden delegiert werden. Aus pädagogischer Sicht ist dahingegen interessant, zentrale Nutzenpotenziale für die Kompetenzentwicklung zu erforschen. Zum einen ist zu ergründen, inwieweit die Lernpotenziale, die in formalen Lernkontexten nicht (oder zumindest nicht in dieser Intensität) vorhanden sind, stärker genutzt werden können. Damit verknüpft ist die Möglichkeit der Anbindung des Lernens an konkrete, reale Erfahrungen, die durch reflexive Prozesse der Kompetenzentwicklung genutzt werden können. Im Bereich des informellen Lernens vollziehen sich darüber hinaus Prozesse der Kompetenzentwicklung, die jenseits der Wissensentwicklung für relevant, aber schwierig beeinflussbar gelten (vgl. die Entwicklung von Einstellungen, Euler & Hahn, 2007, S. 251). Wenn diese Prozesse jedoch beeinflusst werden sollen, dann ist verstärkt auch die Kompetenzentwicklung jenseits formeller Kontexte zu identifizieren und zu gestalten.

Nutzenpotenziale informellen Lernens

Bereits die Suche nach einer Definition für informelles Lernen lässt auf vielfältige Ansätze der Begriffsklärung schließen. In der einschlägigen Literatur steht beispielsweise eine Reihe an Unterscheidungskriterien zur Abgrenzung formellen und informellen Lernens nebeneinander. Zürcher (2007) beschreibt drei unterschiedliche Literaturstränge. Hierbei finden sich am häufigsten Definitionsansätze, die formales, non-formales und informelles Lernen durch einige wenige Merkmale unterscheiden, wie am Beispiel der bereits beschriebenen Definitionen der OECD (Werquin, 2010) oder auch der EU-Kommission (2001) deutlich wird. Im Weiteren besteht neben Gebrauchsdefinitionen von Colley, Hodkinson, Malcolm (2003) sowie Stern & Sommerlad (1999), welche die Unterschiede zwischen den Lernformen als Kontinuum zwischen den beiden Polen informell bzw. formell beschreiben, auch eine etymologische Ableitung der Begriffe. Dieser zufolge deutet bereits die Herkunft des Begriffes informell an, dass formale Aspekte bei dieser Lernform nicht konkretisiert sind.

Begriffsverständnis informelles Lernen

Schlussendlich ist auch hier keine absolute Grenzziehung zwischen formalem, non-formalem und informellem Lernen möglich – analog zu Overwien (2009) kann bei den verschiedenen Formen des Lernens eher von Komplementären denn von Substituten gesprochen werden (Stahl, 2003; Overwien, 2009). Eine auf spezifischen Merkmalen beruhende Unterscheidung der Lernformen scheint daher wenig zielführend (Colley, Hodkinson & Malcolm, 2003). Problematisch an dieser Sichtweise ist, dass es formelles und informelles Lernen voneinander abgrenzt und überdies vermeintlich gegeneinander ausspielt: das eine sei höherwertig als das andere. Dieser Umstand erschwert die Erforschung des Phänomens. Je nach Lernverständnis und zugrundeliegendem Lernkontext können sehr unterschiedliche Zugänge und Begriffsdefinitionen für informelles Lernen vorliegen. Einerseits existieren »verein-

4.4 Meso-Ebene – Bildungsprogramme gestalten
Gestaltung von Bildungsprogrammen auf der Grundlage eines Strukturmodells

fachende« Gebrauchsdefinitionen, bewusst vertreten u. a. von Dohmen (2001, S. 13): Der »Begriff des informellen Lernens wird auf alles Selbstlernen bezogen, das sich in unmittelbaren Lebens- und Erfahrungszusammenhängen außerhalb des formalen Bildungswesens entwickelt.« Die institutionelle Anbindung ist somit das maßgebliche Abgrenzungskriterium. Die Definition ist damit sehr allgemein gefasst und es besteht die Gefahr, dass die Abgrenzung relativ beliebig ausgelegt werden kann. Lernprozesse können somit vielmehr als Komposition formeller sowie informeller Bestandteile behandelt werden, was uns im Folgenden dem Kontinuum-Modell näher bringt (Seufert, Lehner & Tödtli, 2013, in Anlehnung an Sommerlad & Stern, 1999; Eraut, 2000; Colley et al., 2003; Colardyn & Björnavold, 2004; Straka, 2004).

Das Kontinuum-Modell zur Beschreibung formellen und informellen Lernens

Durch die schwierige Verwertbarkeit einer auf Unterscheidungsmerkmale basierenden Begriffsdefinition in der praktischen Anwendung gewinnt der Definitionsansatz in Form eines Kontinuums an Bedeutung (Stern & Sommerlad, 1999; Colley et al., 2003). Damit soll über die Spezifizierung mehrerer Attribute ein näheres Verständnis für Prozesse des informellen Lernens entwickelt werden. Abbildung 51 zeigt planbare Teilaspekte des Lernens auf und enthält damit wertvolle Hinweise auf Rahmenbedingungen bei der Frage nach der praktischen Ermöglichung von Lernen auch in informellen Kontexten. Zwischen den Polen des informellen und des formellen Lernens, siedeln sich damit unterschiedlichste Formen von Lehr-/Lernarrangements an. Eine

Abb. 50

Kontinuum-Modell formellen/informellen Lernens

Kontinuum-Modell des formellen und informellen Lernens

Individuum
Lernen

Zufälliges Lernen — explizit — implizit — Zufälliges Lernen

Attribute von Formalität/Informalität

Formal...
- Prozess
- Ort und Setting
- Absichten und Ziele
- Inhalte
...Informal

Externale Umgebungsbedingungen

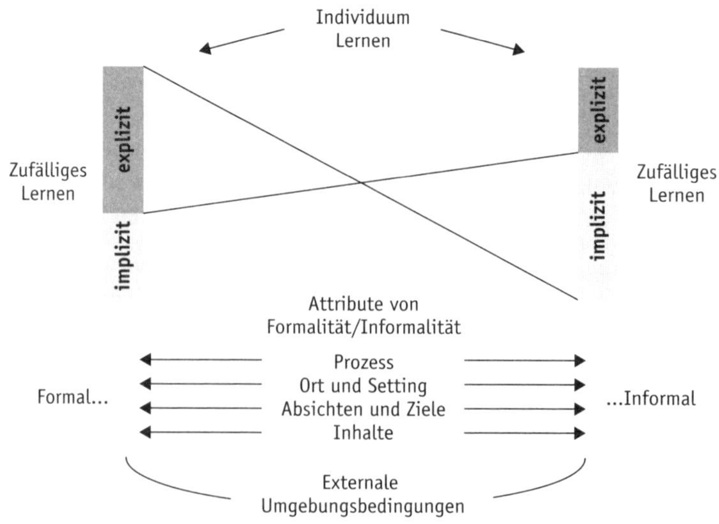

Quelle: Seufert, Lehner & Toedtli, 2013, S. 492

absolute Grenzziehung scheint vernachlässigbar, da der Fokus dieser Gebrauchsdefinition auf tatsächlich beeinflussbare Faktoren des Lernens gelegt werden soll (Colley et al., 2003). Jegliche Form des Lernens beinhaltet sowohl explizite als auch implizite Vorgänge, welche sich der von außen wirkenden Planbarkeit entziehen (Overwien, 2003). Da das formelle und das informelle Lernen folglich nicht als absolute Gegenpole zu beschreiben sind, kann das Konzept des non-formalen Lernens nicht als Intermediär dazwischen fungieren und rückt damit in den Hintergrund der Betrachtung (Colley et al., 2003) (siehe Abbildung 50).

Graduell planbare Attribute sind dem Modell zufolge der Prozess des Lernens, der Ort sowie das jeweilige Setting, Absichten und Ziele und schließlich die Lerninhalte (Colley et al., 2003; Sommerlad & Stern, 1999; Stahl, 2003) – kurzum die Umgebungsbedingungen für informelles Lernen (Overwien, 2003; Straka, 2004; Zürcher, 2007). Die Betrachtung einer Didaktisierung – sprich einer Ermöglichung informellen Lernens und somit der »Planbarkeit des Zufalls« – rückt in den Mittelpunkt (Zürcher, 2007). Eine trennscharfe Unterscheidung zwischen den Lernformen scheint zwar weiterhin nahezu unmöglich, kann nun jedoch durch die zielgerichtete Suche nach *Gestaltungsmöglichkeiten* informellen Lernens in den Hintergrund rücken (Colley et al., 2003; Zürcher 2007).

Umgebungsbedingungen für informelles Lernen

Letztendlich besteht auch hierbei eine Gefahr der vagen Begriffsverwendung und die Frage bleibt, inwieweit die relevanten Attribute gebrauchstauglich erfasst werden können. Die Theoriebildung zur Definition von informellem Lernen befindet sich daher im Entwicklungsstadium (Colley, Hodkinson & Malcolm, 2003). Grundsätzlich stellt es ein schwieriges Unterfangen dar und es bleibt überhaupt eine offene und kritische Frage, ob es sich durchsetzen wird, bei dieser Vielfalt an Definitionen eine Theoriebildung grundlegen zu können. Statt nach einer allgemeingültigen Lösung für die Definition von informellem Lernen zu suchen, könnte eine gangbare Alternative in einer organisationsspezifischen Präzisierung liegen. Dabei werden zentrale Attribute zur Aufnahme von Formalität und Informalität für die Kompetenzentwicklung spezifiziert, um damit Handlungsräume für das Design von Bildungsprozessen zu erweitern.

In Bezug auf die Gestaltung von Lernumgebungen, insbesondere die »Rahmung« von informellem Lernen anhand gestaltungsoffeneren Lernumgebungen und definierbaren Problemstellungen, können folgende Fragen formuliert werden (Overwien 2011, S. 365):

Gestaltungsmöglichkeiten für Lernen in informellen Kontexten

- Wie sind organisatorische Rahmenbedingungen zu gestalten, um strukturelle und kulturelle Faktoren zu erforschen, welche die Kompetenzentwicklung in informellen Kontexten, insbesondere bezogen auf Handlungsbereiche wie z. B. Einstellungen, die als schwierig beeinflussbar gelten, zu unterstützen? Wie lassen sich organisationale Lernprozesse durch die Schulleitenden beeinflussen? Was sind Einflussfaktoren der Schulkultur und wie können sie durch Gestaltungsimpulse beeinflusst werden?
- Wie lassen sich Lernumgebungen, »Organisationslogiken« für die Gestaltung von Unterricht, so verändern, dass Freiräume für informelles Lernen geschaffen werden können im Sinne von gestaltungsoffeneren Lernumgebungen? Wie können Grundprinzipien der Reflexion, z. B. Reflexionsprozesse des Lernenden anzure-

> **Exkurs**

Selbstgesteuertes/Selbstorganisiertes Lernen und informelles Lernen

Die Überschneidungen zwischen selbstorganisiertem und informellem Lernen sind sehr groß. Häufig werden beide Konzepte gemeinsam verwendet. So stellt Zürcher (2007, S. 36) in diesem Zusammenhang fest: Obwohl das informelle Lernen mit dem Selbstlernen in manchen Bezügen verbunden ist, betrachten beide das Lernen aus unterschiedlicher Perspektive: Während sich informelles Lernen in allgemeiner Weise auf die »Form« bezieht und sich – je nach Definition – vom formalen Lernen dadurch abgrenzt, dass es außerhalb von Bildungseinrichtungen und ohne Zertifizierung abläuft, definieren sich die Spielarten des Selbstlernens dadurch, dass das lernende Subjekt bestimmte Aspekte des Lernprozesses wie beispielsweise die Lernsteuerung selbst in die Hand nimmt.

Die Nähe zum informellen Lernen hängt letztendlich von der Interpretation und Ausprägung des Selbstlernens ab. Zur Präzisierung von Selbstlernen führt Zürcher (2007, S. 36) die drei Hauptkriterien an: die Organisation, die Steuerung und die Autonomie, die er jeweils wie folgt definiert:

- »Selbstorganisiertes Lernen bedeutet, sich bei vorgegebenen Inhalten und Lernzielen um die Rahmenbedingungen des Lernprozesses (Unterlagen, Ort, Zeit, Dauer, Prüfungstermin usw.) selbst zu kümmern.
- Selbstgesteuertes Lernen heißt, in einem vorgegebenen Lernarrangement den Weg zu den extern fixierten Lernzielen selbst zu gehen und entsprechende Maßnahmen, wie Aufrechterhaltung der Motivation, Überwachung und Regulierung des Lernprozesses, zu setzen.
- Selbstbestimmtes bzw. autonomes Lernen beinhaltet, alle Parameter des Lernprozesses, Organisation, Steuerung, Lernziele, selbst wählen und kontrollieren zu können.« (Zürcher, 2007, S. 36)

Aus diesen definitorischen Grundlegungen heraus wird deutlich, dass die Überschneidungen von informellem Lernen und Selbstlernen wechselseitig sind. Zum einen verläuft das informelle Lernen im Alltag häufig selbstorganisiert, als bewusster Lernprozess. Zum anderen kann das selbstgesteuerte Lernen auch in einem formalen, institutionalisierten Kontext eingesetzt werden. Informelles Lernen und Selbstlernen sind daher zwar nicht deckungsgleich, aber sie sind auf eine wechselseitige Annäherung hin angelegt. (Dohmen 2001, S. 41). »Die Dimension selbst- versus fremdbestimmt liegt schief zu der Dimension institutionell versus informell [...]« (Faulstich 2003, S. 8 zit. in Zürcher, 2007, S. 26)

gen und anzuleiten, sowie die Strukturierung der Selbstorganisation in Lernprozessen für die Designs von Lernumgebungen angewendet werden? Im Grunde genommen kann dies als eine neue Dimension für selbstgesteuertes Lernen auf einer organisationalen Ebene verstanden werden, wie die Beteiligung der Lernenden an der Auswahl von Lernziel und Methoden (siehe Tabelle 52).

Hinsichtlich des Strukturmodells eines Bildungsprogrammes findet daher eine Verschiebung der Prioritäten statt, hin zur Gestaltung von Rahmenbedingungen auf der meso- und makrodidaktischen Ebene. Es geht darum, eben diese planbaren Aspekte mit den organisationalen Kontexten Schule und Unternehmen zu verknüpfen und Entwicklungsmöglichkeiten aufzuzeigen. Der Blick auf die Gestaltbarkeit von Rahmenbedingungen, um informelles Lernen zu ermöglichen, lässt das Kontinuum-Modell als zugrundeliegende Annahme für das Design gestaltungsoffenerer Bildungsprogramme (s. Abschnitt 4.5.3.5) als wertvoll erscheinen. Eine derartige Gebrauchsdefinition kann sicherlich nicht als allgemeingültige Lösung für die Definition von informellem Lernen angesehen werden. Sie schafft jedoch aus der Gestaltungsperspektive der verschiedenen Kontexte die Möglichkeit einer organisationsspezifischen Anwendung. Es wird möglich, zentrale Attribute zur Aufnahme von Formalität und Informalität zu spezifizieren und damit die Planungskriterien für die Rahmenbedingungen von Lernen auch in informellen Kontexten zu bestimmen.

Tab. 52

Attribute zur Bestimmung von Formalität und Informalität

Attribute	Formalität	Informalität
Curriculum/ Prozess	▸ Lernprozesse sind durch Ziele und Inhalte im Rahmen einer organisierten Bildungsmaßnahme definiert ▸ Direkte Rolle der Lehrpersonen, z. B. in Schule, Weiterbildungskursen	▸ Lernprozesse ohne festgelegtes Curriculum und Lernziele ▸ Ggf. indirekte Rolle von »Lernbegleitern« ▸ Weniger formell: Unterstützung durch Lehrpersonen, Mentoren ▸ Informell: Unterstützung durch Kollegen, Freunde
Ort, Setting	▸ Bildungsinstitutionen ▸ Lernen an Orten, die geplant sind für die Lernprozesse ▸ Festgelegte Lernzeiten mit Anfang und Ende	▸ Arbeitsplatz (Unterrichtspraxis), Gemeinschaft, Familie ▸ Unbestimmtes Ende ▸ Keine bzw. nur wenige Zeitrestriktionen
Absichten, Ziele	▸ Erstrangiges Ziel ist das Lernen ▸ Lernen erfüllt extern vorgegebene Bedürfnisse ▸ Spezifizierung des Lernergebnisses (Zertifizierung als höchste Ausprägung an Formalität)	▸ Ein anderes Ziel steht ▸ im Vordergrund ▸ Lernen ist Begleiterscheinung ▸ Lernen ist selbstinitiiert und bestimmt vom Lernenden ▸ Lernen ist ergebnisoffen
Inhalte	▸ Fokus auf der Aneignung von etabliertem Expertenwissen, abstraktem Theoriewissen und Praktiken	▸ Fokus auf dem Aufdecken von Erfahrungswissen, praktische Tipps, Generierung von neuem Wissen

4.4.4 Fazit

Aus struktureller Perspektive ist auf der Meso-Ebene zu entscheiden, ob das Curriculum eines Bildungsprogrammes nach einem Produkt- oder Prozess-Modell organisiert werden soll. Während Produkt-Modelle eine inhaltliche, fachsystematische Struktur bevorzugen, implizieren Prozess-Modelle eine Handlungssystematik. Um Missverständnissen vorzubeugen, ist es dabei wichtig zu betonen, dass die lernfeldorientierte Handlungssystematik das Vermitteln von Grundlagenwissen nicht ausschließt, sondern sich auf das in der Handlung Notwendige ausrichtet. Darüber hinaus sind für Maßnahmen zur Kompetenzentwicklung, insbesondere in der Weiterbildung, gestaltungsoffenere Modelle zu überdenken. Im Grunde genommen lassen derartige Modelle das Curriculum hinsichtlich der Lernziele hochgradig offen. Zudem beziehen sich Inhalte stärker auf Erfahrungswissen und Wissen, das im jeweiligen Handlungskontext neu generiert wird. Damit wird der Bezug zu Ansätzen des Wissensmanagements deutlich (Probst, Raub & Romhardt, 2006).

4.4 Meso-Ebene – Bildungsprogramme gestalten
Gestaltung von Bildungsprogrammen auf der Grundlage eines Strukturmodells

Fach- und Situationsorientierung: Entweder-oder?

Die dogmatische Befürwortung eines Modells ist kritisch zu hinterfragen. Vielmehr sollte eine Ausbalancierung zwischen fachwissenschaftlichen Bezügen und einer Situationsorientierung an berufstypischen Aufgabenstellungen im Vordergrund stehen (Riedl & Schelten, 2010, S. 185). Häufig ist das Argument zu finden, dass ein Anfängerunterricht bzw. die Einführung in einen Themenbereich oft zu stärker theoretisch ausgerichteten Wissensgrundlagen hin tendiert. Begrifflichkeiten und Begründungszusammenhänge sind dieser Argumentation folgend systematisch und strukturiert anzulegen. Zu hinterfragen ist, ob hierbei nicht das Effizienzkriterium überwiegt, in einer gegebenen Zeit schneller voranzukommen. Für vorwiegend prozessbezogene, anwendungs- und transferorientierte Lerninhalte sowie Fortgeschrittenenunterricht finden sich vermehrt Begründungen für Ansätze des situativen Lernens in Prozess-Modellen.

Insgesamt bleibt die zentrale Herausforderung für Lehrpersonen, situiertes Lernen und Aneignung (fach-)systematischen Wissens in eine ausgewogene Balance zu bringen, deren Zusammensetzung pauschal nicht zu beantworten ist. Die Gefahren einer einseitigen Ausrichtung der Curricula auf der Meso-Ebene sind dabei offensichtlich: Wenn Novizen immer zunächst instruktional in Begrifflichkeiten und Wissensstrukturen eingeführt werden, stellt sich die Frage, wie die Lernenden selbst Strategien zur Wissensaneignung routinisieren können. Umgekehrt besteht die Gefahr, dass zwar unstrukturierte Probleme bearbeitet, aber der Aufbau einer Wissensbasis bei den Lernenden dabei nur in begrenztem Ausmaß stattfindet.

Aus dieser Kritik heraus wird deutlich, dass die Erzeugungsdidaktik häufig im Unterricht und Schulalltag überwiegt. Die Aufhebung der Fachsystematik stößt jedoch ebenso auf Kritik. Die Zugehörigkeit zu einem Fachgebiet und der kulturellen Gemeinschaft ist für Lehrpersonen ein zentraler Bestandteil ihres Wirkungskreises. Reinisch (1999, S. 104, zit. in Dörig, 2001) hebt als Argument für den Fächerunterricht »die sinnstiftende und identitätsbildende Funktion« (S. 202) hervor.

Gegenüberstellung der Modelle

Die Abwägung Fach- vs. Handlungssystematik bezieht sich in erster Linie auf normative, didaktische Überlegungen. Eine Entscheidung zieht Implikationen auf organisatorischer Ebene nach sich. Die Zerklüftung des Unterrichts nur organisatorisch zu verändern, würde dabei zu kurz greifen. So stellt Dörig (2001) ähnliche didaktische und organisatorische Überlegungen in Bezug zueinander: »Selbstverständlich könnte nun schließlich bei all diesen Abwägungen eingewendet werden, dass ›es so‹ nicht ›gemeint sei‹ – vielmehr gehe es darum, beispielsweise den engen Rhythmus der 45-Minuten-Lektionen zu durchbrechen und über einen Blockunterricht den benötigten Organisationsrahmen zu erweitern« (S. 234). Dies verdeutlicht, dass organisatorische Fragestellungen, wie Rahmenbedingungen für Unterrichtszeiten, und didaktische Gestaltungsfragen auf der Meso-Ebene verknüpft betrachtet werden müssen.

Abschließend sind die zentralen Eckpunkte für die Abwägung der beiden Modelle zusammengefasst. Sloane (2002, S. 9) stellt das Fach- und Lernfeldcurriculum folgendermaßen einander gegenüber:

4.4 Gestaltung von Bildungsprogrammen auf der Grundlage eines Strukturmodells

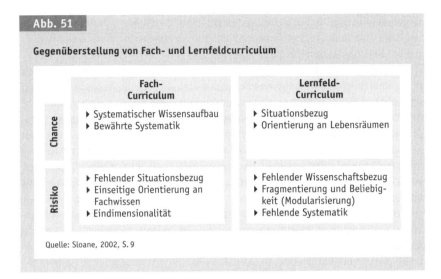

Abb. 51

Gegenüberstellung von Fach- und Lernfeldcurriculum

	Fach-Curriculum	Lernfeld-Curriculum
Chance	▸ Systematischer Wissensaufbau ▸ Bewährte Systematik	▸ Situationsbezug ▸ Orientierung an Lebensräumen
Risiko	▸ Fehlender Situationsbezug ▸ Einseitige Orientierung an Fachwissen ▸ Eindimensionalität	▸ Fehlender Wissenschaftsbezug ▸ Fragmentierung und Beliebigkeit (Modularisierung) ▸ Fehlende Systematik

Quelle: Sloane, 2002, S. 9

In der Bildungspraxis können darüber hinaus Mischformen der beiden Modelle beobachtet werden. Letztlich geht es darum, in welchem Verhältnis fachliche (systematische) und berufliche (kasuistische) Strukturen zueinander positioniert werden. Fachliche und lernfeldstrukturierte Lehrpläne schließen sich nicht gegeneinander aus. Vielmehr sind sie eine Frage der curricularen Festlegung und der Zugang ist jeweils anders:
- Bei fachlichen Lehrplänen sind Curriculum und Lernziele von der Fachsystematik her begründet und fordern zur Sachanalyse auf. Das Fachwissen ist insofern in einen Anwendungszusammenhang zu stellen.
- In Lernfeldlehrplänen sind die Anwendungssituationen definiert, denen dann wiederum Inhalte zugeordnet werden müssen. Daher stellt sich bei diesem Zugang die Frage nach der Relevanz eines fachlichen Zusammenhangs für eine gegebene Anwendungssituation.

In der Praxis können Mischformen auftreten. Einen Lehrplan der Inselbildung als Mischform schlägt beispielsweise Dubs (2004, S. 4) vor: »Da es im Anfängerunterricht zentral ist, solide Wissensstrukturen aufzubauen, ist ein disziplinenorientierter und systematischer Lehrplan durchaus sinnvoll (Meso-Ebene). Allerdings kann dieser im Unterricht problem- und handlungsorientiert umgesetzt werden (Mikro-Ebene). Die Lernenden haben die Gelegenheit, sich das notwendige Strukturwissen im Rahmen eines systematischen Lehrplanes zu erarbeiten (»Lehrplan der Inselbildung«). Mit fortschreitendem Unterricht lassen sich diese Inseln unter Bezugnahme auf andere Unterrichtsfächer zunehmend interdisziplinär ausgestalten.«

Schließlich kann auch ein Lerngebietsprinzip auf der Meso-Ebene in den jeweiligen Lehr-Lernsituationen auf der Mikro-Ebene handlungsorientiert umgesetzt werden. In der Diskussion ist es daher notwendig, wie es Dubs (2004, S. 4) nahelegt, klar zwischen den Gestaltungsebenen zu differenzieren. Der Zugang und die Herausforde-

Mischformen

rungen sind in den beiden Systemen jeweils grundverschieden. Für die konkreten Lehr-Lernsituationen können dennoch ähnliche didaktische Grundprinzipien greifen und zu ähnlichem Unterricht führen.

Gestaltungsoffenere Lernumgebungen können als eine konsequente Fortführung der handlungsorientierten Systematik aufgegriffen werden, die insbesondere in der betrieblichen Weiterbildung an Bedeutung gewinnt, um Kompetenzen auch in informellen Kontexten zu fördern. In gestaltungsoffeneren Bildungsprogrammen kann ein vorgegebenes Curriculum gänzlich offen sein, sodass sich Lernende nach ihrer eigenen Handlungssystematik und den zu entwickelnden Kompetenzen ihre Ziele selbst stecken und Inhalte wählen. Das Prinzip der Selbstorganisation in Lernprozessen für die Designs von Lernumgebungen steht dabei im Vordergrund. Dies kann als eine neue Dimension von selbstgesteuertem Lernen auf einer organisationalen Ebene verstanden werden. Eine zentrale Herausforderung ist es dabei, Handlungskompetenzen in Arbeits- und Entwicklungsprozesse zu integrieren, um handlungsleitende Prinzipien für Mitarbeitende und Vorgesetzte etablieren zu können.

4.5 Gestaltung von Bildungsprogrammen auf der Grundlage eines Prozessmodells

4.5.1 Überblick

Meso-Ebene: Entwicklung von Bildungsprogrammen in Teams

Die pädagogische Arbeit von Lehrpersonen wird sehr häufig verkürzend auf die Vorbereitung und Planung einzelner Unterrichtseinheiten bezogen (Sloane, 2007, S. 481). Dies kann dazu führen, dass der notwendige Blick auf die Kompetenzentwicklung der Lernenden verengt und eine Segmentierung der didaktischen Arbeit vorgenommen wird. »Die Förderung der Lernenden ist weniger eine Frage einzelner Unterrichtssequenzen, sondern vielmehr davon abhängig, wie eine Sequenz von Lernangeboten über einen Zeitraum systematisch aufgebaut wird. Diese Verengung kann den Blick auf den Gesamtprozess des Lehrens verschleiern« (Sloane, 2007, S. 481). Aus diesen Überlegungen heraus ist es daher notwendig, sich auf der Meso-Ebene des Bildungsprogrammes stärker im Team der Lehrpersonen abzustimmen. Inhaltlich ist damit auch die Aufgabe verknüpft, die didaktischen und organisatorischen Aufgaben im Rahmen des Bildungsgangmanagements stärker miteinander zu verzahnen (Sloane, Dilger & Kraukau, 2008a, S. 264–265).

> Mit dem Begriff der **didaktischen Wertschöpfungskette** wird zum Ausdruck gebracht, dass Prozesse zur Gestaltung von Bildungsprogrammen auch »organisational zu denken« (Sloane, 2007, S. 481) sind. Das Management von Bildungsprogrammen bzw. die Bildungsgangarbeit ist als »didaktischer Geschäftsprozess i. S. einer Wertschöpfungskette« (Sloane, 2007, S. 481) zu entwickeln.

Sloane (2007, S. 481) geht bei dieser Begriffswahl auf zwei grundsätzliche Fragen ein, die an dieser Stelle ebenfalls zur Klarstellung der Denkweise herangezogen werden sollen.

Didaktische Wertschöpfungskette: Grundannahmen

1. *Ist eine didaktische Wertschöpfungskette notwendig?*
   Auf der Makro-Ebene wurde das Konzept der Wertschöpfungskette nach Porter (2000) eingeführt, um insbesondere erfassen zu können, welche Prozesse und daraus abgeleitet, welche Handlungs- und Kompetenzanforderungen an eine Bildungsorganisation gestellt werden. Auf der Meso-Ebene ist die *didaktische Wertschöpfungskette* notwendig, um die verschiedenen ineinandergreifenden Prozesse zu identifizieren und als Geschäftsprozess abzubilden und um damit »isolierte Einheiten« (Sloane, 2007, S. 481) zu vermeiden. Erst mit der Abbildung in eine didaktische Wertschöpfungskette werden wechselseitig bedingende Planungs- und Umsetzungsphasen sichtbar, die von Lehrenden bewältigt werden müssen. Daraus ergeben sich auch neue Kompetenzanforderungen an die Lehrpersonen. Allerdings fehlt es hierbei bislang an einer bildungstheoretisch begründeten und didaktisch abgesicherten Gesamttheorie des Bildungsganges (vgl. hierzu die Forderung von Rheinisch, 2003, S. 21, zit. in Sloane, Dilger & Krakau, 2008a, S. 362).
2. *Welcher Wert wird dabei »geschöpft«?*
   Da es das Ziel ist, die Entwicklung von Bildungsansprüchen zu adressieren, löst sich die didaktische Wertschöpfungskette an dieser Stelle vom Modell der Wertkette von Porter (Porter, 2000, S. 68, zit. in Sloane, Dilger & Krakau, 2008a, S. 362). Die Kontexte unterscheiden sich dabei wieder gravierend. Bei einem privaten Bildungsauftrag kann es darum gehen, dass es um den Betrag geht, den die Abnehmer für das, was ein Unternehmen ihnen zur Verfügung stellt, zu zahlen bereit sind (Porter, 2000, S. 68, zit. in Sloane, Dilger & Krakau, 2008a, S. 362). Bei einem öffentlichen Bildungsauftrag sind die Lernenden Klienten der Schule und Hochschule (trotz Studiengebühren). Sie nehmen ein von der Öffentlichkeit finanziertes Angebot an. Kompetenzentwicklung der Schülerinnen und Schüler oder der Studierenden ist somit der daraus »resultierende angestrebte, schöpferische Wert mit individueller und volkswirtschaftlicher Bedeutung« (Porter, 2000, S. 68, zit. in Sloane, Dilger & Krakau, 2008a, S. 362). Dies kann nur durch das abgestimmte Zusammenspiel der beschriebenen Prozesse des Managements von Bildungsprogrammen bzw. des Bildungsgangmanagements gewährleistet werden.

An dieser Stelle soll nochmals betont werden, dass Bildungsgangmanagement nicht verstanden wird als eine vordergründige »Ökonomisierung von Bildungsangeboten und die Betrachtung von individuellen und gesellschaftlichen Kosten-Nutzen-Abwägungen« (Sloane, Dilger & Krakau, 2008a, S. 362), sondern in besonderer Weise als die notwendige systematische Vorgehensweise, ein Bildungsprogramm didaktisch-organisatorisch zu gestalten. Der Kernpunkt liegt in der Darstellung und systematischen Verfolgung des Kompetenzentwicklungsprozesses der einzelnen Lernenden. So ist weniger eine Fokussierung auf einzelne Unterrichtseinheiten bedeutend, als vielmehr die verstärkte Betrachtung von Entwicklungslinien und hierfür erforderlich

4.5 Meso-Ebene – Bildungsprogramme gestalten
Gestaltung von Bildungsprogrammen auf der Grundlage eines Prozessmodells

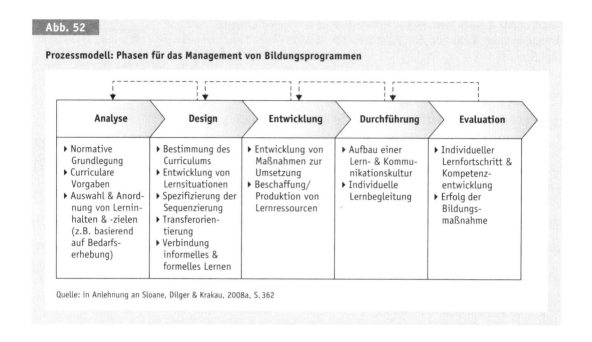

Abb. 52: Prozessmodell: Phasen für das Management von Bildungsprogrammen

Quelle: in Anlehnung an Sloane, Dilger & Krakau, 2008a, S. 362

aufgebauter Sequenzen als zentrales Ziel für die Planung, Umsetzung und Realisierung von Unterricht bzw. einzelner Kurseinheiten. Dies kann nur dann gelingen, wenn die Aktivitäten des Bildungspersonals systematisch aufeinander bezogen und verknüpft sind.

Didaktische Wertschöpfungskette: Phasen im Überblick

Als didaktische Wertschöpfungskette zur Organisation der Bildungsprozesse auf der Meso-Ebene, dient das folgende Prozessmodell mit den typischen Phasen auf der Programmebene: 1) Analyse, 2) Design, 3) Entwicklung, 4) Durchführung und 5) Evaluation. Dieses Prozessmodell wird in diesem Abschnitt 4.5 näher beleuchtet. Um ein Bildungsprogramm entsprechend zu positionieren, müssen entlang der Phasen Kommunikationsaufgaben mit zentralen Anspruchsgruppen beachtet werden. Auf diesen Aspekt wird daher im darauffolgenden Abschnitt 4.6 näher eingegangen.

Zwischen den Phasen gibt es Interdependenzen. Zudem sind Rückkopplungen und Iterationen nicht nur möglich, sondern zu empfehlen. Überlegungen in der Design-Phase können beispielsweise zu Rückschlüssen für die Analyse führen oder Ergebnisse der Evaluation können Auswirkungen auf alle anderen Phasen haben (Sloane, Dilger & Krakau, 2008a, S. 265). Nachfolgend werden die einzelnen Phasen näher erläutert.

4.5.2 Analyse

Analyse curricularer Vorgaben

In einem ersten Schritt ist eine Analyse hinsichtlich der zu erreichenden Kompetenzen und Ziele erforderlich, um das Bildungsprogramm als Maßnahme zur Kompetenzentwicklung gestalten zu können. Die normative Positionierung des Programms (Leitlinien, Leitbild für das Programm) sowie die grundsätzlichen Überlegungen hinsichtlich der curricularen Analyse stehen in dieser Phase im Vordergrund. Die besondere Herausforderung ist es zu analysieren, wie das Bildungsprogramm bei den Anspruchsgruppen positioniert werden soll: als Produkt-Modell eines fachsystematisch-strukturierten Bildungsprogrammes oder als Prozess-Modell, das einer Handlungssystematik und situiertem Lernen folgt bis hin zu offeneren Curricula, die sich an Handlungskompetenzen in der betrieblichen Weiterbildung orientieren?

Allgemein werden in der Analysephase die grundsätzlichen Abwägungen zwischen den verschiedenen Ansätzen für ein Bildungsprogramm konkret aufgenommen. »Curriculare Analysen führen zu Entscheidungen über die Auswahl und Anordnung von Lerninhalten und -zielen, diese Entscheidungen gründen auf Prinzipien« (Reetz, 1984, zit. in Sloane, Dilger & Krakau, 2008a, S. 265). Im schulischen Kontext bedeutet dies insbesondere den Zusammenhang zwischen Wissenschafts- und Situationsprinzip herzustellen: »Für die curriculare Analyse ergibt sich – ausgehend von der jeweils im Lehrplan festgelegten Perspektive, fach- oder situationsorientierter, die Notwendigkeit, den Zusammenhang zwischen Fachlichkeit (Wissenschaftsprinzip) und Anwendung (Situationsprinzip) herzustellen« (Sloane, 2007, S. 484). Häufig werden diese beiden Prinzipien im »curricularen Relevanzdreieck« um das Persönlichkeitsprinzip ergänzt. Das Relevanzdreieck bildet somit die normativen Grundlagen des Bildungsganges, das auf ein sehr grundlegendes Verständnis von Kompetenz (Disposition) und Performanz (Handeln) verweist. Die drei Relevanzkriterien bei der Auswahl und Legitimation curricularer Entscheidungen schließen an die konzeptionellen Überlegungen im vorherigen Abschnitt zum Strukturmodell an (Sloane, 2007, S. 484).

Prinzipiengeleitete Auswahl und Anordnung von Lerninhalten und -zielen

Im Unterschied zu den Relevanzkriterien Fachlichkeit (Wissenschaftsprinzip) und Anwendung (Situationsprinzip) handelt es sich beim Persönlichkeitsprinzip nicht um einen empirischen Begründungszusammenhang, »sondern vielmehr um einen pädagogisch-normativen Rechtfertigungszusammenhang, über den zu klären ist, in welcher Weise die Educandi ihre Individualität und Autonomie gegenüber den gesellschaftlichen Anforderungen und objektiven Zwängen zur Entfaltung bringen können« (Sloane, 2007, S. 484). Das Relevanzdreieck ist im nachfolgenden Beispiel aus dem Hochschulkontext grafisch dargestellt (siehe Abbildung 53).

Dieses Prinzip geht auf den spezifischen Beitrag eines Gegenstandes im Bildungsprozess des Subjekts, des Lernenden ein. Nach Reetz (1984, zit. in Rheinisch, 2003, S. 10–11) orientiert sich dieses Prinzip für die Auswahl und Begründung der Lernziele und Inhalte an der Frage, was für die Entwicklung der Persönlichkeit für relevant und im Bereich des Möglichen gehalten wird (subjektorientierte Ansätze eines Curriculums). Nach Tramm und Reetz (2010, S. 225) lassen sich damit zwei Perspektiven in curricularen Argumentationszusammenhängen verbinden:

1. *Kompetenzverständnis:* Das Kompetenzverständnis legt die Basis für die normative Orientierung des Curriculums. Subjektorientierte Ansätze orientieren sich an »spezifischen Bezugspunkten des menschlichen Handelns« (Euler & Hahn, 2007, S. 133). Ein Mensch kann mit drei Arten von Herausforderungen konfrontiert sein, deren Bewältigung unterschiedliche Kompetenzen erfordern:

4.5 Meso-Ebene – Bildungsprogramme gestalten
Gestaltung von Bildungsprogrammen auf der Grundlage eines Prozessmodells

- Sachkompetenzen: Disposition zum kompetenten Umgang mit Sachen (materielle oder symbolische Objekte, wie z. B. Kultur);
- Sozialkompetenzen: Disposition zum kompetenten Umgang mit anderen Menschen (sozialverantwortlich zu handeln, Tramm & Reetz, 2010, S. 225);
- Selbstkompetenzen: Disposition zum kompetenten Umgang mit Facetten der eigenen Person (als »mündiger Mensch selbstbewusst, selbstverantwortlich und werteinsichtig zu handeln«, Tramm & Reetz, 2010, S. 225).

2. *Orientierung und Weltverstehen:* Dies bedeutet insbesondere, auf die Bedürfnisse und Ansprüche der Lernenden und auf Aspekte der Persönlichkeitsentwicklung Bezug zu nehmen. Relevante Ausprägungen sind dabei z. B.:
   - Varianten »offener Curricula«, bei denen die Prozessmerkmale von Lehr-Lern-Prozessen bzw. unterrichtsmethodische Prinzipien im Zentrum curricularer Planung stehen;
   - Varianten selbstgesteuerten bzw. selbstorganisierten Lernens, welche die funktionale Notwendigkeit der Selbststeuerung für gelingendes Lernen postulieren und intentional stark auf den Aspekt der Entwicklung der Lernkompetenz im Kontext lebenslangen Lernens abheben.

Um die Spannungsfelder zwischen Wissenschafts- und Situationsprinzip zu überwinden, wird somit die Persönlichkeitsentwicklung im Rahmen einer handlungs- und problemorientierten Didaktik betont. »Zentral hierfür ist das Kompetenzkonzept, das Lernen intentional auf die individuelle Lebensgestaltung bezieht und dabei zugleich die Relevanz einer flexiblen internen Wissensbasis für eben diese Kompetenzen herausstellt.... Zentral ist freilich auch, dass Handlungskompetenz nicht auf spezifische berufliche oder gar nur betriebliche Handlungsfelder begrenzt bleibt, sondern sich den privaten und gesellschaftlichen Handlungsraum erweitert und auch Prozesse der erkennenden und deutenden Orientierung sowie der wertenden Stellungnahme mit umfasst« (Tramm, 2002, S. 47 f.).

Curriculare Analyse: Beispiele aus der Praxis

Beispiel **Programmentwicklung an Hochschulen: Analyse der Kompetenzziele**
▶▶▶ Die curriculare Meso-Ebene und damit die Programmentwicklung nimmt an Hochschulen eine zunehmende Bedeutung ein. Mit einer an Kompetenzzielen orientierten Ausrichtung von Studienprogrammen stellt sich die Frage, wie diese Kompetenzziele detailliert herausgearbeitet werden können. Eine Möglichkeit des Vorgehens besteht darin, zuerst die Handlungsfelder zu identifizieren, in denen die Absolventen tätig sein sollen. Ausgehend von diesen Handlungsfeldern können zunächst zentrale Handlungsbereiche und anschließend zentrale Kompetenzbereiche identifiziert werden. In einem letzten Schritt können dann einzelne Kompetenzanforderungen ermittelt werden. Bei der Ausarbeitung dieser Kompetenzanforderungen kann es sinnvoll sein, externe Anspruchsgruppen wie Alumni und Programme, Unternehmen, Institutionen und Einrichtungen, die Absolventen abnehmen, einzubinden (siehe Abbildung 54). ◀◀◀

4.5 Gestaltung von Bildungsprogrammen auf der Grundlage eines Prozessmodells

Abb. 53

Curriculares Relevanzdreieck: Beispiel in der Hochschule

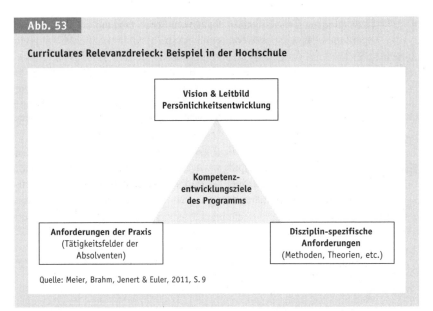

Quelle: Meier, Brahm, Jenert & Euler, 2011, S. 9

Abb. 54

Ausschnitt aus einer Detaillierung von Kompetenzanforderungen für ein Studienprogramm

Quelle: Meier, Brahm, Jenert & Euler, 2011, S. 35

4.5 Meso-Ebene – Bildungsprogramme gestalten
Gestaltung von Bildungsprogrammen auf der Grundlage eines Prozessmodells

Beispiel **Bildungsbedarfsanalyse in der betrieblichen Bildung**
▶▶▶ Die Ableitung von Kompetenzanforderungen kann in der betrieblichen Weiterbildung in ähnlicher Form stattfinden. Expertengruppen können methodisch in mehreren moderierten Workshops die aktuellen und zukünftigen Herausforderungen in einem Berufsfeld erarbeiten und zu Handlungssituationen verdichten. Kompetenzen werden demnach auf die Bewältigung dieser Handlungssituationen ausgerichtet, auf die drei Relevanzkriterien hin überprüft und in einen Begründungszusammenhang gestellt.

In der betrieblichen Weiterbildung werden Analysen zum Bildungsbedarf eher kurzfristig statt systematisch und analytisch erhoben, wie beispielsweise eine Studie von Giardini und Kabst (2007, S. 28) belegt. Generell sind die Ausrichtung nach Kompetenzen und die systematische Entwicklung von Kompetenzen noch nicht sehr verbreitet bzw. bislang erst auf eingeschränkte Zielgruppen, insbesondere Führungskräfte, bezogen.

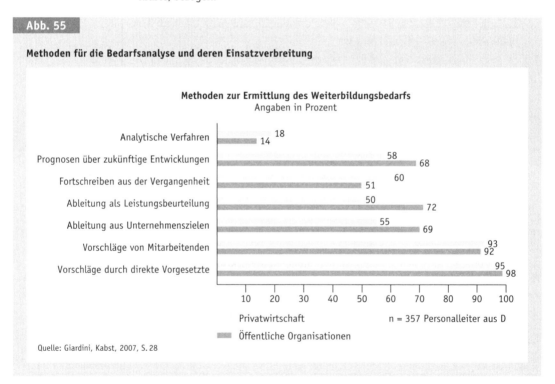

Abb. 55

Methoden für die Bedarfsanalyse und deren Einsatzverbreitung

Quelle: Giardini, Kabst, 2007, S. 28

Impact Maps in der betrieblichen Weiterbildung

Ein Beispiel aus der betrieblichen Weiterbildung, Bildungsbedarfe an Kompetenz- und somit Arbeitsanforderungen zu orientieren, bieten sogenannte »Impact Maps«, die rollenspezifische Kompetenzraster darstellen (vgl. nachfolgende Abbildung). Dabei werden Kernkompetenzen eines Job Profils (als Disposition) mit Arbeitsergebnissen (Performanz) in einem Argumentarium verknüpft. Zunächst werden Schlüsselkompetenzen und kritische Aufgabenbereiche ermittelt und transparent dar-

4.5 Gestaltung von Bildungsprogrammen auf der Grundlage eines Prozessmodells

gestellt. In der Analysephase wird somit eine Verbindungslinie zwischen dem Rollenprofil, Schlüsselkompetenzen, kritischen Aufgaben und Ergebnissen festgehalten. Die Rollenprofile können auch um Best Practices, Empfehlungen etc. ergänzt werden. Eine derartige »Impact Map« ist auf Prioritäten ausgerichtet und fokussiert daher wesentliche Aspekte und prioritäre Aufgaben, die nötig sind, um eine Rolle kompetent ausüben zu können (Brinkerhoff, 2003, S. 15).

Abb. 56

Beispiel einer Learning Business Partner Impact Map

Job Role	Key Skills	Critical Job Tasks	Job Results (Deliverables)	BU/SBU Results	Group Results
			Impact Assessment Focus		
Learning Business Partner	Relationship Management Core Consulting Skills Learning Business planning CxO positioning & elling	Build & manage Relationships with Business Build and contract Learning Plan with Business	Preferred Business Partner Contracted Leanring Plan Learning Reporting & Analysis L&D Mutualized Priorities	Reduced spend Enhanced Learning Value Increased SBU/BU Collaboration Satisfied Business	Optimized Learning Spend Enhanced Employee Satisfaction

Quelle: Brinkerhoff, 2003, S. 15

Die Ergänzungen zur Tiefenstruktur einer Kompetenz machen letztlich den Unterschied zwischen »Competency Models« und »Competence Models« aus (zu der Unterscheidung zwischen Competence und Competence vgl. Abschnitt 4.4.2.2). Competency Models bilden einen Rahmen, in dem Kompetenzen, kritisches Verhalten, Wissen, Fertigkeiten für die Aufgabenbereiche beschrieben werden, Kompetenzen in Kategorien strukturiert sind und ggf. nach Wichtigkeit geordnet sind. Competence Models liefern hingegen einen übergreifenden Rahmen mit Hinweisen zu einer systematischen Integration in Arbeitsprozesse (Teodorescu, 2006, S. 29). Sie definieren den Prozess und Arbeitsergebnisse, um fortlaufend Ziele zu erreichen oder sogar zu übertreffen, die für bestimmte Rollen, Teams, Divisionen und Organisationen gesteckt werden. Im Bezugsrahmen sind daher auch verknüpfte Aufgaben, Best Practices, kritische Fertigkeiten und Wissen direkt mit den Arbeitsergebnissen verknüpft, um Team- und Organisationsziele zu erreichen. Diese Competence-Modelle liefern daher auch ein komplettes »integriertes System«, um Erwartungen und das Erreichen von Zielen zu klären, Hinweise für die Kompetenzfeststellung zu geben sowie alle Prozesse der Personalentwicklung, bereits mit der Personalauswahl beginnend, am Kompetenzmodell zu orientieren.

Meso-Ebene – Bildungsprogramme gestalten
4.5 Gestaltung von Bildungsprogrammen auf der Grundlage eines Prozessmodells

Ausgestaltung von Competency- oder Competence-Modellen

Tab. 53

Kompetenzmodelle: Competency vs. Competence Models

	»Competency Models« (Produkt-Curriculum)	»Competence Models« (Prozess-Curriculum)
Ansatz und Zielsetzung des Modells	▸ Rahmenkonzept ▸ Beinhaltet Kompetenzbeschreibungen, welche kritisches Verhalten, Fertigkeiten, Wissen sowie Kennzeichen für jede Rolle beschreiben	▸ Rahmenkonzept ▸ Definiert den Prozess und Arbeitsergebnisse, um die Ziele zu erreichen, die für spezifische Rollen, Teams, Divisionen und Organisationen festgelegt sind
Inhalte und Umsetzung des Modells	▸ Fertigkeiten, Verhalten, Einstellungen, Wissen sind in Kategorien eingeteilt und möglicherweise nach Wichtigkeit sortiert; z. B.: – Management skills – Interpersonal skills – Produktewissen – etc.	▸ Verwandte Aufgaben, Best Practices, kritische Fähigkeiten und Kenntnisse werden direkt den Ergebnissen zugeordnet, die notwendig sind, um Teamziele oder organisatorische Ziele zu erreichen ▸ Unterstützungsmöglichkeiten, die erforderlich sind, um die gewünschten Arbeitsergebnisse sowie Kompetenzlevels aufzubauen sowie auch Hindernisse für Kompetenzentwicklung zu erkennen und zu beseitigen.
Integration in Prozesse der Personalentwicklung	▸ Kompetenzbeschreibungen können verknüpft werden mit Trainings- und Assessmentprogrammen und -prozessen	▸ Kompetenzmodell liefert ein vollständig integriertes System, um Erwartungen zu setzen und spezifische, messbare Richtlinien für erfolgreiches Handeln zu liefern, ▸ Alle Prozesse sind mit der gleichen Definition von Kompetenzen verbunden, wie – Einstellungsverfahren – Reviews – Entwicklung – Tools – Ressourcen

Quelle: Theodorescu, 2006, S. 29

Die zuvor skizzierten Spannungs- und Problemfelder (z. B. Norm-, Antizipations-/Prognose- und Theorieproblem) sind im Rahmen der Analysephase zu berücksichtigen. Die einseitige Berücksichtigung ökonomischer Bedarfe und die Vernachlässigung der Persönlichkeitsentwicklung sind vermutlich weit verbreitet. Auf die Gefahren und die Ausbalancierung von Personal- und Persönlichkeitsentwicklung wurde in Abschnitt 2.2 Normatives Bildungsmanagement bereits näher eingegangen. Für die konkrete Gestaltung von Maßnahmen zur Kompetenzentwicklung ist es daher notwendig, die drei Relevanzkriterien bzw. Perspektiven im Blick zu haben (Welches

4.5 Gestaltung von Bildungsprogrammen auf der Grundlage eines Prozessmodells

sind die fachlichen Anforderungen? Was sind die Anforderungen der Handlungssituationen? Was ist für die Lernenden relevant, damit sie sich selbst entfalten können?) und »Wege zu finden, die verschiedenen Perspektiven aufeinander zu beziehen und miteinander zu verschränken« (Tramm, 2002, S. 46).

4.5.3 Design

Zu berücksichtigen sind dabei folgende untergeordnete Fragen:
- Wie ist das Curriculum des Bildungsprogramms zu bestimmen?
- Wie sind Lernsituationen zu entwickeln?
- Wie sind Sequenzierungsphasen im Curriculum zu spezifizieren?
- Wie sind Blended Learning Designs als differenzierter Methoden-Mix zu gestalten?
- Wie sind Designs zur Verbindung von Lernen in formellen und informellen Kontexten zu gestalten?

4.5.3.1 Curriculum des Bildungsprogramms bestimmen

In der Designphase werden die konzeptionellen Überlegungen der Analysephase weitergeführt und für die Gestaltung von Bildungsmaßnahmen, insbesondere der Lernsituationen, konkretisiert. Im schulischen sowie im betrieblichen Kontext ist darüber hinaus die Strukturierung und Sequenzierung von Lernsituationen zu überlegen, je nach vorherrschendem Curriculum-Modell. »Die Analyse von beruflichen Anwendungsbezügen (Probleme und Tätigkeiten) auf der einen und fachlich-systematischen Hintergründen auf der anderen Seite muss dabei in Sequenzierungsüberlegungen überführt werden, die in ein Bildungsgangcurriculum münden« (Sloane, Dilger & Krakau, 2008a, S. 269). Daher sind erste Überlegungen anzustellen, »in welchem Zusammenhang solche Problem-Tätigkeits-Komplexe zu Fachinhalten stehen, welche Sequenzen zwischen solchen Komplexen und Inhalten im Zeitablauf aufgebaut werden können« (Sloane, Dilger & Krakau, 2008a, S. 269). Die Abwägungen zwischen den unterschiedlichen Curriculum-Modellen erfolgen daher in diesem Design-Schritt. Nachfolgend ist ein Beispiel für Sequenzen in Lehrplänen am Beispiel des Lernfeld-Curriculums dargestellt (Sloane, Dilger & Krakau, 2008a, S. 269) (siehe Abbildung 57).

Ergebnis dieser Phase ist es, den Zusammenhang zwischen den curricularen Einheiten (Lernfelder, Lerngebiete, einzelne Module) herauszuarbeiten. Der Design-Prozess ist iterativ zu verstehen: Die Kenntnis über die einzelnen Lernsituationen führt wiederum zu Rückschlüssen auf eine geeignete Strukturierung. Daher bietet es sich an, eine erste Konkretisierung des Lerngegenstandes vorzunehmen, damit ein Grundverständnis über die Sequenzierung herausgebildet werden kann (Sloane, Dilger & Krakau, 2008a, S. 269).

Designphase: Strukturierung und Sequenzierung von Lernsituationen

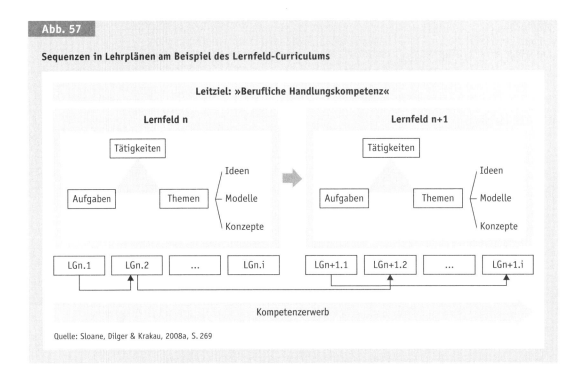

Abb. 57

Sequenzen in Lehrplänen am Beispiel des Lernfeld-Curriculums

Quelle: Sloane, Dilger & Krakau, 2008a, S. 269

4.5.3.2 Lernsituationen entwickeln

Bei diesem ersten Schritt steht im Vordergrund, Lernsituationen nach didaktischen Prinzipien (Wissenschafts-, Situations- und Persönlichkeitsprinzip), welche schon bei der curricularen Analyse berücksichtigt werden, zu modellieren. Lernsituationen bzw. Lerngegenstände können dabei als »basale Einheiten« (Sloane, Dilger & Krakau, 2008a, S. 269) eines Bildungsgangcurriculums verstanden werden.

Designphase: Lernsituationen gestalten

Eine **Lernsituation** kann als eine Repräsentation und Aufarbeitung eines Lerngegenstandes (Sloane, 2010, S. 208) verstanden werden. »In Lernsituationen werden fachliche Wissensgebiete in einen Anwendungszusammenhang gestellt, wobei die Prinzipien der **didaktischen Reduktion** und **Transformation** zur Anwendung kommen, bei gleichzeitiger Berücksichtigung der fachlichen und zielgruppenspezifischen Adäquatheit« (Sloane, 2007, S. 487). Bei Lernsituationen handelt es sich folglich um »Settings, um problembezogene Aktivitäten von Lernenden zu ermöglichen (Handlungsrahmen)« (Sloane, 2007, S. 487).

In der beruflichen Bildung können Lernsituationen als Rekonstruktionen einer beruflichen Tätigkeit verstanden werden, die aus einer Lernendenperspektive gestaltet wird. Um die berufliche Handlungskompetenz der Lernenden zu fördern, sollen sie dazu aufgefordert werden, didaktisch aufbereitete berufliche Probleme zu bewältigen und sich auf diese Weise allgemeine fachliche Zusammenhänge zu erschließen (Sloane, 2007, S. 487; Sloane, Dilger & Krakau, 2008b, S. 306).

4.5 Gestaltung von Bildungsprogrammen auf der Grundlage eines Prozessmodells

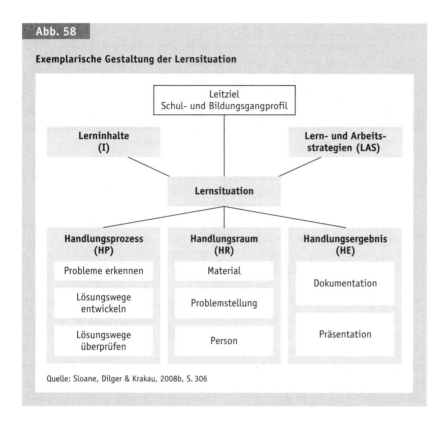

Abb. 58

Exemplarische Gestaltung der Lernsituation

Quelle: Sloane, Dilger & Krakau, 2008b, S. 306

Nach Sloane, Dilger und Krakau (2008b, S. 306) können Lernsituationen über die folgenden fünf Merkmale ausdifferenziert werden:

Merkmale von Lernsituationen

1. Der *Handlungsraum* (= Handlungsrahmen) bezeichnet den Lernkontext, der die Problemstellung einer Lernsituation sowie Vorgaben zu Material und Personal beinhaltet. Lehrpersonen entwickeln hierfür Materialien (Unterlagen, Folien, Merkblätter, Aufgabenbeschreibungen etc.), die sie gezielt einsetzen.
2. Der *Handlungsprozess* gestaltet die Lern- und Arbeitsphasen des Unterrichts bzw. die Phasen zur Kompetenzentwicklung. Dabei kann man sich auf Problembearbeitungsprozesse oder auf das Konzept der vollständigen Handlung beziehen. Dies bedeutet, Arbeitsaufträge aufzuteilen in Phasen wie Informieren, Planen, Entscheiden, Ausführen, Bewerten und Informationen weitergeben.
3. Das *Handlungsergebnis* dient dazu, die Aktivitäten der Lernenden verbindlich zu beschließen. Dabei werden wichtige »Endpunkte« in den Arbeits- und Lernprozessen dargestellt. Derartige Endprodukte können beispielsweise in Form von Dokumentationen oder Präsentationen vor einem Gremium festgehalten werden.
4. *Fachliche Inhalte* bilden gewissermaßen den Hintergrund der (beruflichen) Handlungen:

4.5 Meso-Ebene – Bildungsprogramme gestalten
Gestaltung von Bildungsprogrammen auf der Grundlage eines Prozessmodells

- Lernbereich-Modell 1: In fachlichen Lehrplänen werden Inhalte vorgegeben. Die Lehrpersonen müssen diese Inhalte im Hinblick auf Lern- und Anwendungssituationen situieren, d. h. in einen Anwendungszusammenhang stellen.
- Lernfeld-Modell 2: Hier werden die Inhalte nicht fachsystematisch vorgegeben, sondern über die Lernfelder in einen anwendungsbezogenen (sachlogischen) Kontext gestellt. Die Inhalte müssen auf dem Hintergrund dieser curricularen Grundlagen präzisiert und über die Merkmale Handlungsrahmen, -prozess und -ergebnis in den einzelnen Lernsituationen verankert werden.

5. Um die in Lernsituationen gestellten Probleme zu lösen, müssen die Lernenden *Lern- und Arbeitsstrategien* einsetzen. Es gilt daher die Anwendung dieser Strategien gezielt zu fördern, insbesondere über Lernsituationen. Hier kommt auch die Bedeutung selbstregulierten Lernens zum Tragen. Selbstreguliertes Lernen kann als Voraussetzung, methodische Figur und gleichzeitig als Ziel von Unterricht angesehen werden. Die Bildungsgangteams bestimmen im Rahmen der didaktischen Jahresplanung, wann welche Lern- und Arbeitsstrategien gefördert werden und wann sie zum Einsatz kommen sollen.

Um Lernsituationen adäquat entwickeln zu können, betont Sloane (2010, S. 209) die Rolle der »diskursiven Maßnahmenplanung«, die in einem Team für die Bildungsgangentwicklung bzw. die Programmentwicklung auf der Meso-Ebene stattfindet. Danach werden geeignete Lernsituationen im Diskurs einer Gruppe von Lehrkräften gemeinsam entwickelt. Sloane (2010, S. 209) betont dabei den wertvollen Prozess des Diskurses. Im Vordergrund stünde folglich weniger, eine idealtypische Umsetzung eines Lernfeldes in eine Sequenz von Lernsituationen zu erzielen, sondern vielmehr der Austausch sowie ein Bündel an Maßnahmen zur Entwicklung des Curriculums.

Gestaltungsprinzipien von Lernsituationen

Prinzipien zur Gestaltung von Lernsituationen

Die Modellierung von Lernsituationen als Rekonstruktionen von (lebensweltlichen und beruflichen) Handlungsprozessen folgt somit den didaktischen Prinzipien, Fachwissen in eine Anwendung zu bringen (Wissenschafts- und Situationsprinzip) sowie subjektorientierte Überlegungen anzustellen (Persönlichkeitsprinzip), insbesondere im Hinblick auch auf den Kompetenzerwerb für selbstreguliertes Lernen (s. nachfolgende Abbildung nach Sloane, 2010, S. 208). Als kognitive Lehrstrategien sind in der Entwicklung von Lernsituationen zwei Varianten denkbar:
  e) *Induktive Lernprozesse*, die zur Erschließung des Fachwissens beitragen (Generalisierung, Verallgemeinerung);
  f) *Deduktive Lernprozesse*, in denen Fachwissen als Orientierungswissen im Unterricht angeboten wird, um darauf aufbauend eine Erprobung dieses Wissens in Lernsituationen (Anwendung/Applikation) zu initiieren.

Nach Sloane (2010c, S. 208) sind hierbei Vorschläge häufig aus einer allgemeinen lerntheoretischen Position heraus formuliert. Es sollte jedoch vielmehr vor dem Hintergrund des didaktischen Implikationszusammenhangs abwägend argumentiert werden.

Gestaltung von Bildungsprogrammen auf der Grundlage eines Prozessmodells 4.5

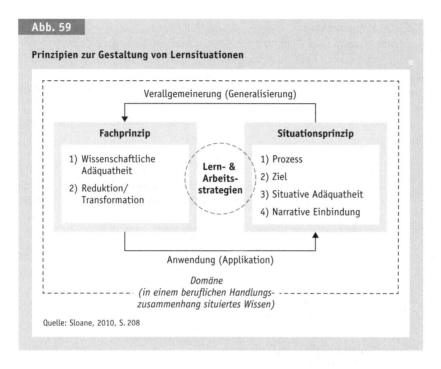

Abb. 59

Prinzipien zur Gestaltung von Lernsituationen

Quelle: Sloane, 2010, S. 208

Zusammenfassung zum Design von Lernsituationen: Als Fazit gilt, dass Lernsituationen Gestaltungsansprüche der drei Relevanzkriterien berücksichtigen sollten:
1. *Wissenschaftlichkeitsprinzip*: Lernsituationen müssen fachliche Strukturen richtig abbilden. Dies bedeutet:
   – wissenschaftliche Adäquatheit.
   – Berücksichtigung von Regeln der didaktischen Reduktion und Transformation.
2. Aus dem *Situationsprinzip* lassen sich folgende Gestaltungsansprüche konkretisieren:
   – Situative Adäquatheit, d. h., dass die Rekonstruktion der Tätigkeit die beruflichen Abläufe und Strukturen bzw. die Situationen aus der Lebenswelt des Lernenden richtig erfassen muss.
   – Die Lernsituation muss in den Erlebens- und Sprachkontext der Lernenden eingepasst sein (narrative Einbindung).
3. *Persönlichkeitsprinzip*:
   Schließlich setzt die Situierung von Wissen in solchen Tätigkeiten auf der einen und die Erschließung von Wissen aus diesen Tätigkeiten auf der anderen Seite voraus, dass Lernende in einem gewissen Umfang in der Lage sind, selbstreguliert zu lernen, was wiederum auf die Fähigkeit verweist, Lern- und Arbeitsstrategien zielführend einzusetzen. »Dies macht es erforderlich, in Lernsituationen immer auch den Gesichtspunkt der Anwendung und Vermittlung solcher Selbstlernfähigkeiten und -techniken zu berücksichtigen« (Sloane, 2010c, S. 208).

4.5.3.3 Sequenzierung

Designphase: Spezialisierung der Sequenzierung

In diesem Teilschritt der Designphase geht es darum, die grundsätzlichen Überlegungen zu Aufbau und Ablauf eines Curriculums zu konkretisieren, die Sequenzierung genauer zu spezifizieren. Geht man von Lernsituationen als basale Einheiten aus, so lassen sich verschiedene Formen der Sequenzierung unterscheiden. Basierend auf seinem Modell der Lernsituationen unterscheidet Sloane (2007, S. 490f.) dabei in einem Handlungsrahmen fünf Hauptformen: Sequenzierungsprinzipien nach Handlungsraum, -prozess, -ergebnis, Lerninhalten sowie Lern- und Arbeitsstrategien:

Tab. 54

Hauptformen der Sequenzierung

Sequenzierungsform	Beschreibung
Handlungsraum (HR)	Zwei Lernsituationen werden über eine Weiterführung des Handlungsraums verbunden. Dies kann beispielsweise über eine Fallbearbeitung erfolgen, bei der ein idealtypisches Unternehmen eingeführt wird. ▸ z.B. Erweiterung des Handlungsraums
Handlungsprozess (HP)	Zwei Lernsituationen werden über den Handlungsprozess verbunden, z.B. kann eine Problemstellung einer Lernsituation in einer späteren Lernsituation aufgegriffen werden, Planungsüberlegungen aus einer Lernsituation werden in einer späteren weitergeführt usw. ▸ z.B. Weiterführung, Ausdifferenzierung des Handlungsprozesses, ▸ z.B. Verbesserung der Planungsarbeiten
Handlungsergebnis (HE)	Zwei Lernsituationen können dadurch miteinander verbunden werden, dass die in einer Lernsituation erarbeiteten Materialien genutzt werden oder dass auf frühere Präsentationen zurückgegriffen wird. ▸ z.B. Aufgreifen früherer Ergebnisse ▸ z.B. Analyse »alter« Dokumente
Lerninhalte (I)	Zwei Lernsituationen können dadurch miteinander verbunden werden, dass bestimmte Inhalte aus einer Lernsituation in einer späteren aufgegriffen und/oder vertieft, weiterentwickelt usw. werden. ▸ z.B. Vertiefung fachlicher Modelle und Konzepte ▸ z.B. Elaboration fachlicher Zusammenhänge
Lern- und Arbeitsstrategien (LAS)	Zwei Lernsituationen können dadurch miteinander verbunden werden, dass bestimmte in einer Lernsituation entwickelte Lern- und Arbeitsstrategien weitergeführt oder neu zur Anwendung gebracht werden. ▸ z.B. Transfer von Lern- und Arbeitsstrategien, ▸ z.B. Übung von Lern- und Arbeitsstrategien

Ein wichtiges Ergebnis dieses Schrittes ist es, im Rahmen der Sequenzierungsarbeit eine Phasierung zum systematischen Aufbau des Kompetenzerwerbs vorzunehmen.

Phasierung als Ziel der Sequenzierung

Zentrales Anliegen der **Sequenzierung** ist der Aufbau von Kompetenz über eine andauernde Zeitspanne. Diese Überlegungen führen zur Frage der geeigneten **Phasierung**. Mit Phasierung wird der Wechsel zwischen kasuistischen (anwendungsbezogenen) und systematischen (fachlich-strukturierten) Lernphasen bezeichnet (Sloane, 2007, S. 491).

Die Auseinandersetzung mit dem Lerngegenstand bzw. mit der Lernsituation zielt darauf, dass beim Lernenden induktive Prozesse ausgelöst werden. »Lehrpersonen sind aufgefordert, diese Prozesse zu unterstützen, denn es kann nicht davon ausgegangen werden, dass Generalisierungen (beim induktiven Vorgehen) oder Anwendungen (beim deduktiven Vorgehen) gleichsam automatisch erfolgen, nur weil Lernsituationen als Lerngegenstände angeboten werden« (Sloane, 2007, S. 491).

Bei eher deduktiv angelegten Sequenzen können Erkundungsaufträge entwickelt werden, die nach einer Wissensvermittlung durchgeführt werden sollen. Darauf aufbauend ist dann die Überlegung anzustellen, wie die Fallbearbeitung auf die systematischen Überlegungen zurückgeführt werden kann.

Die übergreifende Frage, die sich somit in der Sequenzierung bzw. genauer in der Phasierung im Rahmen der Sequenzierungsarbeit stellt, ist, wie die unterschiedlichen Phasen des Lernens miteinander verbunden werden sollen. Für die Bildungsgangarbeit bzw. für die Programmentwicklung ist daher diese Phasierung zu konzipieren:

Phasierung: Varianten

- *Prozess-Modell/ Lernfeld-Curriculum*: Neben kasuistischen Lernphasen sind explizit induktive Phasen zur Erarbeitung systematischen Wissens vorgesehen, etwa in Form von Unterrichtsgesprächen, Arbeit mit halbstrukturierten Portfolios, schriftlichen Arbeitsaufträgen. So wird die Reflexion über den (kasuistischen) Lerngegenstand angestoßen und kann mittels Mäeutik (Unterrichtsgespräch) oder Textarbeit (Portfolio, Aufgabenerarbeitung) organisiert werden (Sloane, Dilger & Krakau, 2008b, S. 311).
- *Produkt-Modell/ Lerngebiet-Curriculum*: Auch bei einem deduktiven Vorgehen können Unterrichtsgespräche und Portfolioarbeit zum Einsatz gelangen. Allerdings mit einer anderen Absicht: Dieses Vorgehen zielt zunächst auf die Anwendung des vermittelten Wissens ab und erst anschließend (nach der Anwendung) darauf, wiederum Rückbezüge auf die Systematik herzustellen (Sloane, Dilger & Krakau, 2008b, S. 311).

Neben der Konzeption systematischer Phasen, die auf den jeweiligen Lernphasen aufbauen, ist es darüber hinaus sinnvoll zu prüfen, »ob nicht weitere begleitende, fachvermittelnde Phasen notwendig sind, die – je nach konzeptioneller Vorgabe (induktiv/deduktiv) – den kasuistischen Phasen vorausgehen und/oder folgen« (Sloane, Dilger & Krakau, 2008b, S. 311) (siehe Abbildung 60).

4.5.3.4 Blended Learning Designs: Transferorientierte Gestaltung von Bildungsmaßnahmen

Die konzeptionellen Überlegungen münden in der Designphase in einem Phasenmodell für die Gestaltung von Lehr-Lernprozessen, um den methodischen Ablauf zu bestimmen. In diesem Abschnitt wird auf das verbreitete Modell des Blended Learning eingegangen, das insbesondere in der Weiterbildung immer mehr seinen Einsatz findet, mit dem Ziel, den Lerntransfer von Bildungsmaßnahmen zu unterstützen.

Blended Learning hat sich im Grunde genommen aus der Kritik an reinem eLearning als Methode (d. h. technologiegestütztem Lernen) entwickelt. Blended Learning auf der Meso-Ebene bedeutet daher, sich im Rahmen des Phasenablaufes auch

Designphase: Blended Learning als geeigneter »Methoden-/Medien-Mix«

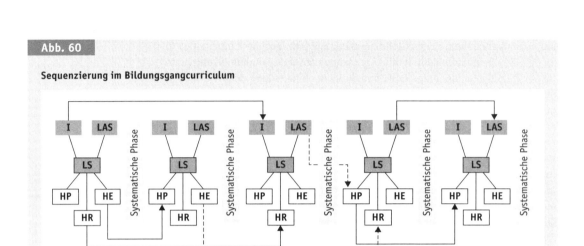

Abb. 60

Sequenzierung im Bildungsgangcurriculum

I = Inhalte
LAS = Lern- und Arbeitsstrategien
LS = Lernsituation
HP = Handlungsprozess
HR = Handlungsrahmen, -raum
HE = Handlungsergebnis

Quelle: Sloane, Dilger & Krakau, 2008b, S. 311

bereits Überlegungen zur methodischen Umsetzung zu machen. Blended Learning wird unterschiedlich verstanden, die meisten Definitionen stimmen jedoch in den nachfolgenden Aspekten überein.

Blended Learning bedeutet »gemischtes Lernen«, wobei sich die »Mischung« auf unterschiedliche Aspekte bezieht:
- Kombination von verschiedenen Lehr-Lern-Modalitäten bzw. -Medien;
- Kombination von verschiedenen Lehr-Lern-Methoden;
- Kombination von Präsenzphasen und eLearning-Phasen bzw. Phasen des Online Lernens.

Da Blended Learning sich zunächst als Erweiterung von eLearning entwickelte, steht originär die optimale Verzahnung von eLearning und »traditionellen« Präsenzphasen im Vordergrund. Blended Learning ist jedoch nicht nur auf die Integration virtueller Lerneinheiten bezogen, sondern generell auf die Erweiterung des Lernprozesses um eine hohe Methodenvielfalt und Elemente der Lernbegleitung. Die besondere Qualität von Blended Learning liegt in der methodisch-didaktisch sinnvollen Verknüpfung verschiedener Lernelemente und Lernsituationen im Rahmen der Bildungsmaßnahme, die nach den Anforderungen der zu vermittelnden Inhalte und den aufzubauenden Kompetenzen eingesetzt werden. Der Fokus eines Blended-Learning-Trainings liegt somit auf einem Phasenmodells, das den Lernenden ermöglichen soll, sich über einen längeren Zeitraum mit einer Thematik in unterschiedlichen Situationen – besonders auch »on the job« – auseinanderzusetzen. Garrison und Vaughan (2008) definieren Blended Learning treffend als »the thoughtful fusion of face-to-face and online learning experiences… such that the strengths of each are blended into a unique learning experience…. Blended learning is a fundamental redesign that transforms the structure of, and approach to, teaching and learning« (S. 5).

Garrison und Kanuka (2004) weisen darauf hin, dass die Frage, wieviel Anteil Online- oder Präsenzlernen nun in einem Blended-Learning-Design vorhanden sein muss, eigentlich nachgeordnet ist. Vielmehr kommt es auf die effektive Kombination der bestehenden Ansätze an, um deren Potenziale nach Garrison und Kanuka (2004) bestmöglich auszuschöpfen: »The real test of blended learning is the effective integration of the two main components (face-to-face and Internet technology) such that we are not just adding on to the existing dominant approach or method…. Blended Learning does not represent more of the same…. It is not enough to deliver old content in a new medium« (S. 99). Nach Ansicht der Autoren handelt es sich bei Blended-Learning-Designs folglich nicht um eine reine Medien- und Methodenfrage (zu »alten Inhalten in neuen Medien« oder zu »mehr von dem, was wir schon haben«), sondern Blended Learning bedeutet, bewusst von den Reinformen abzuweichen und hybride Lernerfahrungen zu ermöglichen, die zielführend aufeinander abgestimmt sind. Zudem verbinden die beiden Autoren Blended Learning mit dem Paradigmenwechsel von Lehren zu Lernen: Blended Learning verändert die Rollen und Verantwortlichkeiten der Lehrenden und Lernenden. Trainer werden verstärkt zu Lernbegleitern, Coaches und Moderatoren, während die Verantwortung für das Lernen verstärkt auf die Lernenden selbst übertragen wird. »Blended Learning represents a fundamental reconceptualization and reorganization of the teaching and learning dynamic, starting with various specific contextual needs and contingencies. In this respect, no two blended learning designs are identical. This introduces the great complexity of blended learning« (Garrison & Kanuka, 2004, S. 97).

Ermöglichung von Lernerfahrungen

Exkurs

»Inverted Classroom« oder »Flipped Classroom-Modell«

Das Konzept des »vertauschten Klassenzimmers« ist zwar nicht neu und wurde bereits vor 20 Jahren entwickelt (Lage, Platt & Treglia, 2000, S. 33). Allerdings haben weltweit bekannte Anwendungsfälle wie die Khan Academy, diesen Ansatz in den letzten Jahren populär gemacht. Idee dieses Design-Ansatzes ist es, dass die Phasen des Unterrichts umgekehrt werden: Was die Lernenden in einem »traditionellen Setting« bislang als Hausaufgaben erhalten haben, bearbeiten sie nun in der Präsenz und was vorher in der Präsenz passierte, wie der Lehrperson im Frontalunterricht oder der Vorlesung eines Professors zuhören, findet dann im Selbststudium anhand von online Lehrvideos oder anderen didaktisch aufbereiteten Materialien zu Hause statt. »Inverting the classroom means that events that have traditionally taken place inside the classroom now take place outside the classroom and vice versa. The use of learning technologies, particularly multimedia, provide new opportunities for students to learn, opportunities that are not possible with other media« (Alexander, 1995 zit. in Lage, Platt & Treglia, 2000, S. 33). Dieses Modell erfreut sich insbesondere im Mathematik- oder Chemieunterricht in Schulen sowie seit einigen Jahren auch an Hochschulen einer zunehmenden Beliebtheit. Bei dem Ansatz des Inverted Classrooms handelt es sich somit um eine *Variante von Blended Learning*, um Online- und Präsenzphasen didaktisch sinnvoll aufeinander abzustimmen. Im Vordergrund steht dabei, die Präsenzphasen zu entlasten und die frei gewordene Zeit vielmehr für aktivierende Lehr-Lernformen zur intensiven Interaktion zwischen Lehrenden und Lernenden zu nutzen.

4.5 Meso-Ebene – Bildungsprogramme gestalten
Gestaltung von Bildungsprogrammen auf der Grundlage eines Prozessmodells

Blended Learning: Beispiele in der Praxis

Beispiel Ein Blended-Learning-Design zur Unterstützung des Lerntransfers

▶▶▶ Bei der Gestaltung von Blended-Learning-Designs kann die Förderung eines erweiterten Lernprozesses mit dem Ziel der Erhöhung des nachhaltigen Transfers einer Bildungsmaßnahme im Vordergrund stehen. Dabei werden neben der Präsenzphase (Lernfeld) weitere Phasen im Arbeitsfeld vor- bzw. nachgelagert, wie das nachfolgende Blended-Learning-Phasenmodell aufzeigt. Der Erfolg des Lerntransfers einer Bildungsmaßnahme beginnt eigentlich bereits bei der Phase der Bildungsbedarfsanalyse, in der festgelegt wird, inwieweit die Ziele und didaktischen Prinzipien (fachliche Anforderungen, situative Anforderungen, Beitrag zur Persönlichkeitsentwicklung) berücksichtigt werden können. In diesem Phasenmodell wird somit der gesamte Bildungsprozess abgebildet. Aktivitäten vor, während, unmittelbar nach sowie einige Monate nach der Bildungsmaßnahme werden so geplant, dass der Transfer des Gelernten in die Praxis möglichst vielfältig unterstützt wird.

Abb. 61

Beispiel für ein Blended-Learning-Design zur Transferunterstützung

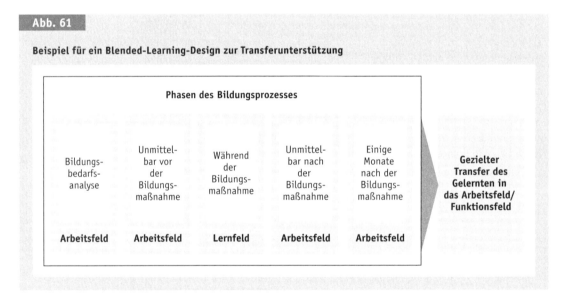

Das nächste Beispiel zeigt ein typisches Blended-Learning-Design, das in Vorbereitungs-, Präsenz-, Transfer- und Abschlussphase unterscheidet. Während sich in der Vorbereitungsphase das Selbststudium auf die deduktive Erarbeitung des fachsystematischen Wissens bezieht, sind Präsenz- und Transferphase auf die Applikation ausgerichtet. ◀◀◀

Gestaltung von Bildungsprogrammen auf der Grundlage eines Prozessmodells 4.5

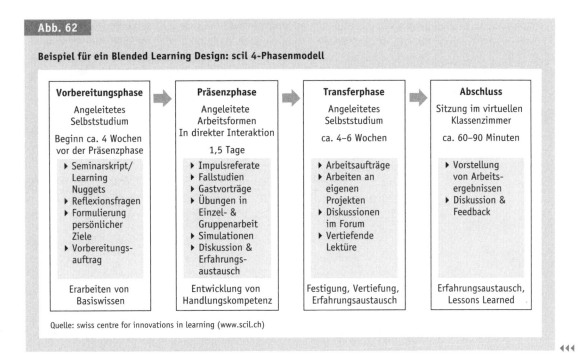

Abb. 62

Beispiel für ein Blended Learning Design: scil 4-Phasenmodell

Quelle: swiss centre for innovations in learning (www.scil.ch)

4.5.3.5 Designs zur Verbindung von Lernen in formellen und informellen Kontexten

In Abschnitt 4.3 wurde auf das Phänomen des informellen Lernens bzw. die Kompetenzentwicklung in informellen Kontexten näher eingegangen. In der Designphase kann darüber hinaus die Frage relevant sein, wie gestaltungsoffenere Lernumgebungen arrangiert werden können. Wie können Bildungsmaßnahmen zur Kompetenzentwicklung für Lernende gestaltet werden, die ein Lernen in informellen Kontexten integrieren? Anknüpfend an das in Abschnitt 4.3 eingeführte Kontinuum-Modell sollen nachfolgend einige Beispiele skizziert werden (Seufert, 2011, S. 301):

Designs im Kontinuum-Modell

Kontinuum-Modell

Beispiel Transferorientierte Bildungsmaßnahmen

▶▶▶ In dieser Organisationslogik ist es das vorgängige Ziel, den Kompetenzerwerb über ein Prozessmodell zu unterstützen anstatt punktuelle Events oder Seminare zu planen. Vor- und Nachbereitungsphasen sind hierbei beispielsweise in der Weiterbildung häufig im Sinne von »Extended Trainings« als eine Ausprägung von Blended Learning anzutreffen. Poell, Geoff, Chivers, Ferd, Van Der Krogt und Wildemeersch (2000, S. 5) bezeichnen mit diesem Begriff die Ausdehnung von Trainings, um den Lerntransfer in die Arbeitspraxis zu unterstützen. Auch die zuvor aufgezeigten Blended-Learning-Designs gehören zu dieser Organisationslogik. Transferunterstützende Maßnahmen können insbesondere subjektorientierte Curriculumansätze zeigen und eine gewisse Offenheit für individuelle Ziele und Entwicklungsschwerpunkte beinhalten. Im Hinblick auf das Design der Lernangebote können sie um technolo-

Beispiele in der Praxis

4.5 Meso-Ebene – Bildungsprogramme gestalten
Gestaltung von Bildungsprogrammen auf der Grundlage eines Prozessmodells

giegestützte Lernformen angereichert werden, wie z. B. durch Podcasts zur Vorbereitung von Seminaren, Wiki Beiträgen begleitend oder im Anschluss an eine Bildungsmaßnahme. Die Rolle der Führungskräfte ist es dabei, den Transferprozess einer Bildungsmaßnahme zu unterstützen (z. B. durch Vor- und Nachbereitungsgespräche).◄◄◄

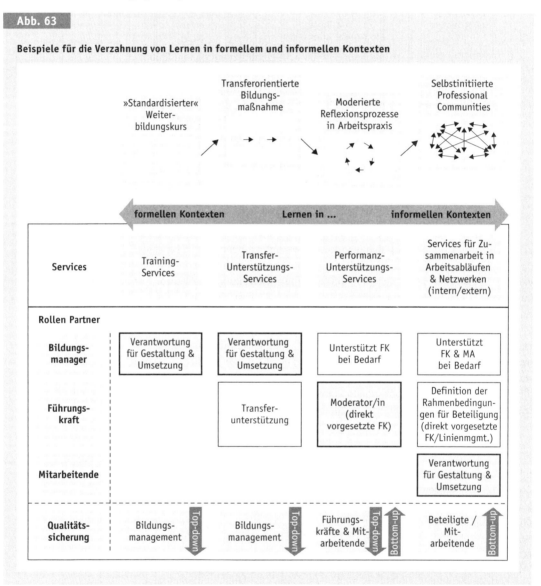

Abb. 63

Beispiele für die Verzahnung von Lernen in formellem und informellen Kontexten

4.5 Gestaltung von Bildungsprogrammen auf der Grundlage eines Prozessmodells

Beispiel **Reflexionsprozesse über die berufliche Praxis moderieren**

▶▶▶ In dieser Organisationslogik wird die Frage gestellt, inwieweit Lernoptionen gefördert werden können, um Reflexionsprozesse direkt am Arbeitsplatz anzuregen und zu unterstützen. Lernen findet folglich in einem informellen Rahmen direkt am Arbeitsplatz statt und wird daher häufig auch als »Workplace Learning« bezeichnet. Ausgangspunkt für das Bildungsmanagement ist demnach zunächst nicht die formal organisierte Bildungsmaßnahme, sondern mögliche Lernoptionen im Arbeitskontext, um Reflexionsprozesse über Lernerfahrungen in realen Arbeitssituationen anzuleiten. Erfahrungsbasierte Lernprozesse im Arbeitskontext werden im Rahmen von didaktisch organisierten Lernsituationen, wie z. B. Action Learning Projekte, Peer Mentoring, angestoßen und moderiert. »Reverse Mentoring« erfreut sich derzeit in Unternehmen zunehmender Beliebtheit. Auszubildende, die mit den digitalen Medien vertraut und reflektiert umgehen, agieren dabei als Mentoren für Senior Manager und erklären ihnen, wie sie sich in der neuen digitalen Welt zurechtfinden. Inwieweit dies nicht nur eine kurzfristige Modeerscheinung darstellt, sondern sich als ein Element einer sich verändernden Lern- und Führungskultur etablieren wird, bleibt abzuwarten. ◀◀◀

Workplace Learning, Reverse Monitoring

Beispiel **Selbstinitiiertes Lernen in Praxisgemeinschaften**

▶▶▶ Eine weitere Organisationslogik für das Design von Bildungsmaßnahmen bezieht sich darauf, das Lernen in sozialen Communities zu unterstützen, um insbesondere Innovationen am Arbeitsplatz zu initiieren. Im Unterschied zum vorherigen Ansatz wird hierbei die Reflexion nicht durch didaktische Lernsettings angeleitet, sondern die Mitarbeitenden reflektieren in hoher Eigeninitiative selbst über Innovationspotenziale in ihrem Arbeitsbereich. Das heißt, sie entwickeln eigene Innovationsstrategien, um zu erkunden, inwieweit neuere Entwicklungen in ihrem Arbeitskontext relevant sind und inwiefern diese erfolgreich eingesetzt werden können. Häufig erhalten Mitarbeitende neue Impulse und Trends aus der Profession, der sie sich zugehörig fühlen. Die Orientierung an Entwicklungen in einer Profession ist daher für die Mitarbeitenden sehr wichtig, um potenzielle Innovationen für die eigene Arbeitspraxis zu reflektieren. Die Rolle des Bildungsmanagements besteht dann vor allem darin, lernförderliche Rahmenbedingungen zu schaffen, um sich – insbesondere auch extern – in professionellen Gemeinschaften auszutauschen. Ein Aspekt dabei ist sicherlich, Zugänge für informelles Lernen über vielfältige Formen, wie z. B. Blogs für »Trendwatching«, soziale Netzwerke etc., zu ermöglichen. Die Unterstützung der selbstorganisierten Reflektion steht im Einklang mit der Ebene des Deutero Learnings, da das »Lernen lernen« einen zentralen Stellenwert einnimmt, um schließlich die Lernfähigkeit einer Organisation insgesamt zu erhöhen. Letztendlich beinhaltet dieser Ansatz eine Renaissance des Community-Konzepts. Die Idee der praxisbezogenen Gemeinschaft von Personen (Community of Practice nach Wenger, 1998), die informell miteinander verbunden sind, ähnlichen Aufgaben gegenüberstehen und durch einen selbstorganisierten Austausch die Praxis in dieser Gemeinschaft prägen, ist grundsätzlich nicht neu. Neu scheint mit dem Aufkommen von Social Media jedoch zu sein, dass der Fokus weniger auf der Gemeinschaft, sondern vielmehr auf dem Individuum und dessen Beitrag für eine Gemeinschaft liegt (eher »me-centric« statt »we-centric«).

Lernen in der Community

4.5 Meso-Ebene – Bildungsprogramme gestalten
Gestaltung von Bildungsprogrammen auf der Grundlage eines Prozessmodells

Organisationslogiken im Vergleich

Die nachfolgende Tabelle zeigt die drei unterschiedlichen Organisationslogiken für das Design von Bildungsmaßnahmen, um insbesondere Lernprozesse in informellen Kontexten zu integrieren (Seufert, 2011, S. 303; in Anlehnung an Poell et al., 2000, S. 25):

Tab. 55

Organisationslogiken für das Design von Bildungsmaßnahmen in der betrieblichen Bildung

Art	Ziele	Individuelles Lernen	Organisationales Lernen
»Extended Training« Informelles Lernen in Vor-/ Nachbereitung integrieren	Organisation eines Lernprozesses (statt punktuelle Events); z. B. Vorbereitungs-, Präsenz- und Nachbereitungsphase	▸ Mithilfe informeller Lernangebote den individuellen Transfererfolg erhöhen ▸ Angepasste Arbeitsprozesse bewirken	Schwerpunkt »Single Loop Learning«: ▸ Effektive Adaption der Organisation an vorgegebene Ziele und Normen ▸ Anpassungslernen
Moderiertes Workplace Learning Reflexion am Arbeitsplatz unterstützen	Angeleitete Reflexion am Arbeitsplatz im informellen Rahmen eines konzipierten Lernangebotes	▸ Unterstützung von Lernprozessen am Arbeitsplatz ▸ Problemlösung in Teams und Auslösen von (moderierten) Reflexionsprozessen	Schwerpunkt »Double Loop Learning«: ▸ Hinterfragung und ggf. Restrukturierung der existierenden Handlungstheorie ▸ Veränderungslernen
(innovationsorientiertes) Lernen in sozialen Gemeinschaften	Selbstorganisierte Reflexion über Innovationen innerhalb einer Profession; z. B. neue Arbeitsmethoden oder Prozesse	▸ Eigeninitiierte Reflexionsprozesse ▸ Steigerung der individuellen Lernfähigkeit, unterstützt durch organisatorische/kulturelle Rahmenbedingungen	Schwerpunkt »Deutero Learning«: ▸ Einsichten über die in der Organisation ablaufenden Lernprozesse selbst ▸ Prozesslernen und Steigerung der Lernfähigkeit des Unternehmens

4.5.4 Umsetzung

4.5.4.1 Maßnahmen entwickeln

Entwicklung: Lernsituationen über konkrete Maßnahmen umsetzen

Im Anschluss an die Designphase findet die konkrete Umsetzung des Designs der Bildungsmaßnahme statt. Dies bedeutet, dass Lernsituationen über konkrete Unterrichtsmaßnahmen bzw. Maßnahmen des Bildungsprogrammes didaktisch umgesetzt werden (Sloane, 2007, S. 492). In dieser Phase ist zudem zu klären, welche »Interventionen des Lehrers die Schüler bei der Auseinandersetzung mit dem Lerngegenstand, d. h. der Lernsituation – und bei der Erlangung beruflicher Handlungskompetenz bestmöglich unterstützen« (Sloane, 2007, S. 492). Bei der Maßnahmenentwicklung wird damit – im Gegensatz zur Entwicklung von Lernsituationen – auch die Perspektive der Lehrperson stärker eingenommen und geplant. Ergänzend sind Interventionsstrategien, z. B. zur Förderung der induktiven Lernphasen oder flankierende Maßnahmen wie Sprachkurse, Förderunterricht etc. mit dem Bildungsprogramm zu planen und auch aufeinander abzustimmen.

Gestaltung von Bildungsprogrammen auf der Grundlage eines Prozessmodells 4.5

In der betrieblichen Weiterbildung sind damit auch die Lernbegleitung sowie die Ausgestaltung der lernförderlichen Rolle der Führungskräfte angesprochen. Zentral bei dieser Phase ist es, dass der Fokus nicht auf die einzelne Unterrichtsstunde zurückverlagert wird, sondern die systematische Planung und Abstimmung auf der curricularen Meso-Ebene weiterhin bestehen bleibt, im Sinne der zuvor eingeführten »diskursiven Maßnahmenplanung«. In den nachfolgenden Abschnitten wird darüber hinaus im Rahmen der Umsetzung noch auf die Beschaffung bzw. Produktion von Lernressourcen eingegangen.

4.5.4.2 Lernressourcen beschaffen bzw. produzieren

In diesem Teilschritt der Umsetzungsphase ist zu klären, wie die Lernressourcen entwickelt werden sollen. Lernressourcen beinhalten die fachlichen Inhalte, die entweder nach didaktischen Kriterien aufbereitet sein können oder sich auch auf kontextbezogene Arbeitsinhalte beziehen können. Die klassische Make-or-Buy-Frage ist in diesem Teilschritt zu adressieren: Inwieweit sollen die Lernressourcen, ggf. auch medialen Einheiten, selbst entwickelt oder beschafft werden? Die Medienproduktion kann sich auf ein breites Spektrum an Lernressourcen beziehen, aufwändig erstellte Software wie Simulationen oder serious games, web based trainings (WBTs) bis hin zu relativ kostengünstig entwickelten Audio- oder Videosequenzen. Auf die Medienproduktion und damit zusammenhängende Fragestellungen kann in diesem Lehrbuch Bildungsmanagement nicht näher eingegangen werden; dies würde sicherlich den Rahmen sprengen. Dennoch sollen hier kurz zwei neuere Entwicklungen in diesem Kontext angesprochen werden, die künftig an Bedeutung gewinnen: die Open Educational Resources sowie der User-generated Content.

Entwicklung: Lernressourcen bereitstellen

> **Open Educational Resources (OER)** sind Lehr-, Lern- sowie ggf. auch Forschungsressourcen, die sich im öffentlichen Bereich befinden oder unter der intellectual property license veröffentlicht wurden, die den freien Gebrauch oder die Verwendungen zu einem anderen Zweck durch andere erlaubt. Open Educational Resources können ganze Kurse, Kursmaterialien, Module, Textbücher, Videos, Tests, Software oder andere Tools, Materialien und Techniken umfassen, die den Zugang zu Wissen unterstützen (Atkins, Brown & Hammond, 2007, S. 4).

Neuere Entwicklungen: Open Educational Resources (OER)

Das »open« in dieser Bezeichnung bezieht sich somit in erster Linie auf die »Copyright«-Regelungen. Diesbezüglich kann nach dem 4R Framework (Wiley, o.D.) in vier Bereiche unterschieden werden, die dem Benutzer von OER zunehmende Rechte erlauben:

1. »*Reuse*«: Das Recht, Inhalte in unveränderter Form wieder zu verwenden, z. B. eine Kopie des Inhaltes machen);
2. »*Revise*«: Das Recht, die Inhalte zu veränden, zu modifizieren und an eigene Kontexte anzupassen, z. B. die Inhalte in eine andere Sprache übersetzen;
3. »*Remix*«: Das Recht, Original- oder überarbeiteter Content mit anderen Inhalten zu kombinieren und daraus neue Inhalte zu generieren; z. B. Inhalte in einer Web-Applikation, mashup, integrieren;

4.5 Meso-Ebene – Bildungsprogramme gestalten
Gestaltung von Bildungsprogrammen auf der Grundlage eines Prozessmodells

4. »*Redistribute*: Das Recht, Kopien des Original-Contents zu teilen sowie auch von Revisionen oder Kombinationen mit anderen Inhalten, z. B. einem Freund oder Kollegen eine Kopie der Inhalte geben.

Im Schulbereich gibt es erste Entwicklungen im OER-Bereich, welche die Lehrbuchverlage derzeit unter Druck setzen, neue Geschäftsmodelle zu überdenken. Schnelle Verbreitung finden OER-Materialien, die modular und einfach in den Unterricht zu integrieren sind. Im Hochschulbereich sind bereits sehr viele Vorlesungen von renommierten Universitäten frei verfügbar. Beispiele hierfür sind iTunes oder die neu gegründeten Plattformen für kostenlose, universitäre online Kursangebote, wie Coursera, Udacity und edX. Im Bildungsbereich gestaltet sich die Situation derzeit sehr vielfältig. Die Bedeutung von OER wird künftig steigen. Bildungsanbieter setzt dies unter Druck, einen Mehrwert zu schaffen gegenüber reinen »Wissensvermittlungen«, wie z. B. Veranstaltungen im Vorlesungsstil, welche sich kaum von einer via Internet übertragenen Veranstaltung unterscheidet.

> User-generated content (UGC) bzw. **nutzergenerierte Inhalte**« bezeichnen einen »allgemeinen Sammelbegriff für alle von einem Internetnutzer erzeugten medialen Web-Inhalte« (Bauer, 2011, S. 7).

User Generated Content (UGC): Bedeutung und Ausprägungsformen

Die existierenden Formen von UGC lassen sich entsprechend den im Internet verfügbaren Medieninhalten in die vier Kategorien Text-, Bild-, Audio- und Video-Beiträge einordnen. Obwohl es nutzergenerierte Inhalte im Internet schon lange vor dem World Wide Web gegeben hat, z. B. in Form von Leserbriefen, ist der Begriff »User-generated content« erst im Zusammenhang mit dem Begriff Web 2.0 und der Philosophie des Internetnutzers als aktiver und kreativer Produzent entstanden. Einige Websites basierend auf dem Web 2.0 Gedanken, wie z. B. YouTube, Flickr, etc., die in den letzten Jahren rasant gewachsen sind. Der Inhalt soll laut OECD folgenden Kriterien genügen: 1) publizierte Inhalte, 2) kreative Eigenleistung und 3) Kreation außerhalb von professionellen Routinen (Wunsch-Vincent & Vickery, 2007).

Während sich diese OECD-Kriterien auf dezidierte Kursmaterialien bzw. -inhalte beziehen können, können UGC sich auch auf Inhalte beziehen, die aus einem Arbeitskontext entstehen und zu Bildungszwecken eingesetzt werden. So setzt beispielsweise die British Telekom (BT) mit ihrer Intranet-Plattform »Dare2Share« auf diese Form des Wissensaustausches. Mit einfach erstellten Videosequenzen zeigen Mitarbeitende ihre Expertise im Sinne von Tipps und Tricks auf, die von anderen Mitarbeitenden auf der Plattform kommentiert werden können.

Statt »Content is King« – »Curation is King«

In diesem Zusammenhang gewinnt auch das Zusammenstellen von vorhandenen, internetbasierten Inhalten an Bedeutung, was unter der Bezeichnung »Kuratieren« subsumiert wird (statt »Content is King« heißt es nun »Curation is King«). Im Vordergrund steht dabei, dass nicht nur die Qualität der Inhalte entscheidend ist, sondern es geht vielmehr darum, diese zu sortieren, zu filtern und in einen stimmigen Kontext zu bringen. Im Zuge der Informationsfülle auf dem Netz etabliert sich das Kuratieren zunehmend im journalistischen Bereich und bietet auch für das Aufbereiten von verfügbaren Internetquellen zu Lernressourcen interessante Potenziale.

Zusammenfassend kann betont werden, dass der didaktische Einsatz von Lernressourcen letztendlich entscheidend ist für die konkrete Entwicklung. Abhängig von den konzeptionellen Überlegungen zur Balance zwischen fachlich-systematisierenden Inhalten sowie der Anwendung des Wissens, übernehmen die Lernressourcen andere Aufgaben. So kann der Fokus entweder auf:

Aufgaben von Lernressourcen

- der Aneignung von etabliertem Expertenwissen, abstraktem Theoriewissen und Praktiken, wie z. B. aufbereitete Skripte, multimediale eBooks, Kuratieren relevanter Internetressourcen etc. oder
- dem Aufdecken von Erfahrungswissen, praktischen Tipps, Generierung von neuem Wissen, wie z. B. BBC Podcast Serien, Intranet-Plattform »Dare2Share« von BT, liegen.

Sobald die Lernsituationen in konkrete Maßnahmen umgesetzt und die entsprechenden Lernressourcen entwickelt wurden, kann die Durchführung der Bildungsmaßnahme stattfinden.

4.5.5 Durchführung

In der Phase der Durchführung sind vor allem Aktivitäten zu berücksichtigen, welche die organisatorische Umsetzung der Bildungsmaßnahme anbelangen, wie Zeiten festlegen, Räume buchen oder die Koordination mit den Lehrpersonen übernehmen. Hinsichtlich der Organisation der Lernumgebung und der Lernzeit sind nach Hess (2002, S. 44) bei der Durchführung insbesondere folgende Aspekte zu berücksichtigen:

Durchführung: Lernprozesse unterstützen

- Aufbau einer *Lern- und Kommunikationskultur*, um soziale Austauschmöglichkeiten zwischen den Lernenden zu unterstützen sowie
- eine *individuelle Lernbegleitung*, die den aktiven Lernprozess der Lernenden unterstützt. Die Lernbegleitung bezieht sich auf die gesamten Lernprozesse, auch auf dezentrierte Lernformen wie z. B. Transferunterstützung, Projekte, Lernjournale etc., die entsprechend dem jeweiligen Learning Design der Maßnahme, beispielsweise in Form von Blended Learning, organisiert und durchgeführt werden.

> **Lernbegleitung** bezeichnet die Unterstützung des Lernenden während seines Lernprozesses und hat daher ebenfalls Prozesscharakter. Während eines formal organisierten Lernsettings erfolgt die Lernbegleitung von Lehrpersonen sowie auch durch die Lernenden untereinander, beispielsweise in Lerntandems oder -gruppen. Im betrieblichen Kontext kann die Lernbegleitung von den Vorgesetzten oder Kollegen am Arbeitsplatz in indirekter Form unterstützt werden (Lernen in informellen Kontexten).

In Bezug auf die Gestaltung der Lernbegleitung betont Hess (2002), dass es in »dezentrierten Lernsettings notwendig ist, dass organisatorische Belange und Aufgabenkontrollen nicht an die Lehrpersonen gebunden sind. Ein Angebot von Selbstkontroll-Möglichkeiten, bei denen die Schüler ihre Lösungen selber oder im Austausch mit anderen Schülern überprüfen, ist unabdingbar. Auch die Bildung von Lernpatenschaften oder Gruppenarbeiten sind wichtige Elemente einer tragfähigen Lernkultur. Sie dient der Erweiterung des selbstständigen und sozialen Lernens und führt zu zielorientierter Lern- und Denkfähigkeit. Die Kompetenzerweiterung zur Selbststeuerung und die Übernahme von Verantwortung bedürfen der sorgfältigen Einführung in die Lernkultur und der Öffnung von Spielräumen« (S. 46).

Auch im Bereich der beruflichen Bildung sind Überlegungen anzustellen, inwieweit die individuelle Lernbegleitung erfolgen soll und welche Formen des kollaborativen Lernens, z. B. Lernpartnerschaften, Peer Tutoring, Erfahrungsgruppen etc., eingebunden werden sollen. Im Rahmen von sogenannten MOOC (massive open online courses), die auch an einigen renommierten Universitäten, wie MIT oder Harvard durchgeführt werden, sind meist Peer Feedbacks ein elementer Bestandteil der Kurskonzeption. Als Erfolgsfaktor scheint hierfür die spezifische Vorbereitung für das Peer Feedback und das Zurverfügungstellen von Orientierungshilfen zentral, welche die Beurteilungskriterien genau erfassen.

In der betrieblichen Weiterbildung gewinnen erfahrungsbasierte Lernansätze, coaching-orientierte Grundprinzipien um Lernen zu organisieren und zu begleiten, zunehmend an Bedeutung (vgl. Ausführungen zur Ermöglichungsdidaktik in Kapitel 3, S. 126). Lernbegleitung kann sich auf Lehrende beziehen, aber auch auf die Unterstützung von Kollegen durch Vorgesetzte direkt am Arbeitsplatz. Folglich steht hier die übergreifende Frage der Entwicklung einer Lernkultur, die ein derartiges Voneinander-Lernen auch tatsächlich fördert, im Vordergrund.

Hess (2002) zeigt jedoch auch die kritischen Positionen gegenüber diesem didaktischen Trend auf und deutet diese »als bewusste Wahrnehmung und Reflexion der paradigmatischen Übergangszeit, die in Richtung einer konstruktivistischen Didaktik weist« (S. 51). Daher schlussfolgert er auch in diesem Zusammenhang, dass es auf die richtige Balance und eine »Sowohl-als-auch-Strategie« (S. 51) ankommt. Der Prozesscharakter der Lernbegleitung zeigt sich darin, dass ein breites Spektrum instruktionaler Komponenten bis hin zu coaching-orientierten Ansätzen, situativ eingesetzt werden sollte. Zentral ist dabei wiederum, für den Kompetenzerwerb eine mittel- bis langfristige Perspektive auf der Meso-Ebene einzunehmen, um nicht situativ im »Entweder-oder« zu verharren (S. 51). Auf die konkreten Aktivitäten und Aufgaben der Lernbegleitung durch unterschiedliche Akteure wird in Kapitel 5 Mikro-Ebene noch genauer eingegangen.

4.5.6 Evaluation

In dieser letzten Phase des Prozessmodells für ein Bildungsprogramm steht die Evaluation in zweierlei Hinsicht im Vordergrund: erstens um den Lernfortschritt und die individuelle Kompetenzentwicklung der Lernenden und zweitens um den Erfolg der durchgeführten Maßnahme festzustellen. Auf den letzten Aspekt wird ausführlich in Kapitel 6 Qualitätsmanagement eingegangen. Mit Evaluation wird somit die Durchführung des Qualitätsmanagements bezeichnet.

4.5 Gestaltung von Bildungsprogrammen auf der Grundlage eines Prozessmodells

> Evaluation kann als Durchführung von **Qualitätsmanagement**, insbesondere die Erhebung, Auswertung und Interpretation von Evaluationsdaten verstanden werden (Dubs, 2003a, S. 7).

Unabhängig davon, ob die individuellen Kompetenzen (s. nächster Abschnitt) oder die eigentliche Bildungsmaßnahme (s. übernächster Abschnitt) evaluiert werden soll, können jeweils formative und summative Methoden unterschieden werden.

Evaluation des individuellen Kompetenzerwerbs

Lehrpersonen müssen die Kompetenzentwicklung ihrer Lernenden überprüfen. Denn letztendlich lässt sich der Erfolg aller Bildungsprozesse nur über die tatsächliche Kompetenzentwicklung der Lernenden ermitteln, womit zugleich Aussagen über die Wirkung und Qualität der entwickelten Lernsituationen und Maßnahmen getroffen werden können. Hierbei ist die »Installation diagnostischer Arbeitsschritte« (Sloane, Dilger & Krakau, 2008c, S. 361) erforderlich. Die Voraussetzungen hierfür sind diagnostische Kompetenzen, über die Lehrkräfte verfügen müssen. Hier zeigen sich Anknüpfungspunkte zur Diskussion um Bildungsstandards wie sie Sloane Dilger und Krakau (2008c, S. 361) ausführen. Unter diagnostischen Kompetenzen ist auch die Entwicklung von Diagnoseinstrumenten zu verstehen, die bereits Bestandteile des Curriculums sein können. Beim Einsatz von Diagnoseinstrumenten ist je nach Verwendung zwischen zwei Arten von Instrumenten zu unterscheiden:

Diagnoseinstrumente zur Selbst- und Fremdeinschätzung

- *Selbsteinschätzung*: Instrumente, welche die Selbsteinschätzung der Lernenden aufzeichnen (z. B. Lernreflektoren, Portfolios);
- *Fremdeinschätzung*: Instrumente, die von den Lehrpersonen eingesetzt werden, z. B. Lernaufgaben, Lernaufträge, Lehrer-Logbuch, um aus der Fremdperspektive die Fähigkeiten und die Bereitschaft der Lernenden beispielsweise auch zum selbstregulierten Lernen beobachten und beschreiben zu können (Sloane, Dilger & Krakau, 2008c, S. 361).

Beide Varianten können jeweils formativ oder summativ eingesetzt werden, wie die nachfolgende Gegenüberstellung verdeutlicht (siehe Tabelle 56).

Evaluation der durchgeführten Bildungsmaßnahme

Die Evaluation als Bestandteil eines didaktischen Geschäftsprozesses im Rahmen des Managements eines Bildungsprogrammes fordert auf, in den vorgelagerten Phasen konzeptionell genauer zu arbeiten. Denn die Grundlage einer Evaluation sind tragfähige und überprüfbare Konzepte aller Phasen im Bildungsprozess. Bei der Evaluation können formative von summativen Evaluationsformen unterschieden werden. Während die formative Evaluation begleitend zum Bildungsprogramm maßgeblich auf die Verbesserung und Weiterentwicklung abzielt, fokussiert die summative Evaluation eine abschließende Bewertung, die in ihrem Ergebnis vor allem für externe Anspruchsgruppen, wie Geldgeber, bildungspolitische Arenen oder interessierte Öffentlichkeit bestimmt ist (siehe Tabelle 57).

4.5 Meso-Ebene – Bildungsprogramme gestalten
Gestaltung von Bildungsprogrammen auf der Grundlage eines Prozessmodells

Tab. 56

Vergleich von formativen und summativen Lernzielkontrollen

		Formative (= gestaltende) Lernzielkontrollen	Summative (= abschließende) Lernzielkontrollen
	Funktion	▸ Lenkung des Lernens und Lehrens	▸ Qualifikationsnachweis und Selektion
	Allgemeine Charakterisierung	Rückmeldungen und Anpassungen: ▸ rechtzeitig ▸ differenziert ▸ ohne weitreichende Folgen für den Lernenden	Leistungsbewertung: ▸ abschließend ▸ global ▸ bewertend ▸ mit weitreichenden Folgen
Merkmale der Gestaltung	**Planung**	▸ Frühzeitig ▸ wiederholt während des Lernprozesses	▸ Spät und abschließend am Ende eines längeren Lernprozesses
	Durchführung	▸ Oft ▸ nach wenigen, wenig umfangreichen Lernzielen (Lernschritten)	▸ Selten ▸ nach vielen, umfangreichen Lernzielen
	Auswertung	▸ Feststellung der Lernschwierigkeiten	▸ Feststellung des Leistungsstandes
	Maßnahmen	▸ Fokussierung auf die Entwicklung und Bereitstellen von Lernhilfen sowie auf die Verbesserung der verwendeten Lehrmethoden	▸ Fokussierung auf die Bewertung des Leistungsstandes (Benotung)

Quelle: in Anlehnung an Sloane, Dilger & Krakau, 2008c, S. 361

Evaluation des Bildungsprogramms

Tab. 57

Formative vs. summative Programmevaluation

Merkmal	Formativ	Summativ
Primäre Zielgruppe	▸ Programm-Entwickler ▸ Programm-Manager ▸ Programm-Durchführer	▸ Politiker ▸ Interessierte Öffentlichkeit ▸ Geldgeber
Primäre Zielsetzung	▸ Klärung der Ziele ▸ Weiterentwicklung von Programmen ▸ Ergebnisse auf Detailebene	▸ Abschließende Bewertung ▸ Zusammenfassende Ergebnisse
Typische Methodologie	▸ Qualitative und quantitative, mit größerer Betonung der ersteren	▸ Quantitative, manchmal durch die qualitative bereichert
Häufigkeit der Datensammlung	▸ Fortlaufende Überwachung	▸ Begrenzt
Primäre Mechanismen der Berichtlegung	▸ Diskussion/Treffen, informelle Interaktion	▸ Formale Berichte
Häufigkeit der Berichtlegung	▸ Häufig während der ganzen Zeit	▸ Zum Schluss

Quelle: in Anlehnung an Wottawa & Thierau, 2003

4.5 Gestaltung von Bildungsprogrammen auf der Grundlage eines Prozessmodells

> **Exkurs**
>
> ### Evaluation von betrieblichen Bildungsprogrammen
>
> Im Bereich der *betrieblichen Bildung* wird bei der Bestimmung der Evaluationsziele häufig auf eine Unterscheidung zurückgegriffen, die sich auf Kirkpatrick (1996, ursprünglich 1959) stützt. Kirkpatrick schlägt vier verschiedene Ebenen der Bewertung vor und unterscheidet dabei zwischen Reaktions-, Lernerfolgs-, Transfer- und (ökonomischer) Ergebnisebene (vgl. nachfolgende Abbildung).
> Die *Reaktionsebene* fokussiert auf die Zufriedenheit und Akzeptanz der Lernenden, die über Instrumente wie Kurs-Feedback-Bögen oder sogenannten »Happy-Sheets« erfasst werden. Es werden die subjektiven Einschätzungen der Lernenden unmittelbar nach einer Lerneinheit ermittelt.
>
> Die *Lernerfolgsebene* konzentriert sich auf die Lernergebnisse der Lernenden, die je nach Zielsetzung der Bildungsmaßnahme Wissen, Einstellungen oder Fertigkeiten beinhalten. Auf der *Transferebene* wird überprüft, ob der durch die Bildungsmaßnahme erzielte Lernerfolg in den Arbeitsalltag übertragen werden kann. Auf der *Ergebnisebene* (Outcome) wird überprüft, ob gewisse Bildungsmaßnahmen zur Erreichung bestimmter Ziele, wie z. B. Umsatzwachstum, Kundenzufriedenheit, geeignet sind und ob sich definierte Kennzahlen durch die Maßnahme geändert haben.
>
>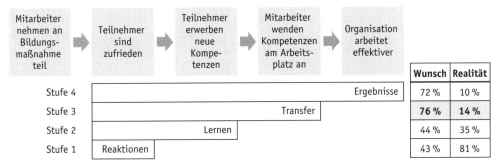
>
> Quelle: in Anlehnung an Kirckpatrick, 1996
>
> **Abb. 64:**
> **Evaluationsziele von Bildungsprogrammen in der betrieblichen Bildung**

> **Exkurs**
>
> ### Evaluation von schulischen Bildungsprogrammen
>
> Im *schulischen Kontext* wird die Evaluation häufig in einer prozessualen Perspektive aufgenommen, um Input-, Prozess-, Output-und Outcomegrößen zu erheben. Als Inputs werden diejenigen Ressourcen bezeichnet, die im späteren Lernprozess wirksam werden, beispielsweise die Qualifikation der Lehrenden. Prozesse bestimmen, wie gut die Inputs in Ergebnisse transformiert werden. Outputgrößen bezeichnen die Leistungsergebnisse der Lern-/Bildungsprozesse, wie z. B. Lernerfolg) Outcomegrößen die Wirkungen der Lern-/Bildungsprozesse, klassischerweise die Integration in den Arbeitsmarkt.
> Auf den Aspekt des umfassenden Qualitätsmanagements, in dem die konzeptionellen Grundlagen für die Evaluation als Durchführung des Qualitätsmanagements festgelegt werden, wird in Kapitel 6 genauer eingegangen.

4.5.7 Fazit

Das Prozessmodell für das Management von Bildungsmanagement bzw. die Bildungsgangarbeit kann als »diskursiver und responsiver Planungsprozess« (Sloane, 2007, S. 494) verstanden werden. *Responsiv* insofern, als keine strenge lineare Abarbeitung der einzelnen Teilschritte vorgenommen werden kann, sondern vielmehr Rückkopplungen und Iterationen zwischen den Teilschritten bestehen: »Vor- und Zurückgehen zwischen den Phasen, das zu einer allmählichen Ausgestaltung des Bildungsganges führt« (Sloane, 2007, S. 494). Darüber hinaus wurde die Bedeutung aufgezeigt, die Planung *diskursiv* als Austauschprozess zwischen den Lehrpersonen aufzufassen. Die Abstimmung und Koordination eines Programmteams auf der curricularen Meso-Ebene kann dabei als eine neue Herausforderung angesehen werden. Nur so kann der mittel- und langfristige Kompetenzerwerb der Lernenden entsprechend adressiert werden.

Das prozessbezogene Management von Bildungsprogrammen bzw. Bildungsgangmanagement basiert auf dem Gedanken einer didaktischen Wertschöpfungskette, welche die Entwicklung von Bildungsangeboten zum Ziel hat. Dem vorliegenden Prozessmodell liegen die fünf Phasen Analyse, Design, Umsetzung, Durchführung und Evaluation zugrunde:

- *Analyse*: Entscheidungen treffen über die Auswahl und Anordnung von Lerninhalten und -zielen, insbes. nach den didaktischen Prinzipien Wissenschafts-, Situations- und Persönlichkeitsprinzip;
- *Design*: Lernsituationen bestimmen; Sequenzierung und Phasierung der Lernsituationen; als Endergebnis ein Learning Design für die Bildungsmaßnahme entwickeln, das die Strukturierung und den geplanten Aufbau des Kompetenzerwerbs plant;
- *Umsetzung*: Die Bildungsmaßnahme sowie deren einzelne Komponenten konkret entwickeln; Lernressourcen beschaffen bzw. entwickeln. Sie sind die zentralen Lerninhalte als Bestandteil der Bildungsmaßnahme;
- *Durchführung*: Durchführung der Bildungsmaßnahme und insbesondere die Interventionsstrategien der Lehrpersonen, Lernbegleitung, ggf. auch am Arbeitsplatz organisieren;
- *Evaluation*: Die Kompetenzentwicklung der Lernenden evaluieren sowie den Erfolg der gesamten Bildungsmaßnahme evaluieren.

Im Rahmen des Bildungsgangmanagements werden die sich wechselseitig bedingenden Planungs- und Umsetzungsphasen sichtbar, die von den Lehrenden bewältigt werden müssen und auch neue Kompetenzanforderungen für die Lehrpersonen und weiteren Lernbegleitern, insbesondere auch Vorgesetzte beim Lernen in informellen Kontexten am Arbeitsplatz, darstellen. Auf diesen Aspekt der individuellen Kompetenzentwicklung der Learning Professionals wird in Kapitel 5 detailliert eingegangen.

4.6 Gestaltung von Bildungsprogrammen auf der Grundlage eines Kommunikationsmodells

4.6.1 Überblick

Struktur- und Prozessmodelle werden in der Wirtschaftspädagogik im Rahmen der Bildungsgangarbeit zunehmend beachtet (Sloane, 2007, S. 494). Im vorliegenden Lehrbuch soll das Management von Bildungsprogrammen um eine zusätzliche Perspektive erweitert werden. Aufgrund der steigenden Bedeutung, mit Anspruchsgruppen eines Bildungsprogrammes zusammenzuarbeiten, wird ein Kommunikationsmodell als Grundlage hinzugefügt.

Positionierung über anspruchsgruppengerechte Kommunikation
Maßgebliches Ziel ist hierbei, sich auf der curricularen Meso-Ebene im Team eines Bildungsganges über die Kommunikationslinie mit den relevanten Anspruchsgruppen abzustimmen. Die Positionierung eines Bildungsganges erfolgt vor allem über die Kommunikation, relevante Anspruchsgruppen in die Programmentwicklung einzubeziehen sowie auch eine anspruchsgruppengerechte Kommunikation in allen Bildungsprozessen zu etablieren.

Bildungsprogramme positionieren: anspruchsgruppengerechte Kommunikation

Neue Kommunikationsformen
Die Bedeutung der Wissens- und Mediengesellschaft ist in der Bildungsdiskussion seit einigen Jahren allgegenwärtig. Neue technologische Entwicklungen führen zu Veränderungen in Schule, Familienleben, Berufsalltag und Freizeit. Eine wachsende Zahl an Marketing-, Vertriebs- und Werbeabteilungen verwendet Blogs, Wikis, user generated videos, Twitter etc., um eine größere Aufmerksamkeit im Sinne eines viralen Marketings (Subramani & Rajagopalan, 2003) zu erzielen. Damit verbunden ist meist die Hoffnung auf steigende Verkaufszahlen. Im beruflichen Alltag sind kaum mehr Bereiche zu finden, in denen Computer, Internet, E-Mail und Handy nicht zum Einsatz kommen. Web 2.0 Anwendungen wie Facebook, XING, Twitter, YouTube, Blogs, Podcasts und Wikis finden nicht nur im privaten, sondern auch im Unternehmensumfeld eine zunehmende Verbreitung. Medienkompetenz hat sich faktisch zu einer neuen Kulturtechnik und praktisch zu einer Querschnittskompetenz in allen Berufen entwickelt (Weiss, 2012, S. 3). Digitale Medien haben sich in der Arbeits- und Lebenswelt sehr viel schneller und nachhaltiger durchgesetzt als im Bildungswesen (Weiss, 2012, S. 3).

Ergebnisse der James Studie (2010), in der Jugendliche nach ihrem Mediennutzungsverhalten und ihrer Freizeitgestaltung befragt wurden, zeigen, dass 98 Prozent der zehn- bis 18-jährigen Schweizerinnen und Schweizer regelmäßig online sind. Gut ein Drittel beschäftigt sich in der Freizeit am liebsten mit den vielfältigen Internetdiensten; an erster Stelle rangieren soziale Netzwerke wie Facebook. Gesellschaftlich scheint es mittlerweile akzeptiert zu sein, dass Jugendliche einen Großteil ihrer Freizeit im Internet verbringen. Die NZZ vom 16. August 2012 schreibt: »Jugendliche in der Schweiz sind durchschnittlich am Tag 2 Stunden im Internet, an freien Tagen

Kommunikation mit neuen Medien

4.6 Meso-Ebene – Bildungsprogramme gestalten
Gestaltung von Bildungsprogrammen – Kommunikationsmodell

3 Stunden.« Dies wird vom Bundesrat kommentiert mit »Nur eine Minderheit der Jugendlichen nutzt das Internet extensiv«.

Die Entwicklung im Bereich der Medientechnologie trifft die Schule in ihrem Kern, denn sie verändert die Ausgangslage für Bildung und Lernen. Neue Medien bringen Risiken, aber sie eröffnen auch Chancen für lebensnahen und kreativen Unterricht. Die Pädagogik hat nach Hentig (2002) heute vor allem der Tatsache Rechnung zu tragen, dass »die technische Zivilisation dem Menschen in immer höherem Maße das Gesetz ihrer eigenen Funktionalität aufzwingt« (S. 45). Darüber verliere der Mensch, der nach Hentig mehr und mehr zum »Expertensystem« auf zwei Beinen mutiere, die konkrete Welt mit ihren Brüchen und Fragen. Hentig (2002) setzt sich dafür ein – statt immer nur zu fragen, ob die Neuen Medien gut oder schlecht seien – endlich zu prüfen, wann und wie sie sinnvoll eingesetzt werden.

In der Diskussion steht vor allem der methodisch-didaktische Einsatz digitaler Medien im Vordergrund, als eLearning-Elemente oder als integraler Bestandteil von Blended-Learning-Designs (s. Abschnitt 4.5.3 Design). Ein zunehmend wichtiger werdender Aspekt ist darüber hinaus, wie digitale Medien zur Kommunikation im Austausch mit den Anspruchs- und Interessensgruppen auch außerhalb des Klassenzimmers eingesetzt werden, insbesondere wie neue Formen der dialogorientierten Kommunikation zur Ausgestaltung und Positionierung eines Bildungsprogrammes eingesetzt werden können.

Veränderungen in der Kommunikation

Neben einer einseitigen **monologischen Kommunikation** (d. h. das Bereitstellen von Informationen, z. B. als Print-Broschüre oder statische Website) hat die **dialogorientierte Kommunikation** zum Ziel, einen Dialog mit Anspruchsgruppen zu unterstützen. Dabei kann das Internet beispielsweise Kommunikationskanäle mit Feedbackmöglichkeiten anbieten.

Social Media als Kulturtechnik

Social Media wird als Überbegriff für internetbasierte Medien verstanden, in denen Informationen, persönliche Meinungen und Erfahrungen nicht nur textbasiert, sondern auch mit Bildern, Videos, Audios ausgetauscht werden können. Heutzutage sind Weblogs, Foren, soziale Netzwerke, Wikis und Podcasts die verbreitetsten Social-Media-Anwendungen (Bingham & Conner, 2010).

Die Abgrenzung zwischen den Begriffen Social Media und Web 2.0 ist in der Literatur meist nicht eindeutig. Der Begriff Web 2.0 wurde maßgeblich von O'Reilly (2005) geprägt und steht für eine »Mitmachkultur«, da die Internetnutzer mit Hilfe der neuen Generation an Web-Technologien nun zu Produzenten von eigenen Inhalten werden und damit eine neue Kultur der Partizipation am Geschehen im Internet entsteht. Im Unterschied zu Web 2.0 wird bei Social Media zudem häufig ein starker Bezug zu Online Communities, auch Social Communities hergestellt, die als Treffpunkt für die Nutzer dienen, wie es die nachfolgende Definition von Safko und Brake (2009) umreisst: »Social media refers to activities, practices, and behaviors among communities of people who gather online to share information, knowledge, and opinions using conversational media. Conversational media are Web-based applications that make it possible to create and easily transmit content in the form of words, pictures, videos and audios« (S. 6).

Mit diesem zugrundeliegenden Begriffsverständnis wird deutlich, dass Social Media als Kulturtechnik grundsätzlich didaktisch wertvolle Verbindungen zu sozialem Lernen, Lernen mit- und voneinander, aufzeigt. Nachfolgend wird auf das Kommunikationsmanagement an Schulen sowie in der betrieblichen Bildung näher eingegangen, um die unterschiedlichen Kontexte differenzierter zu beleuchten. Der Aspekt der anspruchsgruppengerechten Kommunikation sowie die Potenziale neuer, dialogorientierter Kommunikationsformen werden jeweils kontextspezifisch aufgenommen.

4.6.2 Kommunikationsmanagement schulischer Bildungsprogramme

4.6.2.1 Anspruchsgruppengerechte Kommunikation

Das Leitbild der Schule und die vorhandene bzw. auch gewünschte Kommunikationskultur stellt die normative Orientierung für die Kommunikation im Rahmen eines Bildungsprogrammes dar. Schulen als Organisationseinheit sind häufig zu groß, um sich im Schulalltag, insbesondere im gesamten Kollegium gemeinsam abzustimmen. Die normative Orientierung sollte zwar als Rahmenvorgabe für eine gesamte Schule als Bildungsorganisation Gültigkeit besitzen. Für die Koordination innerhalb eines Bildungsganges scheint es allerdings zusätzlich notwendig zu werden, sich verstärkt abzustimmen, auch hinsichtlich der Kommunikation innerhalb und außerhalb der Schule. Die Klassenführung, auch unter dem Begriff »Classroom Management« sehr verbreitet (Helmke, 2007, S. 44), erfährt daher eine erweiterte Form, sich auf zentrale Eckpunkte im Sinne der normativen Orientierung einer Schule »einzuschwören«, ggf. mit der Schulleitung und gesamten Schule bei neuen Phänomenen, wie z. B. Cybermobbing, abzustimmen und dennoch den einzelnen Lehrpersonen genügend Freiraum und Autonomie in ihrer Individualität bzgl. der Klassenführung und Unterrichtsgestaltung zu lassen.

> Unter dem Begriff des **Classroom Managements** kann die Gesamtheit aller Unterrichtsaktivitäten und Verhaltensweisen von Lehrpersonen mit dem Ziel, ein optimales Lernumfeld für die Schülerinnen und Schüler bereitzustellen, verstanden werden. Nach Helmke (2007) ist ein integrativer, systemischer Ansatz der Klassenführung zu verfolgen, »der dadurch gekennzeichnet ist, dass sie präventive, proaktive und reaktive Elemente umfasst, wobei die Vorbeugung klar im Mittelpunkt steht« (S. 44).

Neben den räumlichen und zeitlichen Dimensionen zählen im weitesten Sinne auch die Bereiche Disziplin, Konflikte und Konfliktlösungen, das Beobachten und Bewerten von Schülern, das Methodenlernen und das Fördern von Schülern im Anfangsunterricht zu den Faktoren des Classroom Managements. Helmke (2003) verweist auf die zentrale Bedeutung der Klassenführung: »Die internationale Forschung zeigt,

Kommunikationsmanagement: Abstimmung im Team eines Bildungsprogrammes

4.6 Meso-Ebene – Bildungsprogramme gestalten
Gestaltung von Bildungsprogrammen – Kommunikationsmodell

dass kein anderes Merkmal so eindeutig und dem Leistungsfortschritt verknüpft ist wie die Klassenführung. Die effiziente Führung einer Klasse ist eine Voraussedingung für anspruchsvollen Unterricht: Sie optimiert den zeitlichen und motivationalen Rahmen für den Fachunterricht« (S. 78). Auch weist Helmke (2007, S. 44) auf die enge Verbindung zwischen Unterrichtsqualität und Klassenführung, d. h. die Anwendung von Strategien zur Klassenführung, auf, da starke wechselseitige Beziehungen bestehen.

Die Einflussfaktoren auf eine effiziente Klassenführung sind in einem derart systemischen Ansatz vielfältig und nicht nur auf den Führungsstil der Lehrpersonen zurückzuführen (vgl. hierzu Euler & Hahn, 2007, S. 409). Die Autoren führen an, dass Typologien zur Klassifizierung des Lehrerverhaltens, um auf dieser Basis die Wirkung unterschiedlicher Führungsstile auf die Lernleistung und das Sozialverhalten der Lernenden zu vergleichen, nur vage Orientierungen bieten. Die Einteilung in aufgaben- und beziehungsorientiertes Lehrerverhalten sind sehr grob, »um die Vielfältigkeit des Lehrerverhaltens in seiner Widersprüchlichkeit angemessen erfassen zu können« (Euler & Hahn, 2007, S. 409). Ebenso ist fraglich, ob es sich dabei um stabile Verhaltensweisen und Persönlichkeitsmerkmale handelt. Dubs (1982, S. 95, zit. in Euler & Hahn, 2007) plädiert in diesem Zusammenhang gegen einen einseitigen Trend der Schulpraxis zu einer immer vorbehaltloseren Förderung eines einseitig schülerzentrierten Unterrichts und für einen Methoden-Mix von direkten (eher im Anfängerunterricht und bei weniger leistungsfähigen Schülern) und indirekten Unterrichtsstrategien (eher im Fortgeschrittenenunterricht und bei leistungsfähigeren Schülern). Dies scheint seiner Ansicht nach ein bedeutender Aspekt für die Vermeidung von Konfliktstörungen zu sein. Die enge Verflechtung mit der Qualitätsentwicklung von Unterricht wird dadurch deutlich.

Interaktionsgestaltung

Neben den Führungsstilen sowie weiteren Merkmalen, z. B. Macht, Charisma, welche die Person des Lehrenden in den Vordergrund stellt, betonen Euler und Hahn (2007, S. 413) vor allem auch die *soziale Beziehungsgestaltung* bzw. *Interaktionsgestaltung* zwischen Lehrenden und Lernenden im Unterricht. Sie stellen zwei Extrempole gegenüber (Euler & Hahn, 2007, S. 414):

- Disziplin, Kontrolle, Belehrung und im Zweifelsfall Misstrauen pflegt eine Kultur, die »hochgradig mit den Prinzipien einer hierarchisch organisierten, industriellen Arbeitswelt verbunden ist, in der das disziplinierte Funktionieren und die fehlerlose Erfüllung von Arbeitsroutinen im Vordergrund steht« (Euler & Hahn, 2007, S. 414);
- Die Prinzipien Vertrauen, Dialog, gegenseitige Anerkennung und die Achtung von Individualität stützt die Kultur für eine Wissensgesellschaft, »die sich auf Selbstorganisation, Dialog, eigenverantwortliches Lernen und Verständigung stützt« (Euler & Hahn, 2007, S. 415). »Unterrichten bedeutet in diesem Rahmen nicht Zurichten, sondern Aufrichten und Entfaltung von Potenzialen« (Euler & Hahn, 2007, S. 415).

Ein reflexives Bildungsmanagement setzt ein reflexives Handeln zur »Klärung und Bearbeitung von Kommunikationsstörungen in didaktischen Situationen« voraus

> **Exkurs**
>
> ### Teamorientierung zur Konfliktlösung bei Mobbing
>
> Ein eindrückliches Beispiel für eine Konfliktlösung im Umgang mit Mobbing, welche eine hohe Wirksamkeit erzielen kann, unterstützt die verstärkte Teamorientierung. *Mobbing* bedeutet, dass Schüler einen anderen Schüler ständig und regelmäßig schikanieren und hauptsächlich seelisch verletzen (Schubarth, 2010, S. 4). Als neueres Phänomen ist es als *Cybermobbing* beobachtbar, womit Formen der Kränkung, Diffamierung oder auch Belästigung zwischen Schülern über das Internet und entsprechender elektronischer Kommunikationsmittel gemeint sind. Beim Auftreten von Mobbing erweist sich ein teamorientiertes Vorgehen und die Absprache der Lehrpersonen untereinander als sehr wirkungsvoll (»Anti-Mobbing-Teams«). Grundsätzlich wird die Klärung nach den oben genannten Schritten angegangen (zunächst klären, Handlungsmöglichkeiten entwickeln). Beispielsweise kann eine Teamaktion so aussehen, dass die betroffenen Schüler gleichzeitig aus dem Unterricht herausgenommen und ohne Vorwarnung in Einzelgesprächen befragt werden. Dabei wird deutlich gemacht, dass Mobbing nicht geduldet wird und dass sie es wären, die sonst gehen müssten. Eine derartige konzertierte Aktion, durch die sich ein Kollegium als Einheit darstellt, Mobbing öffentlich macht, die Lerngruppe zudem einbindet (die Mobbing-Strukturen, die durch Passivität der meisten Mitschüler gekennzeichnet sind, werden damit aufgebrochen), zeigt in der Regel große Wirkung. Einen ressourcenorientierten Ansatz liefert hierbei beispielsweise auch der »No-Blame-Approach« (Blum & Beck, 2012). Trotz der schwerwiegenden Mobbing-Problematik wird auf Schuldzuweisungen und Bestrafungen verzichtet, sondern vielmehr der Blick darauf gerichtet, konkrete Ideen zu entwickeln, die eine bessere Situation für den von Mobbing betroffenen Schüler herbeiführen. Fokussiert wird ausschließlich auf Lösungen, die dazu beitragen, das Mobbing zu stoppen. Eine lösungsorientierte Vorgehensweise, um insbesondere die Ressourcen der Kinder und Jugendlichen zu aktivieren und auch auf diese Ressourcen zu vertrauen, wird in drei Schritten vorgeschlagen. Ein entscheidender Faktor ist hierbei wiederum, dass ein teamorientiertes Vorgehen praktiziert wird und nicht eine Lehrperson als Einzelkämpfer agieren muss. Ergebnisse, die pädagogische Fachkräfte mit dieser Intervention erzielen, sind häufig sehr positiv. Die »Erfolgsquote« hinsichtlich der Auflösung von Mobbing liegt bei mehr als 85 Prozent (Blum & Beck, 2012).

(Euler & Hahn, 2007, S. 438). Die beiden Autoren schlagen für ein reflexives Handeln eine Vorgehensweise vor, welche individuell sowie auch im Team eines Bildungsganges Berücksichtigung finden kann:
1. Klärung von Kommunikationsstörungen mit den Schritten: a) Erfassung und Beschreibung der Situation, b) Analyse und Beurteilung von möglichen Ursachen für das Handeln, c) Interpretation der möglichen Absichten und Ziele d) Erstverhalten, d. h. zeitnahe Reaktion, überlegen;
2. Entwicklung von Handlungsmöglichkeiten zur Klärung und Bearbeitung des Konflikts.

Im Vordergrund des Managements von Bildungsprogrammen steht folglich die Überlegung, welche Kommunikationsaufgaben sowie -abstimmungen auf der Meso-Ebene ein verantwortlicher Programmleiter bzw. ein Bildungsgangteam zu übernehmen hat. Neben dem Classroom Management, können darüber hinaus die Kommunikationsziele und -aufgaben je Anspruchsgruppe genauer analysiert und abgestimmt werden (vgl. nachfolgende Abbildung). In berufsbildenden Schulen ist insbesondere die Kommunikation und Zusammenarbeit der Akteure im Rahmen der Lernortkooperation auf Bildungsgangebene intensiver zu bearbeiten.

4.6 Meso-Ebene – Bildungsprogramme gestalten
Gestaltung von Bildungsprogrammen – Kommunikationsmodell

Tab. 58

Anspruchsgruppengerechte Kommunikation in einem Bildungsprogramm

Anspruchsgruppe	Kommunikationsziele und -aufgaben
Lernende, Schüler und Schülerinnen	▸ Einbezug in Analysephase bzgl. Lernvoraussetzungen, aber auch Design und Umsetzung, insbes. Persönlichkeitsprinzip; ▸ Klare Kommunikation an die Erwartungen der Lernenden; ▸ Klare Kommunikation über die Ziele des Bildungsganges, Ablauf und Strukturierung, notwendige Voraussetzungen für das Gelingen des Lernprozesses; ▸ Interaktionsgestaltung, auch hinsichtlich des Aufdeckens des »heimlichen Lehrplans«; ▸ Kommunikation über Präventionsmaßnahmen zur Gestaltung einer gewünschten Kommunikations-, Kooperationskultur, Kultur des Lehrens und Lernens; ▸ Kommunikation über reaktive Maßnahmen, Eskalationsstufen beim Eintreten von Problemen.
Lehrkräfte	▸ Kommunikation an die Erwartungen, Rollen und Aufgaben; ▸ Kommunikation und Zusammenarbeit im Bildungsgangteam, Unterstützung, Wissensaustausch; ▸ Kommunikationslinie für Regeln in Social Networks, insbesondere Facebook.
ggf. Einbezug der Eltern (als Erziehungsberechtigte)	▸ Kommunikation der Erwartungen; ▸ »Briefing« über Ablauf, Struktur; ▸ ggf. Hinweise für eine Unterstützung, z. B. keine Lernbegleitung, aber Verständnis, Interesse für Bildungsgang zeigen; ▸ Beispiel: Eltern-Coaching, zB. Podcast Serie für verzweifelte Eltern: wie können Schüler darin gestärkt werden, Selbstverantwortung zu übernehmen?
ggf. Betriebe, Lernortpartner (bei beruflicher Ausbildung)	▸ Einbezug in Analysephase, z. B. Expertenworkshop für Situationsprinzip, fachliche Inhalte und deren heutige sowie zukünftige Bedeutung; ▸ Einbezug in Design und Umsetzungsphase, z. B. kritische Feedbacks; ▸ Austausch von Erfahrungen, Foren; ▸ Durchführung vor Ort, z. B. Exkursionen, Einladung von Referenten aus der Praxis.
Führungsgremien, Schulleitung	▸ Einbezug in Analysephase, insbes. zur Positionierung, strategischen Bedeutung innerhalb der Schule; ▸ begleitende, formative Evaluation: Abstimmung mit anderen Bildungsgangteams; ▸ Summative Evaluation in Abhängigkeit vom bestehenden Qualitätsmanagementsystem.
Öffentlichkeit, interessierte Lernende, Alumni	▸ Kommunikation über besondere Veranstaltungen, Feiern; ▸ Berichte über Entwicklungen des Bildungsganges; ▸ Alumni-Berichte; ▸ Pflege der Kontakte.

4.6.2.2 Dialogorientierte Kommunikationsformen

Dialogorientierte Kommunikationsformen in einer Schule einzuführen, birgt sowohl Chancen als auch große Gefahren. Normative Ausgangspunkte stellen zunächst das Leitbild der Schule dar und welche Kommunikationskultur gepflegt werden soll.

Die interne Kommunikation und den Wissensaustausch zwischen den Lehrpersonen zu unterstützen, steht dabei im Vordergrund. Die Bezüge zur Kultur in einer Schulorganisation werden deutlich: »Ohne eine hinreichend entwickelte Schulkultur können die Instrumente des Wissensmanagements kaum Wirkung entfalten. Umgekehrt wird eine gelungene Einführung von Instrumenten des Wissensmanagements die kulturelle Entwicklung der Schule hin zu einer lernenden Organisation begünstigen« (Capaul & Seitz, 2011, S. 540).

Eine dialogorientierte Kommunikation hinsichtlich des bewussten Umgangs mit Wissen ist an Schulen relativ schwach ausgeprägt (Capaul & Seitz, 2011). »Schulleitungen und Lehrpersonen wissen oft wenig über die im Lehrkörper vorhandenen Fähigkeiten und Kenntnisse und profitieren kaum von gegenseitigem Wissen. Dementsprechend werden erfolgreiche Ideen und Methoden, negative Erfahrungen und Materialien zu wenig weitergegeben« (S. 534). Ursachen dafür liegen in der wechselseitigen Wirkung von Struktur und Kultur begründet. Bislang gibt es an Schulen wenig Anlässe, im Team zusammen zu arbeiten und es gibt somit auch wenige Gelegenheiten, Wissen auszutauschen. Capaul und Seitz (2011) stellen die negativen Implikationen heraus: »Die mangelnde Wissenstransparenz und Wissensteilung wirken sich negativ auf die Integration von Wissen aus. Darüber hinaus bindet die fortwährende Neuerfindung des Rads, auch intellektuelle und zeitliche Ressourcen und beeinträchtigt damit ebenso die Fähigkeit der Schule als Ganzes, neues Wissen zu generieren« (S. 535).

Die Bildungsgangarbeit in Schulen sieht vor, verstärkt Teamstrukturen zu etablieren und die Organisation der Bildungsprozesse im Team zu gestalten. Daraus ergeben sich Chancen, diese strukturellen und kulturellen Entwicklungen entsprechend mit neuen technologischen Formen zu unterstützen. So können beispielsweise Unterrichtsmaterialien, insbesondere Lernsituationen mit herausfordernden Problemstellungen, im Team entwickelt und diese anderen Lehrpersonen zur Verfügung gestellt werden. In jeder Phase der Bildungsgangarbeit können neue Kommunikationsformen eine wissensorientierte Kommunikationskultur im Rahmen einer praxisbezogenen Gemeinschaft unterstützend wirken.

Wissensorientierte Kommunikation in Teamstrukturen

Die Idee der praxisbezogenen Gemeinschaft von Personen (Community of Practice nach Wenger, 1998), die informell miteinander verbunden sind, ähnlichen Aufgaben gegenüber stehen und durch einen selbstorganisierten Austausch die Praxis in dieser Gemeinschaft prägen, ist grundsätzlich nicht neu. »Professional Learning Communities« in der Lehrerprofession sind seit langem ein beliebtes Forschungsfeld (Hord, 1997; Stoll, Bolam, McMahon, Wallace & Thomas, 2006). Sich nicht nur intern im Kollegium der Schule zu vernetzen, sondern auch nach Formen einer intensiveren Lernortkooperation zu suchen, ist insbesondere in der Schweiz ein noch relativ junges, zu wenig systematisch umgesetztes Feld (Dubs, 2003b). Ein Beispiel für ein Konzept der kontinuierlichen Selbstqualifikation und kooperativen Selbstorganisation für die Kompetenzentwicklung von Ausbilderteams von Ausbildern, Lehrpersonen und Vertretern von Fachdiensten, liefern Schneider und Mahs (2003). Teamkonferenzen stellen darin eine wichtige Maßnahme dar, in deren Verlauf selbstorganisiert Weiterbildungsteile sowie Weiterbildungen durch das Multiplikatorenprinzip stattfinden können (Schneider & Mahs, 2003, S. 300 f.). Neuere Beispiele unterstützen die Lernkooperation mit Web 2.0, um eine lernortübergreifende Brücke schlagen zu können (Beiling, Fleck & Schmid, 2012). Maßgebliche Voraussetzungen für den Erfolg sind jedoch auch hier weniger technologische als vielmehr kulturelle Faktoren, die Anreize für die Beteiligung in der Praxisgemein-

Kommunikation in Praxisgemeinschaften und Lernortkooperation

4.6 Meso-Ebene – Bildungsprogramme gestalten
Gestaltung von Bildungsprogrammen – Kommunikationsmodell

schaft darstellen. Im Grunde genommen wird dadurch die übergreifende Frage deutlich, inwieweit eine »Mitmach-Kultur« innerhalb der Schule auch durch neue Kommunikationsformen gefördert werden soll und ob man auch Schülern oder Eltern beispielsweise Möglichkeiten für einen offenen Austausch und Feedback-Möglichkeiten bieten sollte.

Neben diesen grundsätzlichen Überlegungen zur Kommunikation mit den Anspruchsgruppen können ferner entlang der einzelnen Phasen des Prozessmodells die Kommunikationsaufgaben hervorgehoben, geplant und reflektiert werden:

Kommunikationsaufgaben nach Phasen

Abb. 65

Kommunikationsmanagement in Schulen

Analyse	Design	Entwicklung	Durchführung	Evaluation
▸ Kommunikation von Erwartungen ▸ Briefing über Ablauf, Struktur, Verantwortungen	▸ Design von fächerübergreifenden Lernsituationen ▸ Lernfeld-Abstimmungen zwischen Lernorten	▸ Entwicklung von »user generated« content ▸ Einbindung von Lehrbetrieb ▸ Abstimmung Materialien und Medien	▸ Austausch von Erfahrungen ▸ Foren zwischen Lernorten ▸ Kommunikationsregeln für soziale Netzwerke ▸ »Classroom« Management in Abstimmung mit Lehrerteam	▸ Formative und summative Evaluation ▸ Feedback von Schülern und Lehrbetrieben ▸ Alumni-Kontaktpflege

4.6.3 Kommunikationsmanagement betrieblicher Bildungsprogramme

4.6.3.1 Anspruchsgruppengerechte Kommunikation

In der betrieblichen Bildung ist der Begriff »Classroom Management« bzw. auch Klassenführung eher ungewöhnlich, da er zu sehr mit der Erziehungsaufgabe von Kindern und Jugendlichen in Verbindung gebracht wird. Eine zentrale Herausforderung in der betrieblichen Bildung ist es vielmehr, die veränderten Ausgangspunkte und so auch veränderte Verantwortungsbereiche adressatengerecht zu kommunizieren und damit zusammenhängende Erwartungen an das Gelingen der Bildungsprozesse zu verdeutlichen.

Für Mitarbeitende und Lernende bedeutet dies, eine höhere Selbstverantwortung für das Lernen und die Kompetenzentwicklung zu tragen. In Forschung und Praxis werden Führungskräfte heute zunehmend dazu aufgefordert, neben Management- und Sachaufgaben auch die Aufgabe einer professionellen Mitarbeiterentwicklung zu übernehmen. Führungskräfte besitzen eine einflussreiche Vorbildrolle in Organisationen, sie sind sogenannte »Agents of Change« (Bass, 1990). Diese

4.6 Gestaltung von Bildungsprogrammen – Kommunikationsmodell

Annahme wird auch von Erkenntnissen der Lern- und Transferforschung unterstützt, denen zufolge Führungskräfte eine Vorbildfunktion und eine Multiplikatoren-Rolle für das Lernen ihrer Mitarbeitenden einnehmen: »Führungskräfte als Lernpromotoren und Gestalter von Lernprozessen« (Amy, 2008; Decker, 2000; Hinz, Mohr, Krauß, Geldermann & Reglin, 2008). Zahlreiche empirische Studien belegen beispielsweise, wie hoch der Einfluss von Führungskräften ist, wenn es um den Transfererfolg und damit auch um die Nachhaltigkeit von Bildungsmaßnahmen geht (Diesner, Seufert & Euler, 2008; Hasanbegovic & Seufert, 2008; Kauffeld, 2006). Schließlich sind Führungskräfte als »Agents of Change« auch zentrale Kulturträger und können Veränderungen der Lernkultur begünstigen oder verhindern: »Führungspersönlichkeiten schaffen, verankern und entwickeln kulturelle Prämissen und bemühen sich manchmal auch um deren bewusste Veränderung« (Schein, 1992, S. 308). Dies setzt neue normative Ausgangspunkte für die Organisation und Unterstützung von Lernprozessen.

Kompetenzförderliche Rolle von Führungskräften

Da damit eine Dezentralisierung und Verschiebung der Kompetenzentwicklung in den Prozess der Arbeit stattfindet, müssen Führungskräfte in ihrer neuen Rolle Unterstützung durch das Bildungsmanagement erhalten. Auch hier stellt sich die Frage, wie Bildungsverantwortliche aus der Ferne die Rolle des Coachs und Unterstützers für Führungskräfte übernehmen können. Die »Rolle des Lernermöglichers« der Bildungsverantwortlichen fokussiert somit nicht nur auf die Lernenden, sondern erweitert sich um die Aufgabe der Unterstützung von Führungskräften.

Unterstützung von Führungskräften

In der betrieblichen Praxis stellt jedoch häufig die mangelnde Unterstützung durch Vorgesetzte eine hohe Barriere für eine transferorientierte Lernkultur dar. Die Ergebnisse der scil-Führungskräftestudie (Hasanbegovic & Seufert, 2008) verstärken diese Beobachtung und liefern empirische Befunde für ein unklares Rollenverständnis. Auch in der Human Resource Development Forschung ist die Frage nach der Gestaltung einer geteilten Verantwortung von Führungskräften, Mitarbeitenden und Bildungsmanagement seit vielen Jahren eines der zentralen Forschungsthemen (Manning, 2002).

Auf die Unterstützung der Akteure, insbesondere der Führungskräfte, im Erfüllen ihrer (neuen) Rolle wird in Kapitel 5 noch näher eingegangen. Im Rahmen des Managements eines Bildungsprogrammes erscheint es dennoch wichtig, auf diesen Kommunikationsaspekt hinzuweisen, d. h. die Vorgesetzten in die Bildungsprozesse entsprechend einzubinden. Eine klare Kommunikation der Erwartungen und Verantwortungsbereiche an Lernende, Lehrpersonen sowie Führungskräfte wird zunehmend wichtiger, insbesondere bei gestaltungsoffeneren Lernumgebungen, die bisherige Lerngewohnheiten »erschüttern« und in denen die Orientierung für die Beteiligten ansonsten fehlt. Ansatzpunkte für die Kommunikationsarbeit im Rahmen des Managements von Bildungsprogrammen eines Unternehmens liefert die folgende Tabelle 59:

Tab. 59

Anspruchsgruppengerechte Kommunikation in der betrieblichen Bildung

Anspruchsgruppe	Kommunikationsziele und -aufgaben
Lernende, Mitarbeitende	▸ Einbezug in Analysephase bzgl. Lernvoraussetzungen, aber auch Design und Umsetzung, insbes. Persönlichkeitsprinzip; ▸ Klare Kommunikation über das Bildungsprogramm und insbesondere hinsichtlich der Erwartungen an die Lernenden; ▸ Klare Kommunikation über die Ziele des Bildungsprogrammes, Ablauf und Strukturierung, notwendige Voraussetzungen für das Gelingen des Lernprozesses; ▸ Interaktionsgestaltung, auch hinsichtlich des Aufdeckens des »heimlichen Lehrplans«.
Lehrende, Dozierende, Lernbegleiter	▸ Kommunikation der Erwartungen, Rollen und Aufgaben an die Lernbegleitung; ▸ Kommunikation und Zusammenarbeit mit Programm-Management.
Vorgesetzte	▸ Kommunikation der Erwartungen; ▸ »Debriefing« über Ablauf, Struktur; ▸ ggf. Hinweise für eine Unterstützung: Vorbereitungs-, Nachbereitungsgespräche, mit entsprechenden Orientierungshilfen, Leitfäden.
Fachbereiche, ggf. Personalabteilung, HR	▸ Einbezug in Analysephase, z. B. Expertenworkshop für Situationsprinzip, fachliche Inhalte und deren heutige sowie zukünftige Bedeutung; ▸ Einbezug in Design und Umsetzungsphase, z. B. kritische Feedbacks; ▸ Durchführung: Einladung von Referenten aus der Praxis; ▸ Abstimmung mit HR-Prozessen, strategische Partnerschaft mit HR pflegen.
Führungsgremien, Leitung des Bildungsbereiches	▸ Einbezug in Analysephase, insbes. zur Positionierung, strategischen Bedeutung innerhalb der Organisation; ▸ begleitende, formative Evaluation: Abstimmung mit anderen Bildungsprogrammen; ▸ summative Evaluation in Abhängigkeit vom bestehenden Qualitätsmanagementsystem/Bildungscontrolling.
Öffentlichkeit, interessierte Lernende, Alumni	▸ Kommunikation über besondere Veranstaltungen, Feiern; ▸ Berichte über Entwicklungen des Bildungsprogrammes; ▸ Alumni-Berichte; ▸ Pflege der Kontakte.

4.6.3.2 Dialogorientierte Kommunikation

Für das Bildungsmanagement in der betrieblichen Bildung stellt sich grundsätzlich die Frage, wie neue dialogorientierte Kommunikationsformen, z.B auf der Basis von Social Media, auch für Bildungsprozesse ihren Nutzen entfalten können. Ein Ansatzpunkt ist es wiederum, entlang der Wertschöpfungskette im Bildungsbereich den Mehrwert von Social Media zu analysieren, um das Konzept einer dialogorientierten Kommunikation zu verfolgen. Grundsätzlich ist die übergreifende Frage auch hier, inwieweit eine »Mitmach-Kultur« innerhalb der Organisation gefördert werden soll.

So kommuniziert beispielsweise die Adidas Group ihre Lernangebote in einem Wiki-System und ergänzt diese relativ leicht um aussagekräftige Testimonials von Lernenden. Dies ist eine authentische und persönliche Kommunikation, um über den Nutzen einzelner Lernangebote zu berichten. BT, die britische Telekommunikationsfirma, hat vor zwei Jahren die Social Networking Plattform »Dare2Share« eingerichtet. Jeder BT Mitarbeiter kann darüber nicht nur Lernmodule, die von den Kollegen erstellt worden sind beziehen, sondern diese auch nach Relevanz und Qualität in einem Ratingverfahren beurteilen sowie einfach mit der entsprechenden Person Kontakt aufnehmen, welche den Beitrag gepostet hat, um nähere Informationen zu erfragen.

Für die einzelnen Phasen des Prozessmodells können wiederum dialogorientierte Kommunikationsformen geplant und reflektiert werden:

Kommunikationsaufgaben nach Phasen

Abb. 66

Beispiele für dialogorientierte Kommunikationsformen im Bildungsmanagement

Bedarfsanalyse/ Beratung	Design/ Konzeption	Entwicklung/ Produktion	Bereitstellung/ Durchführung	Evaluation
▸ z.B. Podcast-Serien zu aktuellen Themen ▸ Auswertung von Twitter, Forenbeiträgen etc.	▸ z.B. Expertenblogs zur Konzepterstellung ▸ Wikis als »Living Compendium« von Lernangeboten	▸ z.B. user generated content ▸ YouTube-Kanal für Eigenproduktion	▸ z.B. Social-Network-Funktionalitäten ▸ Ratings von Lernmodulen ▸ leichte Kontaktaufnahme mit Produzenten	▸ z.B. Referenzen als Wiki-Beiträge ▸ Rückkanäle in Foren

4.6.4 Fazit

Sowohl im schulischen als auch im betrieblichen Bereich verändern sich die Managementaufgaben für die Ausgestaltung eines Bildungsprogrammes. Anstatt einer administrativ geprägten Programmadministration nimmt die Bedeutung eines entwicklungsorientierten Programm-Managements sukzessive zu.

Im Schulkontext ist die Akzentuierung stärker auf die teamorientierte Klassenführung »Classroom Management« ausgerichtet und somit auf gewisse »Zentralisierungstendenzen«, insofern, dass man sich auf zentrale Grundprinzipien und Kommunikationslinien im Rahmen der zunehmenden Herausforderungen einigt. Im betrieblichen Kontext sind hingegen Dezentralisierungstendenzen auszumachen, da die Kompetenzentwicklung zunehmend am Arbeitsplatz stattfindet und dort unterstützt werden soll. Dies ist meist nicht mit dem Ziel verbunden, Seminare gänzlich zu ersetzen, aber Bildungsprozesse komplementär zu verstärken. Die höhere Selbstverantwortung der Lernenden sowie der Einbezug von Führungskräften als Lernpromotoren vor Ort sind dabei auch unter dem Aspekt der anspruchsgruppengerechten Kommunikation zu betrachten.

Die Einbindung neuer Kommunikationsformen, insbesondere auf der Basis von Social Media, bietet für die Positionierung eines Bildungsprogrammes zwei potenzielle Entwicklungslinien. Setzen Bildungsverantwortliche in einem ersten Schritt eher darauf, mithilfe von neuen Kommunikationsformen stärker in einen Dialog mit den verschiedenen Anspruchsgruppen zu kommen, wird eine neue Rolle des »Mitmachkultur«-Promotors wahrgenommen. Das Bildungsmanagement zeigt sich dann selbst offen für einen Kulturwandel, experimentiert mit dem Innovationspotenzial von Social Media für eigene Bildungsprozesse und arbeitet dabei vermutlich auch stärker mit internen Kommunikationsabteilungen zusammen.

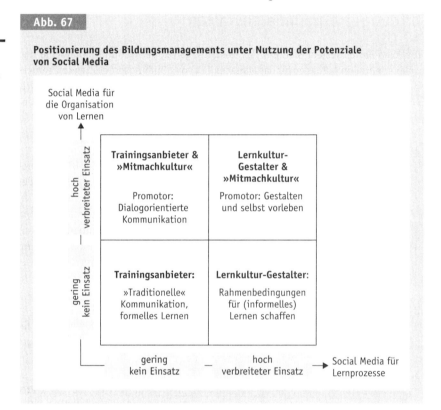

Abb. 67

Positionierung des Bildungsmanagements unter Nutzung der Potenziale von Social Media

Entwicklungsrichtungen für die Positionierung von Bildungsprogrammen

Aus der zweiten Entwicklungsrichtung ergibt sich für das Bildungsmanagement die Implikation, sich stärker als Gestalter von Lernkulturen zu positionieren, um Rahmenbedingungen vor allem auch für informelles Lernen zu schaffen, wie beispielsweise Infrastrukturen, Anreizsysteme, Einbindung von Führungskräften als Lernpromotoren, und dabei auch häufige Barrieren für Lernen im Unternehmen konsequent anzugehen.

Abschließend soll hier die These aufgestellt werden, dass voraussichtlich die größten Nutzenpotenziale ausgeschöpft werden können, wenn beide Entwicklungsrichtungen gleichermaßen verfolgt werden. Einerseits sind kulturelle Herausforderungen sehr ähnlich, eine Lernkultur zu eigenverantwortlichem Lernen zu fördern und dabei selbst eine »Mitmachkultur« der dialogorientierten Kommunikation als

Bildungsverantwortliche »vorzuleben«. Andererseits sind die Nutzenpotenziale mittel- und langfristig eher eingeschränkt zu sehen, wenn das eigentliche Kerngeschäft, individuelle und organisationale Lernprozesse in einer Organisation zu unterstützen, im Zuge des vernetzten Arbeitens in zunehmend digitalen Welten, außen vor bleibt.

4.7 Zusammenfassung: Bildungsprogramme gestalten

Die *Meso-Ebene* bezieht sich auf das Gestaltungsfeld der Bildungsprogramme und welche zentralen Aufgaben für das Management von »Bildungsprodukten« zu berücksichtigen sind. Folgende, übergeordnete *Leitfrage* steht dabei im Vordergrund: Wie können Bildungsprogramme erfolgreich gestaltet und im (Markt-)umfeld positioniert werden?

Das Management von Bildungsprogrammen kann dabei nach unterschiedlichen Perspektiven genauer spezifiziert werden:
- *Strukturperspektive* für die inhaltliche, curriculare Verankerung des Bildungsprogrammes innerhalb der Bildungsorganisation und insbesondere zur Erfüllung des Bildungsauftrages;
- *Prozessperspektive* mit dem Fokus auf die Gestaltung der Managementaufgaben in Prozesse als »didaktische Wertschöpfungskette« für ein Bildungsprogramm;
- *Kommunikationsperspektive* für die Ausgestaltung der Kommunikation mit zentralen Anspruchsgruppen, um ein Bildungsprogramm erfolgreich intern sowie im Marktumfeld positionieren zu können.

Die Entwicklungsfähigkeit einer Bildungsorganisation hängt zentral von derjenigen ihrer Bildungsprogrammen ab. Daher wird analog zur Erhöhung der Entwicklungsfähigkeit von Bildungsorganisationen (vgl. analog zu Kapitel 3) ebenfalls eine Vorgehensmethodik in folgenden Schritten vorgeschlagen:

1. *Problemabgrenzung* und *Zielbestimmung:*
   In diesem Schritt sind zunächst die Problemlage sowie die Zielsetzung für die Programmentwicklung näher zu bestimmen. Im Sinne einer kontinuierlichen, reflexiven Programmentwicklung, können beispielsweise alle 2 Jahre umfassende Analysen durchgeführt werden, um den Ist-Stand zu erheben und um daraus Maßnahmen abzuleiten, die auf die Weiterentwicklung eines Bildungsprogrammes abzielen. Die Verbindung zum Thema Qualitätsentwicklung (Kapitel 6) wird hierbei deutlich. Aus der Evaluationsphase heraus liegen Programmverantwortlichen bereits Evaluationsergebnisse vor, die zur Problemabgrenzung herangezogen werden können.
2. *Programmanalyse:*
   Ziel ist es bei diesem Schritt, den Ist-Zustand des Bildungsprogrammes festzustellen. Dabei können folgende Analysephasen im Vordergrund stehen:
   - *Strukturmodell*: Klärung der aktuellen Programmziele und der aktuellen Programmstruktur;

4.7 Meso-Ebene – Bildungsprogramme gestalten
Zusammenfassung: Bildungsprogramme gestalten

Vorgehensmethodik zur Programmentwicklung

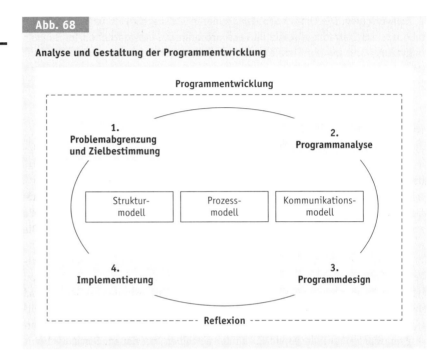

Abb. 68: Analyse und Gestaltung der Programmentwicklung

- *Prozessmodell*: Klärung der Rahmenbedingungen/Voraussetzungen für Veränderungen, wie z. B. personelle und finanzielle Ressourcen, bevorstehende Wechsel, Zeitrahmen etc.;
- *Kommunikationsmodell*: Klärung der Kommunikation mit den relevanten Anspruchsgruppen, insbesondere Lernende, Lehrende, ggf. Lernortkooperationspartner, wie Lehrbetriebe etc.

3. *Programmentwicklung* des anzustrebenden Bildungsprogramms:
In einem nächsten Schritt sind tragfähige Entwicklungsideen, inkl. Umsetzungsplan, zu erarbeiten. Dies kann ein systematisierter Vorschlag zu zukünftigen Programmzielen, zur künftigen Programmstruktur sowie Prozessabläufen beinhalten. Die Ergebnisse können hierbei zu sehr unterschiedlichen Interpretationen führen, die mannigfaltige Konsequenzen bzw. Maßnahmen hervorbringen können. Die Einbindung möglichst aller betroffenen Anspruchsgruppen in die Interpretation der Ergebnisse ermöglicht ein fundiertes Programmdesign, was wiederum eine Voraussetzung für eine sinnvolle Ableitung von Maßnahmen darstellt. Der Kreis der Betroffenen ist zu informieren und eine gemeinsame Diskussion der Ergebnisse durchzuführen sowie eine Entscheidung herbeizuführen.

4. *Implementierung*:
Auf der Basis der interpretierten Ergebnisse können inhaltliche Schwerpunkte und Prioritäten bestimmt werden. Die ermittelten Befunde und diskutierten Soll-Vorstellungen bieten zentrale Hinweise auf wesentliche Gestaltungsfelder für die weitere Einleitung von Veränderungsmaßnahmen, um Bildungsprogramme weiter

zu entwickeln. Die Umsetzung der geplanten Maßnahmen ist im vorgesehenen Modus, im Zeitrahmen sowie im Ressourcenrahmen schlussendlich im Rahmen einer Projektorganisation zu bestimmen.

Übergreifend über alle Phasen hinweg empfiehlt es sich, eine begleitende *Reflexion* vorzunehmen, insbesondere darüber, wie sich Bildungsprogramme über eine bestimmte Zeit hinweg entwickelt haben, wie sie sich verändern und welche Schlüsse daraus für das organisationale Lernen und die Entwicklungsdynamik gezogen werden können. Zu diesem Zweck können Ansätze für eine kontinuierliche Reflexion des erreichten Stands etabliert werden wie z. B. die periodische Sichtung aktueller Themen im Hinblick auf die weitere Programmentwicklung.

<small>Begleitende Reflexion für organisationales Lernen</small>

Die Einflüsse und Beziehungen zwischen der übergeordneten Makro- und Meso-Ebene sind daher als wechselseitig zu betrachten. Die Meso-Ebene als Schnittstelle zwischen der Makro- und der Mikro-Ebene nimmt insgesamt an Bedeutung zu. Die Implementation neuer Bildungsinnovationen, wie lernfeldstrukturierte Lehrpläne und Einführung von Blended Learning, verlagert zunehmend die curriculare Entwicklungsarbeit auf die Meso-Ebene. Unterrichtsentwicklung findet maßgeblich auf der Meso-Ebene statt und stellt ein zentrales Bindeglied zwischen der Makro- und Mikro-Ebene dar. Anders ausgedrückt verbindet die Meso-Ebene der Unterrichtsentwicklung die Schulentwicklung auf der Makro-Ebene mit der Kompetenz- und Unterrichtsentwicklung auf der Mikro-Ebene der einzelnen Individuen. Somit wird eine Managementebene eingeführt, deren Ziel die Gestaltung der Rahmenbedingungen für Bildungsprozesse ist. Dies erweitert somit wiederum die Zielsetzung des Bildungsmanagements, den traditionell didaktischen Fokus mit organisatorischen und managementorientierten Aspekten abzustimmen.

4.8 Fallstudie Hewlett Packard

4.8.1 Einleitung

Bei Hewlett-Packard (HP) handelt es sich um einen weltweit tätigen Technologiekonzern, dessen Angebot sowohl Lösungen für die IT-Infrastruktur, globale IT-Dienstleistungen, Computer für den geschäftlichen wie auch privaten Einsatz sowie Systeme für Druck und Bildverarbeitung umfasst. Weltweit sind über 320.0000 Mitarbeitende für HP tätig. Die Fallstudie ist in Zusammenarbeit mit Dr. Anke Hirning, tätig als Business Development Managerin Learning Solutions, HP Education Services EMEA bei der Hewlett-Packard GmbH in Böblingen/Deutschland entstanden (Brahm & Seufert, 2009). Bei HP Education Services handelt es sich um einen Dienstleister für Training und Weiterentwicklung, der alle Phasen des Personalentwicklungsprozesses abdeckt, d. h. Strategieberatung, strategische Personalentwicklung, Trainingskonzeption sowie Einsatz von Learning-Management-Systemen.

4.8.2 Bildungsmaßnahmen in formellen und informellen Kontexten

Integrierter Lernprozess

Bei einem Technologiekonzern wie HP stellen die sehr kurzen Lebenszyklen von Produkten und damit einhergehend des Wissens große Herausforderungen für die Personalentwickler dar. Um diesen Anforderungen gerecht zu werden, besitzt informelles Lernen und der Versuch, das »Informelle zu organisieren« bei HP einen hohen Stellenwert. Die Kompetenzentwicklung der Mitarbeiterinnen und Mitarbeiter findet in einem »integrierten Lernprozess« (Hirning, 2008, S. 165) statt, in dem die Mitarbeitenden zunächst einen Entwicklungsbedarf feststellen, einen Entwicklungs- und Lernplan erstellen sowie den Lernerfolg überprüfen. »Es ist wichtig, dass alle Mitarbeitende verstehen, dass sie selbst für ihre eigene berufliche Weiterentwicklung verantwortlich sind, und dass sie dabei unterstützt werden, die Maßnahmen zur Erreichung ihrer Ziele zu planen und durchzuführen« (Hirning, 2008, S. 165). Die Führungskraft dient in diesem Zyklus als zentraler Ansprechpartner und Coach. Das informelle Lernen in diesen Entwicklungsprozess zu integrieren, ist bei HP sehr ausgeprägt und findet in allen im Kapitel 4 skizzierten Facetten, statt.

Extended Training – Informelles Lernen mit formellem Lernen verzahnen

Extended Training

In der Praxis haben sich bei HP Szenarien des Extended Trainings bewährt: Für die Einarbeitung in neue Themen (Grundausbildung) und für angeleitete praktische Übungen wird formelles Lernen im Klassenraumtraining eingesetzt. Die Vorbereitungsphase steht im Vordergrund, damit die Mitarbeitenden die Relevanz der Maßnahme für ihren eigenen Job erkennen und sich selbst Ziele stecken können. Im

Abb. 69

Fallbeispiel HP: Extended Training

Preparation	Training	Follow-up
▸ Get buy-in and support from management ▸ Prepare students: – Provide information about learning objectives – Clarify and check prerequisites – Bring expectations in line (organisation, manager, student) – Deliver pre-study program (e.g. Podcasts, Quick Tools eLearning)	▸ Learning and development activities – Classroom learning – On/off the job – Self-directed learning – Sharing Best Practices Vernissage – eTesting, Reflection Exercises, Self-Assessments – Action Plan – Learning Logs	▸ Allow and plan timely application of new skills ▸ Ensure support – Additional resources – Follow-up events – Transfer Coaching – Implement support infrastructure ▸ Measure learning success

Quelle: Hirning, 2008, S. 165

Nachgang zum Seminar werden unterschiedliche Unterstützungsmaßnahmen angeboten. Aus den Teilnehmern des Trainings können sich beispielsweise Peer Groups bilden, die sich bei der täglichen Arbeit informell gegenseitig unterstützen, oder es werden Transfer Coaches eingesetzt, die den Mitarbeitenden im Umgang mit dem neuen Thema im Arbeitskontext begleiten und unterstützen.

Moderiertes informelles Lernen – Reflexion am Arbeitsplatz anleiten

Die angeleitete Reflexion am Arbeitsplatz wird bei HP in unterschiedlicher Form unterstützt, wobei insbesondere der Wissens- und Erfahrungsaustausch einen hohen Stellenwert einnimmt. Für die Zusammenarbeit von Arbeitsgruppen in längerfristigen Entwicklungsprogrammen werden vermehrt Wikis eingesetzt, um Ergebnisse aus der Zusammenarbeit wie Erfahrungsberichte und Ergebnisprotokolle zu dokumentieren und zu überarbeiten. Dabei ist es das Ziel, gängige Praktiken zu dokumentieren, kritisch zu reflektieren und weiterzuentwickeln. Weiterhin hat die Führungskraft die Option, ein sogenanntes »Stretch Assignment« mit dem Mitarbeiter zu vereinbaren. Damit wird eine neue Herausforderung im Arbeitskontext bezeichnet, mit der bewusst neue Kompetenzen entwickelt werden sollen. Die Mitarbeitenden erhalten dabei den Vertrauensvorschuss ihrer Führungskraft, in dieses neue Gebiet, das von der Herausforderung her bewusst eine Nummer zu groß ist, »hineinzuwachsen« und stehen im Sinne des Pull-Prinzips als Facilitator zur Verfügung. Coaching und Mentoring Programme sind darüber hinaus im Portfolio von Lern- und Entwicklungsmaßnahmen enthalten, um Beziehungsnetzwerke zu moderieren und dadurch Impulse zur Reflexion im Arbeitskontext zu setzen.

Reflexionsprozesse anleiten

Selbstorganisiertes informelles Lernen – Rahmenbedingungen schaffen

Zentraler Erfolgsfaktor für die Kompetenzentwicklung der Mitarbeitenden stellt bei HP die Praxis einer offenen Lernkultur dar (Hirning, 2008), in der eine Wertschätzung erfolgt, wenn Wissen geteilt wird. Die Aufgabe von Bildungsverantwortlichen ist daher insbesondere, entsprechende Rahmenbedingungen zur Verfügung zu stellen, um Austauschforen und Communities auf Eigeninitiative hin einrichten und pflegen lassen zu können. Ein wichtiges Bindeglied für die zahlreichen zur Verfügung stehenden Technologien stellt eine Social-Networking-Plattform dar. Diese trägt den sprechenden Namen WaterCooler, womit auf den Austausch an den Wasserspendern im Büro angespielt wird, die – sozusagen wie das eher europäische Gespräch an der Kaffeemaschine – den Wissensaustausch und die Weiterentwicklung der Mitarbeitenden unterstützen soll. Ein maßgeblicher Mechanismus, damit Mitarbeiter Bereitschaft zeigen ihr Wissen zu teilen, scheint dabei bei HP zu sein, eine höchstmögliche Transparenz zu schaffen, wer wo aktiv ist. Dies bedeutet, dass alle Beiträge, die ein Mitarbeiter in den zahlreichen Foren und Communities hinterlegt, automatisch im Profil des Mitarbeiters verlinkt und mitgeführt werden. Die Pflege von Beziehungsnetzwerken in einer selbstorganisierten Form nimmt somit bei HP einen hohen Stellenwert ein. Das Engagement und die Unterstützung der Weiterbildung durch den Vorgesetzten werden dabei als wesentlicher Schlüssel zum Erfolg bezeichnet.

Rahmenbedingungen für selbstorganisierte Communities

4.8.3 Schlussfolgerungen: Veränderte didaktische Wertschöpfungskette und Rollen

Die konsequente Umsetzung in einem großen Konzern wie HP, eine stärkere Selbstorganisation für das Lernen in formellen und informellen Kontexten systematisch in die Weiterbildung zu integrieren, zeigt deutlich die Veränderungen, die sich im Weiterbildungsbereich abspielen.

Begleitende Veränderungsprozesse

Das Design von Weiterbildungsmaßnahmen fokussiert daher die Lernprozesse sowie die begleitenden Veränderungsprozesse (MOC, managment of change). Die Umgebung am Arbeitsplatz wird im Rahmen des Projektdesigns eingebunden, beispielsweise bei der Einführung einer neuen strategischen Initiative.

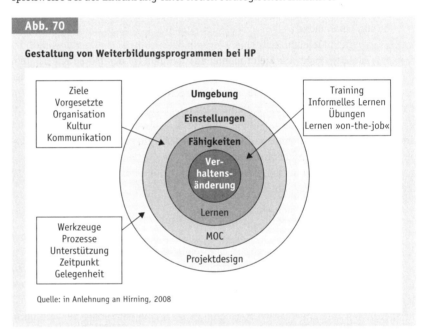

Abb. 70: Gestaltung von Weiterbildungsprogrammen bei HP

Quelle: in Anlehnung an Hirning, 2008

Bildungsmaßnahmen als integrierter Lernprozess

Auf die beiden Aspekte MoC und Projektdesign zur umfassenden Gestaltung von Bildungsmaßnahmen als integrierter Lernprozess wird nachfolgend eingegangen:

1. »Management of Change«, worunter bei HP vor allem Aktivitäten zur Kommunikation mit Mitarbeitenden und ihren Vorgesetzten verstanden werden, die sich insbesondere auf die Einstellungen von Mitarbeitenden auswirken können:
   - Kommunikationskonzept: Information über bevorstehende Veränderung und Einbeziehung aller Beteiligten. Zeitplan, Umfang der Veränderung, Erwartungen, Informationsquellen;
   - Einführungsveranstaltungen: Was wird sich verändern?
   - Einbezug der Vorgesetzten:
     - Entwicklungsziele vereinbaren,
     - Messkriterien für Erfolg festlegen und Einhaltung der Ziele überprüfen,

- Lernressourcen bereitstellen,
- Lernumfeld schaffen und Entwicklung zulassen.
- Lerner auf Lernprozess einstimmen und vorbereiten,
- Information über Training,
- Erwartungen klären,
- Unterstützung am Arbeitsplatz, wie z. B. über Performance Support Systeme, Foren, FAQ, Experten oder Champions,
- Feedbackmöglichkeit.

2. Design der Weiterbildungsmaßnahme, um Lernprozesse, insbesondere das Aneignen von Wissen und Fertigkeiten in formellen und informellen Kontexten, zu gestalten:
   - Ziele der Weiterbildungsmaßnahmen von Organisationszielen ableiten und transparent machen
   - Planung der Maßnahme:
     - Richtige Wahl der Zielgruppen, des Zeitpunkts, der Methoden und des Inhalts
     - Lernbedarf klären und Vorwissen erfragen
   - Umsetzung des Gelernten und Unterstützung sicherstellen.

Der idealtypische Ablauf eines in den Arbeitskontext integrierten Bildungsprogrammes ist im Folgenden abschließend dargestellt:

Abb. 71

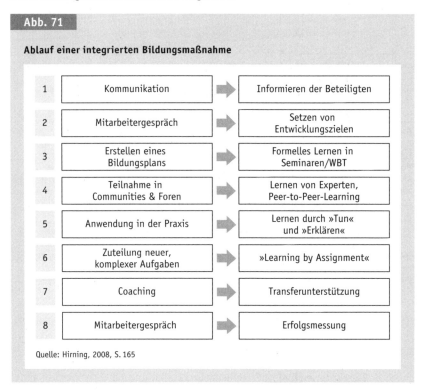

Ablauf einer integrierten Bildungsmaßnahme

1	Kommunikation	Informieren der Beteiligten
2	Mitarbeitergespräch	Setzen von Entwicklungszielen
3	Erstellen eines Bildungsplans	Formelles Lernen in Seminaren/WBT
4	Teilnahme in Communities & Foren	Lernen von Experten, Peer-to-Peer-Learning
5	Anwendung in der Praxis	Lernen durch »Tun« und »Erklären«
6	Zuteilung neuer, komplexer Aufgaben	»Learning by Assignment«
7	Coaching	Transferunterstützung
8	Mitarbeitergespräch	Erfolgsmessung

Quelle: Hirning, 2008, S. 165

4.8.4 Zusammenfassung

Aus der Prozessperspektive werden insbesondere zwei Aspekte aus dieser Fallstudie ersichtlich, welche sich auf die Transferorientierung des Bildungsgangmanagements auswirken:
- *Prozessintegration*: Lernprozesse sind verstärkt in Arbeitsprozesse zu integrieren, um den Transfer und die Nachhaltigkeit von Bildungsmaßnahmen bzw. Lerninterventionen zu fördern.
- *Erweiterung der Prozesse*: Die methodische Erweiterung der Prozesse ist nicht nur auf die methodisch-didaktische Gestaltung von Bildungsmaßnahmen ausgerichtet, sondern beginnt bereits mit der Bedarfsanalyse. Das heißt, bereits in dieser Phase werden notwendige Grundsteine für den Transfererfolg gelegt. Allerdings sollten nicht nur einseitig Top-down-Maßnahmen aus Unternehmens- bzw. Bereichsstrategien abgeleitet, sondern auch Bottom-up-Entwicklungen mit aufgenommen werden, um die Eigeninitiative und Mitverantwortung der Mitarbeitenden und Führungskräfte in der Tat zu stärken. Somit kann eine stärkere Selbstorganisation im Übergang von Push-Prinzipien verstärkt nach Pull-Prinzipien zu handeln als maßgebliche Orientierung festgehalten werden.

Die nachfolgende Tabelle 60 gibt die Zusammenhänge und Ausprägungen aus der Prozessperspektive für ein transferorientiertes Bildungsgangmanagement hinsichtlich der beiden genannten Gestaltungsaspekte wieder:

Tab. 60

Prozessmodell: Veränderungen durch eine stärkere Transferorientierung

Transferaspekte \ Prozesse	Bedarfsanalyse	Planung und Durchführung Lernprozesse	Evaluation und Transfer
Prozess-Integration: Lernen → Arbeiten	▸ Beratung des Fachbereichs ▸ Überprüfung der Anbindung von Maßnahmen an strategische Handlungsfelder	▸ Kontinuierliche Lernprozesse anstatt Lernevents ▸ Einbindung des Fachbereichs ▸ Organisationsentwicklung am Arbeitsplatz zur Überbrückung von Transferhürden	▸ Evaluation Transferfragen, auf Anwendung des Gelernten ▸ Unterstützung Transferprozesse; z.B. on-the-job coaching durch Führungskräfte
Prozesserweiterung: Selbstorganisation Push → Pull	▸ Differenzierte Bedarfserhebung ▸ Dialogformen mit Mitarbeitenden, um Qualifikationsdefizite auszuloten	▸ Neue Transferelemente; z. B. – Learning Logs – Transfernetzwerke – Praktika – Job Rotation ▸ Methoden zur Qualitätssicherung; z. B. – Zertifizierung – Reviewverfahren	▸ Einbezug der Verantwortung der Mitarbeitenden ▸ (punktuelle) Messung des Transfererfolgs

Die Fallstudie HP zeigt darüber hinaus, dass ein transferorientiertes Bildungsmanagement insbesondere den Kulturwandel einer nachhaltigen Lernkultur erfordert. Für nachhaltiges Lernen müssen vor allem Führungskräfte, aber auch Bildungsmanager und Mitarbeitende ihr Rollenverständnis grundlegend ändern – vom Experten zur lernenden Persönlichkeit. Angesichts des enormen Qualifizierungsdrucks der globalisierten Informationsgesellschaft wird eigenverantwortliches Lernen am Arbeitsplatz zum Normalfall. Nachhaltige, auf Transfer ausgerichtete Lernkulturen schaffen dabei die Grundlage dafür, dass sich alle Führungskräfte und Mitarbeitende im Rahmen der Unternehmensstrategie eigeninitiativ und dynamisch weiterentwickeln können.

Transferorientierung in Bildungsprozessen

Aufgaben zu Kapitel 4.8

1. *Analysieren Sie den Ansatz des Designs des Weiterbildungsprogramms bei HP: Welche Rolle und Aufgaben übernimmt das Bildungsmanagement für die Gestaltung von Bildungsprogrammen?*

2. *Wie viele Unternehmen macht auch IBM auf youtube und Facebook auf Ausbildungsplätze aufmerksam (Personalrekrutierung und »Employer Branding«). Darüber hinaus ist die Bedeutung von Medien im Ausbildungsprozess selbst zu klären. Daher soll zunächst eine Bildungsmaßnahme durchgeführt werden, da sich Ausbildungsverantwortliche selbst nicht bewandert genug im Thema sozialer Netzwerke fühlen. Konzipieren Sie bitte ein Weiterbildungstraining für das Ausbildungspersonal in Anlehnung an die Phasen im Blended Learning Design, das die Kompetenzen im Bereich von Social Media erhöhen soll:*
   a) Beschreiben Sie für das Training je ein Lernziel (auf den Ebenen der Sach-, Selbst-, oder Sozialkompetenz)
   b) In welchen Phasen des Blended-Learning-Designs wäre die Adressierung welcher dieser Ziele sinnvoll? Teilen Sie die zuvor beschriebenen Ziele bitte auf die einzelnen Phasen auf.
   c) Entwickeln Sie ein Transferdesign zur Umsetzung der einzelnen Phasen im Blended Learning Design, das Ihren Lernzielen Rechnung trägt. Begründen Sie den Einsatz Ihres Konzeptes und schlagen Sie pro Phase eine Methode zur Umsetzung vor.

3. *Entwickeln Sie einen alternativen Vorschlag dazu, wie Sie die Bildungsmaßnahme in einem informellen Kontext gestalten könnten.*

4. *Wie können Sie dialogorientierte Kommunikationsformen dafür nutzen, um ...*
   a) eine Bedarfsanalyse für dieses Thema durchzuführen und erforderliche Anforderungen zu erheben?
   b) die Bildungsmaßnahme zu evaluieren?

Weiterführende Literatur

Colley, H., Hodkinson, P. & Malcolm, J. (2003). *Informality and formality in learning: a report for the Learning and Skills Research Centre*. Leeds: Lifelong Learning Institute.

Kauffeld, S. (2010). *Nachhaltige Weiterbildung. Betriebliche Seminare und Trainings entwickeln, Erfolge messen, Transfer sichern*. Berlin: Springer.

Sloane, P. F. E. (2007). Bildungsgangarbeit in beruflichen Schulen – ein didaktischer Geschäftsprozess? *Zeitschrift für Berufs- und Wirtschaftspädagogik, 103*(4), 481-496.

Sloane, P. F. E. (2002). Schulorganisation und schulische Curriculumarbeit. In R. Bader & P. F. E. Sloane (Hrsg.), *Bildungsmanagement im Lernfeldkonzept. Curriculare und organisatorische Gestaltung. Beiträge aus den Modellversuchsverbünden NELE & SELUBA* (S. 9-25). Paderborn: Eusl.

5 Mikro-Ebene – Kompetenzentwicklung von Learning Professionals gestalten

Lernziele

Aus dem Blickwinkel des Bildungsmanagements wird auf der Mikro-Ebene das Individuum betrachtet. Die Kompetenzen des Bildungspersonals sind zentral für die Weiterentwicklung einer Bildungsorganisation. Nachdem Sie dieses Kapitel durchgearbeitet haben, werden Sie insbesondere die grundsätzliche Rolle von Learning Professionals, die veränderten Anforderungen, Aufgaben sowie Gestaltungshinweise zur Kompetenzentwicklung verstehen und Beispiele aus der Praxis analysieren können. Die folgenden Kernfragen strukturieren dieses Kapitel:

- *Erhöhung der Lern- und Entwicklungsfähigkeit von Learning Professionals in Bildungsorganisationen:* Weshalb ist die Lern- und Entwicklungsfähigkeit der Individuen, der Learning Professionals, von steigender Bedeutung und Professionalisierung als umfassender, kontinuierlicher Kompetenzerwerb zu verstehen?
- *Kompetenzentwicklung des Bildungspersonals*: Welches sind die veränderten Anforderungen an die Kompetenzentwicklung von schulischem Bildungspersonal? Was sind zentrale Gestaltungsaspekte für die Kompetenzentwicklung des betrieblichen Bildungspersonals?
- *Kompetenzentwicklung von Lernunterstützern am Arbeitsplatz und in der Unterrichtspraxis:* Welche neue, erweiterte Rolle sollen Führungskräfte im Hinblick auf die Kompetenz- und Personalentwicklung einnehmen? Welche Handlungsoptionen haben Führungskräfte und wie können Implementierungsstrategien für die Einbindung von Führungskräften in Bildungsprozesse gestaltet werden?

5.1 Überblick

In Kapitel 1 führte das SGMM für das Management von Bildungsorganisationen in die drei Gestaltungsebenen Makro-, Meso- und Mikro-Ebene ein. Im Rahmen des Bildungsmanagement-Modells stellen sie eine der Perspektiven dar, nach denen die Aufgaben des Bildungsmanagements betrachtet werden können – neben den Perspektiven der Sinnhorizonte und der Entwicklungsmodi. In diesem Kapitel wird näher auf die Mikro-Ebene und die Kompetenzentwicklung von Learning Professionals eingegangen (siehe Abbildung 72).

Die *Miko-Ebene* bezieht sich zum einen auf das mikro-didaktische Gestaltungsfeld der Lehr-Lernprozesse und zum anderen auf Aufgaben der Kompetenzentwicklung von Learning Professionals auf der Individuums-Ebene. Im Rahmen des Bildungsma-

5.1 Mikro-Ebene – Kompetenzentwicklung von Learning Professionals gestalten
Überblick

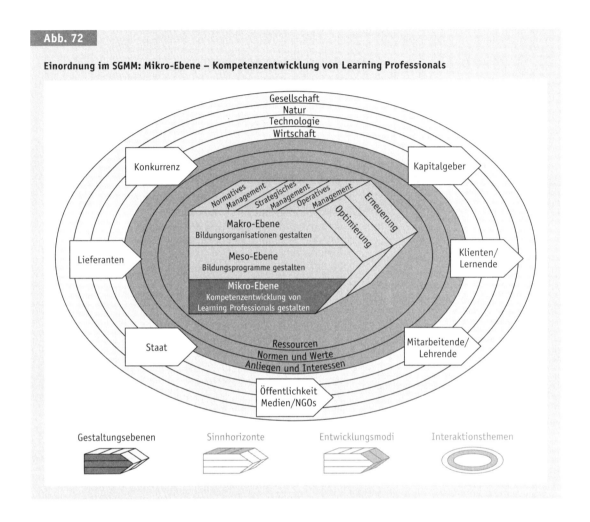

Abb. 72

Einordnung im SGMM: Mikro-Ebene – Kompetenzentwicklung von Learning Professionals

nagements steht somit folgende, übergeordnete Leitfrage dabei im Vordergrund: Wie kann die Kompetenzentwicklung von Learning Professionals gestaltet werden?

Learning Professionals: umfassendes Verständnis von Bildungspersonal

Mit **Learning Professionals** werden alle Bildungsverantwortliche im erweiterten Sinne bezeichnet: Zum einen ist darunter Bildungspersonal zu fassen, welches die Kernaufgabe übernimmt, andere dabei zu unterstützen, sich Kompetenzen anzueignen. Zu Learning Professionals zählen darüber hinaus Personengruppen, welche verstärkt die Rolle als Lernunterstützer in Lern- und Arbeitsprozessen übernehmen. Somit wird mit dem Begriff Learning Professionals Bildungspersonal im erweiterten Sinne bezeichnet.

Mit Learning Professionals wurde bewusst ein recht offener Begriff gewählt, um ein erweitertes Verständnis von Bildungsverantwortlichen zu prägen. Beispiele für die

Überblick 5.1

beiden Kategorien von Learning Professionals verdeutlichen nochmals die Unterschiede:
- *Bildungspersonal im engeren Sinne*: Darunter sind vor allem Lehrpersonen im schulischen oder hochschulischen Kontext oder im betrieblichen Umfeld, wie Trainer und Dozierende, zu fassen. »Aus- und Weiterbilder in Betrieben sind Personen, die Lernen fördern und Erstausbildungs- und/oder Weiterbildungsfunktionen in ihre berufliche Tätigkeit integrieren – vor allem Ausbildungstätigkeiten selbst durchführen – und die in einem privaten und/oder öffentlichen Unternehmen beschäftigt sind« (Eurotrainer Konsortium, 2008, S. 3).
- *Personale Unterstützungssysteme* für Lernprozesse können beispielsweise Tutoren-, Mentoren- oder Coaching-Systeme sein. Eine neue, erweiterte Rolle sollen in diesem Zusammenhang auch die Führungskräfte einnehmen, um arbeitsintegriertes Lernen zu unterstützen. Der Begriff »Lernpromotoren« wird für diese Gruppe häufig verwendet, um den Aspekt der Machtposition (Promotor) für das Lernen herauszustellen.

Um die Kompetenzentwicklung der Learning Professionals zu veranschaulichen, sollen als Ausgangspunkt wiederum die Beispiele aus Kapitel 1 dienen. Im Vordergrund stehen dabei die zuvor geschilderten Perspektiven des schulischen bzw. betrieblichen Bildungspersonals im engeren Sinne sowie der erweiterte Kreis an Lernunterstützern.

Kontext Schule

Versetzen Sie sich wiederum in die Situationen, das Kollegium einer Schule möchte ein neues Leitbild entwickeln oder eine Schule hat mit dem Pilotprojekt »Unterrichten mit Notebook-Klassen« gestartet. Diese Fallsituationen lassen sich auf der Mikro-Ebene wie folgt nach den Perspektiven, Lehrende als Bildungspersonal im engeren Sinne und Lernpromotoren bzw. Lernunterstützern analysieren:

Beispiele: Schule

Tab. 61

Beispiele für die Kompetenzentwicklung von Learning Professionals – Kontext Schule

Individuelle Ebene	Leitbild-Entwicklung	Unterrichten mit Notebook-Klassen
Kompetenzentwicklung von »Bildungspersonal« (Learning Professionals i.e.S.)	▸ Normatives Leitbild ▸ für Lehrende, z. B. Lehrende als Lernbegleiter, Coaches, Ermöglicher von Wissensaneignungsprozessen und Kompetenzerwerb	▸ Kompetenzentwicklung in formalisierten und informellen Kontexten, im Schulalltag ▸ Unterstützung der Lehrenden durch Supportstrukturen
Kompetenzentwicklung von »Lernpromotoren«, »Lernunterstützern« (Learning Professionals i.w.S.)	▸ Normatives Leitbild mit Leitlinien für »Lernpromotoren«, z. B. Schulleitung als Unterstützer der Kompetenzentwicklung des Lehrpersonals	▸ Kompetenzentwicklung in formalisierten und informellen Kontexte, ▸ im Schulalltag ▸ Unterstützung der Schulleitung durch Supportstrukturen, z. B. schulübergreifende Netzwerke

5.1 Mikro-Ebene – Kompetenzentwicklung von Learning Professionals gestalten
Überblick

Kontext Hochschule

Die in Kapitel 1 skizzierten Beispiele aus dem Hochschulkontext bedingen ebenfalls Managementaufgaben auf der Mikro-Ebene, die nach den Perspektiven Lehrende und Lernpromotoren bzw. Lernunterstützern differenzieren lassen:

Beispiele: Hochschule

Tab. 62

Beispiele für die Kompetenzentwicklung von Learning Professionals – Kontext Hochschule

Individuelle Ebene	Einführung eines neuen Masterprogramms	Weiterentwicklung bestehender Bildungsmaßnahmen

Kompetenzentwicklung von Lehrpersonal, Bildungspersonal	▸ Etablierung der neuen Rolle des Programm-Managers: neue Anforderungen an Programm-Leitungen
	▸ Kompetenzentwicklung in formalen und informellen Kontexten
	▸ Lernbegleitung über das Bildungsprogramm hinweg; z. B.
	  – Reflexionselemente
	  – portfolio-basierte Kompetenzentwicklung
		▸ Weiterentwicklung der vorhandenen Rolle des Programm-Managers:
		▸ Programmentwicklung statt -administration
		▸ Kompetenzentwicklung in formalen und informellen Kontexten
		▸ Lernbegleitung über das Bildungsprogramm hinweg
		  – z. B. Reflexionselemente
		  – portfolio-basierte Kompetenzentwicklung

Kompetenzentwicklung von »Lernpromotoren«, »Lernunterstützern«	▸ Kompetenzentwicklung fördern: Tutoren-, Mentoren-, Coaching-Systeme;
	▸ Einbezug zusätzlicher Rollen; z. B.
	  – Wissenschaftlicher Beirat
	  – Expertengruppe z.B: durch Austauschformate
		▸ Kompetenzentwicklung fördern: Erweiterung um
		  – Lernbegleitung
		  – Tutoren-, Mentoren-, Coaching-Systeme; z. B. durch Trainings für Tutoren, Austauschformate

Kontext Betriebliche Weiterbildung

Für die beiden typischen Fälle der betrieblichen Weiterbildung können ebenfalls wiederum die Gestaltungsaufgaben der Mikro-Ebene nach den unterschiedlichen Zielgruppen der Kompetenzentwicklung von Learning Professionals aufgezeigt werden:

Beispiele: Betriebliche Weiterbildung

Tab. 63

Beispiele für die Kompetenzentwicklung von Learning Professionals – Kontext betriebliche Weiterbildung

Individuelle Ebene	Neugestaltung von Bildungsmaßnahmen zur Transferförderung (z. B. Blended Learning)	Qualitätsmanagement – Bildungscontrolling einer Firmenakademie
Kompetenzentwicklung von Bildungspersonal	▸ Kompetenzen entwickeln für die Gestaltung und Umsetzung transferorientierter Bildungsmaßnahmen ▸ Berücksichtigung transferförderlicher Faktoren der Lernprozessgestaltung	▸ Lern- und Entwicklungsoptionen für das Bildungspersonal ▸ Formulierung von Qualitätskriterien an das Lehrpersonal

Kompetenzentwicklung von »Lernpromotoren«, insbesondere Führungskraft	▸ Unterstützung des Lerntransfers als Führungskraft; z. B.
	  – Vor- und Nachbereitungsgespräche durchführen
	  – Erfahrungsaustauschfördern
	  – Möglichkeiten der Anwendung zur Verfügung stellen
		▸ Lern- und Entwicklungs-optionen einer CU für Führungskräfte; z. B. Einbindung in Bildungsprozesse
		▸ Formulierung von Qualitätskriterien an die Lernpromotoren einer CU

Überblick 5.1

Veränderungen der Umwelt in allen Kontexten – Beispiel Mediatisierung

Das sektorenübergreifende Interaktionsthema einer zunehmenden Mediatisierung bietet ebenfalls exemplarische Überlegungen, um die Herausforderungen der Mikro-Ebene als Gestaltungsbereich aufzuzeigen:

Beispiel Interaktionsthemen: Mediatisierung

Tab. 64

Beispiele für die Kompetenzentwicklung von Learning Professionals – Kontextübergreifende Veränderungen

Individuelle Ebene	Zunehmende Mediatisierung in der Gesellschaft: veränderte Kommunikation mit Anspruchsgruppen
Kompetenzentwicklung von »Bildungspersonal«	▸ Kompetenzentwicklung im Umgang mit Medien in formellen und informellen Kontexten ▸ Unterstützung durch Wissensaustausch und Metadiskussion des Problemlösungslernens; z. B. – kollegiale Fallbearbeitung – Diskussion von Fällen etc. ▸ Beratungs- und Supportangebote, Möglichkeiten zur Selbstevaluation, Austauschforen, Anlaufstellen zur Beratung; z. B. bei Cybermobbing
Kompetenzentwicklung von »Lernpromotoren«, Lernunterstützern«	▸ Unterstützungsangebote für Leitungsfunktionen; z. B. – kollegiale Fallbearbeitung – schulübergreifende Netzwerke zu gesellschaftlichen Entwicklungen

Die Beispiele zeigen bereits konturenhaft auf, dass sich die Kompetenzentwicklung in den jeweiligen Organisationskontexten maßgeblich voneinander unterscheiden kann. Daher ist im nachfolgenden Abschnitt 5.2 zunächst zu klären, was die Besonderheiten der Kompetenzentwicklung in den jeweiligen Bildungskontexten charakterisiert. Darüber hinaus soll auf die gestiegene Bedeutung der Lern- und Entwicklungsfähigkeit von Individuen sowie auf den Aspekt der Professionalisierung und des kontinuierlichen Entwicklungsprozesses eingegangen werden. Damit sind die Grundlagen für das Verständnis gelegt, die Kompetenzentwicklung der Learning Professionals als integralen Bestandteil der Entwicklung von Bildungsorganisationen zu betrachten.

Die Schwerpunkte dieses Kapitels bilden die Abschnitte 5.3 und 5.4 die Gestaltung der Kompetenzentwicklung des Bildungspersonals, wobei das schulische (Abschnitt 5.3.1) und das betriebliche Bildungspersonal (Abschnitt 5.3.2) differenziert werden. Anschließend wird auf die Kompetenzentwicklung von Lernunterstützern (Abschnitt 5.4) und insbesondere auf die Einbindung von Führungskräften als Lernpromotoren in Bildungsprozesse näher eingegangen.

Zusammenfassend lässt sich festhalten, dass aus der Perspektive des Bildungsmanagements von Organisationen die Gestaltung der Kompetenzentwicklung von Learning Professionals im Zentrum der Mikro-Ebene steht.

5.2 Mikro-Ebene – Kompetenzentwicklung von Learning Professionals gestalten

Kompetenzentwicklung von Learning Professionals

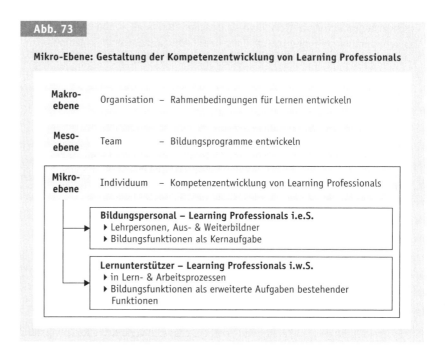

Abb. 73

Mikro-Ebene: Gestaltung der Kompetenzentwicklung von Learning Professionals

Im nächsten Abschnitt wird zunächst auf die Integration der Kompetenzentwicklung von Learning Professionals in das Management von Bildungsorganisationen eingegangen. Diese Überlegungen stellen den Ausgangspunkt für die Ausführungen zur Kompetenzentwicklung dar.

5.2 Kompetenzentwicklung von Learning Professionals als integraler Bestandteil des Bildungsmanagements in Organisationen

5.2.1 Learning Professionals in unterschiedlichen Kontexten

Die Entwicklung zur Wissensgesellschaft verändert die allgemeinen Arbeitsbedingungen und verlangt zunehmend von allen Beteiligten ein hohes Maß an Eigenverantwortlichkeit, Selbständigkeit und Weiterbildungsinitiative. Mit Learning Professionals werden alle Akteure bezeichnet, welche die Kompetenzentwicklung der Lernenden direkt oder indirekt unterstützen. Für die lernende Organisation können neue Ausgangspunkte für das Lernen herangezogen werden (vgl. Kapitel 2, normatives Bildungsmanagement). Ein Auszug dieser normativen Grundannahmen ist in nachfolgender Tabelle 65 nochmals dargestellt:

Tab. 65

»Alte« vs. »neue« Ausgangspunkte für das Lernen in Organisationen

»Alt«: Von der Fokussierung auf...	»Neu«: Zur Integration von...
▸ Umwelt stabil und kalkulierbar	▸ Umwelt instabil und unkalkulierbar
▸ Paternalistische Führung ▸ kontrollierende, transaktionale Führungsaufgaben	▸ Mitarbeitende als Partner ▸ entwicklungsorientierte, transformationale Führungsaufgaben
▸ Mitarbeitende als technokratische Problemlöser ▸ Lernende als »Rezipienten«	▸ Mitarbeitende als »reflexive Praktiker« ▸ Lernende als »autonome Lerner«
▸ Individuum lernt fremdgesteuert	▸ Individuum lernt primär selbstgesteuert
▸ Fokus auf Individuum	▸ Fokus auf Individuum, Team und Organisation (Lernkultur)
▸ Lehrpersonen als »Vermittler« ▸ Lernen wird durch Lehrende bewirkt	▸ Lehrpersonen als »Lernbegleiter« ▸ Lernen wird durch Lehrende, Peers, Vorgesetzte, Medien etc. unterstützt

Aus diesen Überlegungen heraus wird deutlich, dass sich veränderte Rollenverständnisse für Lernende, Lehrende sowie sonstige Lernpromotoren, wie z. B. Führungskräfte, für das Lernen am Arbeitsplatz ergeben. Dabei ist die Abstimmung der Rollenverständnisse zwischen den jeweiligen Akteuren entscheidend. Die veränderte Rolle von Lehrpersonen – vom Wissensvermittler zum Lernbegleiter – sollte daher nicht isoliert betrachtet werden. Vielmehr sind die veränderten Rollenverständnisse unter einem Dreieck der Zusammenarbeit zwischen Lernenden, Bildungsverantwortlichen i. e. Sinne, Lehr- und Ausbildungspersonen sowie Lernpromotoren als Unterstützer von Lernprozessen am Arbeitsplatz zu sehen (siehe Abbildung 74).

In dieses Verständnis können auch die Lernenden selbst als »Learning Professionals« aufgenommen werden, da sie sich zunehmend die Kompetenzen erwerben sollen, lebensbegleitendes Lernen zu verfolgen. Je nach Bildungskontext sind die Ziele, die sich mit der Förderung von überfachlichen (Selbst-)Lernkompetenzen verbinden lassen, stärker akzentuiert oder sie werden zunehmend vorausgesetzt in der Weiterbildung. Häufig sind neue didaktische Konzepte deshalb nicht besonders erfolgreich, weil die erforderlichen Lernkompetenzen gestärkt werden müssen. So sieht beispielsweise Czycholl (2009, S. 193, zit. in Ulmer, Weiss & Zöller, 2012) als »das mühsamste Ausbildungsziel der nächsten Zeit, die Auszubildenden und die Schüler zu einem selbstorganisierten Lernen zu befähigen« (S. 14).

Kontext Schule und Hochschule

Im Bereich der Schule sowie auch der Hochschule repräsentieren Lehrpersonen das Bildungspersonal, welches überwiegend über Fachdisziplinen sozialisiert ist. Insbesondere in der Hochschule ist die Zugehörigkeit zu einer fachlichen Disziplin sehr hoch ausgeprägt und u. U. höher als zur Bildungsorganisation. Im Schulbereich ist der Trend zu Steuerungsmodellen zu beobachten, die den einzelnen Schulen im

Autonomie von Lehrpersonen

5.2 Mikro-Ebene – Kompetenzentwicklung von Learning Professionals gestalten
Kompetenzentwicklung von Learning Professionals

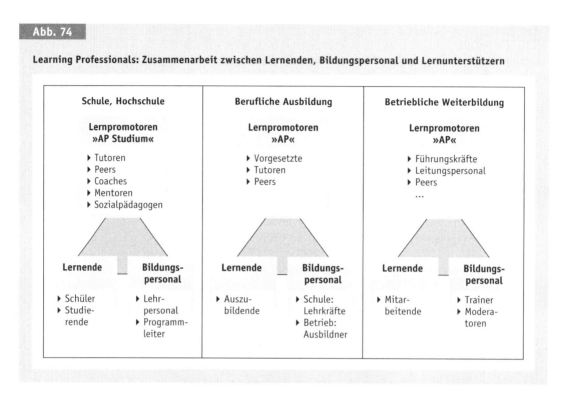

Abb. 74

Learning Professionals: Zusammenarbeit zwischen Lernenden, Bildungspersonal und Lernunterstützern

Rahmen einer Schulentwicklung mehr Autonomie geben. Euler (2002) führt in diesem Zusammenhang pädagogische sowie ökonomische Argumente an: »Mit Hinweis auf empirische Befunde wird angefügt, dass sich ›gute‹ Schulen u. a. durch ein hohes Schulethos, eine bewusst gestaltete Schulkultur, eine gute Kommunikation und Zusammenarbeit, die Fähigkeit zur Selbstentwicklung und Selbstbeurteilung sowie eine ausgeprägte Leistungsorientierung auszeichnen. Diese Ausprägungen ließen sich nicht durch Anweisungen von oben erreichen, sondern sie erforderten maßgeblich eine Entwicklung von unten. Eine notwendige, wenn auch nicht hinreichende Bedingung sei die Gewährung von Gestaltungsfreiräumen (Autonomie), deren Nutzung von allen Beteiligten spezifische Bereitschaften und Fähigkeiten erfordert. Wesentlich sei ein ›empowerment‹ im Sinne der Übertragung von Verantwortung an Personen und Institutionen, um deren Leistungsfähigkeit zu steigern« (S. 7).

Neue Anforderungen an Lehrpersonen

Aus Organisationssicht der Schule führt er darüber hinaus einen Argumentationsstrang aus, dass »zentralistisch gesteuerte Organisationen insbesondere in Zeiten eines rasanten Wandels eine geringere Innovationskraft, eine geringere Anpassungsfähigkeit an veränderte Rahmenbedingungen und ein niedrigeres Motivationspotenzial für ihre Mitarbeitenden bieten. In Zeiten des schnellen Wandels in der Umwelt einer Organisation sei es demnach notwendig, die Steuerung der Organisation verstärkt in deren Autonomie zu stellen« (Euler, 2002, S. 7). Allerdings betont Euler (2002, S. 7) auch, dass Kritiker einwenden, ein Bildungssystem könne dadurch

Finanzkürzungen einfacher durchsetzen, da die Verantwortung dezentral auf die Schulen verlagert werden kann. Aus diesen Veränderungen heraus lässt sich erkennen, dass die neuen Steuerungsmodelle durchaus Spannungsfelder für eine Schule und insbesondere für Lehrpersonen bedeuten. So formuliert Euler (2002) treffend: »Mehr Autonomie im Rahmen einer Schulentwicklung kann aus Sicht der Lehrkräfte auch bedeuten, Verantwortung in Fragen zu übernehmen, die sie nicht wollen« (S. 7). Eine höhere Autonomie bringt daher oft Veränderungen von Gestaltungsbereichen mit sich, für die man sich bisher nicht engagieren musste. An die einzelne Lehrperson werden somit neue Anforderungen gestellt, die etwa die Teamentwicklung oder Aufgaben in Zusammenhang mit der Schulentwicklung als Ganzes betreffen. Dies kann für die Einzelperson, deren Kerngeschäft die Unterrichtsgestaltung ist, mehr Belastung und Legitimationspflicht mit sich bringen. Es entsteht ein größerer Abstimmungsbedarf. Die Bilanz dieser erweiterten Aufgabenerfüllung ist individuell sehr verschieden und variiert je nach Präferenzen und Arbeitsverständnis.

Die weitreichenden Veränderungen in den Schulen erfordern daher gesonderte Anstrengungen in der Aus- und Weiterbildung der Lehrkräfte. Eine entscheidende Rolle spielen dabei auch personale Unterstützungsmöglichkeiten, wie die Schulleitung oder Tutoring-, Mentoring- und Coaching-Systeme, welche das Lernen in der Unterrichtspraxis begleiten können.

Kontext Berufliche Ausbildung
Die duale Berufsausbildung ist geprägt durch die Lernortkooperation von Schule und Ausbildungsbetrieb. Lernende sind Auszubildende, die an verschiedenen Lernorten lernen und in den Lehrbetrieben bereits als Mitarbeitende mit entsprechendem Lehrvertrag arbeiten. Das Bildungspersonal wird dadurch in erster Linie durch die Lehrpersonen sowie die verantwortlichen Ausbildner in den Lehrbetrieben repräsentiert.

Bylinski (2011, S. 18) betont in diesem Bildungskontext die Kernkompetenzen für »pädagogisches Übergangshandeln«, die aus den Anforderungen einer individuellen Übergangsbegleitung und eines strukturellen Übergangsmanagements resultieren. Die Zusammenarbeit in der Lernortkooperation auf der Ebene des Bildungspersonals ist durchaus nicht unproblematisch. Durch die »Ungleichheit der Netzwerkpartner und ihre jeweils unterschiedlichen kontextuellen Bedingungen« (S. 18) erschwert sich die Zusammenarbeit der pädagogischen Fachkräfte auf der operativen Ebene. Das betriebliche Ausbildungspersonal und die Lehrpersonen in den Berufsschulen konkurrenzieren teilweise untereinander in der Gunst um die Jugendlichen. Darüber hinaus existieren Vorbehalte und spezifische Erwartungen werden an die jeweils andere Berufsgruppe in Schule und im Ausbildungsbetrieb gerichtet. »Blockierend wirkt sich aus, dass die Sicht auf die andere Berufsgruppe weitgehend aus der eigenen Perspektive und ihrem Kontext heraus bestimmt ist, d.h. wenig über den ›eigenen Tellerrand‹ geschaut wird. Hier scheinen spezifische Arbeits- und auch Lebenswelten aufeinander zu treffen, die verhindern, dass Annäherung stattfindet. Diese wäre jedoch für den Aufbau einer konstruktiven Zusammenarbeit erforderlich« (Bylinski, 2011, S. 20). Wie empirische Untersuchungen allerdings aufzeigen (Bylinski, 2011) scheinen diese gegenseitigen Ressentiments

Neue Anforderungen an Bildungspersonal in der Lernortkooperation

mit der positiven Erfahrung der Zusammenarbeit mehr und mehr abzunehmen. Für die Professionalisierung des Bildungspersonals im Übergang von der Schule in die Arbeitswelt, sind deshalb neben der zunehmenden Anforderung an Kompetenzen zur individuellen Beratung und Begleitung, auch Kompetenzen zum Aufbau von Kooperation und Vernetzung für eine konstruktive Zusammenarbeit der verschiedenen Lernorte erforderlich. Zur Lernunterstützung sind daher lernortübergreifende Netzwerkstrukturen zu beachten.

Kontext Weiterbildung

Neue Anforderungen an Bildungsverantwortliche

In der Weiterbildung wird von den Mitarbeitenden ein eigenverantwortliches Lernen erwartet und dass sie sich für ihre Kompetenz- und Karriereentwicklung mitverantwortlich fühlen. Die Forderungen nach einer höheren Selbstorganisation von Mitarbeitenden in vernetzten Arbeitsstrukturen hat Folgen für die Aufgaben von Führungskräften: Es gibt mehr Aufgaben und mehr Verantwortung im Hinblick auf die Entwicklung ihrer Mitarbeitenden. Führungskräfte müssen ihre Mitarbeitenden künftig stärker dabei unterstützen, mehr Selbstverantwortung zu übernehmen, mehr Eigeninitiative in Arbeits- und Problemlösungsprozessen zu zeigen und somit insgesamt einen eigenen Beitrag zum organisationalen Lernen zu leisten. Die Profession der Weiterbildner in Unternehmen unterliegt derzeit einem Wandel. Während bisher die klassischen Rollenverständnisse des Trainings darunter zu subsummieren waren, erweitert sich das Aufgaben- und Tätigkeitsspektrum nun immens. Bildungsverantwortliche übernehmen zunehmend die Aufgabe eines »Facilitators« (»Ermöglichers«) von Lernen. Bei diesem Konzept stehen die Lernenden im Fokus, die sich selber Ziele setzen, sich selbstgesteuert mit Themen auseinandersetzen und sich neues Wissen aneignen. Auf einem ähnlichen Rollenbild basiert im deutschsprachigen Raum die Rolle des »Lernprozessbegleiters«. Dieser steht den Lernenden beratend zur Seite und unterstützt sie dabei, sich eigenverantwortlich und selbstbestimmt neues Wissen und neue Kompetenzen anzueignen (Sausele-Bayer, 2011).

Neue Anforderungen an Führungskräfte

Da zunehmend eine Dezentralisierung und Verschiebung der Kompetenzentwicklung in den Prozess der Arbeit stattfindet, müssen Führungskräfte in ihrer neuen Rolle Unterstützung durch das Bildungsmanagement erhalten. Auch hier stellt sich die Frage, wie Bildungsverantwortliche aus der Ferne die Rolle des Coachs und Unterstützers für Führungskräfte übernehmen können. Die Facilitator-Rolle der Bildungsverantwortlichen hat somit nicht nur die Lernenden im Blick, sondern erweitert sich auch hinsichtlich der Unterstützung von Führungskräften.

Übergreifend für alle Bildungskontexte lässt sich festhalten, dass die Anforderungen an das Bildungspersonal, Lehrkräfte, Aus- und Weiterbildner, gestiegen sind. Zudem wird deutlich, dass Lernen vermehrt durch personale Unterstützung direkt am Arbeitsplatz gefördert werden kann. Für das Bildungsmanagement in Organisationen stellt sich daher die Frage, wie die Kompetenzentwicklung des Bildungspersonals sowie der Lernunterstützer erfolgen kann.

5.2.2 Gestiegene Bedeutung der Lern- und Entwicklungsfähigkeit von Learning Professionals

Die Kompetenzen des Bildungspersonals sind zentral für die Weiterentwicklung der Bildungsorganisation sowie von Bildungsprogrammen bzw. generell der didaktischen Qualitätsentwicklung. Das Leitbild der Lernenden Organisation kann nur getragen werden, wenn das Lernen von Individuen, Teams und der gesamten Organisation in den Fokus der Betrachtung rückt.

Wie bereits deutlich wurde, erfordern die tief greifenden Veränderungen auf den mikro-, meso- und makro-didaktischen Gestaltungsdimensionen der Bildung entsprechende Weiterbildungsanstrengungen des Lehr- und Ausbildungspersonals. Die derzeitigen Befunde zur Kompetenzentwicklung des Bildungspersonals zeigen allerdings ein anderes Bild. Obwohl die Forschungslage zurzeit noch fragmentarisch ist, werden in der Weiterbildung von Lehrpersonen sowie von Führungspersonal in Schulen Mängel aufgezeigt und diskutiert (Euler, 2006, S. 32). Insgesamt sind die derzeitigen Angebote nicht genügend transferorientiert und weisen ungenügende Verbindungen zu den schulbezogenen Prozessen einer Organisations- und Personalentwicklung auf. Zwar nimmt die Schulleitung eine wichtige Schnittstelle zwischen diesen Bereichen ein, ihre Aus- und Weiterbildung ist jedoch erst seit kurzem in das Blickfeld systematischer Gestaltung gerückt und es bestehen Forschungslücken zu dieser Thematik. Auch die Weiterbildung des betrieblichen Bildungspersonals steht im Fokus der Kritik. Zusammenfassend kann mit Euler (2006, S. 31) festgehalten werden, dass die Bildungsangebote sowohl in curricularer wie auch methodisch-didaktischer Hinsicht verbesserungswürdig sind und sie zurzeit nur partiell die richtigen Zielgruppen erreichen.

»Bei der Weiterbildung des Lehr- und Ausbildungspersonals geht es nicht nur um die isolierte Konzeptualisierung von personalen Seminarangeboten, sondern die Bildungsaktivitäten sind einzubetten in korrespondierende Initiativen zur Gestaltung förderlicher Strukturen und Kulturen in der jeweiligen Institution« (Euler, 2006,

Abb. 75

Verzahnung von Kompetenz-, Programm- und Organisationsentwicklung

S. 29). Dadurch wird deutlich, dass die Kompetenzentwicklung von Learning Professionals eine Verankerung im Management von Bildungsorganisationen finden sollte, d. h. eine Verankerung in Prozesse von (Hoch-)Schulentwicklung oder betrieblichem Bildungsmanagement (siehe Abbildung 75).

5.2.3 Professionalisierung als kontinuierlicher Entwicklungsprozess

Normative Ausgangspunkte für das Lernen in Organisationen sind eng mit dem Leitbild des reflexiven Praktikers verbunden. In diesem Zusammenhang bedeutet die »Entwicklung einer didaktischen Professionalität, die Anwendung allgemeiner Theorien in konkretes Handeln ein zu üben und didaktische Anforderungen in der Haltung des denkenden Praktikers beziehungsweise des praktischen Denkers zu bewältigen« (Euler & Hahn, 2007, S. 33). Für Learning Professionals liegt daher die Annahme zugrunde, dass professionales pädagogisches Handeln das Zusammenwirken dreier Dimensionen erfordert (Arnold, 2005):

Leitbild reflexiver Praktiker

1. *Wissen*, das insbesondere für die Planung und Organisation von pädagogischem Handeln benötigt wird;
2. *Können*, u.a. in Hinblick auf die Gestaltung pädagogischen Handelns und zur Umsetzung von Methoden sowie
3. *Reflexion*, wie beispielsweise über Planung und Durchführung des Unterrichts.

> Unter **Professionalisierung** wird **ein umfassender Erwerb beruflicher Kompetenzen** verstanden (Ulmer et al., 2012, S. 10), der sich in einer Profession vom Novizen bis zum Experten erstrecken kann. »Professionalität baut sich schrittweise auf, wobei dieser Prozess im Idealfall in einem kontinuierlichen Wechsel von praxisbezogener Reflexion und theoriegeleiteter Praxisgestaltung verläuft« (Euler & Hahn, 2007, S. 32).

Wenn unterrichten als Profession betrachtet wird, impliziert dies, dass der Wissensfundus einer Lehrperson nicht statisch ist: »teaching is more than the delivery of prescribed knowledge using a range of strategies, but it's a dynamic relationship that changes with different students and contexts« (Aubusson, Ewing and Hoban, 2009, S. 7). Sloane (2004, S. 31) vergleicht in diesem Zusammenhang sogar die Lehrertätigkeit mit einer »genuin wissenschaftlichen Tätigkeit«, da Lehrpersonen ihre eigene Praxis erforschen sollten und am besten noch im Team, wie es Sloane (2004, S. 31) im Rahmen der diskursiven Maßnahmenplanung auf der Meso-Ebene als erforderlich erachtet: »Es geht immer darum, Maßnahmen experimentell zu begreifen: man erprobt Neues und revidiert dies, wenn es nicht den notwendigen Erfolg zeigt. Oder: man führt einmal Erprobtes nicht immer wieder durch, sondern passt es den neuen Bedingungen immer wieder an. Die enge Anbindung an ein Verständnis von Qualitätsentwicklung, das sich auf formative Selbstevaluationen stützt und kultiviert ist offensichtlich, Qualitätsentwicklung als Reise, nicht als Plan zu verstehen« (vgl. Kapitel 5.3.4).

Zentral für die pädagogische Professionalität ist Selbstreflexivität, d. h. das Hinterfragen der eigenen Schemata in Bezug auf Denken, Wahrnehmung und Handeln. So stellt Bylinski (2011) treffend fest: »Benötigte Kompetenzen beziehen sich auf Kenntnisse, Fertigkeiten und Haltungen der pädagogischen Fachkräfte. Professionalisierung ist ein Entwicklungsprozess, der formale Qualifikationen, (Berufs-)Erfahrungen und informell erworbene Kompetenzen einschließt« (S. 19).

Somit beziehen Learning Professionals ihr Wissen und Können nicht aus einer einzelnen Quelle. Es entwickelt sich vielmehr im Laufe der Zeit in Abhängigkeit ihrer Berufsbiografie und aufgrund von Erfahrungen in anderen lebensweltlichen Zusammenhängen. In der Weiterbildung von Lehrpersonen sollten deshalb diese individuellen Potenziale aufgegriffen und systematisiert werden, damit sie für den Aufbau pädagogischer Handlungskompetenzen nutzbringend sind.

Für die Kompetenzentwicklung von Bildungspersonal und Lernunterstützern sind daher erfahrungsbasierte Lernformen von zentraler Bedeutung. Das bekannteste Modell repräsentiert der Lernzyklus von David A. Kolb (1984, S. 38), der in der Erwachsenenbildung und insbesondere in der Lehrerbildung eine prominente Stellung einnimmt. Kolb (1984) definiert Lernen folglich als »a process whereby knowledge is created through the transformation of experience« (S. 38). Der Prozess besteht gemäß Kolb aus einem Zyklus des Lernens aus Erfahrungen in vier Phasen, wie nachfolgende Abbildung aufzeigt:

Professionalisierung als Kompetenzerwerb

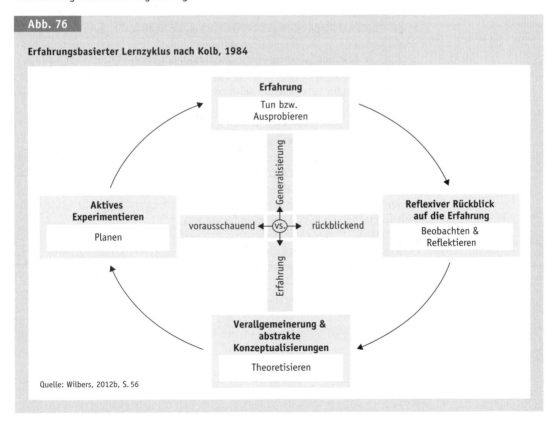

Abb. 76

Erfahrungsbasierter Lernzyklus nach Kolb, 1984

Quelle: Wilbers, 2012b, S. 56

5.2 Mikro-Ebene – Kompetenzentwicklung von Learning Professionals gestalten
Kompetenzentwicklung von Learning Professionals

Erfahrungsbasierter Lernzyklus nach Kolb

- *Erfahrung*: In der ersten Phase werden konkrete Erfahrungen gesammelt (concret experiences), wobei es in besonderer Weise darauf ankommt, Beziehungen zu Personen herzustellen und sensibel gegenüber Gefühlen und Personen zu sein.
- *Reflexiver Rückblick auf die Erfahrung:* In der zweiten Phase werden die so erlangten Erfahrungen beobachtet und reflektiert (observation & reflection). Zunächst sollen Beobachtungen gemacht werden, dann erfolgen Beurteilungen, bei denen das zu Beobachtende aus mehreren Perspektiven betrachtet wird.
- *Verallgemeinerung und abstrakte Konzeptualsierungen:* In der dritten Phase werden auf Basis der Reflektionen und Erfahrungen abstrakte Konzepte geformt (forming of abstract concepts). Bei der Verallgemeinerung und der abstrakten Konzeptualisierung erfolgt eine nüchtern-logische Analyse.
- *Aktives Experimentieren*: In der vierten Phase werden diese Konzepte ausprobiert (active experimenting). Beim aktiven Experimentieren sollen Dinge umgesetzt, Risiken übernommen und Personen beeinflusst werden.
- Schließlich beginnt der Prozess mit dem Sammeln konkreter Erfahrungen erneut (active experimentation).

Nach Kolb können die Startpunkte für Lernen variieren. Nicht immer muss die erste Phase die der konkreten Erfahrungen sein, insbesondere ist es möglich, den Prozess mit dem Theoretisieren zu starten (Kolb & Kolb, 2005). Den vier Phasen liegen zwei Achsen zugrunde. Während die eine Achse das Spannungsverhältnis zwischen konkreter Erfahrung und abstrakter Generalisierung einbezieht, berücksichtigt die andere Achse dasjenige zwischen reflektierend-zurückblickendem und vorausschauend-planendem Umgang mit einer Situation (Abbildung 76).

Die Beantwortung der Frage, inwieweit Lernen immer zu Kompetenzentwicklung führt, hängt nicht zuletzt vom zugrundeliegenden Lernverständnis ab (vgl. Kapitel 4.4.3 zu informellem Lernen).

Abgrenzung von Kompetenz und Performanz
Kompetenzen werden durch Lernen erworben, d. h. Lernen ist eine Kompetenzentwicklung. Kompetenzentwicklung bzw. Lernen führt von einer Lernausgangslage zu einem Lernergebnis. Die Kompetenzentwicklung korrespondiert folglich mit einer Änderung der Performanz (s. nachfolgende Abbildung 77). Aber was ist dann der Unterschied zwischen Kompetenz und Performanz?

Kompetenzen als Potenzial und Performanz als Leistung

Kompetenz ist eine Disposition, die dem Individuum ermöglicht, variable Situationen selbständig, erfolgreich und verantwortungsvoll zu gestalten. In Bezug auf Kompetenz zielt die Disposition darauf ab, dass ein Individuum die Möglichkeit oder die Macht besitzt, über seine eigenen Kenntnisse und Fertigkeiten zu disponieren. Damit kann sie darüber entscheiden, ob diese situationsabhängig eingesetzt werden können oder nicht.

5.2 Kompetenzentwicklung von Learning Professionals

> **Performanz** als direkt beobachtbar: Situative Faktoren und Kompetenzen in einer Situation führen zur Performanz bzw. ermöglichen eine gewisse Leistung zu einem Zeitpunkt. Die zu diesem Zeitpunkt gezeigte Performanz ist ein Indiz für die erworbene »neue« Kompetenz.

Kompetenzentwicklung (d. h. Lernen) muss nicht zwangsläufig in einer Änderung der Performanz resultieren. Zwischen Kompetenz und dem effektiven Handeln besteht somit ein Graben, der nicht selbstredend »übersprungen« wird. Dass dies nicht immer unproblematisch ist, erklärt Wilbers (2012b, S. 57) anhand der Tatsache, dass der Mensch manchmal wider besseres Wissen und gegen seine Überzeugung unmoralisch handelt, was ein Indiz dafür sei, dass der Mensch kein Automat ist.

Maßnahmen zur Kompetenzentwicklung für Learning Professionals sind an erfahrungsbasierte Lernformen anzuknüpfen und sollten daher mehr umfassen als formal organisierte Weiterbildung. Neue didaktische Modelle brauchen auch neue Möglichkeiten und Formen der Professionalisierung des Lehrerhandelns. In diesem Zusammenhang sind besonders die informellen Lernwege beachtenswert, denn sie zielen auf ein unmittelbares Lernen im Arbeitsprozess ab und steuern daher auf eine praxisnahe und zielorientierte Kompetenzentwicklung hin, was auf formellen Lernwegen seltener möglich ist.

Abb. 77

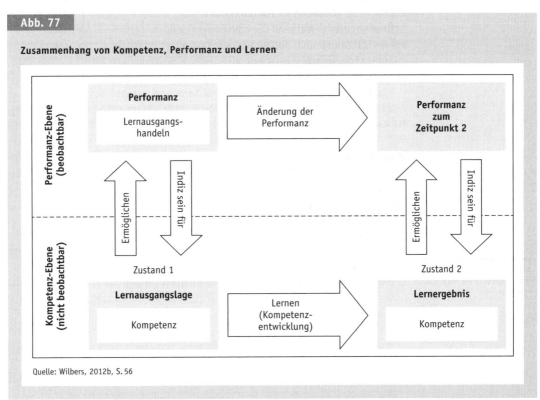

Zusammenhang von Kompetenz, Performanz und Lernen

Quelle: Wilbers, 2012b, S. 56

Erfahrungs- und Theoriewissen

Wie Abbildung 76 zum Lernen aus Erfahrung aufzeigt, steht das Sammeln von Erfahrungen am Anfang eines längeren Prozesses, der jedoch ohne (Selbst-)Beobachtung und (Selbst-)Reflexion nicht fortgeführt wird. Für Lehrpersonen ist es daher wichtig, nicht in die »Erfahrungsfalle« zu tappen, d. h. unreflektiert auf die Erfahrung im Lehrberuf zu vertrauen bzw. sich darauf zu berufen. Die verallgemeinernde Aussage »Nach meiner Erfahrung ...« verhindert das Nachdenken über Kontexte, die jedoch durchaus sehr unterschiedlich sein können. Denn vielleicht sieht eine alltägliche Situation bei der Kollegin oder dem Kollegen im Nachbarzimmer an einer anderen Schule oder in einem anderen Land ganz anders aus« (Wilbers, 2012b, S. 57).

Wilbers (2012b) macht in diesem Zusammenhang auf das Spannungsverhältnis zwischen Theorie und Praxis aufmerksam: »Der Glaube an die Wirksamkeit von Erfahrung kann eine Gefahr sein. Denn er täuscht vor bzw. impliziert, dass Erfahrung immer auch zu Expertise führt. Dies verleitet dazu, anzunehmen, dass Erfahrung immer zu Lernen führe. Es verführt zu einer unreflektierten Haltung gegenüber Erfahrungswissen und den entsprechenden Kontexten. Dahinter liegen drei prominente Missverständnisse: 1) Je mehr Erfahrungen Lehrpersonen aufweisen, desto besser unterrichten sie. 2) Erfahrungen zu machen, bedeutet, aus Erfahrungen zu lernen. 3) Wissen, das auf eigenen Erfahrungen aufbaut, ist wertvoller als Theoriewissen. Erfahrung ist jedoch in keinster Weise ein Garant für Lernen oder für den Aufbau von Expertentum. Eine nüchterne Betrachtung sollte sowohl Erfahrung als auch ›Theorie‹ weder unterschätzen noch überschätzen – und schon gar nicht gegeneinander ausspielen. Erst zusammen ergeben sie – wie auch in anderen Disziplinen – ein starkes Paar. Systematisches Lernen und Erfahrungen in einer professionalen Gemeinschaft sind zwei Modi der Kompetenzentwicklung, die sich ergänzen« (S. 57).

Zusammenfassend kann der Idealfall des Professionalisierungsprozesses im »kontinuierlichen Wechsel von praxisbezogener Reflexion und theoriegeleiteter Praxisgestaltung« gesehen werden (Euler & Hahn, 2007, S. 24): Das Ausbalancieren zwischen Theorie und Praxis sowie Aktion und Reflexion als Grundidee für das Ermöglichen individuellen Lernens und der Kompetenzentwicklung kann daher als ein handlungsleitendes Prinzip in der Erwachsenenbildung verstanden werden.

Kompetenzbereiche

Für alle Learning Professionals werden Aufgaben in folgenden Kompetenzfeldern relevant, die in den Bildungskontexten jeweils unterschiedlich akzentuiert sein können:

1. *Fachliche Kompetenzen*, die sich in Schulen auf die Repräsentation einer fachlichen Disziplin und in Betrieben auf die berufliche Funktionsausübung bzw. einer Profession beziehen können.
2. *Pädagogische, methodisch-didaktische Kompetenzen* bilden die Kernkompetenzen von Lehrpersonen für »die gezielte Planung, Organisation, Gestaltung und Reflexion von Lehr-Lern-Prozessen (Euler & Hahn, 2007, S. 25).
3. *Managementkompetenzen*, welche sich auf die berufliche Kompetenz sowie auf die Weiterentwicklung der Bildungsorganisationen, wie beispielsweise in Bezug auf Aufgaben der Qualitätsentwicklung, beziehen. Unter Managementkompetenzen

sollen in diesem Zusammenhang Aufgaben für Learning Professionals subsumiert werden, die für die kontinuierliche Entwicklung der eigenen Professionalität sowie ihrer Bildungsorganisation erforderlich sind. »Als Experten für die Organisation und Gestaltung von Lehren und Lernen, sollten sie nicht nur das Lernen ihrer Schüler, sondern auch ihr eigenes berufsbezogenes Lernen sowie die Entwicklung ihrer Organisation »Schule« mitgestalten können (Euler & Hahn, 2007, S. 25).

Gestaltungsprinzipien für die Kompetenzentwicklung
Für die Kompetenzentwicklung von Learning Professionals wird es als notwendig erachtet, formelle und informelle Ansätze der Kompetenzentwicklung (vgl. Kapitel 4.4.3 Kompetenzentwicklung in informellen Kontexten) miteinander zu verbinden. Zum einen ist damit die Möglichkeit der Anbindung des Lernens an konkrete, reale Erfahrungen gegeben, die durch reflexive Prozesse der Kompetenzentwicklung genutzt werden können. Zum anderen können Lernprozesse unterstützt werden, die jenseits der Wissensentwicklung für relevant, aber schwierig beeinflussbar gelten, wie beispielsweise sogenannte »scripts und beliefs« von Lehrpersonen als Ausprägung individueller Lehrkulturen (Bonson & Berkemeyer, 2011, S. 734). Weiterhin impliziert dies für die Kompetenzentwicklung von Learning Professionals eine langfristige Perspektive unter Berücksichtigung der Gestaltung kompetenzförderlicher Rahmenbedingungen einzunehmen: »Schools should be reorganised to encourage long-term teacher learning necessitates understanding the common forms of workplace learning available.« (Bonson & Berkemeyer, 2011, S. 734). Im Grunde genommen gelten dabei die gleichen Voraussetzungen wie für die Lernenden, die Schule als eine Lernumgebung im Sinne einer lernenden Organisation zu betrachten, sodass Lehrpersonen über ihren eigenen professionellen Kontext lernen können.

> Formelle und informelle Kompetenzentwicklung verzahnen

Auf die spezifischen Ausprägungen für die einzelnen Gruppen von Akteuren innerhalb der Learning Professionals (schulisches und betriebliches Bildungspersonal sowie Lernunterstützer) wird in den nächsten Abschnitten genauer eingegangen.

5.2.4 Fazit

Die Kompetenzentwicklung von Lehrpersonen, Aus- und Weiterbildnern gewinnt zunehmend an Bedeutung und benötigt eine integrative Sichtweise auf das Management von Bildungsorganisationen. Didaktische Weiterbildungskonzepte führen häufig dazu, Lehrpersonen neue Anforderungen abzuverlangen, die – so die verbreitete Meinung – am ehesten durch den Besuch neuer und weiterer Seminare und Fortbildungen bewältigt werden sollen (Bahl, 2012). Um den Veränderungen und Herausforderungen zu begegnen, sind jedoch vielmehr Wege der Kompetenzentwicklung zu finden, welche einerseits die Realitäten der Arbeitswelt von Lehrpersonen berücksichtigen und andererseits informelle Lernformen ressourcenorientiert fruchtbar machen.

Die Anforderungen in der Schule und in formal organisierten Bildungsmaßnahmen sind insbesondere auf ein praktisches Anwendungsproblem ausgerichtet. Das

5.2 Mikro-Ebene – Kompetenzentwicklung von Learning Professionals gestalten
Kompetenzentwicklung von Learning Professionals

Reflexion: Erscheinungsformen, Probleme in der Praxis

Bildungspersonal ist hier besonders gefordert, Problemstellungen zu finden und Lernsituationen zu konzipieren, die an die Erfahrungswelt der Lernenden anknüpfen. Der Bezug zwischen Theorie und Praxis, zwischen fachlicher Bedeutung und Anwendungsbezug, ist hierbei ein originäres Spannungsfeld.

Im Gegensatz zur Schule wird für die betriebliche Bildung nicht ein praktisches Anwendungs-, sondern ein Reflexionsdefizit vermutet (Euler, 2002, S. 9). Dies macht die Notwendigkeit für Ansätze mit einer expliziten Betonung reflexiver Lernphasen deutlich. Mittels pädagogisch motivierter Praxisreflexion können zunächst noch diffuse Erlebnisse zu erkennbaren Lernerfahrungen verarbeitet werden. Im Prozess der vollständigen Handlung ist die Reflexion in den Schritten der Planung und der Kontrolle untergebracht, während das praktische Handeln dann in der Phase der Durchführung verankert ist. Wie sich die Rahmenbedingungen zur Umsetzung einer pädagogisch motivierten Praxisreflexion in den jeweiligen Bildungsorganisationen gestalten bzw. wie diese gestaltet werden sollten, muss im Einzelfall überprüft werden.

Im Hinblick auf die Reflexionsproblematik weist Euler (2002) auf ein Spannungsfeld hin: »Je praxisnäher die Erfahrungsgrundlagen für die Reflexion (ideal: On-the-Job-Maßnahmen), desto wahrscheinlicher ist die Verfügbarkeit von Bildungspersonal, das bei der reflexiven Aufarbeitung dieser Grundlagen helfen könnte. Je professioneller die Reflexionsunterstützung (ideal: Off-the-Job-Maßnahmen), desto schwieriger sind die reflexionsträchtigen Erfahrungsgrundlagen greifbar. Als Kompromiss bieten sich entweder Mittelwege (z.B. eher informelle Lernwege, Near-the-Job-Maßnahmen, welche Reflexionsprozesse am Arbeitsplatz auslösen) oder die verstärkte Förderung von Kompetenzen zur Selbstreflexion (als Teil der Lernkompetenz) bei den Lernenden an« (S. 9). Insgesamt findet eine zunehmende Dezentralisierung der Kompetenzentwicklung an den Arbeitsplatz statt. Das Rollenverständnis der

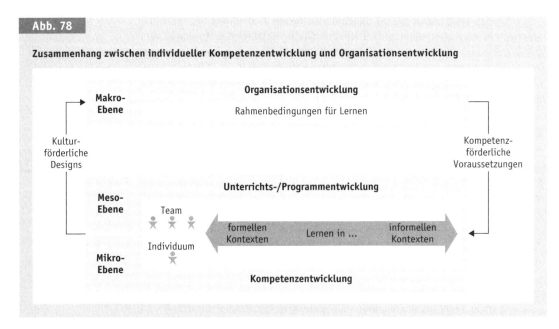

Abb. 78 Zusammenhang zwischen individueller Kompetenzentwicklung und Organisationsentwicklung

Beteiligten als Learning Professionals verändert sich im Zusammenspiel zwischen Lernenden, Bildungspersonal und Lernunterstützern mit dem Ziel, die Eigenverantwortung für das Lernen zu erhöhen. Eine Einbettung der Kompetenzentwicklung in die Prozesse der Schulentwicklung bzw. des betrieblichen Bildungsmanagements sind daher von großer Bedeutung, um die Rahmenbedingungen zur Verfügung zu stellen, damit Lernen ermöglicht wird (vgl. Abb. 78).

5.3 Kompetenzentwicklung des Bildungspersonals i. e. S. (Lehrpersonen)

5.3.1 Kompetenzentwicklung des schulischen Bildungspersonals

5.3.1.1 Neue Herausforderungen

Die Herausforderungen für die Lehrpersonen sind sicherlich vielfältig und diffus aber nicht immer grundsätzlich neu. Die neuen Herausforderungen lassen sich am stärksten im Feld der zunehmenden Mediatisierung in unserer Wissensgesellschaft und an Schulen aufzeigen. Die Entwicklung im Bereich der Medientechnologie trifft die Schule in ihrem Kern, denn sie verändert die Ausgangslage für Bildung und Lernen. Neue Medien bringen Risiken, aber sie eröffnen auch Chancen für lebensnahen und kreativen Unterricht. Die Pädagogik hat nach Hentig (2002, S. 45) heute vor allem der Tatsache Rechnung zu tragen, dass »die technische Zivilisation dem Menschen in immer höherem Maße das Gesetz ihrer eigenen Funktionalität aufzwingt.« Darüber verliere der Mensch, der nach Hentig mehr und mehr zum »Expertensystem« auf zwei Beinen mutiere, die konkrete Welt mit ihren Brüchen und Fragen. Hentig (2002) setzt sich dafür ein, statt immer nur zu fragen ob die Neuen Medien gut oder schlecht seien, endlich zu prüfen, wann und wie sie sinnvoll eingesetzt werden. Inwieweit verändert sich damit die Aufgabe der Schulen? Welche Bedeutung haben Wissen und Lernen, wenn Informationen jederzeit überall zur Verfügung stehen? Welche Rolle hat die Schule künftig als Bildungsinstitution, wenn Schülerinnen und Schüler bereits viel (Halb-)Wissen mitbringen? Welche früheren Ziele der Schule sind heute unwichtig geworden, welche behalten ihre Bedeutung oder sind noch wichtiger geworden?

Beispiel **Kontext Schule: Umgang mit Wikipedia**

▶▶▶ Diese Überlegungen sollen an einem konkreten Beispiel illustriert werden. Es ist eine Tatsache, dass Jugendliche als eine ihrer primären Informationsressourcen auf die Online-Enzyklopädie Wikipedia zugreifen (Willemse, Waller & Süss, 2010, S. 31). Den Umgang mit derartigen Informationsquellen erlernen die Jugendlichen überwiegend in informellen Kontexten, selbstgesteuert, durch Peers, im Elternhaus und in ihrer Umgebung. Der Einsatz von Wikipedia wird in Schulen häufig diskutiert. Soll man Wikipedia verbieten, erlauben oder im Unterricht anwenden? Wikipedia zu verbieten, scheint wenig realistisch (Verbote ignorieren die Realität); Wikipedia einfach nur zu erlauben, ignoriert Überlegungen zum sinnvollen Einsatz im Unterricht (Hen-

Neue Anforderungen im Umgang mit Wissen

tig, 2002). Die Herausforderungen und damit verbundene Fragen für Lehrpersonen, Wikipedia sinnvoll in den Unterricht zu integrieren und sich folglich auch mit Lernen in informellen Kontexten auseinanderzusetzen, können auf zwei Aspekte hin konkretisiert werden:

1. Lernorte außerhalb formalisierter Bildungsinstitutionen (Arbeit, Familie, Freizeit) als Lernkontexte und Erfahrungsräume im Schulkontext berücksichtigen:
- Wie können Erfahrungsräume von Schülern bzw. Jugendlichen stärker herangezogen werden, um an diesen realen Erfahrungen, wie die Benutzung von Wikipedia, anknüpfen zu können?
- Welche Strategien erlernen Schülerinnen und Schüler (informell) bei der Erstellung von Texten, im Umgang mit Literaturquellen? Je nach Lernverständnis könnte man auch formulieren: Wie werden sie im Umgang mit Medien diesbezüglich sozialisiert?

2. Gestaltungsoffene Lernumgebungen und definierbare Problemstellungen (Overwien, 2001, S. 365) im Unterricht aufnehmen:
- Was sind sinnvolle Problemstellungen, welche die Lebenswelt der Schülerinnen und Schüler stärker in das Klassenzimmer holen, im Sinne von »Wikipedia to the Classroom« (Forte, 2006)?
- Was sind neue Kompetenzen, mit denen wir (medienbasiertes) Lernen fördern können wie informationsbasierte Problemlösungskompetenzen? Was müssen Schüler im Umgang mit Wikipedia wissen, wie können sie Quellen, z. B. auch anhand von Tools wie Wikibu, kritisch beurteilen?
- Wie lassen sich Lernumgebungen für die Gestaltung von Unterricht so verändern, dass Freiräume für informelles Lernen geschaffen werden können (gestaltungsoffenere Lernumgebungen)?
- Wie können Grundprinzipien der Reflexion, z. B. Reflexionsprozesse des Lernenden anregen und anleiten, sowie die Strukturierung der Selbstorganisation in Lernprozessen für die Designs von Lernumgebungen angewendet werden? Dieser Punkt kann als eine neue Dimension für selbstgesteuertes Lernen auf einer organisationalen Ebene verstanden werden und zeigt sich z. B. in der Beteiligung der Schüler an der Auswahl von Lernziel und -methoden.

Am Beispiel von Wikipedia, stellt sich die Frage, wie vermeintliche Gräben überbrückt werden können. »Häufig sind es junge Leute, die durch ihre Mitarbeit an Wikipedia völlig ohne pädagogischen Einfluss lernen. Wenn sich dieses internetbasierte Wunder auf die universitäre Lehre übertragen ließe, in die Erwachsenenbildung oder in die Schule, würde sich der Traum vieler Pädagoginnen und Pädagogen an einem projektorientierten selbstbestimmten Lernen erfüllen können« (Stegbauer, 2009, S. 23).◄◄◄

Kompetenzanforderungen an Lehrpersonen
Lehrpersonen stehen somit vor der Herausforderung, ihre eigenen Kompetenzprofile selbst kontinuierlich weiter zu entwickeln und in Bezug auf die wachsenden Veränderungen »am Ball zu bleiben«. Helmke und Schrader (2006) sehen vier Kompetenzbe-

reiche für Lehrpersonen als maßgeblich an: Neben Fachwissen, didaktisch-methodischen Fähigkeiten sowie der Fähigkeit zur Klassenführung rücken zunehmend auch diagnostische Kompetenzen in den Vordergrund. Die Kompetenzanforderungen sollen, ausgehend von den im vorigen Abschnitt skizzierten drei Kategorien an Kompetenzbereichen für Learning Professionals, folgendermaßen umrissen werden:

- *Fachliche Kompetenzen* zur Vermittlung von Wissen bzw. genauer formuliert zur Unterstützung von Lernprozessen zur Wissensaneignung, fachdidaktische Grundlagen sowie die Reflexion aktueller Strömungen und Entwicklungen wissenschaftlicher Disziplinen, die mit dem Lernstoff verknüpft sind. Falls in Berufsschulen beispielsweise das Unterrichten in Lernfeldern eingeführt wird, bedeutet dies für Lehrpersonen den Anwendungsbezug herzustellen. Der Unterricht orientiert sich viel stärker als bisher an konkreten Handlungssituationen, denen die Auszubildenden auch am Arbeitsplatz begegnen. Dies setzt Lehrpersonen vermehrt unter Druck, sich mit permanenten (wissenschaftlichen und unternehmenspraktischen) Veränderungen in einem Beruf auseinander zu setzen.

- *Pädagogische und soziale Kompetenzen*: Lehrpersonen werden verstärkt aufgefordert, klassische Unterrichtsformen zugunsten eines Prozesslernens umzubauen, selbstgesteuertes Lernen der Schüler zu ermöglichen und die eigene Rolle mehr und mehr als Prozessmoderator, als »Facilitator« von Lernprozessen, zu definieren. Eine handlungsorientierte Didaktik rückt damit in den Vordergrund des Lernens. Der Fokus der Aufmerksamkeit beim Lehrerhandeln liegt damit auch immer stärker darauf, wie angemessenes Material erarbeitet und bereitgestellt und damit ein solcher Unterricht gestaltet werden kann. Auch eine prozess- oder kompetenzorientierte Leistungsmessung rückt hier in den Fragehorizont. Dabei wird die Diagnosekompetenz als die Fähigkeit beschrieben, Schülermerkmale und Aufgabenschwierigkeiten zutreffend einzuschätzen (Schrader, 2001). Unterschieden wird dabei in formative und summative Evaluation der Lernerfolgs (vgl. Kapitel 4.5.6., S. 252). Die formative Evaluation gewinnt zunehmend an Bedeutung. Lehrpersonen nehmen hierbei nicht nur eine formalisierte Beurteilung vor, sondern betonen die Bedeutung der aktuellen Urteilsbildung während des Unterrichts. Lehrpersonen benötigen daher Kompetenzen, die ihnen eine Diagnostik zur Erteilung von Qualifikationen sowie eine Diagnostik zur Verbesserung des Lernens mit dem Ziel der Optimierung von unterrichtlichen Maßnahmen ermöglichen.
Darüber hinaus ist die Kompetenz zur Klassenführung ein Thema der Lehreraus- und fortbildung, das nach Helmke (2007, S. 46) noch unterrepräsentiert zu sein scheint, obwohl das Gelingen von Unterricht in hohem Maße von einer effizienten Klassenführung abhängt. Unter Klassenführung soll nicht verkürzt der Umgang mit Disziplinstörungen verstanden werden, sondern vielmehr ein integrativer und systemischer Ansatz des Classroom Managements (vgl. hierzu die Ausführungen in Kapitel 4.6.2.1). In diesem Ansatz werden die Unterrichtsqualität und Klassenführung zwar begrifflich voneinander abgegrenzt, die integrativen und wechselseitigen Beziehungen jedoch explizit herausgestellt (Helmke, 2007, S. 47). Als Anforderung an Lehrpersonen bedeutet dies, die Wirkungen des Lehrerhandelns zu erfassen und zu reflektieren.

Kompetenzbereiche für Lehrpersonen

▸ *Organisatorische und Managementkompetenzen* zur Unterstützung sogenannter sekundärer Prozesse, wie Qualitäts- Unterrichtsentwicklung, Projektkoordination sowie bei Lehrpersonen in Berufsschulen die Zusammenarbeit mit unterschiedlichen betrieblichen Abteilungen, Berufsschulen und anderen externen Trainingseinrichtungen. Daher ist auch in diesen sekundären Bildungsprozessen im Zuge der Programmentwicklung in Teams Teamfähigkeit für Lehrpersonen von zentraler Bedeutung: »Unterricht in Lernfeldern ist schließlich auch mehr als bislang ein fächer-kooperativer und fächerübergreifender Unterricht. Hierzu braucht es die Bereitschaft und die Befähigung teamorientiert arbeiten zu wollen und zu können – von einfachen Absprachen bis hin zu einem echten Team-Teaching« (Bader & Müller, 2002, S. 68).

Freiräume und hohe Autonomie werden von Lehrpersonen zwar sehr geschätzt, aber sie haben auch ihren Preis, da die Notwendigkeit des selbständigen, ziel- und ergebnisorientierten Arbeitens sowie die fortwährende eigenverantwortliche Professionalisierung gefordert sind. Die Integration der Kompetenzentwicklung in das Bildungsmanagement von Schulen hat folglich nach Verbindungslinien zwischen formellen und informellen Lernformen zu suchen, die mit entsprechenden Rahmenbedingungen unterstützt werden sollen.

5.3.1.2 Kompetenzentwicklung in formellen und informellen Kontexten

Im folgenden Abschnitt soll auf die Bedeutung der Kompetenzentwicklung von Lehrpersonen im Hinblick auf ein verändertes Rollenverständnis eingegangen werden. Heise (2007) betont die Wichtigkeit weitgehend selbstgesteuerter Weiterbildung in diesem Berufsfeld. Dies ist insbesondere deshalb interessant, weil die Diskussion um das informelle Lernen – wie bereits ausgeführt – auch als eine Bedrohung für die Lehrprofession betrachtet werden kann. Die Lehrpersonen bilden sich jedoch selbst in hohem Maße in informellen Kontexten weiter. Dabei wird allerdings deutlich, dass informelle Lerngelegenheiten weniger die Annäherung an Handlungsroutinen bedeuten, als vielmehr das eigenständige Studium von Fachliteratur oder den fachlichen und reflektierten Austausch im Kollegenkreis. In Bezug auf das *Kontinuum-Modell* (vgl. Abbildung S. 79) bedeutet dies, den Fokus auf die Gestaltung der Absichten und Ziele der lernenden Personen zu richten und so die Reflexionsmöglichkeiten zu unterstützen und anzustoßen. Sicherlich betrifft dies ebenso die Gestaltung weiterer Rahmenbedingungen, wie beispielsweise den Ort oder den Prozess des Lernens. Um die gewünschten informellen Lernaktivitäten zu unterstützen und zu stärken, scheint die Gestaltung einer kommunikationsförderlichen Umgebung innerhalb der Schulorganisation unabdingbar. Die gezielte Förderung von Fachgesprächen vor Unterrichtsbeginn oder in den Pausen sowie die Nutzung der unterrichtsfreien Zeit zu ausgiebiger Reflexion, beispielsweise kritischer Praxissituationen, können einen wichtigen Beitrag zum Anstoß und zur Förderung informeller Lernprozesse innerhalb des Lehrerkollegiums leisten (Heise, 2009).

Ansätze zur Kompetenzentwicklung

Im Kreise der Lehrenden existieren jedoch nicht nur Personen, die per se bei der Unterrichtsvor- und -nachbereitung mit Kollegen zusammenarbeiten. Im Gegenteil: Ein gewisser Anteil der Lehrenden arbeitet für gewöhnlich isoliert, was eine andere

Form der Unterstützung notwendig machen kann als bei bereits kooperativ bzw. kollaborativ arbeitenden Lehrpersonen (Hoekstra, Korthagen, Brekelmans, Beijaard & Imants, 2009). Ein individuell auf die Absichten und Ziele von Lehrenden abgestimmtes Konzept zur Förderung informeller Lernprozesse, könnte somit einen Mehrwert für Unterrichts- und Schulentwicklung generieren.

Im Bereich der Medienkompetenzen beispielsweise, wie das vorherige Beispiel mit Wikipedia aufzeigte, wächst der Weiterbildungsdruck auf die Lehrpersonen immens durch die stetige und schnell voranschreitende technologische Entwicklung. Den Umgang mit Medien erlernen Lehrpersonen, ähnlich wie ihre Schüler, weniger in formalen Lernkontakten als vielmehr in der Anwendung, also auf informellem Weg. Lehrpersonen fehlt häufig schlicht die Zeit, um ständig einen Kurs zu besuchen oder ein Selbstlernprogramm zu bearbeiten (Weiss, 2012, S. 3). An freiwilligen formellen Fortbildungsveranstaltungen für Lehrkräfte wird häufig kritisiert, dass dort meistens teilnimmt, wer ohnehin schon ein gewisses Maß an Kompetenzen mitbringt und die Lehrpersonen eher enttäuscht zurück in die Schulen gehen, weil die Umsetzbarkeit aus zeitlichen und finanziellen Aspekten problematisch ist (Hoekstra et al., 2009). Gründe dafür, warum traditionelle Lehrerfortbildungsangebote häufig nur wenig zu längerfristigen Veränderungen des Unterrichts führen, sind nach Bonsen und Berkemeyer (2011, S. 734) aus Sicht der Schulentwicklung plausibel:

Geringe Wirksamkeit formal organisierter Weiterbildung

- Die sogenannten »scripts und beliefs sind relativ stabil« und lassen sich als »kulturelles Traditionshandeln« (Bonson & Berkemeyer, 2011, S. 734) verstehen (s. Kapitel 3 Lehrkulturen). Diese Lehrkultur beeinflusst stark, ob bewusst oder unbewusst, die Art der Unterrichtsgestaltung einer Lehrkraft. »Sollen Lehrkräfte Innovationen tatsächlich umsetzen, so ist es wichtig, dass diese eine Verbindung zu ihren bestehenden Vorstellungen, Ideen, Skripts und Überzeugungen zulassen« (Bonson & Berkemeyer, 2011, S. 734).
- Lehrpersonen werden für Fortbildungen überwiegend als Einzelperson angesprochen, was Lernen und Praxistransfer im jeweiligen Anwendungskontext allerdings behindert.

Aber auch schulinterne Fortbildungen (abgekürzt »Schilf«), die zugeschnitten auf die Bedürfnisse einer Schule und im Team stattfinden, erzielen nur begrenzt Wirkung (Jurasaite-Harbison, 2009; Richardson, 2003). In der internationalen Forschungsliteratur zur Aus- und Weiterbildung von Lehrpersonen wird daher zunehmend das arbeitsplatzintegrierte Lernen in den Blick genommen, welches das informelle Lernen stärker berücksichtigen kann (vgl. Hoekstra et al., 2009; Zwart, Wubbels, Bolhuis & Bergen, 2008). Ein wesentliches Forschungsergebnis ist dabei, dass formelles und informelles Lernen für die Kompetenzentwicklung der Lehrpersonen stärker verzahnt werden sollten. Ein erfolgversprechender Weg scheint insbesondere die Suche nach Schnittstellen zwischen informellem Lernen und formaler Qualifizierung. Auf Gestaltungsmöglichkeiten für die Verzahnung von Lernen in formellen und informellen Kontexten soll nachfolgend eingegangen werden.

Formelles und informelles Lernen verzahnen

5.3 Mikro-Ebene – Kompetenzentwicklung von Learning Professionals gestalten
Kompetenzentwicklung des Bildungspersonals i. e. S. (Lehrpersonen)

Gestaltungsmöglichkeiten für einen Praxistransfer: Anwendungsbeispiele

Anwendungsbeispiele

Wie könnten Maßnahmen, welche ein Lernen in informellen Kontexten integrieren, für die Kompetenzentwicklung von Lehrpersonen nun grundsätzlich in der Praxis aussehen? In der nachfolgenden Abbildung 79 sind einige Beispiele skizziert (Seufert, 2012):

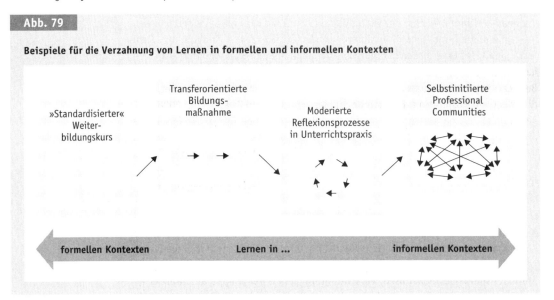

Abb. 79: Beispiele für die Verzahnung von Lernen in formellen und informellen Kontexten

Transferorientierte Bildungsmaßnahmen

Schulinterne Fortbildungsmaßnahmen (Schilf) sind grundsätzlich nicht neu, allerdings können diese häufig stärker als bisher mit Maßnahmen verknüpft werden, die den Transfer des Gelernten unterstützen, wie z. B. Vorbereitungsphasen und Followups. Ob nun der Transfer der Fort- oder Weiterbildung in den Alltag der Lehrperson glückt, hängt maßgeblich von individuellen Faktoren ab (Hoekstra et al., 2009, S. 671). Aufgeschlossenheit für Neues und die Motivation, innovative Vorschläge anzunehmen und umzusetzen, sind Voraussetzung für den Anstoß und die Umsetzung von Veränderungsprozessen im Schulalltag. Jedoch unterscheiden sich Lehrpersonen individuell in ihrer Art und Weise, informell zu lernen (Hoekstra et al., 2009). Dieser Aspekt sollte im Design von Fort- und Weiterbildungskonzepten bedacht werden und in eine Offenheit bezüglich des Curriculums münden, sodass die Möglichkeit besteht, Lernprozesse an die individuellen Bedürfnisse anpassen zu können. In der geforderten Offenheit besteht ein wesentlicher Mehrwert darin, Feedback auf den Lernfortschritt zu erhalten. Zwart et al. (2008) schlagen beispielsweise vor, Lehrpersonen einen »Peer-Coach« zur Seite zu stellen, der unterstützend beim Transfer des Gelernten wirken kann (Hoekstra et al., 2009). Auch sogenannte Koping-Gruppen (kooperative Problembewältigung in Gruppen) und Praxistandems können flankierende Maßnahmen innerhalb einer Weiterbildung sowie eines Veränderungsprozesses darstellen und beruhen auf der Annahme, dass Modifikationen beruflichen

Handelns an den subjektiven Theorien der Betroffenen ansetzen müssen, um tatsächlich greifen zu können.

Wirksame Ergebnisse werden ferner beispielsweise auch mit offeneren Lernumgebungen erzielt, wie beispielsweise in der Art von Engestrøms Change Laboratory® (2004). In einem solchen Rahmen könnte beispielsweise das Re-Design von Kursen gemeinsam in einer Fachschaft bearbeitet und damit die Kompetenzentwicklung von Lehrpersonen mit Innovationsstrategien zur Unterrichtsentwicklung in Schulen verbunden werden (Engestrøm, 2004, S. 12).

Reflexionsprozesse über die Unterrichtspraxis moderieren

Bei Learning Professionals sind formative Evaluationsformen weit verbreitet, z. B. die kollegiale Hospitation. Empirische Studien, wie z. B. von Zwart et al., 2008, zeigen hierbei auf, dass Lehrpersonen in ihrer Beobachterrolle informelle Gespräche mit Schülern führen, welche eine wertvolle Lernoption für die Lehrpersonen bieten, insbesondere bedingt durch den Perspektivenwechsel als Beobachter. Die kritische, individuelle Reflexion über das eigene Unterrichten stellt grundsätzlich einen zentralen Impuls für die Kompetenzentwicklung von Lehrpersonen dar (Meirink et al., 2009). Insbesondere wenn die Lehrperson kognitive Dissonanzen, also Widersprüche zwischen der eigenen Wahrnehmung und dem tatsächlichen Erleben von kritischen Unterrichtsphasen erfährt, ist ein Wandel der Denkstruktur und damit eine Kompetenzsteigerung möglich (Lipowsky, 2011, S. 410). Daher stellt sich die Frage, inwieweit derartige Lernoptionen gefördert werden können, um entsprechende Reflexionsprozesse anzustoßen. Forschungsergebnisse der Gruppe um Zwart et al. (2008) zeigen beispielsweise auf, dass informelle Gespräche mit Schülern aus der Beobachterrolle heraus eine wertvolle Lernoption bieten: »The potential power of learning from observing needs to be stressed even more during the coaching training and could including more practical training in how to do that. The power of coaching can be increased by having teachers interact more with students not only in their role as a teacher, but also in their role as an observing coach« (S. 990). Weitere Beispiele beziehen sich auf Mentorenprogramme, in denen Schüler als ausgebildete Mentoren die Lehrperson im Unterrichten mit Notebooks unterstützen. »Reverse Mentoring« erfreut sich derzeit bereits in Unternehmen zunehmender Beliebtheit. Auch könnte Reverse Mentoring ein Ansatz für den Lernort Schule sein, die eventuell fehlende Medienkompetenz von Lehrpersonen über das Potenzial der *Digital Natives* auf der Schulbank kompensieren zu können. So vermögen die Ressourcen auf Schülerseite der informellen Kompetenzentwicklung der Lehrenden zu dienen.

Ferner eignen sich andere Formen von Mentoring, wie beispielsweise die kollegiale Hospitation, Reflexionsprozesse bei Lehrpersonen anzustoßen und so die informelle Kompetenzentwicklung zu fördern (Meirink et al., 2009). Das Experimentieren mit neuen Lehrmethoden – sei es die Adaption eines theoretisch erfassten Konzepts, die Kopie einer Methode des Kollegen, die eigene neue Idee oder das sofortige Feedback eines Kollegen – trägt im Wesentlichen zum informellen Lernen von Lehrpersonen bei (Hoekstra et al., 2009, S. 673; Meirink et al., 2009, S. 90). Mentoring Programme oder teamorientierte Action Learning Ansätze können hierbei unter-

Reverse Monitoring

5.3 Mikro-Ebene – Kompetenzentwicklung von Learning Professionals gestalten
Kompetenzentwicklung des Bildungspersonals i. e. S. (Lehrpersonen)

Exkurs

Die Methoden des Change Laboratory

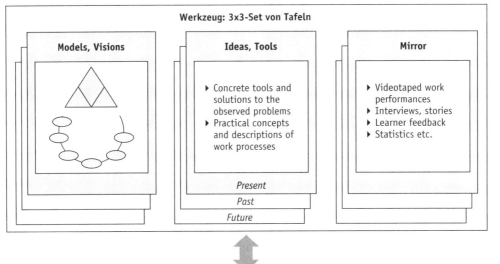

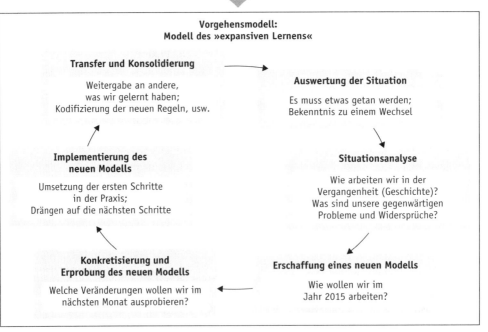

Quelle: in Anlehnung an Engestrøms, 2004, S. 12

Abb. 80:
Werkzeuge und Vorgehensmodell des Change Laboratory

Fortsetzung auf Folgeseite

> *Fortsetzung von Vorseite*
> Die Methode des Change Laboratory wurde häufig für die Integration von ICT (Information and communication technologies) im Unterricht in Schulen eingesetzt, um Unterrichts- und Kompetenzentwicklung der Teams und Lehrpersonen zu unterstützen. Die Lehrpersonen als Teilnehmende des Change Lab werden mit dem zentralen Werkzeug, einem Set an 3x3 Tafeln zur Präsentation ihrer Arbeitstätigkeit ausgestattet. Für den laufenden Prozess, die Unterrichtsentwicklung für die ICT Integration zu untersuchen, kann ein »Activity System Framework« als ein nützlicher Mechanismus zur Modellierung der Unterrichtstätigkeit dienen. Basierend auf diesem Framework können Fokusgruppen mit Vertretern relevanter Anspruchsgruppen des Professional Developments (Curriculum, Technologie, Pädagogik) die bestehende Unterrichtspraxis beobachten, untersuchen und unterstützt mit entsprechenden Instrumenten und Daten, z. B. Videodaten, Feedback von Lernenden spiegeln (»Mirror«). Das Bindeglied stellen vermittelnde Ideen und Teillösungen dar, da die Teilnehmenden sich zwischen dem theoretischen Modell/Vision und dem Erfahrungs-Spiegel bewegen. Der Ablauf eines Change Lab erfolgt dabei üblicherweise in einem Vorgehensmodell des »expansiven Lernens« im Team, über die Problemanalyse, Aufarbeiten der Vergangenheit, Modellierung der Gegenwart bis hin zur Entwicklung neuer Lösungen (s. Abb. 83). Zwar betonen viele Verfechter der lernenden Organisation, wie wichtig es sei, den gesamten Arbeitsplatz selbst als ein Lern-Laboratorium aufzufassen. Dabei wird allerdings der Vorteil eines expliziten Laboratoriums, wie es der Ansatz des Change Labs darstellt, übersehen, dass damit ein geschützter Raum ohne Ablenkungen im Arbeitsalltag darstellt. Somit kann die Konzentration und Fokussierung der Teilnehmenden auf die Analyse und Experimente im praxisnahen Umfeld erleichtert werden. Für den gesamten Lernzyklus sind in der Regel 3 bis 6 Monate erforderlich.

schiedlich orchestriert werden, d. h. die Anteile von informell und formell ausgerichteten Elementen des Lernprozesses variieren stark (Colley et al., 2003).

Selbstinitiiertes Lernen in Praxisgemeinschaften

An die Idee des kollegialen Mentoring und Action Learning schließt nun die Idee der praxisbezogenen Gemeinschaft von Personen an, die informell miteinander verbunden sind, ähnlichen Aufgaben gegenüber stehen und durch einen selbstorganisierten Austausch die Praxis in dieser Gemeinschaft prägen. »Professional Learning Communities« in der Lehrerprofession sind seit langem ein beliebtes Forschungsfeld (Hord, 1997; Stoll, Bolam, McMahon, Wallace & Thomas, 2006), jedoch sind die Wirkungen professioneller Lerngemeinschaften noch lückenhaft erforscht (Lipowsky, 2011, S. 408).

Selbst organisiertes Lernen in professionellen Lerngemeinschaften

> Unter einer **professionellen Lerngemeinschaft** wird eine Gruppe von Lehrpersonen verstanden, »welche sich fortlaufend um Möglichkeiten zur Steigerung der Effektivität ihres Unterrichts bemühen. Hierzu arbeiten sie kooperativ und tauschen neues Wissen und Methoden untereinander aus. Sie probieren Neuerungen im Unterricht aus und überprüfen systematisch deren Erfolg. Die beteiligten Lehrpersonen erhalten im Rahmen gemeinschaftlicher und kooperativer Unterrichtsarbeit dauerhaft neue professionelle Anregungen und haben Gelegenheiten, neue Unterrichtsmethoden und -praktiken sowie Unterrichtsmaterialien auszuprobieren« (Bonson & Berkemeyer, 2011, S. 734).

Dabei können sich diese Lerngemeinschaften auf ein Kollegium als Ganzes oder auf einzelne Arbeitsgruppen beziehen, wie z. B. Jahrgangsteams, Steuergruppen, Fachteams, Klassenteams, Unterrichtsteams, Arbeitsgruppen, Leitungsteams oder Pro-

> **Exkurs**

Action Learning Designs für Teacher Learning

In der Praxis kann Action Learning sehr unterschiedliche Formen annehmen (Marsick & O'Neil, 1999, S. 159), wie z. B. Projekt-Komponenten, die in Executive Edcucation Programme eingebettet werden oder Workshop Serien zu bestimmten Themen. Häufig werden Projekte im Action-Learning-Ansatz in Teams bearbeitet. Gemeinsam ist allen Ansätzen, dass die Teilnehmenden an realen Arbeitsproblemen lernen, die keine klare, richtig-falsch Antwort bedingen. Zudem treffen sich die Teilnehmenden in regelmäßigen Abständen und berichten sich gegenseitig und diskutieren ihre Erkenntnisse und Fortschritte. In ihrem Überblicksartikel zu Action Learning unterscheiden Marsick & O'Neil (1999, S. 171) drei »Schools« für Action Learning:

Vergleichskriterien	Scientific AL	Experiential AL	Critical Reflection
Theoretische Basis	▸ Wissenschaftliche Methode ▸ auch die Basis für Action Research Revans (1982, zit. in Marsick & O'Neil, 1999, S. 161)	▸ Kolb's Experiental Learning Theory (1984) ▸ zentraler AL Vertreter Pedler (1997 zit. in Marsick & O'Neil, 1999, S. 161)	▸ Action Research ▸ kritische humanistische Orientierung ▸ Mumford (1997 zit. in Marsick & O'Neil, 1999, S. 161)
Zweck	▸ Erkenntnis und Veränderung über sich selbst oder das System durch Aktion und Reflektion über eine Handlung	▸ Erkenntnis und Veränderung über sich selbst im System durch Aktion und Reflektion über eine Handlung	▸ Erkenntnis und Veränderung eigener Überzeugungen, um sich selbst und/oder das System zu transformieren durch Aktion und kritisches Hinterfragen von Grundannahmen
Methodologie	▸ Zyklen von Problemrahmungen ▸ Aktion ▸ Reflektion über Aktion ▸ Schlussfolgerung ▸ Neurahmung	▸ Zyklen von Problemrahmungen ▸ Aktion ▸ Reflektion über Aktion ▸ Schlussfolgerung ▸ Neurahmung	▸ Zyklen von Problemrahmungen ▸ Aktion ▸ kritische Reflektion über Aktion ▸ Schlussfolgerung ▸ Neurahmung
Rolle des Learning Facilitators	▸ Variiert, aber oft passiv ▸ handelt als ein Spiegel, um Individuen und Teams zu helfen, ihr Lernen zu untersuchen	▸ Variiert, aber oft passiv ▸ handelt als ein Spiegel, um Individuen und Teams zu helfen, ihr Lernen zu untersuchen	▸ Variiert, aber oft intervenierend ▸ kombiniert passive mit aktiver, herausfordernder Rolle
Organisational Learning: Learning Level	▸ Zweite Ordnung: Douple Loop Learning (Veränderungslernen)	▸ Zweite Ordnung: Double Loop Learning (Veränderungslernen)	▸ Zweite Ordnung: Double Loop Learning (Veränderungslernen) ▸ aber auch Potenziale für Deutero learning (Prozesslernen)

Tab. 66:
Vergleich zentraler »Schools« für Action Learning

Für das Design von Action Learning für die Kompetenzentwicklung von Lehrpersonen sind nach Aubusson, Ewing & Hoban (1999, S. 52) die Elemente: 1) Reflektion, 2) Teamentwicklung: Community, 3) Aktion sowie 4) Feedback. Abläufe und Strukturierung von Action Learning können in der Praxis sehr unterschiedliche Facetten aufnehmen. Die Parallelen zum Konzept des Change Laboratory sind dabei offensichtlich, da letztendlich ebenfalls ein »Change Cycle« in Gang gebracht werden kann. Empfohlen wird dabei häufig, den Teilnehmenden gewisse Autonomie und

Fortsetzung auf Folgeseite

Fortsetzung von Vorseite
Freiräume im Action Learning Prozess zu geben und ein eigenes AL-Vorgehensmodell im Laufe der Zeit zu entwickeln. Das nachfolgende Schaubild skizziert beispielhaft eine Visualisierung aus der Sichtweise eines Action Learning Teams, einer Gruppe von Lehrpersonen an einer High School im Science Department (Aubusson, Ewing & Hoban, 1999, S. 52):

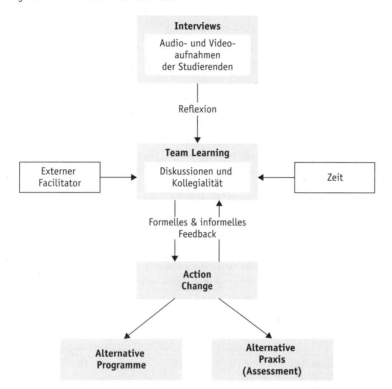

Abb. 81:
Beispiel eines Action-Learning-Prozesses

Geoff, Head Teacher des Science Department der High School im Fallbeispiel, fasst die Erfahrungen der Gruppe von vier Lehrpersonen folgendermassen zusammen.
»So the whole thing becomes a cycle of change where you start with the student tapes and you start to reflect on the various aspects that you practise and you bring in all these external influences and you bring them together in your head and try work out what you're going to do yourself in a classroom. And the important thing about it is that, and this is different to other forms of professional development because it is ongoing and because it has this framework that we keep coming back to, we feel as though we're part of a project and part of a process that's ongoing and not short term. It's not stick a finger in the dyke here, stick another finger in the dyke there, learn about literacy here, learn about assessment there – it's a whole integrate package.« (Aubusson, Ewing & Hoban, 1999, S. 51).

5.3 Mikro-Ebene – Kompetenzentwicklung von Learning Professionals gestalten
Kompetenzentwicklung des Bildungspersonals i. e. S. (Lehrpersonen)

jektteams. Grundkonsens in der Literatur scheint zu sein, dass es gemeinschaftsinterner Charakteristika bedarf, wie beispielsweise einer hohen Motivation zur Eigenentwicklung und Schülerfokussierung, um eine tiefere Reflexionsebene bei der Lehrperson anzusprechen, im Vergleich zu einem herkömmlichen Weiterbildungsseminar (Lipkowsky, 2011, S. 408). Aus der Literatur zu kollegialer Reflexion wird der Mehrwert derartiger Arbeitsbeziehungen deutlich (Hoekstra et al., 2009; Meirink et al., 2009). Praxisgemeinschaften erhöhen den Zirkel der Reflexionsmöglichkeiten und sind bei Vorhandensein der genannten förderlichen Gruppencharakteristika ein weiteres Instrument der informellen Kompetenzentwicklung von Lehrpersonen. Förderliche Rahmenbedingungen für das erfolgreiche Zusammenspiel der Lerngemeinschaften, wie z. B. Zeitfenster für den fachlichen Austausch, sind seitens der Schule zu schaffen. Professionelle Lerngemeinschaften können sich auch auf schulübergreifende Netzwerke beziehen. So können sich Lehrpersonen beispielsweise nicht nur intern im Kollegium der Schule vernetzen, sondern auch nach Formen einer intensiveren Lernortkooperation suchen. Vereinzelte Beispiele, wie die Teamkonferenzen in lernortübergreifenden Teams oder Web 2.0 Applikationen zur Überbrückung der Lernorte, lassen sich auch im Kapitel 4.6.2.2 zur wissensorientierten Kommunikation in Teamstrukturen finden.

Anerkennung informell erworbener Kompetenzen

Seit einiger Zeit scheint gerade das Thema der Zertifizierung informell erworbener Kompetenzen an Wichtigkeit zu gewinnen – auch in der schulischen Umwelt. Neß (2009) sieht in der Anerkennung der Kompetenzen mittels einer phasenübergreifenden Portfolioarbeit einen hohen Mehrwert, gerade für Lehrpersonen, die nach der formellen Ausbildung an der Universität und in den ersten Berufsjahren meist auf einen informell erworbenen Kompetenzzuwachs im Verlauf des alltäglichen Berufslebens angewiesen sind (Neß, 2012). Ein Portfolio stellt sich hierbei als kohärentes Instrument dar, das die Steuerungs- und Reflexionskompetenz von Lehrpersonen im zeitlichen Verlauf aufzuzeichnen und zu fördern vermag (Neß, 2009, S. 143). So ist es innerhalb der Kompetenzdokumentation möglich, formelle und informelle Prozesse in Einklang zu bringen und damit lernförderliche Selbstreflexionen anzustoßen (Wittwer, 2006). Die Reflexionskomponente erreicht mit dem Vorschlag von reflexiven Portfolioaufzeichnungen einmal mehr in der Lehrerfort- und Weiterbildung einen hohen Stellenwert (Hoekstra et al., 2009). So unterstreicht auch Lipowsky (2011) den positiven Einfluss von Reflexion und Feedback auf die Wirksamkeit von formeller und informeller Lehrerbildung.

Die skizzierten Beispiele machen deutlich, dass die Verbindung von formellem und informellem Lernen insbesondere über zwei verschiedene Ansätze erfolgen kann. »Dies kann vom Lernenden selbständig (z. B. durch Dokumentation, Checklisten, Lerntagebuch) und/oder mit Unterstützung (z. B. Lernprozessbegleitung, Gruppendiskussion) erfolgen. Durch die konstruktive und kritische Reflexion der eigenen Erfahrungen wird aus dem bloßen »Erfahrungen machen eine für die eigene Kompetenzentwicklung wirksame Lernerfahrung« (Rohs, 2007, S. 77). Oder aber die Strukturierung der Selbstorganisation von Lernprozessen auf dem Kontinuum zwischen formell und informell wird bedeutsam. Bei diesem Ansatz kann das selbstorganisierte Lernen am Arbeitsplatz durch personale, methodische oder mediale Strukturierungshilfen unterstützt werden, um Erfahrungswissen in der alltäglichen Wahrnehmung der Unterrichtspraxis zu erschliessen (z. B. durch die Parallelisierung von Projekt- und Lernaufgaben oder Beobachtungsaufträge für eine Aufmerksamkeitsfokussierung der Lernenden). Aus organisationstheoretischer Perspektive bieten professionelle Lerngemeinschaften den Nutzen, produktiv die Schulentwicklung vorantreiben zu können. Damit spiegeln sie die erfolgreiche Verknüpfung Kompetenz-/ Team- und Unterrichtsentwicklung in der Organisation von Schule wider.

5.3.1.3 Gestaltung der Rahmenbedingungen für die Kompetenzentwicklung von Lehrpersonen

Die Kompetenzentwicklung der Lehrpersonen, insbesondere um neue Unterrichtskonzepte zu erproben und zu erlernen, lässt sich nicht von der Unterrichts- und Schulentwicklung trennen. Der Schulalltag findet überwiegend in traditionellen Unterrichtsformen statt, in denen das Lehrgespräch, kleinere Einzel- und Gruppenarbeiten sowie Vorträge dominieren (Euler, 2012, S. 21). Darin lassen sich jedoch Bildungsinnovationen, wie mediengestütztes »Problem-based Learning« und Projektformen nur begrenzt integrieren. »Eine solche Unterrichtspraxis ist damit der zentrale Hemmschuh für die Integration von eLearning in den schulischen Alltag« (Wilbers, 2012a, S. 38). Umso wichtiger scheint es damit, dass Förderkonzepte für die Kompetenzentwicklung von Lehrpersonen auf diesen Kontext abzielen und gleichzeitig in Innovationsstrategien und Qualitätsentwicklungsprozesse der Schulen eingebettet sind.

Für die Verwirklichung von Schulreformen sind häufig Maßnahmen auf der Ebene der Unterrichtsentwicklung, auf der Ebene der Ausbildung des Personals sowie auf der Ebene der Schulentwicklung abzustimmen. So beschreiben Stoll et al. (2006), ein derartiges Maßnahmenbündel als umfassenden Kapazitätsaufbau: »International evidence suggests that educational reform's progress depends on teachers' individual and collective capacity and its link with school-wide capacity for promoting pupils' learning. Building capacity is therefore critical. Capacity is a complex blend of motivation, skill, positive learning, organisational conditions and culture, and infrastructure of support« (S. 221). In diesem Zusammenhang betont Hord (1997, S. 1) in Anlehnung an die Lernende Organisation nach Senge (1996), die Bedeutung der Gemeinschaftsbildung für ein kontinuierliches Lernen (»communities of inquiry and improvement«, S. 120). Im Rahmen einer umfassenden Literaturanalyse identifizierte Hord (ebd.) insbesondere die folgenden fünf Erfolgsfaktoren für die Unterstützung lernförderlicher Rahmenbedingungen in einer Schule: 1) unterstützende und partizipativ angelegte Führung, 2) geteilte Vision und Werte, 3) kollektive Kreativität, 4) geteilte, persönliche Praxis, 5) unterstützende Bedingungen, die darüber entscheiden, wann, wer und wie die Lehrpersonen sich regelmäßig als Einheit treffen, um Lernprozesse zu initiieren, Entscheidungen zu treffen, Probleme zu lösen und kreativ zu arbeiten, was letztendlich eine professionelle Lerngemeinschaft charakterisiert.

Verbindung zur Struktur- und Kulturgestaltung

»If our aim is to help students become lifelong learners by cultivating a spirit of inquiry and the capacity for inquiry, then we must provide the same conditions for teachers«, bringt es Sergiovanni (1996, S. 152) auf den Punkt. Die Entwicklung einer Schulkultur (Verbindung zu Strukturen und Kulturen einer Schule, s. hierzu Kapitel 3), in der das Lernen miteinander und voneinander zwischen Schülern und Lehrpersonen eine hohe Wertschätzung erfährt, ist dabei von zentraler Bedeutung: Pflegen Lehrpersonen im Kollegium den Austausch und wird dieser gefördert? Werden Unterlagen und neues Fachwissen von den Lehrkräften als Alleingut gehortet? Werden diese und ähnliche meist eigeninitiativ angestoßenen Aktivitäten als adäquate Lernaktivitäten anerkannt? Diese und andere Fragen geben Aufschluss über die Spezifikationen einer Organisationskultur, die den (informellen) Lernprozess fördern oder auch kleinhalten kann. Auf einer organisationalen Ebene leitet Fullan (1994) die Bedeutung der Schulkultur für die Veränderungsbereitschaft an Schulen her: »Creating a learning culture – It has been argued that any attempt to improve a school that neglects school culture is ›doomed to tinkering‹ because school culture influences readiness for change« (S. 190). Die Entwicklung einer lernförderlichen Schulkultur kann bis heute als eine der zentralen Herausforderungen für die erfolgreiche Implementierung von Bildungsinnovationen und für kontinuierliche Qualitätsentwicklungsprozesse betrachtet werden.

Einfluss von Motivation und Einstellung

Offen bleibt hierbei jedoch, inwieweit die persönliche Motivation und Einstellung der Lehrenden gegenüber den organisationalen Faktoren Einfluss nehmen (Meirink et al., 2009). Die Sekundärdatenanalyse von Heise (2007) wirft die Frage auf, ob eine Analyse der informellen Lernangebote Aufschluss darüber geben könnte, inwiefern das eingeschränkte Bemühen um informellen Kompetenzerwerb der Lehrer aus den eher unzureichend vorhandenen Möglichkeiten zum Besuch von Fachmessen, Kongressen oder Fachvorträgen erwächst (Heise, 2007). Um diese informellen Lernaktivitäten zu unterstützen und zu stärken, scheint die Gestaltung einer kommunikationsförderlichen Umgebung innerhalb der Schulorganisation unabdingbar. Die gezielte Förderung von Fachgesprächen vor Unterrichtsbeginn oder in den Pausen sowie die Nutzung der unterrichtsfreien Zeit zu ausgiebiger Reflexion, beispielsweise kritischer Praxissituationen, kann einen wichtigen Beitrag zum Anstoß und zur Förderung informeller Lernprozesse innerhalb des Lehrerkollegiums leisten (Heise, 2009). Nach McLaughlin (1997, S. 89 zit. in Aubusson, Ewing and Hoban, 2009, S. 7) sind zusammenfassend die folgenden Implikationen für »Teacher Learning« zu berücksichtigen, wenn Lehrpersonen als Professionals behandelt werden sollen:

- Zunehmende Möglichkeiten für einen professionellen Dialog am Arbeitsplatz,
- Reduzierung der professionsbedingten Isolation von Lehrpersonen,
- Zur Verfügung stellen eines reichhalten Angebotes verschachtelter Lern- und Diskursoptionen,
- Verbindung von professionellen Entwicklungsmöglichkeiten mit bedeutungsvollem Inhalt und Bemühungen um Veränderungen,
- Entwicklung einer Umgebung, die auf Sicherheit und Vertrauen baut,
- Restrukturierung von Zeit, Raum und Größenordnungen innerhalb der Schulen.

Die Kompetenzentwicklung der Lehrkräfte im Kontext eines Paradigmawechsels zu einer Lernenden Organisation bedarf somit umfangreicher Anstrengungen in den Schulen. Die Hauptlast wird bislang und auch künftig stark durch eine informelle Fortbildung der Lehrkräfte getragen, die in der Öffentlichkeit oft keine Anerkennung findet (Wilbers, 2012a, S. 40). Besonders betroffen scheinen die Berufsschulen zu sein: »Die beruflichen Schulen bewältigen in diesem Bereich einen permanenten und ausgesprochen differenzierten Anpassungsbedarf, der in dieser Breite und Vielfalt in keiner anderen Schulart auftritt« (Wilbers, 2012a, S. 40). Allerdings sind in nicht wenigen Fällen die Möglichkeiten beruflicher Schulen, diese Form der Kompetenzentwicklung zu unterstützen, stark begrenzt. Die unterschwellig vorhandene Hoffnung, mit Konzepten der informellen Kompetenzentwicklung künftig Kosten für die notwendige und fortlaufende Weiterbildung von Lehrpersonen einsparen zu können, wird sich dabei nicht erfüllen. Informelles Lernen der Lehrpersonen sollte vielmehr eine höhere Wertschätzung erfahren und stärker mit formellen Elementen der Weiterbildung verzahnt werden. Die kontinuierliche Kompetenzentwicklung von Lehrpersonen bedarf angemessener Ressourcen, Gestaltungsbefugnisse und vor allem auch Zeit.

5.3.2 Kompetenzentwicklung des betrieblichen Bildungspersonals

5.3.2.1 Neue Herausforderungen

Die Rolle des betrieblichen Bildungspersonals wandelt sich deutlich und somit auch die Herausforderungen, die an diese Berufsgruppe herangetragen werden: Zum einen wird die klassische Rolle des Aus- und Weiterbildners neu definiert. Während bislang das »Anweisen« im Zentrum des Rollenverständnisses stand, treten nun Coaching und Lernberatung stark in den Vordergrund. Diese Umorientierung bringt nicht nur die traditionell autoritäre Position des Ausbildners ins Wanken, sie stellt zudem ganz andere, neue Anforderungen an die Kompetenzen des Bildungspersonals, das fortan kollektives Lernen, Teamarbeit und neue Lernformen unterstützen soll. Da dem Lernen im Arbeitsprozess ein immer größerer Stellenwert zukommt, ergeben sich außerdem vermehrt Management- und Koordinationsaufgaben. Zum anderen zieht die Einführung neuer Lern- und Arbeitsformen auch veränderte Tätigkeiten des Bildungspersonals nach sich, wie z. B. projektorientiertes Lernen und übergreifende Lernformen. Nicht zuletzt werden auch Aspekte der Qualitätssicherung sowie Vernetzungs- und Abstimmungsarbeit mit anderen Betrieben und Bildungsinstitutionen immer wichtiger (Eurotrainer Konsortium, 2008, S. 2).

Empirische Studien zeigen auf, dass das betriebliche Bildungspersonal nur unzureichend auf seine neue Tätigkeit vorbereitet ist und dies eine der zentralen zukünftigen Herausforderungen darstellt (Ulmer et al., 2012, S. 10). Bahl (2012) stellt hierbei fest: »Der vielfach eingeforderte Wandel zum Lernprozessbegleiter und zu einem primären Selbstverständnis als Pädagoge ist nicht leicht zu bewerkstelligen. Diese Entwicklung dürfte nicht zuletzt auch davon erschwert sein, dass der Begriff des Pädagogischen im betrieblichen Kontext eher verpönt ist« (S. 33).

In der beruflichen Ausbildung wird darauf hingewiesen, dass »der in den 1980/90er-Jahren eingeleitete Paradigmenwechsel von einer Vermittlungsdidaktik zu einer handlungsorientierten Didaktik« (S. 33) das Bildungspersonal nicht entsprechend mitgenommen hat, um es auf die neuen, erweiterten Anforderungen vorzubereiten. Allerdings ist diese Zielgruppe schwer erreichbar. Aus- und Weiterbildner

Betriebliches Bildungspersonal: Ausgangspunkte

5.3 Mikro-Ebene – Kompetenzentwicklung von Learning Professionals gestalten
Kompetenzentwicklung des Bildungspersonals i. e. S. (Lehrpersonen)

in Betrieben sind vor allem deshalb schwierig zu erreichen, weil viele Betriebe und Personalmanager die neuen Aufgaben und die sich wandelnde Rolle des Bildungspersonals in wissensbasierten Gesellschaften bisher kaum thematisiert haben.

Letztendlich ist die Bedeutung der betrieblichen Bildung abhängig von arbeitsmarktpolitischen Entwicklungen: Herrscht eine angespannte Lage und Rationalisierungsdruck, dann werden i. d. R. Mittel für die Aus- und Weiterbildung, und das schließt das betriebliche Bildungspersonal mit ein, als erstes gekürzt. In Österreich, Dänemark und Finnland zeigt sich allerdings ein anderes Bild. Dort hat in den letzten Jahren beispielsweise der Arbeitskräftemangel eine breite Debatte über die Qualität der Aus- und Weiterbildung in Betrieben ausgelöst. Dies war eng mit der Frage verknüpft, wie durch ein attraktives Weiterbildungsangebot das Mitarbeiterengagement erhöht werden kann. Nimmt die Aus- und Weiterbildung für Betriebe eine strategische Rolle ein, so profitiert auch das betriebliche Bildungspersonal. Die Statusfrage ist darüber hinaus eng mit der allgemeinen sozialen Anerkennung der jeweiligen Branche verbunden, in der die Aus- und Weiterbildner tätig sind, und hängt grundsätzlich vom gesellschaftlichen Stellenwert ab, den Ausbildungstradition und Facharbeit innerhalb einer Gesellschaft innehaben.

Selbstverständnis von Aus- und Weiterbildnern

Die Tätigkeiten der betrieblichen Aus- und Weiterbildner sehen die Akteure von ihrem Selbstverständnis her nicht als Beruf, sondern in erster Linie als Funktion. Sie empfinden sich als Mitarbeitende im Betrieb, die Aus- und Weiterbildungsfunktionen innehaben, ohne dass dies gesondert ausgewiesen, festgehalten oder berücksichtigt wird (Bahl, 2012, S. 5). Sie bilden somit keine berufliche Identität als Aus- und Weiterbildner. Diejenigen Mitarbeitenden, die Aus- und Weiterbildungsfunktionen nebenamtlich neben anderen Facharbeiteraufgaben übernehmen, nehmen sich selbst gar nicht als Bildungspersonal wahr und fühlen sich somit nicht angesprochen, wenn es um die eigene berufliche Weiterentwicklung als betriebliche Aus- und Weiterbildner geht. Eine ganze Reihe von Weiterbildungsmöglichkeiten und -kursen für betriebliches Bildungspersonal können dadurch ihre Zielgruppe nicht erreichen, es sei denn, die Mitarbeitenden werden von ihren Vorgesetzten oder dem Personalmanagement auf ihre Rolle und die damit verbundenen Weiterbildungsbedarfe und -möglichkeiten hingewiesen.

Die empirischen Befunde (s. Eurotrainer Konsortium, 2008) verdeutlichen allerdings, dass – besonders in kleinen und mittleren Unternehmen – das Bewusstsein der Vorgesetzen für den Bedarf an Weiterbildung ihrer Mitarbeitenden oft beschränkt oder gar nicht vorhanden ist. Die betrieblichen Ausbildner erhalten daher von dieser Seite wenig oder gar keine Unterstützung bei der Ausübung ihrer Funktion. Darunter leiden jedoch nicht nur die Qualität der betrieblichen Aus- und Weiterbildung, sondern auch der Status sowie das Entwicklungspotenzial der Betroffenen. »Ohne einen gewissen arbeitsmarktpolitisch induzierten Druck, der einen Perspektivenwechsel im Hinblick auf die Aus- und Weiterbildung im Unternehmen bewirken könnte – beispielsweise durch einen deutlich spürbaren Fachkräfte- und Nachwuchsmangel – scheint das mittlere und obere Management die Weiterbildungsbedarfe und Entwicklungspotenziale des betrieblichen Bildungspersonals überwiegend zu ignorieren« (Eurotrainer Konsortium, 2008, S. 5).

5.3 Kompetenzentwicklung des Bildungspersonals i. e. S. (Lehrpersonen)

Bezogen auf Qualifikationen und Kompetenzen des betrieblichen Bildungspersonals, deuten gemäß Eurotrainer Konsortium (2008) empirische Hinweise darauf hin, dass Qualifikationen für Ausbildner in vielen Ländern gar nicht unbedingt erforderlich sind. Bedeutung wird vielmehr der Facharbeiterqualifikation und der mehrjährigen praktischen Berufserfahrung beigemessen. Eine pädagogische Eignung in Form eines Nachweises, einer Befähigung zur Ausbildung von Jugendlichen, wird jedoch teilweise in Ländern wie der Schweiz, Deutschland oder Österreich erwartet, wo die berufliche Erstausbildung stark gewichtet wird. Ein Kompetenzprofil, das für die Ausübung der Tätigkeiten der betrieblichen Aus- und Weiterbildner geeignet erscheint, bezieht sich im Wesentlichen wiederum auf die folgenden drei Kompetenzfelder (Eurotrainer Konsortium, 2008, S. 7):

Kompetenzbereiche für betriebliches Bildungspersonal

1. *Fachliche Kompetenzen* zur Vermittlung von arbeitsrelevanten grundlegenden technischen Fähigkeiten und Fertigkeiten;
2. *Pädagogische und soziale Kompetenzen*, welche die didaktische Prozesse und die Arbeit mit Jugendlichen bzw. Lernenden und Kollegen unterstützen, insbesondere die Integrationsfunktion der Aus- und Weiterbildung, Mentorenfunktion der Aus- und Weiterbildung, kollektive Lernprozesse und einen effektiven Wissenstransfer; für Weiterbildner nimmt ferner im Zuge des demografischen Wandels die Herausforderung zu, auf spezifische Anforderungen für ältere, erfahrene Mitarbeitende und Fachkräfte einzugehen;
3. *Managementkompetenzen, die zur Entwicklung der eigenen didaktischen Professionalität sowie der Bildungsorganisation im Sinne einer lernenden Organisation führen*. Lehrpersonen sind hier zunehmend gefordert, sich in Bildungsprozesse der Schulen gestalterisch einzubringen, z. B. Qualitätsmonitoring, Projektkoordination sowie bei Lehrpersonen in Berufsschulen die Zusammenarbeit mit unterschiedlichen betrieblichen Abteilungen, Berufsschulen und anderen externen Trainingseinrichtungen. Ferner ist für das betriebliche Bildungspersonal ebenfalls von zunehmender Bedeutung, die Entwicklung der eigenen Professionalität als kontinuierlicher Erwerb beruflicher Handlungskompetenzen in überwiegend informellen, arbeitsplatzintegrierten Kontexten zu planen, zu organisieren, umzusetzen und zu reflektieren.

Empirische Ergebnisse zeigen, dass »Fachliche Kompetenzen« (Kompetenzbereich 1) in fast allen europäischen Ländern eine Voraussetzung dafür sind, Aus- und Weiterbildungsaktivitäten zu übernehmen (Eurotrainer Konsortium, 2008, S. 16 f.). Dieser Kompetenzbereich scheint in der betrieblichen Bildung bereits ausreichend adressiert zu werden. In den Kompetenzbereichen 2) und 3) sind hingegen starke Defizite zu verzeichnen. Bei den meisten Reformansätzen zur Aus- und Weiterbildung des betrieblichen Bildungspersonals wird die Ausbildung dieser Kompetenzen immer stärker berücksichtigt. Das wachsende Bewusstsein für die Bedeutung von pädagogischen und sozialen Kompetenzen wird bereits intensiver diskutiert und es werden Anstrengungen für diesen Bereich unternommen. Der Schwerpunkt liegt dabei insbesondere bei den Sozialkompetenzen. Organisatorische und managementorientierte Kompetenzen finden dagegen nur selten Eingang in die Ausbildungsreformen. Dies weist darauf hin, dass in den meisten Ländern die zukünftigen Herausforderungen und Tätigkeiten und der damit einhergehende Wandel der Rolle des betrieblichen Bildungspersonals bislang noch kaum antizipiert werden. Sie werden allerdings zunehmend wichtiger für die effektive Organisation und Umsetzung von betrieblichen Aus- und Weiterbildungsmaßnahmen, wie es im Rahmen des zugrundeliegenden Bildungsmanagement-Modells deutlich herausgestellt wird.

5.3.2.2 Kompetenzentwicklung in formellen und informellen Kontexten

Internationale Entwicklungen

Einige Länder forcieren die Bestrebungen im Bereich der Professionalisierung des betrieblichen Bildungspersonals. Dies geschieht zumeist anhand von Regulierungen und Standardisierungen, die sich primär auf die Ebene der Betriebe, des Bildungspersonals oder dessen Aus- und Weiterbildung beziehen. So ist die Einführung von Mindeststandards für die Aus- und Weiterbildung des betrieblichen Bildungspersonals in Deutschland und Österreich zu beobachten: Deutschland arbeitet an der Umsetzung eines neuen prozessorientierten Ansatzes für die Aus- und Weiterbildung des Betriebsbildungspersonals (Eurotrainer Konsortium, 2008, S. 16). Österreich ist dabei, eine Berufsakademie für Aus- und Weiterbildner einzurichten, die eine zweistufige Zertifizierung der Kompetenzanforderungen auf der Grundlage klar definierter Standards vorsieht.

Eine Reihe von Ländern beschäftigt sich damit, wie informell erworbene Kompetenzen und Arbeitserfahrungen in Form von formalen Qualifikationen gebündelt und ausgewiesen werden können. Für das betriebliche Bildungspersonal ist dies besonders relevant, denn dieses erwirbt in der Regel sein Wissen und Können auf informellem Wege und überwiegend im Arbeitsprozess. In Frankreich und Portugal gibt es zum Beispiel verschiedene Verfahren, anhand derer die betrieblichen Aus- und Weiterbildner ihre informell erworbenen Fähigkeiten zertifizieren lassen können (Eurotrainer Konsortium, 2008, S. 8).

Anerkennung informell erworbener Kompetenzen

Die Kompetenzentwicklung des betrieblichen Bildungspersonals bezieht sich in diesem Lehrbuch zwar auf die Integration in die internen Bildungsprozesse einer Organisation. Aber die Entwicklungen auf nationaler und internationaler bildungspolitischer Ebene zeigen auch für interne Bildungsprozesse Optionen auf, die Kompetenzentwicklung des betrieblichen Bildungspersonals zu unterstützen. Neben den skizzierten Entwicklungsmöglichkeiten, formelle und informelle Formen der Kompetenzentwicklung zu verbinden (s. vorheriger Abschnitt), sind für Bildungsverantwortliche insbesondere die Optionen zur Sichtbarmachung ihrer informell erworbenen Kompetenzen interessant. Zum einen können darüber interne Karrieremöglichkeiten eröffnet werden, zum anderen kann auf bildungspolitischer Ebene die Anerkennung dieser Kompetenzen in Form von Zertifizierungen erfolgen.

Drei Teilschritte sind bei der Anerkennung auch informell erworbener Kompetenzen zu beachten (Schläfli, 1998, S. 28; Dehnbostel, 2011), wie nachfolgender Überblick zeigt (siehe Abbildung 82).

Im Grunde genommen sind die Ausführungen zur Kompetenzentwicklung des schulischen Bildungspersonals in formellen und informellen Kontexten auch auf die Kompetenzentwicklung von betrieblichem Bildungspersonal übertragbar. So können als Anwendungsbeispiele ebenfalls Designansätze zur Gestaltung transferorientierter Bildungsmaßnahmen, angeleitete Reflexionsprozesse zur Trainingspraxis oder

Abb. 82

Anerkennung informell erworbener Kompetenzen

Teilprozesse	Zielsetzung	Resultate	Instrumente
Erfassen	▸ Inventar aufnehmen ▸ Vorhandene Ressourcen bewusst machen	▸ Bilanz der Ressourcen	▸ Portfolio ▸ Assessment ▸ Persönliches Lernhandbuch ▸ Curriculum
Beurteilen	▸ In Beziehung zu anderen Anforderungen setzen	▸ Bilanz der Kompetenzen	▸ Portfolio ▸ Assessment ▸ Qualifikationsgespräche
Validieren/ Akkreditieren	▸ Kompetenzen anerkennen durch Behörden, Firmen, Verbände etc.	▸ Qualifikationen ▸ Ausweise	▸ Ausweise ▸ Zertifikate ▸ Bildungs-Chip-Karte

Anerkennung informell erworbener Kompetenzen

selbstinitiierte Praktikergemeinschaften zum Wissens- und Erfahrungsaustausch verschiedene Gestaltungsoptionen der Kompetenzentwicklung des betrieblichen Bildungspersonals aufzeigen.

5.3.2.3 Gestaltung der Rahmenbedingungen für die Kompetenzentwicklung des betrieblichen Bildungspersonals

Analog zur Schule, welche gefordert ist, die Rahmenbedingungen für die Kompetenzentwicklung der Lehrpersonen auch auf informellem Wege zu organisieren und zu unterstützen, sind auch Betriebe neu gefordert, ihr Bildungspersonal in seiner Kompetenzentwicklung zu unterstützen. Lernförderliche Rahmenbedingungen in struktureller und kultureller Hinsicht stellen auch dort grundsätzlich die Voraussetzung dar, kontinuierliche Lern- und Entwicklungsprozesse für Individuen zu initiieren. Darauf aufbauend sollen vier konkrete Maßnahmen zur Gestaltung von Rahmenbedingungen für die Kompetenzentwicklung ergänzt werden (in Anlehnung an Eurotrainer Konsortium, 2008, S. 13 ff.):

1. *Bewusstseinsbildung in der Organisation*
   Gerade in einer wissensbasierten Ökonomie ist es wichtig, ein Verständnis von der sich wandelnden Rolle des betrieblichen Bildungspersonals herauszubilden bzw. zu verstärken. Diese Bewusstseinsbildung kann sich zwar auf verschiedenen Ebenen abspielen, u. a. über die Politik des lebenslangen Lernens, Bestimmungen zur Arbeitssicherheit oder Personalentwicklungsstrategien. Das betroffene Bildungspersonal zieht jedoch den größten Nutzen daraus, wenn diese Bewusstseinsänderung auf der betrieblichen oder organisationalen Ebene des Betriebs stattfindet, da dieser den zentralen Orientierungsrahmen für die Mitarbeitenden darstellt.

2. *Entwicklung bzw. Optimierung des Kompetenzprofils*
   Das betriebliche Bildungsmanagement kann für sein eigenes Bildungspersonal die erforderlichen Kompetenzen analysieren und präzisieren. In Unternehmen werden zunehmend Kompetenzmodelle eingeführt, zunächst jedoch in erster

Maßnahmen zur Gestaltung von Rahmenbedingungen

Linie für die Führungskräfte. Das Bildungspersonal selbst wird als Zielgruppe vernachlässigt und so sind selten Kompetenzprofile im Bildungsbereich zu finden. Kompetenzprofile können einen Orientierungsrahmen für Bildungsverantwortliche sein. Insbesondere bei Bildungsverantwortlichen, die Funktionen der Aus- und Weiterbildung mit übernehmen, sollte ein bestehendes Kompetenzprofil erweitert werden. Insgesamt sollten die Prozesse der Personalentwicklung diesen Funktionsbereich aufnehmen, um entsprechende Glaubwürdigkeit und Relevanz zu erhalten. So können sich dann in den Mitarbeitergesprächen die Entwicklungsziele auf diese Kompetenzfelder beziehen und diese stellen keinen isolierten Aufgabenbereich mehr dar.

3. *Verknüpfung mit Personalentwicklung: Laufbahn-Modelle für das Bildungspersonal*
   Des Weiteren kann eine Organisation nach Möglichkeiten suchen, Entwicklungsperspektiven für das Bildungspersonal im Sinne von Fachlaufbahnen aufzubauen. Die Wertschätzung gegenüber dem Bildungspersonal, das sich in einem zunehmend wichtiger werdenden Bereich in der wissensbasierten Ökonomie engagiert, würde dadurch sehr deutlich zum Ausdruck gebracht.

4. *Entwicklung, Austausch, Zugang zu innovativen Learning Design Konzepten*
   Das betriebliche Bildungsmanagement kann schließlich auch Supportstrukturen für ihr Bildungspersonal aufbauen, den Austausch von Lernmaterialien und Konzepten unterstützen sowie den Zugang dazu vereinfachen, bzw. diese zur Verfügung stellen.

Letztendlich hängen die Rahmenbedingungen sehr stark von den konkreten kontextuellen Möglichkeiten ab. Klein- und mittelständische Unternehmen stoßen an ihre Grenzen hinsichtlich des Aufbaus interner Supportstrukturen und bemühen sich vermutlich stärker in der Vernetzung mit anderen Peers aus ihrer Profession. In Großunternehmen stellt es vermutlich eine Herausforderung dar, die vorhandene Expertise zu bündeln und Synergieeffekte auch über siloartige Strukturen hinweg nutzbar zu machen.

5.3.3 Fazit

Die Kompetenzen des Bildungspersonals sind zentral für die Weiterentwicklung der Bildungsorganisation sowie für die Entwicklung von Bildungsprogrammen. Die weit reichenden Veränderungen auf den Mikro-, Meso- und Makro-Gestaltungsebenen erfordern korrespondierende Weiterbildungsanstrengungen im Hinblick auf das Bildungspersonal. Fachliche, pädagogische und soziale Kompetenzen sowie neue Managementkompetenzen für die kontinuierliche Entwicklung der eigenen Professionalität sowie der Bildungsorganisation, bilden die Orientierung für Bildungsverantwortliche, wenn auch mit unterschiedlicher Akzentuierung. Während sich Bildungsverantwortliche im schulischen Kontext mit dem Anwendungsproblem auseinander setzen müssen, wird für die betriebliche Seite der Ausbildung eher ein Reflexionsdefizit vermutet. Insbesondere in der beruflichen Ausbildung scheint jeweils »der Blick über den Tellerrand« vielversprechend, um einerseits ein gegenseitiges Verständnis aufzubauen sowie andererseits eine höhere Kooperationsbereitschaft zu fördern und damit den Nutzen in einer kontinuierlichen Zusammenarbeit zu sehen. In der betrieblichen Weiterbildung ist ebenfalls ein Anwendungsproblem im Sinne von fehlender bzw. unzureichender Transferorientierung von Bildungsmaßnahmen und Unterstützung des neu Gelernten in der Praxis durch Lernpromotoren festzustellen.

Die Weiterbildung von Lehrpersonen, die in rein formalisierten Kursen fernab des Klassenzimmers stattfindet, stößt an ihre Grenzen. Lehrkräfte können als Wissensarbeitende bezeichnet werden, die hochgradig in informellen Kontexten lernen und sich selbst weiterbilden. Daher sind neue Wege der Kompetenzentwicklung für Learning Professionals zu suchen, welche die Prinzipien des »informellen Lernens« mit den Möglichkeiten des »formellen Lernens« verbindet und in dieser Verbindung auch alltägliche Formen des Wissenserwerbs explizit und nachvollziehbar macht und sie zum Kompetenzaufbau für eine entwicklungsorientierte Professionalisierung nutzt. Für das betriebliche Bildungspersonal ergibt sich dabei insbesondere die Herausforderung, auch informell erworbene Kompetenzen zu erfassen, zu beurteilen und mit einem Assessment-Verfahren intern oder ggf. von externer Stelle validieren zu lassen.

Die Gestaltung der Kompetenzentwicklung des Bildungspersonals wird hierbei als integraler Bestandteil des Bildungsmanagements betrachtet. Die Schulentwicklung ist mit Maßnahmen der Unterrichts- und Kompetenzentwicklung von Lehrpersonen zu verknüpfen. Im betrieblichen Kontext ist zunächst die Bewusstseinsbildung zu schärfen. Ferner sind die Prozesse der Kompetenzentwicklung zu präzisieren und in die Personalentwicklung des Bildungspersonals zu integrieren.

5.4 Kompetenzentwicklung von Lernunterstützern: Führungskräfte als Lernpromotoren

5.4.1 Die Bedeutung von personalen Unterstützungssystemen beim Lernen in formellen und informellen Kontexten

Die Kompetenzentwicklung von Lernenden findet nicht nur in der Interaktion mit dem Lehrenden als Learning Professionals im engeren Sinne statt, sondern wird auch maßgeblich von zusätzlichen Lernunterstützern in Lern- und Arbeitsprozessen gefördert, die zu Learning Professionals im weiteren Sinne zählen.

Personale Unterstützungssysteme für Lernprozesse können – wie eingangs erwähnt – beispielsweise Tutoren-, Mentoren- oder Coaching-Systeme sein. Eine neue, erweiterte Rolle sollen in diesem Zusammenhang auch die Führungskräfte einnehmen, um arbeitsintegriertes Lernen zu unterstützen. Derartige personale Unterstützungssysteme dienen zum einen dazu, eine zielgerichtete Lernbegleitung und Coaching im Rahmen von Bildungsmaßnahmen zu organisieren. Zum anderen können sie als strukturelle und kulturelle Faktoren für lernförderliche Rahmenbedingungen in einer Organisation betrachtet werden.

Lernunterstützer, Lernpromotoren: Ausgangspunkte

Dabei sind wechselseitige Beziehungen zu berücksichtigen. Rahmenbedingungen für Lernen beeinflussen den Lernprozess und die daraus resultierenden Lernergeb-

5.4 Mikro-Ebene – Kompetenzentwicklung von Learning Professionals gestalten
Kompetenzentwicklung von Lernunterstützern

nisse. Es sind aber auch die Wirkbeziehungen in der anderen Richtung zu berücksichtigen, sodass Lernprozesse und -ergebnisse sukzessive auch vorhandene Lehr-Lernkulturen verändern können. Nimmt man Handlungskompetenzen in den Blick, also das Potenzial für sachgerechtes Handeln mit dem Handlungssituationen bewältigt werden können, dann werden diese Rückverbindungen deutlich. Zwei Beispiele sollen dies illustrieren: (1) Die Fähigkeit, eine gute Praxis zu identifizieren und selbständig für den eigenen Kontext zu adaptieren, kann in der Folge zu verbesserten (Lern-)Ergebnissen beitragen; (2) die erfolgreiche Beteiligung an selbstorganisierten Experten-Communities kann die Verankerung von Selbstverantwortung auf Seiten der Mitarbeitenden und das Agieren als »Ermöglicher« auf Seiten der Vorgesetzten stärken und so förderlich auf weitere Prozesse der Kompetenzentwicklung wirken. Auf diese Weise kann ein sich selbst verstärkender Entwicklungsprozess in Gang kommen.

Vom Wissensvermittler zum Lernbegleiter

Lernen findet überwiegend am Arbeitsplatz und in der Unterrichtspraxis statt. Lehrpersonen verändern ihre Rolle vom Wissensvermittler hin zum Lernbegleiter. Lernen kann durch Kollegen, Peers, andere Lernende, Vorgesetzte sowie medialen Supportsystemen unterstützt werden. Tutoring-, Mentoring- oder Coaching-Systeme werden häufig in Bildungsmaßnahmen integriert. Falls diese nicht auf professionellen Strukturen, z. B. qualifizierte Coaching-Experten aufbauen, sondern direkt am Arbeitsplatz etabliert werden sollen, stellt sich die Frage der Kompetenzentwicklung für die Akteure. Im nachfolgenden Abschnitt soll daher auf eine Gruppe der zentralsten Lernunterstützer eingegangen werden: Führungskräfte und deren erweiterte Rolle als Personalentwickler.[1]

5.4.2 Die Rolle von Führungskräften in Bildungsprozessen

5.4.2.1 Neue Anforderungen

Vorbildfunktion

In Forschung und Praxis werden Führungskräfte heute zunehmend dazu aufgefordert, neben Management- und Sachaufgaben auch die Aufgabe einer professionellen Mitarbeiterentwicklung zu übernehmen. Führungskräfte besitzen eine einflussreiche Vorbildrolle in Organisationen, sie sind sogenannte »Agents of Change« (Bass, 1990). Diese Annahme wird auch von Erkenntnissen der Lern- und Transferforschung unterstützt, denen zufolge Führungskräfte eine Vorbildfunktion und eine Multiplikatoren-Rolle für das Lernen ihrer Mitarbeitenden einnehmen. Zahlreiche empirische Studien belegen beispielsweise, wie hoch der Einfluss von Führungskräften ist, wenn es um den Transfererfolg und damit auch um die Nachhaltigkeit von Bildungsmaßnahmen geht (Kauffeld, 2006). Schließlich sind Führungskräfte als »Agents of Change« auch zentrale Kulturträger und können Veränderungen der Lernkultur begünstigen oder verhindern.

In der betrieblichen Praxis stellt jedoch gerade häufig die mangelnde Unterstützung durch Vorgesetzte eine hohe Barriere für eine transferorientierte Lernkultur dar. Auch in der Human Resource Development Forschung ist die Frage nach der

---

[1] Dieser Abschnitt 5.4 Führungskräfte als Lernpromotoren ist in Zusammenarbeit mit Dr. Tanja Fandel-Meyer, vor allem basierend auf dem Beitrag Fandel-Meyer & Seufert (2013), entstanden.

Gestaltung einer geteilten Verantwortung von Führungskräften, Mitarbeitenden und Bildungsverantwortlichen seit vielen Jahren eines der zentralen Forschungsthemen (Manning, 2002). Neue Steuerungslogiken in Organisationen scheinen sich zu etablieren: Nicht die Umsetzung von Vorgaben, sondern Selbstorganisation, Verständigung und Verantwortung sind wichtige organisationale Leitprinzipien. Hinzu kommt das Ausschöpfen der Potenziale: Neben dem Kampf um Talente zur Sicherung der »High Potentials« ist auch die Förderung der »B-Player« nicht außer Acht zu lassen, denn sie bilden das Rückgrat jeglicher Organisation.

Die Frage nach der Ausgestaltung der Rolle von Führungskräften als Personalentwickler wird dabei insbesondere auch aus einer ökonomischen Nutzenperspektive betrachtet. Verschiedene Studien verweisen darauf, dass viele Mitarbeitende, die eine Organisation verlassen, dies beispielsweise nicht aus finanziellen Gründen tun, sondern aus der Unzufriedenheit heraus, ungenügend in ihrer Kompetenzentwicklung unterstützt und ermutigt zu werden (Gibb, 2003). Dieser Aspekt gewinnt im Zuge des demografischen Wandels und der erneut aufkommenden Frage nach der Gestaltung eines erfolgreichen Talent Managements in Organisationen an Bedeutung.

5.4.2.2 Chancen und Grenzen einer kompetenzförderlichen Führungsarbeit

Die Bedeutung und Vorbildfunktion von Führungskräften für das Lernen scheint allseits erkannt und gefordert zu sein. Daher erscheint es bedeutsam, zunächst einmal die Frage kritisch zu reflektieren, inwiefern Führungskräfte überhaupt eine aktive Rolle in der Kompetenzentwicklung ihrer Mitarbeitenden in der Praxis einnehmen können bzw. sollten. Vor dem Hintergrund, dass vielerorts von einer immer steigenden Überlastung der Führungskräfte die Rede ist, wirft diese neue Rollenanforderung die Frage auf, ob Führungskräfte in so diffizilen Bereichen wie der Didaktik nicht überfordert sind (Euler & Seufert, 2008b, S. 64). Im Folgenden werden daher zunächst verschiedene Argumente aufgezeigt, die für eine Stärkung einer lernförderlichen Führungsarbeit sprechen und Gründe skizziert, die für eine skeptische Haltung gegenüber dieser Rollenanforderung sprechen könnten.

Für eine aktive Einbindung von Führungskräften in der Kompetenzentwicklung sprechen folgende Argumente (Gibb, 2003, S. 283 ff.):

▸ Mit der erfolgreichen Ausübung kompetenzförderlicher Führungsarbeit wird die normative Zielsetzung verknüpft, die Gestaltungsvision einer lernenden Organisation und die Vorstellung des lebenslangen Lernens zu fördern und zu unterstützen. Die Vorstellung einer Lernenden Organisation stellt neue Anforderungen an Führungskräfte, insbesondere, dass sie eine kontinuierliche Kompetenzentwicklung von sich selbst und von anderen erwarten sowie Kompetenzentwicklung nicht nur auf formelles Lernen in off-the-job-Maßnahmen, wie z. B. Seminare, Trainings, begrenzen bzw. begrenzt wahrnehmen.

▸ Eine aktive lernförderliche Führungsrolle verspricht zudem eine Steigerung der Nachhaltigkeit in der Arbeit von Bildungsverantwortlichen. Wenn Bildungsverantwortliche und Führungskräfte eng im Thema Lernen zusammenarbeiten, können die Kompetenzentwicklungsangebote verstärkt mit den strategischen Zielen der Organisation verknüpft und die Rahmenbedingungen zur Umsetzung des

Führungskräfte als Personalentwickler: Pro- und Contra

Gelernten besser abgesprochen werden. Dies bildet die Grundlage für ein transferorientiertes und nachhaltiges Lernen in der Organisation.
- Ebenso besteht das Potenzial, damit die Führungskompetenz zu verstärken. Führungskräfte erlernen neue Fähigkeiten in den Bereichen Gesprächsführung, interaktionale Führung (Vroom & Jago, 1990), Coaching und Gestaltung von Lernprozessen. Das Explizieren kompetenzförderlicher Führungsarbeit bietet ein gutes Lernfeld, um die Kompetenz im Bereich der Personalführung auszubauen.
- Abschließend kann eine aktive kompetenzförderliche Führungsarbeit zu einer positiven Veränderung der bestehenden Lernkultur beitragen (Euler & Seufert, 2008a). Die Beziehungen untereinander können sich verändern, gegenseitiges Vertrauen kann neu und weiter ausgebaut werden und die Organisationsmitglieder werden darin unterstützt, in Zeiten eines kontinuierlichen Wandels miteinander zu arbeiten und zu lernen.

Neben all diesen Vorteilen gilt es jedoch, auch mögliche Grenzen bzw. Nachteile einer kompetenzförderlichen Führungsarbeit zu reflektieren (Gibb, 2003, S. 284 ff.):
- Falls Führungskräfte stärker für die Kompetenzentwicklung ihrer Mitarbeitenden verantwortlich sind, besteht die Gefahr, dass Lernaktivitäten prioritär im Vergleich zum aktuellen Tagesgeschäft in den Hintergrund geraten. Bildungsverantwortliche haben dabei bezüglich der Planung und Gestaltung von Kompetenzentwicklung das »bigger picture« im Kopf. Hiermit geht der Aspekt einher, genügend Zeit für Lernen zur Verfügung zu stellen. Zahlreiche Studien verweisen auf fehlende Zeit und Ruhe als eine zentrale Barriere für erfolgreiches Lernen.

Mangelhaftes Wollen und Können
- Neben dem Aspekt des »Wollens« tritt auch die Frage nach dem »Können« in den Vordergrund. Führungskräfte verfügen in der Regel nicht über einen ausgeprägten Ausbildungshintergrund im Bereich Bildungsmanagement. Um eine kompetenzförderliche Führungsarbeit gut ausfüllen zu können, bedarf es daher Kompetenzentwicklungsmaßnahmen für Führungskräfte, die sie neben den bestehenden Führungsaufgaben auf diese Aufgabe durch Angebote des Bildungsmanagements in Organisationen vorbereiten.
- Die Thematik wirft auch die zentrale Frage für jede Organisation auf: Wer übernimmt die Verantwortung für die Kompetenzentwicklung – bzw. im Rahmen einer geteilten Verantwortung: Wer ist genau wofür verantwortlich? Welche Rolle haben zukünftig Bildungsverantwortliche? Wäre eine »Auslagerung« bzw. »Ablösung« der Bildungsarbeit zur Stärkung einer kompetenzförderlichen Führungsrolle ein erstrebenswerter Entwicklungsschritt? Hiermit wird deutlich, dass die Frage nach der Rolle von Führungskräften im Lernen, nicht losgelöst von der zukünftigen Rolle der Bildungsverantwortlichen diskutiert werden sollte.
- Schließlich weist die Förderung einer kompetenzförderlichen Führungsarbeit auf einen möglichen Interessen- und Rollenkonflikt der Führungskräfte hin. Ähnlich wie in der Diskussion, ob Führungskräfte Coachs sein sollten bzw. können (Wunderer, 2003), besteht auch bei dieser Rollenanforderung die Schwierigkeit, die Aufgabe der Personal- und Leistungsbeurteilung von der Rolle eines Lernbegleiters bzw. Coachs zu unterscheiden – Leistungsorientierung versus Potenzialorientierung.

Vor dem Hintergrund der diskutierten Chancen und Grenzen einer aktiven Einbindung von Führungskräften in Lernprozesse, erscheint es sinnvoll, die Implikationen und möglichen Handlungsbereiche aufzunehmen, die mit der Idee einer aktiven lernförderlichen Führungsarbeit einhergehen (Gibb, 2003, S. 285). In den folgenden Ausführungen sollen Fragen nach der Ausgestaltung der Rolle des Lernunterstützers konkretisiert und welche Handlungsbereiche für Führungskräfte unterschieden werden können. Ferner sollen Überlegungen angestellt werden zur Implementierungsstrategie »kleine Schritte« oder »großer Sprung«, um die Rolle von Führungskräften als Kompetenz- und Personalentwickler in Bildungsorganisationen zu etablieren.

5.4.2.3 Handlungsbereiche für Führungskräfte

In der Praxis werden einerseits Fremd- und Selbstorganisation in Bezug auf die organisationale Gestaltung von Arbeit, Rollen und Prozesse, und andererseits Erzeugungs- und Ermöglichungsdidaktik in Bezug auf das Lehr-Lerngeschehen isoliert und nicht mit Blick auf ihre Verbindungen betrachtet. Parallel zu den Lernsituationen sind auch die jeweiligen Führungssituationen aufeinander abzustimmen. Dies fordert etwa Behrmann (2006, S. 326): »Arbeitsorganisationsformen auf betrieblicher oder organisationaler Ebene sind mit Gestaltungsformen der Lehr-/Lernorganisation zu parallelisieren, um sie in einem gemeinsamen pädagogischen Sinnkontext zu integrieren, wie z. B. projektförmige Arbeitsorganisationsformen auf organisationaler Ebene zu implementieren, die sich auf der Ebene der Lehr-/Lernorganisation in entsprechenden Lernarrangements widerspiegeln – oder umgekehrt.« In beiden Feldern (»Arbeiten« und »Lernen«) identifiziert Behrmann darüber hinaus einen Trend von einer Organisation »top down« (»enge Führung durch Vorgesetzte«, »Erzeugungsdidaktik«, vgl. Kapitel 3.3.3 Organisation des Lernens) hin zu einer stärker »bottom up« getriebenen Ausgestaltung (z. B. »delegative Führung«, »Ermöglichungsdidaktik«, vgl. ebenfalls Kapitel 3.3.3) (Behrmann 2006, S. 322).

Wie die nachfolgende Tabelle aufzeigt, verändern sich die Rollen, Prozesse und Aufgaben für Führungskräfte, um Lernprozesse in den jeweiligen Lernarrangements zu unterstützen. Hierbei sollen jeweils wiederum die Anwendungsbeispiele für die Veranschaulichung der Verzahnung von Lernen in formellen und informellen Kontexten am Arbeitsplatz dienen, um auf die spezifischen Anforderungen seitens des Bildungsmanagements in Zusammenarbeit mit Führungskräften eingehen zu können (in Anlehnung an Verdonschot, 2009, S. 25; Poell et al., 2000, S. 25) (siehe Tabelle 67).

Verantwortung, Aufgabenteilung zwischen Mitarbeitenden, Führungskraft und Bildungsmanager

Ausgehend von der oben begründeten Parallelisierung der didaktischen und der managementorientierten Lernorganisation sollen nachfolgend die Handlungsbereiche für Führungskräfte genauer betrachtet werden. Dazu wird – zusätzlich zur bereits eingeführten Unterscheidung zwischen didaktischer und managementorientierter Organisation von Lernen – eine weitere Unterscheidung eingeführt: Die Unterscheidung von Rahmen- und Interaktionsgestaltung (Euler, 2009) (siehe Abbildung 83).

5.4 Mikro-Ebene – Kompetenzentwicklung von Learning Professionals gestalten
Kompetenzentwicklung von Lernunterstützern

Tab. 67

Gesamthafte Betrachtung von didaktischer und betrieblicher Lernorganisation

	Didaktische Lernorganisation & formelle Lernwege	Betriebliche Lernorganisation & informelle Lernwege	
	»(Extended) Training«	»Moderiertes Lernen/ Reflexion«	»Selbstorganisiertes Lernen«
Ausgewählte Beispiele	▸ Training/Lehrgang (ggfs. mit explizit transferorientiertem Lerndesign – extended Training) ▸ Angeleitete und systematische Nutzung von Wissensdatenbanken	▸ Moderierte Teambesprechungen und Projektreviews zur Reflexion von »lessons learned« ▸ Coaching und Mentoring	▸ Austausch in internen oder externen Expertencommunities/ bei Stammtischen/ bei Tagungen ▸ Lesen von Weblogs, Fachzeitschriften und Büchern
Zielsetzung (i.d.R.)	Fokus: Lernen, um eine neue Aufgabe bewältigen zu können.	Fokus: Lernen, um die bisherigen Aufgaben besser ausführen zu können.	Fokus: Lernen, um im eigenen Arbeitsfeld innovativ wirken zu können.
Bezug Lernen – Arbeiten	Lernen = Voraussetzung für Arbeiten	Arbeiten = Lernen	Arbeiten = Lernen
Verantwortung für Gestaltung und Umsetzung	▸ Bildungsorganisation/ Bereich »Learning & Development« ▸ Transferunterstützung durch Führungskräfte (extended Training)	▸ direkt vorgesetzte Führungskraft als Moderator/in ▸ Bei Bedarf unterstützt durch L&D	▸ Beteiligte/Mitglieder ▸ Linienmanagement/ direkt vorgesetzte Führungskraft definieren Rahmenbedingungen für Beteiligung
Gegenstand der Gestaltung	Lernprozess/ Lernumgebung	Arbeitsumgebung (bezogen auf Einzelperson und Team)	Netzwerkumgebung und individuelle Freiräume
Lerninhalte	▸ Vorab bekannt & strukturiert	▸ Im Arbeitsfeld verfügbar ▸ i.d.R. nicht/wenig strukturiert	▸ Müssen gesucht/ entdeckt werden ▸ Können strukturiert/ unstrukturiert sein
Beobachtung, Qualitätssicherung, Kontrolle	Durch Bildungsmanagement → Top down	Durch Führungskraft und Mitarbeitende → Top down & Bottom up	Durch Beteiligte → Bottom up
Wertbeitrag für die lernende Organisation	▸ Durch Wissensaneignung ▸ Durch Umsetzung → auf individueller Ebene, ggf. Teamebene	▸ Durch verbesserte Leistung → auf individueller Ebene und im Team	▸ Durch Weiterentwicklung/Validierung von Wissen ▸ Durch graduelle Verbesserungen ▸ Durch Innovationen → auf welcher Ebene?

Abstimmung didaktischer und managementorientierter Organisation von Lernen
▸ *Arbeitsintegriertes Lernen aus didaktischer Sicht*: Hier geht es darum, Lernen nicht auf Seminarsituationen zu beschränken, sondern möglichst eng mit dem Prozess des täglichen Arbeitens zu verknüpfen. Daraus resultieren Fragen wie die folgenden: Wie können Führungskräfte eher formale Lernumgebungen (mit-)gestalten? Und wie können Führungskräfte eher informelle Lernumgebungen ermöglichen?

5.4 Kompetenzentwicklung von Lernunterstützern

Abb. 83

Handlungsbereiche für Führungskräfte in ihrer Rolle als Lernpromotoren: Beispiele

	Lernkontexte/Erfahrungsräume	Formelles und informelles Lernen begleiten
Rahmengestaltung	Rahmengestaltung für Lernen am Arbeitsplatz Beispiele: ▸ «Zeit für Lernen geben»: Eine Balance gemeinsam mit Mitarbeitenden finden zwischen Arbeitszeit und Freizeit. Wenn die Weiterbildung im Blended Learning Design angelegt ist, dann z. B. die Vorbereitungszeit als Arbeitszeit definieren. ▸ Schaffung einer zentralen Kaffeeecke bzw. Lounge-Bereich als informeller Treffpunkt in der Organisation. ▸ Ermöglichung von Mentoring-/Coachingprogrammen. ▸ Stretch Assignments bzw. Secondments = Entwicklungsprojekte. ▸ Räume lernförderlich gestalten: Förderung der Kreativität, Materialvielfalt, Einsatz von Visualisierungen, etc. ▸ Blogs zum internen und externen Wissensaustausch initiieren und die aktive Nutzung fördern. ▸ Team- bzw. Bereichs-Wiki einführen.	Interaktionsgestaltung für Lernen am Arbeitsplatz Beispiele: ▸ Den Transfer durch Coachings unterstützen, z. B. durch Telefoncoaching oder virtuelles Coaching. ▸ Einsatz von Reflexionsblättern vor und nach einem Seminar unter Einbindung der Führungskräfte. ▸ Vor einer Weiterbildung Lernziele gemeinsam definieren. ▸ Ein Workshop-Tag jährlich zu «Transfer im Lernen» unter Einbezug der Führungskräfte. ▸ Wissensweitergabe im Team fördern, z. B. ein Mitarbeiter präsentiert seine Learnings aus einer Weiterbildung in einer Teambesprechung. ▸ «Brown-Bag-Lunch-Sessions»/«Lunch & Learn Meetings». ▸ Entwicklung eines systematischen Lernprozess-Begleitbogens unter Einbezug der Führungskräfte. ▸ Regelmässige Kommunikation zwischen Führungskraft-Team: «Daran arbeite ich gerade» … ▸ Die eigene Lernkultur analysieren und aktiv gestalten.
	Leadership Commitment	**Führung kompetenzförderlich gestalten**
	Rahmengestaltung für entwicklungsorientierte Führung Beispiele: ▸ Integration der lernförderlichen Rolle in die Zielvereinbarung. ▸ Formulierung lernorientierter Führungsleitlinien. ▸ Durch kontinuierliche Impulse seitens HR/Bildungsmanagement für die lernförderliche Rolle sensibilisieren (z. B. Kurzinput in Jahres-Meetings, Mini-Events).	Interaktionsgestaltung für entwicklungsorientierte Führung Beispiele: ▸ In Mitarbeitergesprächen den Fokus bewusst auch auf Stärken und erlebte Erfolge legen. ▸ Entwicklungsgespräche anhand definierter Kompetenzen führen. ▸ Einbindung von Mitarbeitenden in die Planung und Gestaltung von Teambesprechungen. ▸ Reflexionsrunden initiieren: Homogene Teams und/oder heterogene Teams. ▸ Festes Zeitfenster etablieren für offene Fragen, aktuelle Projekte.

▸ *Kompetenzförderliche Führung aus managementorientierter Sicht*: Hier ist die Denkrichtung genau umgekehrt: Ausgangspunkt ist nicht das Lernen, sondern die Reflexion über die eigene Führungspraxis und ihre Auswirkungen auf die bestehende Lernkultur sowie das Lernpotenzial von Führungssituationen. Je nach Führungsstil, z. B. kontrollierend, konsultativ, transaktional oder transformational, ergeben sich andere Möglichkeiten für eine lernorientierte Führung von Mitarbeitenden.

5.4 Mikro-Ebene – Kompetenzentwicklung von Learning Professionals gestalten
Kompetenzentwicklung von Lernunterstützern

Hinsichtlich der Unterstützung durch Führungskräfte sind die Dimensionen Rahmengestaltung und Interaktionsgestaltung zu unterscheiden:
- *Rahmengestaltung*: Dieser Handlungsbereich betont die Notwendigkeit von lernförderlichen Rahmenbedingungen, die Führungskräfte mitgestalten sollten. Dabei ist in der Praxis oft nicht klar, inwiefern diese Rahmengestaltung Aufgabe von Bildungsverantwortlichen bzw. der Bildungsorganisation oder/und Aufgabe von Führungskräften sein sollte. Es kann davon ausgegangen werden, dass hier eine enge Zusammenarbeit notwendig ist, um organisationales Lernen im Unternehmen zu ermöglichen.
- *Interaktionsgestaltung*: Dieser Handlungsbereich fokussiert die Art und Weise, wie Führungskräfte Interaktionen in der täglichen Führungsarbeit möglichst kompetenzförderlich gestalten können. Eine solche Führungsarbeit erfordert auf Seiten der Führungskräfte entsprechende Kompetenzen, d. h. Einstellungen, Wissen und Fertigkeiten für die Gestaltung von Interaktionen mit Mitarbeitenden und in Teams sowie deren Nutzung als Lernsituationen.

Handlungsfelder für Führungskräfte

Handlungsbereiche: vier Optionen

Ausgehend von diesen Unterscheidungen, lassen sich vier Handlungsbereiche für eine lernförderliche Führungsarbeit ableiten:

1. *Lernkontexte in Arbeitsprozessen gestalten*
   Die Gestaltung von Lernkontexten am Arbeitsplatz kann zum einen die physischen Rahmenbedingungen betreffen: Wann findet Lernen statt? Handelt es sich um Arbeitszeit, Lernzeit oder Freizeit? Mit wem findet Lernen statt? Mit Kollegen (peers) oder mit einem Trainer? Wo findet Lernen statt? Gibt es neben den Arbeitsräumen noch spezielle Lernräume (z. B. Kursräume), Begegnungsräume (z. B. die Kaffeeecke) und vielleicht auch noch Ruheräume für Entspannung und Reflexion? Darüber hinaus geht es hier aber auch um Erfahrungsräume. Wittwer (2003, S. 34-35) definiert diese »als reale Arbeits- und Lernsituationen, die strukturell-organisatorisch und methodisch-didaktisch so angelegt sind, dass dort bei hohen Selbststeuerungsanteilen der handelnden Akteure in einem zeitlich begrenzten Rahmen gezielt gelernt werden kann«. Im Hinblick auf konkrete Bildungsmaßnahmen sind Führungskräfte vor allem dafür verantwortlich, dass Mitarbeitende Zeit und Ressourcen haben, sich vor- und nachzubereiten und, dass ihre Abwesenheit am Arbeitsplatz geregelt ist. Im Hinblick auf informelles Lernen sind Führungskräfte vor allem darin gefordert, im täglichen Arbeitsprozess Freiräume für informelles Lernen zu ermöglichen.

2. *Formelles und informelles Lernen begleiten*
   Dieser Handlungsbereich fokussiert die Interaktionsgestaltung von Führungskräften im Rahmen von formellem und informellem Lernen. Bei Seminaren und Lehrgängen in formalisierten Kontexten bieten sich verschiedene Möglichkeiten für Führungskräfte, Mitarbeitende in der Vorbereitung, in der Durchführung und in der Nachbereitung zu unterstützen, beispielsweise durch Vorbereitungsgespräche, in denen die Entwicklungsziele gemeinsam mit dem Mitarbeitenden abgestimmt und Transfersituationen und Transferziele definiert werden. Führungskräfte können auch eine aktive Rolle in Bildungsmaßnahmen einnehmen, in dem

sie, gemäß der Idee der »Lehrenden Organisation« von Tichy (Schwuchow, 2007) als Referenten auftreten. Im Bereich des informellen Lernens bieten sich ebenfalls verschiedene Möglichkeiten für Führungskräfte, Lernen zu unterstützen. Beispielsweise dadurch, dass sie Interesse an den Lernaktivitäten der Mitarbeitenden zeigen und für Gespräche zum Erfahrungsaustausch zur Verfügung stehen.

3. *»Leadership Commitment to Learning«: Lernkulturen fördern*

    Aus managementorientierter Sicht fokussiert dieser Handlungsbereich die Gestaltung von Rahmenbedingungen, die eine offene Lern- und Innovationskultur ermöglichen sollen. Führungskräfte können ihre Wertschätzung für kontinuierliches Lernen und die Idee einer lernenden Organisation auf verschiedene Weise zeigen. Beispielsweise indem sie explizit und positiv über Wissens- und Erfahrungsaustausch im Team kommunizieren. Oder, indem sie ihre Mitarbeitenden Ideen zu Weiterbildungen einbringen lassen und gemeinsam mit ihnen über Möglichkeiten der Kompetenzentwicklung nachdenken. Führungskräfte bewegen sich dabei immer im Spannungsfeld zwischen »Persönlichkeitsentwicklung« und »Personalentwicklung« und müssen individuelle Bedürfnisse sowie organisationale Bedarfe ausbalancieren. Darüber hinaus sollten sie nicht nur in einzelnen Entwicklungsmaßnahmen denken, sondern vielmehr in Entwicklungswegen der Mitarbeitenden, die durch verschiedene Instrumente der Personalentwicklung unterstützt werden können, wie z. B. durch Arbeitsgestaltung, Job Rotation oder Secondments. Für das Commitment von Führungskräften ist auch die normative Verankerung von kompetenzförderlicher Führungsarbeit in einer Organisation wichtig. Dies geht aber über den Handlungsbereich einzelner Führungskräfte hinaus und betrifft beispielsweise die Verabschiedung von lernorientierten Führungsleitlinien im Unternehmen (Euler & Seufert, 2008; Friebe, 2005, S. 93; Sonntag, 1996). Um die Wirksamkeit dieser Führungsleitlinien in der Praxis zu sichern, empfiehlt es sich, kontinuierlich an der Verlebendigung zu arbeiten, beispielsweise über sichtbares Commitment der Unternehmensleitung. Zudem können die Aufgaben Bestandteil der Zielvereinbarungen für die Führungskräfte selbst werden, um bei diesen eine höhere Verbindlichkeit hinsichtlich der Umsetzung einer lernorientierten Führung zu erreichen (Wunderer, 2000).

    Lernkulturen fördern

4. *Führungssituationen lern-/ und entwicklungsorientiert gestalten*

    In diesem Handlungsbereich steht die Interaktionsgestaltung von Führungskräften in typischen Arbeitssituationen im Vordergrund. Die durch die jeweilige Führungskraft (mit-)geprägten Interaktionssituationen sind immer auch als Lernsituationen zu verstehen und zu gestalten und sollten auf die Förderung von Selbstorganisation auf Seiten der Mitarbeitenden ausgerichtet sein. Beispiele hierfür können sein:
    - *Ziele vereinbaren*: Relevant sind hier insbesondere Jahres-/Entwicklungs-/ Zielvereinbarungsgespräche, in denen Führungskräfte mit ihren Mitarbeitenden nicht nur aufgabenbezogene Ziele, sondern auch entwicklungsbezogene Ziele vereinbaren,
    - *Feedback geben*: Feedback-Geben ist ein zentrales Element der täglichen Führungsarbeit und kann in jeweils angepasster Form sowohl in formalisierten

    Interaktionsgestaltung von Führungskräften

Situationen, den Mitarbeitergesprächen, als auch in informellen Gesprächen praktiziert werden.
- *Wissensaustausch und Reflexionsprozesse in Teams fördern*: Eine eher formalisierte Situation hierfür sind die oftmals regelmäßig stattfindenden Teambesprechungen. Beispielsweise können Teammitglieder von aktuellen Projekten oder Weiterbildungsveranstaltungen berichten. Führungskräfte können darüber hinaus auch Technologien nutzen, um mit dem Team zu kommunizieren und Reflexionsprozesse zu unterstützen, beispielsweise über Blog- oder Community-Beiträge.

Zusammenfassend lässt sich festhalten, dass die vier skizzierten Handlungsbereiche einer kompetenzförderlichen Führungsarbeit sicherlich nicht überschneidungsfrei sind, sondern vielmehr ein Kontinuum mit fließenden Übergängen. Die vier Handlungsbereiche stellen eine Art »Auslegeordnung« dar, auf deren Grundlage die Handlungsoptionen von Führungskräften weiter ausgearbeitet werden können.

5.4.2.4 Implementationsstrategien für die Einbindung von Führungskräften in Bildungsprozesse

Ausbau einer lernförderlichen Rolle in Organisationen

Für die meisten Unternehmen bedeutet die stärkere Einbindung von Führungskräften in Bildungsprozesse ein verändertes Rollenverständnis zu etablieren. Deutlich wird aus den konturierten Überlegungen, dass für Führungskräfte vielfältige Möglichkeiten bestehen, als Promotoren moderner Lernkulturen zu agieren. Rückblickend auf die zu Beginn aufgeworfene Fragestellung, inwiefern Führungskräfte dieser Aufgabe gewachsen sind bzw. inwiefern diese Rolle aus Sicht des Bildungsmanagements sinnvoll erscheint, lassen sich abschließend konträre Entwicklungsperspektiven gegenüberstellen (Fandel-Meyer & Seufert, 2013, S. 458, in Anlehnung an Gibb, 2003, S. 289) (siehe Abbildung 84).

Die erste Betrachtungsebene fokussiert den Bedeutungsgrad, dem eine stärkere Einbindung von Führungskräften in Organisationen zugesprochen wird. Die zweite Betrachtungsperspektive fokussiert das Ausmaß der Veränderungen für Führungskräfte, die grundsätzlich hinsichtlich neuer Organsiations- und Managementlogiken gesehen werden (Fandel-Meyer & Seufert, 2013, S. 458):

Standortbestimmung als Ausgangspunkt für eine Implementierung

1. *»Championing« versus »sceptical Perspective«:*
   - Organisationen, die sich in der Perspektive »*Championing*« verorten, erkennen das große Potenzial im Ausbau einer kompetenzförderlichen Führungsrolle. Es überwiegen die Argumente für diese Position, z. B. die Unterstützung in der Gestaltungsvision einer lernenden Organisation.
   - Hingegen sind Organisationen, die sich in der Perspektive »*Sceptical*« verorten eher zurückhaltend, was eine stärkere Einbindung von Führungskräften in die Kompetenzentwicklung anbelangt. Die kritischen Faktoren, wie beispielsweise mangelndes Wissen, Zeit und Ressourcen der Führungskräfte, überwiegen.
2. *»Escalating« versus »Regressive Analysis«:*
   - Eine »*eskalierende Analyse*« symbolisiert den »großen Sprung« und stellt nicht nur die Rolle der Führungskräfte im Lernen in den Fokus, sondern hinterfragt grundsätzlich bestehende Organisations- und Managementlogiken: »It can

5.4 Kompetenzentwicklung von Lernunterstützern

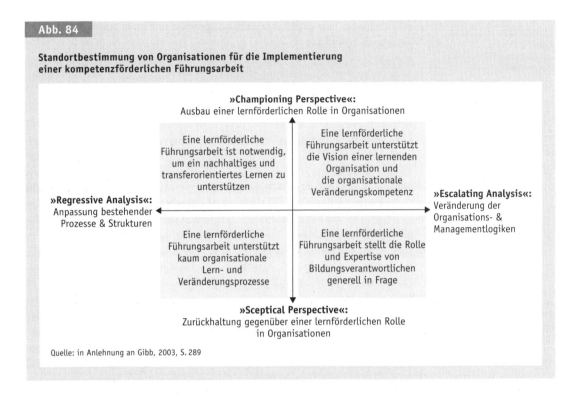

Abb. 84

Standortbestimmung von Organisationen für die Implementierung einer kompetenzförderlichen Führungsarbeit

Quelle: in Anlehnung an Gibb, 2003, S. 289

escalate up into becoming part of a critical challenge to models of management and organisations as a whole« (Gibb, 2003, S. 286). Im Unternehmen herrschen somit beispielsweise Diskussionen um »Enterprise 2.0«, »Management Development 2.0« oder transformationale Leadership Ansätze vor. Die unterschiedlichen Strömungen haben dabei jeweils gemeinsam, dass sie letztendlich Führungsgrundsätze hinterfragen und neue Ausgangspunkte für lernende Organisationen setzen. Das gesamte Unternehmen befindet sich somit in einem Transformationsprozess (vgl. hierzu auch die Ausführungen in Kapitel 2).

– Eine »*regressive Analyse*« hingegen geht nicht von einer neuen Steuerungs- und Managementlogik aus: »This is associated with the view that greater line management involvement in L&D is a small evolution of the conventional line management role, with the existing ›developmental‹ elements highlighted« (Gibb, 2003, S. 186). Im Vergleich zu der »eskalierenden Analyse« geht es im Grunde um die Anpassung bestehender und bewährter Prozesse und Strukturen.

Für Organisationen kann es ein erster Schritt sein, sich in dieser Perspektivenvielfalt zu verorten (Ist-Zustand) und eine Positionierung für die Zukunft (Soll-Zustand) vorzunehmen. Dieser Schritt kann die Grundlage für die normative Ausrichtung und Planung von Interventionen zur Gestaltung einer kompetenzförderlichen Führungsarbeit in der eigenen Organisation darstellen. Folgende Empfehlungen können in die Überlegungen aufgenommen werden:

Implementierungsperspektiven

5.4 Mikro-Ebene – Kompetenzentwicklung von Learning Professionals gestalten
Kompetenzentwicklung von Lernunterstützern

Entscheidungsfelder zur Implementierung einer neuen Führungsrolle

- *Feld 1: Skepsis und »eskalierende« Analyse*: Wird eine recht skeptische Haltung gegenüber der kompetenzförderlichen Rolle von Führungskräften z. B. durch Befragungen der Führungskräfte festgestellt sowie aber gleichzeitig die Notwendigkeit neuer Managementlogiken sehr stark im Unternehmen vertreten, ist die größte Gefahr für Bildungsverantwortliche gegeben. Die Position des Bildungsmanagements gerät mit der Diskussion, Führungskräfte stärker in Bildungsprozesse einzubeziehen, unter Druck, sich selbst nicht obsolet zu machen. Zunächst sollten weitere Analysen für die Gründe der ablehnenden Haltung der Führungskräfte unternommen werden, um mögliche Hürden und interne Widersprüche zu adressieren. Im Vordergrund steht dabei das Handlungsfeld der Rahmengestaltung, insbesondere wie das Leadership Commitment für Lernen aufgenommen werden kann. Die Bedeutung des Bildungsmanagements in sich wandelnden Strukturen und Kulturen, die neuen Managementlogiken auch mitzutragen und eine aktive, gestalterische Rolle dabei einzunehmen, ist dabei aufzuzeigen.
- *Feld 2: Skepsis und regressive Analyse:* Eine skeptische Perspektive stellt eine stärkere Einbindung von Führungskräften grundsätzlich in Frage und reduziert das Thema beispielsweise auf die Frage nach der Ausgestaltung von Kompetenzen für Führungskräfte: »Alternatively review and analysis can regress down into being about the elaboration of how ›trainer/teacher‹ competencies are needed by modern managers (Beattie, 2002, zit. in Gibb, 2003, S. 287). Die Frage nach der Einbettung einer aktiven Rolle von Führungskräften in den organisationalen (Lern-)kontext wird hierbei zunächst außer Acht gelassen, sondern es sind eher »kleine Schritte« im Bereich des Handlungsfeldes formelles und informelles Lernen begleiten, z. B. Führungskräfte in ihrer Rolle als Transferunterstützer zu überlegen.
- *Feld 3: Befürwortung und regressive Analyse*: Zwar ist eine positive Grundhaltung einer entwicklungsorientierten Führung in der Organisation verbreitet, die Notwendigkeit neuer Managementlogiken wird allerdings nicht gesehen. Somit unterstützen auch nicht potenzielle Transformationsprozesse das Selbstverständnis von Führungskräften. In dieser Ausgangsposition kann darüber nachgedacht werden, inwiefern Führungskräfte stärker in den bestehenden Bildungsprozessen und Abläufen involviert werden können. Die Implementationsstrategie »kleiner Schritte« ist zu empfehlen, um zunächst insbesondere die Interaktionsgestaltung der Führungskräfte zu unterstützen sowie diese auch stärker in die Bildungsprozesse einzubinden.
- *Feld 4: Befürwortung und »eskalierende« Analyse*: Bei einer befürwortenden Stimmung in Kombination mit der Veränderung bestehender Organisations- und Managementlogiken wird davon ausgegangen, dass Führungskräfte einen zentralen Anteil zur Erreichung einer lernenden Organisation beitragen. Das Topmanagement Commitment sowie die erforderliche Notwendigkeit der neuen Führungsrolle unterstützen die Arbeiten des Bildungsmanagements. Eine Implementierungsstrategie kann umfassend im Sinne des »großen Sprungs« erfolgen, alle Handlungsfelder können gleichermaßen in einem Veränderungsprojekt betrachtet werden, um die Handlungsfelder einer kompetenzförderlichen Führungsarbeit hinsichtlich Rahmen- und Interaktionsgestaltung in Lern- und Führungssituationen zunehmend zu optimieren.

Abschließend stellt sich aber auch hier die Frage, ob ein »großer Sprung« nicht jeweils auch viele kleine Schritte benötigt. Aus dieser Implementierungsperspektive heraus wird deutlich, dass es sich bei der Frage nach der Einbindung von Führungskräften nicht nur um Fragen der Kompetenzentwicklung handelt, sondern auch wiederum um Fragen der Gestaltung von Rahmenbedingungen sowie des Change Managements: »And if organisations cannot make line managers better developers of employees then they have to question whether the other developments it is associated with, such as better integrating learning and work and attaining improved knowledge management, have any sustainable foundation in practice« (Gibb, 2003, S. 289 f.). Die Einbettung der Kompetenzentwicklung und Unterstützung von Führungskräften, ihre veränderte Rolle als Personalentwickler einzunehmen, ist daher als integraler Bestandteil des Bildungsmanagements in Organisationen aufzunehmen.

5.4.3 Fazit

Empirische Ergebnisse aus der Transferforschung zeigen, dass es häufig nicht an der Bildungsmaßnahme selbst liegt, wenn das Gelernte keine Anwendung in der Praxis findet, sondern an Transferbarrieren am Arbeitsplatz, wie z. B. der fehlenden Unterstützung der Vorgesetzten. Aus den Erwartungen für die Zukunft resultieren neue Anforderungen an lernende Organisationen, die sich auf das Bildungsmanagement in Unternehmen auswirken (Euler, 2009). Neue Anforderungen an lernende Organisationen, wie neue Steuerungslogiken mit zunehmender Selbstorganisation, stützen ein verändertes Rollenverständnis von Führungskräften, zunehmend als Personalentwickler von Mitarbeitenden zu fungieren.

Führungskräfte sollen daher insbesondere in wissensbasierten Branchen eine veränderte Rolle hinsichtlich der Kompetenz- und Personalentwicklung ihrer Mitarbeitenden übernehmen. Die Mitarbeitenden tragen eine hohe Selbstverantwortung für die Gestaltung ihrer Lernprozesse sowie Kompetenzentwicklung und das Bildungsmanagement nimmt eine begleitende und beratende Funktion zur Unterstützung der Führungskräfte in der Ausübung ihrer lernförderlichen Führungsrolle wahr (Sausele-Bayer, 2011). Derartige programmatische Rollenanforderungen sind zwar implizit häufig vorhanden, aber meist nicht in einer gelebten Praxis anzutreffen (Seufert & Fandel-Meyer et al., 2013).

Unterstützung von Führungskräften als neue Aufgabe des Bildungsmanagements

Die Unterstützung der Führungskräfte als eine neue Aufgabe des Bildungsmanagements in Unternehmen konkret aufzunehmen, ist daher eine zentrale Herausforderung. Vier Handlungsbereiche skizzieren die Möglichkeiten, die sich aus der Kombination von didaktischer und managementorientierter Abstimmung sowie Rahmen- und Interaktionsgestaltung von Führungskräften ergeben. Die konkrete Umsetzung in einem Unternehmen hinsichtlich der Implementierungsstrategie, richtet sich nach der Einschätzung der Ausgangsposition, inwieweit die neuen Ansätze für das Lernen sowie neue Management- und Steuerungslogiken in der Organisation geteilt werden. Die größte Gefahr ergibt sich in einer Situation, in der diese Logiken sich zwar in einer Veränderung befinden, aber große Skepsis gegenüber einer kompetenzförderlichen Führungsarbeit herrscht. Letztendlich besteht bei gro-

5.4 Mikro-Ebene – Kompetenzentwicklung von Learning Professionals gestalten
Kompetenzentwicklung von Lernunterstützern

ßer Skepsis die Gefahr, dass die Bildungseinheit in Unternehmen unter Legitimationsdruck gerät und drastisch reduziert wird. Ein großer Sprung ist hingegen möglich, wenn sowohl neue Steuerungslogiken sowie die neue Rolle von Führungskräften, Bottom-up-Entwicklungsprozesse zu unterstützen, auf weite Akzeptanz stößt. Kleine Schritte sind machbar bei einer regressiven Analyse, d. h. wenn sich keine neuen Steuerungslogiken im Unternehmen etablieren. In dieser Situation ist als erste Entwicklungsstufe die Einbindung von Führungskräften als Transferunterstützer in

Abb. 85

Normative Orientierung, Handlungsbereiche und Unterstützung von Führungskräften in ihrer Rolle als Lernunterstützer

Normative Orientierung
- Neue Ausgangspunkte für das Lernen in Organisationen
- Neue Steuerungslogiken und Führungsprinzipien
- Leitbild »reflexive Praktiker«: Führungskräfte als »reflexive Gestalter« statt »technokratische Entscheider«

Handlungsbereiche Führungskräfte

	Lernkontexte / Erfahrungsräume	Formelles und informelles Lernen begleiten	
Rahmengestaltung	Rahmengestaltung für Lernen am Arbeitsplatz	Interaktionsgestaltung für Lernen am Arbeitsplatz	Interaktionsgestaltung
	Leadership Commitment	**Führung kompetenzförderlich gestalten**	
	Rahmengestaltung für entwicklungsorientierte Führung	Interaktionsgestaltung für entwicklungsorientierte Führung	

Unterstützung Führungskräfte
- Rahmenbedingungen für Führungskräfte gestalten (z.B. lernförderliche Organisationsstrukturen, Anreizsysteme)
- Kompetenzen der Führungskräfte entwickeln:
  - Einstellungen (z.B. Interaktionsverständnis, Führungsstil)
  - Wissen (z.B. Führungsaufgaben in Bildungsprozessen)
  - Fertigkeiten zur Interaktionsgestaltung (z.B. Reflexionsprozesse auslösen und unterstützen)
- Learning Designs für die Kompetenzentwicklung verändern, um kongruent mit den Annahmen des organisationalen Lernens zu sein, z.B.
  - formelles mit informellem Lernen verzahnen (»situation learning in real work«)
  - »problem-then-theory model« statt »theory-then-application-model«
  - Learning in Community

Betracht zu ziehen. Mögliche Hinweise für die Unterstützung der Führungskräfte durch das Bildungsmanagement sind in Abbildung 85 skizziert.

5.5 Zusammenfassung: Kompetenzentwicklung der Learning Professionals gestalten

Die *Mikro-Ebene* bezieht sich auf das Gestaltungsfeld der Kompetenzentwicklung von Learning Professionals als integraler Bestandteil des Bildungsmanagements von Organisationen. Folgende, übergeordnete *Leitfrage* steht dabei im Vordergrund: Wie können die Kompetenzen der Learning Professionals kontinuierlich weiter entwickelt werden?

Die Gestaltung der Kompetenzentwicklung von Learning Professionals kann dabei genauer für die beiden folgenden Zielgruppen spezifiziert werden:
- *Bildungspersonal in den verschiedenen Kontexten*: Lehrpersonal, Aus- und Weiterbildungspersonal, um Kompetenzentwicklung in formellen und informellen Kontexten zu organisieren sowie notwendige Rahmenbedingungen zu gestalten;
- *Lernunterstützer:* Eine besondere Rolle nehmen die Vorgesetzten ein, die das Lernen ihrer Mitarbeitenden direkt an den Arbeitsplätzen ermöglichen. Die weithin verbreitete Trennung bzw. Kluft zwischen Arbeiten und Lernen kann nur über neue mentale Modelle überwunden und durch die Führungskräfte verändert werden.

Die Entwicklungsfähigkeit einer Bildungsorganisation hängt zentral von der Lern- und Entwicklungsfähigkeit ihrer Individuen ab. Daher wird hier, analog zur Erhöhung der Entwicklungsfähigkeit von Bildungsorganisationen (s. Kapitel 3), wiederum eine Vorgehensmethodik für ein systematisches Kompetenzmanagement mit den folgenden Phasen vorgeschlagen (siehe Abbildung 86):

Vorgehensmethodik für ein systematisches Kompetenzmanagement

1. *Standort bestimmen*: Erfassen von vorhandenen Kompetenzen und Qualifikationen im Hinblick auf die berufliche und persönliche Ausrichtung; eigenes Kompetenzprofil schärfen, übergreifende Entwicklungsperspektiven als Ausgangspunkte heranziehen; Abstimmung von Selbst- und Fremdeinschätzung mit Führungskraft;
2. *Ziele stecken, Maßnahmen planen*: Entwicklungsziele bestimmen, Festlegen von Maßnahmen, Meilensteinen und Etappenzielen; In gemeinsamer Diskussion mit Lernpromotoren ggf. auch Lern-/Experimentierfelder bestimmen;
3. *Maßnahmen umsetzen:* Durchführen, handeln, lernen in formellen und informellen Kontexten; Begleitung durch Lernpromotoren, informeller Austausch mit Peers; Selbstorganisiertes Lernen am Arbeitsplatz kann durch personale, methodische oder mediale Strukturierungshilfen unterstützt werden, um Erfahrungswissen in der alltäglichen Wahrnehmung der Unterrichtspraxis zu erschließen;
4. *Erreichtes reflektieren:* Beschreiben der Lernerfahrungen und neu erworbenen Kompetenzen mit Bezug zum Gesamtprozess; Selbst- oder Teamreflexion hinsichtlich des Erreichten, im Team auch Reflexion über Lernprozesse (Meta-Lernen).

5.5 Mikro-Ebene – Kompetenzentwicklung von Learning Professionals gestalten
Zusammenfassung: Kompetenzentwicklung der Learning Professionals gestalten

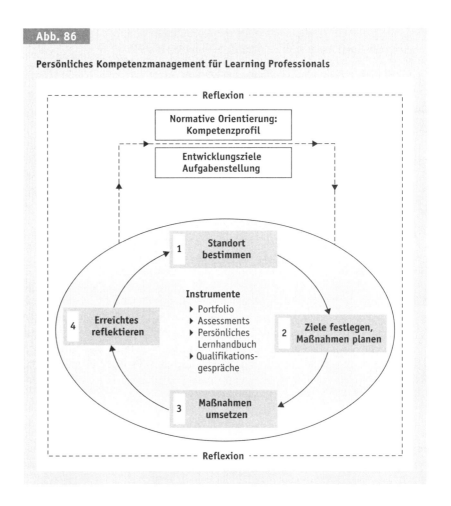

Abb. 86: Persönliches Kompetenzmanagement für Learning Professionals

Übergreifend über alle Phasen hinweg empfiehlt es sich, eine begleitende Reflexion zu unterstützen, wie sich individuelle Lern- und Entwicklungsprozesse im Sinne einer Professionalisierung über eine Zeit hinweg entwickelt haben, sich verändern und welche Schlüsse daraus für das eigene Lernen gezogen werden können. Zu diesem Zweck können Ansätze für eine kontinuierliche Reflexion etabliert werden, wie sie insbesondere durch Portfolios bzw. auch ePortfolios, um die technologischen Möglichkeiten der Dokumentation und Kommentierung von Artefakten auszuschöpfen, unterstützt werden.

Entwicklungslinien von Learning Professionals hinsichtlich ihrer Kompetenzen

Für die Kompetenzentwicklung von Learning Professionals sind abschließend zwei Entwicklungslinien aufzuzeigen, die deutlich machen, inwieweit didaktische Herausforderungen um managementorientierte Aspekte erweitert werden können. Erstens sind die Kompetenzbereiche von Learning Professionals zu erweitern: Neben fachlichen, pädagogischen und sozialen Kompetenzen, sind auch gewisse Managementkompetenzen erforderlich, um sekundäre Bildungsprozesse zur Entwicklung von Bildungsorganisationen, wie z. B. Qualitätsentwicklung, zu organisieren. Zweitens sind die erforderlichen Rahmenbedingungen zu gestalten, um die Kompetenzentwicklung stärker in informellen Kontexten direkt am Arbeitsplatz zu unterstützen. So sind beispielsweise Führungskräfte in Bildungsprozesse einzubinden. Die Verbindungslinien zwischen Kompetenz-, Unterrichts-/Programm- und Organisationsentwicklung sind somit als integrale Bestandteile der Schulentwicklung bzw. des betrieblichen Bildungsmanagements zu verstehen. Dies erweitert somit wiederum die Zielsetzung des Bildungsmanagements dahingehend, den traditionell didaktischen Fokus mit organisatorischen und managementorientierten Aspekten abzustimmen.

5.6 Fallstudie IBM: Einbindung von Führungskräften in Bildungsprozesse

5.6.1 Einleitung

Die IT Branche ist gekennzeichnet durch Schnelligkeit, Innovation und einen stetigen Wandel. IBM ist darauf angewiesen, dass die Mitarbeitenden diesen permanenten Wandel mitgestalten. Als globales Unternehmen beschäftigt IBM derzeit weltweit rund 329.000 Mitarbeiter und Mitarbeiterinnen und erzielte im Jahr 2011 einen Umsatz von ca. $ 107 Milliarden und einen Reingewinn von $ 15,8 Milliarden (2011, www.ibm.com). Die Fallstudie wurde unter Mitarbeit von Stephan Kunz, IBM Development & Integration Manager in Zürich erstellt (Seufert, 2007).

5.6.2 Verantwortung von Führungskräften für die Mitarbeiter- und Organisationsentwicklung

Die Führungskraft fungiert als personale Unterstützungskomponente der Mitarbeiter- und Organisationsentwicklung. Die Verantwortlichkeiten der Führungskräfte für die Kompetenzentwicklung der Mitarbeitenden sind klar definiert und werden von IBM folgendermaßen kommuniziert:

- Führungskräfte sind verantwortlich dafür, eine Umgebung zu fördern, in der Lernen erwartet, bestärkt und unterstützt wird.
- Führungskräfte sollen die Entwicklungsziele der Mitarbeiterinnen und Mitarbeiter überblicken und bewerten, um sicherzustellen, dass sie erreichbar und konsistent mit der IBM Strategie sowie mit der Strategie der Geschäftseinheit sind.
- Führungskräfte sollen den Fortschritt des Entwicklungsplans überprüfen und selbst als Vorbild dienen, sodass eigene Worte und Handlungen die Bedeutung der Mitarbeiterentwicklung zum Ausdruck bringen.
- Führungskräfte sollen die Mitarbeitenden darin bestärken, Lernen und die persönliche Kompetenzentwicklung als eine Priorität zu verfolgen und sie davon zu überzeugen, dass IBM ein Unternehmen ist, in welchem sie ihre Kompetenzen und Karriere erfolgreich weiter entwickeln können.

Anforderungen an Führungskräfte

5.6.3 Handlungsbereiche für Führungskräfte

Führungskräfte sind in die beiden Aufgabenbereiche 1) Mitarbeiterentwicklung und »Performance Improvement« sowie 2) Organisationsentwicklung unter der Zielsetzung der »Workforce Optimization« involviert.

Mitarbeiterentwicklung, insbesondere Interaktionsgestaltung zwischen Mitarbeitenden und Führungskräften
Der Prozess der Mitarbeiterentwicklung findet in einem jährlichen Entwicklungszyklus in 4 Stufen statt, in dem die Entwicklung der Mitarbeitenden hinsichtlich der Erreichung der Geschäftsziele sowie der persönlichen Kompetenzentwicklung im Vordergrund steht (Seufert, 2007, S. 86):

Vorgehensmethodik zur systematischen Kompetenzentwicklung

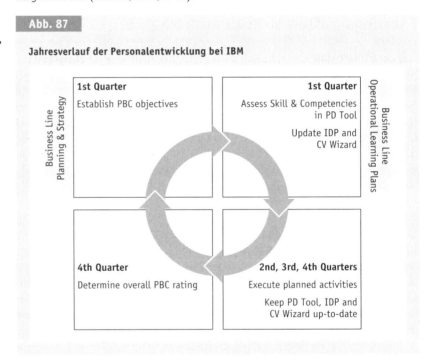

Abb. 87

Jahresverlauf der Personalentwicklung bei IBM

1. Stufe: Establish Personal Business Commitments (PBC) Objectives
Im jährlichen Mitarbeitergespräch bespricht die Führungskraft zusammen mit dem Mitarbeitenden die Leistung des vergangenen Jahres und stimmt ihre individuellen, jährlichen Unternehmensziele (Personal Business Commitments (PBC). Das PBC bei IBM ist dabei vergleichbar mit den MbOs in anderen Unternehmen. Im PBC werden bei Führungskräften darüber hinaus auch noch die Ziele der Mitarbeiterführung festgehalten.

Fallstudie IBM: Einbindung von Führungskräften in Bildungsprozesse 5.6

2. Stufe: Skills Assessment (mit Professional (PD)-Tool)
Die durch den Mitarbeitenden vorgenommene Selbsteinschätzung wird durch einen sogenannten »professional leader« überprüft. Bei diesem kann es sich um die Führungskraft des Mitarbeiters handeln. Insbesondere in Fällen, bei denen die Überprüfung der fachlichen Skills durch die Führungskraft schwierig ist, fordert ein professional leader den Mitarbeiter anhand von 10 bis 15 Fragen heraus, um auf diese Weise zu überprüfen, ob die angegebenen Skills tatsächlich vorhanden sind. Dieser Prozess wird bei IBM »challenging« genannt. Zusätzlich wird der aktuelle Stand der Expertise in persönlichen Lebensläufen festgehalten, welche auch für Kundenaufträge verwendet werden können. Zur Aktualisierung des Lebenslaufs steht als Tool der sogenannte CV-Wizard zur Verfügung. PD-Tool sowie CV-Wizard sollen im Jahresverlauf regelmäßig aktualisiert werden.

3. Stufe: Plan to acquire new skills (Individual Development (IDP))
Alle Tools werden mit der Unterstützung der Führungskraft mindestens einmal im Jahr aktualisiert und überprüft. Hierbei definiert der Mitarbeitende zusammen mit seiner Führungskraft seine kurz- und mittelfristigen Entwicklungsziele. Diese werden im Individual Development Plan (IDP) festgehalten. Die Lernmaßnahmen in diesem IDP beziehen sich auf einen Zeitraum von sechs bis 24 Monaten. Gleichzeitig wird diskutiert, wie diese Ziele mit den geschäftlichen Verpflichtungen, den Personal Business Commitment (PBC) verknüpft werden können. In diesem Entwicklungsprogramm werden dann monatliche Zielvereinbarungen festgelegt, welche die Verbesserung der Mitarbeiterleistung unterstützen sollen. Problematisch sind hierbei Konflikte zwischen Mitarbeiter und Führungskraft, die häufig im Spiel sind und den Prozess beeinträchtigen können. Anhand der persönlichen Einschätzung der eigenen Skills sowie der PBC (Personal Business Commitment) werden Entwicklungsmaßnahmen für den Mitarbeiter im IDP identifiziert und somit der Beitrag des einzelnen Mitarbeiters zur Erreichung der PBC sowie der eigenen Karriereziele dokumentiert. Somit stellt der IDP (Individual Development Plan) den »Aktionsplan« dar.

Selbstgesteuertes Lernen wird zum einen durch die bei IBM gelebte Unternehmenskultur und die zugrunde liegenden Unternehmenswerte unterstützt. Dies bedeutet zum Beispiel, dass den Mitarbeitenden die notwendige Zeit zum Lernen zur Verfügung gestellt werden soll. Um diese Werte auch in den Köpfen der Einzelnen zu verankern, werden jährlich Führungskräfteschulungen durchgeführt, in denen diese Werte von der Development-Abteilung präzisiert werden. Zusätzlich gibt es Informationsveranstaltungen zum IDP, die sich insbesondere an neue Mitarbeiter richten und verdeutlichen, warum ein individueller Entwicklungsplan in einem Unternehmen wie IBM sinnvoll ist. Die Unterstützungsmaßnahmen von Führungskräften, Interaktionen lernförderlich zu gestalten, sind dabei vielfältig.

Mitarbeitende sollen sich selbst Ziele stecken sowie auch die geplanten Lernaktivitäten in der Tat durchführen und auf ihre Arbeitsaufgaben anwenden können. Hierzu sollten die zur Verfügung stehenden Tools und Möglichkeiten genutzt werden, wie beispielsweise IBM Trainingsangebote, die Partizipation in Projekten, Übernahme von Aufgaben mit höherer Visibilität, Networking-Möglichkeiten, etc. Die nachfolgende Abbildung 88 zeigt das Spektrum an formellen und informellen,

Hohe Selbstorganisation der Mitarbeitenden

5.6 Mikro-Ebene – Kompetenzentwicklung von Learning Professionals gestalten
Fallstudie IBM: Einbindung von Führungskräften in Bildungsprozesse

Spektrum an formellen und informellen Maßnahmen zur Kompetenzentwicklung

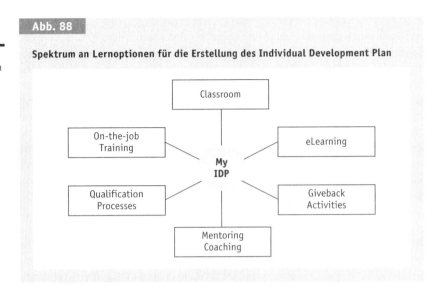

Abb. 88

Spektrum an Lernoptionen für die Erstellung des Individual Development Plan

arbeitsplatzintegrierten Bildungsmaßnahmen auf, welche den Mitarbeitenden zur Verfügung stehen, um ihren eigenen Individual Development Plan zu entwickeln (Seufert, 2007, S. 95).

Von den Mitarbeitenden wird bei IBM erwartet, Eigeninitiative zu zeigen, sodass ihre Bedürfnisse hinsichtlich ihrer Kompetenzentwicklung gedeckt werden können. Mitarbeitende müssen zudem selbst aktiv werden, um einen Support von ihrer Führungskraft zu bekommen, wie beispielsweise:
- Kommunikation der mittel- und langfristigen Karriereinteressen/-aspirationen an die Führungskraft;
- Planung, Diskussion von Karrieremöglichkeiten und von nächsten Schritten anstossen;
- Vor- und Nachbereitungsgespräche von Bildungsmaßnahmen, Zielvereinbarungsgespräche und Transfercoaching, teilweise Abstimmung in Action Plänen;
- Offenheit für ehrliches Feedback (»listen and try to understand instead of being protective«) zeigen;
- Initiierung von Follow-ups, was in einem Mitarbeiter-/Zielvereinbarungsgespräch diskutiert bzw. bestimmt wurde.

4. Stufe: Determine overall PBC rating
Am Ende des Jahres wird dann in einem PBC-Rating ermittelt, inwiefern der Mitarbeitende zur Erreichung der Unternehmensziele sowie der eigenen Karriereziele und langfristigen Entwicklungsziele (IDP) beigetragen hat. Dabei erfolgt die Bewertung anhand der Stufen 1, 2+, 2, 3 und 4. Die Stufen 1, 2+ und 2 werden mit einer finanziellen Prämie verbunden, während durch eine Beurteilung auf Stufe 3 ein Entwicklungsprogramm (sogenannter Performance Improvement Process) eingeleitet wird. Bei einem Karrieresprung wird ein internationales Board für den Review- und Entscheidungsprozess hinzugezogen.

5.6 Fallstudie IBM: Einbindung von Führungskräften in Bildungsprozesse

Rahmengestaltung: Organisationsentwicklung für lernförderliche Rahmenbedingungen

Im Bereich Workforce Optimization als Teil einer lernorientierten Organisationsentwicklung bei IBM sind die Führungskräfte mitverantwortlich in der Gestaltung kompetenzförderlicher Rahmenbedingungen. Institutionalisiert wird die Workforce Optimization in Zusammenarbeit mit den Human Ressource-Partnern und den Führungskräften. Führungskräfte und Bildungsmanager arbeiten hierbei insofern zusammen, als dass den Geschäftsbereichen vom Bereich Learning & Development Interventionen für eine Organisationsentwicklung vorgeschlagen werden können. Basis hierfür liefert auch eine tournusmäßig durchgeführte Befragung zum Organisational Climate bei IBM. In der Wahrnehmung der Bildungsverantwortlichen umfasst die Lernlandschaft bei IBM zahlreiche Optionen für Mitarbeitende für die eigene Kompetenzentwicklung im organisatorischen Umfeld, insbesondere auch solche, die aktiv von Führungskräften unterstützt werden (Seufert, Fandel-Meyer, Meier, Diesner, Fäckeler & Raatz, 2013, S. 71):

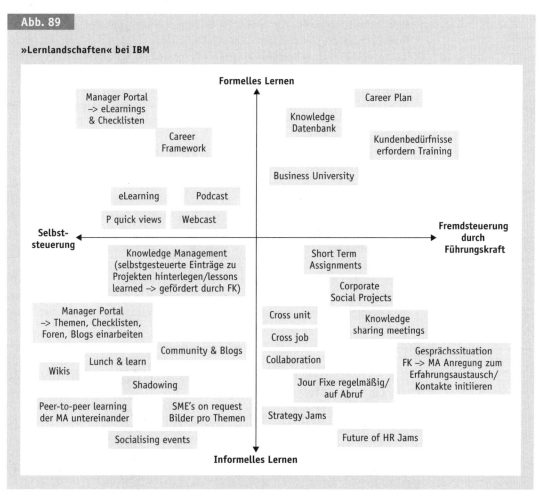

Abb. 89 »Lernlandschaften« bei IBM

5.6.4 Unterstützung der Führungskräfte durch das Bildungsmanagement

Auch bei IBM existiert die zentrale Problematik, dass nicht alle Führungskräfte in den Geschäftsbereichen ihre Mitarbeitenden hinsichtlich ihrer Kompetenzentwicklung unterstützen. Ein Problem können die heterogenen Vorstellungen über die Führung von Mitarbeitenden und Teams darstellen: Während die einen stärker zu einem direktiv-steuernden Ansatz neigen, der auf die richtigen Anweisungen zur richtigen Zeit setzt, favorisieren die anderen eher indirekte Führungsinterventionen, die auf Interaktion, Dialog und sozio-emotionale Faktoren setzen. Auch hinsichtlich der Ausgangsmotivation ist eher von einer heterogenen Situation auszugehen: Für viele Führungskräfte ist das Thema noch Neuland, andere haben bereits erste Erfahrungen erworben. Einige definieren sich in ihrer Rolle als Führungskraft primär über Fachkenntnisse, andere wiederum sehen Führungskompetenzen im Zentrum ihres Rollenprofils.

Die Zusammenarbeit zwischen Führungskräften und Bildungsmanagern ist bei IBM institutionalisiert, das heißt die Bildungsmanager nehmen regelmäßig an Teammeetings der Geschäftsbereiche teil. Die Teilnahme der Human Ressource Partner an wöchentlichen Businessbereich Meetings und die Platzierung von Learning Partnern auf allen Hierarchiestufen in der Linie gewährleistet einen guten Informationsfluss und Austausch zwischen Bildungsbereich und Linie. Dabei geht es vor allem um zukunftsgerichtete Vorschläge für neue Inventionen. Hier wird von den Geschäftseinheiten insbesondere nach den vorliegenden Erfahrungen aus anderen Bereichen gefragt.

In jeder Business Session werden somit Personalentwicklungsthemen konkretisiert, um zunehmend die Einstellung der Führungskräfte zu ändern. Die Führungskraft wird als Multiplikator angesehen, um eine Kultur zu schaffen, die auf Vertrauen und Leistungsorientierung aufbaut. Neben dem »eigentlichen Business« soll daher eine zentrale Verantwortung für das People Development übernommen werden. Insbesondere die »First Line Manager«, welche circa acht bis 20 Mitarbeitende unter sich haben, sollen diese Funktion proaktiv wahrnehmen. Die Unterstützung des Bildungsmanagements ist daher sehr stark auf diese Zielgruppe ausgerichtet und beinhaltet beispielsweise Workshops mit Manager Candidates, Awareness schaffen und Commitment einholen, Peer-to-peer Coaching, Pflege von Circle of Experts, etc. Insbesondere werden Mitarbeitende darin unterstützt, Mentoren zu finden sowie sich selbst als Mentor ausbilden lassen zu können.

5.6.5 Kompetenzentwicklung von Führungskräften für ihre Rolle als Lernpromotor

Das IBM Führungskräfteentwicklungsprogramm ist ein weltweites Programm zur Entwicklung von IBM Führungskräften. Zielsetzung des Programms ist es, ein weltweit gültiges, gemeinsames Verständnis von Führung zu entwickeln und hierfür Führungskompetenzen basierend auf den IBM Values zu implementieren:

Fallstudie IBM: Einbindung von Führungskräften in Bildungsprozesse

- Verankerung in den IBM Values (Unternehmenswerte); das Führungskräftemodell weist Kompetenzen aus, mit welchen Führungskräfte ihre Mitarbeiter unterstützen sollen. Insgesamt sind zehn »Leadership Competencies« für Führungskräfte definiert, wovon sich eine explizit auf die Weiterentwicklung von Mitarbeitenden sowie auch Communities bezieht:

> **Developing IBM People and Communities**
> **(Weiterentwicklung von IBM Mitarbeitern und IBM Communities):**
> Die Führungskraft investiert Zeit und Kraft in die eigene Weiterentwicklung sowie in die Weiterentwicklung von anderen Personen, Teams und Arbeitsgruppen bei IBM.

- Mit unterschiedlichen Maßnahmen sollen Führungskräfte verschiedener Hierarchiestufen in ihren Aufgaben unterstützt werden, wie beispielsweise:
  - ein- bis dreitägige Workshops zum Thema Coaching sowie direktes Coaching
  - personalisiertes Lernen für die spezifischen Anforderungen der Führungskräfte mithilfe einer Kombination aus eLearning eingebettet in einen Lernprozess namens PARR (Prepare, Act, Reflect und Review); Mit dieser Methode soll personalisiertes Lernen für die spezifischen Anforderungen der Führungskräfte gefördert werden. Die unmittelbare personale Unterstützung bei kurzfristig gesteckten Zielen zum Performance Improvement der Mitarbeitenden steht dabei im Vordergrund. Diese Methode basiert auf einer Kombination von eLearning und einem vierstufigen geführten Lernprozess:
    - *Prepare*: Zu bestimmten Themen, wie beispielsweise Collaborative Influence, stehen Quick Views (eLearning) im Intranet zur Verfügung, um sich einer Problemstellung im Rahmen einer Arbeitsaufgabe zu widmen;
    - *Act*: Der Mitarbeitende wählt eine skizzierte Initiative aus und setzt diese direkt in der Praxis um;
    - *Reflect*: Zunächst reflektiert der Mitarbeitende selbst, was passiert ist und zieht seine eigenen Schlüsse aus den gemachten Erfahrungen (Lessons Learned);
    - *Review*: Im letzten Schritt erfolgt im Gespräch zusammen mit dem Vorgesetzten eine abschließende konstruktive Beurteilung, um eine direkte Unterstützung für das individuelle Performance Improvement zu bieten.
  - Peer-to-Peer-Coaching zwischen Führungskräften;
  - Mentoring, um den Wissenstransfer zwischen Erfahrenen und weniger Erfahrenen zu fördern, insbesondere im Verkaufsbereich nimmt diese Methode an Bedeutung zu.

Als Beispiel einer Community of Practice werden Communities of Experts gepflegt, welche aus der Management-Ausbildung hervorgehen. Im Rahmen der Ausbildung wird ein Peer-to-Peer-Coaching eingeführt, welches direkte Beziehungen zwischen zwei Führungskräften installiert. Durch die dreijährige Ausbildung wird zusätzlich ein Netzwerk aufgebaut, aus welchem dann eine Community of Experts erwachsen kann. Nachfolgend werden zwei Beispiele zur Unterstützung von Führungskräften dargestellt.

Praktiker-Gemeinschaft als Plattform für Erfahrungsaustausch

Das Führungskräfteentwicklungsprogramm beginnt idealerweise bereits mit der Nominierung eines Mitarbeiters als potenzielle Führungskraft. In monatlichen Besprechungen mit seinem Manager wird erarbeitet, an welchen Kompetenzen er arbeiten möchte und wie er diese erreichen kann. Für das First Line Management werden hierzu eintägige Workshops mit Führungskräften und potenziellen Kandidaten zur Kompetenzentwicklung durchgeführt, in welchen Mitarbeitende sich bewusst machen, was sie tun müssen und wie sie dabei durch die Führungskraft unterstützt werden sollen. Eine übergreifende Aufgabe ist es für den Bildungsbereich, die Führungskräfte für Lernen zu begeistern, zu motivieren und Überzeugungsarbeit zu leisten.

Des Weiteren machen Entwicklungsmaßnahmen etwa ein Drittel der Ziele der Führungskraft sowie des Mitarbeiters (PBC) aus. Aufgrund der Bewertung der Mitarbeiter anhand der PBCs wird Lernen somit zum Bestandteil der Arbeit gemacht. Bei der Rekrutierung wird noch nicht direkt auf selbstgesteuertes Lernen abgestellt, aber durch die für IBM relevanten Teilkompetenzen wie die Fähigkeit zu analytischem Denken oder auch zum selbständigen Arbeiten wird davon ausgegangen, dass die Mitarbeiter auch selbstgesteuert lernen können.

5.6.6 Beurteilung der Führungskräfte als personale Unterstützungskomponente

Jede Führungskraft erhält einen »Survey Feedback« seiner Mitarbeitenden. Alle Teammitglieder evaluieren somit ihre Führungskraft danach, inwieweit sie sich in ihrer persönlichen Entwicklung am Arbeitsplatz unterstützt fühlen. Die Ergebnisse der Auswertung aller Rückmeldungen werden in einem sogenannten Manager Feedback Report zusammengefasst. Die Führungskräfte werden hinsichtlich ihrer Unterstützung im Bereich der informellen Kompetenzentwicklung (vgl. »Manager Feedback Form Questions«) am Arbeitsplatz von den Mitarbeitern beurteilt. Aussagen, die sich auf die Performance Unterstützung beziehen, sind beispielsweise:
- »My manager helps me understand how my work contributes to IBM strategy and our organization's goals«;
- »My manager provides clear performance feedback that helps me do a better job«;
- »My manager helps me address issues or concerns when I need support«;
- »My manager helps me to collaborate as needed across organizations and geographies«;
- »My manager works with me to develop my expertise and make progress toward my career goals«.

Schlechte Bewertungen haben finanzielle Auswirkungen und Konsequenzen für die Karriereentwicklung einer Führungskraft. Erhält ein Manager im Durchschnitt eine 3, dann muss er an einem Improvement Programm teilnehmen. Auf einer Skala von 1 sehr gut bis 5 schlecht wird eine 3 als »hat Job nach Vorschrift gemacht, aber nicht

5.6 Fallstudie IBM: Einbindung von Führungskräften in Bildungsprozesse

proaktiv« interpretiert. In einem Drei-Monats-Rhythmus werden monatliche Zielvorgaben erarbeitet, für die ein Commitment abgegeben werden muss. Allerdings können hierbei Problematiken auftreten, wie beispielsweise monatliche Ziele im Rahmen dieses Improvement Programms festzulegen. In solchen Fällen steht ein Mediator zur Verfügung, der durch die Human Ressource Abteilung begleitet wird und in Zusammenarbeit mit den Führungskräften Lösungswege identifiziert. Aus diesem System wird die klar kommunizierte High Performance Culture bei IBM deutlich, welche die besten Mitarbeitenden fördern möchte.

Aufgaben zu Kapitel 5.6

1. Welche neue, erweiterte Rolle nehmen Führungskräfte im Hinblick auf die Kompetenz- und Personalentwicklung ihrer Mitarbeitenden bei IBM ein und welche Rolle kommt entsprechend den Mitarbeitenden selbst zu?

2. Was sind Chancen und Gefahren einer neuen Rolle von Führungskräften als Lernpromotoren? Gehen Sie dabei insbesondere darauf ein, welche Spannungsfelder oder Widersprüche aus der Perspektive einer IBM-Führungskraft erkennbar sind.

3. Welche Handlungsoptionen haben Führungskräfte, die Kompetenzentwicklung ihrer Mitarbeitenden bei IBM zu unterstützen?

4. Entwickeln Sie Vorschläge dafür, wie IBM ihre Führungskräfte in ihrer Rolle als Lernpromotoren stärker unterstützen könnte.

Weiterführende Literatur

Bader, R. & Müller, M. (2002). Fachdidaktische Professionalität zur Gestaltung des Lernfeldkonzeptes – Anforderungen an die Lehrenden und schulorganisatorische Rahmenbedingungen. In R. Bader & P. F. E. Sloane (Hrsg.), *Bildungsmanagement im Lernfeldkonzept - curriculare und organisatorische Gestaltung* (S. 63–73). Paderborn: Eusl.

Eurotrainer Konsortium. (2008). *Betriebliches Bildungspersonal. Schlüsselakteure für die Umsetzung des lebenslangen Lernens in Europa.* Abgerufen von http://ec.europa.eu/education/more-information/doc/eurotrainersum_de.pdf

Helmke, A. & Schrader, F. W. (2006). Lehrerprofessionalität und Unterrichtsqualität. Den eigenen Unterricht reflektieren und beurteilen. *Schulmagazin, 10*(9), 5–12.

Müller, F. H.; Eichenberger, A.; Lüders, M. & Mayr, J. (2010). *Lehrerinnen und Lehrer lernen. Konzepte und Befunde zur Lehrerfortbildung.* Münster, New York, München, Berlin: Waxmann.

Terhart, E.; Bennewitz, H. & Rothland, M. (2011). *Handbuch der Forschung zum Lehrerberuf.* Münster, New York, München, Berlin: Waxmann.

6 Entwicklungsmodi – Optimierung und Erneuerung

Lernziele

Der Entwicklungsmodus von Bildungsorganisationen adressiert die Herausforderung, wie kontinuierliche Verbesserungs- und Innovationsprozesse in Bildungsorganisationen im Spannungsfeld zwischen Stabilisierung/Optimierung und Erneuerung gestaltet werden können. Nachdem Sie dieses Kapitel durchgearbeitet haben, werden Sie daher die grundsätzliche Vorgehensweise, Konzepte und Prozesse für das Management von Qualitätsentwicklung und von Innovationen sowie für ein begleitendes Veränderungsmanagement in Bildungsorganisationen verstehen und Beispiele aus der Praxis analysieren können. Die folgenden Kernfragen strukturieren dieses Kapitel:

- *Kontinuierliche Verbesserung des Bestehenden:* Was sind Grundfragen im Umgang mit Qualität sowie grundlegende Ansätze des Qualitätsmanagements und Bildungscontrollings? Wie lassen sich Prozesse zur kontinuierlichen Verbesserung von Bildung bzw. Bildungsdienstleistungen gestalten?
- *Implementierung von Neuem:* Was sind Grundfragen im Umgang mit Bildungsinnovationen sowie grundlegende Ansätze des Innovationsmanagements? Wie lassen sich Prozesse zur Implementierung von Bildungsinnovationen gestalten?
- *Begleitung von Veränderungen:* Was sind Grundfragen im Umgang mit Veränderungen sowie grundlegende Ansätze des Veränderungsmanagements? Wie lassen sich Prozesse zur Begleitung von Veränderungen gestalten?

6.1 Überblick

In Kapitel 1 führte das SGMM für das Management von Bildungsorganisationen den Entwicklungsmodus von Bildungsorganisationen ein. Innerhalb dieses Modus wurde zwischen den beiden Polen Optimierung und Erneuerung unterschieden. In diesem Kapitel wird näher auf diese beiden Bereiche eingegangen (siehe Abbildung 90).

Diese Perspektive im Spannungsfeld von Optimierung und Erneuerung fokussiert somit die Entwicklung von Bildungsorganisationen und verknüpft die Frage, welche zentralen Aufgaben für die Entwicklung von Qualität, für die erfolgreiche Einführung von Innovationen und insgesamt im Umgang mit dem einhergehenden Wandel zu berücksichtigen sind.[2]

---

[2] Die Ausführungen zur Qualitätsentwicklung und insbesondere Bildungscontrolling sind in Zusammenarbeit mit Dr. Christoph Meier entstanden und basieren vor allem auf dem scil Seminarskript (Meier, Seufert & Euler, 2012).

6.1 Entwicklungsmodi – Optimierung und Erneuerung
Überblick

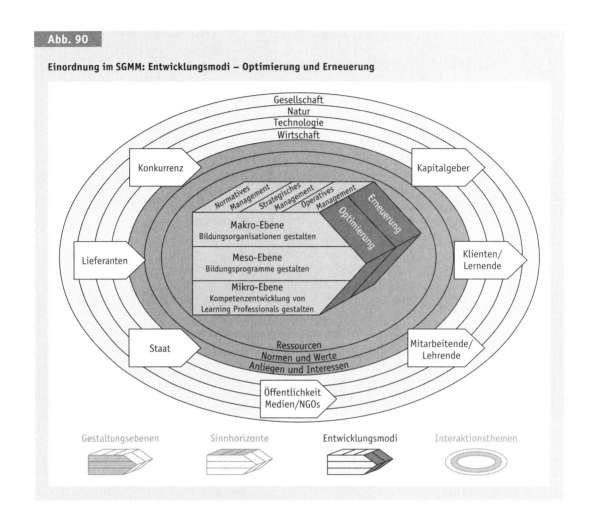

Abb. 90: Einordnung im SGMM: Entwicklungsmodi – Optimierung und Erneuerung

Verbessern und Erneuern: Mit Veränderungen umgehen

Folgende, übergeordnete *Leitfrage* steht dabei im Vordergrund: Wie können kontinuierliche Verbesserungs- und Innovationsprozesse in Bildungsorganisationen gestaltet werden?

Das Management von Bildungsprogrammen kann dabei nach unterschiedlichen Perspektiven genauer spezifiziert werden:

▸ *Entwicklungsmodus Optimierung: Umgang mit Qualität* in Prozessen zur kontinuierlichen Verbesserung der Unterrichts- und Schulentwicklung bzw. der Verbesserungen auf den einzelnen Ebenen: Makro-, Meso- und Mikro-Ebene. Hier geht es vor allem darum, Bestehendes zu evaluieren und weiter zu entwickeln.

▸ *Entwicklungsmodus Erneuerung: Umgang mit Innovationen* mit dem Fokus auf der Einführung von Innovationen bzw. der erfolgreichen Gestaltung von Innovationsprozessen. Diese Sichtweise ist stärker von außen geprägt und es geht darum, Triebkräfte für Bildungsinnovationen bewusst zu reflektieren, Bildungsinnovationen zu identifizieren und in das bestehende System aufzunehmen.

- *Übergreifende Aufgabe: Umgang mit Veränderungen.* Hier geht es um Aufgaben zur Begleitung von Veränderungen, seien es kontinuierliche Verbesserungen oder Innovationen im Sinne von radikalen oder graduellen Veränderungen. Im Vordergrund steht dabei insbesondere, Veränderungsprojekte in ihrer Wirksamkeit zu unterstützen, Arten von Widerständen zu analysieren, Diagnose und Interventionen zu betreiben, um für die Veränderungen Akzeptanz zu schaffen und dadurch insgesamt die Bildungsorganisation in ihrem Entwicklungsmodus zu unterstützen.

Um die Entwicklungsmodi zu veranschaulichen, sollen als Ausgangspunkt zunächst wiederum die Beispiele aus Kapitel 1 dienen. Anhand dieser Beispiele sollen die Entwicklung von Qualität, die erfolgreiche Einführung von Innovationen und begleitende Prozesse im Umgang mit Veränderungen demonstriert werden.

Kontext Schule

Die Fallsituationen »Leitbild-Entwicklung« und neues Projekt »Unterrichten mit Notebook-Klassen« lassen sich wie folgt nach den Entwicklungsmodi analysieren:

Tab. 68

Entwicklungsmodi Optimierung und Erneuerung: Beispiele im Kontext Schule

Entwicklungsmodus	Leitbild-Entwicklung	Unterrichten mit Notebook-Klassen
Optimierung – Umgang mit Qualität: Kontinuierliche Verbesserung	▸ Leitbild als normative Orientierung für die Qualitätsentwicklung; z.B.: Qualitätskriterien richten sich nach didaktischen Leitlinien, wie – Förderung von Selbststeuerung – Eingehen auf Heterogenität	▸ Anpassen der Evaluationen zur Qualitätsentwicklung ▸ Freiräume gewähren in der Evaluation für Experimentierfelder (eher formative statt summative Evaluation)
Erneuerung – Umgang mit Innovationen: Neuerungen implementieren	▸ Identifikation der Erneuerung ▸ wahrgenommene Veränderung: eher graduelle oder radikale Veränderung und damit einhergehend Konfliktpotenzial ▸ Implementierungsprozesse für das Leitbild	▸ Identifikation der Erneuerung ▸ wahrgenommene Veränderung: eher graduelle oder radikale Veränderung und damit einhergehend Konfliktpotenzial ▸ Implementierungsprozesse für die Innovation
Übergreifende Aufgabe – Umgang mit Veränderungen	▸ Widerstände – Sensibilisieren für Widerstände – Umgang mit Widerständen – begleitende Maßnahmen zum Umgang mit Widerständen	▸ Innovationsbarrieren – Innovationsbarrieren erkennen – begleitende Maßnahmen zum Umgang mit Innovationsbarrieren ▸ Widerstände – Sensibilisieren für Widerstände – Umgang mit Widerständen – begleitende Maßnahmen zum Umgang mit Widerständen

Kontext Hochschule

Eine Hochschule will ein neu konzipiertes Masterprogramm einführen oder ein bestehendes Bildungsprogramm qualitativ weiter entwickeln. Auch diese eingangs aufgeführten Beispiele können hinsichtlich der Entwicklungsperspektive in einer Bildungsorganisation genauer betrachtet werden:

6.1 Entwicklungsmodi – Optimierung und Erneuerung
Überblick

Tab. 69

Entwicklungsmodi Optimierung und Erneuerung: Beispiele im Kontext Hochschule

Entwicklungsmodus	Einführung eines neuen Masterprogramms	Weiterentwicklung bestehender Bildungsmaßnahmen
Optimierung – Umgang mit Qualität: Kontinuierliche Verbesserung	▸ Entwicklung eines Evaluationssystems für das neue Masterprogramm (auch begleitend formativ) ▸ abgeleitet vom Leitbild der Hochschule und des übergreifenden Qualitätsmanagement-Systems	▸ Entwicklung eines Evaluationssystems auf der Meso-Ebene (anstatt reine Evaluation einzelner Kurse) ▸ abgeleitet vom Leitbild der Hochschule und des übergreifenden Qualitätsmanagement-Systems
Erneuerung – Umgang mit Innovationen: Neuerungen implementieren	▸ Neues Programm als Bildungsinnovation ▸ Entwicklung und Implementation des Projektes und Überführung in dauerhaften, stabilen Ablauf	▸ Programmentwicklung ▸ Einführung einer Bildungsinnovation, z.B.: »Verfahrensinnovation« für interdisziplinäre Action Learning Designs
Übergreifende Aufgabe – Umgang mit Veränderungen	▸ Begleitende Maßnahmen zur Entwicklung und Akzeptanzsicherung des neuen Programmes, z.B.: Workshops mit zentralen Anspruchsgruppen	▸ Begleitende Unterstützung der Entwicklungsmaßnahmen für das Programm, z.B.: klare Kommunikation, welche Erwartungen an Studierende gerichtet werden

Kontext Betriebliche Weiterbildung

Die Fallbespiele aus dem betrieblichen Weiterbildungskontext lassen sich ebenfalls nach dem Entwicklungsmodus differenzierter betrachten:

Tab. 70

Entwicklungsmodi Optimierung und Erneuerung: Beispiele im Kontext Betriebliche Weiterbildung

Entwicklungsmodus	Neugestaltung von Bildungsmaßnahmen zur Transferförderung (z.B. Blended Learning)	Qualitätsmanagement – Bildungscontrolling einer Firmenakademie
Optimierung – Umgang mit Qualität: Kontinuierliche Verbesserung	▸ Entwicklung eines Evaluationssystems für die Bildungsmaßnahmen mit der Ausrichtung auf Transferorientierung: – formative und/oder summative Evaluation des Transfererfolges, – Anbindung an die Unternehmensstrategie	▸ Entwicklung eines Qualitätsmanagementsystems, das – sich auch auf Kennzahlen stützt (Legitimations-, Reportingfunktionen) – den Motor für eine kontinuierliche Verbesserung darstellt
Erneuerung – Umgang mit Innovationen: Neuerungen implementieren	▸ Identifikation und Iniitierung der Bildungsinnovation im Rahmen der Programmentwicklung ▸ Implementation des Projektes und Überführung in dauerhaften, stabilen Ablauf	▸ Identifikation und Initiierung des Innovationsprojektes ▸ Implementation des Projektes und Überführung in dauerhaften, stabilen Ablauf
Übergreifende Aufgabe – Umgang mit Veränderungen	▸ Diagnose: – Antizipation der Veränderungen – Antizipation potenzieller Widerstände ▸ begleitende Maßnahmen zur Akzeptanzsicherung, z.B. Kompetenzentwicklung von Trainern und Führungskräften	▸ Diagnose: – Antizipation der Veränderungen – Antizipation potenzieller Widerstände ▸ begleitende Maßnahmen zur Akzeptanzsicherung, z.B. Unterstützung unterschiedlicher Informations- und Steuerungsbedarfe

Überblick 6.1

Veränderungen der Umwelt in allen Kontexten – Beispiel Mediatisierung
Zum Schluss soll wiederum das Interaktionsthema einer zunehmenden Mediatisierung in Lebens- und Arbeitswelten herangezogen werden, um die Bildungsmanagementperspektive der Entwicklungsmodi im Spannungsfeld zwischen Optimierung und Erneuerung zu verdeutlichen:

Tab. 71

Entwicklungsmodi Optimierung und Erneuerung: Kontext Mediatisierung

Beispiel Interaktionsthemen: Mediatisierung

Entwicklungsmodus	Zunehmende Mediatisierung in der Gesellschaft: Veränderte Kommunikation mit Anspruchsgruppen
Optimierung – Umgang mit Qualität: Kontinuierliche Verbesserung	▸ Bestimmung der Qualität (Qualitätskriterien) in der Kommunikation mit Anspruchsgruppen (auch mit neuen Web 2.0/ Social Media-Kommunikationsformen) ▸ Einbindung in das Qualitätsmanagement-System der Bildungsorganisation
Erneuerung – Umgang mit Innovationen: Neuerungen implementieren	▸ Identifikation der Bildungsinnovation, z. B.: – neue Tools, – neue Prozesse, – kultureller Wandel im Umgang mit Social Media, ▸ möglicherweise Definition eines Implementationsprojektes zur Einführung der Innovation
Übergreifende Aufgabe – Umgang mit Veränderungen	▸ Diagnose von möglichen Kommunikationsstörungen, ▸ Diagnose von Widerständen im Umgang mit neuen Kommunikationsformen, ▸ Begleitende Maßnahmen im Umgang mit Widerständen, z.B.: – Aufklärung, Erleben und Erproben lassen – Maßnahmen zur internen Kompetenzentwicklung

In der Entwicklungsperspektive von Bildungsorganisationen steht im Zentrum der Überlegungen, das Spannungsfeld zwischen Optimierung und Erneuerung einer Bildungsorganisation zu adressieren. Während ein Qualitätsmanagement eher auf die Optimierung und kontinuierliche Verbesserung ausgerichtet ist, Bestehendes zu evaluieren und weiter zu entwickeln, fokussiert das Innovationsmanagement gezielt die Erneuerung, Neues bewerten und erfolgreich ins Bestehende einzubringen. Die beiden Perspektiven bedingen sich dabei gegenseitig. Die kontinuierliche Verbesserung hat sowohl zum Ziel, zu ermitteln was bereits gut läuft und diese Aspekte zu stabilisieren sowie Bereiche zu identifizieren, die sich eher verbessern müssten und dadurch auch Potenziale für Erneuerungen, mögliche Innovationen, mit sich bringen. Als übergreifende Aufgabe im Spannungsfeld zwischen Stabilität und Erneuerung kann der Umgang mit Veränderungen, insbesondere auch mit Widerständen, betrachtet werden. Es geht darum, die beteiligten Anspruchsgruppen hinsichtlich der Entwicklungsorientierung einer Bildungsorganisation einzubinden und »ins Boot zu holen«.

Entwicklungsmodi: Aufbau des Kapitals

In Kapitel 6.2 werden zunächst grundsätzliche Überlegungen zu entwicklungsorientierten Managementaufgaben in Bildungsorganisationen erläutert. Im Vordergrund steht dabei wiederum die Frage, inwieweit die Bildungsarbeit an entwick-

6.1 Entwicklungsmodi – Optimierung und Erneuerung
Überblick

lungsorientierten statt maßgeblich an effizienzorientierten Kriterien ausgerichtet werden soll. Dabei werden die Überlegungen zur lernenden Organisation als Gestaltungsvision aus einer übergeordneten Perspektive betrachtet: »Wie soll das Bestehende weiterentwickelt sowie Neues in das System aufgenommen werden?«

Die Schwerpunkte dieses Kapitels bilden die Abschnitte 6.3 bis 6.5. Dabei geht es zunächst um die Gestaltung von Entwicklungsprozessen für die kontinuierliche Verbesserung (Umgang mit Qualität, 6.3) sowie für die Implementierung von Neuem (Umgang mit Innovationen, 6.4). Als übergreifende Managementaufgabe ist die Gestaltung begleitender Veränderungsprozesse zentral, um Verbesserungs- und Innovationsprojekte in Bildungsorganisationen zu unterstützen (Abschnitt 6.5). Abschließend werden die Entwicklungsaufgaben in ihren Zusammenhängen nochmals zusammengefasst (Abschnitt 6.6).

Zusammenfassend lässt sich festhalten, dass sich die Entwicklungsmodi auf die Optimierung im Sinne einer kontinuierlichen Verbesserung sowie auf Erneuerung im Umgang mit Innovationen beziehen. Im Umgang mit Wandel und insbesondere innerhalb eines Transformationsprozesses hin zu einer lernenden Organisation, bedarf es in Bildungsorganisationen eines begleitenden Veränderungsmanagements, um eine ausgewogene Balance zwischen Stabilisierung und Erneuerung zu erzielen.

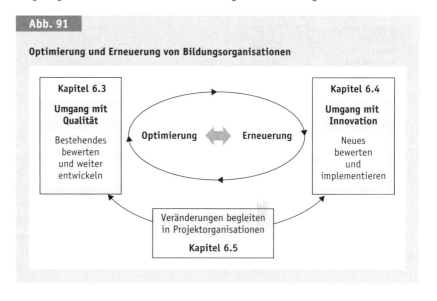

Abb. 91: Optimierung und Erneuerung von Bildungsorganisationen

6.2 Entwicklungsorientierte Managementaufgaben in Bildungsorganisationen

6.2.1 Gestiegene Bedeutung der Entwicklungs- und Innovationsfähigkeit von Bildungsorganisationen

Um veränderten Anforderungen in einer dynamischen Umwelt zu genügen, befinden sich Bildungsorganisationen heute, wie in Kapitel 1 bereits eingeführt, in einem permanenten Wildwasser. Die Gestaltungsvision der lernenden Organisation versetzt Bildungsorganisationen somit in einen Transformationsprozess, um den Paradigmenwechsel im Bildungsmanagement von einem administrativen, kontrollierenden hin zu einem reflexiven, entwicklungsorientierten Ansatz herbeizuführen.

Das St. Galler Management-Konzept empfiehlt in diesem Kontext, die Balance zwischen Stabilität und Erneuerung zu finden, um »die wichtige Zeit des Paradigmenwechsels zu nutzen und sich nicht euphorisch vom einen ins andere zu stürzen. Während dieser Zeit sollen diejenigen Dimensionen sorgfältig definiert werden, welche neuen paradigmatischen Vorstellungen zum Durchbruch verhelfen. Die hohe Kunst des Managements liegt darin, den Prozess des paradigmatischen Übergangs richtig zu ›timen‹« (Hess, 2002, S. 49). Den Ausgleich zwischen Stabilität und Erneuerung beschreibt Bleicher (2011) in diesem Zusammenhang als Erfolgsformel: »An den Stellen des Systems, an denen der Wandel besonders deutlich ansetzt, sind Veränderungen, die den neuen paradigmatischen Vorstellungen entsprechen, zügig zu vollziehen. An jenen Stellen jedoch, an denen das Bisherige sich weiterhin als effizient erweist, sind vorsichtige Schritte hin zum Neuen zu wagen, ohne das Erreichte durch zu weitreichende und zu rasche Schritte zu gefährden. Der Ausgleich beider Aspekte, der Veränderung und der Bewahrung in der zeitlichen Abfolge von Aktivitäten, wird damit zur prinzipiellen Erfolgsformel für die Handlungen des Managements« (S. 589).

Die Entwicklungsmodi nach dem St. Galler Management-Modell beschreiben grundlegende Muster von Veränderungsprozessen in Bildungsorganisationen mit den beiden Extremformen Optimierung/Stabilisierung und Erneuerung. Die Voraussetzungen in Bildungsorganisationen hinsichtlich ihrer Entwicklungs- und Innovationsfähigkeiten sind sehr unterschiedlich. Mit dem Wechselspiel von Stabilität und Wandel unter Berücksichtigung der gewachsenen Wandel- und Erneuerungsfähigkeit einer Organisation angemessen umgehen zu können, stellt große Herausforderungen für das Bildungsmanagement dar. Aufgenommen werden soll diese Managementaufgabe einerseits durch konzeptionelle Überlegungen, die an Bestehenden anknüpfen, um kontinuierliche Verbesserungen in Bildungsorganisationen zu initiieren. Andererseits ist darüber hinaus bewusst zu adressieren, wie Neues in die Bildungsorganisation integriert werden kann und folglich wie Innovationsprozesse zu gestalten sind.

Wechselspiel von Stabilität und Wandel

Entwicklungsmodus: Optimierung – kontinuierliche Verbesserungen
Diese Entwicklungsrichtung stellt die Optimierung bestehender Produkte, Prozesse, Strukturen und Kulturen dar. Ein potenzielles Entwicklungsvorhaben setzt an Bestehendem an und gewährleistet, dass die Verbesserung im Rahmen der vorhandenen

6.2 Entwicklungsmodi – Optimierung und Erneuerung
Entwicklungsorientierte Managementaufgaben in Bildungsorganisationen

Handlungskompetenzen erfolgt. Eine grundsätzliche Bedrohung von Handlungsprioritäten oder Werthaltungen entsteht dabei kaum. Optimierungsprozesse verlaufen eher evolutionär und punktuell. Für die Beteiligten, wie Lernende, Lehrpersonen, bedeutet dies, kleine Veränderungen in Teilbereichen und viel Stabilität in gewohnten Mustern. Auch durch viele kleine Schritte kann in einer lernenden Organisation grundsätzlich Neues geschaffen werden, andernfalls hat man mit erheblichen Widerständen der Betroffenen zu rechnen, die sich gegen die Erneuerungen sträuben (Pettigrew, 1990, S. 8).

Qualitätsentwicklung: Gestiegene Bedeutung

Die kontinuierliche Verbesserung von Bildungsdienstleistungen wird insbesondere mit Ansätzen des Qualitätsmanagements, und vor allem im betrieblichen Kontext des Bildungscontrollings, systematisch betrachtet. Fragen nach der Qualität von Bildung hatten lange Zeit kein hohes Ansehen. Häufig wird Bildung als ein Prozess definiert, der durch die personale Einzigartigkeit der Beteiligten getragen wird und sich als solcher einer Bewertung und Kontrolle entzieht. Diese vornehme Verschlossenheit gegenüber Fragen der Qualitätsentwicklung hat sich mittlerweile in reges Interesse auf Seiten der verschiedensten Bildungsorganisationen verwandelt. Einige Hinweise mögen das Interesse an diesem Thema illustrieren:

- In der Folge internationaler Vergleichsuntersuchungen von Schulleistungen (z. B. PISA) wird diskutiert, inwieweit solche Bildungstests im allgemeinbildenden Schulbereich eine normierende Wirkung entfalten und wie über ausformulierte Bildungsstandards ein wirksames Mittel zur Qualitätsentwicklung eingeführt werden kann.
- Im zunehmend offeneren und globaleren Weiterbildungsmarkt intensivieren sich die Bemühungen, Qualitätsmanagement durch Zertifikate, Gütesiegel, Akkreditierungen und Bildungstests zu fördern.
- In den Hochschulen werden u. a. im Rahmen von Akkreditierungsverfahren Mindeststandards für die Zulassung neuer Studiengänge definiert.
- In den Unternehmen haben Verfahren des Qualitätsmanagements bzw. der Qualitätsentwicklung als Grundlage einer kontinuierlichen Verbesserung von Wertschöpfungsprozessen – beispielsweise in der Produktion – eine lange Tradition. In den letzten Jahren ist auch im Hinblick auf interne Aus- und Weiterbildung die Bedeutung von Qualitätssicherung und Qualitätsentwicklung gewachsen.
- Neben nationalen Initiativen entstehen auf der europäischen Ebene für unterschiedliche Bildungssektoren Referenzsysteme für Qualitätssicherung und -entwicklung, wie z. B. das »Quality Assurance System for Higher Education« (Thune, 2005) oder das »Common Quality Assurance Framework for VET in Europe (CQAF-VET)« für die Berufsbildung (Informationen unter: http://www.cedefop.europa.eu/EN/publications/12912.asp).

Bildungscontrolling in Unternehmen

Im betrieblichen Bildungskontext wird neben der Frage nach der Qualität von Bildung seit mehr als zwei Jahrzehnten unter dem Oberbegriff »Bildungscontrolling« auch der Frage nach der Bestimmung von Kosten und Nutzen intensiv nachgegangen (vgl. stellvertretend Landsberg & Weiss, 1995). Phasen schlechter Wirtschaftslage und knapper (Bildungs-)Budgets lösen für das Thema Bildungscontrolling in Unternehmen eine mehr oder weniger regelmäßig wiederkehrende Konjunktur aus.

Entwicklungsmodus: Erneuerung – Umgang mit Innovationen

Während sich das Qualitätsmanagement bzw. Bildungscontrolling stärker mit dem Bestehenden beschäftigt, dieses bewertet, um insbesondere Verbesserungsprozesse zu initiieren und zu gestalten, können Veränderungsprozesse auf eine Erneuerung ausgerichtet sein, wie es beispielsweise bei Reformprojekten üblicherweise der Fall ist. Die Innovationsobjekte können vielfältig sein, da eine Erneuerung meist mehrere Objekte parallel betrifft. Im Bildungsbereich ist die Bezeichnung Innovation noch nicht sehr etabliert und zum Teil noch ungewöhnlich. Die Diskussionen um Bildungsqualität sind sicherlich verbreiteter. Im Schul- und Hochschulbereich werden Innovationen häufiger durch bildungspolitische Reformen angestoßen und weniger durch Bottom-up-Entwicklungen der einzelnen Schule selbst. Betriebliche Kontexte sind als diffus und heterogen zu betrachten. Der systematische Umgang mit Innovationen steckt allerdings auch dort noch in den Kinderschuhen. Nachfolgend sollen einige Beispiele die Entwicklungen in den unterschiedlichen Kontexten aufzeigen:

- In Schulen hat das Thema insbesondere unter dem Schlagwort »Modernisierung des Schulwesens« seit Anfang der 1990er-Jahre an Popularität gewonnen (Altrichter & Wiesinger, 2005, S. 28). Die beiden Autoren betonen dabei, dass das Konzept der teilautonomen Schule durch Top-down-Reformen konterkariert wird. In der aktuellen Diskussion stehen Modelle einer Schulreform im Vordergrund, die » – wie Bildungsstandards und darauf bezogene Tests – durch zentrale administrierte Maßnahmen ›auf der gesamten Breite‹ des Schulwesens innerhalb kurzer Zeit in allen Schulen umgesetzt werden sollen« (Altrichter & Wiesinger, 2005, S. 28).
- Ebner (2005) stellt fest, dass in der Diskussion und Literatur vor allem die einem Innovationsprozess entgegenstehenden Hindernisse dargestellt würden. »Im Vergleich dazu nehmen sich die Hinweise auf Erfolgsfaktoren des Innovationsmanagements bescheiden aus« (S. 4).
- In Hochschulen sind im letzten Jahrzehnt ebenfalls Top-down-Reformprojekte zu beobachten, die vor allem durch die Bologna-Reform geprägt wurden. Zwar hat sich im Zuge dieser Reform vieles verändert, aber dennoch könnte man kritisch nachfragen, ob und was sich wirklich in der Zwischenzeit verändert hat. Grundsätzlich wird das Potenzial zur Gestaltung hochschulweiter, fundamentaler Veränderungen an Hochschulen und somit auch die Innovationsfähigkeit von Hochschulen eher gering eingeschätzt (Pellert, 2000, S. 40).
- Der betriebliche Bildungskontext steht insbesondere in hochdynamischen Branchen unter erheblichem Innovationsdruck, vor allem durch technologische Erneuerungen, neue Tools, die auch für das Lernen kostengünstig, flexibel und effizient genutzt werden sollen, wie beispielsweise der neue Trend des Mobile Learning aufzeigt. Auch das Thema des informellen Lernens wird im betrieblichen Bildungsbereich immer wichtiger und ist unter anderem auch mit der Hoffnung auf Kosteneinsparungen verbunden.

> Umgang mit Innovationen: kaum systematisch erfasst

Das Spannungsfeld zwischen Stabilität und Erneuerung aufzunehmen, bedeutet daher zum einen das Bestehende zu bewerten und weiter zu entwickeln und gleichzeitig reflektiert Neues zu bestimmen und zu implementieren. Auf diese beiden Perspektiven soll im Folgenden näher eingegangen werden, um grundlegende Konzeptionen jeweils voneinander abzugrenzen.

6.2.2 Bestehendes bewerten und weiterentwickeln: Zur Abgrenzung von Qualitätsmanagement, Bildungscontrolling und Evaluation

Die Abgrenzung von Qualitätsmanagement, Evaluation und Bildungscontrolling fällt nicht immer leicht. Das liegt primär daran, dass sich hinter jedem dieser Begriffe eine Vielfalt unterschiedlicher Ansätze verbirgt und diese Konzepte in unterschiedlicher Weise einander über- oder untergeordnet werden. Auch die Reichweite der sich hinter diesen Begriffen verbergenden Ansätze wird unterschiedlich gefasst. Auf eine scharfe Trennung oder einer Über- bzw. Unterordnung dieser Konzepte wird hier bewusst verzichtet. Mögliche Verwendungszusammenhänge von Qualitätsmanagement, Evaluation und Bildungscontrolling können mehr oder weniger stark ausgeprägt sein. Je nachdem, ob ein engeres oder weiteres Verständnis dieser Begriffe zu Grunde gelegt wird, sind die Überschneidungsbereiche geringer oder umfangreicher. Im vorliegenden Lehrbuch werden die folgenden Begriffsdefinitionen verwendet:

Entwicklungs- vs. Kontrollparadigmen

Mit **Qualitätsmanagement** werden alle Aufgaben bezeichnet, die dazu dienen, Qualitätsziele für Bildung zu bestimmen, begründen, umsetzen und überprüfen zu können. Im Vordergrund steht hierbei die Weiterentwicklung und Verbesserung der Qualität sowie die Überprüfung von Wirkung und Erfolg durchgeführter Bildungsmaßnahmen. Daher soll auch der Begriff der Qualitätsentwicklung verwendet werden.

Unter **Evaluation** wird die Durchführung konkreter Qualitätsmanagement-Maßnahmen verstanden, um Bildung zu beurteilen (zu überprüfen, zu evaluieren).

Unter **Bildungscontrolling** soll die Planung, Kontrolle und Steuerung von Bildungsprozessen als Bildungsdienstleistungen verstanden werden. Beim Bildungscontrolling steht originär die Kontrolle von bereits umgesetzten Bildungsprozessen im Vordergrund.

Darüber hinaus können Qualitätsentwicklung, Evaluation und Bildungscontrolling auch mit dem Ziel der Legitimation der bisherigen Bildungsaktivitäten und des benötigten Budgets oder mit dem Ziel einer besseren Vermarktung von Bildungsangeboten betrieben werden. Die Verortung von Qualitätsentwicklung, Bildungscontrolling und Evaluation ist in folgender Abbildung 92 dargestellt:

Abb. 92

Verortung von Qualitätsentwicklung, Bildungscontrolling und Evaluation

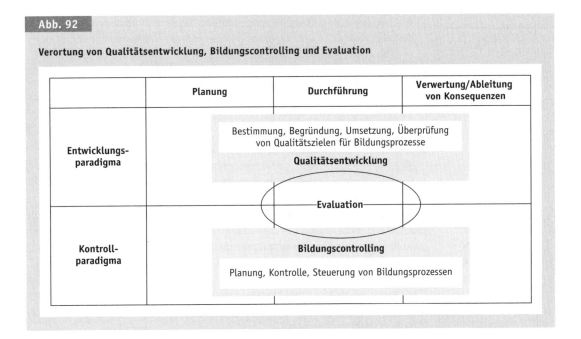

6.2.3 Neues implementieren: Zur Abgrenzung von Innovations-, Veränderungs- und Projektmanagement

Geht es um die Frage, ob und wie Neues in eine Bildungsorganisation eingeführt werden soll, sind Erkenntnisse aus der Innovationsforschung sowie auch aus dem Change- und Projektmanagement relevant. Da der Umgang mit Neuem und Veränderung etwas Stetiges in Organisationen ist, sollte auch die Fähigkeit zur Bewältigung und zur Gestaltung von Wandel systematisch aufgebaut, erweitert und gepflegt werden (Müller-Stewens & Lechner, 2005, S. 414).

Im Umgang mit Erneuerungen und generell mit Wandel gibt es große Überschneidungen zwischen Innovations-, Veränderungs- bzw. Change Management sowie Projektmanagement (Müller-Stewens & Lechner, 2005, S. 414).

Innovationsvorhaben sind durch spezifische Merkmale gekennzeichnet und unterscheiden sich substanziell vom Routinealltag. Ihre Abwicklung fordert daher eine gesonderte Behandlung: das **Innovationsmanagement**. Innovationsmanagement kann als gezielte Planung, Organisation, Steuerung und Kontrolle von Innovationsprozessen (funktionale Sichtweise) sowie als Schaffung der erforderlichen bzw. Nutzung der vorhandenen Rahmenbedingungen, innerhalb deren, Innovationsprozesse ablaufen (institutionale Sichtweise), verstanden werden (Hauschildt, 2004, S. 26).

Innovationsvorhaben gezielt initiieren und umsetzen

6.2 Entwicklungsmodi – Optimierung und Erneuerung
Entwicklungsorientierte Managementaufgaben in Bildungsorganisationen

Mit Veränderungen umgehen

Veränderungs- bzw. **Change Management** ist die zielgerichtete Analyse, Planung, Realisierung, Evaluierung und laufende Weiterentwicklung von ganzheitlichen Veränderungsmaßnahmen in Organisationen (Vahs & Leiser, 2004, S. 252). Mit Change Management werden sowohl die Managementaufgaben (funktionale Sichtweise) sowie auch die Institutionen, welche Veränderungsinitiativen führen (institutionale Sichtweise) bezeichnet. Change Management Ansätze verfolgen das Ziel, Veränderungsinitiativen zu begleiten und zu unterstützen bzw. Infrastrukturen für Veränderungen zu schaffen. »Nicht die Veränderungsidee steht im Zentrum der Betrachtung, sondern die Schaffung eines positiven Umfeldes (veränderungsfreundlichen Klimas) innerhalb dessen Veränderungen durchgeführt werden« (Reiß, 1997, S. 9).

Projekte sind zielbezogene Vorhaben mit definiertem Anfang und Abschluss, die durch die Merkmale zeitliche Befristung, Komplexität und relative Neuartigkeit gekennzeichnet sind und wegen ihres einmaligen Charakters ein Risiko aufweisen können (Frese, 1980. Sp. 1960). Die Planung und Durchführung von Projekten bereitet den meisten Organisationen Mühe, da ihre Struktur eher auf die routinemäßige Abwicklung des Haupt- und Alltagsgeschäfts ausgerichtet ist. Ein Managementsystem, das den spezifischen Merkmalen von Projekten Rechnung trägt, ist daher gefordert: das Projektmanagement.

Projekte: auf bestehendes Know-how zurückgreifen

Projektmanagement dient der Bewältigung komplexer Problemstellungen, wobei die Projektabwicklung als Problemlösungsprozess verstanden werden soll (Haberfellner, 1992, S. 2091). Projektmanagement umfasst die gezielte Planung, Organisation, Steuerung und Kontrolle von Projekten (funktionale Sichtweise) sowie die Institutionen, welche diese Projekte leiten (institutionale Sichtweise).

Voraussetzung dafür ist eine eigenständige Projektorganisation, die neben oder in der bestehenden Linienorganisation für die Dauer des jeweiligen Projekts eingerichtet wird (Burghardt, 2002, S. 12 f.). Bereits in Kapitel 3 wurde darauf eingegangen, dass flexible Strukturen im Rahmen von Projektorganisationen notwendig sind, um die Entwicklungsfähigkeit von Bildungsorganisationen zu erhöhen.

Die folgende Abbildung verortet die drei Konzepte Innovations-, Veränderungs- und Projektmanagement mit jeweiligen Schwerpunkten und Überschneidungen. Alle drei beziehen sich auf die Prozesse Planung, Durchführung und Verwertung. Innovationsvorhaben benötigen neues Know-how für die Realisierung der neuen Anwendungen und Ideen. Change Management unterstützt jeweils Innovations- und Erneuerungsprojekte, um die damit einhergehenden Veränderungen zu begleiten und somit den Umsetzungserfolg von Innovationen zu erhöhen. Dazu ist es wichtig, auf bestehendes Wissen und Erfahrungen vergangener Initiativen zurückzugreifen. Projektmanagement deckt alle Phasen ab, fokussiert jedoch schwerpunktmäßig die Umsetzung und Durchführung im Rahmen der Projektorganisation.

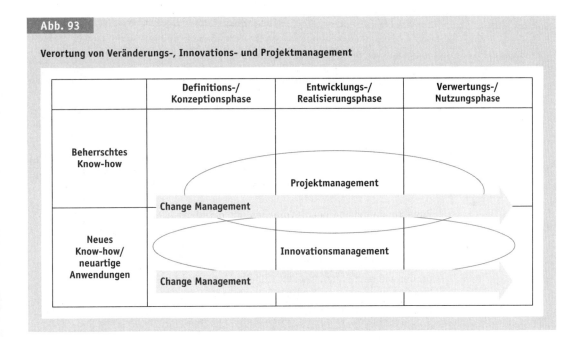

Abb. 93
Verortung von Veränderungs-, Innovations- und Projektmanagement

6.2.4 Fazit: Umgang mit dem Spannungsfeld Optimierung vs. Erneuerung

Bildungsorganisationen zu entwickeln, bedeutet mit den Entwicklungsmodi Optimierung und Erneuerung umzugehen und sie in eine ausgewogene Balance zu bringen. Während sich das Qualitätsmanagement bzw. Bildungscontrolling stärker auf das Bestehende fokussiert, dieses bewertet, um insbesondere Verbesserungsprozesse zu initiieren und zu gestalten, ist darüber hinaus der Umgang mit Innovationen und Erneuerungsprozessen zu beachten, die auch radikale Veränderungen für die Bildungsorganisation mit sich bringen können. Um Optimierungs- und Erneuerungsprojekte in ihrer Umsetzung und Wirkung zu unterstützen, wird der begleitende Veränderungsprozess als übergreifende Managementaufgabe eingeführt (siehe Abbildung 94).

Auf diese drei Arten von Entwicklungsprozessen: Optimierungs-, Erneuerungs- sowie Veränderungsprozesse wird in den nächsten Kapiteln 6.3 bis 6.5 näher eingegangen.

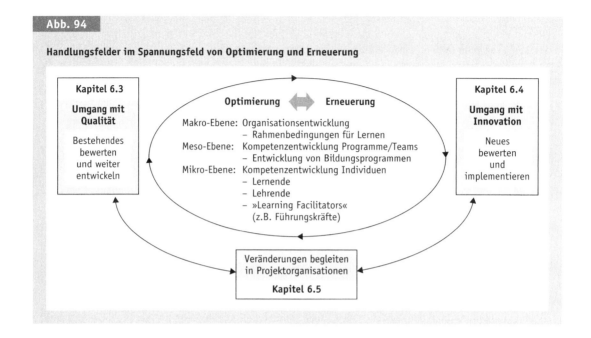

Abb. 94

Handlungsfelder im Spannungsfeld von Optimierung und Erneuerung

6.3 Kontinuierliche Verbesserung der Qualität

6.3.1 Ausgangspunkte: Grundfragen für Qualitätsentwicklung und Bildungscontrolling

6.3.1.1 Was ist »Qualität«?

Diese Frage ist nicht leicht zu beantworten, da es verschiedene Verständnisse von und Sichtweisen auf Qualität gibt (Knispel, 2008, S. 18 ff.). So kann Qualität verstanden werden als das Übertreffen von üblichen Leistungsmerkmalen (etwas Spezielles, Exklusives), als Abwesenheit von Fehlern oder als das Erfüllen von Erwartungen hinsichtlich der Zweckmäßigkeit. Ferner können folgende Sichtweisen auf Qualität unterschieden werden (Knispel, 2008, S. 18–19) (siehe Tabelle 72).

Qualität als Resultat einer Bewertung

Erschwerend kommt hinzu, dass Lernen nicht verordnet und nicht erzwungen werden kann. Lernerfolg erfordert eine aktive Beteiligung der Lernenden, die damit zu Koproduzenten des Lernerfolgs werden (Knispel, 2008, S. 19). Die Qualität eines Bildungsprodukts oder einer Bildungsdienstleistung kann daher kaum unabhängig von den Lernenden beurteilt werden. Qualität wird zunehmend nicht mehr als einmalig oder statisch definiert, sondern als *veränderliches Konstrukt* angesehen (Fend, 1998b; Ditton, 2000). Mit anderen Worten: Da sich die Ansprüche der jeweiligen Anspruchsgruppen, wie Unternehmensleitungen, Führungskräfte und Seminarteilnehmende in Unternehmen oder Schulleitungen und Schüler in Schulen, fortwährend ändern, verändern sich auch die Anforderungen an Qualität.

6.3 Kontinuierliche Verbesserung der Qualität

Tab. 72

Sichtweisen auf Qualität

Sichtweise auf Qualität	Erläuterung: Qualität ist bestimmt durch
Produktbezogen	▸ die Eigenschaften eines Produkts, z. B.: die Ausstattung eines Lehrbuchs mit Grafiken und detaillierten Abbildungen
Anwenderbezogen	▸ durch die Nützlichkeit eines Bildungsprodukts bzw. einer Dienstleistung für den Kunden, z. B.: die Ausrichtung eines Seminars auf den Transfer am Arbeitsplatz
Prozessbezogen	▸ die Abfolge von Arbeits- oder Ablaufschritten, z. B.: die Durchführung von Seminarveranstaltungen: Anmeldung, Bestätigung, Teilnahmeinformationen, Teilnahmebestätigung, Rechnungstellung etc.
Wertorientiert	▸ das Verhältnis von Kosten und Nutzen, z. B. ein aufwändig produziertes, extern eingekauftes Lernprogramm (WBT) im Unterschied zu einem mit einfachen Mitteln intern erstellten Lernprogramm

Die Verständnisse von **Qualität** können sehr unterschiedlich sein: Freiheit von Fehlern, Erfüllung von Mindeststandards, Ausdruck für Besonderheit und Exklusivität oder Zweckerfüllung. Qualität ist keine Eigenschaft, sondern das Resultat einer Bewertung. Qualität wird nicht als etwas Einmaliges definiert, sondern wird als veränderliches Konstrukt verstanden, da sich Ansprüche und damit auch Anforderungen an die Qualität verändern.

Relevante Fragen zur Bestimmung von Qualität sind daher: Wer definiert Qualitätsziele? Auf welche Gegenstandsbereiche beziehen sich die Qualitätsziele? Wer überprüft das Erreichen dieser Ziele?

6.3.1.2 Wer bestimmt die Qualitätsziele?

Wenn Qualität keine objektive Eigenschaft, sondern vielmehr das Resultat einer Bewertung ist, dann wird eine nächste Frage relevant: Wer bestimmt eigentlich die Qualitätsziele? Und wie geschieht dies?

Hierzu gibt es eine Reihe von Möglichkeiten, wie die folgende Matrix zeigt:

Bestimmung von Qualitätszielen

Tab. 73

Möglichkeiten zur Bestimmung von Qualitätszielen

		Verfahren	
		Vorgabe	Vereinbarung
Beteiligte	Entscheider		
	Nutzer		
	interne Experten/ externe Experten		

6.3 Entwicklungsmodi – Optimierung und Erneuerung
Kontinuierliche Verbesserung der Qualität

Qualitätsziele können durch Entscheide vorgegeben werden – beispielsweise dadurch, dass ein Entscheid zur Verwendung eines bereits existierenden, außerhalb der Bildungsorganisation entwickelten Qualitätssystems, beispielsweise ISO 10015, eduQua, EFMD CEL, gefällt wird. Qualitätsziele können aber auch intern entwickelt werden – z. B. im Austausch zwischen Nutzern und Experten.

Wer letztlich die Qualitätsziele bestimmt oder bei deren Definition eingebunden ist, hat Auswirkungen darauf, wie das Qualitätssystem akzeptiert wird und ob es gelingt, alle diejenigen Personen einzubinden, die bei der Umsetzung einer Qualitätsinitiative mitarbeiten sollen, insbesondere Programmverantwortliche und Lehrende.

Begründungen für Qualitätsziele zur Sicherung der Akzeptanz

Qualitätsziele bzw. -kriterien sind nicht per se gut oder schlecht, wahr oder falsch, sie können jeweils lediglich für einzelne Personen oder (Anspruchs-)Gruppen gültig und akzeptabel bzw. ungültig und inakzeptabel sein (Kromrey, 2004). Die Akzeptanz der Ziele kann nicht nur durch die Einbindung beteiligter Personen(gruppen) in die Definition der Ziele gelingen (vgl. oben), sondern auch durch überzeugende Begründungen bzw. Argumente gefördert werden, die sich auf folgende Grundlagen stützen (Euler & Seufert, 2005b, S. 190):

- *Theoretische Begründungen*: Hier werden Argumente aufgenommen, die sich aus (wissenschaftlichen) Theorien ableiten lassen. Beispiel: Lernpsychologische Theorien postulieren, dass Lernen dann effektiv und nachhaltig ist, wenn der Lernende einen hohen Grad an Interaktivität in der Auseinandersetzung mit dem Lerninhalt zeigt. Dieser Sachverhalt begründet ein entsprechendes Qualitätsziel für die Beurteilung von Lernprozessen.
- *Fälle aus der funktionierenden Praxis* (»Good-practice-Beispiele«): Hier bieten instruktive Beispiele aus der Praxis die Grundlage, erfolgskritische Faktoren zu isolieren und diese als Qualitätskriterium auszuweisen. Beispiel: Formen des selbstgesteuerten Lernens funktionieren in der Praxis bei lernungewohnten Zielgruppen nur dann, wenn sie durch eine personale Unterstützung flankiert werden.
- *Plausibilitätsüberlegungen*: Hier wird auf die Evidenz und Selbsterklärungskraft der Kriterien gebaut, ohne dass vertiefende Argumente angeführt werden. Beispiel: Es erscheint im Hinblick auf durch eLearning unterstützte Bildungsprogramme evident, dass die eingesetzte technologische Plattform stabil funktionieren muss.

Für viele der in der Praxis eingesetzten Qualitätssysteme ist nur eine schwache Begründungsbasis festzustellen. Oft beschränken sich die Begründungen auf Plausibilitätsüberlegungen, teilweise fehlen selbst diese. Insofern lässt sich pointiert feststellen, dass viele Qualitätssysteme im Bildungsbereich eine Praxis ohne Theorie darstellen.

6.3.1.3 Was ist der Gegenstand von Bildungsqualität?
Qualitätsziele können sich auf unterschiedliche Gegenstandsbereiche beziehen. In Bildungsorganisationen werden im Zusammenhang mit Qualitätsinitiativen häufig die folgenden Gegenstandsbereiche in den Blick genommen:

Tab. 74

Gegenstandsbereiche von Qualitätsmanagement im Bildungswesen

Gegenstands-bereich	Erläuterung und Beispiele
Makro-Ebene: (Bildungs-) Organisation und Prozesse	▸ Auf welche Ziele hin ist die Bildungsorganisation ausgerichtet? ▸ Ist sie personell für die ihr zugewiesenen Aufgaben gerüstet? ▸ Wie robust und effizient sind die verschiedenen Abläufe? ▸ etc.
Meso-Ebene: Bildungs-maßnahmen	▸ Sind Programme und Einzelveranstaltungen auf die Zielgruppe(n) zugeschnitten? ▸ Funktionieren die zu Grunde gelegten Konzepte oder müssen sie angepasst werden? ▸ Werden die Erwartungen der Teilnehmenden erfüllt? ▸ etc.
Mikro-Ebene: Bildungs-personal	▸ Ist das Bildungspersonal für die Aufgaben ausreichend qualifiziert? ▸ Wie können ggf. Trainer, Seminarleiter, Manager von Bildungs-produkten oder regionalen Bildungszentren weiter qualifiziert werden? ▸ etc.

Beispiele für Qualitätsziele nach Gestaltungsebenen

6.3.1.4 Wer überprüft das Erreichen von Qualitätszielen und wie geschieht dies?

Die Prüfung, zu welchem Grad die formulierten Qualitätsziele tatsächlich erreicht werden, kann auf unterschiedliche Weise erfolgen, z. B. in der Form einer Selbstevaluation der Beteiligten in der Bildungsorganisation oder durch einen Auftrag zur Fremdevaluation (Dubs, 2003). Evaluatoren können entweder aus der eigenen Organisation rekrutiert oder aber von extern hinzugezogen werden. Schließlich kann die Überprüfung als reine Inspektion angelegt sein, ohne dass ein Feedback an die evaluierte Organisation bzw. die evaluierten Personen erfolgt. Alternativ kann die Überprüfung ein individuelles Feedback mit Anregungen zur künftigen Weiterentwicklung umfassen (Stockmann, 2002) (siehe Abbildung 95).

Auch die Entscheidung für die Art und Weise der Überprüfung von Qualitätszielen hat Auswirkungen darauf, wie eine Qualitätsinitiative aufgenommen und in welchem Ausmaß die Ergebnisse – ob positiv oder eher negativ – von den verschiedenen Beteiligten und Anspruchsgruppen akzeptiert werden. So kann etwa durch die Einbindung externer Evaluatoren die Glaubwürdigkeit und Legitimationskraft eines Qualitätsmanagementsystems erhöht werden. Allerdings ist die Auswahl geeigneter Evaluatoren ein entscheidender Faktor, die insbesondere Experten im jeweiligen Kontext sind. Ansonsten besteht wiederum die Gefahr, dass die Rückmeldungen der Evaluatoren auf geringe Akzeptanz der Verantwortlichen stoßen und somit dann kaum Entwicklungsimpulse ausgelöst werden können.

6.3 Entwicklungsmodi – Optimierung und Erneuerung
Kontinuierliche Verbesserung der Qualität

Varianten zur Überprüfung von Qualitätszielen

Abb. 95: Gestaltungsdimensionen beim Überprüfen von Qualitätszielen

6.3.1.5 Bildungscontrolling: Wer betreibt es mit welchem Ziel?

Zwei zentrale Ausgangsfragen im Zusammenhang mit Bildungscontrolling sind: Wer betreibt es? Und welches Ziel wird damit verfolgt?

Bildungscontrolling im Kontrollparadigma

In Unternehmen wird Bildungscontrolling teilweise als top-down getriebener Kontrollprozess realisiert, der von zentralen Funktionsstellen – beispielsweise einem bereits etablierten Finanz- oder Personalcontrolling – verantwortet wird (Meier, 2005). Die Anliegen von Personalentwicklern finden hierbei kaum Berücksichtigung. Das Alternativmodell besteht darin, Bildungscontrolling als Bestandteil einer professionellen Bildungsarbeit zu verstehen und durch die Bildungsorganisation selbst umzusetzen (Schöni, 2009, S. 18 f.). Überspitzt formuliert lautet daher die Frage: Sollen »Zahlenfetischisten (Erbsenzähler)« Bildungscontrolling umsetzen oder soll man doch die »Wurst den Hund messen« lassen? (vgl. hierzu Euler & Seufert, 2005b, S. 188)

In der Praxis zeigt sich, dass die Umsetzung von Bildungscontrolling sowohl ökonomischen als auch pädagogisch-didaktischen Sachverstand erfordert und dass zunehmend auch IT-Sachverstand wichtig wird. Die Projektteams, welche mit dem Ausarbeiten und Weiterentwickeln von Bildungscontrolling betraut sind, sollten entsprechend zusammengesetzt sein.

Gleichzeitig ist eine klare Zielformulierung erforderlich. Wünschenswert wäre eine Zielsetzung, die Transparenz, beispielsweise zu Entwicklungsangeboten und ihrer Nutzung, zu Kosten und zum Nutzen, und darauf aufbauend, eine verbesserte Steuerungsfähigkeit in den Vordergrund stellt und nicht die Kontrolle der Beteiligten.

6.3.1.6 Die Schwierigkeit von Ursache-Wirkungs-Zusammenhängen

Will man die oben aufgeführten Fragen beantworten, stellt sich häufig die Frage nach ursächlichen Zusammenhängen. Trägt Weiterbildung zum Erreichen von Geschäftszielen bei? Dies gilt insbesondere dann, wenn man versucht, den Nutzen von Weiterbildung zu quantifizieren – und diese Fragestellung ist ein Dauerbrenner. Damit ist ein Grundproblem für betriebliches Bildungscontrolling benannt: Lassen sich plausible und überzeugende Ursache-Wirkungs-Zusammenhänge aufzeigen?

Korrelationen zwischen Investitionen in Qualifizierung/Weiterbildung einerseits und Leistungsfähigkeit/Profitabilität von Organisationen und Unternehmen können zwar hergestellt werden. Allerdings bleiben dabei Ursache-Wirkungs-Beziehungen unklar. Es ist sehr gut möglich, dass die beobachteten Zusammenhänge darauf beruhen, dass profitablere und leistungsfähigere Unternehmen mehr in Aus- und Weiterbildung investieren als andere Unternehmen (Böheim & Schneeweis, 2007). Eine geschlossene Kausalkette zwischen Bildungserfolg auf der einen und Unternehmenserfolg auf der anderen Seite, lässt sich aus verschiedenen Gründen nicht ohne Weiteres herstellen (Thom & Blunck, 1995):

> *Grundproblem für ein betriebliches Bildungs-Controlling: überzeugende Ursache-Wirkungs-Zusammenhänge*

- Der Lernerfolg im Rahmen einer Weiterbildungsveranstaltung führt nicht automatisch zu einem Transfer in das Arbeitsfeld. Vielmehr stellt dieser Transfer eine zentrale Leistung der Lernenden dar, die durch eine geeignete Gestaltung des Lernangebots gefördert werden kann. Hier spielen unterstützende betriebliche Maßnahmen eine wichtige Rolle. Schließlich agieren Mitarbeitende in der Regel nicht isoliert, sondern eingebunden in Teams und definierte Prozesse.
- Die Auswirkungen von Qualifikationsmaßnahmen im Arbeitsfeld manifestieren sich zum Teil erst mittelfristig, zum Teil nur indirekt. Ein Training im Produktionsbereich im Umgang mit Arbeitsvorrichtungen beispielsweise, wird eher zu kurzfristig beobachtbaren Verbesserungen (z. B. bei der Ausschussquote) führen als ein Weiterbildungsprogramm für Projektleiter, das eher mittelfristig zu erfolgreicheren Projektabwicklungen beitragen wird. Daneben kann aber auch die Teilnahme an einer Weiterbildung zur Verbesserung der Lernfähigkeit der Teilnehmenden und damit zu einem deutlich höheren Lernerfolg bei künftigen Qualifikationsmaßnahmen beitragen.
- Die Auswirkungen von Qualifikationsmaßnahmen können sich in vielfältiger Weise manifestieren, z. B. in erhöhter Arbeitsproduktivität, erhöhter Leistungsmotivation oder einer stärkeren Bindung der Mitarbeiter an das Unternehmen.
- Neben Weiterbildungsmaßnahmen wirken ständig auch andere Veränderungen innerhalb und außerhalb des Unternehmens auf das Geschäftsergebnis, die Innovationskraft und die Wettbewerbsfähigkeit. Dazu gehören beispielsweise (1) Personalfluktuation und interne Reorganisation, (2) die Einführung von neuen und die Verbesserung von etablierten Arbeitsmitteln, (3) der Markt-Ein- und Austritt von Wettbewerbern und (4) die Veränderungen in makroökonomischen Rahmenbedingungen, wie Konjunktur, gesetzliche Regelungen, etc.

Allerdings geht es in der Praxis meist gar nicht darum, unanfechtbare Nachweise nach wissenschaftlichen Kriterien zu liefern. Vielmehr geht es um das Aufdecken von plausiblen und für die Steuerung der betrieblichen Bildungsarbeit ausreichend

6.3 Entwicklungsmodi – Optimierung und Erneuerung
Kontinuierliche Verbesserung der Qualität

fundierten Hinweisen auf die Wirksamkeit und den Nutzen von Training und Weiterbildung.

Dabei gilt es grundlegende Rahmenbedingungen zu berücksichtigen, wie sie in der folgenden Abbildung 96 aufgeführt sind:

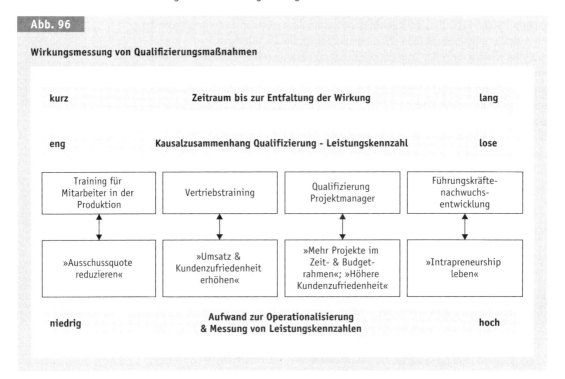

Abb. 96: Wirkungsmessung von Qualifizierungsmaßnahmen

Je länger der Zeitraum zwischen einer Qualifizierungsmaßnahme und der Entfaltung einer Wirkung, desto schwieriger ist das Herstellen eines Zusammenhangs zwischen dieser Qualifizierung und einem Leistungsindikator. Vielmehr steigt mit zunehmender Länge dieses Zeitraums in der Regel auch der Aufwand, der für die Operationalisierung und Messung von Leistungskennzahlen erforderlich ist. Während sich die Effekte eines Trainings für Mitarbeitende in der Produktion schon am nächsten Tag, beispielsweise in einer reduzierten Ausschuss-Quote, manifestieren können, sind Effekte von Maßnahmen zur Entwicklung des Führungskräfte-Nachwuchs ungleich schwerer dingfest zu machen.

6.3.2 Grundlegende Ansätze für ein Qualitätsmanagement und Bildungscontrolling

6.3.2.1 Ansätze für ein Qualitätsmanagement

Qualitätsmanagement umfasst Strukturen, Aktivitäten und Vorgehensweisen für die Planung, Sicherung, Verbesserung und Evaluation von Qualität – sei es bei Produkten oder bei Dienstleistungen (Wirth, 2005, S. 132). Qualitätsmanagement, so wie wir es heute kennen, hat sich in den letzten Jahrzehnten über verschiedene Stadien entwickelt: von der Fehlerkontrolle durch spezialisierte Prüfer am Ende eines Produktionsprozesses, über Qualitätskontrolle durch die Fertigungsgruppen selbst, die Betonung der Vermeidung von Fehlern bis hin zur Anwendung von Qualitätsmanagement-Prinzipien durch alle Beteiligten – sowohl innerhalb der Organisation als auch beispielsweise durch Zulieferer.

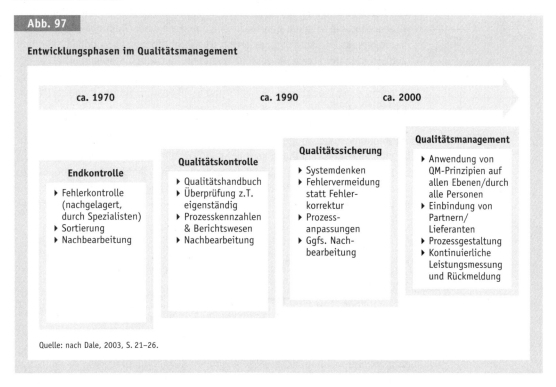

Abb. 97 Entwicklungsphasen im Qualitätsmanagement

Quelle: nach Dale, 2003, S. 21–26.

Qualitätsmanagementsysteme umfassen Organisationsstrukturen und Verantwortlichkeiten, Verfahren und Prozesse und schließlich Arbeitsmittel (Wirth, 2005, S. 135). Sie sind Führungssysteme, die – im Sinne des sogenannten Deming-Kreises (Deming, 2000, orig. 1982, S. 88) – auf die Planung, Umsetzung, Sicherung und Verbesserung von Qualität abzielen. Nach Knispel (2008, S. 48–53) können hier folgende Ebenen unterschieden werden:

6.3 Entwicklungsmodi – Optimierung und Erneuerung
Kontinuierliche Verbesserung der Qualität

Qualitätsmanagement im Verständnis von Qualitätsentwicklung

- *Qualitätsplanung*: Aufbauend auf einer Entscheidung zu den Qualitätszielen, welche die eigenen Qualitätsmanagement-Aktivitäten anleiten sollen, gilt es die Umsetzung zu planen. Dies betrifft beispielsweise Fragen dazu, ob die Qualitätsziele primär über das Definieren von Prozessen oder über das Überprüfen von Arbeitsergebnissen sichergestellt werden oder welche Personen(gruppen) das Erreichen bzw. Nicht-Erreichen von Qualitätszielen überprüfen sollen.
- *Qualitätslenkung*: Sie umfasst alle Maßnahmen, die dazu dienen, die gesetzten Qualitätsziele zu erreichen. Dazu gehören beispielsweise Feedbackschlaufen, Kontrollstellen oder genaue Arbeitsbeschreibungen, Vorgehens- und Rollenbeschreibungen.
- *Qualitätsevaluation*: Qualitätsevaluation erfordert eine Konkretisierung der Qualitätsziele so, dass sie auch überprüfbar sind. Darüber hinaus muss festgelegt werden, durch wen und mit welchen Instrumenten eine Evaluation erfolgen soll.
- *Qualitätsverbesserung*: Kontinuierliche Qualitätsverbesserung erfordert eine Qualitätskultur, die bei allen Mitarbeitenden innerhalb einer (Bildungs-)Organisation verankert ist. »Qualitätsverbesserung ist als kontinuierlicher individueller und organisationaler (Lern-)Prozess zu verstehen, der durch systematische Zielsetzung und Priorisierung versucht, die Gesamtqualität einer Institution, eines Programms, eines Produkts oder einer (Bildungs-)Dienstleistung zu steigern« (Wirth, 2005, S. 154).

Viele Bildungsorganisationen – und dies gilt insbesondere für Schulen und Hochschulen – zeichnen sich durch sehr hohe Autonomie-Ansprüche des Lehrpersonals aus. Bemühungen um qualitätssichernde Maßnahmen können in einem solchen Umfeld als Bedrohung von Freiräumen aufgefasst und abgelehnt werden. Ein alternatives Vorgehensmodell besteht daher aus der Abfolge der Schritte »Planen« – »Status

Abb. 98

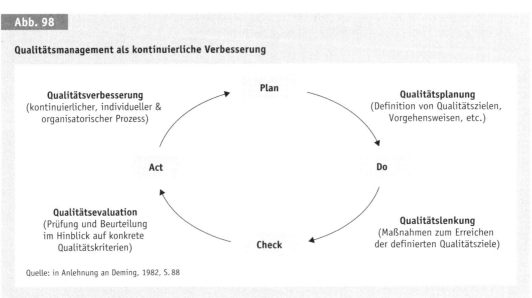

Qualitätsmanagement als kontinuierliche Verbesserung

Quelle: in Anlehnung an Deming, 1982, S. 88

ermitteln« – »Maßnahmen ableiten«. Bei einem solchen Vorgehen können qualitätssichernde Maßnahmen aus zuvor ermittelten Evaluationsergebnissen abgeleitet und damit besser legitimiert sowie die Beteiligten besser eingebunden werden.

6.3.2.2 Ansätze für ein Kennzahlen-gestütztes Bildungscontrolling

Für das Bildungscontrolling gibt es unterschiedliche, zum Teil enger oder weiter gefasste Ansätze. Je nach Zielsetzung (Kontrolle, Steuerung) werden unterschiedliche Kennzahlen definiert und ermittelt. Ein kohärenter Satz an Kennzahlen kann aus den nachfolgend kurz skizzierten Ansätzen entwickelt werden.

1) Messen, was leicht zu messen ist

Ein erster Ansatzpunkt für die Entwicklung einer Kennzahlensammlung für das Bildungscontrolling besteht darin, das zu messen, was einfach und effizient zu messen ist. Hier bieten sich Kennzahlen zu den folgenden Aspekten an (Schulte, 2002):

Hinweise für Kennzahlensammlungen

- Weiterbildungsinhalte und -themen:
  - Anteil bestimmter Themen am gesamten Weiterbildungsangebot,
  - Durchschnittliche Anzahl Teilnehmender an einzelnen Themenkreisen,
  - etc.
- Teilnehmende:
  - Anteil Teilnehmende insgesamt/nach Standort/nach Organisationseinheit,
  - Durchschnittlicher Zeitaufwand für Weiterbildung je beschäftigter Person,
  - etc.
- Formen und Methoden:
  - Anteil intern/extern durchgeführter Veranstaltungen,
  - Anteil standardisierter/firmenspezifischer Veranstaltungen,
  - etc.
- Kosten:
  - Anteil der Weiterbildungskosten am Umsatz,
  - Weiterbildungskosten pro Tag und teilnehmender Person,
  - etc.

Auch wenn diese Kennzahlen nur wenig Aussagekraft im Hinblick auf den Nutzen von Weiterbildung haben, so sollten sie doch nicht ganz außer Acht gelassen werden. Entscheidungsträger legen oft Wert darauf, über solche Zahlen eine schnelle Orientierung und gegebenenfalls auch einen Abgleich mit anderen Organisationen im Sinne von Benchmarking zu erreichen.

2) Kennzahlen zu verschiedenen Evaluationsebenen

Ein anderer Zugang zur Entwicklung einer kohärenten Kennzahlensammlung basiert auf dem Konzept verschiedener Evaluationsebenen, das ursprünglich Kirkpatrick vorgeschlagen hat und das mittlerweile verschiedene Erweiterungen erfahren hat (vgl. Kirkpatrick, 1994; Schenkel, 2000; Pulliam, Phillips & Phillips, 2007). Die verschiedenen Evaluationsebenen wurden in Kapitel 4 im Abschnitt Evaluation von Bildungsprogrammen bereits eingeführt. Relevante Kenngrößen aus dieser Perspektive sind beispielsweise die Intensität der Nutzung verschiedener Trainingsangebote, die

Kennzahlen nach Ergebnissen (Kirkpatrick)

6.3 Entwicklungsmodi – Optimierung und Erneuerung
Kontinuierliche Verbesserung der Qualität

Bewertung von Trainingsangeboten durch die Teilnehmenden, Werte für Lernerfolg oder Einstellungsänderungen, Bewertungen des (veränderten) Handelns im Arbeitskontext, wie beispielsweise durch Vorgesetzte und/oder Arbeitskollegen, betriebliche Leistungsindikatoren, wie Ausschussquoten, Durchlaufzeiten oder Prozesskosten, sowie schließlich die Relation von Kosten und Nutzen für ein Bildungsangebot.

3) Kennzahlen zum Bildungsprozess

Kennzahlen nach Prozess

Bei einer Ausrichtung des Kennzahlensystems für Bildungscontrolling auf die oben aufgeführten Evaluationsebenen bleibt allerdings außer Betracht, wie denn die Bildungsprozesse selbst zu bewerten sind. Welcher Aufwand wird in welcher Phase des Bildungsprozesses betrieben? Wie lange braucht es von der Identifikation eines Bildungsbedarfs bis zur Verfügbarkeit eines entsprechenden Qualifizierungsangebots? Welcher Anteil von Analyse, Planungs- und Durchführungsschritten wird auf der Grundlage qualitätsgesicherter Verfahren durchgeführt und wie oft werden vereinfachte und verkürzte Verfahren eingesetzt? Eine Kennzahlensammlung bzw. -architektur, die diese Aspekte fokussiert, stellt die Steuerungsbedarfe innerhalb einer Bildungsorganisation in den Mittelpunkt:

Abb. 99

Beispiele für Kennzahlen bei einem phasenorientierten Ansatz

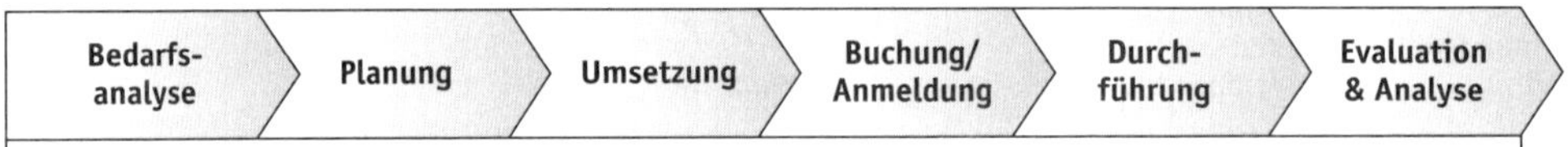

Bedarfsanalyse → Planung → Umsetzung → Buchung/Anmeldung → Durchführung → Evaluation & Analyse

- Kostenaufwand für Bedarfsanalyse/Planung/Umsetzung/Durchführung
- Zeitaufwand für die Phasen Bedarfsanalyse/Planung/Umsetzung/Durchführung
- Kosten- und Zeitaufwand nach Phasen für verschiedene Typen von Qualifizierungsangeboten
- Zeitbedarf von der Bedarfsidentifikation bis zur Durchführung eines Qualifizierungsangebots
- Anteil der Kursbuchungen, die vor Beginn eines Trainings wieder storniert werden
- Arbeitsaufwand für kurzfristige Befüllung frei gewordener Seminarplätze
- Anteil der Bedarfsanalysen/Kursentwicklungen/Kursdurchführungen/Evaluationen, die einem definierten/qualitätsgesicherten Verfahren folgen

Quelle: Gerlich, 1999, S. 35

4) Kennzahlen auf der Grundlage von Strategiekarte und Balanced Scorecard

Wiederum ein anderer Ansatz für die Entwicklung einer kohärenten Sammlung von Kennzahlen besteht darin, zunächst einmal Wirkungszusammenhänge zwischen Weiterbildung und Personalentwicklung einerseits und anderen Leistungsfeldern in einer Organisation bzw. einem Unternehmen herzustellen – zum Beispiel auf der Grundlage des Balanced-Scorecard-Verfahrens (Kaplan & Norton, 1997) oder dessen Weiterentwicklung, der Strategy Map (Kaplan & Norton, 2004).

Kennzahlen nach Balanced Scorecard

Die Balanced Scorecard (BSC) wurde als integrativer Ansatz zur operativen Umsetzung der Strategie und insbesondere von strategischen Entwicklungsprojekten in Kapitel 2 eingeführt. Die BSC kann somit auch als ein Verfahren und Instrument im

Bereich des Bildungscontrollings angesiedelt werden. Im Vordergrund steht der Entwicklungsaspekt des mehrdimensionalen Ansatzes. Somit enthält die BSC eine Perspektive der Potenzialentwicklung in der eigenen Bildungsorganisation: Lernen und Entwicklung. Maßnahmen zur Entwicklung auf den unterschiedlichen Ebenen – Organisations-, Unterrichtsentwicklung, Entwicklung von Learning Professionals – können damit in einen Gesamtzusammenhang relevanter Perspektiven gebracht werden.

6.3.2.3 Entwicklungsorientierter Ansatz: Bestehendes beurteilen und weiterentwickeln

Um Bestehendes beurteilen und auch weiterentwickeln zu können, bedarf es grundsätzlich eines zyklusorientierten Ansatzes, welcher nicht nur im Erheben und Feststellen des Status quo verharrt, sondern eine Entwicklung und damit Veränderungen induziert. Daher ist es maßgeblich, das zugrundeliegende Grundverständnis zu überprüfen. Paradigmatisch ist zwischen dem Entwicklungs- und dem Kontrollansatz zu unterscheiden:

Tab. 75

Entwicklungs- vs. Kontrollparadigma

		Entwicklungsparadigma	Kontrollparadigma
Verständnis von Qualität		▸ Veränderliches Konstrukt ▸ Veränderliche Normen ▸ Veränderliche Anspruchsgruppen ▸ Veränderliche Prozesse	▸ Einmalig ▸ Statisch ▸ Messbares Konstrukt
Bezugsrahmen		▸ Konzepte der Bildungsqualität und -entwicklung ▸ Balanced-Scorecard-Modelle: Einbindung der Potenzialorientierung	▸ Qualitätssicherung ▸ Rein auf Kontrolle ausgerichtetes Bildungscontrolling
Zielbezüge und Funktion		▸ Gestaltungsfunktion ▸ Zukunftsorientiert ▸ Längerfristig	▸ Legitimations-/Kontrollfunktion ▸ Vergangenheitsorientiert ▸ Eher kurzfristig
Evaluationsverfahren		▸ Formative Verfahren	▸ Summative Verfahren

Paradigmen im Vergleich

Die skizzierten Paradigmen erfordern einen unterschiedlichen Bezugsrahmen. Ein Kontrollparadigma bezieht sich oftmals auf Konzepte des Bildungscontrollings. Bildungscontrolling umfasst die Erfassung und Überprüfung von Bildungsaktivitäten. Die Erfassung resultiert zumeist in Kennzahlen. Die Überprüfung geht einen Schritt weiter und beinhaltet eine kriterienorientierte Beurteilung einzelner Bereiche des Bildungsmanagements. Im Gegensatz zum Bildungscontrolling sind Konzepte der Bildungsqualität bzw. der Qualitätsentwicklung umfassender angelegt. Sie beinhalten Fragen der Bestimmung, Begründung, Umsetzung und Überprüfung von Quali-

6.3 Entwicklungsmodi – Optimierung und Erneuerung
Kontinuierliche Verbesserung der Qualität

tätszielen und verbinden in einem solchen systemischen Rahmen normative und technologische Fragen (Euler & Seufert, 2005b).

Formative vs. summative Evaluation

In diesem Zusammenhang erscheint die von der Evaluationsforschung getroffene Unterscheidung zwischen formativer und summativer Evaluation relevant. Tendieren summative Qualitätsevaluationen eher dahin, vergangenheitsorientiert und aufgrund quantitativ erhobener Daten einen bestimmten Stand zu erheben, betonen formative Verfahren eher die dynamische Komponente einer Qualitätsentwicklung und versuchen so Lern- und Verbesserungsprozesse auszulösen. Das Entwicklungsparadigma geht entsprechend davon aus, dass kontinuierlich Anpassungen vorzunehmen sind und somit auch keine längerfristigen, überdauernden Qualitäten existieren können. Umso wichtiger wird die formative Evaluation, die entwicklungsbegleitend und kontinuierlich Daten für die Optimierung des Bildungsangebotes liefert.

Generieren von Normen bzw. Zielen als Voraussetzung für Entwicklung

Das Bildungscontrolling beschäftigt sich mit der Erfassung und Überprüfung von Bildungsaktivitäten. Als Grundlage dienen (Qualitäts-)Kriterien, deren Aufnahme bzw. Entwicklung häufig nicht reflektiert und legitimiert wird. Insofern liegt eine Gefahr darin, dass in technokratisch verkürzter Weise Zahlen dokumentiert werden, die 1) keine Hinweise auf die Weiterentwicklung von Bildungsqualität liefern und 2) nicht an das Handeln der Bildungsgestalter anschlussfähig sind. Andererseits sind die Anliegen des Bildungscontrollings bedeutsam, insbesondere die engere Anbindung der Bildungsaktivitäten an die strategische Unternehmensentwicklung. Eine Verzahnung mit dem Bildungsmanagement liegt insbesondere dann auf der Hand, wenn im Rahmen der strategischen Unternehmensführung auch die Mitarbeiterentwicklung einbezogen ist. Ein Kerndefizit des Bildungscontrollings besteht zumeist in der Integration einer rationalen Diskussion der Zielfrage. An diesem Punkt setzen Systeme zur Entwicklung von Bildungsqualität ein. Sie zielen auf die Generierung von Normen bzw. Zielen ab, denen Bildungsinstitutionen, Bildungsprogramme oder Bildungsmedien genügen sollen, wenn sie als »qualitativ hochwertig« beurteilt werden. Normen werden in einem Qualitätssystem schrittweise strukturiert und präzisiert. Dabei werden einzelne Qualitätsfelder abgegrenzt, darauf bezogen Qualitätskriterien definiert und diese über Qualitätsindikatoren und -standards operationalisiert. Normen sind das Ergebnis einer Setzung, die in zwei Richtungen hinterfragt werden kann: 1) Wie werden sie begründet? 2) Wer akzeptiert sie als gültig und handlungsleitend? Entsprechend gibt es Qualitätssysteme mit starken/schwachen Begründungen sowie hoher/geringer Akzeptanz. Viele der in der Praxis verbreiteten Systeme sind nur schwach begründet.

Systemischer Ansatz: Anbindung an die Bildungspraxis

Kernaussage
Die Ansätze des Bildungscontrollings bleiben unzulänglich, solange sie eine reine Kontrollfunktion einnehmen und Zieldimensionen fehlen. Folglich können sie zur Weiterentwicklung der Bildungspraxis nur einen begrenzten Beitrag leisten. Bildungsgestalter können letztlich nicht »zum Erfolg kontrolliert werden«, was insbesondere an der Komplexität von Bildungsdienstleistungen und den nur schwer eindeutig definierbaren Ursache-Wirkungszusammenhängen liegt. Solange die Zahlen des Bildungscontrollings für sie unzugänglich sind, stellen sie aus ihrer Sicht ledig-

lich ein weiteres Beispiel für exakte Irrelevanz dar und bleiben zweifelhafte Antworten auf ungeklärte Fragen. Das Bildungscontrolling bedarf vielmehr der Einbindung in einen Zieldiskurs sowie in ein umfassendes System der Qualitätsentwicklung. Hier setzen die Konzepte zur Entwicklung von Bildungsqualität an (Euler & Seufert, 2005b).

6.3.3 Phasenmodell: Kontinuierliche Verbesserung gestalten

6.3.3.1 Überblick

Um Bildungsqualität kontinuierlich zu verbessern, ist ein Entwicklungszyklus zu gestalten, der die Planung, Erhebung von Daten bis hin zum Ableiten von Maßnahmen beinhaltet. In der Praxis überwiegt häufig der zweite Schritt. Viele Daten werden regelmäßig erhoben, aber es fehlen häufig – wie zuvor bei Ansätzen des Bildungscontrollings skizziert – die Zielbezüge sowie das konsequente Ableiten von Maßnahmen zur Verbesserung.

Bildungsqualität verbessern

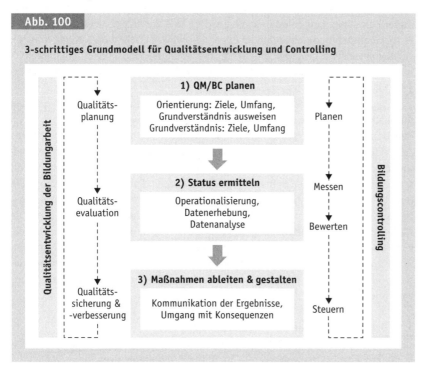

Abb. 100

3-schrittiges Grundmodell für Qualitätsentwicklung und Controlling

Auf diese drei Schritte »Planen, Ermitteln und Maßnahmen ableiten« wird in den nachfolgenden Abschnitten näher eingegangen.

6.3 Entwicklungsmodi – Optimierung und Erneuerung
Kontinuierliche Verbesserung der Qualität

6.3.3.2 Planung
Die Planungsphase besteht aus den Teilschritten: 1) Orientierung, 2) Qualitätsverständnis ausweisen und/oder 3) Ausrichtung der Kennzahlenarchitektur definieren.

1) Orientierung
In der Planungsphase geht es zunächst um eine grundsätzliche Orientierung, wesentliche Eckpunkte, allgemeine Rahmenbedingungen und Grundlagen zu klären. Dazu gehören die folgenden Aspekte:
1.1. Ziele einer Qualitätsentwicklungs- oder Bildungscontrolling-Initiative klären;
1.2. Gegenstandsbereich klären;
1.3. Verbindungen zu bereits etablierten Konzepten und bisherigen Erfahrungen herstellen;
1.4. Umfang und Geschwindigkeit der Umsetzung klären.

1.1) Orientierung: Ziele klären

Orientierung, was sind die übergreifenden Ziele?

Maßnahmen zur Qualitätsentwicklung und die Umsetzung von Bildungscontrolling sind kein Selbstzweck, vielmehr sind sie Mittel zur Erreichung übergeordneter Ziele. Dieser Zusammenhang sollte bewusst gehalten und deutlich kommuniziert werden. Es ist zu erwarten, dass die Durchführung der teilweise sehr aufwändigen Arbeiten mit davon abhängt, inwieweit die Akteure die verfolgten Ziele kennen und unterstützen. Dabei ist insbesondere darzustellen, welche Ziele den Bezugspunkt für die Initiative bilden.

Sowohl im schulischen als auch im betrieblichen Bereich sind die Zielsetzungen für Qualitäts- oder Controllinginitiativen häufig nicht transparent, sondern in einem Nebelschleier angedeuteter Absichten und Interessen nur unscharf zu erkennen. Aus der Perspektive der von solchen Initiativen Betroffenen, insbesondere von Lehrpersonen oder Trainern, zeigt sich dies häufig in einer paradoxen Rhetorik mit widersprüchlichen und daher keineswegs motivierenden »Entwicklungsbefehlen«: Die Beteiligten sollen ihre Ziele selbst bestimmen und sich gleichzeitig an den vorgegebenen Kriterien von eingesetzten Inspektoren messen lassen; sie sollen Lernende fördern, sollen aber gleichzeitig darauf achten, dass Leistungsnachweise (Noten) klare Selektionsentscheidungen ermöglichen; sie sollen offen und ehrlich sein, aber Kritik an den hierarchisch übergeordneten Instanzen resultiert in Kränkungen oder gar in Sanktionen. Eine solche paradoxe Rhetorik irritiert und macht potenzielle Entwicklungsinstrumente stumpf.

1.2) Orientierung: Gegenstandsbereich klären

Orientierung: Was soll evaluiert werden?

In einem weiteren Teilschritt ist zu klären, welche(r) Gegenstandsbereich(e) im Mittelpunkt stehen sollen (vgl. hierzu Abschnitt 6.3.1.3 mit der Grundfrage: Was ist der Gegenstandsbereich der Bildungsqualität?). Soll die gesamte Schule im Sinne einer Schulentwicklung im Vordergrund stehen? Geht es um die Qualitätsentwicklung bzw. um ein Controlling von aufwändigen Bildungsprogrammen für Führungskräfte oder kurzen Trainingseinheiten für Sachbearbeitende? Oder geht es eher um das Herstellen von Transparenz bezüglich Kosten der Entwicklung von Bildungsmedien oder hinsichtlich des Nutzens von Trainings für technische Spezialisten?

1.3) Orientierung: Anbindungen an bestehende Konzepte und Erfahrungen nutzen

In vielen Betrieben und Bildungsinstitutionen müssen Initiativen zur Qualitätsentwicklung oder zur Einführung von Bildungscontrolling nicht bei Null beginnen. Dies gilt in zweierlei Hinsicht:

Orientierung: Was liegt schon vor?

- Zum einen werden häufig bereits Daten gesammelt, die für den Aufbau einer systematischen Qualitätsentwicklung bzw. eines systematischen Bildungscontrollings nutzbar gemacht werden können.
- Zum anderen sind in der Praxis oft schon Konzepte und Verfahren für Entwicklung, Sicherung oder Kontrolle von Qualität im Einsatz. Sie stammen teilweise aus dem betriebswirtschaftlichen Kontext und sind für pädagogische Kontexte adaptiert, wie beispielsweie ISO oder EFQM. Teilweise wurden sie auch originär für pädagogische Anwendungen entwickelt, wie das Beispiel Q2E zeigt (Gonon, Hügli, Landwehr, Ricka & Steiner, 1999). Sie bieten zum einen Hinweise für die Umsetzung eines Qualitätsentwicklungsprozesses an, zum anderen werden Qualitätsziele bzw. -kriterien vorgeschlagen, die zwar zumeist von den Anwendern auf die jeweiligen Bedingungen und Präferenzen in der eigenen Institution angepasst werden können, als solche jedoch bereits konkrete Zielperspektiven zum Ausdruck bringen. Analoges gilt auch für den Bereich Bildungscontrolling. Auch hier sind in der Praxis bereits verschiedene Ansätze erprobt und Kennzahlensammlungen entwickelt, an die man anschließen bzw. von denen man sich bei der Umsetzung eigener Projekte inspirieren lassen kann, wie z. B. ein Kennzahlensystem nach Input-, Prozess- und Outputkriterien (Schöni, 2009) oder Kennzahlen nach Kirkpatrick's 4-Ebenen-Modell (Kirkpatrick, 1994).

1.4) Orientierung: Umfang und Geschwindigkeit der Umsetzung klären

Maßnahmen zur Qualitätsentwicklung und zum Bildungscontrolling müssen in der Regel mit begrenzten personellen und materiellen Ressourcen umgesetzt werden. Daraus folgt, dass die Ansprüche mit den verfügbaren Ressourcen in Einklang gebracht und Prioritäten gesetzt werden müssen. Welche Ziele sind zentral, welche optional oder marginal? Welche Gegenstandsbereiche oder Bildungsmaßnahmen werden zuerst bearbeitet, welche erst zu einem späteren Zeitpunkt?

Orientierung: In welchen Rhythmen und Umfang?

Beispielsweise hat sich im Hochschulbereich eine »Evaluationitis« entwickelt. Alle Kurse auf der Mikro-Ebene werden anhand umfassender Fragebögen regelmäßig evaluiert. Dies führt zum einen dazu, dass Studierende mehr und mehr widerwillig die zahlreichen Fragebögen beantworten. Zum anderen führen diese Evaluationen nur begrenzt zu größeren Veränderungen in der Lehre. Die Energien werden mehrheitlich in die zweite Phase, Durchführung der Evaluation und Erhebung der Daten, gesteckt, sodass die Ressourcen für die anderen beiden Phasen der Planung und damit auch auf die Bestimmung von Qualitätszielen sowie das Ableitung von Maßnahmen zur Qualitätsentwicklung eher zu kurz kommen. Daher ist in der Planungsphase zu klären, in welchem zeitlichen Rhythmus und in welchem Umfang Evaluationen erfolgen sollen, z. B. in 2-jährigem Zyklus anstatt nach jedem Kursdurchlauf.

2) Qualitätsverständnis ausweisen

Qualitätsverständnis ausweisen

Das Qualitätsverständnis in einer Bildungsorganisation erhält maßgebliche normative Orientierung durch existierende Leitbilder, Leitlinien und Programmatiken für guten Unterricht. Für diesen zweiten Planungsschritt ist es erforderlich:
2.1) Qualitätsbereiche zu bestimmen und zu begründen;
2.2) Qualitätsziele zu bestimmen und zu begründen.

2.1) Qualitätsverständnis ausweisen: Qualitätsbereiche bestimmen und begründen

Auf der Grundlage eines ausformulierten Qualitätsverständnisses können verschiedene Gegenstandsbereiche daraufhin überprüft werden, ob sie als qualitativ hochwertig einzuschätzen sind. Häufig wird in Qualitätssystemen eine an Prozessen orientierte Perspektive eingenommen und die Qualitätskriterien werden dem Input in das System, den Prozessen oder dem Output bzw. den Outcomes zugeordnet. Als Inputs werden diejenigen Ressourcen bezeichnet, die im späteren Lernprozess wirksam werden, wie z. B. Qualifikation der Lehrenden. Prozesse bestimmen, wie gut die Inputs in Ergebnisse transformiert werden. Outputgrößen bezeichnen die Leistungsergebnisse der Lern-/Bildungsprozesse, z. B. Lernerfolg, Outcomegrößen die Wirkungen der Lern-/Bildungsprozesse, beispielsweise der Transfererfolg in der Weiterbildung oder die Integration in den Arbeitsmarkt an einer Hochschule.

Beispiel Schule: Orientierungsrahmen für Schulqualität

Beispiel: Schule

▶▶▶ Für Schulqualität existieren zahlreiche Orientierungsrahmen, wie etwa der nachfolgend dargestellte. Die Qualitätsbereiche sind hierbei grob in Voraussetzungen (Input), Prozesse sowie Ergebnisse und Wirkungen (Output und Outcome) und in weitere Unterkategorien eingeteilt. Das Beispiel entstammt den Arbeiten der Sächsischen Qualitätsagentur und bezieht sich auf den schulischen Kontext. Ausgangspunkt ist die Festlegung von relevanten Qualitätsbereichen, in diesem Fall von 6 Ober- und insgesamt 18 Unterbereichen. Die Qualitätsbereiche beziehen sich sowohl auf Inputqualitäten (Schulkultur, Entwicklung der Professionalität, Management & Führung), Prozessqualitäten (Lehren und Lernen), auf Outputqualitäten (Ergebnisse) sowie auf Kontextqualitäten (Kooperation). Einen ähnlichen Referenzrahmen liefert das Q2E Qualitätsmodell, das in Input-, Prozessqualitäten Schule, Prozessqualitäten Unterricht sowie in Output-/Outcomequalitäten unterscheidet. In den oben beschriebenen Qualitätsbereichen werden Qualitätsziele anhand von Indikatoren präzisiert und entsprechend Daten zur Evaluation erhoben:

Abb. 101

Beispiel für einen Orientierungsrahmen Schulqualität

Schulkultur	Management & Führung	Kooperation	Entwicklung der Professionalität	Lehren & Lernen	Ergebnisse
Werte & Normen der Schule (Schulethos)	Verwaltungs- & Ressourcenmanagement	Schüler- & Elternpartizipation	Systematische Zusammenarbeit der Lehrerschaft	Lehr- & Lernorganisation	Erfüllung des Bildungs- & Erziehungsauftrags
Schulklima	Führung	Nationale & internationale Kooperation	Lebenslanges Lernen der Lehrerschaft	Lehr- & Lernprozesse	Schulerfolg
Anerkennung von Vielfalt	Qualitätssicherung/ -entwicklung				Schulzufriedenheit
	Personalentwicklung				Gemeinsame Identität der Schule
	Personalauswahl				

Quelle: Sächsisches Bildungsinstitut, 2010, S. 15

2.2) Qualitätsverständnis ausweisen: Qualitätsziele bestimmen und begründen

In operativer Hinsicht manifestiert sich ein bestimmtes Qualitätsverständnis in Form von Qualitätszielen, die entweder gesetzt werden, i. d. R. von Definitionsmächtigen, oder dialogisch entwickelt werden, wie z. B. von einer repräsentativen Gruppe. Vor diesem Hintergrund vollzieht sich die Bestimmung von Qualitätszielen idealerweise in zwei Schritten:

▶ durch Setzung oder Vereinbarung werden ausgewählte Ziele festgelegt,
▶ die Auswahl dieser Ziele wird möglichst differenziert und überzeugend begründet.

Qualitätsziele bestimmen und begründen

Qualitätsziele können über unterschiedliche Quellen begründet werden. Als mögliche Quellen können beispielsweise rechtliche Vorgaben, betriebliche Vorgaben, wie Leitbilder für die Unternehmung oder einzelne Funktionsbereiche, oder wissenschaftliche Erkenntnisse (vgl. Abschnitt 6.3.1.2 zur Begründungsbasis von Qualitätszielen) herangezogen werden. Wissenschaftliche Befunde können die Bestimmung von Qualitätszielen anleiten, jedoch nicht anweisen. Von Bedeutung sind insbesondere drei Stränge der Forschung, nämlich Aussagen zu:

▶ Merkmalen von effektiven Bildungsinstitutionen,

6.3 Entwicklungsmodi – Optimierung und Erneuerung
Kontinuierliche Verbesserung der Qualität

- Merkmalen von effektiven Lern- und Ausbildungsprozessen und
- förderlichen Faktoren für Kompetenzentwicklung an Arbeits- bzw. Ausbildungsplätzen.

Bei der Bestimmung der Qualitätsziele ist nicht nur darauf zu achten, dass sie für die Betroffenen akzeptabel bzw. gültig sind. Eine weitere Anforderung an sinnvolle Qualitätsziele besteht darin, dass sie mit vertretbarem Aufwand in der operativen Umsetzung zu erreichen sind. So wird es beispielsweise für eine Schule nur selten möglich sein, den Transfererfolg des Unterrichts zu überprüfen. Ähnlich verhält es sich im Hinblick auf die Messung des Geschäftserfolgs als Auswirkung einer betrieblichen Bildungsmaßnahme (vgl. Abschnitt 6.3.1.6 zur Problematik von Wirkungsketten).

3) Ausrichtung der Kennzahlenarchitektur definieren

Kennzahlenarchitektur entwickeln

Analog zur Bestimmung und Präzisierung von Qualitätszielen müssen auch bei der Entwicklung und Umsetzung von Bildungscontrolling Kennzahlen und Zielwerte definiert werden. Eine zentrale Frage ist daher, aus welcher Perspektive eine Kennzahlenarchitektur (d. h. eine kohärente und zielorientierte Sammlung von Kennzahlen) entwickelt werden soll. Schließlich ist nicht die Kennzahlensammlung selbst das Ziel, sondern das Herstellen von Transparenz und die Steuerung von Bildungsaktivitäten.

In Abschnitt 6.3.2.2 wurden die unterschiedlichen Ausgangspunkte für die Entwicklung einer Kennzahlenarchitektur vorgestellt. Dabei schließen sie sich gegenseitig nicht aus. Vielmehr kann es – je nach Zielsetzung – durchaus sinnvoll sein, eine Kennzahlenarchitektur über die Kombination von verschiedenen Ansätzen zu entwickeln. Wichtig ist allerdings im Auge zu behalten, dass die Anzahl der Kennzahlen selbst überschaubar bleibt. Dies gilt analog auch für die Anzahl der Qualitätskriterien. Die Anzahl von Kennzahlen, die Akteure im Blick behalten und die damit Steuerungswirkung entfalten können, ist sehr begrenzt. Die jeweiligen Kennzahlen sind zu präzisieren und insbesondere Formeln zur Berechnung zu entwickeln bzw. transparent auszuweisen. Dieser Schritt gehört zu der nächsten Phase im Vorgangsmodell.

Beispiel: Betriebliche Weiterbildung

Beispiel **Kennzahlensystem in der betrieblichen Weiterbildung**
▶▶▶ Ein Kennzahlensystem kann ebenfalls nach der Systematik Input, Prozess und Output aufgebaut sein, wie die nachfolgende Abbildung 102 aufzeigt (in Anlehnung an Schöni, 2009, S. 62). Input-Kennzahlen beziehen sich auf Ressourcen und Zielvorgaben, Prozess-Kennzahlen auf die Effektivität und Qualität der Bildungsarbeit. Output-Kennzahlen können sich auf Ergebnisse wie Zufriedenheits-, Lern- oder Transfererfolg ausrichten.

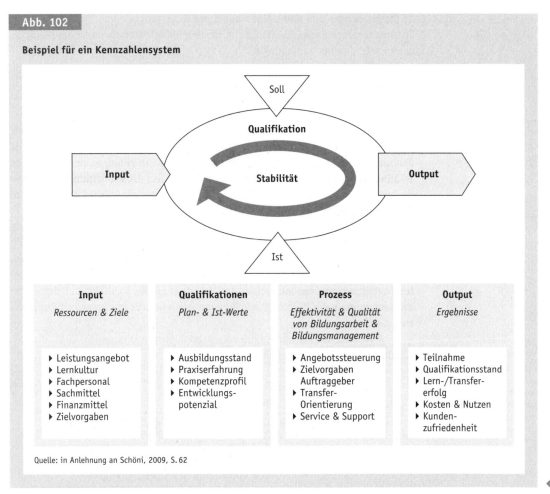

Abb. 102

Beispiel für ein Kennzahlensystem

Quelle: in Anlehnung an Schöni, 2009, S. 62

6.3.3.3 Ermittlung des aktuellen Stands

In der zweiten Phase der Umsetzung einer Initiative zu Qualitätsmanagement oder zu Bildungscontrolling geht es darum, den aktuellen Stand in Bezug auf die entwickelten Qualitätsziele und Kennzahlen zu bestimmen. Dies umfasst folgende Teilschritte:

1. Qualitätsziele und Kennzahlen operationalisieren;
2. Grad der Zielerreichung bestimmen.

In der praktischen Umsetzung erweist es sich als wichtig, den Blick für das Machbare zu bewahren. Qualitätsziele und Kennzahlen können zwar theoretisch sinnvoll sein, sich aber aufgrund des mit Operationalisierung, Datenerhebung und Messung verbundenen hohen Arbeitsaufwands in der praktischen Umsetzung als unbrauchbar erweisen.

Ermittlung Ist-Stand: Wie Qualitätsziele operationalisieren?

6.3 Entwicklungsmodi – Optimierung und Erneuerung
Kontinuierliche Verbesserung der Qualität

1) Qualitätsziele und Kennzahlen operationalisieren
Zu unterscheiden ist bei diesem Schritt, inwieweit Qualitätsziele und/oder Kennzahlen operationalisiert werden sollen:
1.1) Qualitätsziele mit Indikatoren und Standards operationalisieren;
1.2) Kennzahlen mit Berechnungsvorschriften und Zielwerten operationalisieren.

1.1) Qualitätsziele operationalisieren (Indikatoren und Standards)

Indikatoren und Standards

Um den erreichten Stand in Bezug auf die definierten Qualitätsbereiche und Qualitätsziele. bestimmen und bewerten zu können, müssen die Qualitätsziele zunächst handhabbar gemacht werden. Dies erfolgt durch die Formulierung von Indikatoren und Standards. Indikatoren zeigen an, ob ein Qualitätsmerkmal realisiert wird. Standards dienen dazu, den Grad bzw. die Güte der Zielerreichung näher zu bestimmen. Zwei Beispiele sollen den Zusammenhang illustrieren.

Beispiele Schulkontext
▶▶▶ Das Beispiel veranschaulicht die Schritte von der Skizzierung eines umfassenden Systems mit unterschiedlichen Qualitätsbereichen über die Wahl von Indikatoren bis zur Festlegung von Standards. Einer der 18 Unterbereiche ist der Bereich der »Lehr- und Lernprozesse« (s. nachfolgende Tabelle 76), für den die folgenden vier Qualitätsziele bestimmt werden:

Tab. 76

Beispiel Schule: Qualitätsziele, Indikatoren und Standards

Qualitätsziele für den Qualitätsbereich »Lehr- und Lernprozesse«

Bereich	Qualitätsziele
Lehr- und Lernprozesse	Aufrechterhalten von Aufmerksamkeit
	Förderung von Verstehen
	Förderung von Anwendungsbezug
	Förderung von intrinsischer Motivation

Am Beispiel des Qualitätsziels »Förderung von intrinsischer Motivation« soll jetzt veranschaulicht werden, über welche Indikatoren und Standards die Ziele präzisiert werden können. Für dieses Ziel werden in Anlehnung an und begründet durch einschlägige Motivationstheorien fünf Indikatoren ausgewiesen. Für jeden der Indikatoren wird dann ein Standard formuliert. Im Fall des Indikators »Autonomieunterstützung« wird dieser Standard wie folgt formuliert (siehe Tabelle 77).

Weiterbildung

Beispiel: Betriebliche Weiterbildung

Für den Qualitätsbereich »Weiterbildungsangebote« eines internen Weiterbildungsanbieters wird folgendes Qualitätsziel ausgewiesen: »Die Kurse sollen sich auf fachlich aktuellem Niveau bewegen.«
Dieses Qualitätsziel könnte nun über unterschiedliche Indikatoren einer Überprüfung zugänglich gemacht werden. Beispielsweise ließe sich die Aktualität der ver-

Tab. 77

Indikatoren und Standards für das Qualitätsziel »Förderung der intrinsischen Motivation«

Qualitätsziel: Förderung intrinsischer Motivation	
Indikator	**Standard**
Interesse wecken	Autonomieunterstützung: Das selbstständige Arbeiten der Lernenden wird durch den Unterricht unterstützt. Bsp.: Die Lernenden haben die Möglichkeit, sich neue Lernbereiche selbstständig zu erschließen, sie werden im selbstständigen Planen und Reflektieren ihrer Lernprozesse unterstützt.
Stimulierung	
Stärkung des Selbstkonzepts	
Autonomieunterstützung	
Engagement	

Quelle: Sächsisches Bildungsinstitut, 2010, S. 17

wendeten Fachbücher anhand ihres Erscheinungsjahrs feststellen oder die in dem Kurs vermittelten Inhalte würden durch Experten auf ihre Aktualität hin beurteilt. Diese Indikatoren müssen mit Standards verbunden werden, um eine Bewertung zu ermöglichen. So könnte beispielsweise bezüglich der Aktualität der Fachbücher der Standard »nicht älter als 5 Jahre«, bezüglich der Bewertung der Aktualität der Kursinhalte durch Experten eine Bewertung mit dem Wert »3« als Standard erfüllt oder besser noch auf einer Skala von 1 bis 5 definiert werden.◄◄◄

1.2) Kennzahlen präzisieren (Berechnungsvorschriften & Zielwerte)

Nach einer Entscheidung für die in eine Kennzahlenarchitektur aufzunehmenden Kenngrößen, besteht der nächste Schritt darin, diese Kenngrößen zu operationalisieren, indem Datenquellen definiert, Berechnungsvorschriften festgelegt sowie Zielwerte entwickelt werden.

Ermittlung Ist-Stand: Wie Kennzahlen berechnen?

Bei der Operationalisierung der ausgewählten Kenngrößen geht es zunächst einmal darum, zu Kennzahlen zu gelangen, die 1) sowohl aussagekräftig im Sinne der mit dem Bildungscontrolling verfolgten Ziele sind, und 2) mit vertretbarem Aufwand und mit ausreichender Zuverlässigkeit messbar sind. Ferner gilt es eine einheitliche und konsistente Berechnung dieser Kennzahlen sicher zu stellen. Denn nur dann sind die ermittelten Kennzahlen auch wirklich vergleichbar und aussagekräftig. Das klingt banal, kann aber seine Tücken haben. Beispielsweise, wenn es um die Ermittlung der Kosten einer Bildungsmaßnahme geht. Ein großer Kostenfaktor, der je nach Zielgruppe bis zu 50 % der Gesamtkosten ausmachen kann, sind die Opportunitätskosten, die durch bezahlte Abwesenheit der Teilnehmenden entstehen. Hier muss zunächst einmal eine einheitliche Regelung getroffen werden, ob diese Kosten in die Berechnung der Gesamtkosten einfließen sollen oder nicht. Verkompliziert wird diese Frage nun dadurch, dass unterschiedliche Zielgruppen diese Opportunitätskosten in unterschiedlichem Umfang kompensieren können und dies unter Umständen auch tun. Mitarbeitende in Produktionsbereichen mit fixen Arbeitszeiten und vorge-

6.3 Entwicklungsmodi – Optimierung und Erneuerung
Kontinuierliche Verbesserung der Qualität

gebenem Maschinentakt können Abwesenheitszeiten kaum kompensieren. Mitarbeitende mit flexiblen Arbeitszeiten können dies schon eher und von Führungskräften wird schließlich häufig erwartet, dass die vereinbarten Ziele erreicht werden – unabhängig davon, wie viel Zeit für Bildungsmaßnahmen aufgewendet wird.

Definition, Berechnungsvorschriften und Zielwerte für eine Kennzahl werden sinnvoll in einem *Kennzahlenblatt* dokumentiert, sodass ein eindeutiger Bezugspunkt für die operative Umsetzung besteht.

Tab. 78

Beispiel für ein Kennzahlenblatt

Nr./Bezeichnung/Kürzel	021/Erfolgsquote/EQ
Beschreibung	Anteil der Zielgruppe, die ein Bildungsangebot erfolgreich abgeschlossen hat / zertifiziert wurde
Zur Berechnung benötigte Daten/Hilfsgrößen	1) Anteil der gebuchten Teilnehmenden (001; TN-Zahl); 2) Anzahl Teilnehmende, die ein Bildungsangebot erfolgreich abgeschlossen hat (020; Summe-TN-erfolgreich)
Berechnungsvorschrift	(Nr. 02 × 100) / Nr. 001 bzw. (Su-TN-erf × 100) / TN-Zahl
Einheit/Skala	% / 0–100
Zielgröße(n) und Grenzwerte	Compliance-relevante Schulungen: rot: <100%; grün: 100% Kurse Führungskräfte-Nachwuchsentwicklung: rot: <70%; gelb: ≥70% & <80%; grün: ≥80% Andere Trainingsangebote: rot: <50%; gelb: ≥50% & <70%; grün: ≥70%

2) Grad der Zielerreichung evaluieren

In einem zweiten Teilschritt stehen Datenerhebung und Datenauswertung im Vordergrund. Folgende Aufgaben sind zu erledigen:

2.1. Evaluations- und Auswertungsverfahren bestimmen;
2.2. Instrumente zur Datenerhebung entwickeln bzw. anpassen;
2.3. Daten erheben.

Ermittlung Ist-Stand: Evaluation

Dabei müssen unterschiedliche Wege zu den für die Analyse erforderlichen Daten berücksichtig werden. Zum einen ist zu prüfen, inwiefern bereits verfügbare Datensammlungen genutzt werden können, z. B. Prozessdaten zu Anmeldungen oder Teilnehmerzertifizierungen. Zum anderen ist zu prüfen, inwiefern weitere Daten mit Erhebungsinstrumenten erhoben werden müssen, z. B. Fragebögen für Teilnehmende oder deren Vorgesetzte.

2.1) Grad der Zielerreichung evaluieren: Evaluationsverfahren bestimmen

Sowohl in Bezug auf Qualitätskriterien als auch in Bezug auf Kennzahlen muss der aktuelle Stand und der Zielerreichungsgrad ermittelt werden. Bei Qualitätskriterien ist diesbezüglich zu entscheiden, ob dabei der Weg einer Selbst- oder einer Fremdevaluation sinnvoller ist. Darüber hinaus ist zu klären, ob Daten in anonymer oder in personalisierter Form erhoben werden sollen. Bei Controlling-Kennzahlen ist ebenfalls zu bestimmen, wer die Berechnung bzw. Auswertung vornehmen soll.

Im Hinblick auf Qualitätskriterien und Evaluationsverfahren ist in der Praxis zumeist eine Kombinationen von Selbst- und Fremdevaluation anzutreffen. Also beispielsweise eine Selbstbewertung durch Vertreter des Programms oder der Maßnahme einerseits und externe Gutachter andererseits. Zwischen diesen beiden Idealtypen lassen sich durch unterschiedliche Gewichtungen vielfältige Realtypen entwickeln (Euler & Seufert, 2005b, S. 10).

Evaluationsverfahren

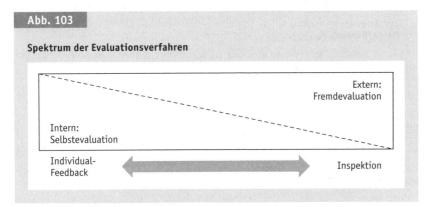

Abb. 103 Spektrum der Evaluationsverfahren

Fremdevaluationen werden von Akteuren durchgeführt, die nicht in den zu bewertenden Handlungs- und Verantwortungsbereich eingebunden sind. Fremdevaluationen führen dabei nicht notwendig zu einer erhöhten Akzeptanz der Ergebnisse. Die Akzeptanz der Ergebnisse hängt unter anderem von folgenden Faktoren ab:
- fachliche Kompetenz und Glaubwürdigkeit der Evaluatoren;
- Beziehung der Fremdevaluatoren zu den Evaluierten;
- Regelungen dazu, wer Einblick in die Evaluationsergebnisse erhält.

Wird eine Evaluation durch Fremdevaluatoren durchgeführt, die über ihre hierarchische Position direkt oder indirekt Einfluss auf die zu Evaluierenden ausüben oder sich in potenziellen Interessenkonflikten befinden, kann dies zudem die Akzeptanz der Ergebnisse beeinträchtigen.

2.2) Grad der Zielerreichung evaluieren: Evaluationsinstrumente entwickeln

Zusätzliche Daten für die Bestimmung des Grads der Zielerreichung im Hinblick auf die verschiedenen Qualitätskriterien und Kennzahlen können anschließend mit verschiedenen Evaluationsinstrumenten erhoben werden. Dazu gehören beispielsweise

Frage- oder Beobachtungsbögen oder auch Interviewleitfäden für Gespräche mit ausgewählten Personen.

Zentral ist in jedem Fall, dass die Evaluationsinstrumente so gestaltet sind, dass sie auch Antworten auf die gestellten Fragen bzw. die relevanten Qualitätsziele und Kennzahlen liefern. Es kommt häufig vor, dass die Qualitätsziele aktualisiert und angepasst, ohne dass zugleich auch die Evaluationsinstrumente angepasst werden. Die Übersetzung von Qualitätszielen in Evaluationsinstrumente ist keineswegs trivial. Auch wenn aus ökonomischen Gründen nicht in jedem Fall die Validität und Reliabilität der Instrumente vor dem Einsatz getestet werden können, so sollte doch gründlich und systematisch vorgegangen werden. Ansonsten läuft man Gefahr, dass die Ergebnisse von den verschiedenen Beteiligtengruppen nicht akzeptiert werden. Eventuell kann dazu auf entsprechend geschulte Fachpersonen, z. B. Organisationspsychologen zurückgegriffen werden. Alternativ wäre zu prüfen, ob bereits verfügbare, extern entwickelte Instrumente verwendet oder angepasst werden sollen.

Beispiel: Evaluationsebenen

▶▶▶ Für die Evaluationsebenen von Kirkpatrick (1994) können abschließend Evaluationsfoki sowie typische Evauationsverfahren und -instrumente aufgezeigt werden:

Tab. 79

Evaluationsebenen, Foki, Evaluationsverfahren und Instrumente

Evaluationsebene	Typischer Fokus	Typische Evaluationsverfahren und -instrumente
(4) Ergebnisse	▶ Auswirkungen auf Leistungsindikatoren von – Einzelpersonen – Teams – Organisationen	▶ Kontrollgruppen ▶ Trendanalysen ▶ Expertenschätzungen
(3) Verhalten	▶ Umfang und Umstände des Einsatzes neuer Kompetenzen im Arbeitsfeld	▶ Beurteilung durch Vorgesetzte/Arbeitskolleginnen/Kollegen ▶ Analyse von Dokumenten/Arbeitsergebnissen
(2) Lernen	▶ Veränderungen bei den Teilnehmenden im Hinblick auf – Wissen – Fertigkeiten – Einstellungen	▶ Schriftliche Tests; z. B. online ▶ Beurteilung durch Trainer
(1) Reaktion	▶ Zufriedenheit der Teilnehmenden mit – Lernumgebung – Lehrperson – Unterlagen – Praxisbezug – Logistik	▶ Fragebogen zur Abfrage persönlicher Einschätzungen der Teilnehmenden

Quelle: in Anlehnung an Kirkpatrick, 1994

2.3) Grad der Zielerreichung evaluieren: Daten erheben

Der letzte Schritt in dieser Phase beinhaltet die Erhebung von erforderlichen und nicht bereits verfügbaren Daten auf der Grundlage der entwickelten bzw. angepassten Instrumente. Hierbei gilt es unter anderem zu klären, wer befragt oder beobachtet werden soll, ob eine einmalige Erhebung ausreicht oder wiederholte Messungen erforderlich sind, z. B. für Vorher-Nachher-Vergleiche.

Daten erheben

6.3.3.4 Ergebnisse, Konsequenzen und Maßnahmen

Neben der Planung und der Erhebung der Daten ist auch der letzte Schritt von zentraler Bedeutung:
1. die Ergebnisse auswerten und kommunizieren;
2. Konsequenzen ableiten;
3. Maßnahmen zur Verbesserung und Qualitätsentwicklung ergreifen.

1) Ergebnisse auswerten und kommunizieren

Die Auswertung der Evaluationsergebnisse dient dazu, Erkenntnisse in Bezug auf den aktuellen Stand von Qualitätszielen und Controlling-Kennzahlen zu generieren. Auch wenn dieser Schritt eng mit dem Folgeschritt »Definition von Konsequenzen und Maßnahmen« verbunden ist, so ist es doch sinnvoll, beide Schritte voneinander getrennt zu betrachten. Ein wichtiger Grund dafür ist, dass Evaluationsbefunde weniger als objektive Daten, sondern vielmehr als Rohstoff für weitergehende Überlegungen zu betrachten sind. Sie bieten die Basis für eine sachbezogene Diskussion und schaffen damit eine Grundlage für Entscheidungen und zukünftige Aktivitäten.

Maßnahmen ableiten: Nicht nur auswerten, auch kommunizieren

Aus dieser Sichtweise folgt, dass die erreichten Ergebnisse bewusst und gezielt kommuniziert werden müssen. Dazu sind die Befunde zunächst adressatengerecht aufzubereiten. Dabei gilt es nicht nur, Vorwürfe oder Schuldzuweisungen im Zusammenhang mit nicht erreichten Zielen zu vermeiden. Unter Umständen sollte man auch zwischen Ehrlichkeit und Offenheit auf der einen sowie Persönlichkeitsschutz und Anonymisierung auf der anderen Seite abwägen. Eine direkte und gegebenenfalls behutsame Ansprache von Personen oder Personengruppen, die mit nicht erreichten Zielen in Zusammenhang gebracht werden, schon vor der Veröffentlichung der Ergebnisse, kann ein Mittel sein, destruktive Diskussionsprozesse zu verhindern.

Hinsichtlich der Verbreitung der Evaluationsergebnisse ist zwischen einer individuellen, einer organisationsinternen und einer organisationsexternen Verwendung von Daten zu unterscheiden. Mit einem mündlichen Individualfeedback zur Zielerreichung ist in der Regel verbunden, dass die Ergebnisse bei den Beteiligten verbleiben. Die Ergebnisse von Befragungen und Bewertungen sind nur dann aussagekräftig und zur Steuerung verwertbar, wenn sie in einer Atmosphäre konstruktiver Offenheit zustande kommen. Daher ist klar, dass mit zunehmender Ausdehnung des Adressatenkreises für Evaluationsergebnisse auch die Schwierigkeiten bei der zeitlich vorgelagerten Datenerhebung steigen. Wenn beispielsweise bekannt ist, dass auch nicht zufriedenstellende Evaluationsergebnisse breit gestreut werden, dann wird dies bei vielen Beteiligten dazu führen, dass statt konstruktiver Offenheit etwa bei Befragungen, das Bemühen um gute Ergebnisse und eine gute Selbstdarstellung dominiert.

Voraussetzungen für Entwicklung: konstruktive Offenheit

2) Konsequenzen ableiten und dokumentieren

Entscheidungen treffen und dokumentieren

In welche Richtung die aus den Evaluationsergebnissen abgeleiteten Konsequenzen gehen, wird stark von der zugrunde gelegten Zielsetzung der Qualitätsentwicklung bzw. von der Zielsetzung für das Bildungscontrolling abhängig sein. Während eine entwicklungsorientierte Ausrichtung die Ergebnisse primär als Grundlage für die Formulierung von sinnvollen Veränderungen aufnimmt, wird eine kontrollorientierte Ausrichtung eher zu Entscheidungen über die zukünftige Vermeidung unerwünschter Ergebnisse führen. Trotz dieser unterschiedlichen Akzente treffen sich die beiden Orientierungen jedoch in dem Punkt, dass zur Beseitigung der diagnostizierten Schwächen nach geeigneten Veränderungsstrategien gesucht wird. An dieser Stelle können sich daher sowohl Qualitätsentwicklung als auch Bildungscontrolling mit Konzepten des Change Managements als übergreifende Management-Aufgabe im Entwicklungsmodus (s. Abschnitt 6.5) verbinden.

Nicht zu vernachlässigen ist auch die *Dokumentation* von Entscheidungen, die aus der Diskussion von Evaluationsergebnissen resultieren. Eine solche Dokumentation stellt einen wesentlichen Ankerpunkt für Anschlussaktivitäten dar und eine wichtige Handlungs- und Beurteilungsgrundlage für zukünftige Evaluationen.

3) Maßnahmen umsetzen

Maßnahmen tatsächlich umsetzen

Mit der Entscheidung für Maßnahmen der Qualitätsentwicklung oder für Maßnahmen zur Steuerung von Bildungsaktivitäten ist zugleich ein Ausgangspunkt für künftige Aktivitäten geschaffen. Je nach den ursprünglich verfolgten Zielen können sich dahinter mehr oder weniger komplexe Projekte verbergen, die im Einzelnen geplant, durchgeführt und kontrolliert werden müssen. Dabei ist darauf zu achten, dass nicht irgendwelche Maßnahmen, im Sinne eines symbolischen Handelns oder des Ergreifens von zufällig sich ergebenden Zweckmäßigkeiten, eingeleitet werden.

Entwicklung ernst nehmen

Vielmehr sollte mit den Maßnahmen ein Rückbezug zu den ursprünglich formulierten strategischen und operativen Zielen hergestellt werden. Ist dies nicht der Fall und spricht sich das in der Organisation herum, dann wird den Qualitätsentwicklungs- und Controllingaktivitäten künftig wenig Bedeutung beigemessen und die Bereitschaft, sich ernsthaft mit Befragungsinstrumenten auseinander zu setzen, wird stark abnehmen.

6.3.4 Fazit: Kontinuierliche Verbesserung gestalten

Eine zentrale Frage im Zusammenhang mit der Entwicklung und Umsetzung von Qualitätsmanagement besteht darin, wer über die Ziele und Bewertungskriterien entscheidet. Ein am Leitbild der Qualitätsentwicklung orientierter Ansatz sieht die Handelnden in einer Mitgestaltungsrolle. Sie können nicht nur die Umsetzung, sondern auch die Zielgrößen mitbestimmen. Das Bemühen um Qualität steht dabei im Kontext von formativen Evaluationen, Feedback-Kulturen und der Suche nach kontinuierlichen Verbesserungen.

Demgegenüber werden mit Bildungscontrolling häufig die Überprüfung von Bestehendem und die Ausübung von Sanktionen verbunden. Neuere Ansätze betonen dagegen die Anforderung an Bildungsorganisationen, sich und ihre Arbeit selbst zu steuern: Bildungscontrolling darf in diesem Sinne nicht auf die Fremdsteuerung durch die Vorgabe von Zielgrößen und Messverfahren verkürzt werden. In dem Maße, in dem Entscheidungskompetenzen auf dezentrale Ebenen verlagert werden, wie es beispielsweise im Rahmen der zunehmenden Autonomie an Schulen der Fall ist, geht es darum, Kennziffern als Instrument sich selbst steuernder Organisationseinheiten zu entwickeln und einzusetzen. (Schöni, 2009, S. 18f.).

Vor diesem Hintergrund sind für die Planung und Entwicklung von Maßnahmen zur Qualitätsentwicklung die Auswirkungen auf die Betroffenen zentral. Auf Kontrolle ausgerichtete Ansätze müssen mit Widerständen rechnen, wenn entweder die Partizipationserwartungen der Handelnden nicht erfüllt werden und/oder die Qualitätsziele nicht akzeptiert werden. Auf Dialog- und Entwicklung ausgerichtete Ansätze dagegen drohen ins Leere zu laufen, wenn die Handelnden die Partizipationserwartungen an sie nicht teilen und keine Verantwortung übernehmen wollen.

Ein entwicklungsorientierter Ansatz wird daher für ein Bildungsmanagement favorisiert mit den zentralen Phasen 1) Planung, 2) Ermittlung des aktuellen Standes sowie 3) Ergebnisse, Konsequenzen und Maßnahmen ableiten. Aus diesen Überlegungen heraus wird bereits deutlich, dass der Umgang mit Veränderungen aus der Perspektive der Individuen, insbesondere der Lernenden und Lehrenden als Hauptakteure, eine zentrale, übergreifende Managementaufgabe darstellt. Euler (2005b) formuliert es treffend: »Auch in der Qualitätsentwicklung sei Veränderung eine Reise, kein Plan!« (S. 7).

6.3.5 Fallbeispiel: Evaluation von Bildungsmaßnahmen bei der DATEV

Die Evaluation von Bildungsmaßnahmen bei der DATEV erstreckt sich vor allem auf die Beurteilung von Seminaren, Workshops und Selbstlernmedien. Nach einer Bildungsmaßnahme findet eine institutionalisierte Befragung der Teilnehmenden statt. Dafür werden kursspezifische Fragebögen verwendet. Enthalten sind unter anderem mehrere Fragen zur Transferorientierung. Neben offenen Fragen gibt es Fragen, deren Beantwortung auf einer sechsstufigen Likert-Skala (von »trifft vollkommen zu« bis »trifft nicht zu«) erfolgt. Der Fragebogen ist als Feedback- und für manche Kurse auch als Transferfragebogen gestaltet. Der Teilnehmer (teilweise auch ihre Führungskraft) erhält den Fragebogen und füllt diesen einige Tage nach Kursende am Arbeitsplatz aus. Werden Transferbögen eingesetzt, werden hier ergänzend noch die Ergebnisse des »Backhomegespräches« mit der Führungskraft festgehalten.

Transferorientierte Evaluation von Bildungsmaßnahmen

6.3 Entwicklungsmodi – Optimierung und Erneuerung
Kontinuierliche Verbesserung der Qualität

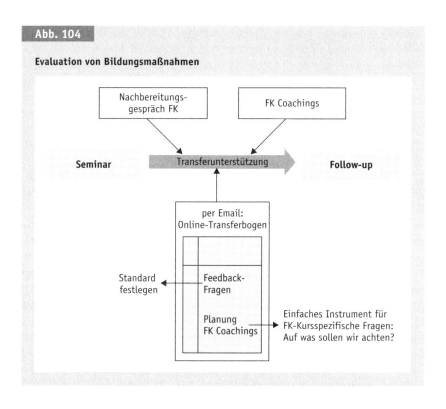

Abb. 104: Evaluation von Bildungsmaßnahmen

Struktur des Fragebogens

Transferorientierte Fragen im Feedbackteil:
- Bewertung des Lerndesigns, inwieweit es zur Förderung des Lerntransfers beiträgt. Fragestellungen können dabei beispielsweise sein »die Inhalte sind auf die Praxis übertragbar«, »die Seminarunterlagen sind für den Praxistransfer gut zu verwenden«, »ich fühle mich für das Training on the Job durch das Seminar gut vorbereitet«.
- Selbsteinschätzung des Lerntransfers (Anwendung), wie beispielsweise: »der Kurs hat für mich praktischen Nutzen«, »Ich kann die Inhalte in meinem Arbeitsalltag anwenden«, »der Kurs ermöglicht mir, meine Arbeitsleistung zu erhöhen« (Kirkpatrick Level 3, vgl. die Ausführungen in Kapitel 4.5.6),
- Selbsteinschätzung des Lernerfolgs bzw. Lernzuwachses, insbesondere durch einen Vorher-Nachher-Vergleich (durch Abfragen von: »Verständnis der Inhalte vor dem Kurs«, »Verständnis nach dem Kurs« (bezieht sich auf Kirkpatrick Level 2).

Fragen im Transferteil zum bevorstehenden Coaching (Quelle: Seminarbaustein aus dem Lernprojekt »Centermitarbeiter vertrieblich fördern und entwickeln«):
- Beim bevorstehenden Coaching wünsche ich mir eine Feedbackunterstützung durch meine Führungskraft. Schwerpunktmäßig soll meine Führungskraft dabei auf folgende Punkte achten, um mich damit bei der Umsetzung meiner persönlichen Entwicklungsziele zu unterstützen: z. B. Gesprächsvorbereitung, aktives Zuhören, SPIN-Fragetechnik etc.

- Aufforderung zur Reflexion: »Zusätzlich soll der Lerntransfer durch folgende Maßnahmen in den nächsten Wochen verstärkt werden.«
- Vereinbarung von Coachingterminen: »Ich vereinbare mit meiner Führungskraft bis zum Follow-up-Seminar insgesamt: zwei Coachingtermine, drei Coachingtermine, vier Coachingtermine, mehr als vier Coachingtermine.«

Die Beantwortung des Fragebogens erfolgt online. Im Center Weiterbildung werden die Ergebnisse kumuliert, ausgewertet und in anonymisierter Form den Referenten zur Verfügung gestellt.

Die DATEV hat eine zeitlang immer die Führungskräfte nach einem Seminar, ca. 2-3 Monate später, befragt, inwieweit sie mit dem Transfererfolg zufrieden sind. Allerdings war dies für die Führungskräfte sehr aufwändig für alle Seminare eine Rückmeldung zu geben. Von den Führungskräften wurde es vielfach als nicht notwendige, zusätzliche Arbeit und als zu formalistisch empfunden. Die Rückmeldung der Führungskräfte war auch häufig, dass sie sich schon bei der Weiterbildung melden würden, falls aus ihrer Sicht Handlungsbedarf bestünde. Für größere Qualifikationsprojekte und Themen mit strategischer Bedeutung ist allerdings geplant, das Feedback der Führungskräfte systematisch zu erheben. Für die Weiterbildungsabteilung steht dabei die Unterstützung des Transferprozesses im Vordergrund.

Unterstützung des Transferprozesses

Lernerfolgstests werden nur in relativ wenigen Fällen durchgeführt, insbesondere bei Zertifizierungen wie bei den Ausbildungskonzepten zum Quality Engineer und zum Kanzlei-Prozess-Spezialisten (Kirkpatrick Level 2). Weitere Transfermessungen werden nur punktuell nach einer gewissen Zeitdauer des Kurses durchgeführt (Kirkpatrick Level 3). Dabei hängt die Durchführung einer Transfermessung von Projektbudget und verfügbaren Ressourcen ab, insbesondere größere Projekte mit zyklischen Bildungsmaßnahmen werden hier evaluiert. Auch die formalisierte Befragung von Führungskräften im Rahmen der Transfersicherung wird nur punktuell durchgeführt. Ein Vertrauensverhältnis wird vorausgesetzt: Wissen weiter zu geben, beispielsweise durch interne Briefings.

Follow-up-Interviews werden punktuell besonders für Bildungsmaßnahmen verwendet, die sehr erfolgreich verlaufen. Befragt werden dann sowohl die Mitarbeitenden wie auch die Vorgesetzten. Die Grundidee hierbei ist, die Investitionen in die Befragung zu investieren, um genauer zu analysieren, warum die Trainings so gut abschneiden, also Aufschlüsse für eine Qualitätsentwicklung anderer Kurse zu erhalten. Die Messung des Business Impact (Kirkpatrick Level 4) oder sogar des Return On Investment (ROI) (Kirkpatrick Level 5) wird ebenfalls nur punktuell für ausgewählte Programme beziehungsweise vielmehr für Projekte durchgeführt, wie beispielsweise für das Learning Management System (Phillips, 1997). Technisch wäre eine derartige Rechnung zwar machbar, aber die Selbsteinschätzung in diesen Bereichen in Bezug auf den Nutzen des Kurses wäre für die Mitarbeitenden viel zu abstrakt und die Daten wären kaum zu gebrauchen.

Maßnahmen und Konsequenzen aus den permanent durchgeführten Kursevaluationen werden zusammen mit den Referenten und beteiligten Fachabteilungen besprochen und abgeleitet. Darüber hinaus werden wichtige Erkenntnisse und Erfahrungen in der Train-the-Trainer-Ausbildung besprochen und geübt.

Konsequenzen ableiten

6.4 Entwicklungsmodi – Optimierung und Erneuerung
Innovationen bewerten und implementieren

Maßnahmen im Bereich der Organisationsentwicklung nehmen an Bedeutung zu. Mit Review-Verfahren beispielsweise, die sich auf reale Projektarbeiten beziehen, kann Lernen in das Funktionsfeld integriert werden und nachhaltig den Arbeitsprozess verändern.

Zwar werden punktuell Befragungen in Form von Selbst- wie auch Fremdeinschätzungen durch die Führungskraft im Nachgang zu einer Seminarveranstaltung durchgeführt, dennoch wird das größere Potenzial in der Unterstützung und Gestaltung des Transferprozesses gesehen, um letztendlich den Transfererfolg zu erhöhen.

Aufgaben zu Kapitel 6.3.5

1. Erläutern Sie anhand des Falles der DATEV, wie sich eine prozess- von einer ergebnisbezogenen Transferevaluation unterscheidet.

2. Welche relevanten Transferfaktoren werden im Fall skizziert?

3. Welche Transferfaktoren können darüber hinaus eine Rolle spielen?

4. Welche weiteren Methoden der Transferevaluation können Sie der DATEV vorschlagen?

5. Was muss die DATEV berücksichtigen, damit eine Qualitätsentwicklung basierend auf den Ergebnissen der Evaluation tatsächlich auch stattfindet? Entwickeln Sie Handlungsempfehlungen!

6.4 Innovationen bewerten und implementieren

6.4.1 Ausgangspunkte: Grundfragen für Innovationsmanagement

6.4.1.1 Was sind Bildungsinnovationen?

Häufig werden die Begriffe Veränderung, Wandel oder Innovation synonym verwendet (Seufert, 2008, S. 78). Wie der Begriff Erneuerung bezeichnet Wandel einen Unterschied im Zustand eines Objekts, was auch eine ideelle Leitidee, ein Paradigma sein kann, im Vergleich zum Ausgangspunkt.

Was ist innovativ im Bildungsbereich?

Im Unterschied zu den Begriffen Veränderung oder Wandel, impliziert der Begriff der **Innovation** den Wunsch, durch eine Veränderung den Status quo zu verbessern und normative Ziele zu erreichen. Innovationen sind qualitativ neuartige Produkte oder Verfahren, die eine Organisation erstmalig in den Markt oder in den Betrieb einführt. Der Begriff umfasst nicht nur technisch definierte, sondern auch soziale und kulturelle Innovationen. »Innovation« bezeichnet dabei sowohl den Prozess der Hervorbringung als auch das Ergebnis des Prozesses (Hauschildt, 1992, S. 1029). Eine Innovation innerhalb einer Bildungsorganisation soll als **Bildungsinnovation** verstanden werden.

Die Frage »Was ist innovativ im Unterricht, in der Weiterbildung oder generell in einer Bildungsorganisation?« ist nicht leicht und eindeutig zu beantworten. Am geeignetsten erscheint die Vorgehensweise, den Begriff Innovation durch eine Vielzahl von interpretationsfähigen Dimensionen zu beschreiben, auch wenn er dadurch nur relativ unscharf identifiziert werden kann. Dennoch werden alle maßgeblichen Aspekte bei der Frage »Was ist innovativ?« umfassend beleuchtet (Hauschildt, 2004, S. 7ff). Nachfolgend werden daher auf zentrale Beschreibungsdimensionen des Begriffes eingegangen.

6.4.1.2 Was ist der Gegenstand von Innovationen (objektive Dimension)?

Die zentrale Fragestellung der inhaltlichen Dimension ist: »Was ist das Objekt der Innovation?« Die in der Innovationsliteratur vorherrschende Typologie unterscheidet die nachfolgenden drei Kategorien (Grochla, 1980, S. 31). Innovationen können sich danach auf unterschiedliche Reichweiten beziehen:

- *Produktinnovationen*: Sie sind auf der Mikro-Ebene der Lehr-Lernprozesse anzusiedeln, wie beispielsweise neue mobile Lernanwendungen oder eBooks. Die Innovation stellt hier eher eine Produktinnovation dar, da der Gestaltungsschwerpunkt sich auf Medien und die entsprechende Medienproduktion für die Erstellung von Lernsoftware bezieht, beispielsweise die multimediale Aufbereitung von Lerninhalten. Aber auch ein neues Curriculum oder Bildungsangebot können als neue Produkte Bildungsinnovationen darstellen.
- *Prozessinnovationen*: Verfahrensinnovationen können sich auf eine einzelne Unterrichtseinheit (Mikro-Ebene) oder aber auf der Meso-Ebene auf die Entwicklung neuer Lehrveranstaltungskonzepte und Programme beziehen. In diesem Kontext entstehen neue didaktische Konzepte und methodische Lernumgebungen, die einen »didaktischen Mehrwert« gegenüber traditionellen Lehr-/Lernarrangements aufweisen. Die dabei entstehenden Innovationen sind typologisch den Prozessinnovationen zuzuordnen.
- *Struktur-/Kulturinnovationen*: Sie bezeichnen Erneuerungen auf der Makro-Ebene für die Gestaltung von Rahmenbedingungen des Lehrens und Lernens in einer Bildungsinstitution. Im Fokus der Gestaltung stehen dabei die Kulturen und Strukturen einer Organisation, wie z. B. die Einführung neuer Lern- und Wissensplattformen als strukturelle Innovation oder die Etablierung von Anreizsystemen für Wissensaustausch und informelles Lernen.

Innovation nach Gegenstandsbereich

Diese Innovationsarten sind i. d. R. auf vielfältige Art und Weise miteinander verknüpft. Eine Produktinnovation kann ihrerseits beispielsweise eine Verfahrensinnovation induzieren, indem ein neues Produkt auch in einem neuen Verfahren hergestellt wird. Die Verfahrensinnovation wiederum bedingt oftmals Strukturerneuerungen, da neue Verfahren regelmäßig auch mit Re- oder Neuorganisationen verknüpft sind. Auch weisen Hauschild und Salomo (2011) darauf hin, dass bei Dienstleistungen Produkt- und Prozessinnovationen grundsätzlich eng miteinander verbunden sind: »Dienstleistungen existieren erst dann, wenn sie in der Praxis des Nutzungskontexts verwirklicht werden« (S. 219). Maßgeblich erscheint es nach den Autoren zu sein, dass die Innovation neue Handlungsoptionen für die

Anwendenden, die Bildungsorganisationen, die Lehrenden und Lernenden, mit sich führt.

Reichweite von Bildungsinnovationen

Folglich kann die Reichweite von Bildungsinnovationen sehr unterschiedlich sein. Capaul (2005) weist in diesem Zusammenhang auf die Bedeutung von Projektstrukturen hin: »Eine komplexe Innovation zerfällt damit in eine Vielzahl kleinerer Projekte und kann damit auch für die Planung und Umsetzung überschaubarer gemacht werden. In Abhängigkeit von der Reichweite einer Innovation lässt sich so auch eine Differenzierung nach Größenordnungen vornehmen. Ausgehend von lokal auf den einzelnen Arbeitsplatz oder Mitarbeiter begrenzten Veränderungen kann eine Pyramide aufgebaut werden, die Teilbereiche der Organisation, die Organisation als Ganzes und schließlich das System fokussiert« (S. 4). Der Zusammenhang zwischen den Prozessen »Innovationen entwickeln« und »Veränderungen begleiten« im Rahmen einer Projektorganisation wird dadurch deutlich.

6.4.1.3 Was bedeutet »neu« (objektive Dimension und Innovationsgrad)?

Eine Innovation nur nach der inhaltlichen Dimension zu bestimmen, ist nicht ausreichend für die Bestimmung des Innovationsbegriffes. Zusätzlich sollte auch bestimmt werden, was das Neue genau bedeutet, um das Ausmaß der Neuigkeit und der Veränderung, die durch die Innovation herbeigeführt wird, zu präzisieren. Damit verbindet sich auch der Wunsch, den graduellen Unterschied gegenüber dem Status-quo-Zustand auf einer Skala mess- und bewertbar zu machen, die von einem sehr niedrigen bis zu einem sehr hohen Innovationsgehalt reichen kann. Dadurch erhält man auch Transparenz, welche Auswirkungen eine Innovation hat und welche Handlungsempfehlungen zur Innovationseinführung gegeben werden können. Dies hat wiederum einen maßgeblichen Einfluss auf den späteren Transfererfolg und somit auf die Nachhaltigkeit von Innovationen.

Innovation nach Innovationsgrad

Innovationen werden in diesem Zusammenhang in radikale und inkrementelle Innovationen unterschieden (hoher bzw. niedriger Innovationsgrad). Einen Ansatz zur Unterscheidung der beiden Typen verkörpert die Typologie der Zweck-Mittel-Beziehung (Pfeiffer, Weiss, Volz & Wettengl 1997, S. 13). Grundlegendes Prinzip ist hierbei, dass eine Innovation durch die neuartige Kombination von Zweck und Mitteln entsteht. Auf der einen Seite stehen die Mittel bzw. das Angebot neuer Problemlösungen durch neue Ideen. Auf der anderen Seite können auch neue Ziele gesteckt werden (Brönner, 2002, S. 71). Werden beide Seiten zur Deckung gebracht, wobei das innovative Element entweder in der Neuartigkeit der Kombination oder in einem wesentlich verbesserten Zweck-Mittel-Verhältnis liegt, so spricht man von einer inkrementellen, marginalen Innovation. Im Gegensatz dazu kennzeichnet eine radikale Innovation die Veränderung auf beiden Seiten: Die Zwecke sind neu gesetzt und zugleich werden neue Mittel zur Erfüllung dieser Zwecke angeboten.

Beispiel **Bestimmung des Innovationsgrades für technologische Lernformen**
▶▶▶ Für technologiegestützte Lernformen (eLearning) kann der Innovationsgrad mit Hilfe von zwei Dimensionen bestimmt werden. Der pädagogische Innovationsgrad steht für die normative Zielsetzung des eLearning-Einsatzes, inwieweit die Innovation eine wünschenswerte Neuerung für die Zielgruppen mit sich bringt. Diese

Dimension ist geprägt durch Methoden und Ziele, die den didaktischen Einsatz von eLearning bestimmen. Der technologische Innovationsgrad kennzeichnet hingegen die Mittel und deren relative Neuartigkeit und Verbreitung der eingesetzten Technologien, um eLearning umzusetzen (Seufert, 2008, S. 192).

Abb. 105

Bestimmung des Innovationsgrades für technologiegestützte Lernformen

		Grad der technologischen Innovation		
		Gering »Traditionelle« Technologien (z.B. PowerPoint, LMS)	**Mittel** »Neue« Technologien (z.B. Virtual Classrooms, Podcasts)	**Hoch** Noch nicht weit verbreitet (z.B. Web 2.0, Wikis, Blogs, Social Media)
Grad der pädagogischen Innovation	**Gering** »Alte« Lernziele »Traditionelle« Methoden (z.B. Darbietung von Lerninhalten)			
	Mittel »Alte« Lernziele »Neue« Methoden (z.B. selbstgesteuertes Lernen)			
	Hoch »Neue« Lernziele »Neue« Methoden (z.B. überfachliche Lernziele, nutzergenerierter Inhalt)			

Quelle: Seufert, 2008, S. 192

6.4.1.4 Für wen ist die Innovation neu (subjektive Dimension)?

Der systematische Umgang mit Innovationen macht es notwendig, eine subjektivistische, auf ein bestimmtes Innovationssystem bzw. auf die Organisation bezogene Interpretation von Neuerungsprozessen heranzuziehen (Hauschildt, 2004). Wichtig ist dabei nicht nur die technische Basis der Änderung, sondern vor allem die Wahrnehmung eines gravierenden Unterschiedes. In zahlreichen Fällen lässt sich nur schwer eindeutig bestimmen, was »objektiv« neu ist, besonders wenn eine Innovation auf bereits Vorhandenem basiert. Hauschildt (2004) formuliert den subjektiven Aspekt einer Innovation treffend: »Nicht der technische Wandel ist maßgeblich, sondern der Wandel des Bewusstseins« (S. 13).

6.4 Entwicklungsmodi – Optimierung und Erneuerung
Innovationen bewerten und implementieren

Innovation als Wahrnehmung eines Unterschieds

Der eindeutigste Fall einer Innovation stellt die erstmalige Erfindung in der Geschichte der Menschheit dar, was jedoch eher ein seltener Grenzfall ist. Eine national-ökonomische Auffassung bezieht Neuartigkeit auf den nationalen Rechtsraum und wird durch die Patentierungspraxis gefördert. In diesem Zusammenhang unterscheiden Hauschildt & Salomo (2011, S. 15 f.) auch zwischen einer Makroperspektive: Neu für den Markt, und einer Mikroperspektive: Neu für das Unternehmen.

Betriebswirtschaftlicher Innovationsbegriff

Weit verbreitet ist der betriebswirtschaftliche Innovationsbegriff, der es der Organisation selbst überlässt, das Prädikat »innovativ« zu vergeben (Kühner, 1990, S. 16). Dementsprechend sollen alle diejenigen Produkte, Methoden und Verfahren sowie neue Kulturen und Strukturen als innovativ eingestuft werden, die innerhalb einer Organisation erstmalig eingeführt bzw. als neu betrachtet werden. »Innovativ wäre danach, was die Führungsinstanzen einer Unternehmung für innovativ halten« (Hauschildt & Salomon, 2011, S. 18). Da Führungskräfte einer Bildungsorganisation aufgrund ihrer Machtstellung und Kompetenz Innovationsprozesse zu initiieren und nötige Ressourcen bereitzustellen, bestimmen sie die Wahrnehmung von und den Umgang mit Bildungsinnovationen.

6.4.1.5 Ist das Neue erfolgreich (normative Dimension)?

Der Begriff Innovation im Sinne von »neu« wird fast ausschließlich positiv besetzt. In der Literatur wird verschiedentlich diskutiert, den Begriff Innovation nur für solche Produkte oder Verfahren zu verwenden, die eine »Verbesserung« gegenüber dem Status quo ermöglichen (Hauschildt, 2004, S. 20). Dies erfordert, dass ein Zielsystem vorliegt, sich die Beteiligten auf ein einheitliches Erfolgsmaß einigen können und dass alle Beurteilenden und Betroffenen zu einem gleichartigen Urteil kommen. Diese Annahmen sind jedoch allesamt äußerst fragwürdig (Hauschildt, 2004, S. 20 ff.). Mit einer Bildungsinnovation können häufig sehr unterschiedliche Zielvorstellungen verbunden sein. Gemäß Hauschildt (2004, S. 19) hat die Zielforschung ergeben, dass in innovativen Situationen die Ziele nur sehr schwer zu bestimmen sind, nicht generalisiert werden können und unterschiedlich gewichtet werden. Dies liegt häufig darin begründet, dass das Neue noch relativ unergründet ist und auf wenig Erfahrungswerte zurückgegriffen werden kann.

Innovation als normativ erwünschte Verbesserung

Die Beurteilung dessen, was eine Verbesserung ist, fällt je nach Interessensstandpunkt des Betrachters höchst unterschiedlich aus. Beispielsweise liegt häufig ein Spannungsfeld zwischen Lernenden und Lehrenden vor, was die Wahrnehmung des Stellenwertes von selbstorganisierten Lernformen anbelangt. Dies erschwert die Konsensfindung darüber, ob eingeführte Innovationen als »Fortschritt« beurteilt werden können (Euler & Seufert, 2005b).

Bei engerer Eingrenzung auf die betriebswirtschaftliche Perspektive ist zu erwägen, ob eine Innovation wenigstens dann schon als solche bezeichnet werden kann, wenn sie auf einem Markt oder im innerbetrieblichen Einsatz erfolgreich ist. Ob eine Innovation ein wirtschaftlicher Erfolg war oder nicht, weiß man jedoch erst im Nachhinein (Hauschildt, 2004, S. 21). Dieses Kriterium kann also nicht für die Abgrenzung eines Innovationsbegriffs maßgeblich sein, der dem Innovationsmanagement als zukunftsbezogenes Handeln zugrunde liegt. Aufgrund mannigfacher Bemessungs- und Bewertungsprobleme kann man nur zum Schluss kommen, dass sich das normative Argument zur Abgrenzung des Innovationsbegriffes nicht eignet. Dies verdeutlicht die zusätzliche Problematik bei der nachhaltigen Implementierung von Bildungsinnovationen und vor allem bei der Bewertung ihrer Nachhaltigkeit. Schließlich stellt es die Bedeutung der Offenlegung und Diskussion eines gemeinsamen Zielsystems und der Entwicklung eines gemeinsamen Verständnisses der Innovation innerhalb einer Bildungsorganisation heraus.

6.4.1.6 Wo beginnt, wo endet die Innovation (prozessuale Dimension)?

Die prozessbezogene Interpretation des Begriffs Innovation betrachtet den Innovationsprozess an sich in einem zeitlichen Ablauf. Diese prozessuale Sichtweise besitzt eine hohe Relevanz, da sie die Implementation von Bildungsinnovationen in den Blick nimmt. In der Praxis ist es unter Umständen schwierig, präzise zu bestimmen, wo eine Innovation beginnt und wo sie endet. Aus dieser prozessualen Perspektive heraus wird deutlich, wie zentral der Aufbau einer Projektorganisation ist, um notwendige Eckpunkte zu determinieren und die Gefahr des ewig andauernden Pilotzustandes zu verhindern.

Nach Ebner (2005) ist »die Innovations(management)forschung im Bildungsbereich nicht hinreichend entwickelt« (S. 10). Seiner Ansicht nach werden die bisher gewonnenen Erfahrungen aus Innovationsprojekten nicht entsprechend genutzt, um die Erkenntnisse zu einer verfüg- und transferierbaren Wissensbasis aufzubauen. »Eine Auseinandersetzung mit konzeptuellen Grundlagen, wie sie mit dem Design-Konzept vorliegen und mit methodologischen und methodischen Fragen der Evaluation wären Schritte zur Minderung dieser Defizite« (Banathy & Jenks, 1993 zit. in Ebner, 2005, S. 10). Aus diesen Überlegungen heraus wird deutlich, dass eine gemeinsame Betrachtung von Qualitätsentwicklung und Evaluation sowie Umgang mit Innovationen erstrebenswert ist. Die wenigen Arbeiten im Bereich der Innovationsforschung fokussieren allerdings vielmehr darauf, Innovationshindernisse zu identifizieren und diese zu erklären. Interessant wäre es hingegen für künftige Forschungen, nicht nur die misslingenden Initiativen zu analysieren, sondern vielmehr auch die erfolgreichen Umsetzungen (Banathy & Jenks, 1993 zit. in Ebner, 2005, S. 10).

Innovation als Prozess

Die Aufgabe des Innovationsmanagements ist es folglich, diese Phasen des Innovationsprozesses unter den gegebenen Rahmenbedingungen zu gestalten. Da die Innovations- und Veränderungsprozesse von sehr vielen Faktoren abhängig sind, wie beispielsweise auch von nicht intendierten Interventionen und Ereignissen, muss davon ausgegangen werden, dass Veränderungsprozesse nur bis zu einem gewissen Grad gestaltbar sind. Dennoch wird die Annahme vorausgesetzt, dass die Gestaltung von Innovationen und dem damit einhergehendem Wandel – unter den geschilderten Einschränkungen – geplant werden kann. Somit können auch Ziele gesteckt werden, auch wenn die Entwicklung nicht prognostizierbar ist und Pläne nicht über längere Zeit aufrechterhalten werden können (Müller-Stewens & Lechner, 2005, S. 412).

6.4.2 Grundlegende Strategien für die Implementierung von Innovationen

Für die Implementierung von Bildungsinnovationen lassen sich zwei generelle Strategien unterscheiden (Fullan, 1983, S. 493, zit. in Altrichter & Wiesinger, 2005, S. 31): »Die *programmierte Strategie* oder: »fidelity approach« versucht es durch eine bessere und umfassendere Spezifikation der Innovation selbst zu lösen. Die *adaptiv-evolutionäre Strategie* geht dagegen davon aus, dass der ursprüngliche Innovationsvorschlag im Verlauf seiner Implementierung modifiziert werden wird. Dies wird nicht bloß als widerwärtiger Zug der banalen Wirklichkeit gesehen, den realistische Personen eben in Kauf nehmen müssen, sondern geradezu als ein wesentliches Charakteristikum von Implementation.«

Tab. 80

Programmierter Ansatz vs. adaptiv-evolutionärer Ansatz

	Programmierter Ansatz	Adaptiv-evolutionärer Ansatz
Ausmaß der Veränderung	Schritt für Schritt	Groß
Curriculum-Technik	festgelegte, getestete, bekannte Methoden	adaptiv, offene Methoden
Einstellung der Beteiligten	Zustimmung	Konflikt
Integration der zu innovierenden Organisation	Hoher Innovationsgrad: Einheitliche Wahrnehmung in der Organisation	Einschätzung des Innovationsgrades sehr unterschiedlich: große Diversität in der Organisation
Stabilität des Umfelds	stabil	instabil

Quelle Fullan, 1983, S. 493, zit. in Altrichter & Wiesinger, 2005, S. 31

Beide Ansätze haben ihre Vor- und Nachteile. Die programmierte Strategie eignet sich besser, wenn die Reichweite des angestrebten Wandels eher kleiner ist bzw. etappenweise realisiert werden kann oder wenn die Veränderung mittels bereits bestimmter und allgemein bekannter Methoden, z. B. Unterrichtsmethoden, vorgenommen werden kann. Der Ansatz ist ferner geeignet, wenn die zu erreichende Innovation von den Beteiligten begrüßt wird und die involvierte Organisation eine stabile Umwelt besitzt. Wo diese Bedingungen nicht zutreffen, erscheint ein adaptiver Ansatz angemessener (vgl. auch Fullan 1983, S. 498).

»Selbsttransformativ« oder »Entwicklung«

Für die Wahl einer Implementierungsstrategie sind folglich Einschätzungen von Charakter und Ausmaß der angestrebten Innovation zentral. Möchte man z. B., wie dies aktuell oft der Fall ist, systemische und einzelschulische Verbesserungszyklen unter Einbezug von Bildungsstandards und sich darauf beziehende Testergebnisse einleiten, sollte man sich vorab überlegen, ob die Mitarbeitenden dem Vorgehen grundsätzlich positiv gegenüber stehen oder nicht. Falls ja, empfiehlt sich eine schwerpunktmäßige Investition in die Entwicklung der Instrumente, die dann evtl. sogar eher »selbsttransformativ« im Sinne von selbstmotiviert und -organisiert umgesetzt werden. Falls nein, sollte die Umsetzung als »Entwicklung« konzipiert werden und mit einem entsprechenden Anteil der Projektressourcen ausgestattet werden.

Ansätze des Innovationsmanagements sind darüber hinaus in enger Verknüpfung zu Change-Management-Strategien zu betrachten. Bei der Einführung einer Innovation sind Regelstrukturen und Handlungsmuster zu beachten, denn sie prägen das kollektive Verhalten in einer Organisation (Müller-Stewens & Lechner, 2005, S. 383). Neben dem inhaltlichen Intervenieren bietet sich damit ein alternatives Gestaltungsfeld an, das sich auf die Veränderungen der organisatorischen Rahmenbedingungen und des Verhaltens der Beteiligten ausrichtet. Nach Müller-Stewens und Lechner (2005, S. 412) sollte ein solcher Wandel in Form eines formellen Wandelprojektes mit einer Vielzahl unterschiedlichster und sich auch überlappender Unterprojekte koordiniert und – soweit als möglich – gesteuert werden, um die Innovation über stetige Wandelprozesse zu verfestigen. Zumindest vorübergehend werden die Projekte zu den wichtigsten Arenen der Zusammenarbeit, um Entwicklungsimpulse zu setzen und die Erneuerung zu tragen. Die Balance zwischen Stabilität und Erneuerung ist daher in einem begleitenden Veränderungsprozess in den einzelnen Phasen des Innovationsprozesses zu berücksichtigen. Auf ein derartiges Phasenmodell geht der nächste Abschnitt näher ein.

Verbindung zum Change Management

6.4.3 Phasenmodell: Innovationsprozesse gestalten

6.4.3.1 Überblick

Aufgrund des prozeduralen Charakters einer Innovation sind zahlreiche Veränderungsmodelle entstanden, welche den Innovationsprozess als eine Sequenz von Phasen darstellen, die in einem Wandelprojekt mit hoher Regelmäßigkeit ablaufen. Auf der inhaltlichen Entwicklungsseite werden Innovationsprozesse in der Literatur häufig in die folgenden drei Phasen eingeteilt (Thom, 1992, S. 9): *Inventions-, Innovations-* und *Diffusionsphase* (s. nachfolgende Abbildung 106 nach Seufert, 2008, S. 87).

Das Phasenmodell einer Innovation kann um den Aspekt der Gestaltung von Veränderungsprozessen erweitert werden. Gleichzeitig sind die Veränderungsprozesse entsprechend der Phasen zu betrachten. Vieles kann dabei auf die wegweisenden Arbeiten von Lewin (1963) zurückgeführt werden (Müller-Stewens & Lechner, 2005, S. 407). Demnach folgen erfolgreiche Wandelprozesse einer verallgemeinerbaren Verlaufsform, einer Art Wandelzyklus, die es bei der Gestaltung von Wandel zu beachten gilt. Im Kern besagt das Modell, dass jede Organisation, die auf Dauer überleben will, für ein Gleichgewicht zwischen retardierenden Kräften, welche die bestehende Struktur stabilisieren, und akzelerierenden Kräften, die auf Veränderung drängen, Sorge tragen muss. Soll ein bestehender Gleichgewichtszustand in einen neuen transformiert werden, dann muss der Status quo zuerst »aufgetaut« werden.

6.4 Entwicklungsmodi – Optimierung und Erneuerung
Innovationen bewerten und implementieren

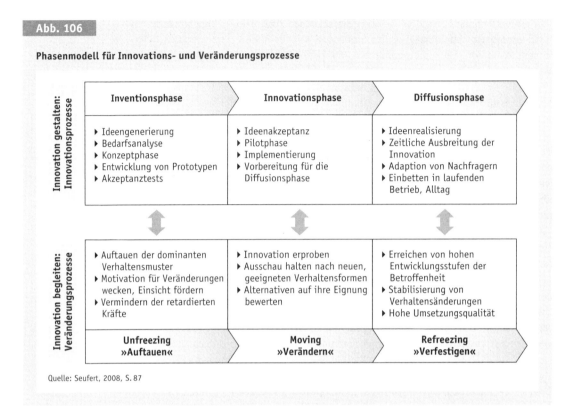

Abb. 106: Phasenmodell für Innovations- und Veränderungsprozesse
Quelle: Seufert, 2008, S. 87

Seit Lewins berühmtem Phasenmodell »unfreeze – move – refreeze« (Lewin, 1963), beschäftigt sich die Forschung damit, geeignete Phasenmodelle für das Management von Wandel zu finden (Rüegg-Stürm, 2002b, S. 358). Einschränkend ist allerdings zu vermerken, dass es keine empirische Evidenz für generalisierbare Phasenmodelle gibt, wie beispielsweise Van de Veen (1993) in einer Meta-Analyse durchgeführter Studien aufzeigt. Dennoch wird es als sinnvoll angesehen, einen phasenbezogenen Plan mit Kernschritten zur Strukturierung des Veränderungsprozesses zu erarbeiten. Somit können »idealtypische Herausforderungen« (Rüegg-Stürm, 2002b, S. 358) und Aufgabenfelder, welche wichtige Hürden beim Gelingen eines Veränderungsprojekts darstellen, mit zentraler Aufmerksamkeit verfolgt werden. Rüegg-Stürm (2002b) kommt dabei zu dem Schluss, dass »der Nachweis einer allgemeinen empirischen Vorfindlichkeit auf der einen Seite und die heuristische Nützlichkeit von Phasenmodellen auf der anderen Seite« (S. 358) zu unterscheiden ist. Sicherlich sind derartige Phasenmodelle auch als idealtypisch zu werten, in der Praxis treten vielfältige Erscheinungsformen, Iterationen oder Rückschleifen zwischen den Phasen auf. Dennoch sollen derartige Konzepte dazu dienen, sich über den Verlauf von Innovations- und Veränderungsprozessen intensiv Gedanken zu machen, Anregungen und Überlegungen zur Gestaltung sowie zur Reflexion in Projekten zu geben.

In den folgenden Abschnitten wird auf die einzelnen Phasen und die notwendigen Veränderungen in jeder Phase näher eingegangen.

6.4.3.2 Inventionsphase: Konzeptionelle Ideengenerierung

Diese Phase steht für die konzeptionelle Ideengenerierung und kann darüber hinaus Machbarkeitsstudien, Bedarfsanalysen, Akzeptanztests und die Entwicklung von Prototypen (z. B. für technologiegestützte Lernformen, neue Unterrichtskonzeptionen oder -materialien) umfassen. Üblicherweise werden Forschungs- und Entwicklungstätigkeiten dieser Phase zugeordnet, die das Ziel verfolgen, neue Erkenntnisse auf systematischen und planvollen Wegen zu erwerben. Auf der individuellen Ebene werden potenzielle Beteiligte (z. B. Lehrende in einem Reformprojekt) auf das Thema überhaupt erst aufmerksam gemacht, beschaffen sich Informationen und bilden sich erstmals eine Meinung.

Aus der Sicht der Veränderung ist das »*Auftauen*« (»*unfreezing*«) zentral in dieser Phase. Das dominante Verhaltensmuster ist, Innovationen zu initiieren. Die Möglichkeiten müssen abgeklärt und die schlummernden Energien im Sinne der Lösungsidee mobilisiert werden. Die Einstellungen passen nicht mehr und müssen deshalb durch neue Muster abgelöst werden. Zu dieser Einsicht müssen diejenigen, die sich ändern sollen, allerdings selbst kommen. Reine »Push-Strategien« werden nicht funktionieren. Die Motivation zur Veränderung kann geweckt werden. Wichtiger Ansatzpunkt ist vor allem das Vermindern der retardierenden Kräfte und der Abbau massiver Widerstände. Dies bedeutet, dass vor allem die Betroffenen für das Problem sensibilisiert, informiert und für die Idee gewonnen werden müssen.

Auch Capaul (2005, S. 4) weist auf die Notwendigkeit hin, den Implementationsprozess in Ideengenerierung im Sinne von Entwicklung und die eigentliche Implementation zu unterscheiden. Die Differenzierung dieser beiden Phasen ist vor allem

---

Exkurs

Design innovativer Lernformen

Im Bereich Design neuer, insbesondere technologiegestützer Lernformen werden aktuell Design-Ansätze, insbesondere die an der Stanford University entstandenen Design Thinking-Ansätze, diskutiert (Brown, 2008). Die Ideengenerierung nimmt in dieser Konzeption eine sehr bedeutende Funktion ein. Dabei wird mehr Gewicht auf die ersten Entwicklungsschritte, auf die Inspiration sowie Ideation, d. h. Ideengenerierung, gelegt und ein zyklischer Prozess in der Entwicklung mit den beteiligten Akteuren in einem interdisziplinären Team angestrebt. Das Unternehmen IDEO hat zusammen mit der Riverdale Country School in New York den Design-Thinking-Ansatz für Schulen methodisch weiter entwickelt, Prozesse zur Ideengenerierung sowie eine umfangreiche Toolbox für Lehrpersonen entwickelt. Auf einer Website für Lehrpersonen wird der Ansatz folgendermaßen erklärt: »The design process is what puts Design Thinking into action. It's a structured approach to generating and developing ideas. Design thinking is a mindset« (http://www.designthinkingforeducators.com/). Mit diesem Verfahren sollen kreative Potenziale im Design Prozess freigesetzt werden und eingefahrene Denk- und Verhaltensmuster aufgebrochen werden. Zahlreiche Demonstrationsbeispiele aus dem Bereich K-12 sind auf dier Homepage ebenfalls zu finden.

Öffnen: Ideen generieren

6.4 Entwicklungsmodi – Optimierung und Erneuerung
Innovationen bewerten und implementieren

deshalb sehr bedeutsam, da viele Beispiele aus unternehmerischen und schulischen Veränderungsprojekten zeigen, dass ein Ungleichgewicht zwischen den beiden Phasen besteht und deshalb Anstrengungen oft im Sande verlaufen. Zwischen Entwicklung und Umsetzung besteht dabei ein Spannungsfeld von Kreativität und konsequenter Umsetzung. Daher ist es sinnvoll, die Phase der Implementation zeitlich, personell und finanziell nicht zu vernachlässigen und das Hauptaugenmerk nicht nur auf die kreative Entwicklung von Innovationen zu legen.

6.4.3.3 Innovations-/Implementationsphase

Die Invention, das Konzept, evtl. auch der Prototyp, wird bis zur »Marktreife« bei einem Bildungsangebot auf dem Markt bzw. bis zur internen Akzeptanz weiterentwickelt. Daher wird dieses Stadium häufig auch als Phase der Ideenakzeptierung bezeichnet. Sie ist besonders kritisch, da hier die Implementierung im Vordergrund steht. Deshalb ist diese Phase die eigentliche Implementation der Innovation. Ferner müssen notwendige strukturelle Voraussetzungen für die anschließende Diffusionsphase geschaffen werden, wie beispielsweise die Kompetenzentwicklung der Lehrenden oder der Aufbau von Support- und Betreuungsstrukturen.

Ebner (2005) weist in diesem Zusammenhang auf die wichtige Voraussetzung einer »offenen Entwicklungs- und Erprobungskultur« in dieser Phase hin: »Die Bereitschaft weitere Optionen zu generieren, zu erproben und daran zu lernen, ist unterentwickelt. »Experimentieren« ist tendenziell negativ konnotiert. Um die Effektivität des Neuen beurteilen zu können, muss es implementiert werden. Somit ist die Implementierung nicht der Abschluss, sondern eine Phase in der Entwicklung der Innovation. Die mit dieser Erprobungsphase vorhandenen Unsicherheiten werden häufig als Zumutung wahrgenommen bzw. von interessierter Seite als solche dargestellt« (S. 11). Ebner (2005, S. 11) stellt dabei fest, dass die Potenziale einer offenen Entwicklungs- und Erprobungskultur besonders im Bildungsbereich ignoriert werden.

Bewegen: Zwischen Ideen entwickeln und Voraussetzungen für Akzeptanz schaffen

Aus der Perspektive der Veränderung ist ein zentraler Aspekt, *Bewegung (»moving«)* bis zu einem neuen Gleichgewicht in das System zu bringen. Das bedeutet, Innovationen zu erproben und zu implementieren: In dieser Phase geht es darum, nach neuen, geeigneten Verhaltensformen Ausschau zu halten. Dazu werden auch Experimente mit zur Verfügung stehenden Alternativen durchgeführt und bezüglich ihrer Eignung bewertet. Alle Schritte und Aktionen, durch die der Gebrauch der Innovation gelernt wird, sind bei der Implementation, beispielsweise durch Kompetenzentwicklung, zu unterstützen. Die dezentral ablaufenden Implementationsaktivitäten müssen mitverfolgt und auftretende Widerstände und Konflikte konstruktiv im Sinne der Innovation und der Beteiligten bearbeitet werden.

6.4.3.4 Diffusionsphase

In der dritten Phase wird die Verbreitung der Innovation – und somit die Ideenrealisierung auf breiter Front – angestrebt. Die Diffusion ist eng mit der Adoption (Akzeptanz und Annahme einer Innovation) durch Nachfrager verbunden. Die interpersonale Diffusion setzt sich aus der intrapersonalen Adoption einzelner Individuen zusammen. Dies bedeutet, dass die Aggregation der individuellen Nutzerentscheidungen (Adoptionen) im Zeitablauf den Diffusionsprozess determiniert. Nach Rogers

(2003) bezeichnet Diffusion »the process by which an innovation is communicated through certain channels over time among the members of a social system« (S. 5). Dabei stellt sich auch die Frage, wann eine Innovation beendet ist und in einer Organisation in Routine übergegangen wird, sich das Neue sozusagen als integraler Bestandteil der Bildungsorganisation etabliert hat und nicht mehr als neu oder fremdartig betrachtet wird.

Nach dem Diffusionsmodell von Rogers (2003, S. 168) durchläuft jedes Mitglied des sozialen Systems einen individuellen Entscheidungsprozess hinsichtlich der Annahme einer Innovation, der idealtypisch in fünf Phasen erfolgt: Ein potenzieller Anwender einer Innovation lernt die Innovation zunächst kennen (»knowledge«), überzeugt sich von den Vorteilen der Innovation (»persuasion«), trifft eine Entscheidung (»decision«) über die Annahme oder Ablehnung der Innovation, setzt seine Entscheidung um (»implementation«) und bestätigt oder ändert seine Entscheidung (»confirmation«).

Verfestigen: auf breite Basis stellen

Ein ähnliches Erklärungsmodell in der Diffusionsphase eines Innovationsprojektes liefern Pfeffer & Sutton (2000). Danach ist der wichtigste – und zugleich schwierigste – Schritt im individuellen Veränderungsprozess der Übergang von einem Interesse an der Veränderung zu tatsächlichem Handeln, den Pfeffer & Sutton (2000) als »Knowing-Doing-Gap« (S. 2) bezeichnen.

»Knowing-Doing-Gap« überwinden

Damit wird deutlich, dass die Aufgaben des Innovationsmanagements in der Diffusionsphase sich auch auf die Unterstützung der Anwender beziehen müssen, nicht nur um Interesse zu wecken, sondern auch um Möglichkeiten zum Ausprobieren zur Verfügung zu stellen. Die Einflussfaktoren auf diesen Innovations- bzw. präziser Diffusionsprozess im Rahmen eines Innovationsvorhabens sind vielfältig und reichen von einer bestehenden innovationsförderlichen Kultur, den Kompetenzen des Projektteams, die für die Implementierung der Innovation verantwortlich sind, charak-

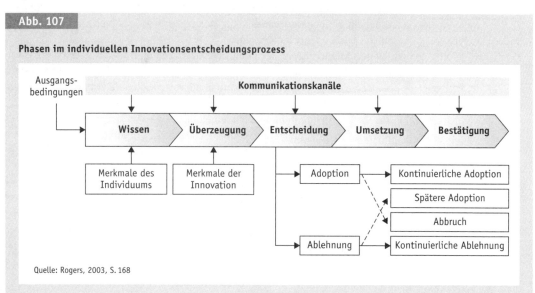

Abb. 107

Phasen im individuellen Innovationsentscheidungsprozess

Quelle: Rogers, 2003, S. 168

6.4 Entwicklungsmodi – Optimierung und Erneuerung
Innovationen bewerten und implementieren

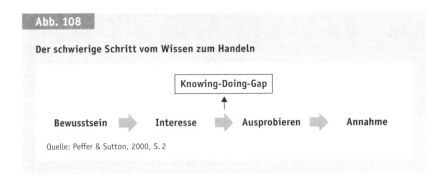

Abb. 108

Der schwierige Schritt vom Wissen zum Handeln

Quelle: Peffer & Sutton, 2000, S. 2

teristischen Merkmalen der Innovation selbst, bis hin zu den Organisationsmitgliedern und deren Bereitschaft, die Innovation aufzunehmen. Auf die letzten beiden Aspekte soll an dieser Stelle näher eingegangen werden, da sie unmittelbar im Zusammenhang mit der inhaltlichen Ausgestaltung der Bildungsinnovation stehen:
1. Innovationstypen im Diffusionsprozess;
2. Adoptionsfaktoren einer Innovation.

1) Innovationstypen im Diffusionsprozess

Innovationstypen nach ihrer Veränderungsbereitschaft

Nach Rogers (2003) können bei der Diffusion von Innovationen die Betroffenen hinsichtlich ihrer Veränderungsbereitschaft in fünf Innovationstypen klassifiziert werden:
- *Innovators* haben die Fähigkeit, sich komplexes technisches Wissen rasch anzueignen und akzeptieren Unsicherheiten bezüglich der Konsequenzen der Innovation. Sie sind risikobereit und verfügen über entsprechende finanzielle Ressourcen, um eventuelle Verluste aus einer unprofitablen Innovation zu verkraften. Die Gruppe der Innovators umfasst nur wenige Personen, die meist nur gering in das soziale System eingebunden sind.
- *Early Adopters* gehören nach den Innovators zu den frühen Nutzern der Innovation. Im Vergleich zu den Innovators sind sie gut in das soziale System integriert. Sie treten oft als Meinungsführer innerhalb von sozialen Netzwerken auf und nehmen für ihre Peer Group eine Vorbildfunktion ein.
- Zur *Early Majority* zählt Rogers ca. einen Drittel der Mitglieder eines sozialen Systems, welche die Innovation in einem relativ frühen Stadium annehmen. Sie verfügen meist über ein gutes persönliches Netzwerk, sind aber im Vergleich zu den Early Adopters risikobewusster.
- Die *Late Majority* umfasst ebenfalls ca. einen Drittel der Mitglieder eines sozialen Systems. Sie stehen der Innovation skeptisch gegenüber und nehmen diese erst mit steigendem sozialen Druck und sinkendem Risiko an.
- *Laggards* nehmen die Innovation als letzte Mitglieder des sozialen Systems an. Sie vertreten traditionsbewusste Werte und sind kaum in das soziale System integriert.

Das folgende Beispiel zeigt den Diffusionsprozess technologiegestützter Lehr-Lernformen in einer Bildungsorganisation auf, indem typische Anwendungsfelder den Innovationstypen zugeordnet werden (in Anlehnung an Zemsky & Massy, 2004, S. 5):

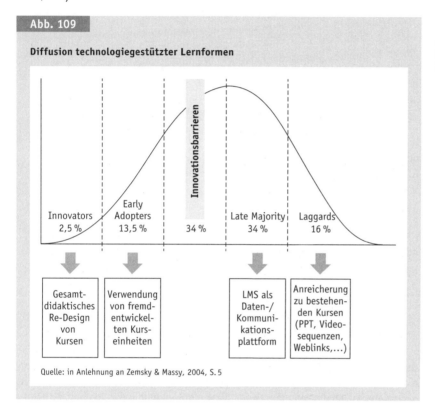

Beispiel für einen Diffusionsprozess

Pädagogisch-innovative Lehr-Lernformen erfordern ein gesamtdidaktisches Re-Design von Kursen. Diese Anwendungen sind i. d. R. nicht sehr verbreitet. Häufig sind gute Pilotentwicklungen anzutreffen, aber die breite Diffusion bleibt aus. Dahingegen sind Formen mit einem geringen Innovationsgrad, wie z. B. die Anreicherung bestehender Kurse sowie die Verwendung von Lernplattformen, flächendeckend anzutreffen. Im Innovationsprozess ist daher besonderes Augenmerk darauf zu legen, welche Innovationsbarrieren für die gewünschten Bildungsinnovationen existieren und wie sie überbrückt werden können, um die Diffusion zu unterstützen.

2) Adoptionsfaktoren nach den Charakteristika einer Innovation

Rogers Adoptionskriterien (2003, S. 204 ff.) liefern Hinweise auf Faktoren, welche die Diffusion und Nachhaltigkeit von Bildungsinnovationen verhindern können. Rogers (2003, S. 204) unterstellt in seinem konzeptionellen Rahmen, dass die Wahrscheinlichkeit und Geschwindigkeit einer Adoption umso größer ist, je höher die relativen Vorteile, je mehr vereinbar mit den vorhandenen Bedingungen, je weniger komplex und je besser erprobbar sowie beobachtbar die Innovation dem Anwender erscheint (vgl. nachfolgende Abbildung 110).

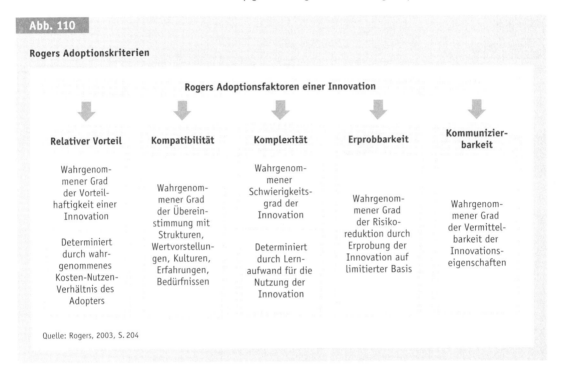

Abb. 110
Rogers Adoptionskriterien

Quelle: Rogers, 2003, S. 204

Größere Anstrengungen in einem Innovationsprozess sind demnach zu unternehmen, falls der relative Vorteil einer Innovation von potenziellen Anwendern als eher gering eingeschätzt, die Bedingungen für die Anwendung eher nicht mit vorhandenen Strukturen und Kulturen kompatibel sind, die Innovation eher einen komplexen Charakter hat, nicht erprobt werden kann sowie auch die Vorteile der Innovation nicht leicht zu kommunizieren sind. Für die Einführung von eLearning bzw. technologiegestützten Lernformen wurden diese Herausforderungen in der Vergangenheit häufig unterschätzt (Seufert, 2008).

Rogers Kriterien sind allerdings nicht direkt messbar und beziehen sich auf allgemeine Sachverhalte. Eine innovationsübergreifende Operationalisierung ist folglich nicht möglich. Krafft und Litfin (2002, S. 68) betonen, dass dies auch nicht in der Absicht Rogers stand. Vielmehr wollte er inhaltliche Aspekte der Adoption von Neuerungen beschreiben, die auf einem relativ hohen Abstraktionsgrad auf verschiedenartige Innovationsobjekte übertragbar sind. Für empirische Studien sind diese Konstrukte unter Verwendung zahlreicher Indikatoren zu operationalisieren, um mit ihrer Hilfe das Adoptionsverhalten zu erklären und prognostizieren zu können. Die allgemein beschriebenen Kriterien nach Rogers werden in der konkreten Anwendung auf die untersuchten Innovationen insofern übertragen, als dass eine maßgeschneiderte Operationalisierung und Validierung stattfinden muss (Kollmann, 1998; Kraft & Liftin, 2002).

Letztendlich geht es in der Diffusionsphase aus der Veränderungsperspektive darum, die *Fixierung bzw. Verfestigung (»refreezing«)* auf neuem Niveau anzustreben: Die Organisation fixiert die Veränderung, um Innovationen zu institutionalisieren und ihre langfristige Wirkung sicherzustellen. In dieser Phase sind begleitende Maßnahmen zu ergreifen, um das Neue in die Alltagssituation zu integrieren, die implementierten Neuerungen für den täglichen Arbeitsablauf zu optimieren und innerhalb des Systems eine Konsolidierung der Kräfte zu erreichen. Rückschläge im Innovationsprozess sind aufzufangen. Aber auch positive Entwicklungen, die den neu gewählten Weg bestätigen, müssen möglichst schnell allen zugänglich gemacht werden. Dies erscheint wichtig, damit die u. U. entstandenen negativen Emotionen wie Ängste und Unsicherheiten beruhigt werden und die gesamte Energie wieder in das System fließen kann.

Hinweise für die Diffusionsphase

6.4.4 Fazit: Innovationsprozesse gestalten

Innovationen weisen vielseitige Facetten auf und es ist wenig hilfreich, sie in einer Definition abbilden zu wollen. Vielmehr sind mehrere Dimensionen zur reflexiven Bestimmung von Innovationen in einer Bildungsorganisation und zur Beantwortung der Frage »Was ist innovativ?« dienlich. Zusammenfassend kann festgestellt werden, dass es sich bei Innovationen im Bildungsbereich um Neuerungen handelt, welche

- in Form von *Produkt-*, *Prozess-*, *Struktur-* und *Kulturinnovationen* auftreten können: inhaltliche Dimension des Innovationsobjektes;
- in radikale und inkrementelle Innovationen unterschieden werden können: *inhaltliche Dimension* zur Bestimmung des Innovationsgrades;
- in einer Bildungsorganisation neu eingeführt werden: *subjektive Dimension*;
- ein normatives Zielsystem einer Bildungsorganisation für die Beurteilung des »Innovationserfolges« voraussetzen: *normative Dimension*, und
- eine *prozessuale Dimension*, meint ein prozessorientiertes Verständnis im Übergang zur Routine darstellen, um die Bildungsinnovation zu einer Selbstverständlichkeit in der Organisation werden zu lassen.

Innovationsprozesse in einer Bildungsorganisation zu gestalten, kann idealtypisch in drei Phasen mit unterschiedlichen Zielsetzungen vollzogen werden:
1. *Inventionsphase*: mit dem Ziel, Innovationen zu initiieren, neue Ideen zu generieren und die Innovation meist im Pilotstatus zu entwickeln. Aus der Veränderungsperspektive steht das »Auftauen« als dominantes Verhaltensmuster im Vordergrund, um Experimentieren zu ermöglichen.
2. *Innovations-/Implementationsphase*: In dieser Phase geht es darum, nach neuen geeigneten Verhaltensformen Ausschau zu halten, die flächendeckend implementiert werden können. Die Weiterentwicklung von Bildungsinnovationen, bis sie eine gute Eignung erfahren, steht im Vordergrund. Die Veränderung zu einem neuen Gleichgewicht bedeutet insbesondere, die dezentral ablaufenden Imple-

6.4 Entwicklungsmodi – Optimierung und Erneuerung
Innovationen bewerten und implementieren

mentierungsaktivitäten mit zu verfolgen und auftretende Widerstände und Konflikte konstruktiv im Sinne der Innovation und der Beteiligten zu bearbeiten.
3. *Diffusionsphase*: In dieser Phase steht die flächendeckende Verbreitung in der Bildungsorganisation im Vordergrund, um den Zustand des Pilotencharakters und Experimentierfeldes in einen stabilen »Echtbetrieb« zu überführen. Die spezifischen Charakteristika der Innovation sowie die Zusammenarbeit mit verschiedenen Innovationstypen innerhalb einer Organisation fördern oder erschweren diesen Diffusionsprozess. Das übergreifende Ziel in dieser Phase ist daher die Verfestigung und das Konsolidieren in einen Zustand mit neuem Entwicklungsniveau, d. h. einer Verbesserung gegenüber dem Status quo.

Entwicklung und Implementation von Bildungsinnovationen sind in inhaltlicher Abstimmung mit Aktivitäten der Qualitätsentwicklung zu betrachten. Die Entwicklungszyklen einer Bildungsinnovation werden vom vorherrschenden Qualitätsverständnis geprägt. Darüber hinaus bestimmen Evaluationsmethodologie und -methoden die Entwicklungsprozesse von Innovationen, bis die wahrgenommene Qualität und Praktikabilität aus Sicht der Beteiligten als ausreichend empfunden wird.

Des Weiteren ist deutlich geworden, dass Entwicklung und Implementation von Bildungsinnovationen begleitende Aktivitäten für den Veränderungsprozess bedingen. Capaul (2005) weist darauf hin, dass die Anforderungen an die Innovatoren in den jeweiligen Phasen grundlegend verschieden sind: »Die Tendenz politischer Entscheidungsträger und Vorgesetzter, das Interesse zu verlieren, sobald die Entwicklungsarbeiten abgeschlossen sind, kann verhängnisvoll auf die Innovation wirken« (S. 5). Die Bedeutung einer Projektorganisation, die auf die Begleitung von Veränderungsprozessen ausgerichtet ist, wird dadurch erneut deutlich.

Verbindung zu organisationalem Lernen: Lernfähigkeit der Individuen als Element der Veränderungsfähigkeit in der Organisation

Hall und Hord (2001, S. 5) sehen bei Innovationsprozessen das Wissen, die Einstellungen und Fertigkeiten der Personen, die von der Innovation betroffen sind, als zentrale Erfolgsfaktoren an. Denn erst wenn die Einzelpersonen die Innovation auch im angestrebten Sinne umsetzen, ist die Innovation erfolgreich. Viele Innovationen scheitern, weil bei Innovationsvorhaben diesen personellen Faktoren zu wenig Beachtung geschenkt wird (Hall & Hord, 2001, S. 7). Insbesondere in der zweiten Hauptphase, der eigentlichen Implementation (»move«), ist das individuelle Lernen durch die Einzelperson wichtig. Erst wenn die meisten Systemmitglieder die Innovation richtig gelernt haben und handhaben, ist die Innovation aus systemischer Sicht erfolgreich. Hall und Hord (2001) berühren damit die Theorie des organisationalen Lernens und des Wissensmanagements. Auch Müller-Stewens und Lechner (2005, S. 411) knüpfen diese Verbindung, da sie Lernfähigkeit als Teil des umfassenderen Konstrukts »Veränderungsfähigkeit« (S. 411) und Lernen als »Umstrukturierung der bestehenden Wissensbasis« (S. 411) verstehen. Somit definieren sie Lernen bzw. die Aneignung und organisatorische Verankerung von neuem Wissen als Voraussetzung eines »dauerhaft stattfindenden Wandels« (S. 411). Dies unterstreicht die Notwendigkeit, Veränderungsmanagement als übergreifende Managementaufgabe zu betrachten. Darauf wird im Abschnitt 6.5 näher eingegangen.

6.4.5 Fallbeispiel: Innovationsmanagement bei CYP

6.4.5.1 Einleitung

Das Center for Young Professionals (CYP) wurde 2003 gegründet und ist das Ausbildungs- und Kompetenzzentrum der Schweizer Banken mit 12 Standorten in der ganzen Schweiz und Liechtenstein. Zusammen mit der Schweizerischen Bankiervereinigung (SBVg) wurde das CYP als ein im Handelsregister eingetragener Verein ins Leben gerufen. Banken und Finanzinstitute können jederzeit als CYP Mitglieder beitreten. Das CYP betreut schweizweit über 4.500 Auszubildende, Jugendliche und Erwachsene. Jedes Jahr beginnen ca. 1.000 neue Auszubildende beim CYP als dritten Lernort ihre Bankenlehre. Im Rahmen ihrer Ausbildung absolvieren die Lernenden 30 Module über 3 Jahre. Pro Modul gibt es einen Präsenzkurs. Abgedeckt werden die Leistungsziele gemäß dem branchenspezifischen Teil des Bildungsplanes für Kauffrau/-mann EFZ Branche Bank, welche von der SBVg als Organisation der Arbeitswelt (OdA) festgelegt wurden.

Innovationen sind in den Statuten des CYP fest verankert. Es wird als innovatives Bildungszentrum anerkannt, was der Ausrichtung der Strategie entspricht. Im Sinne der Lernortkooperation steht CYP in enger Abstimmung mit den Banken der schweizerischen Bankiervereinigung (SBVg). CYP knüpft daran an und will mit der bankfachlichen Ausbildung den Grundstein dafür legen. Dem professionellen Umgang mit elektronischen Medien wird heute große Bedeutung beigemessen. Darüber hinaus erkennt CYP veränderte Zugänge zu Wissen, neue Lernformen und -möglichkeiten der Lernenden: Fakt ist, dass Lernende heute über verschiedene Kanäle lernen und dabei die IT-Infrastruktur am Arbeitsplatz, zu Hause und/oder auf mobilen Geräten nutzen. Die technischen Entwicklungen ermöglichen diese neuen Lernformen erst.

CYP als Kompetenzzentrum für Bildungsinnovationen

6.4.5.2 Bildungskonzept Connected Learning

Das CYP hat das Konzept des »Connected Learning« geprägt, auf dessen Prinzip die Bildungsangebote basieren (CYP, 2011). Die Umsetzung dieses Bildungsverständnisses in einem didaktischen Leitbild, hat das CYP mit dem Konzept eines »Connected Learning« verknüpft, das vier didaktische Prinzipien verbindet: 1) Selbstgesteuertes Lernen, 2) Integriertes Lernen, d. h. vielfältige, aufeinander abgestimmte Lehr- und Lernformen, 3) Kooperatives Lernen und 4) Problemorientiertes Lernen anhand praxisrelevanter Problemstellungen und Anknüpfung an persönlichen Erfahrungen.

Diese Leitprinzipien werden bei der Gestaltung von Lerneinheiten berücksichtigt, wobei ein Modul stets gleiche Phasen im Rahmen eines Blended Learning beinhaltet: Vorbereitung – Vortest – Präsenzkurs – Nachbearbeitung – Schlusstest. Der Unterricht im Präsenzkurs findet in Großgruppen bis 48 Personen statt, die im Teamteaching mit 3 Ausbildenden, Fachspezialisten und pädagogische Spezialisten, betreut werden. Inputphasen werden relativ kurz gehalten, die Arbeit an konkreten Problemstellungen in Gruppen steht im Vordergrund.

Für das digitale Lernen wurde bislang vor allem die eigene Lernplattform CYPnet eingesetzt, um die Vor- und Nachbereitungsphase zu unterstützen sowie »klassische« eLearning-Angebote in Form von Web-based Trainings (WBTs) als optionale Ressourcen zur Verfügung zu stellen. Obwohl die eLearning-Angebote bekannt sind und von

Connected Learning als didaktisches Leitbild

6.4 Entwicklungsmodi – Optimierung und Erneuerung
Innovationen bewerten und implementieren

den Lernenden als sehr gut evaluiert werden, z. B. hinsichtlich Interaktionsgrad, Anschaulichkeit und Realtitätsbezug, werden diese nur zum Lernen im Rahmen der formell geplanten Unterrichtseinheiten genutzt.

Außerdem stand die Reform der kaufmännischen Grundbildung, die durch das Bundesamt für Berufsbildung und Technologie (BBT) verbschiedet wurde und ab August 2012 Anwendung finden sollte, bevor. Die Lern- und Leistungsdokumentation (LLD) Kauffrau/Kaufmann ist die verbindliche Grundlage für die Ausbildung im Betrieb und in den überbetrieblichen Kursen. Sie unterstützt die Umsetzung des Bildungsplans, die Ausbildungsplanung und -kontrolle sowie das selbständige Lernen im Betrieb. Die Lernenden und die Berufsbildner/-innen werden in alle Elemente der betrieblichen Ausbildung und des betrieblichen Qualifikationsverfahrens eingeführt.

6.4.5.3 Innovationsprojekt Future Learning

Mit dem Projekt Future Learning hat CYP einen neuen wegweisenden Maßstab gesetzt: Seit August 2012 sichern neu eintretende Lernende (nach LLD12 – dieser »neue Lehrgang« ist die Weiterentwicklung oder auch Erneuerung des Modelllehrgangs 2009 (Lernende MLG09) mobil, strukturiert, geordnet und »lebenslang« ihr Wissen ohne Medienbruch. Sie erarbeiten mittels Tablet-PC ihr berufsspezifisches Wissen in einer »exclusive cloud«. Der Tablet-PC dient als Lern- und Arbeitsinstrument, mit welchem die vier Prinzipien von Connected Learning umgesetzt werden sollen. Es erhöht die Kooperation der Lernenden in der Vorbereitung, verstärkt den Erfahrungsaustausch, das Recherchieren am Präsenzkurs sowie das Organisieren des Lernens.

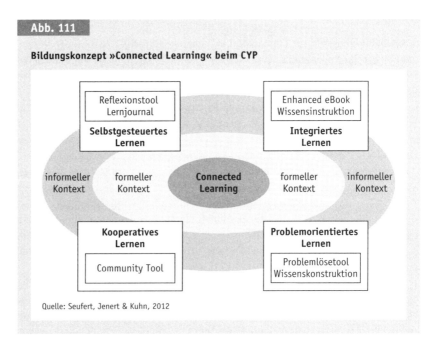

Abb. 111

Bildungskonzept »Connected Learning« beim CYP

Quelle: Seufert, Jenert & Kuhn, 2012

Auf der Lernplattform CYPnet, die eine externe Softwarelösung respektive eine Exclusive Cloud umfasst, stellte CYP bisher die elektronischen Inhalte zur Verfügung, welche bereits unabhängig von Ort und Zeit abrufbar waren. Der Printteil sowie Arbeitsaufträge, Zusammenfassungen, Lerntagebuch, Kursunterlagen etc. wurden via zentrale Druckerei in die ganze Schweiz distribuiert. Prüfungen wurden handschriftlich abgefasst und manuell korrigiert.

Pilotphase Einsatz Tablet-PC
Im November 2010 wurde eine Pilotstudie, d. h. zwei Pilotprojekte mit 27 bzw. 22 Lernenden an zwei unterschiedlichen Standorten, mit dem Ziel lanciert, Erfahrungen mit Tablet-PCs als mobilem Lerngerät zu sammeln. Der Schwerpunkt der Evaluation wurde auf didaktisch zielführende Einsatzmöglichkeiten von Tablet-PCs gelegt. Es sollen innovative Lernszenarien entwickelt werden, die sowohl zum didaktischen Leitbild des CYP als auch zu den jeweiligen Unterrichtszielen und –inhalten passen. Damit werden innovative Praxislösungen für offene Probleme angestrebt, d. h. es geht nicht vorwiegend um die Verbesserung bestehender Unterrichtskonzepte (Aktualitäten), sondern um die Exploration neuer didaktischer Möglichkeiten (Potenzialitäten) (Euler, 2008).

Aus dem generellen Evaluationsziel, die didaktischen Potenziale bezogen auf unterschiedliche pädagogische Zielsetzungen des Einsatzes von Tablet-PCs in der beruflichen Ausbildung zu ergründen, wurden Fragestellungen zur Nutzung und Einschätzung der Potenziale durch die involvierten Zielgruppen abgeleitet. Als Zielgruppen der Evaluation wurden in beiden Pilotprojekten jeweils die Auszubildenden, die Ausbilder/-innen im Präsenzkurs sowie ausgewählte Vertreter/-innen der Banken (Vereinsmitglieder), welche das Lernen mit Tablet-PCs auch am Arbeitsplatz einzuschätzen haben, befragt. Die Auszubildenden wurden zunächst mündlich am Ende des Präsenzkurses sowie schriftlich am Ende des Moduls befragt, zur Vertiefung wurden strukturierte Interviews mit neun Auszubildenden sowie Interviews mit jeweils drei Ausbildern des Präsenzkurses sowie eine schriftliche Befragung ausgewählter Bankenvertreter von fünf verschiedenen Institutionen durchgeführt.

Fast drei Viertel der Auszubildenden beurteilen den Einsatz des Tablets insgesamt positiv, 44 Prozent vergaben sogar die Bestnote auf einer fünfstufigen Skala. Das positive Resultat der schriftlichen Befragung deckt sich mit der unmittelbar erhobenen Evaluation am Ende des Präsenzkurses. Die Hälfte der Auszubildenden befürwortet ein elektronisches Lehrmittel (eBook), ein Viertel bevorzugt eine gedruckte Version, rund ein Viertel ist dagegen indifferent.

Ausgehend von der Entscheidung, Tablets einzusetzen, stellte sich nun die Frage, an welchen Stellen und wie mobile Endgeräte genutzt werden könnten, um bestehende didaktische Szenarien im Rahmen des didaktischen Leitbilds zu verbessern. Zur Bewältigung dieser Herausforderung wurden zwei Gestaltungsworkshops mit Leitungs- und Lehrpersonen des CYP durchgeführt. Dabei galt die Prämisse, bewährte Elemente der bestehenden Lernkultur keinesfalls zu ersetzen. Vielmehr sollten, wo immer möglich, Grenzen bisheriger didaktischer Szenarien durch den Tablet-Einsatz weiter hinausgeschoben werden.

6.4 Entwicklungsmodi – Optimierung und Erneuerung
Innovationen bewerten und implementieren

Implementierungsphase: Entwicklung von M-Learning Szenarien

Bis die Einführung aber letztendlich erfolgte, galt es, ein haltbares Konzept zu entwickeln sowie der internen und externen Akzeptanz der Idee nachzugehen. So gab es noch 1 Jahr vor der Einführung kritische Stimmen, die sich aber während des Prozesses bis zur Einführung in akzeptierende umwandelten.

Von Seiten der Lehrbetriebe wurde insbesondere die hohe Ablenkungsgefahr genannt sowie die Gefahr, dass die private Nutzung der Tablet-PCs überwiegen könnte. Auch stand die Befürchtung im Raum, dass die Ausrüstung der Bank-Lernenden mit Tablet-PCs zu Ressentiments am Arbeitsplatz, wie Missgunst bei anderen Bankangestellten, führen könnte. Die hohe Ablenkungsgefahr, insbesondere durch Facebook, wurde von allen involvierten Zielgruppen gleichermaßen wahrgenommen. Zumindest in der ersten Ausbauphase wird ein eingeschränkter Zugriff auf Internet-Ressourcen als notwendige Rahmenbedingung erachtet. Zudem wurde der Entscheid für einen anderen Tablet-PC Hersteller gefällt, um der Kritik der »Apple-Spiele-Kultur« zu entgehen.

Eine »didaktische Landkarte« für das Mobile Learning mit Tablet-PCs

Ausgehend von den angestrebten Kompetenzen und Lernzielen wurden in einem nächsten Entwicklungsschritt konkrete didaktische Szenarien für den Tablet-Einsatz entworfen. Die nachfolgende Abbildung illustriert die didaktische Landkarte für die Entwicklung von Mobile Learning Szenarien, welche nach Sozialform und nach Lerneraktivität strukturiert ist. Innerhalb dieses Koordinatensystems werden die ver-

Abb. 112

Didaktische Landkarte zur Verortung von M-Learning-Szenarien mit Tablet-PCs

		Sozialform		
		Individuell	**Gruppe**	**Community (lernortübergreifend)**
Lerneraktivität	Sich Inhalte aneignen	Lesen eines »enhanced eBooks«	Annotieren von eBook-Texten im Klassenverband	Aufzeichnungen eines Rollenspiels als Basis für gegenseitiges Peer-Feedback, z.B. mit eAnnotationen (klassenbezogen)
	Problemstellungen dokumentieren und bearbeiten	Video über schwierige Situationen am Arbeitsplatz (Kundengespräch) → Dokumentation im ePortfolio	Video über schwierige Situation am Arbeitsplatz (Kundengespräch) → Teilen und Diskussion im Online Social Network (klassenbezogen)	Video über schwierige Situation am Arbeitsplatz (Kundengespräch) → Teilen und Diskussion im Online Social Network (lernortübergreifend)
	Lernerfahrungen dokumentieren, reflektieren und weitergeben	Lösungsvorschlag für eine erlebte Problemstellung entwickeln und im ePortfolio dokumentieren	Aufzeichnung eines Rollenspiels als Basis für gegenseitiges Peer-Feedback, z.B. mit eAnnotationen (klassenbezogen)	Erstellen eines Videocasts zur Dokumentation einer spezifischen Problemlösung (für Community of Practice)

Quelle: Seufert, Jenert & Kuhn, 2012, S. 15

schiedenen Szenarien beispielhaft illustriert. Die Übergänge zwischen den einzelnen Szenarien sind allerdings fließend und das Schema zielt nicht auf eine starre Einteilung, sondern ist als eine heuristische Hilfestellung zu verstehen (Seufert, Jenert & Kuhn, 2012, S. 15).

Diffusionsphase: Flächendeckender Einsatz von M-Learning-Szenarien mit Tablet-PCs
Für die Umsetzung und den flächendeckenden Einsatz von Future Learning bedurfte es gemäß Bildungsverordnung BIVO 2012 einer Neukonzeption der Modulrichtlinien. Aufgrund der BIVO 2012 stand in jedem Fall die Anpassung sämtlicher Lehr- und Lerninhalte für die Erarbeitung der üK-Leistungsziele bzw. der 106 bankfachlichen Teilfähigkeiten gemäß LLD Branche Bank an. Hierzu bildete ein Workshop den Kick-off für das Projektteam aus Ausbildern der deutsch-, französisch- und italienischsprachigen Schweiz. In diesem Workshop wurden die mobilen Lernszenarien feiner ausgearbeitet und neue Modulrichtlinien für die konzeptionelle Weiterentwicklung bestehender Module erarbeitet. An diesem Workshop erarbeiteten daher die Beteiligten die neusten mediendidaktischen Grundlagen und wurden dadurch »FUL-Specialists«, um anschließend als Multiplikatoren zu wirken. Später sind CYP Ausbilder weiterhin konsequent in den Modulerstellungsprozess involviert.

Zusammenfassung: CYP geht mit »Future Learning« als erstes Ausbildungszentrum für die berufliche Grundbildung einen weiteren wichtigen Schritt in Richtung »Zukunft des Lernens«. Die Branche Bank wird sich nicht zuletzt auch durch dieses moderne Learning Design im »War for Talents« behaupten wollen. Dennoch handelt es sich dabei um keinen Selbstläufer, sondern die Erneuerung bedarf einer kontinuierlichen Begleitung sowie Evaluation wie didaktische Möglichkeiten auszuloten sind.

Der vorgestellte Fall verdeutlicht zum wiederholten Mal eine altbekannte Erkenntnis: Neue Technologien alleine bewirken – zumindest in formalisierten Bildungskontexten – kaum eine nachhaltige Veränderung der Lehr- und Lernpraxis. Um jenseits von Convenience-Effekten nachhaltige didaktische Innovationen zu erreichen, braucht es einerseits eine didaktische Vision, andererseits muss Energie investiert werden, um mediendidaktische Szenarien zu entwickeln, die über eine scheinbar effizientere Umsetzung des Bestehenden hinausgehen. Im Fall des M-Learnings mit Tablet-PCs hat sich gezeigt, dass durchaus Potenziale bestehen, altbekannte didaktische Probleme, z. B. Integration verschiedener Lernorte, lernortübergreifende Wissenskommunikation zwischen erfahrenen Berufspraktikern und Berufslernenden, auf eine innovative Art und Weise anzugehen.

6.5 Entwicklungsmodi – Optimierung und Erneuerung
Begleitende Veränderungsprozesse gestalten

Aufgaben zu Kapitel 6.4.5

1. Inwiefern handelt es sich bei dem skizzierten Projekt des CYP um eine Innovation? Präzisieren Sie Ihre Überlegungen anhand der Innovationsmatrix für technologiegestützte Lernformen.

2. Welche Innovationsbarrieren können Sie sich bei den Anspruchsgruppen: Banken, Berufsfachschulen sowie auch bei den Jugendlichen selbst vorstellen?

3. Entwickeln Sie einen Phasenplan für das Innovationsprojekt »Future Learning – mobiles Lernen« (grober Ablauf).

4. Inventionsphase: Entwickeln Sie Vorschläge, wie Sie vorgehen können, um die Ideengenerierung für mobile Lernszenarien zu unterstützen?

5. Innovationsphase: Nach welchen Kriterien entscheiden Sie sich für ein geeignetes mobiles Lernszenario vor und nach einem Piloten, das als Innovation implementiert werden soll?

6. Diffusionsphase: Welche Vorschläge entwickeln Sie, um eine sinnvolle Verbreitung mobiler Lernszenarien zu unterstützen?

6.5 Begleitende Veränderungsprozesse gestalten

6.5.1 Ausgangspunkte: Grundfragen für ein Veränderungsmanagement

6.5.1.1 Was sind Veränderungen?

Der Mensch als »Gewohnheitstier« steht Veränderungen in der Regel skeptisch gegenüber. Sie sind mit Unsicherheit über die Zukunft verbunden und können als Gefahren und Risiken wahrgenommen werden. Change Management für begleitende Veränderungsprozesse konzentriert sich daher auf die Betroffenen und darauf, wie Akzeptanz für die jeweiligen Veränderungen geschaffen werden kann.

Veränderungen: Personen stehen im Mittelpunkt

Veränderungen sind im Gegensatz zu Innovationen, die eine inhaltliche Ausprägung haben und normativ gewünschte Zielsetzungen aufnehmen, neutral konnotiert. Veränderungen charakterisieren die neuen Aufgaben aus Sicht der Beteiligten, die mit einer Innovation verbunden sind. Die Überschneidung mit Abschnitt 6.4.1.3 und mit der Frage »Was bedeutet ›neu‹ für die Bestimmung des Innovationsgrades?« sind dabei offensichtlich. Auch aus der Veränderungsperspektive kann zwischen inkrementellem und radikalem Wandel unterschieden werden.

Als Orientierungshilfe können Merkmale herangezogen werden, die Aufschluss über die Auswirkungen eines Veränderungsprojektes geben (vgl. nachfolgende Abbildung 113 nach Seufert, 2008, S. 67):

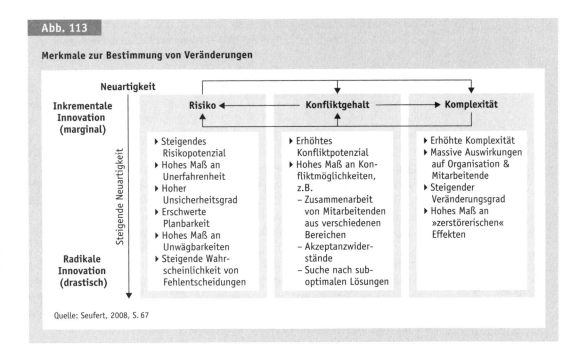

Abb. 113: Merkmale zur Bestimmung von Veränderungen

Quelle: Seufert, 2008, S. 67

- *Risikopotenzial*: Das Risiko steigt mit zunehmendem Neuigkeitsgrad. Akzeptanzwiderstände oder auch Willensbarrieren resultieren aus der Tatsache, dass jede Veränderung gewisse Risiken in sich bergen kann. Der Mensch tendiert dazu, am Status quo festhalten zu wollen, denn dieser bedeutet ein kalkulierbares Risiko und damit auch ein gewisses Maß an Sicherheit (Witte, 1973, S. 13).
- *Konfliktpotenzial*: Die Neuigkeit bewirkt meist Akzeptanzwiderstände und damit Konflikte. Innerbetriebliche Konflikte bergen in sich die Gefahr, dass nach suboptimalen Lösungen gesucht wird. Prominentes Beispiel sind Projekte wie die sprichwörtliche »Lieblingsidee des Chefs«. Aus Gründen der Konfliktvermeidung wird eine neue Idee bis zum bitteren Ende verfolgt. Ein erhöhtes Konfliktpotenzial kann sowohl das Risikopotenzial als auch den Komplexitätsgrad einer Veränderung erhöhen (Bleicher, 1983, S. 245).
- *Komplexitätsgrad*: Mit der steigenden Neuartigkeit einer Veränderung geht auch ein steigender Komplexitätsgrad einher. Damit kommt zum Ausdruck, welche Veränderung – bzw. auch in Schumpeters (1931) Sinne »zerstörerischen« Kräfte – eine Innovation im Vergleich zu einem bestimmten Ausgangszustand bewirkt. Gehen mit einer Innovation sehr viele Veränderungen einher, die sich auf die gesamte Organisation auswirken, steigt zudem das Risiko- und Konfliktpotenzial der Innovation.

Bedeutung der Veränderung für die beteiligten Personen

Je höher das Risiko- und Konfliktpotenzial sowie der Komplexitätsgrad eines Veränderungsprojektes bewertet werden, desto höher kann der Innovationsgrad einge-

6.5 Entwicklungsmodi – Optimierung und Erneuerung
Begleitende Veränderungsprozesse gestalten

schätzt werden. Die Ausprägung eines geringen oder hohen Innovationsgrades führt letztendlich zur Unterscheidung von inkrementellem und radikalem Wandel.

6.5.1.2 Wer sind die »Betroffenen«?
Als Betroffene werden diejenigen Organisationsmitglieder bezeichnet, die ihre Einstellungen und Verhaltensweisen auf das Veränderungsziel ausrichten sollen. Ob sich eine Organisation verändert, hängt letztlich davon ab, ob sich individuelles Verhalten in der Organisation verändert. Das bedeutet jedoch nicht, dass jede Innovation nur auf einer individuellen Ebene ansetzen muss und strukturelle und systematische Aspekte keine Rolle spielen. Der Erfolg einer Innovation ist insofern immer an die individuellen Akteure, Lehrende, Lernende, Leitungspersonal, Support-Mitarbeiter etc., gebunden, als diese die Innovation akzeptieren und ihr Handeln ändern müssen. Adoption, Nutzung und individuelle Umsetzung der Neuerung werden in dieser Analyseperspektive zu zentralen Einflussfaktoren des Veränderungsvorhabens.

Individuelle Ebene als entscheidende Instanz für Akzeptanz

Der Einfluss von Netzwerken auf die Akteure
Die Einstellungen und Verhaltensweisen der Akteure in organisationalen Veränderungsprozessen hängen nicht nur von ihren individuellen Charakteristika ab, sondern auch von sozialen Einflüssen. Soziale Netzwerke wirken in vielfacher Hinsicht auch auf das Verhalten der Organisationsmitglieder in Veränderungsprozessen:

Rolle von Netzwerken bei Veränderungen

- Netzwerke als *Kommunikationskanäle*: Soziale Netzwerke wirken als Kommunikationsnetzwerke für die Verbreitung von Informationen zwischen den Individuen. Oft erfolgt beispielsweise die Verbreitung von Gerüchten an sozialen Treffpunkten wie der Kaffeeküche oder in der Raucherecke.
- Netzwerke als *Lernorte*: Netzwerke nehmen auch eine wichtige Bedeutung für soziale Lernprozesse ein. Mitarbeitende orientieren sich in Veränderungsprozessen stark an den Verhaltensweisen der Mitglieder ihrer Netzwerke. Die Beobachtung positiver und negativer Erfahrungen von Kollegen wirken sich auf das eigene Verhalten aus.
- Netzwerke als *Machtbeziehungen*: Die Einstellungen und Verhaltensweisen von informellen Meinungsführern gegenüber der geplanten Veränderung beeinflussen die Einstellungen vieler Organisationsmitglieder oft stärker als die formellen Führungskräfte.

6.5.1.3 Wer sind die Akteure des Wandels?
Für das Veränderungsmanagement in Organisationen sind professionalisierte Strukturen entstanden, wie z. B. das Modell der »Change Agents« oder das Promotoren-Konzept. Hier wird auf zwei prominente Konzepte im Bildungsbereich näher eingegangen:
1) das Promotoren-Modell;
2) das Konzept der Change Agents bzw. Change Facilitator Teams.

1) Promotoren-Modell
Promotoren sind Personen, die einen Innovationsprozess in allen Phasen aktiv fördern (Witte, 1973, S. 15). Während der Innovation treten in der Regel sachliche und

personelle Barrieren auf, die den Prozessablauf stören. Unterschiedliche Promotoren sollen diesen Barrieren entgegenwirken. Das Promotoren-Modell hebt drei Arten von Promotoren hervor:

- Der *Fachpromotor* zeichnet sich durch hohe fachliche Kompetenz bezüglich des Innovationsprojektes aus. Mit diesem Wissen argumentiert er gegenüber Anhängern und Gegnern seines Projektes. Eine möglichst hohe hierarchische Stellung, wie beispielsweise Departements-, Institutsleitungen, kann dabei die Akzeptanz als Fachexperte im Kollegium fördern. Fachpromotoren sollten dabei die seltene Mischung aus »Visionär und tatkräftiger Implementierer« mitbringen (Witte, 1973, S. 17).
- Der *Machtpromotor* ist ein Förderer des Projektes und hat eine hohe hierarchische Stellung. Die Basis ist zwar in der Lage, einen Innovationsprozess in Gang zu setzen, ohne die aktive Unterstützung durch eine innovationsfördernde Schul- bzw. Geschäftsleitung ist die Gefahr jedoch sehr groß, dass die Anstrengungen nach einer gewissen Zeit versiegen. Soll eine Innovation auf Dauer in ein System einziehen, so muss sie von der Zusatzbelastung zur alltäglichen Anforderung werden. Diese Integration in den Arbeitsalltag kann nur über die Verfestigung des Wandels in der Struktur und Kultur der Institution geschehen. Eine zielorientierte Strukturveränderung ist jedoch in der Regel auf die Unterstützung durch engagierte und vertrauenswürdige Leitungspersonen angewiesen.
- Der *Prozesspromotor* stellt die aktive und intensive Vermittlung zwischen den Machtpromotoren und dem objektspezifischen Fachwissen sicher. Diese Art von Promotor repräsentiert auch die Rolle des Projektleiters.

Akteure nach Promotoren-Modell

Die Promotoren nehmen nach den Theoremen Wittes (1973, S. 17 ff.) unterschiedliche Rollen im Innovationsprozess wahr, wie die folgende Abbildung zusammenfassend veranschaulicht (nach Hauschildt, 2004, S. 171) (siehe Abbildung 114).

Das Promotorenkonzept nach Witte (1973) wurde von Gemünden & Walter (1995) um einen »*Beziehungspromotor*« erweitert. Diese Rolle kann die Aufgaben haben, Widerstände in der zwischenbetrieblichen Kooperation zu überwinden. Beziehungspromotoren sind wichtige Schlüsselpersonen, die inter-organisationale Innovationsprozesse fördern, wie beispielsweise die Kooperation mit anderen Hochschulen bei der Entwicklung von eLearning.

Das Promotoren-Modell ist ein analytisches Modell, das über den Einfluss von Promotoren zu erklären versucht, unter welchen Voraussetzungen Veränderungsprozesse größere Aussicht auf Erfolg haben. Die Drei-Promotoren-Konstellation tritt nicht nur häufiger auf als die Zwei-Promotoren-Struktur und als der Einzelpromotor. Sie erscheint aufgrund empirischer Studien den höchsten wirtschaftlichen Erfolg im Innovationsmanagement zu besitzen (Hauschildt, 1999, S. 13).

Promotoren-Modell im Prozessablauf

In der Anfangsphase erscheint eine gewisse Institutionalisierung der Innovation als förmliches »Projekt« eine notwendige Voraussetzung für den Projekterfolg zu sein. Wenn sich auch diese proaktive Formalisierung nicht direkt positiv auf den Innovationserfolg auswirkt, so gibt es dennoch einen indirekten Erfolg. Eine Formalisierung als Projekt begünstigt die Entstehung von effizienzfördernden Promotorenstrukturen. Des Weiteren wird das höchst komplexe Problem der richtigen Mischung

6.5 Entwicklungsmodi – Optimierung und Erneuerung
Begleitende Veränderungsprozesse gestalten

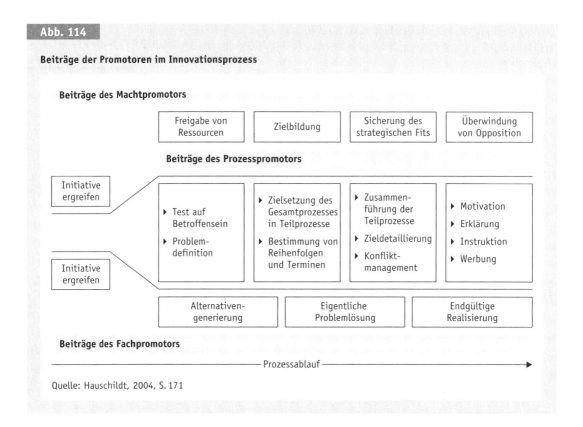

Abb. 114: Beiträge der Promotoren im Innovationsprozess
Quelle: Hauschildt, 2004, S. 171

und der richtigen Dosierung der Beteiligung verschiedener Rolleninhaber erkennbar. Die Troika-Konstellation ist häufig vorzufinden. Dabei kommt es zu vielfältigen Bewegungen: Rollenwechsel, Rollenausweitung sowie auch Rolleneinschränkung. Zudem variiert die Wichtigkeit der Promotoren im Innovationsprozess (Hauschildt, 2004, S. 171). In der ersten Phase scheint eher der Machtpromotor wichtig zu sein, Prozesspromotoren dann vor allem in der Prozessmitte. Demgegenüber werden Fachpromotoren in allen Phasen des Prozesses gebraucht.

2) Change Agents bzw. Change-Facilitator-Teams

Professionalisierung durch Change Agents/Change-Facilitator-Teams

Die Komplexität einer dauerhaften Systemänderung macht es erforderlich, dass unterschiedlichste Mitglieder des Systems ihre Kräfte bündeln, um ein Ziel zu erreichen. Neben Überzeugungsarbeit und Verhandlungen mit diversen Stellen müssen Betroffene informiert und motiviert werden, Ängste und Konflikte bearbeitet werden. Alle diese Aufgaben nur einer einzigen Person zu übertragen, würde diese vermutlich nicht nur zeitlich überfordern. Stattdessen ist es sinnvoller, ein Team zu etablieren, für welches sowohl Aufgaben als auch Rollen entsprechend komplementär definiert sind, wie es Hall und Hord (2001) in Form eines »Change-Facilitator-Teams« vorschlagen. In der Change-Management-Literatur wird dieser Ansatz auch häufig unter der Bezeichnung »Change Agents« geführt, welche für die konstruktive Implementierung von Innovationen bzw. Neuerungen und Veränderungen verantwortlich sind (Havelock, 1995, S. 137). Nach Havelock (1995, S. 137) sollte ein Change Agent im Laufe des Innovationsprozesses verschiedene Rollen einnehmen: vom Initiator, über den Prozesshelfer bis hin zu einem Lösungsanbieter. In diesem Zusammenhang hat sich gezeigt – ähnlich wie es empirische Untersuchungen des Promotoren-Modells belegen –, dass der Erfolg oder die Wirkung eines Innovationsvorhabens stark mit dem Innovationsförderungsstil der Leitungspersonen zusammenhängt (Capaul & Seitz, 2011, S. 627 ff.). Empirische Studien belegen insbesondere drei typische Verhaltensmuster, Profile oder Stile von innovationsfördernden Personen:

- *Initiator/»Visionär«*: Dieses Profil charakterisiert Personen, die Innovationen zielorientiert anstreben, die Initiative dafür ergreifen und den Anstoß dafür geben. Initiatoren haben eine klare Vision, die sie stetig verfolgen bzw. eine langfristige Perspektive darauf, welche Potenziale eine Innovation für die Organisation besitzt. Als Visionäre zeigen sie unermüdliche Begeisterung und Energie und treiben die Entwicklung in die gewünschte Richtung voran. Diese Rolle könnte sehr gut mit der Rolle des Machtpromotors von Witte verknüpft sein, um auch machtpolitische Zielvereinbarungsprozesse steuern zu können.
- *Effizienter Implementierer*: Ein weiteres Verhaltensmuster beschreibt Personen, die möglichst effizient Innovationsprozesse steuern wollen. Sie sorgen dafür, dass alles gut organisiert ist und möglichst reibungslos umgesetzt werden kann. Sie müssen nicht die gleiche Begeisterung und Energie wie ein Initiator haben, vielmehr sorgen sie für eine effiziente Umsetzung.
- *Kritische Stimme/»Responder«*: Wichtig oder typisch für die Mehrheit der involvierten Personen ist es, die Innovationen reaktiv entstehen und geschehen lassen. Sie greifen weniger in das Innovationsgeschehen ein als Initiatoren oder Implementierer. Personen in dieser Rolle interessieren sich wohl für die Anliegen der Beteiligten und versuchen in unverbindlicher Form festzustellen, wie sich die Personen bei den gestellten Problemen fühlen, tragen aber wenig zum Wandel bei, da sie die Problemstellungen nie mit Entschlossenheit angehen. Als Responder sind sie aber sehr gut dafür geeignet, sich in die unterschiedlichen Arten von Widerständen einzufühlen.

Typische Verhaltensmuster der Change Agents

Zielorientierte, von den Change-Facilitator-Teams ausgehende Interventionen können das zentrale Steuerungselement im Veränderungsprozess sein. Sie bieten die Möglichkeit, Emotionen wie Frustration und Ängste ebenso wie Gerüchte aufzunehmen und zu bearbeiten, um so eine kontinuierliche Motivationsgrundlage für die Veränderung zu erhalten (Hall & Hord, 2001, S. 15). Dabei soll das Change-Facilitator Team im Innovationsprozess sowohl eine Diagnose- als auch eine aktive Interventionsfunktion übernehmen.

Die Zusammensetzung eines Change-Facilitator-Teams scheint einen wesentlichen Einfluss auf den Erfolg und die Diffusion einer Innovation zu haben. Auf der Grundlage von empirischen Studien von Hall und Hord (2001, S. 136) kann die Schlussfolgerung gezogen werden, dass der Innovationsförderer in der Rolle des Initiators bei der Umsetzung von Innovationen die größten Erfolge oder die beste Wirkung erzielt. Bei der Zusammensetzung eines Change-Facilitator-Teams ist daher

Veränderungsprozesse im Team gestalten: Hinweise zur Teamentwicklung

unbedingt darauf zu achten, dass von einem Innovationsförderer diese Rolle tatsächlich wahrgenommen wird. Die Ansprüche an die Innovationsförderer unterscheiden sich in der Phase der Entwicklung und in der Phase der Implementation wesentlich. Für eine wirksame Veränderung im System ist die Implementation der Innovation ebenso wichtig und aufwändig wie die Konzeption. Daher gelangen Hall und Hord (2001) zur Unterscheidung von »Change Facilitators« und »Implementation Facilitators« und differenzieren sie folgendermaßen: »Change facilitators on the development side tend to be very visible and dynamic, while implementation facilitators need to have the patience to work daily with teachers who are attempting to figure out how to use innovation« (S. 7). Ebenso kann auf Basis dieser Differenzierung die Rolle von Führungspersonen im Veränderungsprozess neu bestimmt werden, insbesondere auch um der Gefahr entgegenzuwirken, dass sich das Interesse nach der Konzeptionsphase nicht verliert und die Anstrengungen nicht im Sande verlaufen.

Das Promotoren- sowie das Change-Facilitator-Team-Modell liefern wesentliche Konzepte für Akteure und Rollen bei Innovations- und Veränderungsprozessen. Während das Change-Facilitator-Team von Hall und Hord (2001) einen Fokus auf das Team und deren Führungsstile bzw. -profile legt, betont Hauschildt (2004) in der Anwendung des Promotoren-Modells den Innovationsprozess mit seinen Herausforderungen in Bezug auf Durchsetzung und Steuerung des Prozesses sowie letztlich der fachlichen Fundierung als Ausgangspunkt. Beide Modelle liefern einen komplementären Beitrag, geht man davon aus, dass sowohl der Prozess, als auch das Team in der Beschreibung von Rollen und Akteuren im Wandel berücksichtigt werden müssen. Die Integration beider Konzepte hilft dabei, sich einerseits analytisch mit Personen und ihren Rollen im Veränderungsprozess auseinanderzusetzen und andererseits im Vorfeld systematisch über zu beteiligende Personen und Rollen nachzudenken. Die Grenzen des Rollenmodells sind dabei ersichtlich. Die Kompetenzen und Persönlichkeitseigenschaften der jeweiligen Rollenträger, die häufig im Vorfeld nicht prognostizierbar sind, sondern vielmehr erst im Innovationsprozess in den Vordergrund treten, haben einen starken Einfluss auf den Durchsetzungserfolg einer Innovation.

6.5.1.4 Welche Arten und Quellen von Widerständen sind möglich?
In vielen Veränderungsprozessen reagieren die Organisationsmitglieder nicht flexibel auf die neuen Anforderungen, die durch den Veränderungsprozess an sie gestellt werden, sondern entwickeln eine negative Einstellung und zeigen Verhaltensweisen, die dem Ziel der Veränderung entgegenstehen. Die Analyse von und der Umgang mit Widerständen der Betroffenen stellt daher eine der zentralen Gestaltungsherausforderungen in Veränderungsprozessen dar.

Konstruktive und destruktive Opposition

Arten von Widerständen

Zwei grundsätzlich verschiedene Spielarten von Opposition sind dabei zu unterscheiden. Während die destruktive Opposition die Innovation verhindert, wird bei der konstruktiven Opposition offen argumentiert und man will das Ergebnis verändern, was als sehr nützlich beurteilt werden kann. Die Aufgabe des Innovationsmanagements besteht somit darin, die konstruktive Opposition zu fördern und die destruktive Opposition an ihrer Entfaltung zu hindern. Folglich scheint der Einsatz engagierter Promotoren geeignet zu sein, die destruktive Opposition zu überwinden.

Quellen von Widerständen

In Anlehnung an einschlägige Theorien des Change Managements sollen hier vier potenzielle Quellen von Widerstand gegen notwendige Veränderungen hervorgehoben werden (Reiß, von Rosenstiel & Lanz, 1997):

- Beteiligte/Betroffene kennen die Motive und Ziele angestrebter Veränderungen nicht;
- Beteiligte/Betroffene können angestrebte Veränderungen nicht umsetzen, da sie nicht über die dafür erforderlichen Fähigkeiten und Fertigkeiten verfügen;
- Beteiligte/Betroffene können bzw. dürfen angestrebte Veränderungen nicht umsetzen, da diese Personen den etablierten Prozessen entgegen stehen oder da sie nicht über die dafür erforderlichen Ressourcen verfügen;
- Beteiligte/Betroffene wollen angestrebte Veränderungen nicht umsetzen, da sie für sich selbst negative Konsequenzen befürchten.

Ursachen für Widerstände

Abb. 115

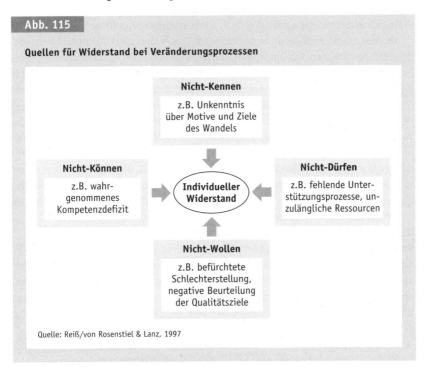

Quellen für Widerstand bei Veränderungsprozessen

Quelle: Reiß/von Rosenstiel & Lanz, 1997

Hinweise dafür, wie mit den unterschiedlichen Arten von Widerstand umgegangen werden kann, sind in Abschnitt 6.5.3.6 widerstandsbezogene Gestaltung und Beispiele für Interventionsformen aufgeführt.

6.5.2 Grundlegende Ansätze des Veränderungsmanagements

Veränderungs- bzw. Change Management wird in der Literatur mit zahlreichen Gestaltungsansätzen und -prinzipien in Verbindung gebracht (Schönwald, 2007). Grundsätzlich zu unterscheiden sind potenzial- vs. ergebnisorientierte Ansätze bezogen auf das Ausgansziel sowie radikale vs. evolutionäre Ansätze in Bezug auf die Veränderungsgeschwindigkeit. Hierbei gibt es Überschneidungen zu grundsätzlichen Ansätzen zur Einführung von Innovationen, zum programmierten vs. adaptiv-evolutionären Ansatz. Bei der Entscheidung nach dem jeweiligen Change-Management-Ansatz stellt sich ferner noch die Frage, wie die Veränderungsprozesse aus Prozess-Sicht optimal unterstützt werden können, die selbstverständlich in hoher Abstimmung mit der inhaltlichen Entwicklung der Innovation verlaufen sollten.

Potenzial- vs. ergebnisorientierte Ansätze

Entwicklungsfähigkeit erhöhen oder Ergebnisse innovativ sichern?

- *Potenzialorientierte Gestaltungsansätze* sind vor allem im Zusammenhang mit den Gestaltungsansätzen der Organisationsentwicklung der 1970er-Jahre entstanden. Ziel von potenzialorientierten Gestaltungsansätzen ist die Stärkung der kontinuierlichen Veränderungsfähigkeit von Organisationen durch die Schaffung einer veränderungsfreundlichen Organisationskultur, in der neue Ideen und Konzepte entstehen können. Ein zentraler Gedanke ist dabei, die Organisationsmitglieder zu selbstorganisierten Lernprozessen zu befähigen. Potenzialorientierte Ansätze betonen die Notwendigkeit der partizipativen Gestaltung von nachhaltigen, längerfristig angelegten Veränderungsprozessen.
- *Ergebnisorientierte Veränderungsansätze* versuchen, Veränderungen der Organisation innerhalb eines festgelegten Zeitraums auf ein messbares Ziel hin zu erreichen. Dieser Veränderungsprozess wird von wenigen Rollenträgern mit der entsprechenden Machtausstattung getragen. Sie gestalten die Organisationsprozesse und -strukturen auf ein strategisches Veränderungsziel hin neu und versuchen, bei den Betroffenen eine positive Akzeptanzhaltung gegenüber dem konkreten Veränderungsziel zu erwirken.

Radikale vs. evolutionäre Ansätze

In kleinen Schritten oder großer Sprung?

Ein gängiges Klassifikationskriterium liefert ferner die Frage, ob Veränderungsprozesse eher in vielen kleinen Entwicklungsschritten (evolutionär) oder aber in wenigen großen Schüben (revolutionär) erfolgen sollen. Zwei Extremformen können unterschieden werden:
- *Evolutionsmodell*, das für evolutionäre Veränderungen steht *vs.*
- *Umbruchmodell*, mit dem radikale, revolutionäre Veränderungen verbunden sind. Im Grunde genommen sind sie analog zu den Implementationsstrategien von Innovationen zu sehen: programmierte Strategie vs. adaptiv-evolutionärer Ansatz.

Die programmierte Strategie bzw. das revolutionäre Veränderungsmodell ist für Erneuerungsprojekte geeignet, welche eine radikale Veränderung für die Beteiligten vermuten lässt. Die Anforderungen an die Projektleitungen hinsichtlich der erwarteten Konflikte und Reibungsverluste sind dementsprechend höher. Dahingegen scheint die adaptiv-evolutionäre Strategie bei Optimierungsprozessen die geeignete Alternative, um Bottom-up Entwicklungen möglichst aus den Kräften der Selbstorganisation heraus wachsen zu lassen.

Unabhängig davon welcher grundsätzliche Ansatz für geeigneter erscheint, ist ein prozessorientiertes Veränderungsmanagement zu empfehlen. Im Folgenden wird auf ein derartiges Phasenmodell eingegangen, um den Ablauf von Veränderungsprojekten systematisch zu betrachten.

6.5.3 Phasenmodell: Veränderungsprozesse begleiten

6.5.3.1 Überblick

Ein prozessorientiertes Change-Management, welches insbesondere die Aufgaben für ein Change-Facilitator-Team bzw. Change Agents (vgl. 6.5.1.3) aufnimmt, kann in unterschiedlichen Phasen beschrieben werden (Schönwald, Euler, Angehrn & Seufert, 2006, S. 3):

- In der *Problemdefinitionsphase* werden die normativen Grundlagen für einen geplanten Veränderungsprozess gelegt.
- In der *Strategieentwicklungsphase* wird das Wandeldesign festgelegt, was sowohl das Veränderungsziel als auch das Implementierungsvorgehen spezifiziert.
- In der *operativen Gestaltungsphase* wird die Implementierungsstrategie durch Diagnose- und Interventionsmaßnahmen zur Erreichung des Veränderungsziels umgesetzt.
- *Reflexionsphasen* sollten während des gesamten Veränderungsprozesses bewusst eingesetzt werden, um eine hohe Kohärenz zwischen Problemdefinition, Strategieentwicklung und operativer Gestaltung zu erzielen

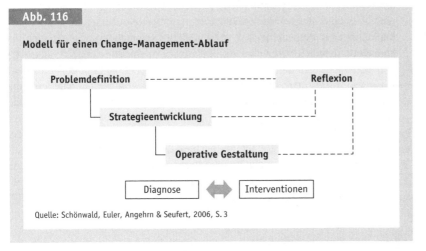

Abb. 116 — Modell für einen Change-Management-Ablauf

Quelle: Schönwald, Euler, Angehrn & Seufert, 2006, S. 3

Phasenmodell im Umgang mit Veränderungen

Im Folgenden werden die Kernaktivitäten in diesen vier Prozessphasen identifiziert und präzisiert.

6.5.3.2 Problemdefinition

Damit der Veränderungsprozess von den Betroffenen nicht nur »als Lösung auf der Suche nach Problemen«, sondern als Lösung von Problemen aufgenommen wird, ist es am Anfang eines Veränderungsprozesses erforderlich, Klarheit über die Problemlage zu gewinnen und die Frage nach der Begründung des Veränderungsvorhabens zu stellen.

Problemstellung klären: Was sind die Ausgangspunkte?

Zur Spezifizierung von Problemen können generische Merkmale dienen, um die Dynamik und den Verlauf von Veränderungsprojekten besser abschätzen zu können:

- *Ergebnis- oder potenzialorientierter Ansatz*: Handelt es sich bei dem Veränderungsprojekt um die explizite Begleitung eines Ereignisses, um den Erfolg eines initiierten Projektes zu unterstützen? Oder ist es das Ziel, generell die Entwicklungsfähigkeit und die Selbstorganisation der Organisationsmitglieder zu steigern? Je nachdem sind die Anforderungen an die Change Agents anders gelagert: Im ersten Fall sind sie eher als Dirigenten gefordert, im zweiten hingegen müssen sie auch vielfältige Anforderungen in der Projektführung übernehmen.
- *Qualitätsentwicklung und Veränderung*: Veränderungsprojekte können sich direkt aus den Aktivitäten der Qualitätsentwicklung ergeben, wie beispielsweise um Maßnahmen, die als Ergebnis aus Evaluationen entstammen, zu unterstützen. Dies stellt einen ergebnisorientierten Ansatz dar. Darüber hinaus kann ein legitimes Ziel der Umsetzung von Qualitätsentwicklung einerseits und Bildungscontrolling andererseits darin bestehen, zunächst einmal die personalen, materiellen und kulturellen Rahmenbedingungen zu fördern, die wichtige Voraussetzungen für das Erreichen der angestrebten Qualitätsziele bzw. der angestrebten Zielwerte bei Kennzahlen darstellen. Damit verknüpft ist somit ein potenzialorientierter Ansatz des Veränderungsmanagements.
- *Bildungsinnovationen und Veränderung*: Ähnlich können im Umgang mit Innovationen Innovationsprojekte entstehen, um Neues zu erproben und zu implementieren. Diese sind gleichzeitig als Veränderungsprojekte aufzufassen, die je nach radikalem oder evolutionärem Wandel andere Implementierungsstrategien als geeignet erscheinen lassen. Der ergebnisorientierte Ansatz fokussiert dabei darauf, die Wirksamkeit der Bildungsinnovation und den Erfolg des Innovationsvorhabens zu unterstützen. Beim potenzialorientierten Ansatz steht wiederum die grundsätzliche Förderung einer innovationsfreundlichen Kultur im Vordergrund.

Ein weiterer Ausgangspunkt in der Phase der Problemdefinition ist, den Grad der Veränderung, sei es aus der Perspektive des Innovationsmanagements oder der Qualitätsentwicklung, zu bestimmen. Von der Beantwortung der Frage, ob es sich um ein Optimierungs- oder eher um ein Erneuerungsprojekt handelt, können Einschätzungen hinsichtlich zeitlicher, personeller und finanzieller Ressourcen abgeleitet werden.

6.5.3.3 Wandeldesign: Strategieentwicklung

In der nächsten Phase der Strategieentwicklung ist zu bestimmen, wie die verschiedenen Veränderungsmaßnahmen zu einem in sich stimmigen »Wandeldesign« (Müller-Stewens & Lechner, 2005, S. 590) zu orchestrieren sind. Veränderungsstrategien beinhalten konzeptionelle Festsetzungen hinsichtlich des angestrebten Veränderungsziels – *Zielstrategie* – sowie Festlegungen in Bezug auf die Vorgehensweise, wie dieses Veränderungsziel erreicht werden soll im Sinne einer *Implementierungsstrategie*.

1) Entwicklung einer Zielstrategie
»Was soll mit der Veränderung erreicht werden?« Diese Frage bildet den Ausgangspunkt für die Entwicklung einer Zielstrategie des Veränderungsvorhabens. Die Entwicklung einer Zielstrategie sollte sich an der vorangegangenen Problemdefinition orientieren, d. h. das angestrebte Veränderungsziel sollte dazu beitragen, das identifizierte Problem zu lösen. Bei der Entwicklung einer Zielstrategie sind alle wichtigen Anspruchsgruppen zu berücksichtigen.

Strategie festlegen: Ziele für das Veränderungsprojekt klären (was erreichen?)

2) Entwicklung einer Implementierungsstrategie
Die wesentliche Frage bei der Entwicklung einer Implementierungsstrategie lautet: »Wie soll das angestrebte Veränderungsziel erreicht werden?« Zentrale Gestaltungsfelder bei der Implementierungsstrategie sind die Festlegung einer Implementierungsrichtung, die zeitliche Planung des Implementierungsprozesses, die Klärung von Verantwortlichkeiten und Ressourcen sowie die Festlegung von Gestaltungsprinzipien. Insbesondere geht es darum, Wege zur Gestaltung von Veränderungsprozessen aufzuzeigen, d. h. »strategische Initiativen zum Leben zu bringen« (Müller-Stewens & Lechner, 2005, S. 589). Müller-Stewens und Lechner (2005, S. 590ff.) entwickelten hierzu einen Bezugsrahmen, der folgende Kategorien umfasst:
- *Entwicklungsfokus, Akzente*: Welche zentralen Themen werden verfolgt?
- *Entwicklungsrichtung*: Welche grundsätzliche Implementierungsrichtung wird angestrebt?
- *Entwicklungslogik, Timing*: Wann finden die einzelnen Schritte statt?
- *Entwicklungsobjekt, Gestaltungsräume*: Wo setzt die Veränderung an?
- *Entwicklungskräfte, Akteure*: Wer sind die Gestalter des Wandels?

Hinsichtlich der *Implementierungsrichtung* werden grundsätzlich zwei Vorgehen unterschieden:
- Bei einer *Top-down-Strategie* wird angestrebt, die Veränderung von der Organisationsspitze aus über die weiteren Hierarchieebenen in die Organisation zu verbreiten. Top-down-Strategien werden meist in Zusammenhang mit ergebnisorientierten Veränderungszielen angewandt, um die hierarchischen Weisungswege für eine rasche Umsetzung der angestrebten Veränderung zu nutzen.
- Bei einer *Bottom-up-Strategie* wird angestrebt, die Mitglieder in der Organisationsbasis für die Gestaltung des Veränderungsprozesses zu gewinnen. Ziel ist es, die Bedürfnisse und Erwartungen sowie das operative Wissen der Organisationsmitglieder zur Gestaltung eines angemessenen Veränderungsprozesses aufzunehmen. Bottom-up-Strategien werden meist in Zusammenhang mit potenzialorientierten Veränderungszielen angewandt, um das kreative Potenzial der Mitarbeitenden zu nutzen.

Implementierungsstrategie festlegen (wie erreichen?)

6.5 Entwicklungsmodi – Optimierung und Erneuerung
Begleitende Veränderungsprozesse gestalten

Zu ergänzen wären diese um Strategien der Innovation, die in den mittleren Ebenen einer Organisation ansetzen, wie beispielsweise middle-up & down und eine bipolare Strategie, die im Sinne einer Entwicklung top-down ansetzt und sich zur Mitte bewegt. Ein Sonderfall ist die Multiple-Nucleus Strategie (»Buschfeuer«), die ein Bündel von Innovationsprozessen in unterschiedlichen Ebenen und Bereichen der Organisation lanciert und dabei auf ungerichtete Ausstrahlungseffekte setzt (Becker, 1999, S. 477). Einen Überblick zeigt die nachfolgende Abbildung (nach Mohr, 1997, S. 87):

Wo in einer Bildungsorganisation anfangen und weiter gehen?

Abb. 117

Implementierungsrichtungen in Veränderungsprozessen

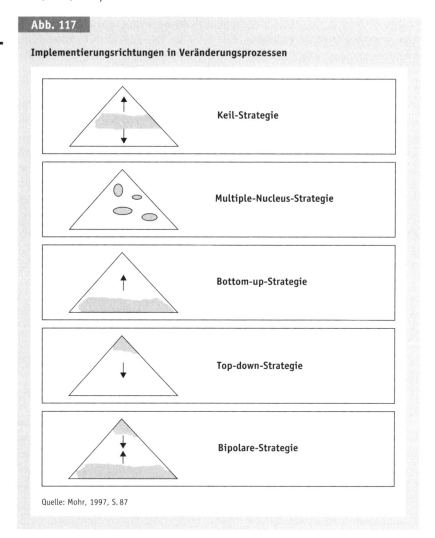

Quelle: Mohr, 1997, S. 87

So wird beispielsweise bei der Keilstrategie die Veränderungsinitiative an der mittleren Führungsebene angesetzt, von der aus die Veränderung sowohl in die höheren Führungsebenen als auch in die Organisationsbasis verbreitet werden soll. Bei der Multiple-Nucleus-Strategie wird versucht, Personen und Organisationseinheiten, die als besonders wichtig für den Veränderungserfolg gesehen werden, als erstes für die Veränderung zu gewinnen. Von diesen Innovationskernen, soll dann eine Diffusionswirkung in die Organisation ausgehen.

Tendenziell werden Ideen zur Verbesserung einzelner Bildungsprozesse eher in Bottom-up-Strategien entwickelt. Das Innovationsprojekt setzt an Bestehendem an und gewährleistet, dass die Verbesserung im Rahmen der vorhandenen Handlungskompetenzen erfolgt. Der Ordnungsrahmen aus Struktur, Kultur und Routinen bleibt bestehen und wird lediglich angepasst (Capaul & Seitz, 2011, S. 604). Eine grundsätzliche Bedrohung von Handlungsprioritäten oder Werthaltungen entsteht dabei kaum. Vorteile dieser Idealform sind beispielsweise wesentlich geringere Risiko- und Konfliktpotenziale, die von der Bildungsinnovation ausgehen. Da der Prozess konzentriert und punktuell ansetzt, können beispielsweise andere Bereiche »als sicherer Hafen« genutzt werden. Bei Erneuerungsprozessen wird hingegen eine Kombination aus Top-down- und Bottom-up-Strategien favorisiert. Häufig können die reinen Bottom-up-Entwicklungen nicht genügend Energien und Umsetzungskraft mobilisieren aufgrund der höheren Widerstände, die häufig bei radikalen Umbrüchen entstehen. Genauso verfehlen reine Top-down-Ansätze häufig ihr Ziel, da sie die Beteiligten zu wenig ins Boot holen und nicht genügend Umsetzungskraft bewirken können.

Bottom-up vs. Top-down?

Ein weiteres zentrales Gestaltungsfeld bei der Entwicklung einer Implementierungsstrategie ist die zeitliche Planung des Implementierungsprozesses. Dabei sind Vorstellungen über die Fokussierung der Gestaltungsaufgaben in verschiedenen Entwicklungsphasen zu entwickeln. Es ist hilfreich, angestrebte Entwicklungsstände in definierten Zeithorizonten in Form von Meilensteinen zu konkretisieren. Dies stellt bereits den Übergang zur operativen Gestaltung des Veränderungsmanagements dar.

6.5.3.4 Operative Gestaltung: Diagnose

Auf der Basis der strategischen Orientierung des Wandeldesigns für den Veränderungsprozess ist die Implementierung des Veränderungsvorhabens im Rahmen der operativen Gestaltung erforderlich. Dabei werden Diagnose und Interventionen als zentrale Gestaltungsfelder unterschieden.

Diagnoseaktivitäten dienen dazu, die spezifischen Ausgangsbedingungen und Entwicklungslinien eines Veränderungsprozesses zu erheben und damit die situationsspezifischen Anforderungen an die Gestaltung des Veränderungsprozesses zu analysieren (Schönwald, Euler, Angehrn & Seufert, 2006, S. 15).

6.5 Entwicklungsmodi – Optimierung und Erneuerung
Begleitende Veränderungsprozesse gestalten

Diagnose von Individuen, Kultur und Netzwerken

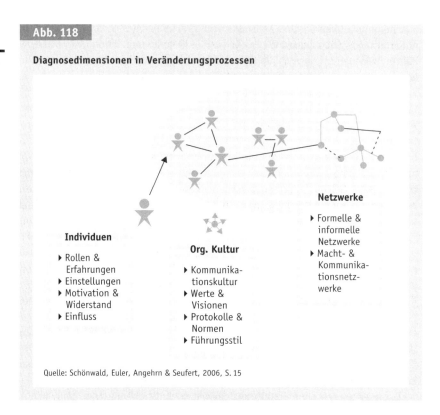

Abb. 118: Diagnosedimensionen in Veränderungsprozessen

Quelle: Schönwald, Euler, Angehrn & Seufert, 2006, S. 15

Diagnose der individuellen Einstellungen und Verhaltensweisen

Ob ein Veränderungsvorhaben in einer Organisation erfolgreich ist, hängt wesentlich davon ab, inwieweit sich die Verhaltensweisen der individuellen Akteure in der Organisation ändern. Die Diagnose der individuellen Einstellungen und Verhaltensweisen ist notwendig, um zielgruppengerechte Interventionen einzuleiten.

Zentrale Fragestellungen hierbei sind:
- *Rollen und Erfahrungen*: Welche Rollenvorstellungen und Erfahrungen beeinflussen die Verhaltensweisen der Betroffenen im Veränderungsprozess?
- *Veränderungseinstellungen*: Welche Einstellungen haben die Betroffenen gegenüber der Veränderung (vgl. die Innovationstypen nach Rogers (2003), Abschnitt 6.4.3.4)?
- *Motivation & Widerstand*: Welche Motivations- und Widerstandsfaktoren wirken auf das Verhalten der Betroffenen (vgl. hierzu die Quellen für Widerstand bei Veränderungsprozessen, S. 413)?
- *Einfluss*: Welchen Einfluss haben die Betroffenen auf den Verlauf des Veränderungsprozesses?

Diagnose auf der individuellen Ebene: Ansätze

Für die Diagnose der Einstellungen und des Verhaltens der Organisationsmitglieder haben sich, basierend auf Diffusions- und Adoptions-Theorien (vgl. Abschnitt 6.4.3.4), mehrere Verfahren etabliert. Während die Typenbildung, wie die Innovationstypen nach Rogers (2003), statisch nach individuellen Merkmalen potenzieller Adoptoren gebildet werden kann, stellen dynamische Ansätze den Adoptionsprozess in den Vordergrund, wie die Phaseneinteilung des Entscheidungsprozesses nach Rogers (2003) oder die Stufen des Betroffenheits- und Verhaltensänderungsgrades von Hall und Hord (2001) aufzeigen. Bei dieser dynamischen, prozessorientierten Typenbildung werden potenzielle Adoptoren nicht fix einer Kategorie zugeordnet. Individuen durchlaufen demnach während des Innovationsprozesses mehrere Stufen bis zur Nutzung und langfristigen Adoption von Innovationen und ihr Status verändert sich i. d. R. im Laufe der Zeit. Die Grundidee ist bei allen Ansätzen, dass mit einer genauen Diagnose, passgenauere Interventionen angeboten und gestaltet werden können. Bezüglich der einzelnen Ansätze bedeutet dies im Wesentlichen Folgendes:

- *Rogers Innovationstypen* (statische Typenbildung): Diagnose der verschiedenen Adopterkategorien nach der vorliegenden Innovationsbereitschaft, um insbesondere die zweite und dritte Gruppe, Frühe Adoptoren sowie Frühe Mehrheit, aktiv in den Innovationsprozess einzubinden.
- *Rogers Adopterkategorien nach dem Entscheidungsprozess* (dynamische Typenbildung): Diagnose des Status eines Individuums innerhalb der verschiedenen Phasen, um adäquate Strategien für die Gestaltung des Veränderungsprozesses, beispielsweise Informieren, Ausprobieren lassen, passgenau auszuwählen.
- *Adopterkateogrien nach Hall & Hord* (dynamische Typenbildung): Diagnose des Status eines Individuums mit Hilfe der zwei Skalen Betroffenheitsgrad und Grad der Verhaltensänderung, um entsprechende Interventionen passgenau einzusetzen.

Offen bleibt bei den meisten Ansätzen, inwiefern während eines Innovationsvorhabens eine Diagnose zur Einordnung von Lehrpersonen, Lernenden, Schulleitung, Support-Mitarbeitenden etc. in die jeweiligen Kategorien auf praktikable Art und Weise erfolgen kann. Im Fall der dynamischen Ansätze wird die Praktikabilität zudem dadurch eingeschränkt, dass sich der Status bei den Beteiligten permanent verändert und eine kontinuierliche Erhebung mit Diagnoseinstrumenten erfordern würde.

Auch wenn aus diesen Gründen nicht immer eine präzise Diagnose vorgenommen werden kann, ist die Einbindung der Betroffenen absolut essenziell. Dieser Einsicht wird im modernen Projektmanagement, das Change-Management-Prinzipien folgt, auch Rechnung getragen. Die Beteiligten werden frühzeitig auf die bevorstehenden Veränderungen vorbereitet und umfassend sowie angemessen informiert (»Change Communication«). Ein solches Veränderungsmanagement kann u. a. Informationen und Maßnahmen zur Kompetenzentwicklung beinhalten. Der frühestmögliche Einbezug der Betroffenen vermittelt Sicherheit im Prozess und fördert die Bereitschaft zur Veränderung. Das Erzeugen dieser Bereitschaft ist zentral, da andernfalls Widerstände aus der Belegschaft das Vorhaben zum Scheitern bringen können.

Grenzen der Diagnose: Praktibilität

Diagnose von Netzwerken
Die Diagnose von Netzwerken dient dazu, die sozialen Beziehungen zwischen den Akteuren als wichtigen Einflussfaktor auf Kommunikations-, Lern- und Beeinflussungsprozesse zu identifizieren. Dabei gilt es folgende Fragen zu beantworten (vgl. auch die Ausführungen zu Einfluss von Netzwerken auf die Akteure, Abschnitt 6.5.1.2):

6.5 Entwicklungsmodi – Optimierung und Erneuerung
Begleitende Veränderungsprozesse gestalten

▸ *Formelle und informelle Netzwerke:* Welche formellen und informellen Netzwerke bestehen in der Organisation? Wer sind die Mitglieder dieser Netzwerke?
▸ *Macht- und Kommunikationsnetzwerke*: Welche Personen bilden Knotenpunkte in den Netzwerken? Wer sind die offiziellen und inoffiziellen Meinungsführer?

Diagnose der Organisationskultur

Diagnose auf der Organisationsebene: Netzwerke und Kultur

Die Diagnose der Organisationskultur ist notwendig, um eine kulturadäquate Gestaltung des Veränderungsprozesses zu ermöglichen und kulturbedingte Widerstände zu vermeiden. Zentrale Fragen bei der Diagnose der Organisationskultur sind:
▸ *Werte und Visionen:* Welche Organisationsziele verfolgt die Organisation? Inwieweit gibt es Abweichungen zwischen den Organisationswerten und den individuellen Werten der Organisationsmitglieder?
▸ *Normen und Protokolle:* Welche offiziellen Regeln bestehen in der Organisation? Welche inoffiziellen Regeln prägen das Verhalten der Organisationsmitglieder?
▸ *Kommunikation:* Wie wird in der Organisation kommuniziert? Gibt es Abweichungen zwischen der offiziellen und inoffiziellen Kommunikation?
▸ *Führung*: Was erwartet die Organisation von ihren Führungspersonen? Wer sind die Führungspersonen? Gibt es formelle und informelle Führungspersonen?

Während die formellen Organisationsstrukturen meist aus Organigrammen erschlossen werden können, ist die Diagnose von informellen Netzwerken wesentlich diffiziler und zeitaufwändiger.

6.5.3.5 Operative Gestaltung: Interventionen als Maßnahmen für begleitende Veränderungen

Interventionen sind Vorgehensweisen von Change Agents, um Veränderungen in Organisationen zu initiieren, voranzutreiben und zu stabilisieren. In der Literatur finden sich dazu eine Vielfalt an Methoden, Instrumenten und Verfahren.

Damit Interventionen auch die intendierten Wirkungen zeigen, sind bei ihrer Auswahl und Ausgestaltung sowohl prozessbezogene, objektbezogene als auch wider-

Spektrum an Interventionen für Change Agents

Abb. 119

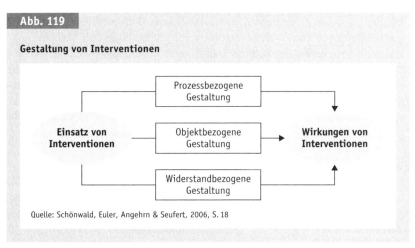

Gestaltung von Interventionen

Quelle: Schönwald, Euler, Angehrn & Seufert, 2006, S. 18

standsbezogene Faktoren zu berücksichtigen (Schönwald, Euler, Angehrn & Seufert, 2006, S. 18).

Prozessbezogene Gestaltung
Je nachdem, in welcher Phase des Veränderungsprozesses sich die Betroffenen befinden, sind unterschiedliche Interventionen erforderlich. So können beispielsweise gerade am Anfang von Veränderungsprozessen allgemeine Informationen über den Veränderungsprozess zu einer ersten Sensibilisierung der Organisationsmitglieder für das Veränderungsvorhaben beitragen. Besteht bei den Betroffenen ein generelles Bewusstsein für den Veränderungsprozess, dienen persönliche Gespräche dazu, individuelle Bedenken aufzunehmen und ein Interesse an der Umsetzung des Veränderungsvorhabens zu wecken. Um die Organisationsmitglieder zu ersten Umsetzungsversuchen zu motivieren, können beispielsweise Trainings durchgeführt werden, in denen die Veränderung konkret erfahrbar gemacht wird. Um die Veränderung zu stabilisieren, sind Unterstützungsangebote einzurichten, welche die Organisationsmitglieder in ihrem Arbeitsprozess unterstützen (Schönwald, Euler, Angehrn & Seufert, 2006, S. 20).

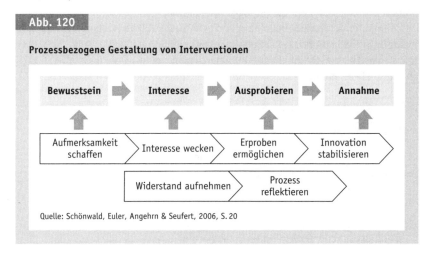

Abb. 120: Prozessbezogene Gestaltung von Interventionen

Quelle: Schönwald, Euler, Angehrn & Seufert, 2006, S. 20

Interventionsformen im Prozess

Objektbezogene Gestaltung
Interventionen können auch danach unterschieden werden, welche Organisationseinheit sie adressieren (Reiß, von Rosenstiel & Lanz, 1997):
- *Interventionen auf individueller Ebene* fördern die individuelle Motivation und die Kompetenz der Betroffenen, z. B. durch persönliche Gespräche;
- *Interventionen auf Gruppenebene* dienen dazu, lähmenden Gruppendruck zu überwinden und die Einstellungen und Verhaltensweisen der Gruppenmitglieder auf die veränderten Anforderungen auszurichten, z. B. durch Maßnahmen zur Teamentwicklung;
- *Interventionen auf Organisationsebene* dienen dazu, die organisationalen Rahmenbedingungen, welche das Verhalten der Individuen und Gruppen prägen, den

Interventionsformen nach Individuen, Gruppen, Organisationen

6.5 Entwicklungsmodi – Optimierung und Erneuerung
Begleitende Veränderungsprozesse gestalten

neuen Anforderungen anzupassen, z. B. durch eine Veränderung von Organisationsstrukturen und -kulturen. So sind beispielsweise Ansätze für die Einführung und Umsetzung von Qualitätsentwicklung und Bildungscontrolling keine Rezepte, die administrativ verordnet und mechanisch umgesetzt werden können. Der Sinn und der Nutzen von Qualitätsentwicklung und Bildungscontrolling muss von den Betroffenen entdeckt bzw. von den Verantwortlichen transparent gemacht werden. Dies ist häufig aufwändiger als zunächst angenommen. Dabei gilt es kulturelle Rahmenbedingungen zu beachten. Pointiert gesagt können Qualitätsentwicklung und Bildungscontrolling erst mit dem Aufbau einer Vertrauenskultur nachhaltig und erfolgreich umgesetzt werden (Euler, 2005, S. 66). Ob diese Vertrauenskultur vorhanden ist oder zunächst noch entwickelt werden muss, ist im Einzelfall zu prüfen.

Widerstandsbezogene Gestaltung
Bei der Gestaltung von Veränderungsprozessen treten verschiedene Arten von Widerständen auf. Interventionen können eingesetzt werden, um potenzielle Widerstände zu vermeiden oder aktuellen Widerständen zu begegnen. In Anlehnung an die Klassifikation der Akzeptanzhürden von Reiß, von Rosenstiel und Lanz (1997, S. 201) und die Interventionsstrategien von Kotter und Schlesinger (2008) können die Interventionsformen Kommunikation, Kompetenzentwicklung, Anreizgestaltung, Partizipation, Unterstützung und Machtmittel unterschieden werden. Die folgende Tabelle 81 gibt Beispiele für konkrete Ausgestaltungsmöglichkeiten der Interventionen.

Tab. 81

Interventionsformen nach Ursachen für Widerstände

Beispiele für Interventionsformen

Widerstände	Potenzielle Interventionen
Nicht-Wissen	▶ Kommunikationsmaßnahmen, z. B.: – Gespräche, – Veranstaltungen, – schriftliche Informationen: Broschüren, Flyer, Artikel in Mitarbeiterzeitschrift, Informationen auf Webseiten.
Nicht-Wollen	▶ Anreizstrukturen, z. B.: – interessante Arbeitsgestaltung, – finanzielle Anreize, – Partizipationsmöglichkeiten.
Nicht-Können	▶ Kompetenzentwicklungsmaßnahmen, z. B.: – formelle Angebote, wie Seminare, Workshops, – informelle Angebote, wie Coaching-Formate, Mentoring.
Nicht-Dürfen	▶ Unterstützungsmaßnahmen, wie z. B.: – Einrichten eines Help Desk, – Ausbildung von Multiplikatoren, – Einbindung in Führungskräfteentwicklung.
Nicht-Müssen	▶ Machtmittel, z. B.: – Schaffung von Verbindlichkeiten, – Anweisungen, – Unterbindung alternativer Handlungsmöglichkeiten.

6.5.3.6 Begleitende Prozessreflexion

Unter Zeit- und Ergebnisdruck treten im Laufe des Veränderungsprozesses die ursprünglichen strategischen Überlegungen oft in den Hintergrund und werden durch taktisches »trial-and-error«-Vorgehen ersetzt. Wichtig ist es hier, bewusst Denkpausen einzuschalten, ggf. auch eine Außensicht reinzuholen und zu reflektieren, ob der Gestaltungsprozess noch auf dem richtigen Weg ist, um daraus eventuell notwendige Kurskorrekturen abzuleiten. Potenziell hilfreiche Reflexionsfragen hierbei sind:

- *Reflexion der Problemanalyse:* Inwieweit trägt die Veränderung zur Lösung der bestehenden Probleme bei? Inwieweit werden mit der angestrebten Veränderung andere Probleme hervorgerufen?
- *Reflexion der Veränderungsstrategie*: Welche Probleme treten bei der Umsetzung der Veränderungsstrategie auf? Inwieweit sollte die ursprüngliche Veränderungsstrategie der laufenden Entwicklung angepasst werden?
- *Reflexion der operativen Gestaltung*: Inwieweit erzielen die Interventionen die beabsichtigte Wirkung? Inwieweit unterstützen die Interventionen die Implementierungsstrategie?

Formen einer begleitenden Reflexion

6.5.4 Fazit: Veränderungsprozesse begleiten

Geplante Veränderungen zielen auf den Unterschied zwischen dem bestehenden und dem neuen, zu erstrebenden Zustand ab. Betroffene eines Veränderungsprojektes können alle Mitglieder einer Bildungsorganisation sein, insbesondere aber Lehrende und Lernende. Akteure des Wandels, welche den Veränderungsprozess und damit die Akzeptanz des neuen Zustands unterstützen möchten, werden häufig als sogenannte Change Agents bezeichnet. Das Promotoren-Modell ist komplementär zu verstehen und ergänzt zentrale Rollen im Veränderungsprozess, die helfen sollen, spezifische Barrieren und Widerstände zu überwinden.

Im Change-Management sind ergebnis- und potenzialorientierte Gestaltungsansätze zu unterscheiden. Während potenzialorientierte Ansätze auf eine langfristige und kontinuierliche Erhöhung des organisationalen Veränderungspotenzials durch die Förderung von Lernprozessen abzielen, ist der ergebnisorientierte Veränderungsansatz auf die Veränderung des Verhaltens der Organisationsmitglieder auf ein festgelegtes Veränderungsziel hin ausgerichtet.

Nach Müller-Stewens & Lechner (2005, S. 412) sollte ein solcher Wandel in Form eines formellen Wandelprojektes mit einer Vielzahl unterschiedlichster und sich auch überlappender Unterprojekte koordiniert und – soweit wie möglich – gesteuert werden, um die Innovation über stetige Wandelprozesse zu verfestigen. Müller-Stewens & Lechner (2005, S. 383) gehen an dieser Stelle auf die »Selbstorganisation« eines sozialen Systems ein. Das System verfügt selbst über eigene Potenziale zur »Transformation«, zur Veränderung. Wenn sich das System ändern soll, müssen diese Potenziale zur Selbstorganisation erkannt werden. Transformation ist somit ein durch das System selbst generierter und selbst geführter Prozess. Damit dieser Prozess allerdings stattfindet, bedarf es gewisser Bedingungen, wie beispielsweise der Möglichkeit des Experimentierens. Zudem muss das Bewusstsein für diese Potenziale entwickelt werden.

Im vorliegenden Change-Management-Modell wurde in mehrere *Phasen* unterteilt, bei denen es sich um logische Schrittfolgen und nicht um chronologische Abfolgen handelt:
- Phase der *Problemdefinition*: In dieser Phase werden die normativen Grundlagen für einen geplanten Veränderungsprozess gelegt.
- Phase der *Strategieentwicklung*: Im Rahmen der Strategieentwicklung werden die zentralen Eckpunkte des Wandeldesigns bestimmt. Das Veränderungsziel sowie auch das Implementierungsvorgehen werden konkretisiert.
- Phase der *operativen Gestaltung*: Die Implementierungsstrategie wird wechselseitig durch Diagnose- und Interventionsmaßnahmen umgesetzt.
- Phasen der *Reflexion*: Übergreifend dienen Reflexionselemente dazu, eine hohe Kohärenz zwischen Problemdefinition, Strategieentwicklung und operativer Gestaltung zu erreichen. Ferner wird damit unterstützt, Lernprozesse auf einer Meta-Ebene (s. Deutero-Learning einer lernenden Organisation, vgl. hierzu die Ausführungen in Kapitel 2) auszulösen.

Durch die reflexive und systematische Prozessbegleitung von Veränderungsprojekten wird der Organisation die Möglichkeit gegeben, die Disziplin des Veränderungslernens statt nur Anpassungslernens für die Bildungsorganisation auch lernbar zu machen. Das bedeutet, dass Veränderungen auch Verbesserungen werden und schließlich auch in der ganzen Organisation immer wieder reproduziert werden können. Das Veränderungsvermögen einer Organisation gehört heute zu einem der wichtigsten Erfolgsfaktoren.

6.5.5 Fallbeispiel Lufthansa School of Business: Umgang mit Veränderungen

Die Lufthansa School of Business (LHSB) wurde 1998 als eine der ersten Corporate Universities in Deutschland gegründet. Der konkrete Auslöser bei Lufthansa war ein Wendepunkt des Unternehmens, der 1997 erreicht war und sich vor allem durch drei Ereignisse beschreiben lässt:
1. der Abschluss der Restrukturierung mit der Ausgründung der letzten Einheiten des Lufthansa-Konzerns,
2. die Gründung der Star-Alliance im Frühjahr 1997,
3. die Vollprivatisierung der Lufthansa im Oktober 1997.

Lufthansa School of Business im »permanenten Wildwasser«

Diese Entwicklungen erforderten eine neue Strategie und ein neues Selbstverständnis der Lufthansa, wie es Michael Heusler in einem Interview zum Ausdruck brachte (zit. in Wimmer, Emmerich & Nicolai, 2002): »Lufthansa sieht sich nicht als Airline mit ein paar angeschlossenen Geschäftsfeldern und auch nicht als Finanzholding, sondern als integrierte Managementholding, symbolisiert durch den Begriff »Aviation-Konzern«« (S. 48). Vor diesem Hintergrund hat der Vorstand Mechanismen gefordert, die dafür sorgen, dass die Strategien im gesamten Unternehmen bekannt sind und umgesetzt werden. Der Anstoß zur Gründung einer Corporate University wurde durch Thomas Sattelberger gegeben. Wesentliche Elemente der Lufthansa School of Business, wie beispielsweise der Lufthansa Leadership Compass, gehen bis heute noch auf ihn zurück. Als zentrales Ziel der LHSB galt es von Beginn an, die Entwicklung des Einzelnen mit der Entwicklung der Organisation zu integrieren und somit die Personal- und Organisationsentwicklung – die in einem Spannungsfeld zueinander stehen können – stärker zu integrieren. Des Weiteren sind nachfolgende Ziele maßgeblich für die LHSB (Wimmer, Emmerich & Nicolai, 2002):

▸ die strategischen Stoßrichtungen des Konzerns effektiv und effizient zu unterstützen,
▸ das intellektuelle Kapital als essenziellen Baustein für den Unternehmenserfolg an das Unternehmen zu binden und gemäß den zukünftigen Erfordernissen weiter zu entwickeln,
▸ als Schule des Geschäfts akademische Expertise und Erfahrungen von Partnerunternehmen eng mit der eigenen Geschäftspraxis zu verknüpfen,
▸ die gemeinsame Führungs- und Leitkultur des Unternehmens zu fördern und voranzutreiben,
▸ dem einzelnen Chancen für persönliche Entwicklungsoptionen und Entwicklungsschübe zu bieten.

Unter dem Dach der LHSB sind folgende Geschäftsbereiche vereint, die koordiniert und aufeinander abgestimmt werden:

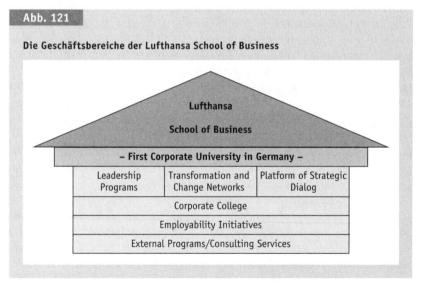

Abb. 121
Die Geschäftsbereiche der Lufthansa School of Business

Lufthansa School of Business und ihre Bildungsangebote

Neben konkreten Initiativen zur Erhaltung der Arbeitsfähigkeit bietet die LHSB Bildungsangebote für alle Mitarbeitergruppen im Corporate College an sowie Bildungsangebote für Führungskräfte. Das Leistungsspektrum ist sowohl angebots- als auch

6.5 Entwicklungsmodi – Optimierung und Erneuerung
Begleitende Veränderungsprozesse gestalten

nachfrageorientiert. Dabei kann die Angebotsseite in folgende Programme unterschieden werden:
- Offene Programme, die für alle Führungskräfte buchbar sind,
- Förderprogramme, für die eine Nominierung durch den Vorgesetzten erforderlich ist,
- Dialogplattformen: Austausch-, Netzwerkveranstaltungen integriert in Programme, z. B. Kamingespräche mit dem Top Management, dedizierte Großveranstaltungen mit Vorständen z. B. im Rahmen von Open-Space-Veranstaltungen.

Die Bereiche Training/Dialog für Führungskräfte und Entwicklung i. S. von Karriereentwicklung wurden in 2003 zusammengeführt, sodass die Abstimmung reibungsloser funktionieren kann. Bildungsprozesse konnten somit in zentrale HR-Prozesse, insbesondere in Prozesse der Zielvereinbarung und Corporate Management Grading als regelmäßiger Prozess zur Erhebung von Performance und Potenzial, integriert werden. Die Verzahnung von Organisationsentwicklung und Personalentwicklung spiegelt sich auch im Design von Bildungsmaßnahmen wider (Seufert, Euler & Christ, 2007). Ein Beispiel stellt das Action Learning dar: Führungskräfte führen ein Learning Diary, in dem Lernerfahrungen beschrieben werden. Dabei stehen drei Fragen im Vordergrund: Was ist relevant für mich? Was ist relevant für das Team? Was ist relevant für das Unternehmen?

Akzeptanzprobleme bei Veränderungen

Widerstände bzw. gewisse Akzeptanzprobleme bei Veränderungen können sich auf mehreren Ebenen abzeichnen: bei den Teilnehmern, bei den Führungskräften und beim Budgetprozess. Bei den Teilnehmern entstehen gewisse Widerstände, wenn neue Designs von Bildungsmaßnahmen eingesetzt werden wie etwa Action Learning. Falls beispielsweise eine Open-Space-Veranstaltung mit über 100 Führungskräften angesetzt wird, kann es durchaus passieren, dass 20 Teilnehmende darin »verloren gehen«. Aufgrund der vorherrschenden Unternehmenskultur, die maßgeblich auf Sicherheit, Kontrolle und Planung bis ins letzte Detail beruht, können einige Mitarbeitende mit derartig neuen Ideen Schwierigkeiten haben, sich irritiert fühlen. Die Ashridge Business School hat beispielsweise für das Aufbrechen von »Etabliertem« das »House of Confusion« initiiert, um bewusst eine Irritation und daraus resultierend Erfahrungen zu produzieren, welche mehr Offenheit für neue Ideen sowie flexibleres Agieren bewirken sollen. Seminarkonzepte, bei denen die Fragen zunächst gesucht werden müssen oder der Ausgang ungewiss ist, können in solchen Umgebungen auf Widerstände bei einigen Teilnehmenden stoßen.

Formelle Informations- und Kommunikationskanäle werden zum Aufbrechen derartiger Verhaltensmuster eher weniger eingesetzt. Vielmehr wird bei der Lufthansa auf den persönlichen Dialog Wert gelegt. So wurden beispielsweise beim Design des Action Learning, bei dem circa 10 von 147 Teilnehmenden »unentschuldigt« fehlten, jeder einzelne von ihnen vom Leiter der LHSB angerufen. Dabei wurde verdeutlicht, dass es sich um Lern- und Arbeitsformen handelt, die künftig zunehmen werden. Darüber hinaus findet ein Dialog mit den dezentralen Personalentwicklern vor Ort statt, um Nachlesegespräche durchzuführen und die Weiterbildung stärker mit der Laufbahnplanung der Mitarbeiter zu verzahnen. Die Bildungsmaßnahmen erlangen damit insgesamt einen noch höheren Stellenwert. Ansätze zur Bearbeitung von

Widerstand liegen bei der LHSB insbesondere auf dialogorientierten Formen einer umfassenden Kommunikationsstrategie, die durch ein Topmanagement-Commitment gestützt wird (in Anlehnung an Doppler & Lautenschlager, 2002, S. 333):

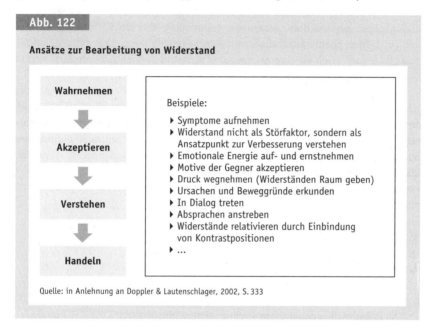

Abb. 122: Ansätze zur Bearbeitung von Widerstand
Quelle: in Anlehnung an Doppler & Lautenschlager, 2002, S. 333

Sattelberger & Heuser (1999) haben bereits die Relevanz der Management-Unterstützung beschrieben: »Corporate universities as ›schools of the business‹ cannot manage their objectives without the massive engagement of top management. Lufthansa School of Business was founded on the initiative of the executive board of Deutsche Lufthansa AG, and executives as well as top management are involved in all its activities. They lecture, define projects, are available as ›coaching partners‹ and accompany the participants during learning processes of several months« (S. 23). Aber natürlich fallen bei manchen Führungskräften hin und wieder die Prioritäten anders aus, der Einsatz als Speaker wird beispielsweise dann kurzfristig abgesagt und die LHSB hat das Nachsehen. Auch hier wird der direkte Dialog, die dosierte Einforderung des Commitments gesucht.

Den Stellenwert von Lernen im Unternehmen zu erhöhen, ist ein kontinuierliches Unterfangen. Eine wichtige Funktion nehmen dabei die Dialogplattformen ein, die auch eine diagonale Kommunikationsstrategie unterstützen sollen. Bedeutsam ist, schnell eine kritische Masse an Personen zu erreichen. Hier werden drei Optionen für die Organisation gesehen (Sattelberger & Heuser, 1999):

Dialogplattformen

- viele Highspeed-Events (»speedboats«),
- einige wenige Großevents (»ocean liners«) oder
- die Mischung aus beidem (»Armada«).

6.5 Entwicklungsmodi – Optimierung und Erneuerung
Begleitende Veränderungsprozesse gestalten

Die LHSB folgt dem Armada-Prinzip, um große und kleine Veranstaltungen sowie Plattformen miteinander zu kombinieren. Großveranstaltungen können beispielsweise mehrere hundert Personen umfassen. Um eine Fragerunde mit den Vorständen so zu organisieren, dass jeder Fragen stellen kann, werden zunächst die Fragen in Kleingruppen vorselektiert, gesammelt, gebündelt und schließlich moderiert von den Vorständen beantwortet. Highspeed-Events konzentrieren sich vielmehr auf die schnelle Organisation von Events, die zur Information gedacht sind und die sich in bestehende Organisationsformen für Events integrieren lassen.

Die LHSB hat – nicht zuletzt relevant für den Budgetprozess – das Commitment des HR Boards und der dezentralen Pesonalentwicklung abzuholen. Für die LHSB existiert ein Qualitäts-Korridor, um die Ziele zu erfüllen. Das Topmanagement interessiert sich auch für das Feedback der Teilnehmer. Darin spiegelt sich letztlich das Spannungsfeld zwischen »die richtigen Dinge tun« und »die Dinge richtig tun«. Die LHSB hat sowohl die Effektivitäts- wie auch Effizienzfrage zu berücksichtigen. Dabei werden eine kontinuierliche Information und die Einbindung des Topmanagements angestrebt.

Aufgaben zu Kapitel 6.5.5

1. Welcher grundsätzliche Ansatz für ein Veränderungsmanagement wird bei der Lufthansa Business School verfolgt und warum?

2. Im Rahmen einer neuen strategischen Initiative unterstützen Sie als Bildungsmanager in der Lufthansa die Umsetzung des Führungsprogramms »Demografie-fite Lufthansa«. Dafür organisieren Sie bei der Lufthansa einen Workshop, um zentrale Inhalte mit ausgewählten Vertretern verschiedener Anspruchsgruppen, insbesondere Führungskräfte aus allen Geschäftseinheiten, intensiver zu diskutieren. Allerdings melden sich nur wenige für die freiwillige Veranstaltung an. Kurzfristige Absagen führen letztendlich dazu, dass keiner kommt. Was könnten mögliche Ursachen dafür sein?

3. Entwickeln Sie konkrete Vorschläge dafür, wie Sie die das Interesse der Beteiligten erhöhen könnten, sich an dem Workshop zu beteiligen.

4. Entwickeln Sie Vorschläge für Interventionsformen, um die Akzeptanz für die neue Initiative zu schaffen, strukturiert nach den Ursachen von Widerständen.

5. Zeigen Sie Möglichkeiten auf, wie Sie die drei unterschiedlichen Arten der Dialogplattformen für Führungskräfte zur Unterstützung der Initiative einsetzen könnten.

6.6 Zusammenfassung: Kontinuierliche Verbesserungs- und Innovationsprozesse gestalten

Der Entwicklungsmodus einer Bildungsorganisation verknüpft eine integrative Sichtweise von Qualität und Innovation. Dabei wird deutlich, dass eine wechselseitige Beziehung besteht. Der Umgang mit Qualität setzt am Bestehenden an, um kontinuierlich zu verbessern sowie die als gut wahrgenommenen Aspekte zu sichern. Die Aktivitäten in diesem Bereich prägen das vorhandene Qualitätsbewusstsein in einer Organisation und bilden somit auch das Referenzsystem für die Erneuerung: Das Neue soll ja eine Verbesserung gegenüber dem Bestehenden liefern. Umgekehrt beeinflussen die Eigenschaften der Neuerung den Umsetzungsprozess. Die Chancen auf Implementierung steigen, wenn die (wahrgenommene) Qualität und die Praktikabilität des Innovationsvorhabens deutlich sind. »Damit ist nicht (nur) die Qualität gemeint, die ein Expertengremium dem Innovationsvorschlag zugesteht, sondern jene, die von den relevanten Akteuren der Implementierung wahrgenommen wird. ›Qualität‹ der Implementierung muss aus der Perspektive unterschiedlicher Interessensgruppen verstanden werden« (Altrichter & Wiesinger, 2005, S. 32). Ein zu eng auf Kontrolle ausgerichtetes Qualitätsmanagement oder Bildungscontrolling fungiert häufig als Verhinderer von Innovationshaben, da kaum Freiräume für das Ausprobieren vorgesehen sind und dadurch eine Sicherheitskultur vorherrscht. Umgekehrt besteht die Gefahr, dass man im Pilotprojektstatus von Innovationsvorhaben verharrt und die Innovationen kaum eine flächendeckende Akzeptanz erhalten.

Die Erfahrungen aus der Innovations- und Modellversuchsforschung zeigen, dass Neuerungen, die in anderen Kontexten entwickelt wurden und in dieser Form in andere Organisationen übertragen werden, nur selten in diesen anderen Organisationen gleich gut funktionieren. Die »kontextuelle Passung« stellt daher ein zentrales Merkmal für den Implementationserfolg dar (Huberman & Miles, 1984, zit. in Altrichter & Wiesinger, 2005, S. 32). Um eine derartige kontextuelle Passung zu unterstützen, wird daher übergreifend der begleitende Veränderungsprozess betrachtet. Entwicklungsprojekte können sich dann stärker auf die Optimierung des Bestehenden oder auf Erneuerungsprozesse beziehen, um Bildungsinnovationen, wie z. B. innovative Learning Designs auf der Basis von Mobile Learning, erfolgreich zu implementieren. Dies bedeutet, dass Innovations- und Veränderungsmanagement Hand in Hand gehen, um Projekte wie Mobile Learning ergebnisorientiert umzusetzen. Zusätzlich können potenzialorientierte Veränderungsvorhaben unterschieden werden, wie beispielsweise die Veränderung der vorhandenen Lernkultur, um die Gestaltungsvision der Lernenden Organisation zu stützen. Diese Veränderungsvorhaben sind somit auf eine langfristige und kontinuierliche Erhöhung des organisationalen Veränderungspotenzials ausgerichtet (siehe Abbildung 123).

Im Rahmen der strategischen Bildungsarbeit sind die prioritären Handlungsfelder zu identifizieren und im Rahmen der normativen Leitlinien zu begründen. Darüber hinaus werden darüber, entsprechende Ressourcen für die Bearbeitung zur Verfügung gestellt. Damit können zentrale Entwicklungsimpulse für die gesamte Organisation, für Bildungsprogramme bzw. Teamentwicklung sowie auch für die Kompetenzentwicklung von Learning Professionals auf individueller Ebene initiiert werden. Die

6.6 Entwicklungsmodi – Optimierung und Erneuerung
Zusammenfassung

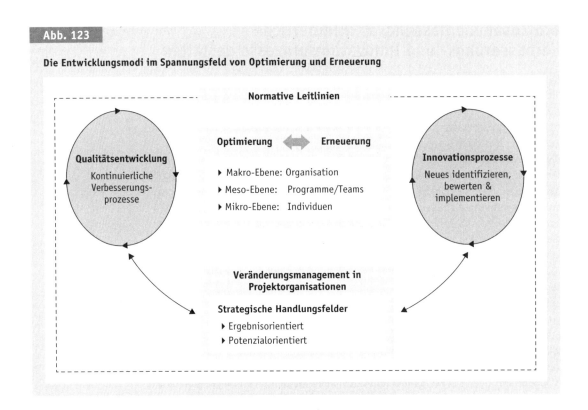

Abb. 123
Die Entwicklungsmodi im Spannungsfeld von Optimierung und Erneuerung

Bearbeitung dieser Arbeitsschwerpunkte erfolgt – wie in diesem Kapitel 6 aufgezeigt – im Spannungsfeld zwischen Optimierung und Erneuerung sowie unterstützt durch ein begleitendes Veränderungsmanagement. Kontinuierlich Entwicklungsimpulse wohldosiert und passgerecht im Sinne einer lernenden Organisation zu verfolgen, bedeutet letztendlich immer auch eine Reise, kein statischer Plan.

Weiterführende Literatur

Altrichter, H. & Wiesinger, S. (2005). Implementation von Schulinnovationen – aktuelle Hoffnungen und Forschungswissen. *Journal für Schulentwicklung, 9*(4), 28–36.

Euler, D. (2005b). *Qualitätsentwicklung in der Berufsausbildung. Materialien zur Bildungsplanung und Forschungsförderung. Heft 127.* Bonn: Bund-Länder-Kommission für Bildungsplanung und Forschungsförderung.

Fend, H. (1998b). *Qualität im Bildungswesen. Schulforschung zu Systembedingungen, Schulprofilen und Lehrerleistung.* Weinheim: Juventa.

Kotter, J. P. & Schlesinger, L. A. (2008). Choosing strategies for change. *Harvard Business Review, 86 (7/8)*, 130–139.

Kromrey, H. (2004). Qualität und Evaluation im System Hochschule. In R. Stockmann (Hrsg.), *Evaluationsforschung. Grundlagen und ausgewählte Forschungsfelder* (S. 233–258). Opladen: Leske und Budrich.

Landsberg, G. v. & Weiss, R. (Hrsg.). (1995). *Bildungs-Controlling* (2. Aufl.). Stuttgart: Schäffer-Poeschel.

Reiß, M., von Rosenstiel, L. & Lanz, A. (1997). *Change Management: Programme, Projekte und Prozesse.* Stuttgart: Schäffer-Poeschel.

Stockmann, R. (2002). Qualitätsmanagement und Evaluation – Konkurrierende oder sich ergänzende Konzepte? *Zeitschrift für Evaluation, 2*, 209–243.

Leitfragen

Kapitel 1 Grundlagen

Was bedeutet Bildungsmanagement als Gestaltungsfeld der Wirtschaftspädagogik?
Welches Bildungsverständnis liegt dem vorliegenden Lehrbuch zugrunde?
Welches Managementverständnis liegt dem vorliegenden Lehrbuch zugrunde?
Wo findet Bildungsmanagement mit welcher Relevanz statt?
Warum nimmt Bildungsmanagement an Bedeutung zu?
Welche Rolle nimmt das Bildungsmanagement in Organisationen im Umgang mit permanenten Veränderungen in der Umwelt ein?
Wie lässt sich Bildungsmanagement nach dem Ansatz des St. Galler Management-Modells verstehen?

Kapitel 2 Sinnhorizonte

Was ist der Sinn und Zweck des Handelns in Bildungsorganisationen?
Welche Handlungskompetenzen sollen in einer Organisation erworben werden bzw. kurz-, mittel- und langfristig verfügbar sein?
Wie begründen Leitbilder als didaktische Leitvorstellungen das Handeln in Bildungsorganisationen?
Wie charakterisiert das Leitbild der lernenden Organisation die Gestaltung von Bildungsorganisationen?
Welche didaktischen Leitvorstellungen charakterisieren die Gestaltung von Bildungsprogrammen?
Welche Leitbilder für Lernende und »Learning Professionals« begründen die Gestaltungsvision der lernenden Organisation?
Strategisches Bildungsmanagement richtet sich auf die Frage: »Handeln wir effektiv, machen wir die richtigen Dinge?«
Wie lässt sich die Strategie einer Bildungsorganisation definieren?
Wie setzt sich das Programm-Portfolio der Bildungsorganisation zusammen?
Welche Positionierung der Bildungsorganisation erfolgt im relevanten (Markt-)Umfeld?
Welche Aufgaben und Prozesse sind für die Erstellung der Bildungsdienstleistungen zu bewältigen (ökonomische Wertschöpfungsprozesse)?
Wie wird die ökonomische Tragfähigkeit gesichert (Finanzierungs- und Ertragsmodelle)?
Wie sind strategische Handlungsfelder in Bildungsorganisationen zu definieren?
Operatives Bildungsmanagement richtet sich auf die Frage: »Handeln wir effizient, machen wir die Dinge richtig?«
Wie erfolgt die operative Umsetzung der Bildungsstrategie?
Wie kann der Ansatz der Balanced Scorecard (BSC) die operative Umsetzung der Bildungsstrategie unterstützen?

Leitfragen

Kapitel 3 Makro-Ebene

Wie können Strukturen und Kulturen in Bildungsorganisationen erfasst und im Hinblick auf die normative Orientierung, erwünschte Leitbilder und Programmatiken, gestaltet werden?

Was beinhaltet die Makro-Ebene für die Gestaltung lernförderlicher Rahmenbedingungen von Bildungsorganisationen?

Welche organisationsspezifischen Besonderheiten von Bildungseinrichtungen sind in den unterschiedlichen, institutionellen Kontexten für eine Struktur- und Kulturgestaltung zu berücksichtigen?

Wie kann die Entwicklungsfähigkeit von Bildungsorganisationen im Sinne der Gestaltungsvision der lernenden Organisation erhöht werden?

Können Organisationen überhaupt lernen?

Wie hängen individuelles und organisationales Lernen zusammen?

Welche grundsätzlichen Annahmen können daraus für die Struktur- und Kulturgestaltung in Bildungsorganisationen abgeleitet werden?

Wie kann die betriebliche Organisation des Lernens und die didaktische Gestaltung von Lehr- und Lernprozessen aufeinander abgestimmt werden, um lernförderliche Rahmenbedingungen zu schaffen?

Welche Ansätze der Organisationsentwicklung zur Gestaltung von Bildungsorganisationen sind grundsätzlich zu unterscheiden?

Wie können Strukturen von Bildungsorganisationen definiert und grundsätzlich gestaltet werden?

Wie können Strukturen von Bildungsorganisationen erfasst werden?

Wie können Aufbaustrukturen in Bildungsorganisationen gestaltet werden?

Wie können Ablaufstrukturen in Bildungsorganisationen gestaltet werden?

Wie können Kulturen in Bildungsorgansiationen definiert und grundsätzlich gestaltet werden?

Wie sind Kulturen auf unterschiedlichen Systemebenen von Bildungsorganisationen zu erfassen und zu gestalten?

Kapitel 4 Meso-Ebene

Was ist unter einem Bildungsprogramm bzw. Bildungsgang auf der Gestaltungsebene der Meso-Ebene zu verstehen?

Was ist unter Bildungsprogramm in den verschiedenen Bildungsbereichen zu verstehen?

Wie kann die Entwicklungsfähigkeit von Bildungsprogrammen erhöht werden?

Wie kann ein Bildungsprogramm auf der Basis eines Strukturmodells gestaltet werden?

Welche Curriculum-Modelle sind für die strukturelle Gestaltung von Bildungsprogrammen zu unterscheiden?

Wie kann ein Bildungsprogramm in informellen Kontexten gestaltet werden?

Wie kann ein Bildungsprogramm auf der Basis eines Prozessmodells gestaltet werden?

Wie ist die Analysephase für die Entwicklung eines Bildungsprogramms zu gestalten?

Wie ist die Designphase für die Entwicklung eines Bildungsprogramms zu gestalten?

Wie ist die Umsetzungsphase für die Entwicklung eines Bildungsprogramms zu gestalten?

Wie sind Maßnahmen für die die Entwicklung von Lernsituationen zu gestalten? Wie sind Lernressourcen zu beschaffen bzw. selbst zu produzieren?

Wie ist die Durchführungsphase von Bildungsprogrammen zu gestalten?

Wie ist die Evaluationsphase für die Entwicklung eines Bildungsprogramms zu gestalten?

Wie kann ein Bildungsprogramm auf der Basis eines Kommunikationsmodells gestaltet werden?

Wie ist die anspruchsgruppengerechte Kommunikation im Rahmen von schulischen Bildungsprogrammen zu gestalten?

Wie sind dialogorientierte Kommunikationsformen im Rahmen von schulischen und betrieblichen Bildungsprogrammen zu gestalten?

Kapitel 5 Mikro-Ebene

Wie lassen sich Learning Professionals in den verschiedenen Bildungskontexten definieren?

Welche Bedeutung hat die Lern- und Entwicklungsfähigkeit der Learning Professionals im Bildungsmanagement?

Wie lässt sich der Professionalisierungsprozess von Learning Professionals charakterisieren?

Was sind veränderte Anforderungen an die Kompetenzen von schulischem Bildungspersonal?

Was sind zentrale Gestaltungsaspekte für die Kompetenzentwicklung des schulischen Bildungspersonals in formellen und informellen Kontexten?

Welche Rahmenbedingungen sind zur Kompetenzentwicklung des schulischen Bildungspersonals zu berücksichtigen?

Was sind veränderte Anforderungen an die Kompetenzen von betrieblichem Bildungspersonal?

Was sind zentrale Gestaltungsaspekte für die Kompetenzentwicklung des betrieblichen Bildungspersonals in formellen und informellen Kontexten?

Welche Rahmenbedingungen sind zur Kompetenzentwicklung des betrieblichen Bildungspersonals zu berücksichtigen?

Welche Bedeutung haben personale Unterstützungssysteme für die Kompetenzentwicklung in Bildungsorganisationen?

Welche neue, erweiterte Rolle sollen Führungskräfte im Hinblick auf die Kompetenz- und Personalentwicklung ihrer Mitarbeitenden einnehmen?

Was sind Chancen und Grenzen einer neuen Rolle von Führungskräften als Lernpromotoren?

Welche Handlungsoptionen haben Führungskräfte, die Kompetenzentwicklung ihrer Mitarbeitenden zu unterstützen?

Wie können Implementierungsstrategien für die Einbindung von Führungskräften in Bildungsprozesse gestaltet werden?

Leitfragen

Kapitel 6 Entwicklungsmodi

Wie können die Entwicklungsmodi Optimierung und Erneuerung für Bildungsorganisationen definiert und deren Bedeutung begründet werden?
Was ist unter Qualitätsmanagement, Evaluation und Bildungscontrolling zu verstehen?
Was ist unter Innovations-, Veränderungs- und Projektmanagement in Bildungsorganisationen zu verstehen?
Was sind Grundfragen im Umgang mit Qualität in Bildungsorganisationen?
Was sind grundlegende Ansätze des Qualitätsmanagements und Bildungscontrollings?
Wie lassen sich Prozesse zur kontinuierlichen Verbesserung von Bildung gestalten?
Was sind Grundfragen im Umgang mit Innovationen in Bildungsorganisationen?
Was sind grundlegende Strategien für die Implementierung von Bildungsinnovationen?
Wie lassen sich Prozesse zur Implementierung von Bildungsinnovationen gestalten?
Was sind Grundfragen im Umgang mit Veränderungen in Bildungsorganisationen?
Was sind grundlegende Ansätze des Veränderungsmanagements in Bildungsorganisationen?
Wie lassen sich Prozesse zur Begleitung von Veränderungen in Bildungsorganisationen gestalten?

Literaturverzeichnis

Achtenhagen, F. (2006). Lehr-Lern-Arrangements. In F. Kaiser & G. Pätzold (Hrsg.), *Wörterbuch Berufs- und Wirtschaftspädagogik* (2. Aufl., S. 322–327). Bad Heilbrunn: Julius Klinkhardt.

Achtenhagen, F. & Lempert, W. (2000). *Lebenslanges Lernen im Beruf. Seine Grundlegung im Kindes- und Jugendalter: Bd. 5. Erziehungstheorie und Bildungsforschung.* Wiesbaden: Leske und Budrich.

Achtenhagen, F. & Tramm, T. (1983). Curriculumforschung aufgrund des Einsatzes neuerer empirischer Verfahren. In U. Hameyer, H. Frey & H. Haft (Hrsg.), *Handbuch der Curriculumforschung* (S. 545–568). Weinheim: Beltz.

Altrichter, H. & Wiesinger, S. (2005). Implementation von Schulinnovationen – aktuelle Hoffnungen und Forschungswissen. *Journal für Schulentwicklung, 9*(4), 28–36.

Amy, A. H. (2008). Leaders as facilitators of individual and organizational learning. *Leadership & Organization Development Journal, 29*(3), 212–234.

Argyris, C. (1993). *Knowledge for action: a guide to overcoming barriers to organizational change.* San Francisco: Jossey-Bass.

Argyris, C. & Schön, D. (1999). *Die Lernende Organisation. Grundlagen, Methode, Praxis.* Stuttgart: Klett-Cotta.

Arnold, R. (2005). Didaktik der Lehrerbildung. Das Konzept der reflexiven pädagogischen Professionalisierung. *GEW-Zeitung Rheinland-Pfalz, (2) (Sonderbeilage)*, XVII–XX.

Arnold, R. (1995). Bildung und oder Qualifikation? Divergenzen oder Konvergenzen in der betrieblichen Weiterbildung. In R. Arnold (Hrsg.), *Betriebliche Weiterbildung zwischen Bildung und Qualifizierung* (S. 1–26). Frankfurt a. M.: GAFB.

Arnold, R. & Müller, H. (1992). Berufsrollen betrieblicher Weiterbildner. *Berufsbildung in Wissenschaft und Praxis, 5*, 36–41.

Arnold, R. & Schüssler, I. (1998). *Wandel der Lernkulturen: Ideen und Bausteine für ein lebendiges Lernen.* Darmstadt: Wissenschaftliche Buchgesellschaft.

Arnold, R. & Siebert, H. (1995). *Konstruktivistische Erwachsenenbildung. Von der Deutung zur Konstruktion von Wirklichkeit.* Baltmannsweiler: Schneider.

Atkins, D. E., Brown, J. S. & Hammond, A. L. (2007). *A review of the open educational resources (OER) movement: Achievements, challenges, and new opportunities (Report to The William and Flora Hewlett Foundation).* San Francisco: Creative Commons.

Bader, R. (2000). Konstruieren von Lernfeldern – Eine Handreichung für Rahmenlehrplanausschüsse und Bildungsgangkonferenzen in technischen Berufsfeldern. In R. Bader & P. F. E. Sloane (Hrsg.), *Lernen in Lernfeldern. Theoretische Analysen und Gestaltungsansätze zum Lernfeldkonzept* (S. 33–50). Paderborn: Eusl.

Bader, R. & Müller, M. (2002). Fachdidaktische Professionalität zur Gestaltung des Lernfeldkonzeptes – Anforderungen an die Lehrenden und schulorganisatorische Rahmenbedingungen. In R. Bader & P. F. E. Sloane (Hrsg.), *Bildungsmanagement*

im Lernfeldkonzept. Curriculare und organisatorische Gestaltung (S. 63–73). Paderborn: Eusl.
Bader, R. & Sloane, P. F. E. (Hrsg.). (2002). *Bildungsmanagment im Lernfeldkonzept. Curriculare und organisatorische Gestaltung.* Paderborn: Eusl.
Baer, W. S. (2002). Competition and collaboration in online distance learning. In W. H. Dutton & B. D. Loader (Eds.), *Digital academe. The new media and institutions of higher education and learning* (pp. 169–184). London: Routledge.
Bahl, A. (2012). *Ausbildendes Personal in der betrieblichen Bildung: Empirische Befunde und strukturelle Fragen zur Kompetenzentwicklung.* Abgerufen von http://www.kibb.de/cps/rde/xbcr/SID-372DFC45-D2052351/kibb/a12_voevz_agbfn_11_bahl.pdf
Bass, B. M. (1990). *Bass and Stogdill's handbook of leadership: Theory, research, and managerial applications.* New York: Free Press.
Bauer, C. A. (2011). *User Generated Content. Urheberrechtliche Zulässigkeit, nutzergenerierter Medieninhalte.* Heidelberg: Springer.
Becker, M. (1999). *Aufgaben und Organisation der betrieblichen Weiterbildung* (2. Aufl.). Wien: Hanser.
Behrens, T. (1996). *Globalisierung der Hochschulhaushalte: Grundlagen, Ziele, Erscheinungsformen und Rahmenbedingungen.* Neuwied: Luchterhand.
Behrmann, D. (2006). *Reflexives Bildungsmanagement. Pädagogische Perspektiven und managementtheoretische Implikationen einer strategischen und entwicklungsorientierten Gestaltung von Transformationsprozessen in Schule und Weiterbildung.* Frankfurt a. M.: Peter Lang.
Beiling, B., Fleck, A. & Schmid, C. (2012). Lernortkooperation mit Web 2.0 – ein neues Mittel für eine alte Herausforderung? *Berufsbildung in Wissenschaft und Praxis, 3*(41), 14–17.
Bergel, S. (2005). Personalentwicklung als Reparaturbetrieb. Vom Umgang mit der Pisa-Generation. *managerSeminare, 92*, 66–73.
Bernecker, M. (2009). *Bildungsmarketing* (3. Aufl.). Bergisch Gladbach: Johanna.
Bieger, T., Bickhoff, N., Caspers, R., zu Knyphausen-Aufsess, D. & Reding, K. (Hrsg.). (2002). *Zukünftige Geschäftsmodelle. Konzept und Anwendung in der Netzökonomie.* Berlin: Springer.
Bingham, T. & Conner, M. (2010). *The new social learning. A guide to transforming organizations through social media.* San Francisco: Berrett-Koehler.
Bleicher, K. (2011). *Das Konzept Integriertes Management. Visionen – Missionen – Programme* (8. Aufl.). Frankfurt a. M.: Campus.
Bleicher, K. (1983). Management der Spitzentechnologien. *Zeitschrift Führung und Organisation, 52*, 243–251.
Blum, H. & Beck, D. (2012). *No Blame Approach – Mobbing-Intervention in der Schule. Praxishandbuch* (3. Aufl.). Köln: fairaend.
Bok, D. (2003). *Universities in the marketplace. The commercialization of higher education.* Princeton: Princeton University.
Bollenbeck, G. (1994). *Bildung und Kultur. Glanz und Elend eines deutschen Deutungsmusters.* Frankfurt a. M.: Suhrkamp.

Bolsenkötter, H. (1977). Betriebswirtschaftslehre der Hochschule. *Zeitschrift für betriebswirtschaftliche Forschung, 29*(7), 383–398.
Bonsen, M. (2006). Wirksame Schulleitung. Forschungsergebnisse. In H. Buchen & H. G. Rolff (Hrsg.), *Professionswissen Schulleitung* (S. 193–228). Weinheim: Beltz.
Bonsen, M. & Berkemeyer, N. (2011). Lehrerinnen und Lehrer in Schulentwicklungsprozessen. In E. Terhart, H. Bennewitz & M. Rothland (Hrsg.), *Handbuch der Forschung zum Lehrerberuf* (S. 731–747). Berlin: Waxmann.
Böheim, R. & Schneeweis, N. (2007). *Renditen betrieblicher Weiterbildung in Österreich. Untersuchung im Auftrag der Arbeitskammer Wien.* Linz: Institut für Volkswirtschaftslehre. Abgerufen von http://www.inqa.de/Inqa/Redaktion/TIKs/Lebenslanges-Lernen/PDF/2008-02-18-arbeiterkammer-weiterbildung,property=pdf,bereich=inqa,sprache=de,rwb=true.pdf
Böttcher, W., Hogrebe, N. & Neuhaus, J. M. (2010). *Bildungsmarketing. Qualitätsentwicklung im Bildungswesen.* Weinheim: Beltz.
Brahm, T., Jenert, T. & Meier, C. (2010). *Hochschulentwicklung als Gestaltung von Lehr- und Lernkultur. Eine institutionsweite Herangehensweise an lehrbezogene Veränderungsprojekte an Hochschulen.* St. Gallen: Institut für Wirtschaftspädagogik.
Brahm, T. & Seufert, S. (2009). *Kompetenzentwicklung mit Web 2.0. Good Practices aus Unternehmen (scil Arbeitsbericht 21).* St. Gallen: Institut für Wirtschaftspädagogik.
Brinkerhoff, R. O. (2003). *The success case method.* San Francisco: Berrett Koehler.
Brown, T. (2008). Design Thinking. *Harvard Business Review, 6*(86), 1–10.
Bucher, B. & Michel, N. (2003). *Leitbild Lehrberuf (Teilprojekt im Auftrag der Task Force »Lehrberufsstand« der Schweizerischen Konferenz der kantonalen Erziehungsdirektoren [EDK]).* Bern: EDK. Abgerufen von http://edudoc.ch/record/462/files/ StuB18A.pdf
Buschfeld, D. (2003). Draußen vom Lernfeld komm' ich her ....? Plädoyer für einen alltäglichen Umgang mit Lernsituationen. *bwp@ Berufs- und Wirtschaftspädagogik - online, (4)*. Abgerufen von http://www.bwpat.de/ausgabe4/buschfeld_bwpat4.pdf
Buschfeld, D. & Kremer, H. (2010). Implementation von Curricula. In R. Nickolaus, G. Pätzold, H. Reinisch & T. Tramm (Hrsg.), *Handbuch Berufs- und Wirtschaftspädagogik* (S. 242–247). Bad Heilbrunn: Julius Klinkhardt.
Bylinski, U. (2011). Professionalisierung der pädagogischen Fachkräfte am Übergang Schule-Beruf. *dreizehn, (6)*, 17–20.
Camp, R. C. (1995). *Business process benchmarking finding and implementing best practices.* Milwaukee: ASQC Quality Press.
Camp, R. C. & Steinhoff, A. (1994). *Benchmarking.* München: Hanser.
Capaul, R. (2005). Innovationen in schulischen Kontexten: Ansatzpunkte für berufsbegleitende Lernprozesse bei Lehrkräften. Reform der kaufmännischen Grundbildung in der Schweiz – Erste Erfahrungen aus der Begleitung. *bwp@ Berufs- und Wirtschaftspädagogik - online spezial, (2)*, 1–27. Abgerufen von http://www.bwpat.de/spezial2/capaul.shtml

Capaul, R. & Seitz, H. (2011). *Schulführung und Schulentwicklung. Theoretische Grundlagen und Empfehlungen für die Praxis* (3. Aufl.). Bern: Haupt.

Center for Young Professionals in Banking. [CYP]. (2011). *Aktualisierung, Ergänzung und Erweiterung des mediendidaktischen Konzepts vom 7. Sept. 2007: BT 2.0 e-Ausgabe der Lernmedien als »enhanced« eBooks (CYP internes Dokument)*. Zürich: CYP.

Colardyn, D. & Björnavold, J. (2004). Validation of formal, non-formal and informal learning: policies and practices in EU member states. *European Journal of Education, 1*(39), 69–89.

Colley, H., Hodkinson, P. & Malcolm, J. (2003). *Informality and formality in learning: a report for the Learning and Skills Research Centre*. Leeds: Lifelong Learning Institute.

Dahrendorf, R. (1993). Die Zukunft der Bürgergesellschaft. In B. Guggenberger & K. Hansen (Hrsg.), *Die Mitte* (S. 74–83). Opladen: Westdeutscher.

Dale, B. G. (Hrsg.). (2003*). Managing quality* (4th ed.). Oxford: Blackwell.

Dalin, P. (1999). *Theorie und Praxis der Schulentwicklung*. Neuwied: Luchterhand.

Dalin, P. (1997). *Schule auf dem Weg in das 21. Jahrhundert*. Neuwied: Luchterhand.

Decker, F. (2000). *Bildungsmanagement* (2. Aufl.). Würzburg: Lexika.

Dehnbostel, P. (2011). Anerkennung informell erworbener Kompetenzen – der Deutsche Qualifikationsrahmen als Schrittmacher? In E. Severing & R. Weiß (Hrsg.), *Prüfungen und Zertifizierungen in der beruflichen Bildung. Anforderungen – Instrumente – Forschungsbedarf* (S. 99–113). Bielefeld: Bertelsmann.

Dehnbostel, P. (Hrsg.). (2003). *Perspektiven moderner Berufsbildung. E-Learning, didaktische Innovationen, modellhafte Entwicklungen*. Bielefeld: Bertelsmann.

Dehnbostel, P. (2001). Essentials einer zukunftsorientierten Lernkultur aus betrieblicher Sicht. In Arbeitsgemeinschaft Betriebliche Weiterbildungsforschung e. V. [ABWF].(Hrsg.), *Arbeiten und Lernen. Lernkultur Kompetenzentwicklung und innovative Arbeitsgestaltung. QUEM-Report, Heft 67.* (S. 81–90). Berlin: QUEM.

Deiser, R. (1998). Corporate Universities – Modeerscheinung oder Strategischer Erfolgsfaktor? *Organisationsentwicklung, 1*, 36–49.

DeLong, T. & Vijayaraghavan, V. (2003). Let's hear it for B Players. *Harvard Business Review, 81*(6), 96–102.

Deming, W. E. (2000, orig. 1982). *Out of the crisis*. Cambridge: MIT Press.

Deutsche Gesellschaft für Personalführung e. V. [DGFP e. V.]. (Hrsg.). (2012). *Megatrends. Zukunftsthemen im Personalmanagement analysieren und bewerten*. Bielefeld: Bertelsmann.

Devaney, K. & Sykes, G. (1988). Making a case for professionalism. In A. Lieberman (Ed.), *Building a professional culture in schools* (pp. 3–22). New York: Teachers College Press.

Diettrich, A. & Vonken, M. (2009). Zum Stellenwert der betrieblichen Aus- und Weiterbildung in der Berufs- und Wirtschaftspädagogik. *bwp@ Berufs- und Wirtschaftspädagogik – online*, (16), 1–20. Abgerufen von http://www.bwpat.de/content/uploads/media/diettrich_vonken_bwpat16.pdf

Ditton, H. (2000). Qualitätskontrolle und Qualitätssicherung in Schule und Unterricht. Ein Überblick zum Stand der empirischen Forschung (Beiheft). *Zeitschrift für Pädagogik, 41 [Beiheft]*, 73–93.

Dohmen, G. (2001). *Das informelle Lernen. Die internationale Erschließung einer bisher vernachlässigten Grundform menschlichen Lernens für das lebenslange Lernen aller*. Berlin: Bundesinstitut für Bildung und Forschung (BMBF).

Doppler, K. & Lauterburg, C. (2002). *Change Management. Den Unternehmenswandel gestalten* (10. Aufl.). Frankfurt a. M.: Campus.

Dörig, R. (2001). Die Reform der Schweizerischen kaufmännischen Grundbildung. Konzeptionelle Grundlagen und kritische Analyse. *Schweizerische Zeitschrift für kaufmännisches Bildungswesen, 95*, 202–237.

Dubs, R. (2004). Instruktive oder konstruktive Unterrichtsansätze in der ökonomischen Bildung? *SoWi, 2*. Abgerufen von www.sowi-onlinejournal.de

Dubs, R. (2003a). *Qualitätsmanagement für Schulen: Bd. 13*. St. Gallen: Institut für Wirtschaftspädagogik.

Dubs, R. (2003b). Schweiz. In D. Euler (Hrsg.), *Handbuch der Lernortkooperation: Bd. 1: Theoretische Fundierungen* (S. 564–579). Bielefeld: Bertelsmann.

Dulworth, M. & Bordonaro, F. (2005). *Corporate learning. Proven and practical guidelines for building a sustainable learning strategy*. San Francisco: Pfeiffer.

Ebner, H. (2010). Konzeptuelle Grundlagen des Managements beruflicher Schulen. In R. Nickolaus, G. Pätzold, H. Reinisch & T. Tramm (Hrsg.), *Handbuch Berufs- und Wirtschaftspädagogik* (S. 267–280). Bad Heilbrunn: Julius Klinkhardt.

Ebner, H. (2005). Management von Innovationsprozessen in Schulen. *bwp@ Berufs- und Wirtschaftspädagogik - online spezial,* (2), 1–13. Abgerufen von http://www.bwpat.de/spezial2/ebner_spezial2-bwpat.pdf

Ebner, H. & Pätzold, G. (2010). Veränderung von Steuerungskonstellationen und schulischer Qualitätsentwicklung. In R. Nickolaus, G. Pätzold, H. Reinisch & T. Tramm (Hrsg.), *Handbuch Berufs- und Wirtschaftspädagogik* (S. 265–266). Bad Heilbrunn: Julius Klinkhardt.

Ehlers, U. (2004). *Qualität im E-Learning aus Lernersicht. Grundlagen, Empirie und Modellkonzeption subjektiver Qualität*. Wiesbaden: VS Verlag für Sozialwissenschaften.

Engeström, Y. (2004). New forms of learning in co-configuration work. *Journal of Workplace Learning, 16*(1/2), 11–21.

Eraut, M. (2000). Non-formal learning, implicit learning and tacit knowledge. In F. Coffield (Ed.), *The necessity of informal learning* (pp. 12–31). Bristol: Policy Press.

Erpenbeck, J. (Hrsg.). (2007). *Handbuch Kompetenzmessung. Erkennen, verstehen und bewerten von Kompetenzen in der betrieblichen, pädagogischen und psychologischen Praxis* (2. Aufl.). Stuttgart: Schäffer-Poeschel.

Esslinger, I. (2002). *Berufsverständnis und Schulentwicklung: Ein Passungsverhältnis? Eine empirische Untersuchung zu schulentwicklungsrelevanten Berufsauffassungen von Lehrerinnen und Lehrern*. Bad Heilbrunn: Julius Klinkhardt.

Euler, D. (2012). Wie wir unterrichten sollten. *Folio, 3*, 21.

Euler, D. (2010). Didaktische Herausforderungen zwischen Programmatik und Implementierung. *Zeitschrift für Berufs- und Wirtschaftspädagogik, 106*, 321–331.

Euler, D. (2009). Führungskräfte als Promotoren moderner Lernkulturen. In G. Schweizer, U. Müller & T. Adam (Hrsg.), *Wert und Werte im Bildungsmanagement* (S. 83–95). Bielefeld: Bertelsmann.

Euler, D. (2008). Unter Weisskittel- und Blaukittelforschern: Aufgaben und Stellenwert der Berufsbildungsforschung. In D. Euler, J. Howald, G. Reinmann & R. Weiss (Hrsg.), *Neue Forschungsverständnisse in den Sozialwissenschaften: Konsequenzen für die Berufsbildungsforschung im Bundesinstitut für Berufsbildung. Heft 94.* (S. 43–70). Bonn: Bundesinstitut für Berufsbildung.

Euler, D. (2005a). Gestaltung der Implementierung von eLearning-Innovationen. Förderung der Innovationsbereitschaft von Lehrenden und Lernenden als zentrale Akteure der Implementierung. In D. Euler & S. Seufert (Hrsg.), *E-Learning in Hochschulen und Bildungszentren* (S. 561–584). München: Oldenbourg.

Euler, D. (2005b). *Qualitätsentwicklung in der Berufsausbildung. Materialien zur Bildungsplanung und Forschungsförderung. Heft 127*. Bonn: Bund-Länder-Kommission für Bildungsplanung und Forschungsförderung.

Euler, D. (2005c). *Bildungsmanagement* (Skript zur Lehrveranstaltung). St. Gallen: Universität St. Gallen.

Euler, D. (2002). Ausgangsthese und Reformprogrammatik: Neue Steuerungsmodelle im Bildungswesen fördern die Schulentwicklung. In Deutsche Gesellschaft für Bildungsverwaltung [DGBV] (Hrsg.), *Neue Steuerungsmodelle im Bildungswesen – Folgen für Aufgaben und Qualifizierung von Bildungsverwaltern: Bd. 22* (S. 107–120). Frankfurt am Main. Abgerufen von http://www.dgbv.de/mediapool/118/1188921/data/Jahrestagung_2001.pdf

Euler, D. & Hahn, A. (2007). *Wirtschaftsdidaktik* (2. Aufl.). Bern: Haupt.

Euler, D. & Metzger, C. (2010). Curriculumevaluation. In R. Nickolaus, G. Pätzold, H. Reinisch & T. Tramm (Hrsg.), *Handbuch Berufs- und Wirtschaftspädagogik* (S. 257–262). Bad Heilbrunn: Julius Klinkhardt.

Euler, D. & Seufert, S. (2011). »Reflective executives« – A realistic goal for modern management education. In W. Amman, M. Pirson, C. Dierksmeier, E. von Kimakowitz & H. Spitzek (Eds.), *Business school under fire – Humanistic management education as the way forward* (pp. 212–226). London: Palgrave.

Euler, D. & Seufert, S. (2008a). Die lernförderliche Rolle von Führungskräften systematisch entwickeln. In S. Seufert, J. Hasanbegovic & D. Euler (Hrsg.), *Next generation leadership. Die neue Rolle der Führungskraft in nachhaltigen Lernkulturen (scil Arbeitsbericht 19)* (S. 64–71). St. Gallen: Institut für Wirtschaftspädagogik.

Euler, D. & Seufert, S. (2008b). Normative Grundlegung: Führungskräfte als »technokratische Entscheider« oder »reflexive Gestalter«? In S. Seufert, J. Hasanbegovic & D. Euler (Hrsg.), *Next generation leadership. Die neue Rolle der Führungskraft in nachhaltigen Lernkulturen (scil Arbeitsbericht 19)* (S. 16–21). St. Gallen: Institut für Wirtschaftspädagogik.

Euler, D. & Seufert, S. (2005a). Change Management in der Hochschullehre: Die nachhaltige Implementierung von e-Learning-Innovationen. *Zeitschrift für*

Hochschulentwicklung, 3, 3–15. Abgerufen von http://www.zfhd.at/resources/downloads/ZFHD_03_01_Euler_Seufert_ChangeMan_1000317.pdf

Euler, D. & Seufert, S. (2005b). Edu-Action statt Education ? – Vom Bildungscontrolling zur Entwicklung von Bildungsqualität. In U. Ehlers & P. Schenkel (Hrsg.), *Bildungscontrolling im E-Learning. Erfolgreiche Strategien und Erfahrungen jenseits des ROI* (S. 187–200). Heidelberg: Springer.

Euler, D., Seufert, S. & Zellweger, F. (2006). Geschäftsmodelle zur nachhaltigen Implementierung von eLearning an Hochschulen. *Zeitschrift für Betriebswirtschaft [Special Issue], 1*, 85–103.

Europäischer Rat (2000). *Schlussfolgerungen des Vorsitzes (Sondertagung in Lissabon am 23. und 24. März 2000)*. Abgerufen von http://ue.eu.int/ueDocs/cms_Data/docs/pressData/de/ec/00100-r1.d0.htm

European Commission. (1996). *Teaching and learning. Towards the learning society*. Luxembourg: Office for Official Publication.

European Commission. (2008). *The European qualifications framework for lifelong learning (EQF)*. Luxembourg: Office for Official Publications of the European Communities.

Eurotrainer Konsortium. (2008). *Betriebliches Bildungspersonal. Schlüsselakteure für die Umsetzung des lebenslangen Lernens in Europa*. Abgerufen von http://ec.europa.eu/education/more-information/doc/eurotrainersum_de.pdf

Expertengruppe des Forum Bildung. (2002). *Bildungs- und Qualifikationsziele von morgen. Vorläufige Leitsätze des Forum Bildung. Bd. 5*. Bonn: Arbeitsstab Forum Bildung in der Geschäftsstelle der Bund-Länder-Kommission für Bildungsplanung und Forschungsförderung. Abgerufen von http://www.pedocs.de/volltexte/2008/202/pdf/band05.pdf

Fandel-Meyer, T. & Seufert, S. (2013). Führungskräfte als Personalentwickler: Kleine Schritte oder grosser Sprung? In S. Seufert & C. Metzger (2013). *Kompetenzentwicklung in unterschiedlichen Lernkulturen. Festschrift für Dieter Euler zum 60. Geburtstag* (S. 443–464). Paderborn: Eusl.

Fend, H. (1998a). *Entwicklungspsychologie der Adoleszenz in der Moderne. Eltern und Freunde: Bd. 5. Soziale Entwicklung im Jugendalter*. Bern: Huber.

Fend, H. (1998b). *Qualität im Bildungswesen. Schulforschung zu Systembedingungen, Schulprofilen und Lehrerleistung*. Weinheim: Juventa.

Further Education Curriculum Review and Development Unit. [FEU]. (1980). *Developing social and life skills*. London: FEU.

Fischer, E. (2003). *Die andere Bildung. Was man von den Naturwissenschaften wissen sollte*. Berlin: Ullstein.

Forte, A. (2006). From Wikipedia to the classroom: Exploring online publication and learning. In S. A. Barab, K. E. Hay & D. T. Hickey (Eds.), *Proceedings of the 7th International Conference of the Learning Sciences (ICLS 2006)* (S. 182–188). Mahwah: Lawrence Erlbaum Associates.

Friebe, J. (2005). *Merkmale unternehmensbezogener Lernkulturen und ihr Einfluss auf die Kompetenzen der Mitarbeiter*. Heidelberg: Ruprecht-Karls-Universität.

Frese, E. (1980). Projektorganisation. In E. Grochla (Hrsg.), *Handwörterbuch der Organisation* (2. Aufl., Sp. 1960–1974). Stuttgart: Poeschel.

Friebe, J. (2005). *Merkmale unternehmensbezogener Lernkulturen und ihr Einfluss auf die Kompetenzen der Mitarbeiter*. Heidelberg: Ruprecht-Karls-Universität.

Fullan, M. (1999). *Die Schule als lernendes Unternehmen. Konzepte für eine neue Kultur in der Pädagogik*. Stuttgart: Klett-Cotta.

Fullan, M. (1994). Coordinating top-down and bottom-up strategies for educational reform. In F. E. Richard & S. H. Fuhrman (Eds.), *The governance of curriculum* (pp. 6–202). Alexandria: Association for Supervision and Curriculum Development.

Garavan, T. N. (2007). A strategic perspective on HRD. *Advances in Developing Human Resources, 9*(1), 11–30.

Garavan, T. N. (1991). Strategic human resource development. *Journal of European Industrial Training, 15*, 17–30.

Garrison, R. & Vaughan, H. (2008). Blended learning: Uncovering its transformative potential in higher education. *Internet and Higher Education, 7*, 95–105.

Gebhardt, A. & Jenert, T. (2013). Die Erforschung von Lernkulturen an Hochschulen unter Nutzung komplementärer Zugänge. Erste Erfahrungen aus einem Forschungsprogramm. In S. Seufert & C. Metzger (Hrsg.), *Kompetenzentwicklung in unterschiedlichen Lernkulturen. Festschrift für Dieter Euler zum 60. Geburtstag* (S. 227–240). Paderborn: Eusl.

Geissler, H. (1997). Moralisches Organisationslernen als Antwort auf das lern- und bildungstheoretische Defizit der Wirtschafts- und Unternehmensethik. In H. Geissler (Hrsg.), *Unternehmensethik, Managementverantwortung und Weiterbildung* (S. 165–222). Neuwied: Luchterhand.

Gemünden, H. G. & Walter, A. (1995). Der Beziehungspromotor. Schlüsselperson für inter-organisationale Innovationsprozesse. *Zeitschrift für Betriebswirtschaft, 65*(9), 971–986.

Gerhard, J. (2004). *Die Hochschulmarke. Ein Konzept für deutsche Universitäten* (Dissertation, Universität St. Gallen, Nr. 2908). Lohmar: Eul.

Gerholz, K. & Sloane, P. F. E. (2008). Der Bolognaprozess aus curricularer und hochschuldidaktischer Perspektive. Eine Kontrastierung von beruflicher Bildung und Hochschulbildung auf der Bachelor-Stufe. *bwp@ Berufs- und Wirtschaftspädagogik - online, (14)*, 1–24. Abgerufen von http://www.bwpat.de/ausgabe14/gerholz_sloane_bwpat14.pdf

Gerlich, P. (1999). *Controlling von Bildung, Evaluation oder Bildungs-Controlling?* Mering: Hampp.

Gessler, M. (2009). Strukturmodell der Handlungsfelder. In M. Gessler (Hrsg.), *Handlungsfelder des Bildungsmanagements. Ein Handbuch* (S. 13–38). Münster: Waxmann.

Giardini, A. & Kabst, R. (2007). Wenn dem Bildungscontroller die Ziele fehlen. *Personalwirtschaft, 3*, 26–28.

Gibb, S. (2003). Line manager involvement in learning and development: Small beer or big deal? *Employee Relations, 3*(25), 281–293.

Gomez, P. (1995). Vernetztes Denken zur unternehmerischen Ausrichtung von Hochschulen. In C. Metzger & H. Seitz (Hrsg.), *Wirtschaftliche Bildung. Träger, Inhalte, Prozesse* (S. 91–105). Zürich: SKV.

Gomez, P. & Zimmermann, T. (1992). *Unternehmensorganisation. Profile, Dynamik, Methodik*. Frankfurt a. M.: Campus.

Gonon, P., Hügli, E., Landwehr, N., Ricka, R. & Steiner, P. (1999). *Qualitätssysteme auf dem Prüfstand. Die neue Qualitätsdiskussion in Schule und Bildung – Analyse und Perspektiven*. Aarau: Bildung Sauerländer.

Götz, K. (1999). Organisationslernen und individuelles Lernen – eine systematische Betrachtung. In R. Arnold & W. Gieseke (Hrsg.), *Bildungstheoretische Grundlagen und Analysen. Bd. 1* (S. 67–78). Neuwied: Luchterhand.

Greb, U. (2009). Der Bildungsbegriff in einführenden Schriften zur Didaktik der Berufs- und Wirtschaftspädagogik. *bwp@ Berufs- und Wirtschaftspädagogik – online*, (16), 1–23. Abgerufen von http://www.bwpat.de/ausgabe16/greb_bwpat16.pdf

Grochla, E. (1980). Betriebswirtschaftlich-organisatorische Voraussetzungen erfolgreicher Innovationen [Sonderheft]. *Zeitschrift für betriebswirtschaftliche Forschung [Sonderheft], 11*, 30–42.

Gütl, B., Orthey, F. M. & Laske, S. (Hrsg.). (2006). *Bildungsmanagement. Differenzen bilden zwischen System und Umwelt*. Mering: Hampp.

Haberfellner, R. (1992). Projektmanagement. In E. Frese (Hrsg.), *Handwörterbuch der Organisation* (Sp. 2090–2102). Stuttgart: Poeschel.

Hahn, A. (2012). Trend. Energie und Ressourcenorientierung. In Deutsche Gesellschaft für Personalführung e. V. [DGFP] (Hrsg.), *Megatrends: Zukunftsthemen im Personalmanagement analysieren und bewerten* (S. 128–136). Düsseldorf: DGFP.

Hall, G. & Hord, S. (2001). *Implementing change: Patterns, principles, and potholes*. Boston: Allyn and Bacon.

Hanft, A. (2009). *Bildungs- und Wissenschaftsmanagement*. München: Franz Vahlen.

Hargreaves, D. H. (1999). The knowledge-creating school. *British Journal of Educational Studies, 47*(2), 122–144.

Hasanbegovic, J. (2008). *Beratung im betrieblichen Bildungsmanagement. Analyse und Gestaltung eines Situationstypen* (Dissertation, Universität St. Gallen, Nr. 3507). Bamberg: Difo.

Hattie, J. A. C. (2009). *Visible Learning. A synthesis of over 800 meta-analyses relating to achievement*. London & New York: Routledge.

Hauff, V. (Hrsg.). (1987). *Unsere gemeinsame Zukunft. Der Brundtland-Bericht der Weltkommission für Umwelt und Entwicklung*. Greven: Eggenkamp.

Hauschildt, J. (2004). *Innovationsmanagement* (3. Aufl.). München: Franz Vahlen.

Hauschildt, J. (1999). Widerstand gegen Innovationen – destruktiv oder konstruktiv?, *Zeitschrift für Betriebswirtschaft, 2*, 1–21.

Hauschildt, J. (1992). Innovationsmanagement. In E. Frese (Hrsg.), *Handwörterbuch der Organisation* (3. Aufl., Sp. 1029–1041). Stuttgart: Poeschel.

Hauschildt, J. & Salomo, S. (2011). *Innovationsmanagement* (5. Aufl.). München: Franz Vahlen.

Havelock, R. G. (1995). *The change agent's guide* (2nd ed.). Englewood Cliffs: Educational Technology.

Heise, M. (2009). Informelles Lernen bei Lehrkräften. In M. Brodowski, U. Devers-Kanoglu, B. Overwien, M. Rohs, S. Salinger & M. Walser (Hrsg.), *Informelles*

Lernen und Bildung für eine nachhaltige Entwicklung. Beiträge aus Theorie und Praxis (S. 255–264). Opladen: Budrich.

Heise, M. (2007). Professionelles Lernen jenseits von Fortbildungsmaßnahmen. *Zeitschrift für Erziehungswissenschaft, 10*(4), 513–531.

Helmke, A. (2007). Aktive Lernzeit optimieren. Was wissen wir über effiziente Klassenführung? *Pädagogik, 59*(5), 44–49.

Helmke, A. (2003). *Unterrichtsqualität: Erfassen, bewerten, verbessern*. Seetze: Kallmeyer.

Helmke, A. & Schrader, F. W. (2006). Lehrerprofessionalität und Unterrichtsqualität. Den eigenen Unterricht reflektieren und beurteilen. *Schulmagazin, 10*(9), 5–12.

Hentig, H. v. (2009). *Bildung. Ein Essay* (8. Aufl.). Weinheim und Basel: Beltz.

Hentig, H. v. (2002). *Der technischen Zivilisation gewachsen bleiben. Nachdenken über die Neuen Medien und das gar nicht mehr allmähliche Verschwinden der Wirklichkeit*. Weinheim: Beltz.

Hess, K. (2002). *Lehren – zwischen Belehrung und Lernbegleitung. Didaktische Hintergründe und empirische Untersuchung zum Lehrverständnis und dessen Umsetzung im mathematischen Erstunterricht* (Dissertation, Universität Zürich). Zürich: Universität Zürich.

Hirning, A. (2008). Integration von formellem und informellem Lernen. In K. Schwuchow & J. Guttmann (Hrsg.), *Jahrbuch Personalentwicklung 2008* (S. 165–171). Köln: Luchterhand.

Hoekstra, A., Korthagen, F., Brekelmans, M., Beijaard, D. & Imants, J. (2009). Experienced teachers informal workplace learning and perceptions of workplace conditions. *Journal of Workplace Learning, 21*(4), 276–298.

Hoppe, G. & Breitner, M. H. (2003). *Classification and sustainability analysis of e-learning applications (IWI Discussion Paper Series No. 2)*. Universität Hannover: Institut für Wirtschaftsinformatik.

Hord, S. M. (1997). *Professional learning communities: Communities of continuous inquiry and improvement*. Austin: Southwest Educational Development Laboratory.

Hradil, S. (1995). Auf dem Wege zur Single-Gesellschaft? In U. Gerhardt, S. Hradil, D. Lucke & B. Nauck (Hrsg.), *Familie der Zukunft* (S. 189–226). Opladen: Leske und Budrich.

Huffman, J. B. & Hipp, K. K. (2003). *Restructuring schools as professional learning communities*. Lanham, MD: Scarecrow Education.

Ihm, E. (2006). Auf die Überholspur: Anforderungen an das Lernen im Unternehmen. In J. Sander & A. Närmann (Hrsg.), *Mit wertorientierten Lernarchitekturen zum Erfolg! Bausteine für das zukünftige Lernen in Unternehmen*. Eschborn: Detecon International GmbH.

International Data Corporation. [IDC]. (2011). *Der Markt für IT-Services in Deutschland 2010–2015*. München: IDC.

Jenert, T. (2012). Programmgestaltung als professionelle Aufgabe der Hochschulentwicklung. Gestaltungsmodell und Fallstudie. In T. Brinker & P. Tremp (Hrsg.), *Einführung in die Studiengangsentwicklung* (S. 27–44). Bielefeld: Bertelsmann.

Jenert, T. (2010). Cultural explorations: How socio-material contexts influence knowledge interaction. In S. Jordan & H. Mitterhofer (Eds.), *Beyond knowledge management sociomaterial and sociocultural perspectives within management research* (pp. 117–137). Innsbruck: Innsbruck University Press.

Jenert, T., Zellweger, F., Dommen, J. & Gebhardt, A. (2009). *Lernkulturen an Hochschulen. Theoretische Überlegungen zur Betrachtung studentischen Lernens unter individueller, pädagogischer und organisationaler Perspektive (IWP-Arbeitsbericht)*. St. Gallen: Institut für Wirtschaftspädagogik.

Johnson, G. (1992). Managing strategic change – strategy, culture and action. *Longe Range Planning, 1*(25), 28–36.

Jurasaite-Harbison, E. (2009). Teachers' workplace learning within informal contexts of school cultures in the United States and Lithuania. *Journal of Workplace Learning, 21*(4), 299–321.

Kade, J. (1992). Die Bildung der Gesellschaft. Aussichten beim Übergang in die Bildungsgesellschaft. *Sozialwissenschaftliche Literatur Rundschau, 24*(4), 67–79.

Kaplan, R. S. & Norton, D. P. (2004). *Strategy Maps. Der Weg von immateriellen Werten zum materiellen Erfolg*. Stuttgart: Schäffer-Poeschl.

Kaplan, R. S. & Norton, D. P. (1997). *Balanced Scorecard: Strategien erfolgreich umsetzen*. Stuttgart: Schäffer-Poeschel.

Kauffeld, S. (2010). *Nachhaltige Weiterbildung. Betriebliche Seminare und Trainings entwickeln, Erfolge messen, Transfer sichern*. Berlin: Springer.

Kauffeld, S. (2006). *Kompetenzen messen, bewerten, entwickeln: Ein prozessanalytischer Ansatz für Gruppen*. Stuttgart: Schäffer-Poeschel.

Kearns, P. (2004). *From trainer to learning consultant: Part 1*. Retrieved from http://www.paulkearns.co.uk/downloading/FTLC%20Evolution%20Part%201%20maturity.pdf

Keating, M. (2002). Geschäftsmodelle für Bildungsportale. Einsichten in den US-amerikanischen Markt. In U. Bentlage, P. Glotz, I. Hamm & J. Hummel (Hrsg.), *E-Learning. Märkte, Geschäftsmodelle, Perspektiven* (S. 57–78). Gütersloh: Bertelsmann Stiftung.

Kimmelmann, N. (2009). Der »Diversity-Professional« in der beruflichen Bildung. In N. Kimmelmann (Hrsg.), *Berufliche Bildung in der Einwanderungsgesellschaft - Diversity als Herausforderung für Organisationen, Lehrkräfte und Ausbildende* (S. 129—151). Aachen: Shaker.

Kirkpatrick, D. L. (1994). *Evaluating training programs: The four levels*. San Francisco: Berrett-Koehler.

Klafki, W. (1996). *Neue Studien zur Bildungstheorie und Didaktik. Zeitgemäße Allgemeinbildung und kritisch-konstruktive Didaktik* (5. Aufl.). Weinheim: Beltz.

Klafki, W. (1973). *Studien zur Bildungstheorie und Didaktik*. Weinheim: Beltz.

Klieber, S. & Sloane, P. F. E. (2008). Selbst organisiertes Lernen – Herausforderungen für die organisatorische Gestaltung beruflicher Schulen. *bwp@ Berufs- und Wirtschaftspädagogik - online*, (13). Abgerufen von http://www.bwpat.de/ausgabe13/klieber_sloane_bwpat13.pdf

Kluge, A. & Schilling, J. (2000). Organisationales Lernen und Lernende Organisation. Ein Überblick zum Stand von Theorie und Empirie. *Zeitschrift für Arbeits- und Organisationspsychologie A&O, 44*(4), 179–191.

Knispel, K. L. (2008). *Qualitätsmanagement im Bildungswesen. Ansätze, Konzepte und Methoden für Anbieter von E-Learning- und Blended Learning-Qualifizierungen.* Münster: Waxmann.

Knust, M. & Hanft, A. (2009). Rahmenbedingungen des Bildungsmanagements. In M. Gessler (Hrsg.), *Handlungsfelder des Bildungsmanagements. Ein Handbuch* (S. 39–66). Münster: Waxmann.

Kolb, D. A. (1984). *Experiential learning: Experience as the source of learning and development.* Englewood Cliffs: Prenctice Hall.

Kolb, A. Y. & Kolb, D. A. (2005). Learning styles and learning spaces: Enhancing experiental learning in higher education. *Academy of Management Learning and Education. 4*(2), 193–212.

Kollmann, T. (1998). *Akzeptanz innovativer Nutzungsgüter und -systeme: Konsequenzen für die Einführung von Telekommunikations- und Multimediasystemen* (Dissertation, Universität Trier). Trier: Universität Trier.

Kotter, J. P. & Schlesinger, L. A. (2008). Choosing strategies for change. *HBR – Harvard Business Review, 86*(7/8), 130–139.

Krafft, M. & Litfin, T. (2002). Adoption innovativer Telekommunikationsdienste – Validierung der Rogers Kriterien bei Vorliegen potenziell heterogener Gruppen. *Zeitschrift für betriebswirtschaftliche Forschung, 54*, 64–83.

Kremer, H. (2003). Wissensforum als Instrument der Lernortkooperation. In D. Euler (Hrsg.), *Handbuch der Lernortkooperation: Bd. 2. Praktische Erfahrungen* (S. 411–418). Bielefeld: Bertelsmann.

Kromrey, H. (2004). Qualität und Evaluation im System Hochschule. In R. Stockmann (Hrsg.), *Evaluationsforschung. Grundlagen und ausgewählte Forschungsfelder* (S. 233–258). Opladen: Leske und Budrich.

Kühner, M. (1990). *Die Gestaltung des Innovationsmanagements: Drei grundlegende Ansätze* (Dissertation, Universität St. Gallen , Nr. 1169). Bamberg: Difo.

Kuzmanovic, R. (2003). Lernfelder, Implementationstheorien und mikropolitsche Mechanismen. *bwp@ Berufs- und Wirtschaftspädagogik – online,* (4). Abgerufen von http://www.bwpat.de/ausgabe4/kuzmanovic_bwpat4.shtml

Landsberg, G. v. & Weiss, R. (Hrsg.). (1995). *Bildungs-Controlling* (2. Aufl.). Stuttgart: Schäffer-Poeschel.

Läuchli, R. (2007). *Outputorientierte Berufsbildung – Methoden zur Erhebung von Ausbildungsbedürfnissen* (Diplomarbeit). Zürich: HWZ. Abgerufen von http://www.retolaeuchli.ch/Dokumente/HWZ/DA/Arbeit/Thesis_Outputorientierte_Berufsbildung.pdf

Lausselet, R. (2001). Kompetenzen bewusst machen. Oder: Von der Wichtigkeit des Prozesses und seiner Begleitung. In S. Dietrich (Hrsg.), *Selbstgesteuertes Lernen in der Weiterbildungspraxis. Ergebnisse und Erfahrungen aus dem Projekt SeGe* (S. 306–3014). Bielefeld: Bertelsmann.

Lee, R. (1996). The ›pay forward‹ view of training. *People Management, 8*, 30–32.

Leggewie, C. (1993). *Multi Kulti. Spielregeln für die Vielvölkerrepublik*. Berlin: Rotbuch.
Lempert, W. & Tramm, T. (2010). Ergebnisse und Desiderate im Problemfeld. In R. Nikolaus, G. Pätzold, H. Reinisch & T. Tramm (Hrsg.), *Handbuch Berufs- und Wirtschaftspädagogik* (S. 50–52). Bad Heilbrunn: Julius Klinkhardt.
Lewin, K. (1963). *Feldtheorie in den Sozialwissenschaften*. Bern: Huber.
Lipowsky, F. (2011). Theoretische Perspektiven und empirische Befunde zur Wirksamkeit von Lehrerfort- und weiterbildung. In E. Terhart, H. Bennewitz & M. Rothland (Hrsg.), *Handbuch der Forschung zum Lehrerberuf* (S. 398–417). Berlin: Waxmann.
Lohmann, G. (2003). *Mit Schülern klarkommen. Professioneller Umgang mit Unterrichtsstörungen und Disziplinkonflikten*. Berlin: Cornelsen.
Mandl, H. & Krause, U. (2001). *Lernkompetenz für die Wissensgesellschaft* (Forschungsbericht Nr. 145). München: Lehrstuhl für Empirische Pädagogik und Pädagogische Psychologie.
Manning, S. (2002). *Resource base of a research project cluster related to human resource development in Europe*. Berlin: WIFO Research Forum.
McCracken, M. & Wallace, M. (2000). Towards a redefinition of strategic HRD. *Journal of European Industrial Training*, *24*(5), 281–290. Retrieved from http://www.emeraldinsight.com/journals.htm/journals.htm?issn=0309-0590&volume=24&issue=5&articleid=837024&show=pdf
Meier, C. (2005). Ansätze für das Controlling betrieblicher Weiterbildung. In U. Ehlers & P. Schenkel, (Hrsg.), *Bildungscontrolling im E-Learning. Erfolgreiche Strategien und Erfahrungen jenseits des ROI* (S. 54–64). Heidelberg: Springer.
Meier, C., Brahm, T., Jenert, T. & Euler, D. (2012). *Handbuch zur systematischen Entwicklung von Studienprogrammen an der Universität St. Gallen (internes Arbeitspapier)*. St. Gallen: Institut für Wirtschaftspädagogik.
Meirink, J. A., Meijer, P. C., Verloop, N. & Bergen, T. C. (2009). Understanding teacher learning in secondary education: The relations of teacher activities to changed beliefs about teaching and learning. *Teaching and Teacher Education*, *25*(1), 89–100.
Meiser, K. (2001). Vorbemerkungen. In S. Dietrich (Hrsg.), *Selbstgesteuertes Lernen in der Weiterbildungspraxis. Ergebnisse und Erfahrungen aus dem Projekt SeGe* (S. 7–9). Bielefeld: Bertelsmann.
Meister, J. C. (1998). *Corporate universities. Lessons in building a world-class work force*. New York: McGraw-Hill.
Mertens, D. (1974). Schlüsselqualifikationen. Mitteilungen aus der Arbeitsmarkt- und Berufsforschung. *Berufsbildung in Wissenschaft und Praxis*, *7*(1), 36–43.
Meyer, H. (1988). *Unterrichtsmethoden: Bd. 1. Theorieband* (2. Aufl.). Frankfurt a. M.: Scriptor.
Mohr, N. (1997). *Kommunikation und organisatorischer Wandel. Ein Ansatz für ein effizientes Kommunikationsmanagement im Veränderungsprozess*. Wiesbaden: Gabler.

Müller, F. H.; Eichenberger, A.; Lüders, M. & Mayr, J. (2010). *Lehrerinnen und Lehrer lernen. Konzepte und Befunde zur Lehrerfortbildung.* Münster, New York, München, Berlin: Waxmann.

Müller, U. (2009). Bildungsmanagement – ein orientierender Einstieg. In M. Gessler (Hrsg.), *Handlungsfelder des Bildungsmanagement. Ein Handbuch* (S. 67–90). Münster: Waxmann.

Müller-Stewens, G. & Lechner, C. (2005). *Strategisches Management. Wie strategische Initiativen zum Wandel führen* (3. Aufl.). Stuttgart: Schäffer-Poeschel.

Neß, H. (2009). Portfolioarbeit zur Anerkennung informell erworbener Kompetenzen in der Lehrerbildung. *Bildungsforschung, 6*(1), 139–158.

Neß, H. (2012). »Das Professionalisierung-Portfolio«: Dokumentation lebenslangen Lernens im standardisierten Lehrerportfolio. *Computer und Unterricht, 86,* 36–38.

Neubauer, W. (2003*). Organisationskultur.* Stuttgart: Kohlhammer.

Niedermair, G. (2005). *Patchwork(er) on Tour. Berufsbiografien von Personalentwicklern.* Münster: Waxmann.

North, K., Reinhardt, K. & Sieber-Suter, B. (2012). *Kompetenzmanagement in der Praxis: Mitarbeiterkompetenzen systematisch identifizieren, nutzen und entwickeln mit vielen Fallbeispielen.* Wiesbaden: Gabler.

O'Reilly, T. (2011). *What is Web 2.0? Design Patterns and Business Models for the Next Generation of Software.* Abgerufen von http://www.oreillynet.com/pub/a/oreilly/tim/news/2005/09/30/what-is-web-20.html?page=1, 2005.

Organisation for Economic Co-operation and Development. [OECD]. (2001). *Scenarios for the future of schooling.* Retrieved from http://www.oecd.org/dataoecd/56/39/38967594.pdf

Organisation for Economic Co-operation and Development. [OECD]. (1996). *Lifelong learning for all.* Paris: OECD.

Overwien, B. (2011). Informelles Lernen in einer sich globalisierenden Welt. In W. Sander & A. Scheunpflug (Hrsg.), *Politische Bildung in der Weltgesellschaft: Herausforderungen, Positionen, Kontroversen* (S. 259–277). Bonn: Bundeszentrale für politische Bildung.

Overwien, B. (2009). Schulorte und Raumgefüge informellen Lernens. In J. Böhme (Hrsg.), *Schularchitektur im interdisziplinären Diskurs. Territorialisierungskrise und Gestaltungsperspektiven des schulischen Bildungsraums* (S. 42–57). Wiesbaden: Springer.

Overwien, B. (2001). Debatten, Begriffsbestimmungen und Forschungsansätze zum informellen Lernen und zum Erfahrungslernen. In Senatsverwaltung für Arbeit, Soziales und Frauen (Hrsg.), *Tagungsband zum Kongress »Der flexible Mensch«* (S. 359–376). Berlin: BBJ.

Pasternack, P. & Wissel, C. (2010). *Programmatische Konzepte der Hochschulentwicklung in Deutschland seit 1945. Demokratische und Soziale Hochschule (Arbeitspapier 204).* Düsseldorf: Hans Böckler Stiftung. Abgerufen von http://www.boeckler.de/pdf/p_arbp_204.pdf

Pätzold, G. (2010). Struktur und Funktionalität von schulischem Leitungshandeln. In R. Nickolaus, G. Pätzold, H. Reinisch & T. Tramm (Hrsg.), *Handbuch Berufs- und Wirtschaftspädagogik* (S. 281–291). Bad Heilbrunn: Julius Klinkhardt.

Pellert, A. (2000). Expertenorganisationen reformieren. In A. Hanft (Hrsg.), *Hochschulen managen? Zur Reformierbarkeit der Hochschulen nach Managementprinzipien* (S. 39–55). Neuwied: Luchterhand.

Pellert, A. (1993). Hochschulmanagement. Versuch einer Orientierung. In R. Fischer, M. Costazza & A. Pellert (Hrsg.), *Argumentation und Entscheidung. Zur Idee und Organisation von Wissenschaft* (S. 133–153). München: Profil.

Pettigrew, A. M. (1990). Studying strategic choice and strategic change. A comment on Mintzberg and Waters: »Does decision get in the way?« *Organization Studies, 11*(1), 6–11.

Pfeffer, R. & Sutton, I. (2000). *The knowing-doing gap: How smart companies turn knowledge into action.* Boston: Harvard Business Press.

Pfeiffer, W., Weiss, E., Volz, T. & Wettengl, S. (1997). *Funktionalmarkt-Konzept zum strategischen Management prinzipieller technologischer Innovationen: Bd. 28.* Göttingen: Vandenhoeck & Ruprecht.

Phillips, J. J. (1997). *Return on investment in training and performance improvement programs.* Birmingham: PROPress.

Pitschke, C. (2012). Warum sich Personalmanager mit Megatrends auseinander setzen sollten. In Deutsche Gesellschaft für Personalführung e. V. [DGFP] (Hrsg.), *Megatrends. Zukunftsthemen im Personalmanagement analysieren und bewerten* (S. 11–18). Bielefeld: Bertelsmann.

Poell, R. P., Geoff, E., Chivers, G. E., Ferd, J., Van Der Krogt, F. J. & Wildemeersch, D. A. (2000). Learning-network theory: Organizing the dynamic relationships between learning and work. *Management Learning, 1*(31), 25–49.

Portelli, J. P. (1993). Exposing the hidden curriculum. *Journal of Curriculum Studies, 25*(4), 343–358.

Porter, M. E. (1980). *Competitive strategy. Techniques for analyzing industries and competitors.* New York: The Free Press.

Probst, G. J. B. & Büchel, B. S. T. (1994). *Organisationales Lernen: Wettbewerbsvorteil der Zukunft.* Wiesbaden: Gabler.

Probst, G., Raub, S. & Romhardt, K. (2006). *Wissen managen – Wie Unternehmen ihre wertvollste Ressource nutzen.* Wiesbaden: Gabler.

Pulliam Phillips, P. & Phillips, J. J. (2007). *The value of learning. How organizations capture value and ROI and translate it into support, improvement and funds.* San Francisco: Pfeiffer.

Rappa, M. (2010). *Business models on the web.* Retrieved from http://digitalenterprise.org/models/models.html

Rebmann, K., Tenfelde, W. & Schlömer, T. (2011). *Berufs- und Wirtschaftspädagogik. Eine Einführung in Strukturbegriffe* (4. Aufl.). Wiesbaden: Gabler.

Reiß, M. (1997). Change Management als Herausforderung. In M. Reiß, L. von Rosenstiel & A. Lanz (Hrsg.), *Change Management: Programme, Projekte und Prozesse* (S. 5–29). Stuttgart: Schäffer-Poeschel.

Reiß, M., von Rosenstiel, L. & Lanz, A. (1997). *Change Management: Programme, Projekte und Prozesse*. Stuttgart: Schäffer-Poeschel.

Reinisch, H. (2003). Zu einigen curriculumtheoretischen Implikationen des Lernfeldansatzes – Überlegungen anlässlich der Beiträge von CLEMENT, KREMER, SLOANE und TRAMM in bwp@ Ausgabe 4. *bwp@Berufs- und Wirtschaftspädagogik – online, (4)*. Abgerufen von http://www.bwpat.de/ausgabe4/reinisch_bwpat4.pdf

Renkl, A. (1994). *Träges Wissen. Die »unerklärliche« Kluft zwischen Wissen und Handeln (Forschungsbericht Nr. 41)*. München: Lehrstuhl für Empirische Pädagogik und Pädagogische Psychologie.

Reusser, K. (1995). Lehr-Lernkultur im Wandel. Zur Neuorientierung der kognitiven Lernforschung. In R. Dubs & R. Dörig (Hrsg.), *Dialog Wissenschaft und Praxis. Berufsbildungstage St. Gallen* (S. 164–190). St. Gallen: Institut für Wirtschaftspädagogik.

Richardson, V. (2003). The dilemmas of professional development. *Phi Delta Kappan, 85*(5), 401–411.

Riedl, A. & Schelten, A. (2010). Bildungsziele im berufsbezogenen Unterricht der Berufsschule. In R. Nickolaus, G. Pätzold, H. Reinisch & T. Tramm (Hrsg.), *Handbuch Berufs- und Wirtschaftspädagogik* (S. 179–194). Bad Heilbrunn: Julius Klinkhardt.

Rogers, M. E. (2003). *Diffusion of innovations* (5. Ed.). New York: Free Press.

Rohs, M. (2007). *Zur Theorie formellen und informellen Lernens in der IT-Weiterbildung* (Dissertation, Universität der Bundeswehr Hamburg). Abgerufen von http://opus.unibw-hamburg.de/volltexte/2007/1230/pdf/2007_rohs.pdf

Rolff, H. G. (2007). *Studien zu einer Theorie der Schulentwicklung*. Weinheim: Beltz.

Rolff, H. G. (1993). Wandel durch Selbstorganisation. *Theoretische Grundlagen und praktische Hinweise für eine bessere Schule*. Weinheim: Juventa.

Roth, H. (1971). *Pädagogische Anthropologie. Entwicklung und Erziehung*. Hannover: Schroedel.

Rüegg-Stürm, J. (2004). Das neue St. Galler Management-Modell. In R. Dubs, D. Euler, J. Rüegg-Stürm & C. E. Wyss (Hrsg.), *Einführung in die Managementlehre: Bd. 1.* (S. 65–141). Bern: Haupt.

Rüegg-Stürm, J. (2002a). *Das neue St. Galler Management-Modell. Grundkategorien einer integrierten Managementlehre – der HSG-Ansatz*. Bern: Haupt.

Rüegg-Stürm, J. (2002b). *Dynamisierung von Führung und Organisation. Eine Einzelfallstudie zur Unternehmensentwicklung von Ciba-Geigy 1987–1996*. Bern: Haupt.

Sächsisches Bildungsinstitut. (2010). *Schulische Qualität im Freistaat Sachsen: Kriterienbeschreibung*. Abgerufen von http://www.bildung.sachsen.de/download/download_sbi/kriterienbeschreibung_auflage2_internet.pdf

Safko, L. & Brake, D. K. (2009). *The social media bible. Tactics, tools & strategies for business success*. New Jersey: Hoboken.

Sattelberger, T. & Heuser, M. (1999). Corporate University: Nukleus für individuelles und organisationales Lernen. In T. Sattelberger (Hrsg.), *Wissenskapitalisten oder Söldner* (S. 221–246). Wiesbaden: Gabler.

Sausele-Bayer, I. (2011). *Personalentwicklung als pädagogische Praxis*. Wiesbaden: VS Verlag für Sozialwissenschaften.

Scheidegger, U. M. (2001). *Management des Strategieprozesses an Universitäten*. Bern: Haupt.

Schein, E. H. (2003). *Organisationskultur: The Ed Schein corporate culture survival guide*. Bergisch Gladbach: Ehp.

Schein, E. H. (1992). *Organizational culture and leadership. A dynamic view*. San Francisco: Jossey-Bass.

Schein, E. H. (1980). *Organizational psychology*. Englewood Cliffs: Prentice-Hall.

Schenk, B. (2004). Der Bildungsgang. In M. Trautmann (Hrsg.), *Entwicklungsaufgaben im Bildungsgang* (S. 41–48). Wiesbaden: VS Verlag für Sozialwissenschaften.

Schenkel, P. (2000). Ebenen und Prozesse der Evaluation. In P. Schenkel, S. Tergan & A. Lottmann (Hrsg.), *Qualitätsbeurteilung multimedialer Lern- und Informationssysteme: Evaluationsmethoden auf dem Prüfstand* (S. 52–74). Nürnberg: Bildung und Wissen.

Schläfli, A. (1998). Akkreditierung von Kompetenzen – Internationale Vergleichbarkeit möglich? *DIE Zeitschrift für Erwachsenenbildung, 4*, 27–29.

Schneider, P. & Mahs, C. (2003). Kontinuierliche und Kooperative Selbstqualifikation und Selbstorganisation (KoKoSS) der Ausbilder. In D. Euler (Hrsg.), *Handbuch der Lernortkooperation: Bd. 2. Praktische Erfahrungen* (S. 298–312). Bielefeld: Bertelsmann.

Schön, D. A. (1983). *The Reflective Practitioner. How professionals think in action*. London: Temple Smith.

Schöni, W. (2009). *Handbuch Bildungscontrolling. Steuerung von Bildungsprozessen in Unternehmen und Bildungsinstitutionen* (2. Aufl.). Chur: Rüegger.

Schönwald, I. (2007). *Change Management in Hochschulen. Die Gestaltung soziokultureller Veränderungsprozesse zur Integration von E-Learning in die Hochschullehre* (Dissertation, Universität St. Gallen, Nr. 3312). Lohmar: Eul.

Schönwald, I., Euler, D., Angehrn, A. & Seufert, S. (2006). *EduChallenge Learning Scenarios (scil Arbeitsbericht 8)*. St. Gallen: Institut für Wirtschaftspädagogik.

Schrader, F. W. (2001). Diagnostische Kompetenz von Eltern und Lehrern. In D. H. Rost (Hrsg.), *Handwörterbuch Pädagogische Psychologie* (S. 91–96). Weinheim: Beltz.

Schubarth, W. (2010). *Gewalt und Mobbing an Schulen. Möglichkeiten der Prävention und Intervention*. Stuttgart: W. Kohlhammer.

Schulze, G. (1992). *Die Erlebnisgesellschaft*. Frankfurt a. M.: Campus.

Schumpeter, J. (1931). *Theorie der wirtschaftlichen Entwicklung – eine Untersuchung über Unternehmergewinn, Kapital, Kredit, Zins und den Konjunkturzyklus* (3. Aufl.). Leipzig: Dunker & Humblot.

Schwanitz, D. (2002). *Bildung. Alles was man wissen muß*. München: Goldmann.

Schwuchow, K. H. (2008). Von der Lernenden zur Lehrenden Organisation. In K. H. Schwuchow & J. Gutmann (Hrsg.), *Jahrbuch Personalentwicklung 2008* (S. 164–170). Köln: Luchterhand.

Sebe-Opfermann, A. & Gessler, M. (2009). Lebenslanges Lernen. In M. Gessler (Hrsg.), *Handlungsfelder des Bildungsmanagements. Ein Handbuch* (S. 91–122). Münster: Waxmann.

Senge, P. M. (1996a). *Die fünfte Disziplin. Kunst und Praxis der lernenden Organisation*. Stuttgart: Klett-Cotta.

Senge, P. M. (1996b). *Das Fieldbook zur fünften Disziplin*. Stuttgart: Klett-Cotta.

Sergiovanni, T. J. (1996). *Leadership for the schoolhouse*. San Francisco: Jossey-Bass.

Seufert, S. (2012). Die digitale Revolution und die Evolution des Lehrens. *Folio, 4*, 36–38.

Seufert, S. (2011). Informelles Lernen. Wie Sie mit Social Media eine innovative Lernkultur schaffen. *Zeitschrift für Organisation, 5*(80), 299–305.

Seufert, S. (2010). Die Corporate University (CU) als Konzept des Bildungsmanagements. In R. Bröckermann & M. Müller-Vorbrüggen (Hrsg.), *Handbuch Personalentwicklung. Die Praxis der Personalbildung, Personalförderung und Arbeitsstrukturierung* (3. Aufl.) (S. 283–298). Stuttgart: Schäffer-Poeschel.

Seufert, S. (2008). *Innovationsorientiertes Bildungsmanagement. Hochschulentwicklung durch Sicherung der Nachhaltigkeit von eLearning*. Wiesbaden: VS Verlag für Sozialwissenschaften.

Seufert, S. (2007). *Benchmark Studie II. Ergebnisse der Fallstudien zu transferorientiertem Bildungsmanagement (scil Arbeitsbericht 14)*. St. Gallen: Institut für Wirtschaftspädagogik.

Seufert, S., Euler, D. & Christ, M. (2007). Strategisches Bildungsmanagement. Alle wollen es, nur wenige machen es. *Personalwirtschaft, 3*, 18–20.

Seufert, S., Fandel-Meyer, T., Meier, C., Diesner, I., Fäckeler, S. & Raatz, S. (2013). *Informelles Lernen als Führungsaufgabe. Problemstellung, explorative Fallstudien und Rahmenkonzept (scil Arbeitsbericht Nr. 24)*. St. Gallen: Institut für Wirtschaftspädagogik.

Seufert, S., Hasanbegovic, J. & Euler, D. (2007). *Mehrwert für das Bildungsmanagement durch nachhaltige Lernkulturen (scil Arbeitsbericht 11)*. St. Gallen: Institut für Wirtschaftspädagogik.

Seufert, S., Jenert, T. & Kuhn, A. (2012). Didaktische Potenziale des Mobile Learning für die Berufsausbildung. Erfahrungen aus einem Pilotprojekt am Center for Young Professionals in Banking (CYP) in der Schweiz. *Berufsbildung in Wissenschaft und Praxis, 3*(41), 10–13.

Seufert, S., Lehner, M. & Tödtli, M. (2013). Didaktisierung des Informellen Lernens – die Planung des Zufalls? In S. Seufert & C. Metzger (Hrsg.), *Kompetenzentwicklung in unterschiedlichen Lernkulturen. Festschrift für Dieter Euler zum 60. Geburtstag* (S. 487–507). Paderborn: Eusl.

Sheehan, J. (1986). Curriculum models: product versus process. *Journal of Advanced Nursing, 11*, 671–678.

Simon, B. (2006). Neue Geschäftsmodelle für Bildungsangebote von Hochschulen. *Zeitschrift für Betriebswirtschaft [Special Issue], 2*, 105–123.

Sloane, P. F. E. (2010a). Entwicklung beruflicher Curricula als institutionentheoretisches Phänomen: Der Ordnungsrahmen pädagogischen Handelns. In R. Nickolaus, G. Pätzold, H. Reinisch & T. Tramm (Hrsg), *Handbuch Berufs- und Wirtschaftspädagogik* (S. 213-220). Bad Heilbrunn: Julius Klinkhardt.

Sloane, P. F. E. (2010b). Prozessbezogene Bildungsgangarbeit in der kaufmännischen Bildung – ein Designprojekt zur Sequenzierung. In J. Seifried, E. Wuttke, R. Nickolaus & P. F. E. Sloane (Hrsg.), Lehr-Lern-Forschung in der kaufmännischen Berufsbildung. *Zeitschrift für Berufs- und Wirtschaftspädagogik, 106* (23. Beiheft, S. 27–48). Stuttgart: Steiner.

Sloane, P. F. E. (2010c). Makrodidaktik: Zur curricularen Entwicklung von Bildungsgängen. In R. Nickolaus, G. Pätzold, H. Reinisch & T. Tramm (Hrsg.), *Handbuch Berufs- und Wirtschaftspädagogik* (S. 205-212). Bad Heilbrunn: Julius Klinkhardt.

Sloane, P. F. E. (2007). Bildungsgangarbeit in beruflichen Schulen – ein didaktischer Geschäftsprozess? *Zeitschrift für Berufs- und Wirtschaftspädagogik, 103*(4), 481–496.

Sloane, P. F. E. (2003). Schulnahe Curriculumentwicklung. *bwp@ Berufs- und Wirtschaftspädagogik - online,* (4). Abgerufen von http://www.bwpat.de/ausgabe4/sloane_bwpat4.pdf

Sloane, P. F. E. (2002). Schulorganisation und schulische Curriculumarbeit. In R. Bader & P. F. E. Sloane (Hrsg.), *Bildungsmanagement im Lernfeldkonzept. Curriculare und organisatorische Gestaltung. Beiträge aus den Modellversuchsverbünden NELE & SELUBA* (S. 9–25). Paderborn: Eusl.

Sloane, P. F. E. (2001). Lernfelder als curriculare Vorgabe. In B. Bonz (Hrsg.), *Didaktik beruflicher Bildung* (S. 187–203). Baltmannsweiler: Schneider.

Sloane, P. F. E., Dilger, B. & Krakau, U. (2008a). Bildungsgangarbeit als didaktischer Geschäftsprozess (Teil I): Von der Bildungsgangkonzeption zur didaktischen Jahresplanung. *Wirtschaft und Erziehung, 9,* 263–273.

Sloane, P. F. E., Dilger, B. & Krakau, U. (2008b). Bildungsgangarbeit als didaktischer Geschäftsprozess (Teil II): Von der Bildungsgangkonzeption zur didaktischen Jahresplanung. *Wirtschaft und Erziehung, 10,* 305–312.

Sloane, P. F. E., Dilger, B. & Krakau, U. (2008c). Bildungsgangarbeit als didaktischer Geschäftsprozess (Teil III): Von der Bildungsgangkonzeption zur didaktischen Jahresplanung. *Wirtschaft und Erziehung, 11,* 355–362.

Sonntag, K., Schaper, N. & Friebe, J. (2005). Erfassung und Bewertung von Merkmalen unternehmensbezogener Lernkulturen. In Arbeitsgemeinschaft QUEM (Hrsg.), *Kompetenzmessung im Unternehmen, Lernkultur- und Kompetenzanalysen im betrieblichen Umfeld: Bd. 18. QUEM-Report* (S. 19–340). Berlin: Waxmann.

Sonntag, K. & Stegmeier, R. (2008). Das Lernkulturinventar (LKI). Ermittlung von Lernkulturen in Wirtschaft und Verwaltung. In R. Fisch, A. Müller & D. Beck (Hrsg.), *Veränderungen in Organisationen. Stand und Perspektiven* (S. 227–247). Wiesbaden: VS Verlag für Sozialwissenschaften.

Sonntag, K., Stegmaier, R., Schaper, N. & Friebe, J. (2004). Dem Lernen im Unternehmen auf der Spur. Operationalisierung von Lernkultur. *Unterrichtswissenschaft, 32*(2), 104–127.

Stahl, T. (2003). *Internationales Monitoring zum Programmteil »Lernen in sozialen Umfeld« (LISU): LISU, informelles und non-formales Lernen (Statusbericht 6)*. Frankfurt a. M.: Institut für sozialwissenschaftliche Beratung. Abgerufen von http://www.abwf.de/content/main/publik/monitoring/LisU/94_Mon_LisU_2003_6

Stegbauer, C. (2009). *Wikipedia. Das Rätsel der Kooperation. Warum handeln Leute bei Wikipedia kooperativ?* Wiesbaden: VS Verlag für Sozialwissenschaften.

Stern, E. & Sommerlad, E. (1999). *Workplace learning, culture and performance*. London: Institute of Personnel and Development.

Stockmann, R. (2002). Qualitätsmanagement und Evaluation – Konkurrierende oder sich ergänzende Konzepte? *Zeitschrift für Evaluation, 2*, 209–243.

Stoll, L., Bolam, R., McMahon, A., Wallace, M. & Thomas, S. (2006). Professional learning communities: A review of the literature. *Journal of Educational Change, 7*, 221–258.

Straka, G. A. (2004). *Informal learning: genealogy, concepts, antagonisms and questions (ITB-Forschungsberichte 15/2004)*. Bremen: Institut Technik und Bildung.

Subramani, M. R. & Rajagopalan, B. (2003). Knowledge-sharing and influence in online social networks via viral marketing. *Communications of the ACM, 12*(46), 300–307.

Tenberg, R. (2010). Organisationsentwicklung an beruflichen Schulen. In R. Nickolaus, G. Pätzold, H. Reinisch & T. Tramm (Hrsg.), *Handbuch Berufs- und Wirtschaftspädagogik* (S. 291–300). Bad Heilbrunn: Julius Klinkhardt.

Teodorescu, T. (2006). Competence vs. competency. What is the difference? *Performance Improvement 45*(10), 27–29.

Terhart, E.; Bennewitz, H. & Rothland, M. (2011). *Handbuch der Forschung zum Lehrerberuf*. Münster, New York, München, Berlin: Waxmann.

Thom, N. (1992). *Innovationsmanagement. Die Orientierung (Arbeitsbericht Nr. 100)*. Bern: Hanstein.

Thom, N. & Blunck, T. (1995). Strategisches Weiterbildungs-Controlling. In G. von Landsberg & R. Weiss (Hrsg.), *Bildungscontrolling* (2. Aufl., S. 35–46). Stuttgart: Schäffer-Poeschel.

Thune, C. (2005). *Standards and guidelines for quality assurance in the European higher education area*. Helsinki: European Association for Quality Assurance in Higher Education. Retrieved from http://www.enqa.eu/files/BergenReport210205.pdf

Timmers, P. (1998). Business models for electronic markets. *International Journal on Electronic Markets, 8*(2), 3–8.

Tramm, T. (2002). Zur Relevanz der Geschäftsprozessorientierung und zum Verhältnis von Wissenschafts- und Situationsprinzip bei der Umsetzung des Lernfeldansatzes im kaufmännischen Bereich. In R. Bader & P. F. E. Sloane (Hrsg.), *Bildungsmanagement im Lernfeldkonzept. Curriculare und organisatorische Gestaltung. Beiträge aus den Modellversuchsverbünden NELE & SELUBA* (S. 41–62). Paderborn: Eusl.

Tramm, T. & Reetz, L. (2010). Berufliche Curriculumentwicklung zwischen Persönlichkeits-, Situations- und Wissenschaftsbezug. In R. Nikolaus, G. Pätzold, H. Reinisch & T. Tramm (Hrsg.), *Handbuch Berufs- und Wirtschaftspädagogik* (S. 220–226). Bad Heilbrunn: Julius Klinkhardt.

Ulmer, P., Weiss, R. & Zöller, A. (Hrsg.) (2012). Berufliches Bildungspersonal: Stellenwert, Entwicklungstendenzen und Perspektiven für die Forschung. In *Berufliches Bildungspersonal – Forschungsfragen und Qualifizierungskonzepte*: Bd. 11. Berichte zur beruflichen Bildung (Schriftenreihe des Bundesinstituts für Berufsbildung) (S. 7–18). Bielefeld: Bertelsmann.

Ulrich, H. (1984). *Management*. Bern: Haupt.

Ulrich, P. (2004). Die normativen Grundlagen der unternehmerischen Tätigkeit. In R. Dubs, D. Euler, J. Rüegg-Stürm & C. E. Wyss (Hrsg.), *Einführung in die Managementlehre: Bd. 1* (S. 143–165). Bern: Haupt.

Ulrich, P. (1995). *Management: eine konzentrierte Einführung* (7. Aufl.). Stuttgart: UTB.

Vahs, D. & Leiser, W. (2004). *Change Management in schwierigen Zeiten*. Wiesbaden: DUV.

Vaill, P. B. (1998). *Lernen als Lebensform. Ein Manifest wider die Hüter der richtigen Antworten*. Stuttgart: Klett-Cotta.

Van de Veen, A. (1993). Managing the process of organizational innovation. In G. Huber & W. Glick (Eds.), *Organizational Change and Redesign* (pp. 103–122). New York: Oxford University Press.

Verdonschot, S. (2009). *Learning to innovate. A series of studies to explore and enable learning in innovation practices* (Dissertation, Universiteit Twente). Retrieved from http://doc.utwente.nl/67417/1/thesis_S_Verdonschot.pdf

Wahren, H. E. (1996). *Das lernende Unternehmen. Theorie und Praxis des organisationalen Lernens*. Berlin: de Gruyter.

Weick, K. E. (1976). Educational organizations as loosely coupled systems. *Administrative Science Quarterly, 21*, 1–19.

Weinert, F. E. (1997). Lernkultur im Wandel. In E. Beck, T. Guldimann & M. Zuvatern (Hrsg.), *Lernkultur im Wandel* (S. 11–29). St. Gallen: UVK.

Weinert, F. E. (2001). Vergleichende Leistungsmessung in Schulen. Eine umstrittene Selbstverständlichkeit. In F. E. Weinert (Hrsg.), *Leistungsmessung in Schulen* (2. Aufl.) (S. 17–31). Weinheim: Beltz.

Weiss, R. (2012). Medienkompetenz als neue Kulturtechnik. *Berufsbildung in Wissenschaft und Praxis, 3*(41), 3.

Weiß, R. (2009). Vielfalt anerkennen und entwickeln. *Berufsbildung in Wissenschaft und Praxis, 1*(38), 3–4.

Wenger, E. (1998). *Communities of practice: Learning, meaning, and identity*. Cambridge: Cambridge University.

Wiegmann, V. (2007, 11. Mai). Eon-Academy. Synchronisation auf Ungarisch. *Handelsblatt*. Abgerufen von http://www.handelsblatt.com/unternehmen/management/strategie/eon-academy-synchronisation-auf-ungarisch/2807296.html

Wilbers, K. (2012a). Entwicklung der Kompetenzen von Lehrkräften berufsbildender Schulen für digitale Medien. *Berufsbildung in Wissenschaft und Praxis, 3*(41), 38–41.

Wilbers, K. (2012b). *Wirtschaftsunterricht gestalten: Lehrbuch*. Berlin: epubli.

Wilbers, K. (2004). *Soziale Netzwerke an berufsbildenden Schulen. Analyse, Potentiale, Gestaltungsansätze*. Paderborn: Eusl.

Wildt, J. (2005). *Vom Lehren zum Lernen. Hochschuldidaktische Konsequenzen aus dem Bologna-Prozess für die Lehre, Studium und Prüfung (Kurzfassung eines Vortrags zur Expertentagung des EWFT »From Teaching to Learning«)*. Abgerufen von http://www.ewft.de/files/Wildt-05-Vom%20Lehren%20zum%20Lernen-hochschuldidaktische%20Konsequenzen.pdf

Wildt, J. (2002). Vom Lehren zum Lernen. Zum Wandel der Lernkultur in modularisierten Studienstrukturen. In B. Berendt, H. P. Voss & J. Wildt (Hrsg.), *Neues Handbuch Hochschullehre. Lehren und Lernen effizient gestalten*. Stuttgart: Raabe.

Wiley, D. (No Date). Defining the »open« in open content. Retrieved from http://opencontent.org/definition/

Willemse, I., Waller, G. & Süss, D. (2010). *JAMES. Jugend, Aktivitäten, Medien – Erhebung Schweiz (Ergebnisbericht zur JAMES-Studie 2010)*. Zürich: ZHAW.

Wimmer, R., Emmerich, A. & Nicolai, A. (2002). *Corporate Universities in Deutschland. Eine empirische Untersuchung zu ihrer Verbreitung und strategischen Bedeutung (Eine Studie im Auftrag des BMBF)*. Witten: Universität Witten. Abgerufen von http://www.osb-i.com/sites/default/files/user_upload/Publikationen/Wimmer_Nicolai_Strateg._Lernarchitekturen_in_der_dt.Unternehmenslandschaft.pdf

Wirth, M. (2005). Gestaltung transparenter Prozessdefinitionen zur nachhaltigen Implementierung von eLearning: Erfahrungen an der Universität St. Gallen. In D. Euler & S. Seufert (Hrsg.), *E-Learning in Hochschulen und Bildungszentren* (S. 149–168). München: Oldenbourg.

Witte, E. (1973). *Organisation für Innovationsentscheidungen. Das Promotoren-Modell*. Göttingen: Schwartz.

Wittwer, W. (2006). *Biografieorientierte Kompetenzentwicklung. Teil IV: Informelles Lernen. Gesellschaft für Innovationen im Bildungswesen*. Abgerufen von http://www.downloads.gib-forschung.de/artikel/Informelles_Lernen.pdf

Wittwer, W. (2003). »Lern für die Zeit, werd tüchtig fürs Haus. Gewappnet ins Leben trittst du hinaus« – Förderung der Nachhaltigkeit informellen Lernens durch individuelle Kompetenzentwicklung. In W. Wittwer & S. Kirchhof (Hrsg.), *Informelles Lernen und Weiterbildung. Neue Wege zur Kompetenzentwicklung* (S. 13–41). München: Luchterhand.

Wottawa, H. & Thierau, H. (2003). *Lehrbuch Evaluation* (3. Aufl.). Bern: Hans Huber.

Wunderer, R. (2003). *Führung und Zusammenarbeit. Eine unternehmerische Führungslehre* (5. Aufl.). Neuwied: Luchterhand.

Wunderer, R. (1999). *Mitarbeiter als Mitunternehmer*. Neuwied: Luchterhand.

Wunsch-Vincent, S. & Vickery, G. (2007). *Working party on the information economy: Participative Web: User-created content (OECD-Report)*. Retrieved from http://www.oecd.org/internet/interneteconomy/38393115.pdf

Zemsky, R. & Massy, W. F. (2004). *Thwarted innovation. What happened to e-learning and why. Final report the weatherstation project of the learning alliance at the University of Pennsylvania and in cooperation with the Thomson Corporation*. Pennsylvania: University of Pennsylvania.

Zimmer, G. (2001). Ausblick: Perspektiven der Entwicklung der telematischen Lernkultur. In P. Arnold (Hrsg.), *Didaktik und Methodik telematischen Lehrens und Lernens. Lernräume, Lernszenarien, Lernmedien – state of the art und Handreichung: Bd. 17* (S. 126–146). Berlin: Waxmann.

Zürcher, R. (2007). *Informelles Lernen und der Erwerb von Kompetenzen. Theoretische, didaktische und politische Aspekte*. Wien: Bundesministerium für Unterricht, Kunst und Kultur, Abteilung.

Zwart, R., Wubbels, T., Bolhuis, S. & Bergen, T. (2008). Teacher learning through reciprocal peer coaching: An analysis of activity sequences. *Teaching and Teacher Education, 24*, 982–1002.

Sachwortregister

A

Ablauforganisation 133, 148
Ablaufstruktur 145
Abstimmungsprozess 46, 48
Action Learning 304
adaptiv-evolutionäre Strategie 390, 415
Ad-hoc Arbeitsgruppen 142
Adopterkategorien 421
Adoption 394
Adoptionsfaktoren 396, 397
Allgemeinbildung 6
Allgemeine Menschenbildung 6
Analysephase 227
Anpassungslernen 59
Ansätze
– funktionalistische 152
– symbolistische 153, 155
– systemtheoretische 119
Anspruchsgruppen 2, 29
Aufbauorganisation 140, 148
Aufbaustruktur 133, 141
Autonomie 14, 62, 113, 114, 284

B

Balanced Scorecard 91, 94, 364
Bedarf 46, 55
Bedürfnisse 46
Benchmarking 184
Berufsbildende Institutionen 115

Beschäftigungsfähigkeit 15
Betriebswirtschaftlicher Innovationsbegriff 388
Beziehungspromotor 409
Bildung
– berufsfeldorientierte 15
– betriebliche 16
– lebensweltliche 47
– materiale und formale 6
Bildungsauftrag 45
Bildungsbedarf 230
Bildungsbegriff 6
– anwendungsbezogener 7
Bildungsbroker 18
Bildungscontrolling 348, 350, 363, 365, 366
Bildungsdienstleistungen 13, 74
Bildungsdiskussion 8
Bildungserneuerung

– permanente 21
Bildungsgangarbeit 261
Bildungsgangcurriculum 233
Bildungsgangmanagement 193, 225
Bildungsgangteam 201
Bildungsinnovation 384, 386, 416
Bildungskanon 6
Bildungskategorien 7
Bildungsmanagement 2, 3
– normatives 30, 44
– operatives 31
– reflexives 36
– strategisches 31
Bildungsmanager 143
Bildungsmarkt 2, 10, 52
Bildungsnetzwerk 18
Bildungspersonal 277
Bildungsprogramm 194, 226
Bildungsqualität 366, 367
Bildungsstandards 14
Bildungsstrategie 31
Bildungstheorie
– kategoriale 6
– materiale 6
Bildungsziele 47
Blended Learning 240, 242
Bottom-up-Strategie 417

C

Change Agents 408, 410, 422
Change Facilitator 408
Change-Facilitator-Team 410, 412
Change Management 406, 421
– prozessorientiertes 415
– Aufgaben 101
Change-Management-Strategie 391
Classroom Management 257
Coaching 337
Coaching und Lernberatung 309
Community of Practice 337
Competence, Competences 210
Competence Models 231
Competency, Competencies 210
Competency Model 231
Corporate University 17, 94
Cost-Center 83
Counselling-Modell 205
Curriculares Relevanzdreieck 227
Curriculum 49, 196
– fachsystematisches 208

– handlungsorientiertes 204, 213, 224
– offenes 199
– traditionelles 204
Curriculumentwicklung 199, 200
Curriculumimplementation 196
Curriculum-Modell
– nicht-triviales 199
– triviales 198

D

Denkweise
– systemische 21
Designphase 233
Deutero Learning 58, 124, 132
Dezentralistisches Organisationsmodell 142
Didaktik
– handlungsorientierte 297, 309
– objektive 125
– subjektive 125
Dienstleistung 10
Diffusionsmodell 395
Diffusionsprozess 395, 397
Diskursive Maßnahmenplanung 236
Diversity Management 26
Double Loop Learning 58, 124, 132

E

Early Adopters 396
Early Majority 396
Effektivität 136
Effizienz 136
Eigenverantwortung 113, 295
Einzelkämpfertum 114
Eisbergmodell 111, 149
Endogene Orientierung 137
Entwicklungsfähigkeit von Bildungsorganisationen 119, 147, 173, 174, 175
Entwicklungsfähigkeit von Bildungsprogrammen 197
Entwicklungsmodus 33, 341
Entwicklungsstadien 123
Entwicklungs- und Erprobungskultur 394
Entwicklungszyklus 367
Erfahrungswissen 292
Ergebnisebene 253
Erhebungsinstrumente 376

Sachwortregister

Erlösverantwortung 84
Ermöglichungsdidaktik 125, 126, 128, 211, 319
Erneuerung 34, 342, 349, 353
Erscheinungsformen von Bildungsmanagement 16
Ertragsmodelle 81, 84
Erzeugungsdidaktik 125, 126, 127, 206, 222
Espoused theory 154
Europäischer Bildungsraum 27
Europäischer Qualifikationsrahmen 27
Evaluation 250, 350
– formative 366
– summative 366
Evaluationsebene 363, 378
Evaluationsinstrumente 378
Evaluationsverfahren 377, 378
Evolutionsmodell 414
Exogene Orientierung 137
experiental learning 204
Extended Training 243

F

Fachcurriculum 222
Fachliche Inhalte 235
Fachliche Kompetenzen 7
Fachlichkeit 227
Fachpromotor 409
Fachsystematik 208, 222, 227
Fakultätsreife 49
Feedbackkultur 116
Finanzierung 85
Firmenakademie 16
First Line Management 338
formale Bildungstheorien 6
Formulierung 374
Fortbildungen
– schulinterne 299
Fremdeinschätzung 251
Fremdevaluation 377
Fremdorganisation 135
Führungsebene 143
Führungsmodelle 135
Funktionaler Managementbegriff 12

G

Gebrauchstheorie 154
Geleitete Schule 143
Geschäftsmodell 72, 73
Geschichte des Bildungsbegriffs 10
Globalbudget 81

Globalisierung 26

H

Handeln
– eigenverantwortliches 10
Handlungsergebnis 235
Handlungsfähigkeit
– reflexive 67
Handlungsfelder
– strategische 86
Handlungsprozess 235
Handlungsraum 235
Handlungssystematik 227
Handlungstheorie 153, 154
Hidden Curriculum 167, 168, 169
Hochschulbildung 15
Hochschuldidaktik 15
Hochschulentwicklung 15

I

Impact Maps 230
Implementation von Lehrplänen 200
Implementierer
– effizienter 411
Implementierungsperspektive 327
Implementierungsrichtung 417
Implementierungsstrategie 326
Indikatoren 374
Individualfeedback 379
Initiativen
– strategische 72
Initiator 411
Innenwelt einer Bildungsorganisation 30
Innovation 388
– inkrementelle 386
– radikale 386
Innovationsmanagement 345
Innovationsprozess 391
Innovationstypen 396
Innovatoren 396
Interaktionsgestaltung 161, 258
Interaktionshandeln
– pädagogisches 166
Interaktionsthemen 30
Invention 394
Inventionsphase 393

K

Kennzahlenarchitektur 372
Kennzahlensammlung 363
Kennzahlensystem 95
Kernprozesse 145

Klassenführung 257, 297
Klima 150
Knowing-Doing-Gap 395
Kommunikation
– dialogorientierte 261, 264
Kommunikationsmodell 187, 255, 267
Kompetenzbegriff 8
Kompetenzdiskussion 8
Kompetenzen
– überfachliche 7
Kompetenzentwicklung 8, 86, 101, 195, 226, 251, 262, 291
Kompetenzorientierung 8
Kompetenzprofil 212, 314
Konfiguration 137
Kontextsteuerung 113
Kontinuum-Modell 218, 243
Kontrollparadigma 365
Kooperationen 81
Kostenverrechnung 84
Kritische Stimme/Responder 411
Kulturanalyse 154
Kulturen 111, 140
Kulturgestaltung 155, 172
Kulturinnovation 385
Kulturnetz 150
Kulturtechnik 257
Kundendatenverkaufsmodell 84
Kursgebühren 84

L

Laggards 396
Late Majority 396
Learning Outcomes 8
Learning Professionals 66, 86, 277, 282, 291, 329, 330
Lebenssituationen
– sozio-ökonomische 10
Legitimationsdruck 3, 14
Lehrkultur 157, 166
Leistungsvereinbarung 82
Leitbilder 45, 56
Leitlinien 64
Leitungspersonal 143
Leitziele 51
Lernarten
– organisationale 58, 121, 132
Lernbegleiter 68, 286, 316
Lernbegleitung 249
Lernen
– arbeitsplatzintegriertes 229, 299
– autonomes 220
– informelles 216

Sachwortregister

- lebenslanges 21
- organisationales 59, 121, 122
- selbstgesteuertes 220
- selbstorganisiertes 220

Lernende Organisation 57, 59, 119, 162, 173, 180, 307, 317, 348
Lernerfolg 359
Lernerfolgsebene 253
Lernfähigkeit 400
Lernfeldansatz 215
Lernfeldcurriculum 210, 222
Lernfeldkonzept 201, 210
Lernförderliche Kulturen 172
Lernförderliche Rahmenbedingungen 159
Lernformen
- erfahrungsbasierte 289, 291

Lerngebiet-Curriculum 239
Lernkultur 155, 157, 166
- individuelle 169
- transferorientierte 162

Lernkultur-Analyse 178, 183
Lernkulturmodell 178
Lernorganisation
- didaktische 129

Lernortkooperation 115, 285
Lernpromotoren 263, 279, 283, 315, 321
Lernprozessbegleiter 286
Lernprozesse
- deduktive 236
- erfahrungsbasierte 245
- induktive 236

Lernressourcen 247
Lernsituationen 234
Lerntransfer 242, 382
Lern- und Arbeitsstrategien 236
Lernunterstützer 329

M
Machtpromotor 409
Makro-Ebene 31, 106, 188
Management 12, 197
- normatives 44

Managementbegriff
- institutioneller 11

Managementinstrumente 95
Maßnahmen-Management 95
Mediatisierte Welten 26
Mediatisierung 42, 345
Medienkompetenz 255
Megatrends 19
Mentale Modelle 60

Mentoring Programme 301
Meso-Ebene 31, 189, 190, 267
Methoden-Mix 240
Mikro-Ebene 31, 190, 269, 277
Mitgliedsmodell 84
Mitmachkultur 266
Modewellen 19
Modularisierung 213
MOOC (massive open online courses) 250

N
Nachhaltigkeit 29
Nationaler Qualifikationsrahmen 27
Netzwerke 408, 421
New Public Management 14, 81, 95
Non-Profit-Organisation 116, 117
Normen
- pädagogische 46, 51

Normsetzung 46

O
Ökonomischer Wert von Bildung 2
Ökonomisierung 12
Open Educational Resources (OER) 247
Optimierung 33, 342, 347, 353
Organisationen der Arbeitswelt 115
Organisationsentwicklung 12, 74, 86, 131
Organisationsform
- mechanistische 139
- polyzentrische 139

Organisationsklimaindex 164
Organisationskultur 157, 158, 159
Organisationslernen 121
Organisationslogik 246
Organisationsmethodik 175
Organisationsmodell
- zentralistisches 142

Organisationsprofil 134, 135, 136, 137

P
Paläste 135, 136
Paradigmenwechsel 32, 64
Peer-to-Peer Coaching 336, 337
Performanz 291
Personalentwicklung 52, 53, 323
Persönlichkeitsentwicklung 10, 52, 54, 55, 60, 228, 232, 323
Persönlichkeitsprinzip 227
Phasierung 238, 239
Positionierung 78

Potenzialentwicklung 95
Praktiker
- reflexiver 67, 288

Präsenzlernen 241
praxisbezogene Gemeinschaften 245, 261
Praxisgemeinschaften 245
Produkt-Curriculum 204
Produktinnovation 385
Produkt-Modell 239
Profession 288
Professionalisierung 286, 291, 298, 312
Professionalität 57, 68
Profilbildung 78
Profit-Center 83
Programm
- strategisches 72, 86, 89

Programmatiken 56, 64
Programmatische Wende 6
Programmportfolio 74
Projektmanagement 352
Promotoren-Modell 408, 412
Prozess-Curriculum 204
Prozessinnovation 385
Prozesslernen 59
Prozess-Modell 187, 204, 209, 214, 239, 267
Prozessmoderator 297
Prozesspromotor 409

Q
Qualitätsbereiche 374
Qualitätsentwicklung 348, 350, 367, 416
Qualitätsevaluation 362
Qualitätskriterien 356, 369, 377
Qualitätslenkung 362
Qualitätsmanagement 345, 348, 350, 361
Qualitätsmanagementsystem 361
Qualitätsplanung 362
Qualitätssysteme 356
Qualitätsverbesserung 362
Qualitätsverständnis 368, 370, 371
Qualitätsziele 355, 356, 357, 369, 371, 374, 379

R
Rahmengestaltung 161
Reaktionsebene 253
realistische Wende 7
Rechenschaft 62

Sachwortregister

Reflective model 204
Reflexion 271, 296
Reflexionsdefizit 294
Reflexionsproblematik 294
Reflexionsprozesse 245
Reformfähigkeit 116
Reformprojekte 349
Reifegrad 76
Ressourcenknappheit 29
Rogers Innovationstypen 421
Rollenfixierungen 143

S

Scaffolding 126
Schilf 299
Schlüsselqualifikation 7
Schulentwicklung 15, 61
Schulkulturforschung 162
Selbstbestimmtes Lernen 220
Selbsteinschätzung 251
Selbstevaluation 377
Selbstmanagement 64
Selbstorganisation 128, 135, 163, 224, 296, 317
Selbstorganisation von Lernprozessen 306
Selbstreflexion 61, 128
Selbstreflexivität 289
Sequenzierung 233
Service-Center 83
Single Loop Learning 58, 124, 132
Sinnhorizont 30
Situated Curriculum 168
Situationsprinzip 227
Social Media 256
Social Networking Plattform 271
Soziale Netzwerke 26
Sozialverantwortliches Handeln 10
Soziostruktur 135

Sponsoring- und Werbungsmodelle 84
Standardisierung 27
Standards 374
St.Galler Management Modell 21
Strategie 72
– programmierte 390, 414
Strukturen 111, 133, 140
– formale 139
Struktur-/Kulturinnovation 385
Strukturmodell 187, 267
Studierfähigkeit 49
Symbolsystem 150
Systemdenken 61
Systeme
– lose gekoppelte 114

T

Teaching to the Test 13
Teamentwicklung 101, 166
Teamkultur 157, 163, 166
Teamlernen 60
Teamstrukturen 261
Technostruktur 135
Theoriewissen 292
Theory-in-use 154
Top-down-Strategie 417
Transferebene 253
Transfererfolg 316
Transferorientierung 381
Transferunterstützung 242

U

Umbruchmodell 414
Umfeld einer Bildungsorganisation 19
Umweltsphären 24
Unterrichtsentwicklung 86
Unterstützungsleistung 146
User-generated content (UGC) 248

V

Veränderungsansätze
– ergebnisorientierte 414, 416
– potenzialorientierte 414
– radikale 414
Veränderungsfähigkeit 400
Veränderungskompetenz 20, 58
Veränderungslernen 59, 67
Verkaufsmodell 84
Verwaltung 12
Vision 60, 71

W

Wandel
– demografischer 24
Web 2.0 256
Weiterbildner 286
Weiterbildungsanbieter 16, 117
Wende
– subjektive 6
Wertediskussion 25
Wertewandel 24
Wertschöpfung 79
Wertschöpfungskette 79, 145
– didaktische 225, 226
Widerstände 412, 424
Wirksamkeit 360
Wirtschaften
– wissensbasierte 28
Wirtschaftsdidaktik 10
Wissenschaftsprinzip 227
Wissensgesellschaft 28
Wissensmanagement 146, 260
Wissens- und Mediengesellschaft 255
Workforce Optimization 335

Z

Zelte 136
Zertifizierung 306